国家出版基金项目
NATIONAL PUBLICATION FOUNDATION

连冕　纂述

山东美术出版社

中国现代设计先驱

郑可研究

图书在版编目（CIP）数据

中国现代设计先驱：郑可研究 / 连冕纂述 . --
济南：山东美术出版社，2021.6
ISBN 978 - 7 - 5330 - 6732 - 8

Ⅰ.①中… Ⅱ.①连… Ⅲ.①郑可（1906 - 1987）-
人物研究 Ⅳ.① K825.72

中国版本图书馆 CIP 数据核字（2017）第 283303 号

中国现代设计先驱 ： 郑可研究
Zhongguo Xiandai Sheji Xianqu : Zhengke Yanjiu
本书为 2017 年度国家出版基金资助项目

策　　划：杭　间
统　　筹：李　晋
装帧设计：九月九号设计　袁由敏　隋焕臣
责任编辑：韩　芳　郭征南

主管单位：山东出版传媒股份有限公司
出版发行：山东美术出版社
　　　　　济南市历下区舜耕路 20 号佛山静苑 C 座（邮编：250014）
　　　　　http ://www.sdmspub.com
　　　　　E - mail : sdmscbs@163.com
　　　　　电话：(0531) 82098268 传真：(0531) 82066185
　　　　　山东美术出版社发行部
　　　　　济南市历下区舜耕路 20 号佛山静苑 C 座（邮编：250014）
　　　　　电话：(0531) 86193019 86193028
制　　版：山东新华印务有限公司
印　　刷：北京雅昌艺术印刷有限公司
开　　本：787mm×1092mm　1/16　31 印张
字　　数：700 千
版　　次：2021 年 6 月第 1 版　2021 年 6 月第 1 次印刷
定　　价：298.00 元

序

杭间

郑可先生，对于许多人来说，都是一个模糊的人物。即便曾经在中央工艺美术学院上过学的校友，恐怕对他也不甚了解，因为当学校 20 世纪 70 年代末重新开始招生，一批老教授复出任教时，郑可先生已经年过七十。在年轻学生心里，他是不折不扣的老先生，加上郑先生不苟言笑，主要教授的又是装饰雕塑课程（当年上这个专业的学生不过几十个人），接触他的学生也是有限的。以我在光华路校园时的印象，郑先生个子不高、头发花白粗硬，时见戴着黑色宽边眼镜的他，背着手，神情严肃地来往于校园中，或偶尔听到他在公共场合大声表达不满，一口广东普通话，也难听懂。只听同学说这是个大有来历的先生，敬畏之余，其他的就不清楚了。

这一代先生因为复出时已是高龄，所以大都在 20 世纪 80 年代末就面临退休。此时，中国高校刚刚恢复教学秩序和教学传统，他们积累多年的学术思想，在经过"文革"时期的反思后，所产生的无数感受和心得，刚开始能找到如饥似渴地希望学习的年轻人传授；而他们自己年轻时的抱负，因为十年的荒废，也还没有实现，总之，他们正处于学术思想臻于成熟同时迫切期待衣钵传人的时候，但是却要正式办理退休了。因而，他们这短短的复出，犹如流星划过，夕阳无限好，然而大都没有留下系统的、辉煌的成就。今日看来，不仅可惜，也是这一代人于劫后余生中最大的遗憾了。我听很多人说过，郑先生是一个"坚定"的"现代主义设计"主张者，据说即使在"文革"时期，他私底下也一直在说"包豪斯"的好。

这么说，有很复杂的现实背景。那时中央工艺美术学院院长是张仃先生，虽然在那个年代"艺术为人民服务"的大宗旨下，他们应该没有分别，但是张仃先生外号是"毕加索加城隍庙"，简而言之，他追求的是中国民族民间艺术糅合西方现代艺术，这一主张下的风格常常表现为装饰艺术的形式。张仃先生确实也是一位天才的装饰艺术家。我现在很想知道，郑可先生在当年学校的现实情况中，在"少即是多"的功能至上的现代设计与装饰艺术风格之间是如何寻求平衡的？——我 1983 年进校以后，仅看到过郑可先生两件作品，一是学校礼堂外墙上的浮雕壁画《西天取经》，[1]那是典型的装饰风格壁画，但是浮雕的表现是如此之好，有极其精湛的魏晋佛教雕刻式的简洁和大气，显现出他的传统艺术修养也非常深厚。后来在学校建校 35 周年的作品集中见过他的纪念币设计和陶艺动物的雕塑，同样是装饰风格的，动物瓷塑倒是有些概括的造型，但总的来说风格仍然是装饰的。因此，在很长时间里，我怎么也看不出这是一位坚定的"现代设计"主张者。

郑可先生有两位有影响的学生，一位是后来担任清华大学美术学院工艺美术系主任的王培波教授。20 世纪 80 年代，他以做不锈钢材料的抽象雕塑为主，在城市雕塑的研究和创作上颇有成就，可惜英年早逝。另一位是奥地利籍的华裔艺术家吴少湘，是"'85 美术思潮"时期著名的前卫雕塑家，风格受阿尔普的影响，通过对女性器官富有张力的抽象表现，产生过很大的影响。吴少湘在奥地利定居后，创作具有政治波普风格的雕塑。作为"装饰雕塑"专业的学生，他们两位走上了一条完全不同于"装饰"的艺术道路。郑可先生故去后，他们也曾撰文回忆老师当年的教导，细读之下，其中谈到的也大都是郑可先生艺术思想的"现代"以及在形式探索上不拘一格的追求。

这让我想起魏玛时期包豪斯学院的教师们，在一种现代设计教育思想的萌发阶段，其新与旧之间的关系并非如今天这样明确，而探寻"新"如何挣脱"旧"，这恐怕正是艺术史或设计史的任务所在。我曾经有幸读到过曾任中央工艺美术学院副院长的杨永善教授当年在本科课堂上写下的郑可先生讲课实录，郑先生对那个年代工艺美院教学中的基础课问题、形式与表现的问题、工艺美术的目的问题，等等，都一一作了回应。这些回答所反映出的，早已不是包豪斯思想的翻版，而是针对中国现实问题的思考。我也在不久前，听到一位当年留学苏联的德高望重的老先生说，20 世纪 50 年代，他们到苏联留学不久，同学们就知道哪些教师是真有水平、有思想的，而那些很有名并在主流场合常常出现的专家，其实并不怎么样。我联想起后来看到的郑可先生抗战时期在南方创作的纪念性城市雕塑，简洁抽象，很有构成主义风格，以及读过的"文革"之前他关于包豪斯的一些教学笔记，对郑可先生当年在学校的处境，不禁充满揣测。

我常常会警醒自己：在艺术史成为风格史或精神史以后，会遮蔽掉艺术家生命和创作中许多鲜活的东西。因此，我会去读艺术家的传记和野史来补充自己的判断；设计史也是这样，自佩夫斯纳根据"功能主义"的发展倒推出莫里斯—格罗皮乌斯这条线后，设计的理性的逻辑，往往去除了设计史发展中的个体偶然性。其实这样的偶然也许正包含着必然，因为就设计与生活的关系而言，其复杂性、鲜活性，往往无法以公式或递进的风格（包括样式）发展来体现。这也是 20 至 21 世纪初有许多"中国设计史"的版本出现，但因为缺乏深入的个案研究，其学术脉络的梳理和问题的阐释大多没有产生过影响的重要原因。

说了这些前提，是为了说明本书纂述者连冕工作的价值和重要性。"郑可"作为研究中国现代设计史的重要个案，对其进行深入研究必定需要从他的文献、事迹解读开始，但"郑可"的东西是如此之少，早在多年之前许多研究者就已经遍访无果，以至于刚开始时，《中国现代艺术与设计学术思想丛书》编辑部认为编成一本像样的单卷都不可能。

读者可以看出，这部书册与一般的"文集"不同。所谓"春秋笔法"内含着孔子当年精心的、深思熟虑的选择，就本书而言，其意义是指文献本身体现了编选者对于中国现代设计发展的价值判断，而困难的解决本身更体现了编选者的研究高度和宽度。

在已经毕业的硕士、博士研究生中，连冕是我最看重的学生之一，他的文献功底尤其出色，他深厚的学术素养以及中央工艺美术学院的出身，使他的研究思路能够在扎实的基础上融会贯通，有助于寻求到与众不同的发现。即便如此，郑可先生的资料收集也花费了他数年的时间。我在清华倡导并主持编辑《中国现代艺术与设计学术思想丛书》时，确有一种生怕先生们相继谢世的紧迫感，这一代先生生逢波澜壮阔的 20 世纪，人生起伏，来不及、顾不上整理自己的思想。这些珍贵的思想往往一经散失，即无法弥补。该《丛书》刚进入编写阶段时，张仃、吴劳、吴冠中、何燕明、黄能馥、吴达志、袁运甫等诸先生都还健在，因此他们几卷的材料均比较充分。但郑可先生去世早，连冕选定目标并开始寻觅有关文献时，遍访各档案室、亲友和学生，所得竟不足两万字，一时深感窘迫。但他深知对于中国现代设计研究，"郑可"的不可或缺，因此不屈不挠、孜孜以求。这个时候就需要编选者的研究判断，以及与众不同的眼光，才能于不可能之处寻找可能。现在，连冕做到了，而他也于这毕业后的十年间，成长为一位在专业界有相当影响的学者，个中的因果，读者也可从此书的内容中体会到。也因此，我在写这一篇《序》时，说到连冕的贡献用了更具古意的"纂述"。

由于行政工作繁多，更主要的，因为我一直没有足够的、安静的时间去精读这部书稿（我总是越在乎、越慎重，越觉得不能随随便便开始，因而常常耽误掉许多我最看重的项目），我要为耽误的出版时间道歉，并希望连冕的工作成果会随着这本《郑可研究》的印行，而丰富中国现代设计史以及诸多通过郑可思想和实践引发的问题的研究。

2019 年 7 月 4 日写于北京至杭州途中

1. 纂述者按：关于作品《西天取经》，据郑可所教授的中央工艺美术学院本科 1978 级学生王和平，在 2021 年向同为 78 级本科的于牧洋所回忆的那样（据郑方转述），"是郑可先生命何宝森负责带领本科 78 级部分男生（王氏本人并未参与），从设计、放样、制作、烧造全程督工完成的。基础线稿的确是在何宝森参与梳理下形成，最后交由郑可审定，但总设计师是郑可。因为这件作品关键在烧制，郑先生定的大小、厚度，并划定的分割面。也就是说，在 12cm 厚的前提下还要保证陶板平整不变形，放到今天看都是有难度的，而当时，郑先生决定在后背板以井字网格掏空的作法是其稳定成型的关键。他还选定泥料，用以粗的、透气性好的大缸泥，并确定局部随图形分块，即以 60×60cm 的尺寸进行分割等等。所以，这件当然更得算是郑可先生的作品，他的乐趣和远大试验目标都孕育其中。但当时的风险也很大，因为整件作品烧成温度在 1200℃左右，水分、窑温等控制若有不慎，是会炸裂的。最终，所有的一切都说明了郑先生对陶的经验还是很丰富的，烘干期的时程掌握得也很不错，据此甚至可以做无限大的公共艺术空间产品"。

目　录

行述

郑可简介 4

以若所得，教若国人——南粤冈州郑可应能先生行述 9

重订年表 59

　　　附：核心参证来源 127

专册

石膏像制模法 135

"现代工艺"设计教育纲要 155

　　　"现代工艺"教学草案 172

　　　关于成立"现代工艺系"的建议书 174

　　　　　在提高工业品质量和增加品种方面再大进一步（社论） .. 184

浮雕（未完成稿） 186

文词

现代工业美术之轮廓 191

关于小品展的几句话 194

　　　雕刻家郑可 195

　　　　　民国时期广东省政府第六届委员会第 122 次、第 190 次议事录（节选） .. 197

　　　电机学专家周宣平等学成归国 197

　　　巴黎国立美术学院成绩冠著之华人留学者郑可的雕刻 .. 197

图书装饰的意义 198

广州艺界：《艺风》杂志社诸学长 202

　　　中国留法艺术学会·本会成立经过 203

　　　介绍两个个展——郑可人体素描个展、唐英伟木刻个展 .. 204

　　　素描艺术——观"郑可人体素描个展"后小感 206

　　　素描习作 206

　　　雕刻家郑可再度赴法考察实用工艺美术 206

雕塑讲座   207

郑可之雕塑杰作   212

郑可氏浮雕作品选   214

第二回全国美展的印象   215

如何改进工艺美术   217

关于连续图案制作法的检讨   222

华人美术研究会欢迎艺术家郑可，席间郑氏纵谈巴黎博览会观感   226

回溯三十年来中国之图案教育   230

浮雕和牌雕   232

战时新雕塑   234

纪雕刻家郑可   234

介绍·记雕刻家郑可及其作品   235

新年开笔   237

我们对于建立新美术的意见   239

建国瓷设计计划   247

雕·刻·塑   249

让雕塑为祖国"四化"出力   252

从罗丹的巴尔扎克像想到的   254

工艺美术的继承和发展   256

"工艺美术"初探   258

从巴黎铁塔想到的   260

报告

中央工艺美术学院"设计专业班"教学草案   265

关于发展工艺美术事业的几点看法   269

两年来我在教学中得到的几点经验、教训   272

关于赴广州、上海参观模具制造的总结汇报   275

申请前往上海、广东、天津调研模具生产等并协助购买火车票之报告   279

资本主义国家的现代工艺美术设计教育（第一次译稿）　　280

关于充分利用"靠模铣床"的建议书（残件）　　289

对于动用缩刻机的几点意见（未完成稿）　　290

"立体造型"教育纲要　　292

致王副部长　　296

    中央工艺美术学院致轻工业部教育司并文化部教育司的函（草稿）　　298

    "郑可工作室"方案　　299

    我们对今后工作的几点设想　　301

    郑可报告·"郑可工作室"简况　　302

    郑可报告·附件　　303

        致李先生：关于"郑可工作室"的一些意见　　304

我到南斯拉夫参加创作活动的简单情况　　305

        中国美术家协会对外联络部致工艺美院院长办公室的函　　307

关于"金属工艺设计开发中心"一词的补充和说明　　308

    金属模具设计培训班教学筹备小组报告　　309

金属工艺培训班教学计划（初稿）　　310

我对筹备"金属工艺专业"的初步设想　　314

关于"金属工艺专业"筹备工作的第 2 号报告　　315

讲话

实用美术在现社会的地位——在省立民众教育馆讲　　318

    "青年艺术社"宣言　　321

    "船洋"的设计者——郑可　　322

来函照登：中央工艺美术学院郑可来信　　323

    文化艺术界人士畅抒心里话 民盟市委会邀文化艺术界盟员座谈（节选）　　324

杨永善笔记　　325

张宝成笔记　　330

    "河北省邯郸陶瓷公司—中央工艺美术学院特艺系·郑可教授赴邯短
    训班汇报展"《请柬》及《纪念礼品介绍》　　333

郗海飞笔记 336

　　　　　中国工业美术协会筹委会正式成立会议纪要 352

马心伯笔记 354

谈谈工艺美术的设计与创新 371

对工艺美术教学谈一点初步看法 375

关于教育改革及"工艺美院"教学存在的一些问题（草稿） 380

谈雕塑教学 381

　　　　　装饰雕（塑）专业攻读硕士学位研究生培养计划 384

话语录 386

　　　　　"艺术概括内容"的作用 391

　　　　　附：中央工艺美术学院授课表·郑可（1956—1987） 392

缀辑

贺寿·悼文 400

包豪斯与郑可——为郑可先生八十寿作 401

　　　　　光墨春秋（节选） 404

悼郑可 406

郑可教授考察唐山陶瓷 408

报道·采访 410

"我是党的人了"——记中央工艺美术学院老教授郑可 411

额头上布满雕痕的人——访造型艺术大师郑可教授 414

跟随郑先生的岁月——访尹积昌、高永坚 417

　　　　　为了理想（节选） 421

　　　　　艺海寻梦五十秋（节选） 424

访梁任生 425

访王受之 438

追忆 · 怀念 445

现代设计的开拓者——为郑可教授逝世二周年而作 446

周国桢拜见郑可（节选） 450

回忆郑可先生对我说的几件事 457

忆郑可先生 459

关于郑可从香港带来的设备 464

综述 · 专论 465

去中央工艺美院进修总结（节要） 466

香港"设计师的地位"与"设计的概念"（节选） 469

郑可美术供应厂制造加冕纪念品 471

附：《郑可研究·缀辑》未收篇什信息 472

跋 473

插图目录 477

CHENG Ho, The Pioneer of Design Profession for Modern China

Compilation and Text by LIAN, Mian

Contents

Foreword   HANG, Jian / 1

CHENG Ho's Portrait / 2
CHENG Ho's Personal Seal / 3

Introduction   LIAN, Mian / 4

I .
A Memorial Biography   LIAN, Mian / 7
A Newly Revised Chronological Table   LIAN, Mian / 59

II .
Booklet / 133
Writing / 189
Report / 263
Speech / 317
Appendix / 399
    a. Congratulation · Eulogy / 400
    b. Documentation · Interview / 410
    c. Recollection · Remembrance / 445
    d. Summary · Commentary / 465

Postscript   LIAN, Mian / 473

Pictures and Illustrations List / 477

郑可半身像
友人摄于北京西城阜成门旧宅院内，20 世纪 70 年代末

郑可简介

郑可，1906年（清光绪三十二年）6月生于广州。本名暨曾用名"应能"（1927年更现名），小字"阿能"。原籍广东新会贵美（现属江门市）。1987年9月于北京病逝。为中国民主同盟、中国民主建国会成员，中国共产党党员。20世纪40年代末，其已是闻名于国内南粤、香港等地乃至新加坡的雕塑家及设计师。新中国肇建，即成为首批重要的设计家、雕塑家、教育家、画家之一。是现代主义设计和美术在东方的积极传播者、开拓者，长期致力于"立体造型"艺术的创作，推崇德国"包豪斯"学派与法国雕塑家埃米尔·布德尔等的跨学科多元教育、实践，为中国现代工艺美术、设计及相关事业的长足发展作出过重大贡献。

1922年拜广州知名牙雕艺人为师，曾参与倡办"（广州）中华音乐会"。1924年毕业于广州私立圣心中学（现广州市第三中学），1925年考入广东省立工业专科学校（已并入今华南理工大学）。1927年起留学法国，先后正式入读格勒诺布尔市立工业美术学校、巴黎国立高等美术学院雕塑系、巴黎市立实用美术学校。1934年学成归国后，被聘为广东省立勷勤大学（已并入今华南理工大学）等校教授，主要从事雕塑及实用美术创作，曾于广州、香港、柳州等地开设综合性个人工作室，并在中国国民党民主派支持下，创办、经营多家工商业美术设计公司、工厂。1951年，在香港变卖企业后，携家眷及机器、工人迁往北京，先后受聘为中央美术学院（1952—1956）、中央工艺美术学院（1956—1987，今清华大学美术学院）教授、硕士研究生导师（1978—1987），其间曾在中国青年艺术剧院美术工厂（1951—1952，已并入今中国国家话剧院）、北京市工艺美术研究所（1957—1959）等处短暂工作。"文化大革命"初即遭冲击。恢复名誉后，仍以高龄之躯，投身于工艺美术及设计行业的教学、培训和评比中。

20世纪50年代后期，与庞薰琹等共同提出"工艺美术、设计事业是文化事业一个必然组成部分"的观点，因此被错误划归为"右派分子"（1957—1962）。60年代初，全面主持新中国首个"现代工艺—设计专业"的规划与建设，合作完成了《"现代工艺"设计教育纲要》（1963），更开设了设计方法论、工业产品设计、装饰雕塑等课程。在教育教学中，较早推行"工作室教学制"，强调"多能一专""一条龙""锥形互套"及"三互一连"等理念与方法。在艺术创作上，重视"艺术概括"和"零件讲话"手段及浮雕的"纳光、纳阴"技巧。个人代表性专书为《石膏像制模法》（20世纪40年代），短论为《实用美术在现社会的地位——在省立民众教育馆讲》（1934），讲话文稿为《对工艺美术教学谈一点初步看法》（1982）。

其美术作品多是肖像浮雕与动物雕塑，载体材质驳杂，以石膏、金属、陶瓷为主。后期因条件所限，更加偏向币章化、小型化，另有大量炭笔素描、速写存世。代表者有《孙中山浮雕像》（1925年起屡见制作）、《中国人头像》（1934）、《广州爱群大酒店装饰浮雕系列》（1937）、《光复桂南纪念碑》（1943）、《新加坡抗战纪念碑》（1940）、《黄永玉浮雕像》（1948）、《炭笔素描肖像系列》（20世纪70年代初、中期）、《朱屺瞻浮雕像》（1977）等。设计、工艺类活动包括主持国民革命军陆军新编第一军印缅阵亡将士纪念碑及雄鹰雕塑（广州，1945），香港合众公司炉具、灯具（20世纪40年代末50年代初），北京新侨饭店室内装饰及配套日用家具、餐具和陈设雕塑（1952—1954），BK—651型北京市公共交通汽车（1963），北京饭店暨新楼室内装饰及陈设用瓷（1972—1974）等的设计、指导与制作，参与"建国瓷"（1952—1953）、出国展览瓷（1954）、北京首都国际机场壁画（1979）等项目。

亦曾受聘为首都人民英雄纪念碑兴建委员会美术工作组组员（1952）、中国工业美术协会筹备委员会副主任（1979）、全国城市雕塑规划组筹备小组副组长（1982），当选为中国科学技术协会全国委员会委员（第2届，1980）、中国美术家协会理事会顾问（第4届，1985）等。

连冕 撰

纂述者按：
郑方女士2021年审阅《郑可研究》正式印刷前的"蓝样"后，有过评述，其称："郑可算不上大人物，同行业里更不是红得发紫的'大家'，他只是努力告诉年轻学生前面的路要如何走。由于历史上的各种原因，他没有做大作品的机会，他说过，不做大的，小的一样可以，我要做和可做的事情多了，我最好的作品就是学生！"

行

述

1906—1927
广州

以若所得，教若国人
——南粤冈州郑可应能先生行述 [1]

连 冕

郑可,1906 年(清光绪三十二年)6 月末,[2] 生于广东广州。本名暨曾用名"应能",小字"阿能",原籍广东新会贵美(现属江门市)。

一

1906—1927

广州

郑父华秋,是在香港从事面包等制作的西点师,在郑可 4 岁时,因鼠疫病亡。郑可则随寡母郑梁氏,继续艰辛生活于广府手工业及各色制品产销皆旺的西关(位于今荔湾)。该地南面珠江、东接内城,明清以降,迭有"十八甫""十三行"之盛,亦为粤省乃至全国风气、民智先开之域。这些,均对郑氏幼年与长成产生过极深刻的影响。

郑氏 7 岁入私塾,结识了一位与其前半生有着特殊联系的密友伍千里(1906—1969)。濡染又八载,1921 年 15 岁时,奉母命,考入地处府城西隅,同约在 1860 年(咸丰十年)由法国驻穗领事馆创设的子弟学校"丕崇书院"关系密切的私立圣心中学(初名"圣心书院",一度为天主教教会学校,校址即在今越秀大新路广州市第三中学)。该校以英、法文授课,修业六或四年,兼营影院,更曾赴法采买全套管乐器,组建学生管乐队。[3] 这一切,也都是郑氏 18 岁时,与同窗郑厚湖(后更名"志声",19 ？—1941)等创立广州"中华音乐会",结识冼星海(1905—1945)等,以致后来负笈法国的基础与因由。

---

1. 此行述"传文"所据,系笔者最新独立完成的郑氏《年表重订》(即"传表")。为尊重部分已有论述及相关成果,已于"传表"中逐一标明。惟,"传表"出注相对全面,"传文"凡有不尽处,仍当互为参详。
2. 关于郑氏生辰问题,详参《年表重订》首条脚注。
3. 该校沿革,目前权威论述,当据其网站 2006 年 12 月 8 日公布,由教导处等编写之《广州市第三中学校史简介》(http://www.gz3z.com/html/2006—12/525.htm)。另,陈翔《三中前身圣心书院 孙中山曾亲临演讲》报道(《广州日报》,2013 年 12 月 2 日,第 A15 版)亦能参考。

中学期间，法兰西一脉的教会式养成，大大促进了郑氏精神、肢体的通达与壮健，以致勤力动脑、善行操持的少年郎，在亲朋中更得了个颇现代的"雅号"——"机器能"。而于组织"中华音乐会"的前两年，其已拜入广州牙雕名师的门墙。换言之，19 岁左右，"圣心"毕业前后，郑氏频频往来于广州市市立美术学校（简称"市美"）习画，除文艺兴致的驱动、友好绍介的缘故，恐怕还有传统工艺学徒身份的现实使然。尤为紧要的是，尽管在1925 年考入与清末广东工艺局渊源密切，即彼时的广东省立工业专科学校（简称"工专"，前身即广东省立第一甲种工业学校），学习一年制机械专业前，郑氏的图绘技术，尤其在艺术层面上，明显未曾系统受过所谓"现代专门训练"，但民族、民间的处置技法，与不断传入的西洋"科学化"表现手段，竟也错落着，搭造起其日后有选择地进行自我培育、更新的，与不少民国时已获盛名的艺术大家颇为不同的，当然也是更为合理、"不带任何艺术成见"，[4] 且相当先进的"知识论"平台。此点，1947 年《星岛日报·艺苑》（双周刊）首期采访郑氏时已有过论评：其"建筑设计、人像浮雕、陶瓷制品，美不胜收，大抵因他以工业专才，兼具美术修养，凡经他费过心思，动过双手的成就，的确另有其精湛之处"。[5]

"圣心""市美"的经历，也为郑氏与包括吴琬（子复，1899—1979）、冼星海、李桦（1907—1994）、郑志声等岭南艺术名家及相关团体如广州"青年艺术社"等的互动，创造了众多的可能。而"工专"短促却必要的理工训练，则成为其日后美术、设计生涯中，主动的技术化诉求和关键的实践能力之来源。至于郑氏一生，对艺术、商业间微妙关系的巧为把握与平衡，又当是得益于传统工艺所深植于广袤中国大地的，物质与精神双向的、不必辩驳的历史特质。那么，1925 年初春，郑氏以寄售方式，发布特为革命先行者孙中山先生（1866—1925）辞世制作的金属纪念章并得薄利，亦可说是其在社会市场中，特具指标价值的初期尝试。

4. 杭间：《形成"工艺美院风格"的若干描述》，《装饰·纪念创刊 50 周年》，2008 年增 1 期（S1），第 82 页。
5. 佚名：《介绍·记雕刻家郑可及其作品》，《星岛日报·艺苑（双周刊）》，第 1 期，1947 年 9 月 17 日，第 8 版。

<<< 1927—1934　里昂、格勒诺布尔、巴黎

1906—1927
◇ 广州

二

1927—1934
里昂、格勒诺布尔、巴黎

1927 年 10 月，经约两个寒暑在国立广东大学农科学院（国立中山大学农科学院前身）培训法文后，实际年龄约 21 岁的郑氏，得前辈友人协助，易名为"可"，通过该校代办赴法勤工俭学签证，携不多川资，与郑厚湖及"中大"其他学员等一道，经香港而马赛（*Marseille*）与里昂（*Lyon*），再往格勒诺布尔（*Grenoble*，今伊泽尔省首府）和巴黎（*Paris*），开始了头尾七载的异国求知生涯。

翌年 5 月，即离开留法最初目的地里昂中法大学后半载，郑氏转入格市的市立工业美术学校。所学内容，恐怕也因其主动的选择和曾就读过机械专业的背景，彻底转为美术及工艺，而非早于广州"圣心"时亦见热衷的音乐。如此坚定的"实业"决心，即便在两年后，在冼星海鼓动下购买了长笛，以致若干年后，虽挫折与苦难不断翻卷，也未见其稍有改易。

1929 年夏，格市修业一年结束，其赴巴黎，与周轻鼎（1896—1984）等一道成为国立高等美术学院（*École Nationale Supérieure des Beaux-arts de Paris*）旁听生，并为 1930 年正式考入该校进行准备。不过，郑氏这后五年的巴黎生活的开端，竟多少牵涉到恰在汉内斯·迈耶（Hannes Meyer，1889—1954）治下的德国德绍（*Dessau*）国立包豪斯学校（*Des Staatliches Bauhaus*，1919—1933；1928 年至 1930 年，迈耶被任命为该校负责人）。[6] 尽管，据说仅于风雨飘摇、声名未著的"包豪斯"旁听了两堂课，[7] 只在周边的小旅店住了一夜，最多算上 1933 年参观该校首次于巴黎举办的作品展览，[8] 但从其近 60 年的职业发展路径回望，23 岁初的郑氏，当是迅速被那群真正践行"现代主义设计"、

---

6. 参见"德国包豪斯百年庆典"网站"Hannes Meyer, Direktor, 1928—1930"版块（https://www.bauhaus100.de/de/damals/koepfe/direktoren/hannes-meyer）。

7. 早前即有西方研究者认为：德国纳粹党徒的敌意反倒令包豪斯学校影响日隆，到了 1933 年，于欧洲相关行业内，大有知晓其存在者。至于被迫的关闭和因之而来的迁徙，更令其蜚声寰宇。作为后来者才能见证的一出结局尚算值得庆幸的讽刺剧，可以说没有纳粹迫害，如今也就没有多少人听闻过"包豪斯"，当然，它势必也不会再显得那么重要了（Whitford, Frank. *Bauhaus*. London: Thames and Hudson Ltd, 1984. 197）。

8. 关于郑氏参观"包豪斯"巴黎展览之事，较早的稳定记录乃《中央工艺美术学院档案·名人全宗——郑可卷》（形成日期：1986 年；形成单位：院办）所附"文件作者"为"本院"的 17 页手写简式、无注释《郑可年表》，惟细节暂不可考。另，据 Hans Maria Wingler 编著之《包豪斯：魏玛、德绍、柏林、芝加哥》内所载柏林包豪斯学校秘书室《1933 年日志》（密斯·凡·德·罗私人助理提供），3 月 15 日开始曾有过关于代表 M. van Delden & Co. 公司参加"莱比锡博览会"[Leipzig Fair] 展览的记录，3 月 22 日及 3 月 27 日至 28 日，分别有与学生讨论展览并进行准备的记录（Trans. Wolfgang Jabs, Basil Gilbert. *The Bauhaus: Weimar, Dessau, Berlin, Chicago*. The MIT Press, 1976. 178, 185）。

极具传奇色彩的开创先锋们所折服，更矢志不渝地向远东绍介、推广，终成"中国最真诚的包豪斯的拥护者"。[9]

纵然，1930 年其正式考入巴黎国立高等美术学院雕塑系，与先期毕业返国的李金发（1900—1976），及同期的周轻鼎、刘开渠（1904—1993）等，均师从罗丹（Auguste Rodin，1840—1917）的好友阿尔弗雷德·布歇（Alfred Boucher，1850—1934），更私淑罗丹弟子、敬重中国传统雕塑艺术的埃米尔·安托瓦内·布德尔（Emile Antoine Bourdelle，1861—1929），但工艺、设计之途，仍为郑氏志业中未有须臾偏离的关键航道。实际上，24 岁这年，其在"工业救国"思想影响[10]下，甚至选择进入巴黎市立装饰美术学校学习室内外装饰、染织图案、家具、陶瓷、玻璃、金属、首饰等，为配合课程需要，亦曾前往各类工厂实习。周末、晚间，除去在夜校、私人画室补习绘画基础，还特意钻研工业美术、图案等。为维持生计，更在某油漆厂做过一年小工，后因协助某美国籍装饰艺术女画家调和颜料而停止。至 1932 年，继上年度两件人物半身像获"法国沙龙展览会奖"，郑氏设计上的努力也获得了巴黎市立装饰美术学校的充分肯定。

这些，还令其赢得旅法粤籍进步政治家何香凝（1878—1972）的垂青。而于中国国民党广东宣传系统中效力的旧友伍千里，也通过中山先生相关纪念活动，积极推广郑氏的艺术作品。以致，在 1931 至 1934 年间，其于巴黎的学习、生活费用，也有了国民革命军第十九路军及彼时的广东省政府的适度资助。或也系地缘政治及个人艺术素养的复合，郑氏旅法时，还被认为参与设计了民国政府"废两改元"后，正面为孙逸仙先生头像的首款贵金属国定流通货币（银质，因背面有帆船图案又称"船洋"）。另外，值得注意的是，郑氏于回国前，还应资助方要求，专门深入学习室内装饰，以便为该系统在国内将要兴办的大学等服务。足见，其对工艺、设计的倾力，与同样身处巴黎国立高等美院雕塑系的留学生们，如王子云（1897—1990）、滑田友（1901—1986）、廖新学（1902—1958）、程曼叔（1903—1961）、王临乙（1908—1997）、曾竹韶（1908—2012）、陈士文（1907—1984）等的专攻"架上"，已大为迥异。

也是鉴于艺术学子日益增多，"觉得需要一个更紧密的、更纯洁的艺术团体的组织"，[11]郑氏亦主动与郭应麟（1898—1961）、常书鸿（1904—1994）、吕斯百（1905—1973）等倡建了"中国留法艺术学会"，继而结识徐悲鸿（1895—1953）等艺坛名家，铺陈出 50 余年

9. 杭间：《中国设计与包豪斯——误读与自觉误读》，许江、靳埭强主编：《遗产与更新——中国设计教育反思》，济南，山东美术出版社，2014 年版，第 116 页。
10. 北京语言学院《中国艺术家辞典》编委会编：《中国艺术家辞典》（现代第 5 分册），长沙，湖南人民出版社，1985 年版，第 453 页。
11. 江鸟：《本会成立经过》（中国留法艺术学会），《艺风》，1934 年，第 2 卷第 8 期，第 85 页。

的"留洋—救国"与"革命—主义"交织的独特人生。

1934 年，在石膏雕塑作品《中国人像》获巴黎"春季沙龙"优等奖后的 8 月，即于巴黎国立高等美院本科毕业时，其外域系统求学告止，开始登程归国。

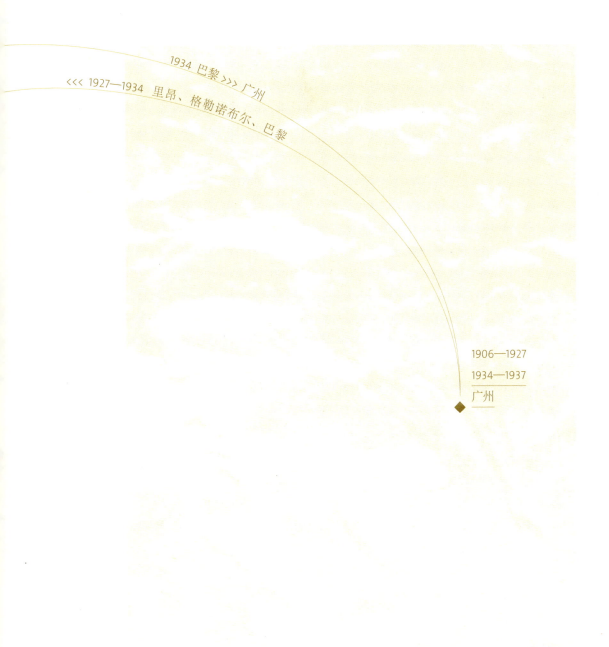

1934 巴黎 >>> 广州

<<< 1927—1934 里昂、格勒诺布尔、巴黎

1906—1927
1934—1937
广州

三

1934—1937
广州

郑氏返抵广州之际，恰值"工专"扩设为勷勤工学院年余，勷勤商学院初步建立，更与勷勤师范学院三院合并，正式定名为"广东省立勷勤大学"。[12] 其也水到渠成地进入这所由陈济棠（1890—1954）为纪念国民党元老古应芬（字"湘芹""勷勤"，1873—1931）而创办的新式高等教育机构，出任建筑工程学系教授、陶瓷（美术）工程专科主任，还专责"室内装饰"课程。继此，亦是全面开启了其与国民党民主派粤籍人士间多年的交谊。

回望波谲云诡的 1933 至 1934 年，一度令德国文艺璀璨生光的"魏玛共和"（*Weimarer Republik*）名存实亡，希特勒（Adolf Hitler，1889—1945）口称个人为"元首兼总理"，建立威权独裁，而罗斯福（Franklin D. Roosevelt，1882—1945）方宣誓就任美利坚总统。这边厢，由曾在 1932 年"一·二八事变"中顽强抵抗日军侵沪的十九路军发动的"福建事变"（即"闽变"）失败，主要领导人李济深（1885—1959）、蒋光鼐（1888—1967）、陈铭枢（1889—1965）、蔡廷锴（1892—1968）等避入粤、港、澳、桂等地。当然，还有1932 年春，清废帝溥仪（1906—1967）借东瀛势力，于伪满洲国登基，而两载后，中国工农红军中央主力被迫开始了艰苦长征。不过，此际，人类的科技、文化也有了新发展，典型者如法兰西约里奥–居里夫妇（Jean Frédéric Joliot-Curie，1900—1958；Irène Joliot-Curie，1897—1956）发现人工放射性（*artificial radioactivity*）。同时，现代设计（*Modern Design*）中的"理性主义"（*Rationalism*）、"流线型"（*Streamlining*）和"国际主义"（*International Style*）风格也方兴未艾。只可惜，"包豪斯"却于 1933 年 8 月彻底瓦解，而其启蒙者——"德意志制造同盟"（*Deutscher Werkbund* 或 *Werkbundstreit*，1907—1934），也迫于政治压力，在翌年被"纳粹"党徒"一体化"，终于 1938 年解散。[13]

---

12. 关于"勷勤工学院"，尤其是"建筑工程学系"相关情况，可并参彭长歆、杨晓川《勷勤大学建筑工程学系与岭南早期现代主义的传播和研究》（《新建筑》，2002 年第 5 期，2002 年 10 月，第 54—56 页）、彭长歆《中国近代建筑一个非"鲍扎"个案的形成：勷勤大学建筑工程学系的现代主义教育与探索》（《建筑师》，2010 年第 2 期，2010 年 4 月，第 89—96 页）。

13. 并参 Wingler, Hans Maria. *The Bauhaus: Weimar, Dessau, Berlin, Chicago.*2,11；王建柱：《包浩斯：现代设计教育的根源》，台北，大陆书店，1985 年版，第 24—28、34、145 页；[美]拉克希米·巴斯卡蓝：《当代设计演化论》，罗雅萱译，台北，原点出版，2008 年版，第 78—79 页。

郑氏虽称不上"包豪斯"的入室弟子,却曾于晚年被某些不明就里者揶揄为"包豪斯"加"孔老二",若再算算留法学成后约半个世纪的生涯历程,竟又颇曲折地说明其早已敏锐地注意到:该学派习自欧洲中世纪的,经悉心修剪、调适后的"新传统",有着相对顺利地与机械文明所主导的,快节奏、集约化的现代设计配伍的重大优点,并能借此跨越式、前瞻性地引导向迄今都未能彻底解决的"手艺美善"与"器械智巧"的优良复合——人与物、人与周遭的充分互融、互补与互进。

自然,也是基于巴黎国立高等美院等的专门化训练,郑氏在广州除前往"市美"短暂授课,还展开了不少现代美术领域的操持,包括"青年艺术社"的展览陈列、撰写刊印,更以设计师身份,协助"新兴木刻运动"旗手之一的李桦,在版画方面推进编辑、装帧等事务,以及举办具有当地里程碑意义的素描个展。另外,还曾担任民国时期"第二次全国美术展览·广东预展会"雕塑审查员,并选送雕塑作品参加该次"全国美展"等。只是,将近而立之年的郑氏,在省府岑寂的艺术氛围中,就连觅得合宜的工作室继续"象牙塔"的创作都已显见不易,再别说面对所谓"美展"上那些内容乏味、毫无朝气的"艺术品"了……[14]

时局的颓唐、艰险,与自存、图强共置的历史情境,恐怕再次影响了其职业选择——起码在认识论上,郑氏与李桦等间,已经形成一种精神与实践的重大分野。虽然在后来刊发的篇什内,其也曾提到"浮雕亦可称为一种'直看的版画'",约45年后,又将此表述为"(浮雕)是在泥上画画",[15]并推导出"纳光、纳阴"的方法,[16]但郑氏最终还是走上了一条以艺术为先导、以设计为主轴的,极富个人特色的"实用化"创作道路。诚如目前所能检索到的,其于返国后发表的首篇短论《现代工业美术之轮廓》中所坚信的那样,"工业美术就是一种研究与人类实生活有密切关系的,一切事物的装饰及设计的科学"。而其所希望的正在于,"要把中国现代化,要把中国的文明发扬光大,那么工业美术的注重应从今始"。[17]可以说,这就是明确区分"纯粹美术"与"实用美术"间,各自的属性与价值,并提出"工业美术与人类生活合为一体,而在精神上,表现着一种文化的"。继此,更是要明确地为后者正名,为往往不计名利得失、难以出头露脸的工艺及设计家群体强力发声。[18]

14. 应能:《第二回全国美展的印象》,《青年艺术》,1937年第3期,1937年5月,第183页。

15. 郑可:《浮雕和牌雕》,《耕耘》,1940年第1期,1940年4月,第1—2页;郑可、蒋朔整理:《郑可话语录》,《美术家通讯》,1985年第10期,第6页。

16. 张宝成记录、整理:《张宝成笔记》,手稿及整理稿,约20世纪80年代初。

17. 郑可:《现代工业美术之轮廓》,《民国日报》(广州),《艺术》周刊(第27期),1934年11月10日。

18. 郑可:《对工艺美术教学谈一点初步看法》,中央工艺美术学院研究部编:《工艺美术参考》,1982年第1期,1982年7月,第24页。

由青年时期从雕塑转向实用美术，至 1940 年发表《浮雕和牌雕》，郑氏的长短篇什目前虽仅知刊布约十则，却基本平均兼顾了"架上"与"设计"两类不同的艺术范畴，这当也不可谓为"偶然"。换言之，28 岁至 34 岁的六七年间，其已逐步将个人身份由"艺术家"，务实地调整向"工商业美术和设计家"，更参与过伍千里所主持的出版、摄影及文化相关公司的经营，甚至还以此承揽社会业务。而 1937 年 7 月，31 岁的郑氏，于"青年艺术社"所办杂志《青年艺术》中发表的，批评、检讨陈之佛（1896—1962，1928 年 7 月起曾为"市美"图案系主任[19]）《图案法 ABC》一书的专论，[20] 当是此种身份转换的关键标志。直至 20 世纪 80 年代初，70 余岁高龄时，因中国工业美术协会的筹备和中国工业设计协会（1987 年 10 月）的正式成立，其最终得以彻底在理论角度，扬弃了"美术"这个"形而上"的"虚词"。

更可研究的，是 1937 年 6 月其发表《如何改进工艺美术》一文。[21] 由此郑氏不仅开始将"工业美术""实用美术"的叫法转换为"工艺美术"，关注到当时工艺美术与图案行业内不切实用、闭门造车的恶习，继而在中国近现代美术、设计史上，较早地提出"工艺美术是美化人们生活环境，且适合时代与环境的实际设施的美术"，还是"与工艺不能分离的一种美的设计"，"是美化人们生活环境的……举凡与我们接触到以及应用到的一切器物都包含在里面"等，那样一组并未局限在简单的"装饰"问题上，却又有一种回归"美术化"，将之作为连通技术与审美的必然桥梁的意味的，至今仍极重要的定义和概念。同时，其亦在对工艺、设计进行归纳、分类的基础上认为，"今日的工艺美术家只是间接参加到工艺品的实际制作，但是，他的设计……对于物质的应用，制作经过，价格及环境等知识，便非加注意不可"。郑氏还言及，虽然彼时"在一般艺术学校里都附有图案科"，不过紧要的仍是"希望最近将来国内有所工艺美术学校"，令"从事工艺美术的人……多多与生产技术发生联合"，不至只以养成创作"设计"的"装饰美术家（decorateur）为目的"，而能为着"国家产业和民族前途"，培育出真正懂得执行"设计"的优秀"工匠（artisan）"。

就此观察，20 世纪 30 年代中后期起，郑氏的一系列作品，实际多应纳入宽泛意义上的，不当草率褒贬的"工商业美术""工匠艺术"之范畴。这倒也符合其始终坚持的信念，即"商业美术非从平面研究到立体，而工业美术也非从立体研究到平面不可"。[22] 这里面自然要涉及那些数量惊人的纪念性雕塑、徽章，更勿论郑氏还先后直接参与过广州爱群大酒店、

19. 黄大德编：《广东丹青五十年——1900—1949 广东美术大事记》，《广东美术家通讯》，1994 年第 8 期，第 31 页。
20. 郑可：《关于连续图案制作法的检讨》，《青年艺术》，1937 年第 5 期，1937 年 7 月，第 304—310 页。
21. 郑可：《如何改进工艺美术》，《青年艺术》，1937 年第 4 期，1937 年 6 月，第 217—225 页。
22. 郑可：《现代工业美术之轮廓》。

星洲新加坡大酒店等的室内外装饰，担任过狮城某家具公司设计师，以及开设、经管过多间专门的"工业美术"工厂等，制作出了众多结合欧美现代工艺风潮，尤其是借鉴"包豪斯"设计逻辑的、颇具开拓价值的工业产品。而郑氏亦早在1936年底，便被先前于上海成立的"中国工商业美术（作）家协会"增聘为会董。也正是从繁杂的商业、社群实践中，他不仅在20世纪50年代前，于战乱及动荡的环境里，迅速完成了由"学院派"艺术家向美术、设计营商妙手的转变，且成功塑造并建立起个人的专业面貌和艺术品格。

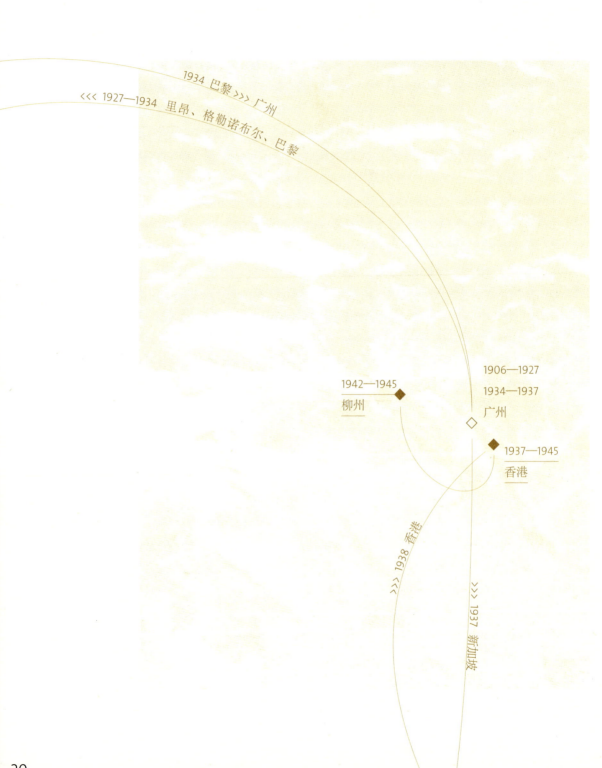

1934 巴黎 >>> 广州

<<< 1927—1934 里昂、格勒诺布尔、巴黎

1942—1945
柳州

1906—1927
1934—1937
广州

1937—1945
香港

<<< 1938 香港

>>> 1937 新加坡

四
1937—1945
新加坡、中国香港与柳州

只是，因世界格局骤然变乱、故土沦陷，也令郑氏的人生版图，出现了新的标志性事件发生地——从广州转到新加坡，又回到香港和柳州。

日军全面侵华后，郑氏曾在香港、狮城短暂居停，旅港期间还加入陈抱一（1893—1945）、倪贻德（1901—1970）、何铁华（1909—1983）等倡建的"中国美术会"，但也或是生计所需，其已将精力更多地倾注向"设计"。当然，个中因由，怕更有深受 1937 年夏，接委派再赴巴黎，参观以"现代世界的艺术和技术"为主题的"世界博览会"（World's Fair），同时前往几家当地工厂深造工艺技术的影响。此点在赴新加坡"华人美术研究会"宴请的席间发言里，其已表露无遗：中国称名于世的瓷器、漆器因"制造法守旧，美术图案不思改进之故"，"现已渐渐为人淘汰"，而"巴黎博览会为一大规模科学工艺美术品展览会"，"科学与美术，熔于一炉，允称廿世纪之奇迹"；更在谈到欧陆各国商业美术状况时认为，"工业美术与商业美术，实属相辅并进者"。[23]

两载后，星洲亦遭战争乌云笼罩，以浮雕和设计于当地取得相当影响，并为抗日战争积极服务的郑氏，被迫再迁香江。不过，因得社会贤达匡助，倒也能全身心投入于数间工厂的运作及新技术的研发，其内甚至包括或是中国人所开办的首家自行车制造厂（1940）。可惜，太平山下的工商产业虽因"避难资本"助推有所改观，进步政治家也多番作为，但世情仍然严峻。再两载，港九终落倭手，郑氏曾在旧友吴子复等的协助下，受聘前往粤北韶关广东省立艺术专科学校任教。又因国民党内伍千里等人的推动，举家奔入西粤柳州、桂林、象县，甚至包括分散至贵阳、四川等地避难、营生，继而接受必要的救济。彼时，其亦在军事将领张发奎（1896—1980）和伍氏（曾为张氏副官）的支持下，建立了以创作雕塑为主，兼及建筑、家具设计的，位于柳江边的简陋"郑可工作室"，继而完成作品《光复桂南纪念碑》《无名英雄像》等。更艰难地培训学员——包括后来对南中国的雕塑、陶瓷、设计和艺术高等教育各领域均有过巨大贡献的尹积昌（1923—1998）、高永坚（1925—1999）等人，并坚定地向社会政治主流靠拢。

直至日军请降，约八年来，郑氏及其家庭、学员虽不免流离，甚至一度仅靠售卖自制的"红

---

23. 佚名：《华人美术研究会欢迎艺术家郑可，席间郑氏纵谈巴黎博览会观感》，《星洲日报·星期刊》，民国二十六年（1937 年）12 月 26 日，第 6 页。

娘牌"卷烟度日，幸而皆能以工商业美术即实用设计为宗，以纪念雕塑等而为社群服务、积极贡献的管道，身行数业却"手不释艺"，并秉持了高贵的人格。同时，随着国家民族意识进一步增强，郑氏艺术，尤在其雕塑、设计上，已开始自觉将布德尔式极富动能的法兰西风格，与中国民族、民间手法结合，如初步完成的、应陈嘉庚暨"南洋华侨筹赈祖国难民总会"之请，塑造的南洋风貌抗战大型浮雕等。更将留学归国初期，对传统造物的理解，如把线装书程式性极强的装帧特点——磁青纸封面上附着简单字条，粗略归为"单纯化的美"，[24] 升华成一种超越于只知"技巧的玩味"[25] 的雄健且精妙的个人艺术样式。可以说，是战争与逃亡，促其奠立一生的行事逻辑与创作伦理。

此阶段文词最具代表性的，莫过于新近发现的、目前已知的郑氏唯一系统成册专书——《石膏像制模法》，当是抄成于"柳州时期"，不逾 2 万言。其以 55 双叶，即计 110 页，竖排繁体墨笔双面手书内容，经简单装订构成。而土制稿纸书封上，竖向印有"郑可著""郑氏工作室出版"及册名，共 16 字。这同样也是较早且明确出现"郑氏工作室"称谓的唯一实物证据。册内，虽仅仅介绍如何利用本国储量丰富的石膏矿，制作浮雕和立体雕塑的阴、阳模，但在描述中，其不单调动早年的学艺经验，将平淡的技术说明，具叙为饶富趣味的"工艺笔记"，如：

> 制竹枝所用的竹，不用十分干涸，或新从竹林里砍下来的湿竹。同时，不用竹节，竹肉要厚，约三英分厚、五六英分阔。枝的大细、长短，合理地说，应该以合于制模者的手使用利便而定，最好准备大小不等的十数支。制竹枝的方法：最初选定一支竹，在竹的两端约二英寸位置的两侧面，每边剔一个弧凹，那里就是颈的位置，如图□。进一步用火，嫩颈部用手或用□去屈，一个头屈向左面，一个头屈向右面。屈曲的程度要适合制作而定，大概如图□的曲度即可。现在要用小刀将枝头剔成蛋圆形，将颈剔圆，胸与腰剔圆，成扁圆形，如图□。最后，用砂纸省滑竹枝，即告完成。竹枝是常常接近水或接近湿泥，每当春雨时节，说不定会上霉。当发现有霉的时候，要赶快放到阳光里去晒。假如上了黑色的霉点，就大大不雅了。[26]

还将枯燥的制作过程，编排为沆砀、明洁的"湖山小品"，如：

> 现在要开始注意锅内的石膏粉了，一锅粉的好坏就在这个关键……初入锅的石膏粉，尔会感到要点气力，才炒得动——好像炒石沙子一般，还有水

24. 郑可：《图书装饰的意义》，《民国日报》（广州），《艺术》周刊（第 54 期），1935 年 5 月 18 日。
25. 郑可：《第二回全国美展的印象》，《青年艺术》，1937 年第 3 期，1937 年 5 月，第 181 页。
26. 郑可：《石膏像制模法》，郑氏工作室出版，约 20 世纪 40 年代初，手抄本，第 10 叶正背。

蒸气频频升上，因为石膏内含有多量的水分。大约十分钟以过，慢慢地，尔会感觉到愈炒愈轻松，而且石膏粉的颜色也愈炒愈白，证明粉中水分蒸发完毕。再过一些时候，粉泡翻翻滚上，简直像烧沸了的水一般，浪浪荡荡。这时，铁铲一到，有如岩石坠入海中，雪花四散。不多时，石膏粉又渐渐还原到像初入锅时的沉重。这时，每个气泡的中心，喷上一支约二三寸高的粉雾，不过昙花一现，随即落下，留下一个小孔……[27]

而这些在侵略者所强加的阴霾中寻获的吉光片羽，未尝丝毫减轻其作为一名艺术家、设计师，对于苦难祖国的责任感：

抗战至今日，一切物资都极贫乏，对于教学上的教材，尤感稀少。一般中小学校，甚至美术专科学校，都缺少石膏像临摹，在基本学习上，极成问题。临摹画片的风气甚重，到底这是不是美术教育上的损缺点，不是本题所关，这里只能介绍一种简单的（用石膏翻）制人手、脚的方法。用真人手脚翻印阴模，然后制存模，大批翻印，供给学生们临石膏模。同时，上劳作课的时候，可能教学生制模与翻印。手的姿态变化极多，由学生自己制造。……过去小学生的劳作课，多数做蜡工。现在洋蜡来源断绝，可以发展石膏工了。石膏价钱便宜，用过的石膏，再舂、筛、炒后，仍可再用。当然比较松脆一些。甚至第三次，加以舂、筛、炒，再混合一些新石膏，可以制粉笔。[28]

27. 郑可：《石膏像制模法》，18 叶背—20 叶正。
28. 郑可：《石膏像制模法》，51 叶正背、53 叶正。

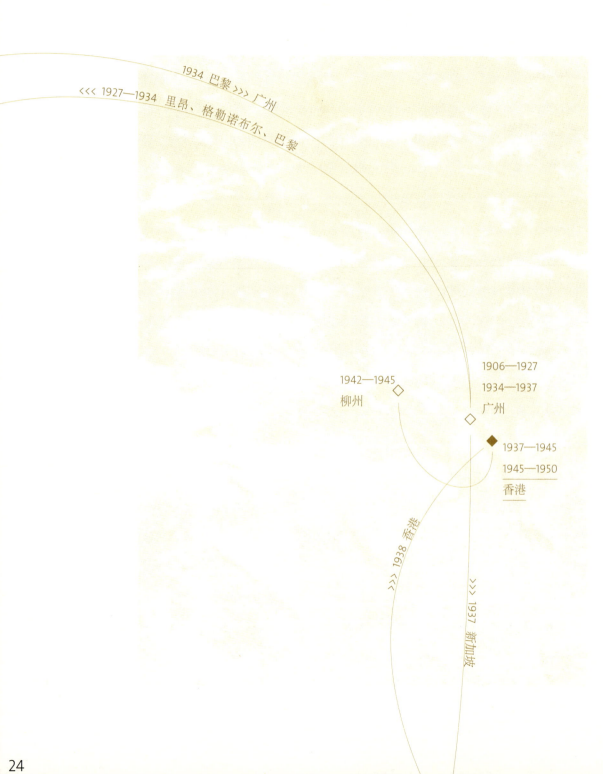

1934 巴黎 >>> 广州

<<< 1927—1934 里昂、格勒诺布尔、巴黎

1942—1945
柳州

1906—1927
1934—1937
广州

1937—1945
1945—1950
香港

>>> 1938 香港

>>> 1937 新加坡

五
1945—1950
香港

所幸，1945 年抗战胜利，郑氏当是于柳州同学员们一道，接续演化先前第四战区阵亡将士公墓未落实的设计，在初步完成制作新的国民革命军新编第一军印缅阵亡将士纪念碑暨碑心铜鹰雕塑等后，重返广州。又因十九路军旧部及国民党内的民主派，仍对在社会改造方面极具价值的工业设计和商业美术投以关注，故特意安排年近不惑的郑氏，再次赴港办厂，建立了除广州"黄图文化企业公司"内设者之外的，位于九龙的又一间郑可工作室。这，也令其最终达至工商美术事业的巅峰。

其中，香港合众五金厂是目前所知颇重要的一块"料石"。郑氏以该厂为核心，成功改造了流行美国的炉具，再将之投放到战后的亚洲市场。同时，郑氏还通过工作室，从事各类工业产品设计和纪念雕塑创作，并大量承接丝网印刷等广告设计、制作业务，购置制造塑料及金属产品的设备。为促进工作室等成员的精进，郑氏还于其内亲自举办相关讲座课程。据学者整理，讲题包括：勒·柯布西耶（Le Corbusier，1887—1965）的设计理论、现代法国设计、"包豪斯"设计理论，及 1937 年世界博览会中的美国设计等。到 20 世纪 50 年代初，携家眷迁居内地前，研究者记录称，郑氏亦为"合众"创立设计及机械部，使之成为当时附设此类专门部门的少数几家本地公司之一。更以该公司主要产品汽灯为原型，参照其构造原理，"成功地设计出一系列新产品，例如台灯、火油灯、焗炉及暖炉等"，且都有着浓厚的"包豪斯"色彩，即"以圆柱体、球体及立方体为主"。[29] 这也被认为是具备超前性的设计与实业的结合，是"在香港曾经有（过的）小规模的包豪斯式的实践"。[30]

返港的五年，郑氏在开明且特有远见的政、商人物全力支持下，凭借香港相对稳定的社会、经济恢复情势，将早年所学、所悟，充分运用到工商业美术实践中，尤是将其所认同的"包豪斯"的训练、设计和运作手段，结合 1937 年巴黎"世博会"所倡导的艺术与技术融合的"新生活观"，[31] 以及"二战"后美国逐步兴起并蓬勃发展的"消费主义"（consumerism）浪潮，[32] 凭借个人之见识和力行，为本地企业进入高速外销阶段，打开了一扇崭新且难

29. 香港博物馆、马瑞纳编：《香港制造：香港外销产品设计史（1900—1960）》（中英对照），招绍瓒等译，香港市政局，1988 年（自印本），第 21 页。
30. 杭间：《中国设计与包豪斯——误读与自觉误读》，第 116 页。
31. 上海图书馆编：《中国与世博：历史记录（1851—1940）》，上海科学技术文献出版社，2002 年版，第 41 页。
32. 参见 [英] 弗兰克·莫尔特：《通向大众消费之路——1945 年以来的英国和美国》，罗钢、王中忱主编：《消费文化读本》，北京，中国社会科学出版社，2003 年版，第 222—238 页。

能可贵的全球化窗口。而在其主导下的工作室及所建立的专业设计部门，又为香港职业教育和企业创造，提供了不可多得的补益、经验与机遇。更为同样在政争、流民、失学、低薪等社会不安背景下，[33] 搏命求存的工商业美术，保存了一些重将萌发新芽的根脉。

是时的郑氏，也已成为港九以及南粤具有相当影响力的，横跨艺术与经营、审美与科技、图绘与设计诸领域的"多面手"，更为华南东部沿海地区图案、工艺教育之进步，发挥过实际的作用。加之友朋、弟子等的协同，其更为华人现代艺术及制造业的长足发展，写下独具历史价值的一笔。譬如雷圭元为 1947 年 3 月的《国立艺术专科学校成立第廿年校庆特刊》所撰写的《回溯三十年来中国之图案教育》，在开篇述及"中国图案教育创始于民国七年（1918），算起来将近三十年的历史了"后，直至铺排到最末一段，更曾专门记录过以下一组名单，其中郑可即列在最先：

> 值兹国立艺专纪念二十年立校之日，缅怀往昔，策励将来，更寄怀故旧于艺校之有关者，从事图案事业者，据记忆所及有：郑可（在广东），王纲（未识所在），陈之佛（在南京），王子云（在西北），庞薰琹（在上海），刘深山（在巴黎），孙行予（在长沙），李有行、沈福文（成都），谭旦同（在南京），柴扉、邓白、程尚仁、梁启煜（在本校）。毕业同学则几遍全国。屈指算来，三十年来之图案教育人才，不为不多。假使此后十年中，国事安定，能有一完善之国立图案学校成立，人才集中，则中国之图案教育，必可在国际上争一长短。谨于此良辰美景，馨香祝祷之。[34]

就此，我们曾做过评析："在众多现代图案名家和艺林妙手中，排首席的竟是郑可先生，这实际也反映了郑先生在 1934 年留法归国后，所从事的大量雕塑和现代设计推广、生产工作，得到了包括雷先生在内的不少艺术界关键人士的绝对认可，也曾对'国立艺专'（今中国美术学院前身）的'图案—设计'教学有过明确影响。而郑先生的这些贡献又源出何处？据我近 8 年来的研究，实际还是绕不开'包豪斯'：他除了积极推广原本不为人知的'包豪斯'设计、教学模式，并凭借切实的作为带动了中国广州、桂林、香港以及新加坡等地，特别是华人生活圈的现代设计产业的快速发展。"[35]

---

33. 并参李宏编：《香港大事记（公元前 214 年—公元 1997 年）》（增订本），北京，人民日报出版社，1997 年版，第 84—101 页；香港教育资料中心编写组等编：《香港教育发展历程大事记（1075—2003）》，香港各界文化促进会有限公司，2004 年版，第 62—69 页。

34. 雷圭元：《回溯三十年来中国之图案教育》，国立艺术专科学校出版组编：《国立艺术专科学校成立第廿年校庆特刊（艺专校刊）》，杭州，国立艺术专科学校出版组，民国三十六年（1947 年 3 月），自印本，第 4 页。

35. 并参连冕：《赓续与新力：再谈"包豪斯"》，载《美术报》，2016 年 9 月 3 日，总第 1188 期，第 13 版（特别报道·G20峰会）；连冕：《实务非虚名——21 世纪再谈"包豪斯"与中国》，周刚、成朝晖主编：《第五届设计教育高层论坛·第五届设计教育高层论坛文集》，杭州，中国美术学院出版社，2016 年版，第 66 页。

而在 1947 年，透过采访，郑氏即已表达过个人心迹：

> 郑先生极力主张艺术深入民间，以普遍化为目的，为求大众获得艺术的熏陶，
> 大众获得艺术的享受，于是必先以艺术科学化、机械化为必要条件，民生"衣、
> 食、住、行"所需，几无一不沾有艺术成分。举一例，余如衣料及家具之
> 图案，建筑及器用之设计，经艺术者之考虑，取材以适应机械能力，简化
> 美观，切合实用，成本廉宜，就购买能力，如此才是发挥艺术之最大效能。
> 向来我国著名艺术品，如象牙球、象牙塔、名磁、名画等类，皆纯靠手工，
> 又必出自名手，始克留存。此种古董艺术，雅而名之，是谓国粹，实际徒
> 然增长收藏家之占有欲，纵然得登大雅堂，陈之博物院，亦不外徒供玩赏，
> 岂惟艺术者之初心哉。[36]

重要的是，这般作为，事实上贯穿其一生。诚如郑氏约于 35 年后仍坚定地认为的那样：
"美化人民生活，用美来塑造人的心灵，这是我们的责任"，"美术界的一些有志之士，他
们走出画室，投身于陶瓷工厂，和工艺美术家结下友情，这是时代的趋势"。[37]

继 1942 年与腐朽统治集团逐步切割，至 1949 年，除同国民党民主派建立起密切的联
系，郑氏还保持并不断扩大和旅居香港等地的爱国、进步文艺知识人的交游圈，内有
李铁夫（1869—1952）、冯钢百（1883—1984）、符罗飞（1896—1971）、黄潮宽（1896—
1971）、陈君葆（1898—1982）、张光宇（1900—1965）、夏衍（1900—1995）、叶灵凤
（1905—1975）、赵少昂（1905—1998）、杨秋人（1907—1983）、叶浅予（1907—1995）、
阳太阳（1909—2009）、陆志庠（1910—1992）、关山月（1912—2000）、黄苗子（1913—
2012）、蔡里安（1913—2005）、廖冰兄（1915—2006）、特伟（1915—2010）、黄新波（1916—
1980）、郁风（1916—2007）、丁聪（1916—2009）、陈海鹰（1918—2010）、方成（1918—
2018）、王琦（1918—2016）、黄蒙田（1919—2012）、梁永泰（1921—1956）、查良镛（1924—
2018）、黄永玉（1924—）等，并加入"人间画会"、中国民主建国会等进步文化、工
商及政界组织。1949 年 10 月至 11 月间，其更以早前与学员、艺术家们合作完成的直
径约 2 米的《毛泽东大浮雕像》，参加香江进步美术界为宣传解放战争举办的"港九劳
军义展"。继而借协调、筹划于湾仔六国饭店举行的"庆祝中华人民共和国成立暨华南
解放大会"，以及相关的声援新中国、服务新中国的集会、募款活动等，宣明了个人的
政治态度及主张。后又被推定参与起草"华南美术工业实施计划"，以解决美术与生产
结合的问题。由是，郑氏的人生，也因政情之变，再次转入另一轨道，即从产业营商、
设计制造、美术雕塑，迅速过渡向工艺美术、国家纪念性设计和高等艺术教育。

36. 佚名：《介绍·记雕刻家郑可及其作品》。
37. 郑可：《从巴黎铁塔想到的》，《装饰》，1985 年第 4 期，1985 年 11 月，第 9 页。

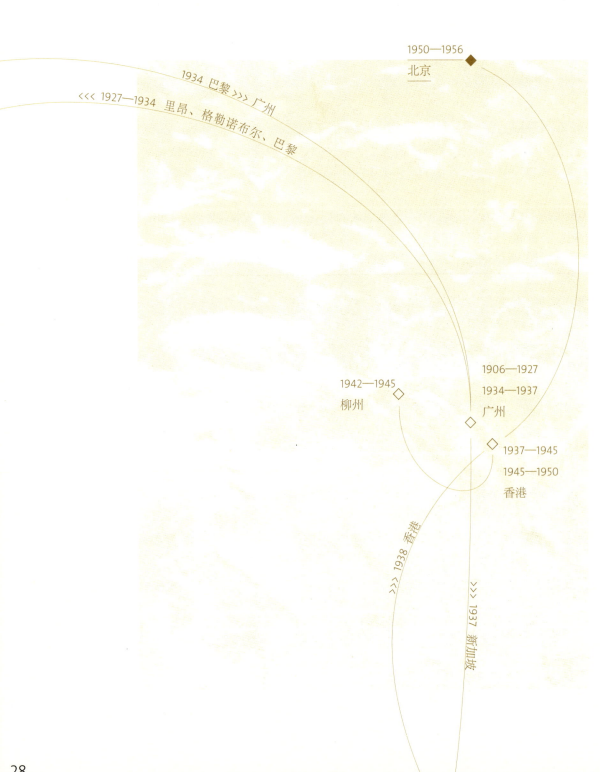

1950—1956
北京

1934 巴黎 >>> 广州

<<< 1927—1934 里昂、格勒诺布尔、巴黎

1906—1927
1934—1937
广州

1942—1945
柳州

1937—1945
1945—1950
香港

>>> 1938 香港

>>> 1937 新加坡

六
1950—1956
北京

1950 年，除以香港进步工商界第二领队身份参加"香港同胞回穗劳军团"、出席"华南文学艺术工作者第一届代表大会"外，郑氏在夏衍等进步文艺家协助、推动下，应廖仲恺（1877—1925）、何香凝幼子廖承志（1908—1983）等的邀请，于是年 5 月至 8 月，随首批港澳同胞观光团（又称"港澳工商界东北观光团"）赴内地较全面地进行参访。归港后，当是在 9 月初，以"合众公司"及工作室的优势技术，应北京及广东省方面要求，短期内完成了应乃全国最早一批悬挂使用的中华人民共和国国徽钢模的制作，达至其实践巅峰。

1951 年中秋节前，45 岁的郑氏，售出在港两家公司，携机器、设备（主要为小型仿形铣床，即缩刻机）及数名技术工人，并家眷、保姆，先赁屋及借住宿舍，数载后自购北京西城阜成门白塔寺一带的微型四合院一座，正式迁回内地定居，以盛年之躯，投身新时期社会建设。

最初，其与先期抵京的张正宇（1904—1976）于廖氏领导的中国青年艺术剧院（现中国国家话剧院前身之一）共事，并主持该院美术工厂。1952 年，随青艺美术工厂短暂转入北京地方工业局。后因结识近 20 载的徐悲鸿和江丰（1910—1982）等人举荐，也因时为中央美术学院实用美术系主任的张仃（1917—2010）之邀，于 1952 年调入该系任教授，曾实际负责陶瓷科，兼及参与该院雕塑系相关教学。直至 1956 年下半年，中央工艺美术学院成立后，复应庞薰琹（1906—1985）之请转入。

此一阶段，郑氏不仅带领助手参与中华人民共和国"元帅勋章"的设计，以及作为各分三级的"八一勋章""独立自由勋章"和"解放勋章"的金属工艺顾问及监造，为元帅、将军服设计及监制了领徽、帽徽和铜扣等金属饰件。同时，还与高庄（1905—1986）、梅健鹰（1916—1990）、祝大年（1916—1995）等人带领学员，在景德镇等地于积累并活用传统柴窑工艺经验的基础上，成功完成"建国瓷"的设计、试制及烧造。[38] 后更参与由文化部组织的、赴苏联、东欧诸国及印度、巴基斯坦等 10 国巡回的"中华人民共和国工艺美术展览"艺术瓷（又称"出国展览瓷"）的设计、生产工作，并开始为中央美术学院实用美术系和该院美术供应社培养新中国首批室内及展览设计人才，专项负责其中的制图、家具与室内装饰教学，兼及提供技术保障。

---

38. 据中央轻工业部《建国瓷设计计划》郑氏于 1952 年 10 月 26 日被推选为中央轻工业部"建国瓷"设计委员会常务委员（1953 年 3 月 27 日，油印稿，无页码；另参张守智：《建国瓷的设计、试制与生产》，《装饰》，2016 年第 10 期，第 50—57 页）。

显然，郑氏于该院所授课程，可谓种类繁多，包括跨专业的素描、雕塑等，呈现出强烈的个人化风格和独特的训练手段。其还担任过雕塑系"创作队伍"的专门指导教师小组成员，且负责事项繁杂，甚至包括鉴定古物，以增广专业收藏等。不过，其另一部分心力，当是放在积极地主张建设工作室、作坊、工厂，强调学生应重视材料和加工工艺，多进行实践、实习之上。因此种种，郑氏也被张仃誉为"全武行"，以致 1956 年 8 月的《人民日报》，还有过关于其对工艺生产与车间的热情参与和留心的报道。

迁居北京的首个五年，所以能有如此大量、紧要的作为与社会活动，除因当时艺术、设计人员极度匮乏，政治、社会气氛开明、融洽，更关键在于，已过不惑之年的郑氏，有着极丰富的实干经历，尤其是能够熟练运用现代化专业设备，愿意将在国外以及香港等地所获得并掌握的各项新理念、新技术，充分引入封闭、保守的工艺、美术领域。这期间，中央美院实用美术系（1954 年改称"工艺美术系"）及北京工艺美术服务部等对民族、民间丰富的创作的收集与整理、更新与再造，全面唤醒了郑氏与生俱来的本土与东方情愫。而 1952 年由其率领中央美院设计组完成的北京新侨饭店室内装饰、日用配套器具等的设计、制作，则乃典型且成功的"中西合璧"的综合案例，并以之拓殖出一条直面如何"洋为中用""古为今用"问题的答疑、解难之路。例如，彼时，郑氏已较早地提出接待外宾的室内环境设计，可使用中国锦缎等作为墙饰材料。由是，其还积极参与 1953 年"全国民间美术工艺品展览会"等相关活动。1956 年上半年，又协助北京市第一珐琅生产合作社，恢复了中断 20 多年的"六瓣九鱼吃草景泰蓝花瓶"的制作。而其培养的学员，更是直接投入到石湾陶瓷雕刻工厂等的生产重建和组织工作中，此亦为改革开放后以广州美术学院为代表的华南现代设计学科，包括设计理论方向的快速建设与发展埋下了一处紧要的历史伏线。

不过，其在雕塑上的身份，或又因曾经的工商业家的角色而显得特殊。纵然其 1952 年 6 月受聘为首都人民英雄纪念碑兴建委员会美术工作组组员，并于当年年底相关讨论会上颇有见地地指出：高浮雕所花费的功夫与圆雕不相上下，太费时、费事，仍以浅浮雕为宜。但，由于种种原因的复杂纠葛，其中浮雕《虎门销烟》（又称《鸦片战争》《三元里》等），虽然现今存留的《美工组工作分配草案》提议由郑氏、张仃和刘小岑共同执行，可惜在共和国肇始重要的创作活动中，同是作为留法雕塑名手的郑氏，最终还是未能有多少实质参与。或仅在 1955 年初，领衔创作了"解放台湾展览会"展品之一的《我们一定要解放台湾》雕塑，及 1956 年 9 月至 10 月间，为纪念孙逸仙先生诞辰等，完成了零星小型浮雕暨纪念章——那些令"名家"们轻视的所谓"装饰雕刻"。又因为这个"装饰"，当步入半百，其人生之后 30 年，将与那所新组建的中央工艺美术学院紧密关联——而其个人雕塑的能力，在旧岗位难见大作为，兴许也是一项不容抹去的外在"诱导"。只是，里面又将有近 20 年，哪怕简单的日常生活，郑氏也过得绝不轻松、惬意。

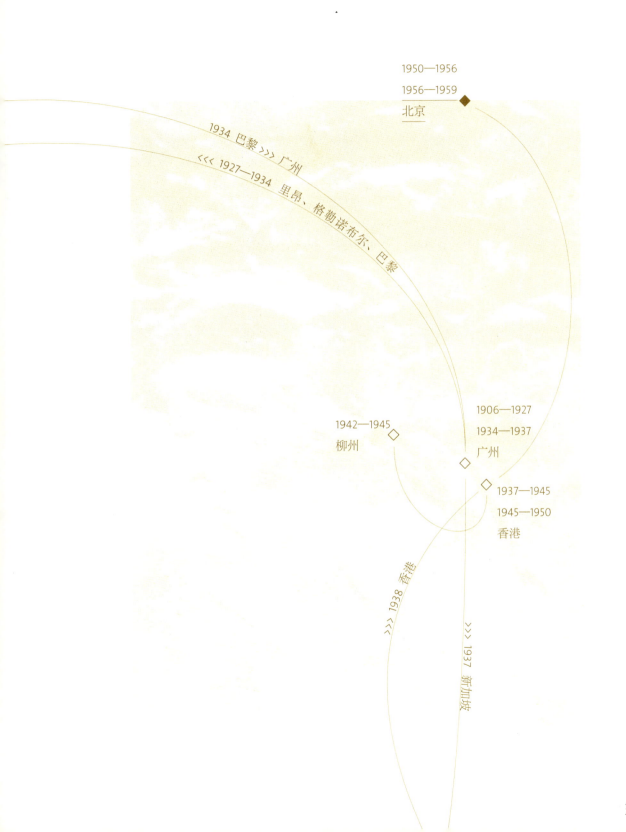

1950—1956
1956—1959
北京

1934 巴黎 >>> 广州
<<< 1927—1934 里昂、格勒诺布尔、巴黎

1942—1945
柳州

1906—1927
1934—1937
广州

1937—1945
1945—1950
香港

>>> 1938 香港

>>> 1937 新加坡

七
1956—1959
北京

中央工艺美术学院成立后（下文简称"工艺美院"），郑氏成为陶瓷美术系教授，同时积极筹备金属工艺专业暨金工雕塑教研室。尤是后者，实乃基于其早年的设计、生产经验，同时也与负责中央工艺美术科学研究所（中央手工业管理局与中华全国手工业合作总社筹办，与工艺美院同时成立，庞薰琹任所长；下文简称"中央工艺研究所""全国手工总社"）陶瓷、金工两研究室有关。总的说来，如此安排，自然也与郑氏曾着力从事的工商业美术、设计艺术基本契合——在当时的社会环境里，恐怕陶瓷、金工两类确是更能发挥其"立体造型"上的专长。值得注意的还有，恰因工艺美院的建立，以及国内历次政治运动，反倒促成其由艺术家与商界妙手向教育家这一身份的最终转变。

此刻，郑氏仍坚持着青年时对设计、工艺的基本判断，并借由中央工艺研究所（1957年6月后划归、并入工艺美院，改为研究室）创办的内部刊物《工艺美术通讯》，对发展方向仍摇摆不定的工艺美术事业，再次做了几点高屋建瓴且影响深远的说明：[39]

> （工艺美术）是对于广大人民生活中日用必需品的美化和欣赏品的美化，也就是说通过工艺美术工作者的劳动和劳动成果来美化人民生活，满足人们物质的和精神的生活享受。现在有不少人，却把工艺美术的范围看得非常狭小，认为只有欣赏品才是工艺美术品，这种看法是不全面的。

> 工艺美术是一个复杂的艺术创作活动，一个工艺美术工作者，应该具备一般造型艺术的基础，而更重要的是掌握工艺美术创作的技巧与处理手段。

> 必须加强科学技术的学习，并充分利用一切可能利用的科学技术条件。……所谓科学的，应该是先进的同义语。从工艺美术的历史来看，任何时代的工艺美术的创作、生产和成就，都和当时的科学技术有着密切的血肉不可分的关系。……作为一个工艺美术工作者，应该学习和掌握各种进步的生产方法和进步的操作技术……

---

39. 郑可：《新年开笔》，《工艺美术通讯》，北京，第4期，1957年1月，第42—43页。

遗憾的是，在 1957 年的反右派斗争中，郑氏因种种国内外经历与背景，以及相关言论等，被错误划归为"右派集团成员"与"右派分子"，继而调离工艺美院，下放至北京市工艺美术研究所。所幸，此番运动中，虽受冲击，但因得到善良人士的保护，其未遭过大磨难，且得以较早"抽身"：初期还能与助手一齐为国家轻工业部起草模具和玩具等的生产规划，而后则在"市所"负责人等的支持下，将现代科学技术与传统工艺美术生产结合，成功研制出电动磨玉、超声波琢玉、电铸成型、旋压成型、滚胎成型、电脉冲雕刻、失蜡铸造、电解处理等新工艺，另还涉及对景泰蓝和牙雕"蛇皮钻"的改进。这些工作，有点因祸得福的况味，而个中的"被动"情状，又多少类似其所坚信的——"实用美术家是很不自由的，但是他们作品的结晶，也全赖这点"。[40] 在莫名的窘境里，郑氏仍秉持黾勉、耐劳的本色，以少年时期的学艺经历、青年时期的机械背景为依托，为传统手工业的继续进化奉献智识，并对之产生相当正面且具备全局性的影响。

如果仅就已公开的文献，不难发现，对郑氏之攻击，源自"被揭发"出的 1956 年底所谓参与过陈铭枢组织的"秘密座谈"，郑氏被认为为此搜集过材料，协助陈氏起草致李雪峰（时任中央工业工作部部长）约四五万字的书信。到了 1957 年上半年，作为工艺美院金工雕塑教研组组长、院务委员会委员的郑氏，不单在《工艺美术通讯》第 7 期刊发的《关于工艺美术事业的几点建议》文末率先签名附议（共 36 人），积极支持围绕工艺美院及中央工艺研究所组织、领导关系调整，而向国务院、文化部、中国美术家协会等提出的十条建议，即调整领导关系、整顿中央工艺研究所、文化部门管理地方工艺机构、成立"文化部工艺美术处（科）"、召开"全国工艺美术教育座谈会"、召开"全国工艺美术工作座谈会"、美协及分会建立"工艺美术艺术指导委员会"、文化部具体协助《工艺美术通讯》改为公开刊物、组建"工艺美术之家"、"全国手工总社工艺美术局"改称"手工艺生产管理局"。在院外，其与陈铭枢等还参加于中国人民政治协商会议全国委员会办公地举行的"文教座谈会"，批评了文化部和手工业管理局。后又与庞薰琹、柴扉等参加文化部艺术教育司召开的座谈会，继续对文化部提意见。更在应邀参加中国民主同盟北京市委员会召集的文化艺术界盟员（郑氏约在 20 世纪 50 年代初中期即已加入）座谈会上，揭露工艺美院内的矛盾。这一系列行动的最终结果是——因陈铭枢、庞薰琹的"倒台"，郑氏被与两人及相应的所谓派系、"集团"牢牢捆绑在一起。

面对那场暴风骤雨，后人也只可透过间接的报道，和郑氏本人罕见的语段，窥知其心绪。如 1957 年 5 月，在论及工艺美院的种种矛盾时，其以为：

40. 郑可：《实用美术在现社会的地位——在省立民众教育馆讲》，《民国日报》（广州），《艺术》周刊（第 34 期），1934 年 12 月 29 日。

……文化部不重视工艺美术。……文化部把我们从中央美术学院"推"出来以后，说是业务仍旧由文化部领导，可是从来没有管过……领导学校行政的手工业管理局，在学校发展方向的问题上，同一部分老教授意见不一致。但是这个局不是用磋商的办法，而是用压制的粗暴的做法来解决问题。在讨论学术草案的时候，青年共产党员都不敢发言；手工业管理局的同志还在外面宣传，说一部分有不同意见的老教授是吃洋饭的，不重视民族遗产。在学校里，我们连话都不敢讲，到处有人在偷听。……我们学校只有八十多个学生，是全国最小的一个学院，可是有四个院长、两个人事科长。[41]

而现在的五个系，如陶瓷专业和轻工业有关系，纺织专业与纺织工业有关系，装潢设计专业与商业和出版业有关系……可是，能不能因为这些专业和这些部门有关系，而就把这些系科分别由几个部门来领导呢？不能。工艺美术是文化事业，一定由文化部来领导。[42]

庞薰琹也曾叙及，面对如此情状，郑氏考虑过离京返回广州。[43]

41. 定保：《文化艺术界人十畅抒心里话 民盟市委会邀文化艺术界盟员座谈》，《北京日报》，1957 年 5 月 8 日，第 1 版。
42. 郑可：《来函照登：中央工艺美术学院郑可来信》，《北京日报》，1957 年 5 月 28 日，"文化生活"版，第 3 版。
43. 庞薰琹：《跟着党走，真理总会见太阳》，《人民日报》，1957 年 5 月 12 日，第 3 版。

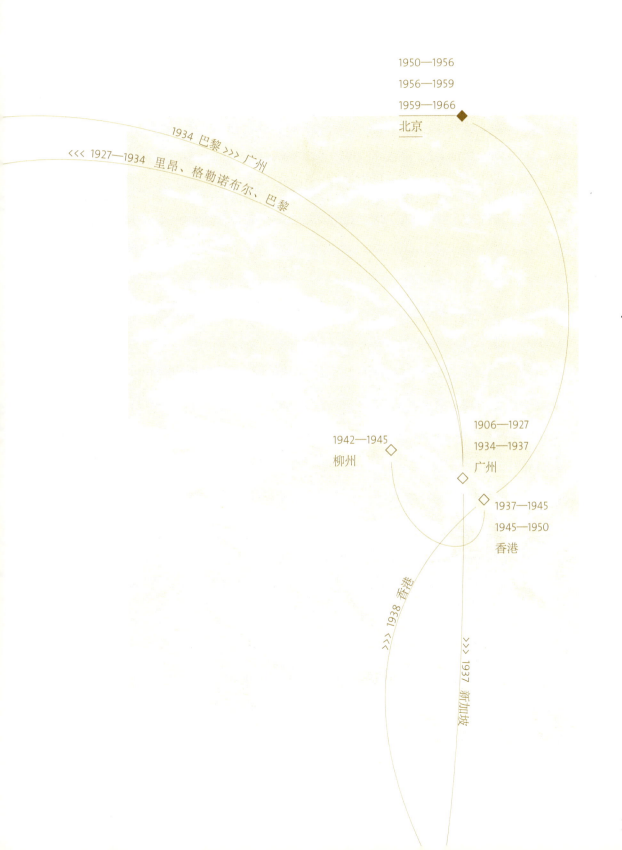

1950—1956
1956—1959
1959—1966
北京

1934 巴黎 >>> 广州
<<< 1927—1934 里昂、格勒诺布尔、巴黎

1942—1945
柳州

1906—1927
1934—1937
广州

1937—1945
1945—1950
香港

>>> 1938 香港

>>> 1937 新加坡

八
1959—1966
北京

不过，此次下放劳动于 1959 年郑氏 53 岁时，因在前一年刚转入中央工艺美院不久的张仃建议下而参与壁画艺术工作室教学，并获准调回陶瓷系开始主持陶瓷雕塑专业后，得以彻底结束。但，郑氏的"瓷塑"与俗常理解的又有不同，他仍坚持将传统工艺与现代工业、科技整合，调动其若干年来，特别是对"形式美"及"素描'笔墨'"等的理解，策略性地在力图旧貌换新颜的中国现代社会主义高等艺术教育环境中，果断地进行新思维的输入。当然，其还曾试图对民众及行业中运用较混乱的雕塑术语，展开初步的辨析与统一。[44] 尽管那些仅存留于纸面的工作，似乎从未明确流布过，但却显示出郑氏对艺术理论问题及在艺术思想上的某种关切和执着。

而这一切，很快将体现在他对"现代工艺美术理论"进行的系统研究，及逐步酝酿、起草的《关于成立"现代工艺系"的建议书》与《"现代工艺"设计教学纲要》（简称《建议书》《纲要》）等内。当然，那种"现代的精神"还要体现在其曾负责的玻璃、金属、工业产品设计和装饰雕塑等专业教学中——郑氏不顾"右派分子"的身份，在较大范围内简单讲授过"包豪斯"，旗帜鲜明地反对苏联"契斯恰科夫（Павел Петрович Чистяков，1832—1919）绘画教学体系"对学员创作热情可能造成的伤害，更曾专门开设"洋气"十足的"结构素描"等设计类基础课程。当然，必须观察到，其对"结构素描"的理解，于后来的《纲要》中，亦有过超前且雄辩的说明，即在"现代工艺"里，属于"表现方法中的一个类别"的"素描"，"不再是表现光与形的、一般造型艺术的素描，而成为为'现代工艺'设计而进行的一种科学的思考方法"。[45]

为积累国外最新的设计实践和理论研究成果，郑氏不仅利用与专业外籍人员难得的交流机会进行咨商，提出交换教材等可能需求，还自费倩人摘编、翻译院属图书馆等处收藏的外文资料，以及由同事境外出访后带回相赠的现代工艺、设计史论著作。内容涉及设计教育、工业设计总论、工艺简史等，字数不少，惜均未能刊布。

此数年中，且不论世界各殖民地、君主制国家的独立与民主化浪潮，及随之而来的大量局部战争和剧烈的社会动荡，包括德意志民主共和国（Deutsche Demokratische Republik）宣布封锁东、西柏林边界并修建"柏林墙"，仅就科技发展上观察：1958 年，美国 IBM 公

---

44. 郑可：《雕·刻·塑》，手稿及整理稿，1962 年 4 月 12 日。
45. 郑可：《"现代工艺"设计教育纲要·教育内容》，手稿及整理稿，1963 年 4 月 27 日。

司已制造出全球第一台全晶体管计算机，至 1962 年，该国实现首次利用人造卫星传播电视图像；而 1961 年，苏联已发射第一艘载人宇宙飞船，随后首位女宇航员进入太空，其月球探测器也成功软着陆；到 1964 年，我国第一颗原子弹更是在艰难条件下，研制并得以成功爆炸。而艺术及设计领域内，"波普"（*Pop*）、"欧普"（*Op*）样式，伴随着各色政治事件，逐步席卷全球，北欧的"斯堪的纳维亚现代风格"（*Scandinavian Modern*）亦是声誉日隆。

面对变革中的"新世界"，渴求和平、积极反战的郑氏，[46] 却仅能透过零星且迂回的渠道奉献己力，这令其倍感焦急。所幸的是，在 20 世纪 60 年代初的"现代工艺—设计"教育规划工作中，其极力倡办的"现代工艺系"，以及执行的"现代工艺设计教育"，仅就中国高等教育和艺术设计行业发展而言，早已构成了一组不容忘却，且具备完整脉络和划时代价值的重要历史事件。

这个短暂的"专业突进"的发端，是 1958 年底正式承接北京"十大建筑工程"（包括人民大会堂等）装饰任务的工艺美院，[47] 于同年初决定筹建"现代工艺专业"。[48] 郑氏虽然几乎未能涉足庆祝新中国成立 10 周年的那些国家大型项目，但新专业的出现，却为之打开一扇发挥己力的可能窗口。从 1959 年至 1961 年，年过半百的郑氏，面对复杂处境，以陶瓷系为基础，由玻璃制品突破，独立承担了培养"现代工艺"方向后备师资等的全面教学、实习工作。[49] 此际，其当也已明确提炼出基于"产品"艺术、科学、商业相互关系的，设计、生产、销售执行逻辑及结构图示，从而为 1962 年年中，在正式得到中国共产党北京市委员会"大学科学工作部"及统一战线工作部等，以廖沫沙（1907—1991）为代表的相关机关负责人认可，准予摘掉"右派分子"帽子后，[50] 按照学校安排，总结调回工艺美院一段时间以来的教学经验等，提供了决定性的知识支撑：于梳理出"加强修养、创作主导、合班授课、以量求质"等特色方法的基础上，其尤为重视设计理论的传授，强调实际创作及思想观念在专业学习中的价值，并以"以老（生）带新（生）"的办法，更以"长短结合""粗细结合"的练习，力图在较短时间内，培养出"能讲、能写、能想、能做"的"四能"学员。[51]

46. 参见佚名编录：《郑可材料（"文化大革命"初期）·一贯表现》，手稿及整理稿，1966 年 6 月至 7 月。

47. 清华大学美术学院院史编写组编：《清华大学美术学院（原中央工艺美术学院）简史》，北京，清华大学出版社，2011 年版，第 43 页。

48. 吴祖慈：《忆郑可先生》，《五十情怀》编委会编：《五十情怀——记忆中的中央工艺美术学院》，北京艺术与科学电子出版社，2006 年版，第 402 页。惟，此事，《清华大学美术学院（原中央工艺美术学院）简史》录在 1963 年 2 月至 10 月间（第 58 页）。

49. 吴祖慈：《忆郑可先生》，第 402 页。

50. 佚名录：《郑可材料（"文化大革命"初期）·一般情况》。

51. 郑可：《两年来我在教学中得到的几点经验、教训》，手稿及整理稿，1962 年 6 月 6 日。

郑氏所称的"现代工艺教育"，近乎等价于"设计教育"，此在翌年编订的《纲要》中，已做出明白的表达。[52] 故而，在总结的同时，其更起草了一份《中央工艺美术学院"设计专业班"教学草案》（简称《草案》），上报中国共产党中央工艺美术学院委员会。《草案》不单是在现代中国高等教育环境里，较早地提出"设计专业"的概念，而且相当超前地以"授课包干制"、五个年级共同听讲及基础（平面造型、立体造型、科学技术、设计基础）、专业（商品装潢、日用工艺品、工艺美术品、工业美术品设计）、实习与毕业设计课程等互相渗透、配合的特点与方法，寄望能够尽快训练出"多能一专"的专业设计人员，达到只需经一年专业教育，"即可逐年各有一批毕业生投入生产、设计战线"的目标。[53] 紧接着，以之为原点，郑氏还撰写了一份《关于发展工艺美术事业的几点看法》的上报文件，认为应着眼于"调整、充实、巩固、提高"[54] 北京已有的"工艺美术设计机构"，使"设计专业（班）"毕业生得以在类似的"设计研究机构"，即在最终将"发展成为一个美术设计中心、研究中心"里面，参加实际工作、锻炼设计才能，再分配到生产单位，继而形成院校、科研、生产间的"一条龙"关系。[55]

还是 1962 年，陶瓷系撤销"瓷塑"专业，试行工作室教学制，56 岁的郑氏得以主持陶瓷雕塑工作室。为此，其独立或与相关教员合作，开设"制图"及"瓷制陈设品""陶瓷壁饰""塑料装饰品""陶立像"等设计与美术交融的综合型课程。不过，在选择"设计"还是"现代工艺"的"术语困境"（实际可能还是手工总局与文化部之于工艺美院管理权的，是"工业"还是"文化"的缠斗的困境）面前，至当年年底，其恐怕又不得已退回到使用后者的局面。郑氏于 11 月 22 日完成的《"现代工艺"教学草案》开篇，即曲折地指出：

> "现代工艺"，是一门以现代工业、现代物质材料、现代科学技术为依据，以大量生产为前提，并符合现代人民的审美要求，设计现代人民物质生活与文化生活所需要的、生活用品及工艺美术品的，完全崭新的学科。[56]

就是这份在同年 6 月完成的《中央工艺美术学院"设计专业班"教学草案》的基础上，重新改订的五年制教学"新《草案》"，更明白地谈到，将采取"科学研究 + 技术实验 + 艺术创作"的"三结合"教学方法，以把学员培养成为"生产者与需要者、消费者之间的'媒介者与组织者'"（故此，其还希望建立"小型试验工厂"，以备课间实习）。所以，郑氏

52. 郑可：《"现代工艺"设计教育纲要·教育体系》。
53. 郑可：《中央工艺美术学院"设计专业班"教学草案》，手稿及整理稿，1962 年 6 月 1 日。
54. 此即 1961 年 1 月初，中共八届九中全会通过的国民经济"八字方针"——"调整、巩固、充实、提高"。
55. 郑可：《关于发展工艺美术事业的几点看法》，手稿及整理稿，1962 年 6 月 3 日。
56. 郑可：《"现代工艺"教学草案》，手稿及整理稿，1962 年 11 月 22 日。

终归是为"困境"找到了一种"并存、共处"的协调方式——通过将"设计"安置在"现代工艺"或"工艺美术"之后,形成一种独特的"互训"语境。只是到了《纲要》前言当中,其又不得不变相指认,"'现代工艺',即'现代工艺美术'的简称,是工艺美术中的一个组成部分"。

事实是,早在当年9月中旬前,郑氏即启动编译工艺美院图书馆外文"工艺美术教育"资料的工作,涉及日本、美国、联邦德国、瑞典、丹麦五国的设计教育情势,以及它们那些"基本上都是出自德国的'BAUHAUS设计理论'",最后形成了一份《资本主义国家的现代工艺美术设计教育》参考暨上报文件。其开篇,郑氏则借助对国外动态的掌握,毫不掩饰地抛弃了"工艺美术"概念,更直言:

> 所谓"设计教育",也就是"DESIGN教育"。它是以象征近代机械出现以后,所产生的一种新的艺术观为背景,而发展起来的,具有生气的创造行为。与古代的"工艺美术",有着本质上的不同。第二次世界大战以前,在一些资本主义国家中,大都以技术作为重点的、"作家的"教育为主,偏重于培养专家。战后,以至最近,"设计"已逐渐得到社会上的理解与认识,从而它的教育方法,多以近代设计作为方向,并逐渐改进。当然,在这些国家里,教育方法不同,但本质和方针上,却是一致的——培养"构成者",进行综合性的教育。[57]

只是,这些不断向上级请示的报告,彼时仍"波澜不惊"。直到1963年2月至4月间,工艺美院明确增设五年制"现代工艺专业"后,郑氏方在助手等的配合下,将前述提到的两份均达万余言的重要文件,即《建议书》和《纲要》,彻底定稿。当然,这种变化,除因档案链条的未必完整而显得突然外,宏观层面上,还是存在一些可被追踪到的线索:3月15日,在苏联专家于1960年撤出后的第三个"五年计划"开局之际,《人民日报》头版刊发不署名的《在提高工业品质量和增加品种方面大进一步》社论,迅速被郑氏等简明地引述到《建议书》的首段。[58]

该社论除要求"一切承担新产品试制任务的工矿企业,都要加强新产品的研究、试验、设计、试制等工作,保证按时、按质、按量地完成新产品的试制和生产任务"外,还认为"产品的品种设计很合理,产品的质量很优良,这是最大的节约;产品的设计不合理,产品

57. 郑可等编译:《资本主义国家的现代工艺美术设计教育》,手稿及整理稿,1962年9月13日。
58. 郑可:《关于成立"现代工艺系"的建议书》,手稿及整理稿,1963年3月。

的质量低劣，是最大的浪费。一件产品的质量好坏，一方面取决于它的设计好不好；另一方面取决于制造过程中对产品质量的要求严格不严格。如果一件产品的质量不好，降低了甚至丧失了它的使用价值，就不仅浪费了设计、制造、运输、销售这种产品的人力物力财力，而且常常使产品的使用者受到损失"。不过，这些"精神""号召"与郑氏所理解、认同的"设计"，也与当时文化建设、手工行业及高等艺术教育系统内的想法之间，仍有着畸态的错位："社论"谈的是生产部门，并不积极关心"美学"问题；文化、教育界说的是"装饰"方向，并不了解技术和科技之下的造作。年近花甲的郑氏，倒恰恰甘于介乎两者之间，希冀着尽快被肯定、被赋予那个"迟早"[59]须执行的，负责"沟通""综合"的关键的"现代使命"……

于是，在经多番推敲完成的《建议书》中，郑氏提出师资、教材、设备、科研试验、社会情报、组织系统等方面可能的执行措施，明确"今后的工业品的具体设计工作中，就要体现科学技术和艺术的高度结合"，且该系的全名当为"现代工艺美术设计系"，中内的专业也"不是从生产方面或材料方面进行划分，而是从设计性质与范围上进行划分，如工艺美术品设计、实用器具设计、劳动工具设计、劳动环境设计等"。继而，本着"穷干、苦干、自力更生"的精神，五年制的教学目标是：通过科学、技术与艺术相结合，探讨设计原理和表现技术，"从设计的角度，广泛研究进步的工业生产（机械化的与某些手工的）"，并展开创造性设计等的综合教育，以培养熟悉生产机构的"'现代工艺'设计、教学和研究的专门人才"。此外，还清晰地开列各阶段授课科目、板块，以及技工、艺人、设备等的已有和需求细节。

而期望能够"每半年或一年，修改一次"的《纲要》，则在 1963 年"五一"节前夕完成初稿。除继承《建议书》里绝大多理论和课程描述，删去人员、设备安排，其内坐实了培养对象主要为学习交通工具、生活用品、装饰品及工艺雕塑设计的四类学员，相应的教育体系则以"设计方法论"为核心，由"设计理论""表现方法""研究实验"三部分组成。在教育内容上，主要以"一般"与"专门"教育科目双轨并行，后者又分出"设计基础""造型基础"与"科技基础"三类。其中"设计基础"承自《建议书》，同样安排在第一至第三学年，且强调"设计方法论"；从第二学年开始，亦以"工业设计"作为"设计基础"的替代名目。另外，《纲要》还对"现代工艺设计教育系统"，及至 1965 年的教材规划，做出明确的示例，期待借此构建一个"三位一体"的基础设计教育框架。不过，其最为引人注目的话语，则是认为：

---

59. 郑可：《"现代工艺"教学草案》。

作为"现代工艺"的特点，在于体现对于人民的极大的关怀。换言之，现代工艺品的设计，必须是符合人类的生理与心理的条件，使物与人的关系紧密联系、有机结合，充分发挥现代生产技术与现代物质材料的美，以最低的代价取得最高的效果，达成最大的节约。由此可见，举凡以大量生产为前提的现代工艺品，全都是科学、技术与艺术的综合产物，并具有经济与文化的双重性，它具体体现设计的合理性、适用性、经济性与审美性。因此，"现代工艺"的设计教育：第一，必定是进行科学、技术与艺术相结合的综合性教育；第二，必定是适应现代工业、现代科学技术的发展而进行的现代化的教育；第三，必定是结合实习与生产实践而进行的实际教育。[60]

"现代工艺"设计教育，包括以"设计方法论"为核心的，设计理论、表现方法、研究实验等三大部分而组成，相互联系、相互作用的教育体系。三者结合又反作用于设计教育，充实设计教育中的新生因素，使设计教育永远适应时代的发展而发展。……而在设计教育中，主要是以"设计理论"为中心，"设计方法论"又是"设计理论"的核心。无论是"表现方法"或"研究实验"，均与"设计方法论"有着不可分割的关系。事实上，"设计方法论"对于"表现方法"，产生提高作用；对于"设计理论"，产生指导作用；对于"研究实验"，则产生加强的作用。[61]

至是年，即 1963 年 7 月 12 日，工艺美院向中央手工业管理总局和文化部提出筹备报告，拟于 9 月建立暂附设于陶瓷美术系的"现代工艺工作室"和"现代工艺教研组"。10 月 16 日，中央手工业管理总局正式批准在由染织美术系代管的工业品美术专业（初称"日用工艺品美术设计专业"，又称"图案班""工业班"）中添设"现代工艺专业"，并计划于翌年招生。尽管仍有遗憾，但将近耳顺之龄的郑氏，及其开始主持的现代工艺工作室（或称"现代工业造型班"，1965 年撤销），还是再次推动了中国现代高等艺术设计教育在困境中的新迈步。

前述几年来，郑氏亦数次亲赴广州、上海等地，除带领学员参观、实习外，亦系奉中央手工业管理总局、中国美术家协会指示，专程调研模具及轻工业产品的设计、生产。对此，其总的印象是：模具的生产方法以手工操作为主，机械加工力量尚未全面发挥，近代化制模机械利用率不高，且花色品种少。其建议，组织专人加强调查研究工作，以及提升试验、研究机构和美术设计力量，组织专题性展览。[62] 另外，结合北京等地的状况，发

60. 郑可：《"现代工艺"设计教育纲要·前言》。
61. 郑可：《"现代工艺"设计教育纲要·教育体系》。
62. 郑可：《关于赴广州、上海参观模具制造的总结汇报》，手稿及整理稿，1962 年 8 月 19 日。

现在不少工厂中用于加工钢模、价值很高的重要生产设备——靠模铣床（小型"仿形铣"），竟都未能发挥实际功效，甚至造成积压与浪费。[63] 须知，郑氏痛惜的因由，当是自港北上时，随行的最重要设备，就是后来 20 多年都未曾理想地投入教学使用的两台"铣床"……

除此，这期间，其还因陋就简又独具开创性地进行了"硬纸设计"（将卡片或硬纸，经剪接、粘贴形成浮雕效果，用于广告、装潢等的展陈），承担了重新设计北京天安门广场大型照明立灯（包括灯柱、扬声器组合等），指导了工艺美院建筑装饰美术系毕业生设计、后得到批量生产的 BK—651 型北京市公交汽车造型等的社会任务。那些工作，仅从对提高手工业品的质量"重要环节之一"的"模具"[64] 的微观角度观察，也能发觉，郑氏实在是迫切希望通过积极的呼吁与努力，令传统手工业、制造业等落后的半机械化生产状态，尽快得以向现代且自动化的机器大生产过渡，继而通过技术与美术上的设计、联合，获得真正的社会创造力与国际竞争力。

作为粤人的郑氏，心中那种承自"洋务""维新"运动，源于"现代性"的焦虑，在工艺美院的一批年轻后生身上，竟也有了跨世代的"不自觉"表露：1964 年 9 月开学后，经过两年以雷圭元（1906—1988）为核心的图案教学，染织系五年制图案班三年级学员，再不愿仅仅是纸上谈兵，提出要求多学一些"不老套"的东西。经争取后，10 月，已是新成立的院学术委员会委员的郑氏，开始接手主持，并在以"图案"为别称举办的这个本科班级中，独立或合作开设"雕塑基础""设计基础""工业描绘""机械制图""设计练习""专业设计实习"等课程。很显然，授课伊始，郑氏便已将之引向"图案"的另一个概念指称，即"工商业美术"或"设计"。至 1966 年初，仅据课表，或已因该班改名"染织系（工）"——当为染织美术系的工业品美术班，而初步令其之纠结心绪，稍得舒释。

直至"文革"浪涌，郑氏那些"微不足道"的尝试，竟也因其之远见卓识，为同样身处世界巨变洪流里的中国现代设计，赢得了极宝贵的八年左右的发展机遇。当然，此亦乃中国现代史上，较早明确进行工业品设计专业化高等教育的，不应忘却的一座具有深刻内涵的里程碑。对此，论者曾这般评价："与庞薰琹不同的是，郑可似乎对密斯·凡·德·罗（Ludwig Mies Van der Rohe，1886—1969）时期的包豪斯（1930—1933）理念情有独钟，他在工艺美术学院的教学中着力推进功能主义至上的设计教育，强调少即是多。在当年的设计艺术界，他对技术十分重视，超过其他人，但是在改革开放以前的中国日用领域的生产水平无法与他所了解的真正的设计相适应的情况下，他的设计理想常常戛然而止。"[65]

---

63. 郑可：《关于充分利用"靠模铣床"的建议书（残件）》，手稿电子图像及整理稿，1963 年 4 月 16 日。

64. 郑可：《申请前往上海、广东、天津调研模具生产等并协助购买火车票之报告》，手稿及整理稿，1962 年 1 月 18 日。

65. 杭间：《中国设计与包豪斯——误读与自觉误读》，第 116—117 页。

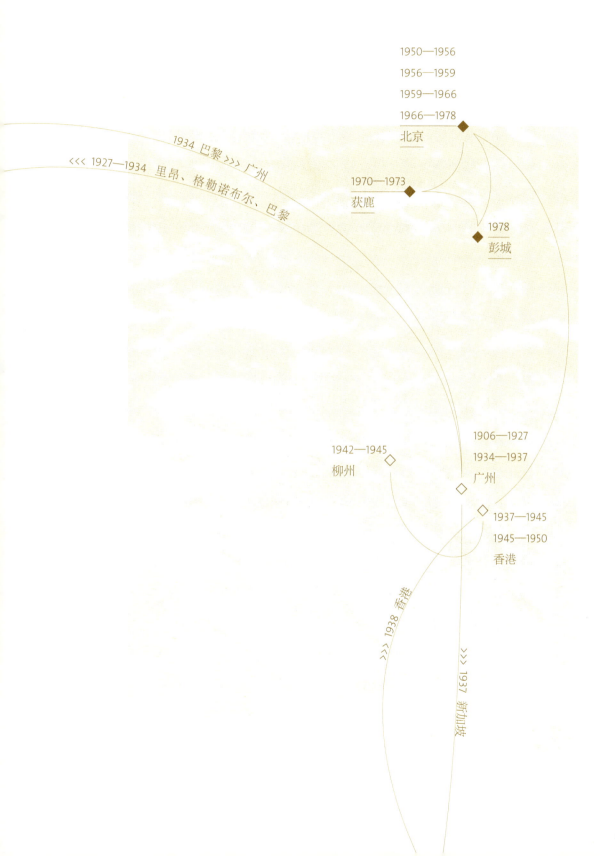

1950—1956

1956—1959

1959—1966

1966—1978
北京

1970—1973
获鹿

1978
彭城

1934 巴黎 >>> 广州

<<< 1927—1934 里昂、格勒诺布尔、巴黎

1906—1927

1934—1937
广州

1942—1945
柳州

1937—1945

1945—1950
香港

<>> 1938 香港

>>> 1937 新加坡

九

1966—1978
北京、获鹿、彭城

惹人喟叹的是，在 1964 年参与过全院历时年余的前往河北邢台执行的"四清"工作（"清政治、清经济、清思想、清组织"）后，1966 年下半年，随着"文化大革命"的爆发，"满脑子资产阶级个人奋斗思想"的郑氏，[66] 除被强行送往中央社会主义学院"学习"、遭受"揪斗"外，其在北京的家亦被红卫兵冲击，图书资料及个人早年相关作品等，几被查抄殆尽，充作"罪证"。1967 至 1969 年间，更为学校实际控制者所不断限制人身自由，且隔离于院内"牛棚"，进行思想改造，以致专业荒废，主要从事勤杂工作，间得暂时开释返家。

1970 年 5 月，郑氏又与工艺美院师生一道，被再次组织下放至河北石家庄获鹿（现鹿泉）小壁村北京军区 1594 部队农场"学生一连"劳动。直至 1973 年 9 月，其 67 岁时，方因集体"复校"而返京。大概又要晚到 1977 年 5 月，其才以主持工艺美院与财政部、中国人民银行印制管理局（现中国印钞造币总公司）合作的"纪念币设计制作培训班"（又称"浮雕学习班"），以及参与由"中国第一汽车制造厂轿车分厂"（现一汽轿车股份有限公司）相关人员牵头、工艺美院举办的"汽车造型设计培训班"教学的形式，正式重返讲坛。由 60 岁至 71 岁，首尾共计，所历厄劫，亦有十载。

不过，在此期间，郑氏仍以极强的毅力和极佳的心态，于相对宽松阶段，坚持着简单创作与授业：在下放地，多数时日，其干得最热火朝天的，竟是用捡拾来的废旧材料，替村民修补了几百个破水桶、脸盆等，由此得了个诨名——"破烂教授"；还冒险私下辅导几名中青年教师为老乡等绘制素描，借此积累下大量炭笔素描肖像……个中情形，反讽般地，真如郑氏 30 多年前所讲过的那样："举凡人类需要的一切事物，都要美术家设计，都要美术家装饰。这不是奢侈而是要求。"[67]

1972 年，因参与工艺美院承接的北京饭店及其新楼室内装饰和陈设用瓷等的设计，其有机会短暂往来于北京与河北，并赴邯郸市陶瓷研究所及彭城镇相关瓷厂、公司，同设计人员、生产工人等一起，利用三个月时间，集中制作了近两千件以日用器皿为主、小型动物雕塑为辅的陶瓷作品，继而最终形成个人陶艺的独特品貌。如此苦难中的偶然之得，倒又能够延续至 20 世纪 80 年代中后期，其与河北邯郸、江苏宜兴、安徽宁国、山东淄

66 并参郭秋惠编：《吴劳先生艺术、设计、教育思想摘编（1966）》，《中国现代艺术与设计学术思想丛书——吴劳文集》，济南，山东美术出版社，2011 年版，第 189 页；佚名编录：《郑可材料（"文化大革命"初期）·一贯表现》。
67. 郑可：《实用美术在现社会的地位——在省立民众教育馆讲》。

博、河南宝丰等地陶瓷公司，逐步建立起良好的校企及个人的合作、服务关系。当然，这也为其人生最后十年，在硅酸盐行业的设计、制造、营销方面的全国讲学、培训、指导、评比，铺就了道路。只是，在那个年代，新作品还是为其引来不小的批判，甚至某文化名流，也仍持着对"资产阶级形式主义"的批判"精神"，[68] 对那些"出奇制胜"的烟灰碟子之类小件，[69] 腹诽连连。

68 岁的郑氏，返校后接受的首个非集体参与任务，当是应邀重新设计了国内原先使用的英式圆形邮筒——改为方形，增加投信孔。到工艺美院特种工艺美术系成立的两年后，1977 年，71 岁的郑氏即当已转入该系任教。除初时的"浮雕学习班""汽车造型班"，其还于 1978 年春，再赴邯郸陶瓷公司主持短训班，创作出一批新的旅游纪念品。这一系列活动，也为其开始主持装饰雕塑（立体造型）专业，及启动筹建郑可工作室（附设金工车间，1980 年 3 月正式成立），招收二年制硕士研究生，创造了基本且必要的条件。

就是从此阶段起，郑氏已有意识地总结多年来的国内外经历和创作、教育心得。如在浮雕上比较中西传统创作技巧后提出"纳光、纳阴"法，[70] 在立体造型上提出"装箱法"（以假设的正方形体框定将表现的事物，实现快捷的透视、比例关系分析，并掌握其结构规律）、"适形法"（以多变的"抽象形"概括将表现的事物，删繁就简，而保证形体的高度完整性及特征）[71] 和"零件讲话"（强调创作时也应注重一种细节——零件——刻画，令其在整体中有个性），[72] 在基础教学中总结出"锥形互套"（基础、造型的"手"的训练从大到小、由多变少，创作、设计的"脑"的训练从小到大、由少变多，二者形成紧密嵌套关系，不能截然分开）、[73] "三互一连"（互相依赖、互相作用、互相渗透，引起连锁反应）、[74] "狼牙棒思维"（以一点为中心的全方位、发散性思维）[75] 等理论与方法。而在美术、设计领域，郑氏还逐步积极地引入金属爆破、金属喷涂、气压翻砂铸造、真空铸造、非金属电解铜等成型新工艺及工程技术等方面的新手段，彻底践行了"科学加实干"的艺术宗旨。更以己力，助推中国艺术新生代的持续成长。

68. 参见佚名编录：《郑可材料（"文化大革命"初期）·一贯表现》。
69. 沈从文：《致张兆和》，《沈从文全集·书信》，第 24 册，太原，北岳文艺出版社，2002 年版，第 98—100 页。
70. 参见张宝成记录、整理：《张宝成笔记》。
71. 刘景森：《我国艺术设计教育的先驱——郑可》，电子稿及整理稿，2015 年 5 月 1 日。
72. 并参张宝成记录、整理：《张宝成笔记》；郑可、蒋朔整理：《郑可话语录》，第 4 页。
73. 郑可、蒋朔整理：《郑可话语录》，第 3 页。
74. 郗海飞记录、连冕等整理：《郗海飞笔记·19780927》，复印手稿及整理稿。
75. 参见范伟民：《感怀与感恩——记我的老师郑可先生》，《雕塑》，2015 年第 2 期，2015 年 3 月，第 69 页。

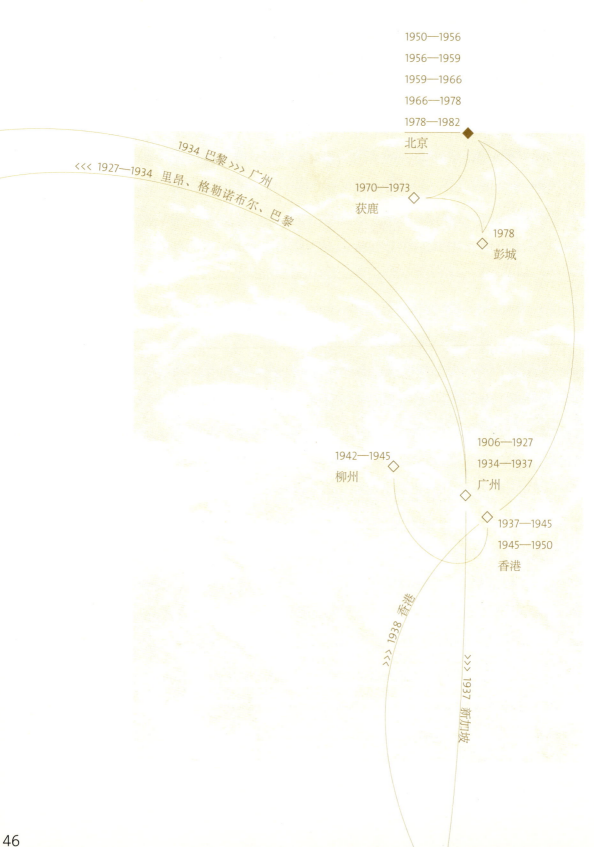

1950—1956
1956—1959
1959—1966
1966—1978
1978—1982
北京

1934 巴黎 >>> 广州

<<< 1927—1934 里昂、格勒诺布尔、巴黎

1970—1973
获鹿

1978
彭城

1942—1945
柳州

1906—1927
1934—1937
广州

1937—1945
1945—1950
香港

>>> 1938 香港

>>> 1937 新加坡

十

1978—1982

北京

一如其在 1980 年发表的《让雕塑为祖国"四化"出力》中，从雕塑这个"纯艺术"的角度提到的那般：

> 雕塑事业从来就是和工艺结合的。雕塑家必须懂得工艺制作，精通并亲身参与铸铜、刻石、翻模等专业劳动。我们的雕塑创作不能只停留在现有的石膏、水泥、大理石等几种材料上，民间有许许多多利用多种工艺材料制作立雕、浮雕的传统技法，值得我们去发掘与继承。我们要把眼光投到更多更丰富的新工艺新材料领域里去。要了解制作，了解生产，创作出价廉物美、为广大人民群众欢迎的作品。[76]

具体而论，正像其约在 20 世纪 70 年代末 80 年代初，一篇只开了头的《浮雕》书册草稿中所呈现的那样，[77] 即便是在讨论雕塑，其还是将之引向一种更广义的设计、工艺思路上。此与郑氏后来说过的，"工艺美术生产一方面要很好地保持手工技艺的特点，一方面某些环节的机械化、模具化，也是完全必要的，以便节约劳动力，降低成本，提高产品质量"，是同样一个道理。[78] 概言之，即"工艺美术和工业是血肉相连、不可分割的"，[79] 而包括雕塑、绘画等在内的创作，最终触及的还是大的"技术—意匠"问题。

而郑氏多元的人生阅历，成功地为艺术之花的重新绽放，提供了新的养料。譬如，1979 年下半年，其透过老友李桦的邀请，于近 30 年后，将商业丝网印刷技术第一次介绍给中央美院版画专业的研究生们，由此触发国内艺坛的"丝网印"风潮。是年 9 月末，郑氏还在张仃的统筹下，担任北京首都国际机场陶瓷壁画《科学的春天》之工艺、设计顾问，亲自指导邯郸市第七瓷厂技术工人等，完成复杂的烧造与拼装。到 1980 年 3 月，中国科学技术协会第二次全国代表大会召开，其更与庞薰琹等文艺界人士，及严济慈（1901—1996）、林巧稚（1901—1983）、华罗庚（1910—1985）、钱学森（1911—2009）、吴征镒（1916—2013）等科技界人士，共同当选为计有 200 余人的科协第二届全国委员会委员，真正成

76. 郑可：《让雕塑为祖国"四化"出力》，《文艺研究》，1980 年第 4 期，1980 年 8 月，第 36 页。
77. 郑可：《浮雕（未完成稿）》，手稿及整理稿，约 20 世纪 70 年代末 80 年代初。
78. 郑可：《工艺美术的继承和发展》，《中国工艺美术》，1982 年第 1 期，1982 年 3 月，第 6 页。
79. 郑可：《对工艺美术教学谈一点初步看法》，第 24 页。

为一名艺术、设计行业内的"应用科学研究工作者"，[80] 将人生最后异常忙碌的 7 年，落实在 20 世纪 80 年代初由其专责的"立体造型教学实验小组"暨"立体造型专业"，以及着手恢复小型实验工厂上。

回望 20 世纪 50 年代至 70 年代，能觅得的比较完整、系统的郑氏文稿、报告、刊件和讲话记录，基于种种主客观因素，目前所知约仅 15 篇、件。或许是因为特别保存的缘故，它们主要集中在 1962 年至 1963 年前后，占这个阶段已掌握文字量的 80%。不过，其形式上，也从 20 世纪 30 年代后期夹叙夹议的近 10 篇论述文，转为报告与随感。进入 80 年代，郑氏在助手参与下，得以草撰、提交的篇什与 60 年代时基本相当，且同样多为陈述、吁请式的报告，额外还增添了一些由弟子们誊抄下来的随堂笔记和"语录"短文，目前约计 18 篇。如果仅分析这 50 年代至 80 年代，头尾 30 余篇相对规整的材料，那么它们形成的时日，也多限于其事业发展的相对"宽松—高峰期"。时间上算算，也仅 25 年左右。所以，郑氏剩下这 7 年的必然的忙碌，仍是源自他深切的紧迫感：毕竟，约 30 岁学成归国，筹谋事业，直至后来倾力于具有更加广泛社会意义的高等艺术教育，期间一切，竟又多是在这断断续续累加起来的 20 余载内完成，想想那本就不可预见的晚年，对他而言，定是要用无尽的热忱与动能来填满……

首先，当在 1978 年至 1981 年间，郑氏为"立体造型"专业亲笔起草、绘制过缜密的四色《教育纲要》，还涉及相应的"教师要求"与"教学内容"，其内核仍主要采用 60 年代初关于"现代工艺"的理解与规划。不过，此际所谓的"立体造型"，已有明确的新倾向，即郑氏将"现代设计"的问题，开始逐步归纳、定位到"造型能力"上。虽然，不确定是否又是因某类不得已的"时事"或"策略"使然，但在"工艺—设计"中融合"雕塑化"的造型诉求，确乃其一贯的坚持与主张。关键还在于，这里面的辩证统一性，随着时间推移，倒显得越来越高、愈来愈强。

应是同样在这个阶段，开始大范围地出现将郑可、庞薰琹与"包豪斯"联系起来。庞氏在 1947 年前后曾有一段于广州任教的日子，[81] 郑氏彼时的活动场域多乃香港。至于出生年月相仿的两人能否有过直接接触，目前已难细考。不过庞比郑要早两年前往法国，即"1925 年 8 月，乘一万多吨的法国邮轮'波尔加'号，离开上海去巴黎"。其离法的时间，也较郑氏早了 4 年，1930 年初"回到祖国，回到了上海"。[82] 然而，在我们想来，恐怕恰恰

80. 郑可：《中央工艺美术学院特艺系"装饰美术理论讲座"教学参考讲义·谈谈工艺美术的设计与创新》（007#），1981 年 9 月 12 日（录音整理稿，自印本），第 5 页。
81. 并参庞薰琹：《就是这样走过来的》，北京，生活·读书·新知三联书店，2005 年版，第 217—222 页；袁韵宜：《庞薰琹年表》，《庞薰琹传》，北京工艺美术出版社，1996 年版，第 282 页。
82. 庞薰琹：《就是这样走过来的》，第 40、118 页。

恰是在 20 世纪 80 年代初逐步形成的个人回忆录内，庞氏追记的归国前的柏林旅行，令好事者彻底将"包豪斯"与他关联了。因此，更在"工艺美院"内外流传着，恐怕只有他同郑氏两位到过尚在运营的"包豪斯"学校、留心过其设计与教学的，至今仍常为旁人提起的那么一种别致的讲法。[83] 当然，就我们所凭借的核心材料论——庞先生方面主要是几段稳定的文字叙述，从所到达的地理位置上，他也算是比较接近"包豪斯"了。这么说不单由于庞氏未曾明言到过"包豪斯"学校内部，更关键的还有，23 岁的他那次似乎仅于柏林与科隆居停，[84] 而"包豪斯"仍在"德意志国"首都西南 150 公里之外的德绍苦苦挣扎，直至 1930 年 8 月汉斯·迈耶确定解职、密斯接任校长后的两年，方才迁校至柏林。[85] 换言之，据目下线索，郑、庞两位看来又都是在 1929 年先接触了仍处于"德绍阶段"的"包豪斯"，及其影响下的德国相关设计、建筑成果。这里面较微妙的区别则体现在：出国留学前便已搁置音乐深造，且曾受过手工艺熏陶和工业机械正规训练的郑可，在渴求最新的寰球实业变革养料的心理驱动下，特特地撞入该校校门，并跃跃欲试地听了两堂课，画了数张效果图。而庞薰琹则多是持着一种青年画家独有的矜束，流荡在"二战"前十年"魏玛共和"的陆离与光怪间。[86]

1980 年初开始，庞氏逐步恢复了"工艺美院"副院长职务，主持具体教学工作，并着重关注了在他看来是"室内装饰系及金属工艺专业"组合成的工业系。[87] 而在学院撤销"装饰雕塑专业"后，"郑可工作室"的最终建成（1983 年解散）及"立体造型教学实验"的继续开展，自然对于郑先生来说又是个难得的契机。不过，若从课表记录观察，郑氏除去主要参与特艺系，兼及染织、服装系等的教学外，竟也始终未为工业系教授过任何课程。他在那时，倒似乎已倾力于"工作室"上，更明确为此定下目标：配备两三名中青年教师，以研究现代金属工艺和装饰雕塑，着重于金属及非金属模具方向，同时利用陶瓷工艺条件及陶塑创作，提高学员造型能力，并培养三年制硕士研究生。由此，其还持续推演借多年设计生产、组织管理、教育教学经验而总结出的理论，产生了灵活机动的多角度"航海教学法"，[88] 再次明确要以"一条龙"方式（课程安排中"设计、生产、销售'三位一体'"，[89] 甚至包括维修、废旧处理等[90]），力图通过"模拟教学"（以泥塑、

83. 郑士波：《人终究是要追求点精神的——访中央美术学院教授庞涛》，《学习博览》，2014 年第 7 期，第 12 页。

84. 并参庞薰琹：《就是这样走过来的》，第 116 页；袁韵宜：《庞薰琹年表》，《庞薰琹传》，第 281 页。

85. 王建柱：《包浩斯：现代设计教育的根源》，台北，大陆书店，1985 年版，第 145 页。

86. 庞薰琹：《就是这样走过来的》，第 111—113 页。

87. 庞薰琹：《就是这样走过来的》，第 306—307 页；袁韵宜：《庞薰琹年表》，《庞薰琹传》，第 284 页。

88. 郑可工作室：《我们对今后工作的几点设想》，1981 年 3 月 30 日，中央工艺美术学院档案室编：《名人全宗·郑可卷——郑可工作室关于今后工作的设想》（JX·b·03—0128），第 1—5 页。

89. 郑可：《工艺美术的继承和发展》，第 6 页。

90. 郑可：《对工艺美术教学谈一点初步看法》，第 25 页。

陶瓷工艺为根本，在立体造型教学中，展开实物试制等模拟），[91] 养成一批"多能一专"的"通才"——甚至就是作为"高级的一种表现"的"万金油"型的设计者。[92] 这些，均又呼应了其于近 50 年前所提出的，"一个工业美术家是非有广博的知识不可的。……他不单要有美术上的修养，更要有科学的基础，丰富的经验"的观点。[93] 并进一步确认，"设计、生产、销售等环节要相互贯通，互通有无，这也是当前发展工艺美术所必须解决的一个重要问题"。[94]

只是，与郑可对中国工艺传统不断宣传、费心继承，同时又对西方以"包豪斯"为代表的早期现代主义设计观念和实践行为的全力吸收、自觉借鉴、改造运用的情境迥异，即便就个别新揭示的庞薰琹文献和仍显简率的个案分析中所见，此际庞氏对于后者，还是更多地延续了其所一贯秉持的扬弃态度。[95] 也就是学者所称的："庞薰琹是从现代绘画出发走向工艺"，并"以一个画家的眼光感性地、综合地接受了工业革命后现代设计的成果"。[96]

这边厢，郑氏亦未因高龄和复杂的人事纠葛而失语并选择休养，[97] 也少有对理应更好些的生活待遇提出怎样的要求，倒是以七旬过半之躯，在美术、设计交织的领域，在艺术、技术交叉的学科，特别是在工艺雕刻、陶瓷制造、金属加工等方向上，事无巨细地全面、全力铺开：亲力亲为地试制了"文革"后，由张仃设计的工艺美院银色镂空院徽初样；积极参与国家旅游局旅游产品发展、轻工业部消费品生产规划等社会咨询活动，等等。但，最令其着急的，却仍是"产出"——即"工厂"问题。透过几篇报告观察，可靠且有意义、能纳入教学体系的"实验工厂"（非真正意义上的"生产工厂"[98]）的筹建、运转，始终系其"心病"。郑氏甚至几次向上级部门申请外汇经费，冀望能凭此购买简单的几台设备"土法上马"，既为国家节约财力，又为学员提供必要的实习条件，进而为社会创造更大价值。如此愿望，似乎还包括直至其离世前一年，才基本建成的一间"金属首饰教室"（"金工工作室"）。

也是为弥补校内资源的不足，郑氏暨工作室不断走向社会，执行过大量的参访、实习，并开始积极承接政、商项目。这自然也是中国当代高等设计教育中，一个较早从事"产、学、

91. 谈伟超：《去中央工艺美院进修总结·郑可教授的教育思想体系》（节要），复写手稿及整理稿，1982 年 4 月 22 日。
92. 郑可：《对工艺美术教学谈一点初步看法》，第 27 页。
93. 郑可：《现代工业美术之轮廓》。
94. 郑可：《工艺美术的继承和发展》，第 6 页。
95. 参见周爱民：《庞薰琹艺术与艺术教育研究》，北京，清华大学出版社，2010 年版，第 179—180 页。
96. 杭间：《形成"工艺美院风格"的若干描述》，《装饰》，1991 年第 4 期，1991 年 8 月，第 8 页。
97. 谈伟超：《去中央工艺美院进修总结》（节要）。
98. 郑可：《对工艺美术教学谈一点初步看法》，第 27 页。

研"结合的知名集体。换言之，借助工作室等平台，郑氏高超地将早年于香港等地开工厂、办企业的经验，与教育和大众需求对接，契合了新时期社会消费迅速增长的历史趋势。更凭借个人之力，对处在经济增长"龙头"地位的广东、江苏等地的设计各方面事业之腾飞，发挥过极深远且根本性的作用。

当然，年近八旬的郑氏，在积极投身技术、产业实践的同时，仍能将那些新观感、新体会，清晰地传回高等教育及研究领域，以"大美术""大设计"的精神，构筑着真正意义上的跨学科平台：其甚至通过新成立的行业协会等，对具有社会改造意义的"工业设计"，进行直接的推动，继而将王受之等行业内外人士，引入当代中国设计的高速发展轨道上来，[99]为"设计"这个遭受多年冷遇的"特殊称谓"正名，令之逐步独立为一个值得充分关注的专门化系统学科。

而其持续的工作，也是伴随并推动着中国高等工艺、设计教育，由稚嫩向成熟的蜕变：从起初失于笼统、模糊的"陶瓷美术""工艺设计"，向后来偏营商的"工业品美术"、偏技术的"现代工艺"、偏手作的"特种工艺"、偏绘画的"装饰艺术"、偏传统的"工艺美术"、偏分科的"金属工艺"等，更趋专业化的执行逻辑迈进，并最终找回"工业设计"这一综合路径。

---

99. 王受之：《怀念高永坚老师》，《美术学报》（广州美术学院学报），2013 年第 4 期，第 7 页。

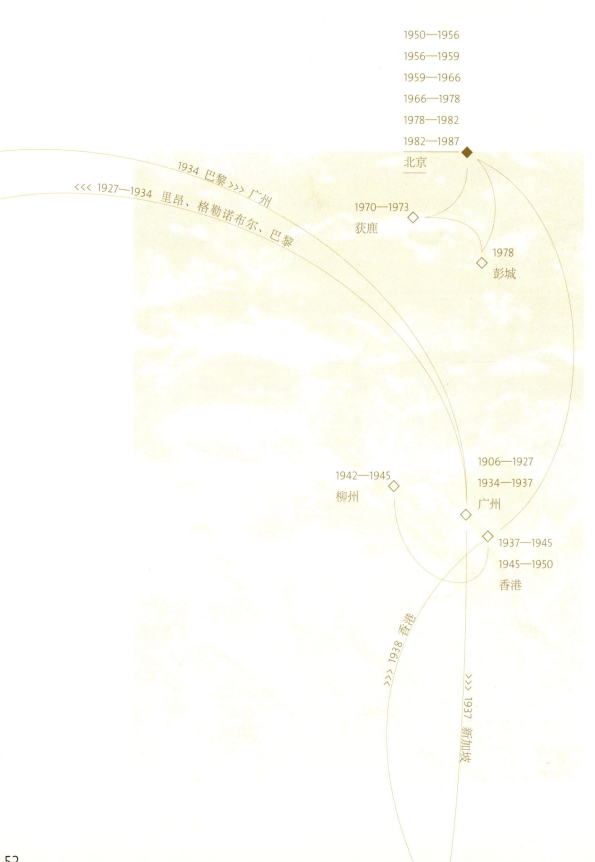

1950—1956

1956—1959

1959—1966

1966—1978

1978—1982

1982—1987

北京

1934 巴黎 >>> 广州

<<< 1927—1934 里昂、格勒诺布尔、巴黎

1970—1973
获鹿

1978
彭城

1906—1927
1934—1937
广州

1942—1945
柳州

1937—1945
1945—1950
香港

>>> 1938 香港

>>> 1937 新加坡

十一
1982—1987
北京

1983 年"郑可工作室"初告段落后，77 岁高龄的郑氏，仍以饱满的创作、服务热忱，马不停蹄地前往各地生产厂考察、讲学，无私地为传统工艺美术行业、企业的转型、升级，展开不间断的再培训与再教育。其中，除去参与过的"国家翡翠四宝工程"（1982 年），为河南相关陶瓷厂共同研发适合紫砂陶生产的胶模贴花、钢模压坯新工艺及软质浮雕模具（1983 年），最典型的例证还当包括由其主持的、工艺美院承办的"装饰雕刻短训班"（1981 年），以及北京市工艺美术品总公司的金属模具培训班（1983 年）、轻工业部工艺美术总公司委托代为培养的工艺美院金属工艺培训（大专）班（1984 年）、财政部和中国人民银行总行的"造币（班）"培训（1985 年），等等。其还广泛涉足北京、江苏、安徽、河北、福建、山东、河南、陕西、广东等多个陶瓷及工艺美术品产区的，与制造、设计相关联的指导、讲学工作。

1982 年春，76 岁时，郑氏已当选为"全国城市雕塑规划组筹备委员会"副主任。而在这段时日，其仍常借助各方面的技术力量，持续进行以陶瓷、金属、石材等为载体的雕塑艺术创作，凭着惊人的体力，在境内外完成一批以城市及纪念性雕塑为主的高水准作品。甚至他利用少有的异国（南斯拉夫）短暂交流机会，研发出陶瓷"麻布造型法"等烧造新工艺，传授给当地的两名助手。

继而，也是延续早年的"写作习惯"——以文字配合重要创作、实践活动，借书面内容的发表，诠释艺术作品在宏观层面上的社会作用和影响。不过，除个别呈送的报告外，那些词句，又多是由助手等协力，以讲话稿、话语录的形式留下来。更可惜的是，郑氏这些实践与思想精华，最受重视的，至今仍停留于单一的"装饰雕塑"层面，而对其毕生所倾力的设计、艺术与科学、技术的融合，即所谓"创作（课）或称设计（课）"的理念，[100] 当时已多见误解，后辈中亦罕有能通透领会且传袭衣钵者。借用其 1980 年 1 月授课时的原话说，真可谓是"我所懂的、干的，过去没人干，现在仍然没人懂、没人干"。[101] 这些，从目前收集到的郑氏合共 48 篇、册文稿的"学科分布"上，也能得到侧面的印证：其专题谈论"雕塑"的内容，不到 10 篇、册，余下的则集中在"立体造型—工艺设计"领域。

100. 郑可、蒋朔整理：《郑可话语录》，第 3 页。
101. 郗海飞记录、连冕等整理：《郗海飞笔记·19800117》

有鉴于此，郑氏在 1982 年 4 月，文化部、轻工业部联合委托工艺美院筹备召开的"全国高等院校工艺美术教学座谈会"（又称"西山会议"）上，更曾发出过掷地有声的表态：[102]

> 工业美术设计本身是物质机能、使用功能的设计，也是美学原则在设计中的自觉运用，不存在什么装饰的问题。我历来是反对"装饰"的，所谓装饰就是别人已经完成了的设计，你去给它打扮打扮而已，这种打扮不是设计的实质。现在有人把我的专业叫"装饰雕塑"，我根本就不承认。我的雕塑不是去为装饰别人而存在的，它本身就应该是设计，应该具有使用功能和价值。

就本体论与知识论所见，彼时，郑氏已深深不满于粗鄙、狭促的学科框限，特别是面对迅猛递变的世界格局，其亦早已摒弃单一的"'功力—技巧'崇拜"，快速步入多元的"'意识—观念'驱动"的新情境。[103] 而在坚持"雕塑"最根本的"空间"和"影像"要件的同时，[104] 充分将其立体造型能力，推广向更宽阔的综合"创作—设计"领域。用其在 20 世纪 60 年代的话描述，此际的"雕塑"的"概念已经从造型艺术的领域，又前进了一步，形成单纯的造型的最大特点，基本上可以列入大量生产性的产品造型范畴。因此，对于雕塑的教学要求，在于加强它的'装饰性'，去掉繁琐的表现'手法'与自然主义的所谓'技法'，培养学生的塑造能力、概括能力、表现技巧以及创作方法"。[105] 最终以一种统合的精神，将"雕塑"的概念，彻底向"立体造型"的范畴转换，[106] 从而彻底抛掷属于"装饰"的，简单且愚顽的行事逻辑。

而与之密切关联的"素描"问题，据"西山会议"参会者描述，郑氏仍然坚持以同样开阔的思维，"一再强调'素描有几千种'"。[107] 换言之，可堪佩慰的即在于，其早已甩脱俗世的各色"界定"，凭着高度的职业责任感，践行着中山先生"以若所得，教若国人，幸勿自秘其光"的训言，[108] 通过不遗余力的推动，企望令后进的中国艺术界的种种落寞与畏缩，终能得个新的改观。

102. 郑可：《对工艺美术教学谈一点初步看法》，第 25 页。
103. 参见郑可、吴少湘整理：《谈雕塑教学》，《美术家通讯》（北京），1985 年第 4 期，第 10 页。
104. 郑可、吴少湘整理：《谈雕塑教学》，第 10 页。
105. 郑可：《"现代工艺"设计教育纲要·教育内容》。
106. 参见任世民：《郑可先生的浮雕造型艺术思想》，电子演示文稿及整理稿，2015 年。
107. 孙宜生：《意象造型教学（提纲）：序言——"意象之年"》，《西安美院学报》，1983 年第 1 期，1983 年 4 月，第 19 页。
108. 转引自徐以骅：《基督教在华高等教育初探》，《复旦学报（社会科学版）》，1986 年第 5 期，第 87 页（注 19，1913 年 2 月 1 日孙氏上海圣约翰大学演讲辞末段）。

至于对工艺美院，这一担负着沉重历史使命和民族责任的事业关键节点，郑氏的批评，除去早已提过的"人浮于事"外，自然更多是着眼于促进其教学和学科全面、健康发展的角度：

> 我院的教育基础，是从"老艺专"的旧模式转变过来的，这就是从"纯美术"教育转变为"工艺美术"教育。工艺美术应以设计、创造为基础，通过科研、生产、销售的知识（"一条龙"的关系）培养人才。即要培养动脑（智力）又能动手的，创造性的、有造型能力的人才。……我院自从成立以来，长期停留在基础课与专业课分家的局面，教师不能交叉上课，学生对两种课程之间的网络关系不了解，进步很慢，创作能力不强。……我院一向是不重视科学和工艺技术，四年的教学中 70% 是基础课，对智力开发不重视。这种现象很不适应科学发展和当前"新技术革命"的需要。……建议增加科学、经济学和管理学的知识，使学生有"一专多能"的设计能力。……时至今日，我校部分人还不明确什么是"工艺美术"的问题，将"工艺美术"看成是"纯美术"，这对工艺美术的发展是非常不利的。[109]

关于"基础课"与"科技"的问题，在 1963 年初的《纲要》中，其早已坦言："基础课程是学习共同的、实际的、科学的基本原理，以及造型技法、工艺技术等内容，它是基础的专门教育，也是学习'现代工艺'专业的学生，必要的一种素养教育。其内容大致分为 3 项科目：设计基础、造型基础、科技基础"，那么"作为科学、技术与艺术的综合体的现代工艺品，并不单纯是依靠美术设计所形成的艺术外壳，而是从表及里地包括机能、构造、材料、加工技术等等基本因素的，象征我国在科学技术方面高度成就的现代化的产品"。[110]

1984 年，香港两名中青年设计师为协助推动国内军工产业向民用转型而赴京讲学，78 岁的郑氏得知后，即主动邀约二人前往工作室与居所参访。这恐怕是其在生命末叶，与香港设计界被明确记录下来的最后一次直接交流。三载后的 5 月，即辞世前不到半年，郑氏亦曾应居港旧学友之请，为几位英籍名人塑像、制瓷，但又似乎因其骤然的离开而未见完成。若再往前推溯 7 个月左右，即 1986 年 10 月，其以"特艺系"一年前成立的"第四工作室"（即 1983 年解散后重组的"郑可工作室"）为基础，着手筹备预计将于 1987 年下半年正式招生、开课的 4 年制本科"金属工艺专业"相关工作，则恐怕乃其晚岁，为中国高等设计教育所做的最后一次突围……

---

109. 郑可：《关于教育改革及"工艺美院"教学存在的一些问题（草稿）》，手稿及整理稿，约 20 世纪 80 年代中期。
110. 郑可：《"现代工艺"设计教育纲要·教育内容》。

遗憾的是，1987 年 9 月 22 日夜，在新学期开始不几日，因突发心肺功能衰竭，抢救、医治无效，郑氏高龄却旺健的生命，在北京戛然告止，终年 81 岁。

纵观郑氏一生，以南粤为起点，于法兰西周游数载后，重又与苦难争斗中不断强大的祖国之命运，紧密相连。在艺术上，其准确把握住作为一切人工表现形态及其创作手段内最根性的意匠和观念，并将"大设计"的逻辑，贯注于职业生涯前 20 年的专门化和产业化行为之内，构筑出一套独具特色的处置策略与作品风貌。继而，在后 30 年的社会、政治环境里，仍能将丰富的实践经验，提升为宏观与微观兼具的教育方法，借助中央工艺美术学院的平台，对现代中国的艺术和设计，形成重要的启迪、开拓与辐射作用和影响。总的来讲，这是在"设计"乃至"艺术"未获应有尊重的情状下，以个人之力，无惧堀堁扬尘、山崩水竭的懊溷与凄黯，刚决地背负着其发展使命的，犹如置身荒野的修士般，闪耀着坚毅、高洁的人性辉光的一生。

依前所记，20 世纪 50 年代初、中期，郑氏已在香港和北京，先后参加了中国民主建国会、中国民主同盟，后更于 1981 年加入中国共产党。其主要艺术创作，已于 2014 年，由门生结为《郑可 1905—1987》图集。[111] 个人《文集》首辑，在整理、收录一批重要历史材料和零次文献等的基础上，经 10 年编研，已在 2020 年梓行。

另，其与 2000 年离世的夫人苏淑娴，育有二女，郑玄、郑方。长女修习选矿学，幼女因多年随侍，稍能承业。

111. 王培波主编：《郑可 1905—1987》，北京，生活·读书·新知三联书店，2014 年版。

重订年表

说明： 本表基础，源自《中央工艺美术学院档案·名人全宗——郑可卷》（形成日期：1986 年；形成单位：院办）所附文件作者为"本院"的 17 页手写简式、无注释《郑可年表》（简称"档谱"）。后经赵旻初步整理，录在其 1999 年中央工艺美术学院学士学位论文《为生命而歌——郑可先生的艺术与教育思想研究》末（第 24—29 页），再择要附于王培波主编《郑可 1905—1987》尾（第 346—347 页）。

现以今次整编内容为"参证来源"（依刊布先后缩略排出，多已收入本集），逐年、逐条、逐项，或增删、或重订。并依，吴瑾《青年艺术社与广州现代美术（1927—1937）》（广州，岭南美术出版社，2010 年版，第 46、66、164—166 页）、清华大学美术学院院史编写组编《清华大学美术学院（原中央工艺美术学院）简史》（北京，清华大学出版社，2011 年版；

年岁	事件说明
1906 光绪三十二年	○ 6 月（末），[1] 生于广东广州，祖籍广东新会贵美（现属江门），本名"应能"，小名"阿能"。
1910（4） 宣统二年	
1913（7） 民国二年	○ 入私塾，[2] 喜好陶潜诗文，影响终身。❶
1921（15） 民国十年	○ 奉母命，考入广州内城西南隅的"私立圣心中学"。[4]
1922（16） 民国十一年	○ 热衷音乐，成为"圣心"管乐队萨克斯演奏者，兼习单簧管及长笛。 ○ 拜广州知名牙雕艺人潘亮为师（1924 年止）。[5]

[1] 郑氏生辰，据 2014 年 12 月 4 日晚 19 点 45 分左右，笔者致电询问北京其二女儿郑丹女士得知：因时代动荡且接受西式教育，郑家内部对于早年相关细节，一直无法准确说清，郑氏迁京后的生日，一般以公历 6 月最末一个礼拜天为志。至于生年，今则暂依笔者所藏、于 1979 年 4 月 10 日由旁人代填的《中国美术家协会会员登记表》上记录，及邱陵《从黑陵墙到白堆子——忆雷圭元先生》文末与注释所称庞薰琹、雷圭元、郑可、邓白、沈福文乃"工艺五骏"为据（《邱陵的装帧艺术：装帧史论·装帧设计·写生作品选》，北京，生活·读书·新知三联书店，2001 年版，第 185 页）。故，推测即 1906 年，而可能日期则为公历 6 月 24 日，即夏历 5 月 3 日，是年属相

为"丙午马"。但，若为 1905 年，则该年 6 月 25 日确为周日，且农历上乃 5 月 23 日。惟，"档谱"录在"1906 年 5 月 25 日"，早年论述却多采 1905 年，而相关工具书词条则以"1906 年"为常见，较重要的如北京语言学院《中国艺术家辞典》（现代第 5 分册，长沙，湖南人民出版社，1985 年版，第 453—454 页）所收录者。另，"文化大革命"初期，旁人编录、抄写成的《郑可材料（"文化大革命"初期）》（手稿及整理稿，1966 年中）中，所记郑氏年龄在 59 岁至 60 岁之间，又有明确的"1966 年 6 月 3 日"时日记载，及"反右派斗争至今 9 年"相关字句，或可再证其生年，应记在 1906。

[2] 入读私塾时间，《中国艺术家辞典》（现

代第 5 分册，第 453 页）记在 1912 年。

[3] 伍氏资料，较详尽、可靠者，先见于吴瑾《广州中山纪念堂的〈总理遗嘱〉是谁书写》文（《岭南文史》，2005 年第 3 期，2005 年 9 月，第 47 页）所记：新会人，与李桦、吴瑾、赵世铭等均系"市美"1926 年首届毕业生，曾参加"北伐军"（并参吴瑾《我的父亲——吴子复的生平与艺术》，中国人民政治协商会议广东省委员会文史资料研究委员会：《广东文史资料·艺海风华——广东文化名人之三》，第 72 辑，广州，广东人民出版社，1995 年版，第 49—50 页；黄渭渔《广东省高等美术院校的渊源及其演进》，《一抹彩霞出岭南——美术随笔论文集》，广州，花城出版社，2000 年版，

简称"院史"），比照增益。惟，凡参证暂阙者，基本承自"档谱""院史"；凡有个别明显冲突、疑问者，均以符号"[]"标明；凡所余误漏，迨新见史料，再统筹据改。另有必要处，则据其他材料详注。而凡与郑氏个人情况关系较大者，概列为页下注。

又，"事件说明"两栏，第1栏为核心史实，第2栏为辅助展开，更以符号"○"提示主要条目，以"◎"提示其他内容，以后置"❶❷❸❹"提示左右关联。"文词/报告/讲话"中，"文词"包括"专册"，并以符号"○"，提示已正式发表者。

	文词/报告/讲话	参证来源
◎ 父华秋，是在香港从事面包等制作的西点师。 ◎ 郑氏长于广州"西关"（在今荔湾区）手工业区，该地金属、牙雕、玉器等的制作、产销，甚为发达。		《沉痛悼念郑可同志》《郑可教授考察唐山陶瓷》《回忆郑可先生对我说的几件事》
◎ 父亡于鼠疫，家境转为困顿，靠寡母郑梁氏替人缝补浆洗，维持家计。		《不志奇才》
◎ 结识伍千里。[3] ❶		《周国桢拜见郑可》
○ 每日主要沿大新路步行上下学，仅有早、晚两餐，午间常留连于手工艺作坊，接触并初步了解了木家具、牙雕、贝雕、玉器等多项手工艺制作情形。		《工艺美术家》
◎ 与友人麦君瑞合作，设计、制作出一只"竹壳船"（长60cm)，"船"中小锅炉、迷你蒸汽机等，均系郑氏一手"包办"，此常被称为其平生"首件作品"，后亦得"机器能"的雅号。		《介绍两个个展》《现代设计的开拓者》《不志奇才》《跨越艺术与设计的大家》《忆雕塑家郑可》

第258页；胡根天：《记全国最早一间公立美术学校的创立和发展过程的风波》，广州市文史研究馆编：《胡根天文集》，广州市文史研究馆，2002年，自印本，第226页），后供职中国国民党广东省党部，专资宣传、设计兼摄影，及至1938年冬，已成为张发奎副官(亦参张发奎：《张发奎口述自传》，胡志伟译，北京，当代中国出版社，2012年版，第200页）。后，吴氏《青年艺术社与广州现代美术》一书辟专节绍介（第162—163页）。另，散见报道其曾于20世纪30年代初，与郑氏合作，在广州"永汉路"开设"大众摄影造像店"（广州市地方志编纂委员会编：《广州市志·文化志》，卷16，广州出版社，1999年版，第293页），1934年担任梅健鹰（彼时为中学生）等倡建的

广州培正中学"红蓝摄影社"顾问（公元等编：《广东摄影艺术志（1843—2006)》，广州，岭南美术出版社，2008年版，第115页），作为"干事"参加过1938年成立的"全国漫画协会华南分会"（毕克官、黄远林：《中国漫画史》，北京，文化艺术出版社，1986年版，第177页）。而1944年3月间，赋闲流寓桂林的蔡廷锴，在前往柳州时称其为友朋（蔡廷锴：《蔡廷锴自传》，下，哈尔滨，黑龙江人民出版社，1982年版，第617页）。后为1947年成立的"中华全国美术会（原称"中国美术会"）广东省分会"理事（朱伯雄、陈瑞林编：《中国西画五十年（1898—1949)》，北京，人民美术出版社，1989年版，第352页），并于同年夏，发起成立"广东摄影学会"（广东省

地方史志编纂委员会编：《广东省志·文化艺术志》，广州，广东人民出版社，2001年版，第25页）。

[4]考入圣心中学（法国天主教会学校，即在今越秀区大新路广州市第三中学校址）时间，《中国艺术家辞典》（现代第5分册，第453页）记在1918年。

[5]随潘氏（牙雕名师梁为子梁鉴泉高足，后曾迁至香港）学习牙雕时间，《中国艺术家辞典》（现代第5分册，第453页）记在1921年。

年岁	事件说明
1924（18） 民国十三年	○ 与"圣心"校友郑厚湖（志声，后为作曲家、指挥家）、罗广洪共同发起创办"（广州）中华音乐会"。[6] ❶
	○ 常往广州市市立美术学校（"市美"）习画。[7]
	○ 经伍千里介绍，结识李桦（后为中央美术学院教授、版画系主任），对美术有了明确认知，并开始系统自学。
1925（19） 民国十四年	○ 考入广东省立工业专科学校，[8] 学习了一年机械专业，掌握并奠立从事金属工艺制作等的基础理论与科学实践能力。
	○ 于国立广东大学农科学院（国立中山大学农科学院前身，后调整并入华南农学院）学习法文。
1927（21） 民国十六年	○ 10月（初），依靠课余制作纪念章和家中变卖房产等的不多所得，经"中大"代办签证，初欲乘船由香港赴法国"里昂中法大学"勤工俭学。❶
	○ 11月（1日），经马赛（Marseille）抵达里昂（Lyon）后不久，为更好地学习语言，即转往法东南部、阿尔卑斯（Alps）山区的格勒诺布尔市（Grenoble，今伊泽尔省首府）。❷
1928（22） 民国十七年	○ 5月，入格勒诺布尔市立工业美术学校学习绘画基础，及建筑雕塑和工艺美术等课程。

[6] 亦见王震亚《郑志声传略》（《中国音乐学》，1990年第1期，1990年4月，第115页）。

[7] 与"市美"有如过此一段因缘，所以黄蒙田曾称郑氏和吴子复、李桦、赵世铭均是该校"造就了（的）不少人才"之一，其至是"该校的第一届毕业生"（《由赤社到尺社》,《艺苑交游录》，广州，岭南美术出版社，1985年版，第213—214页）。惟，黄氏记录的"市美"成立时间颇谬，应在1922年，其时广东省长廖仲恺为之题写校名，位于"第一公园—中央公园"内东北角（胡根天：《记

全国最早一间公立美术学校的创立和发展过程的风波》,《胡根天文集》，第222—223页），故其谓郑氏乃"第一届毕业生"之事，恐亦当商榷。

[8] 考入"工专"（最早可追溯至1910年的广东工艺局，1918年成立广东省立第一甲种工业学校，终并入今华南理工大学。1920年高剑父曾任短暂掌校，旋因牵涉陈炯明与陈独秀政争，引发该校学生罢课、被刺等事而辞职。并参黄大德编：《广东丹青五十年——1900—1949广东美术大事记》,《广东美术通讯》，1994年第8期，

第26页；佚名：《华南理工大学概况》，http://www.scut.edu.cn/page/about1.htm；刘娟、袁征：《1921年广东各界"驱陈"始末》,《学术研究》，2014年第4期，第98—99页），后即广东省立勷勤大学工学院前身（亦参陈雪峰：《在政治与教育之间：时局背景下的广东省立勷勤大学研究》，广州，中山大学硕士学位论文，2003年，第17页，转引1933年《广东省三年施政计划教育事项说明书·序》）时间，《中国艺术家辞典》记在1922年（现代第5分册，第453页）。倘考虑与留学而更改年岁之事，此《辞典》所记年代，至1934年由法国返

◎ 该会以广州维新路（今起义路）某规模较大茶馆为会址，约 30 多人参加，冼星海亦列其中。❶

○ 春，孙文先生辞世后，郑氏曾用"照相蚀刻法"制作金属纪念章，并于中华书局广州分店（在今北京路）寄售。

《不志奇才》

○ 郑氏留法，亦受马思聪（作曲家，曾为中央音乐学院院长）叔父、其时"中大"农学院教授，同在中华音乐会的马育清的鼓励与帮助。惟，至签证填表之际，方更名"可"，改岁数为"19"。❶

《介绍两个个展》《现代设计的开拓者》《不志奇才》

◎ 同行另有 4 名"中大"学生：学音乐的郑厚湖、[9] 学哲学的陈节坚、学水利的李子翔、学农学的黄士辉。❶
◎ 或当于中法大学及格市语言学校，结识刘景芳（泗滨，代数数论及天文学家，后为北京钢铁学院教授）。[10] ❷

◎ 核心教员为贝利。
◎ 7 月，继 2 月胡根天被迫辞任"市美"校长、3 月"市美"学潮后，陈之佛成为该校图案系主任。01

《雕刻家郑可》

归前，几处或即均约以减 4 龄计算。

[9] 据王震亚《郑志声传略》，1927 年毕业的郑厚湖亦有"劝说中学同学郑可与他结伴"，"适逢广东中山大学校长邹鲁选派留学生到用庚子赔款开办的里昂中法大学学习，他们和中法大学的留学生同行去法国。当时制度不很严密，差不多也受到与留学生相同的待遇。一行六人于 1927 年 10 月初由广州乘船动身，一个月后抵马赛，中法大学有代表迎接，当天乘车抵里昂。正值 11 月 1 日法国人的扫墓日，沿途见许多人扫墓。他们暂住中法大学"（第 115 页）。

惟，同行人数，王氏于《郑志声先生生平事迹鳞爪——纪念郑志声先生逝世四十周年》中原称"广东中山大学 1927 年正要送四个留学生到法国用庚子赔款办的中法大学去学习。郑志声先生和一个中学同学一起随这一批留学生于当年十月初由香港启程赴法国，路上差不多走了一个月，11 月 1 日抵马赛"（《人民音乐》，1981 年第 11 期，第 30 页），今暂依"档谱"表述。

[10] 陈绍菱等《刘景芳》（程民德主编：《中国现代数学家传》，第 5 卷，南京，江苏教育出版社，2002 年版，第 24—25 页）。惟，

该篇记载刘氏 1932 年获得首个博士学位后，即开始攻读天文学，同时"考入了里昂中法大学，进入该校的目的是获得官费留学资助。该校由中法大学协会管理。当时与他同在该校的有程茂兰、郑可、王士魁等"，似言郑氏此际与里昂中法大学仍有联系。又据 2015 年 1 月 25 日下午 16 点左右，笔者致电郑方女士询问，郑氏生前似亦提及曾于里昂学习过工艺相关技术，惟时日不详。故，郑氏于里昂之踪迹，仍追日后详考。

年岁	事件说明
1929（23） 民国十八年	○ 夏，前往巴黎勤工俭学，并成为巴黎国立高等美术学院（École Nationale Supérieure des Beaux-arts de Paris）旁听生。❶
	○ 仲夏，乘火车由法国入德国，前往德绍（Dessau）、汉内斯·迈耶（Hannes Meyer）任校长的国立包豪斯学校（Des Staatliches Bauhaus），旁听了两堂课（还用色粉笔和法式图绘技法，据随堂所授内容，于纸上勾画了几幅产品图）。❷
1930（24） 民国十九年	○ 正式考入巴黎国立高等美术学院雕塑系，师从罗丹（Auguste Rodin）好友阿尔弗雷德·布歇（Alfred Boucher），[11] 私淑罗丹弟子埃米尔·安托瓦内·布德尔（Emile Antoine Bourdelle）。❶
	○ 于巴黎市立实用美术学校 [12] 修习染织图案、室内外装饰、家具、陶瓷、玻璃、金属、首饰等工艺、设计。❷
1931（25） 民国二十年	○ 春，两件人物半身像获法国沙龙展览会奖。❶
	○ 经彼时旅法的何香凝介绍，获得国民革命军第十九路军海外教育资助。

[11] 郑氏法国师承，部分同期留学于巴黎国立高等美院者，虽有登记，但多未见更精细叙述，如王子云《从长安到雅典——中外美术考古游记·欧洲编》（下，长沙，岳麓书社，2005年版，第417页）称，1931年秋其入读时，"中国在巴黎学习美术者约三十多人，进入美术学校雕塑系者就有八人之多。

学校有三个男生雕塑教室，一个女生雕塑教室，三个男生教室由三位学院派雕刻名家朗多韦斯克（P. Landowski）、勃舍和勃啥（H. Bouchard）分别主持。每一教室都有中国学生学习。现在国内有名的雕塑家刘开渠、曾竹韶、王临乙、郑可、周轻鼎（已故）等，都是当时的同学"。

[12] 进入巴黎市立实用美校的时间及原因，据《中国艺术家辞典》（现代第5分册，第453页）为"1928年受工业救国思想影响"，惟其年代当误，今仍据"档谱"。

[13] 据2015年1月25日下午16点左右，笔者致电郑方女士询问确认并补充相关

○ 9 月，加入广州 "青年艺术社"。[02]

○ 仅在 "包豪斯" 校区周边的小旅店停留了一昼夜。❷

◎ 旁听生另有周轻鼎（后为 "浙江美术学院" 雕塑系、民间美术系主任）。❶

《雕刻家郑可》《回忆郑可先生对我说的几件事》《郑可其人》《访王受之》

○ 坚持在周末、夜校和私人画室，深造工业美术、图案和绘画基础，并曾到相关工厂实习（如制毯厂、石膏模型厂、大理石制品厂）。

○ 在巴黎期间，与学音乐的郑志声、冼星海，曾共同租住某间阁楼。冼氏亦曾鼓动郑氏购买长笛吹奏（该乐器至今仍存郑家）。[13]

○ 在某油漆厂做小工（1931 年止）。

◎ 郑氏有言，"布德尔曾问过他：'你来法国做什么？中国有那么伟大的雕塑艺术你不学，这么远跑来这里！'" ❶

◎ 雕塑系同学包括：王子云（后为西安美术学院教授）、滑田友（后为中央美院教授）、廖新学（后为昆明师范学院艺术科教授）、程曼叔（后为浙江美院教授）、刘开渠（后为中央美院教授）、王临乙（后为中央美院教授）、曾竹韶（后为中央美院教授）等。其中导师同为布歇者，除郑氏，还有早期完成学业、已回国的李金发（象征主义诗人、雕塑家、外交官），以及刘氏和周轻鼎。[14] ❶

◎ 核心教员为巴黎染织学会主席弗路。❷

◎ 年内（约），结识中山大学派出赴法国巴黎大学修习人类学的杨成志（后为中央民族学院教授）。[03]

《雕刻家郑可》《工艺美术家》《跟随郑先生的岁月》《现代设计的开拓者》《异国忆恩师》《忆雕塑家郑可》《回忆郑可先生对我说的几件事》

○ 成为某位美国籍装饰艺术女画家的调色助手。

○ 下半年，伍千里（时任国民党省党部宣传科干事）将郑氏的 "孙先生浮雕像" 制作为广州中山纪念堂落成开幕纪念章。

◎ 获奖作品塑造的两名人物，均系郑氏友朋：同学廖新学及某位意大利人。❶

《雕刻家郑可》《现代设计的开拓者》《从雕塑家到现代艺术设计的先驱者》

细节，如郑氏于家庭内曾对郑志声有颇高评价。

[14] 亦参刘礼宾《现代雕塑的起源：民国时期现代雕塑研究》（石家庄，河北美术出版社，2010 年版，第 20—22、25 页）。另，李金发约于 1939 年完成的《二十年来的艺术运动》（中国现代文学馆编：《李金发代表作——异国情调》，北京，华夏出版社，2011 年版，第 271 页）中，也曾议及："西洋立体艺术——雕刻——国人以前不曾了解，当民国十四年，我回国时，说起雕刻这名词，人们都误为是刻图章，后来因为做果腹的模型，及渐次作文字的宣传，已渐有了了解和重视，陆续到法、比、意、美各国去或在国内专门此业的，已有不少人，据记忆所及有梁竹亭、王临乙、张充仁、陈锡均、江小鹣、王静远（女）、滕白也、梅与天、刘开渠、汪浪萍、王子云、张伯宗、郑可、岳仑等"。

年岁	事件说明
1932（26） 民国二十一年	○ 2 月，完成获巴黎市立实用美校评比一等奖的设计作品《铁门》。
1933（27） 民国二十二年	○ 2—4 月间，与常书鸿（后为敦煌研究院院长）、吕斯百（后为南京师范学院美术系教授）、郭应麟（曾为厦门集美师范学校艺术科油画教员兼美术馆主任，后旅居印度尼西亚）等共同倡议成立"中国留法艺术学会"，系首届"学会"展览股委员之一。[04] ○ 参观包豪斯学校首次于巴黎举办的展览，受到深远影响。 ○ 十九路军"军需"（邓瑞仁）主动联络，给予生活费，要求专门 [在"高级工艺学院"] 学习室内装饰。❶
1934（28） 民国二十三年	○ 春，石膏《中国人像》参加法国巴黎春季沙龙，获优等奖。[08] ○ 8 月（28 日晨），乘意大利邮轮，经近 1 个月，返抵上海。 ○ 9—10 月间，归广州。❶ ○ 任广东省立勷勤大学工学院（先后并入国立中山大学、华南工学院）陶瓷技士[16][实用美术技士、建筑工程学系教授]、陶瓷 [美术] 工程专科[17]主任，专责室内装饰课程。

[15] 该笔费用可能的购买力今未详知，暂依粤籍作曲家冼星海 1940 年的回忆，约于 1930 年其从学于巴黎提琴名家之际，每月学费"二百法郎（当时约合华币十元左右）"，后曾应邀在宴会等演奏，主家"每次给二百法郎，有时多的给一千法郎"（冼星海：《我学习音乐的经过》，《冼星海全集》编辑委员会编：《冼星海全集》，第 1 卷，广州，广东高等教育出版社，1989 年版，第 97—98 页），则 600 毫洋或等价于 12000 法郎。

[16] 据广东省立勷勤大学教务处编《广东省立勷勤大学概况·附录》之《本校二十五年度下学期教职员名录·工学院教职员》表内所记，最末者即籍贯广东新会、职别乃"陶瓷技士"的郑可，其学历为"法国巴黎国立美术学院雕刻师"，其他"经历"阙，"现在通讯"地址为广州"西华路二二四号"，无"永久通讯"信息（广州，自印本，1937 年，第 23 页）。

	文词 / 报告 / 讲话	参证来源
○ 参与设计国民政府"废两改元"后，正面为孙逸仙先生头像的首款贵金属国定货币（银质，因背面有帆船图案又称"船洋"）。		《雕刻家郑可》《"船洋"的设计者》
○ 5 月，经郑氏申请，广东省教育厅及中华民国驻法使馆查核后，获得广东省政府每年补助留学毫洋 600 元，[15] 以 3 年为限。 ◎ 6 月（下旬），在巴黎，与中国留法艺术学会同仁一道，结识正于欧洲各国巡回举办"中国近代画展"的徐悲鸿（时39 岁）。05 ◎ 十九路军为中国留法学生提供生活费者，是时共 3 人，即马思聪、郑可与冼星海，06 目的是回国后于其将兴办的大学内任教。❶ ◎ 留法同学中，还有陈士文（后香港新亚书院艺术专修科，暨香港中文大学艺术系首任主任）等。07		《本会成立经过》《广东省政府第六届委员会议事录》《包豪斯与郑可》《郑可教授七十年》《现代设计的开拓者》《访常沙娜》[《郑可其人》]
○ 于广州"市美"兼授雕塑、素描。[18] ○ 由法带回百余幅木炭素描，以人体为主，多为 5 分钟速写，兼及工业实用美术设计，并有少部分小雕塑。❶ ○ 年底，于广东省立民众教育馆（在今净慧路）发表讲演。 ◎ 郑氏结识苏淑娴女士（约于 1910 年生，祖籍新会苏家村，因苏父前往天津海关工作，自小即在广东教会寄宿学校长大，曾于香港及新加坡等地从事幼教及家政职业教育。20 世纪 50 年代抵京后，全职照料因一氧化碳中毒而瘫痪卧床的郑母）。 ◎ 十九路军等于 1933 年底发动"福建事变"（"闽变"）、成立"中华共和国（人民革命政府）"，至 1934 年初，因内部不和、外部镇压，终告失败，主要领导者李济深、蒋光鼐、陈铭枢、蔡廷锴等避入香港。	○《现代工业美术之轮廓》（《广州民国日报·艺术周刊》，第 27 期，1934 年 11 月 10 日） ○《实用美术在现社会的地位——在省立民众教育馆讲》（《广州民国日报·艺术周刊》，第 34 期，1934 年 12 月 29 日）	《雕刻家郑可》《电机学专家周宣平等学成归国》《关于小品展的几句话》《介绍两个个展》《素描习作》[《雕刻家郑可再度赴法考察实用工艺美术》《华人美术研究会欢迎艺术家郑可》]《现代设计的开拓者》《不志奇才》《访王受之》《从雕塑家到现代艺术设计的先驱者》

[17] 亦参陈雪峰《在政治与教育之间：时局背景下的广东省立勷勤大学研究》（第 17 页，转引 1933 年《广东省三年施政计划教育事项说明书·序》）。

[18] 亦参吴瑾《我的父亲——吴子复的生平与艺术》（政协广东省委文史委编：《广

东文史资料·艺海风华——广东文化名人之三》，第 72 辑，第 55 页），惟郑氏所授课程，吴氏于此处未见详记。

年岁	事件说明
1935（29） 民国二十四年	○ 1月（1日），[09] 以留法期间的炭笔素描习作及着色石膏和青铜人像，参加在广州举办的"同人（近作）小品展"。
	○ 年初，协助"市美"素描教员李桦组织的"现代版画会"，开展《现代版画》刊物的编辑与出版，义务承担数期装帧工作。[19]
	○ [4月]5月（5—15日），于广州永汉北路的大众公司[20] 2楼展厅，举办"郑可人体素描个展"。❶
	○ 6月（15—25日），作品参加李桦主办的广州"现代创作版画研究会·第二回展览会"。
	[○ 在广州大维路举办两次个人作品展。❷]
30年代中	○ 设计广州、香港两地几座大厦、酒店、剧场（舞台）、乐园等的建筑装饰，以广州爱群大酒店（1937年落成，曾易名爱群大厦）最为著称。

[19] 据李桦1980年2月《回忆"现代版画会"》一文叙述："（1935年1月）我们接读这封信（鲁迅指导《现代版画》杂志的印制、出版等），如浇了一盆冷水，但又像服了一剂灵药，使我们头脑清醒，认识木刻必须手印才能保存它的好处。于是我们经过商量，决定《现代版画》以后改为手印。手印几十幅木刻要费相当劳力，我们最初有点犹豫。但终于决心遵照鲁迅的教导，合力搞起来了。这时，我的一个在法国学习美术的老朋友郑可刚回国，我就和他研究，得到他热情赞助，答应每期为《现代版画》设计装帧，并提供许多外国参考资料，扩大我的眼界。于是我按郑可的建议去佛山选购了一批书籍装帧用的纸张材料。佛山是全国有名的木版年画生产地之一，它生产各种色彩鲜艳、花式美丽的传统民间木版花纸。还有多种彩色纸和金银纸。我又买了线装书用的传统磁青纸和朱红纸。这些材料是准备作为封面和衬页使用的。又买了一批广州称作'玉扣纸'的质坚而厚、带土黄色的土制竹纸，准备作书页，用以贴图。我们不用洋纸是因为避免鲁迅所批评的'光滑'的毛病。我们又决定每集更换装帧设计，务求《现代版画》的形式新颖美观而多样化，并具有版画的特色。手印的《现代版画》第二集于1935年2月1日出版了。这一集手印了50本。到3月初，第四集出版了，我们又寄了一本向鲁迅请教。他看到《现代版画》第四集，甚为高兴，在收到的当天晚上即复我信。信是写得十分热情的，使我们受到很大的鼓舞。他写道：'今天收到《现代木刻》第四集，内容以至装订，无不优美，欣赏之后，真是感谢得很……'……在每集《现代版画》组稿之前，我们商量好了一个内容，然后分头去创作。到集稿之日，大家拿出作品来，共同评选，不好的，有时则要重刻。每集选作品12幅，选定后就拿去手印。这时，郑可的装帧设计也提出来了，经过讨论取得一致意见后，我们马上按设计装订本子。这步工作主要是交装订书本的作坊来作的，那时市上是有这种手工业作坊的。但是有时设计做起来有困难时，如凿孔和粘角，便要自己动手来加

	文词 / 报告 / 讲话	参证来源
○ 年初, 苦于工作室不易找, 未能有新的艺术制作, 感叹广州艺术界非常岑寂。	○《关于小品展的几句话》(《广州民国日报·艺术周刊》, 第 35 期, 1935 年 1 月 5 日)	[《关于小品展的几句话》]《广州艺界》《介绍两个个展》《素描艺术》[《为生命而歌》]
○ 为均在 5 月印行的,[10] 李桦《春郊小景集》、唐英伟(曾为杭州国立艺术专科学校副教授)《青空集》、赖少麒(其, 版画家、书画家)《自祭曲》(版画集), 及在 12 月印行的林绍仑[11]《给我们自己》(林氏诗作与赖氏版画集), 设计封面并装帧。	○《图书装饰的意义》(《广州民国日报·艺术周刊》, 第 54 期, 1935 年 5 月 18 日)	
[○ 一次以浮雕和圆雕人像为主, 一次以陶瓷雕塑为主, 而大部分作品均具实用功能, 一些还曾刊于《良友》画报。❷]	○《广州艺界》(《艺风》, 第 3 卷第 8 期, 1935 年 8 月)	
◎ 郑氏 "素描个展", 为艺友吴琬(字 "子复", 岭南书家)记录为广州同类型展览的首次。❶		
○ 制作《列宁像》。		《跟随郑先生的岁月》《现代设计的开拓者》《不志奇才》《从雕塑家到现代艺术设计的先驱者》

工。当空白本子装订完毕的时候, 我便召集大家到我家里来, 一齐动手贴画。"(李桦等编:《中国新兴版画运动五十年 1931—1981》, 沈阳, 辽宁美术出版社, 1982 年版, 第 235—236、238 页)又, 黄蒙田亦曾议及: "当时刚从巴黎学雕塑回来的郑可(现任中央工艺美术学院教授)义助装帧设计, 他汲取民间艺术——年画剪纸的某些优点, 大胆地按照木刻的内容配色纸拓印, 用粗糙的草纸作衬纸, 封面则用粗厚带粉面的土纸, 木刻老宋字体, 给套以有强烈民间情调的色彩, 更使《现代版画》的形式不但别创一格, 而且富于民族的民间色彩, 本身就是一件艺术品。"(《版画家李桦》,《艺苑交游录》, 第 245—246 页)另, 据上

海鲁迅纪念馆编《现代版画》资料选刊(《上海鲁迅研究》, 第 3 辑, 上海, 百家出版社, 1990 年版, 第 175—188 页), 郑氏自 1935 年 3 月 1 日出版的第 4 期 "新春风俗专号" 起, 至是年 6 月 15 日出版的第 10 期 "第二回半年展览会纪念专号" 止(多为逢半月出刊), 凡 7 期, 均正式列名为 "装帧者"。更依李桦回忆, 1935 年暑假, 其 "因组织现代版画会被认为是危险分子而(遭)解聘"(《回忆 "现代版画会"》,《中国新兴版画运动五十年 1931—1981》, 第 238 页), 或即因之, 郑氏亦不再以设计师身份实际参与相关活动。惟, 黄洋《李桦艺术与教育研究——以新见李桦文献为基础·年表》据李氏《年表》(B1—04; 北京, 中央美

术学院博士学位论文, 2014 年, 第 105 页)将李氏解聘时间推定于是年 9 月。

[20] 该公司据吴瑾《青年艺术社与广州现代美术》(第 162 页; 亦参黄洋《李桦艺术与教育研究·年表》, 第 104 页)载, 当于 1934 年开设, 位在永汉北路 107 号(现北京路西湖路口), 伍氏任经理, 经营摄影冲印并代销上海《大众画报》, 青年艺术社社址亦在此, 其二楼设展厅。惟, 公司名又或系《广州市志》所称之 "大众摄影造像店", 且与郑氏合作开办(吴瑾称系伍氏等 "集资开办"), "承接人物头像和装饰雕塑任务", 日军侵占广州后结束营业。

年岁	事件说明
1936（30） 民国二十五年	○ 10 月，完成《朱执信铜像》模型并奠基。¹²
1937（31） 民国二十六年	○ 1—2 月，担任"教育部第二次全国美术展览·广东预展会"（中华民国教育部、广东省教育厅主办）雕塑、美术工艺审查员，[21] 并以雕塑《肖像》（2 件，铜、石）、《胸像》（石膏）、《牛》（铜）参展。
	○ 4 月，以雕塑《肖像》入选参加"第二次全国美术展览会"，¹⁴ 赴南京参访（后即往上海）。❶
	○ 4 月，与伍千里、胡根天（书法家、美术教育家，曾任"市美"校长）等，参加因由沪回程，而于大新公司举办的"全国美展·广州（东）美术作品展"，但该地评论界对是次展览"几乎持否定态度"。¹⁵
	○ 为"第八届 [全国] 运动会"设计浮雕会徽（稿）。[22] ❷
	○ 夏，受广州市教育局暨勷勤大学委派，赴巴黎参加以"现代世界的艺术和技术"为主题的世界博览会（World's Fair）。❸
	○ 12 月（25 日），由法返国经新加坡时，出席张汝器（留法旅星漫画家、出版家）主持的当地华人美术研究会（1935 年创立，原名"沙龙艺术研究会"）欢迎宴请。¹⁶ ❹
1938（32） 民国二十七年	○ 夏末，加入陈抱一、倪贻德、何铁华在香港倡建的"中国美术会"。¹⁷
	○ 年底，返归途中广州陷落，受张汝器之请前往新加坡，进入一间家具公司从事设计。❶
	○ 参与新加坡大酒店室内设计项目。

[21] 佚名:《美展预展会聘定审查委员》,《中山日报》(广州)，1937 年 2 月 2 日，第 3 张第 1 版（教育体育）。

[22] 据重新修订的英人苏立文等编《20 世纪中国艺术家小传》条目，其所载述起首即将郑氏定为"雕塑家和奖牌设计家"。（[英]迈克尔·苏立文:《20 世纪中国艺术与艺术家》，下，陈卫和等译，上海人民出版社，2013 年版，第 525 页）

	文词 / 报告 / 讲话	参证来源
○ 雕塑创作亦涉及动物题材。 ○ [11月,]上海"中国工商业美术家协会"第二次会员大会增聘郑氏为名誉董事[会董, 拟由其负责"广州分会"](翌年初, 受命为"广州办事处主任")。[13]		《不志奇才》[《青年艺术社与广州现代美术》]
○ 认为该次"广东预展会"作品不理想, 而南京"全国美展"上, 雕塑作品数量少且内容乏味, 油画作品更无朝气, 但感到当时政府正关心美术, 且注意到工艺美术之重要。❶ ○ 年中, 撰写专文批评、检讨陈之佛《图案法ABC》一书所谓"连续图案"的作法。并了解到当时国内一般艺术学校里, 都设有课程多不切实用的"图案科", 更未有一所工艺美术学校。 ○ 赴法参观期间, 亦在巴黎几家工厂学习相关工艺技术。[23]❸ ○ 席间议及, 中国称名于世的瓷器、漆器因"制造法守旧, 美术图案不思改进之故", "现已渐渐为人淘汰", 而"巴黎博览会为一大规模科学工艺美术品展览会", "科学与美术, 熔于一炉, 允称廿世纪之奇迹", 又谈到欧陆各国商业美术状况, 认为"工业美术与商业美术, 实属相辅并进者"。❹ ◎ 会徽以一朵怒放梅花为地, 一圆环贯穿其间, 中塑一掷标枪手, 右上有"廿六年"3字, 左下为"8"。❷ ◎ 7月(7日), 日本发动卢沟桥事变, 中国开启全面抗日战争。	○《雕塑讲座》(《青年艺术》, 第1、2期, 1937年2、4月) ○《第二回全国美展的印象》(《青年艺术》, 第3期, 1937年5月) ○《如何改进工艺美术》(《青年艺术》, 第4期, 1937年6月) ○《关于连续图案制作法的检讨》(《青年艺术》, 第5期, 1937年7月)	《第二回全国美展的印象》《如何改进工艺美术》《关于连续图案制作法的检讨》《雕刻家郑可再度赴法考察实用工艺美术》《华人美术研究会欢迎艺术家郑可》《包豪斯与郑可》[《为生命而歌》]
○ 年初, 或已加入狮城"华人美术研究会", 并结识印尼画家李曼峰。[18]❶ ○ 结识爱国侨领陈嘉庚, 并受"南洋华侨筹赈祖国难民总会"委托, 为支援国内抗战募捐, 而初步设计了大型纪念浮雕。❶		《现代设计的开拓者》《不志奇才》《为生命而歌》

[23] 据《中国艺术家辞典》(现代第5分册, 第453页)所载。

年岁	事件说明
1938（32） 民国二十七年	
1939（33） 民国二十八年	

40 年代初

年岁	事件说明
1940（34） 民国二十九年	○ 继续加工前受"筹赈总会"所嘱雕造的，一座有南洋风光、表现华侨奋力抗战的大浮雕模型（运用中国民间木雕、年画等手法）。❶ ○ 迁居香港，开办设计、生产企业，并出任"香港工业美术工厂"[2]（"金工厂"）厂长。❷ [○ 是年，或曾前往柳州。]
1941（35） 民国三十年	
1942（36） 民国三十一年	○ 香港沦陷，受聘于韶关开办的广东省立艺术专科学校教授雕塑。[24] ○ 经伍千里（时任职第四战区政治部）介绍，携母及妻、女，赴广西柳州（第四战区司令部所在地），在国民党将领张发奎（时任第四战区司令长官）支持、伍氏协助下，于黄图出版社（后即"黄图文化企业公司"）内成立"郑可工作室"，主要创作雕塑，兼及建筑、家具设计。[25]❶

[24] 据《中国艺术家辞典》所载，惟该条亦称在香港"相继搞了汽灯厂、塑料模具、陶瓷厂等八个厂"（现代第 5 分册，第 453 页），今疑是处或与郑氏第二次抵港所办数厂并录。

[25] 1940 冬起，因日军调往越南，第四战区所辖广西、钦廉、高雷、两阳等地由此至 1943 年秋相对平静，而黄图公司于柳州等地经营之事，或于此阶段全面铺开。另，据相关材料称："在柳州疏散时（1944 年夏秋），当他（张发奎）发现自己身边的上校侍从副官伍千里和特务团第三营营长彭海涛利用职权做生意、发国难财时，为整肃军纪，便当即撤销他俩的职务，开除他们的军籍。"（古衡整理《抗日战争时期

○ 10 月（初），王道源（曾为上海艺术专科学校校长，1949
　年后亦任教中南美术专科学校）、陈抱一、郑氏、张
　光宇、何铁华、倪贻德等发起，于香港铜锣湾
　利园袖海堂举办的"旅港美术界座谈会"。[19]

◎ 于香港，与苏淑娴女士结为连理。

○ 2 至 3 月，作为新加坡"徐悲鸿教授作品展览会"
　总务股干事，参与画展及"筹赈名誉券"（全数
　赈款交陈氏主持的"南侨筹赈总会"）的发售活动。[20]

○ 明确出现"郑氏工作室"称谓。　　《石膏像制模法》（手抄本）　《石膏像制模法》

○ 返港办厂等，均系林秉良大律师出资，郑氏管　　○《浮雕和牌雕》（《耕耘》，　《战时新雕塑》《郑可材料》
　理 6 间（应包括"陶瓷厂"），苏女士管理 1 间。其　　1940 年第 1 期，1940 年 4 月）　《现代设计的开拓者》[《跟随
　内或还有在陈铭枢、蔡廷锴支持下，开办的"中　　　　　　　　　　　　　　　　郑先生的岁月》《不志奇才》]
　国第一家自行车厂"。[24] ❷　　　　　　　　　　　　　　　　《跨越艺术与设计的大家》《访
　　　　　　　　　　　　　　　　　　　　　　　　　　　郑方》《回忆郑可先生对我说
◎ "筹赈总会"浮雕，或名"新加坡抗战纪念碑"，考虑在港铸　　　　的几件事》《忆郑可先生》
　为锡模，后因 1941 年末港岛失守，未成。❶
◎ "金工厂"已采用铝材染色（"彩印板"）技术。❷

○ 4 月（末），全国漫画作家协会香港分会开办的
　第三届素描研究班开始接受报名（坚道中华中学、
　旺角弥敦道侨星书店）。列名首席，与叶浅予、张
　光宇、张正宇、特伟、胡考、郁风等共同受聘
　为指导画家。[22]

◎ 12 月，大女儿郑玄于港沦陷前出生。[23]

○ 拒绝张道藩（时为中国国民党中央宣传部部长）前往重　　《跟随郑先生的岁月》《为了
　庆任职的邀请。　　　　　　　　　　　　　　　　　理想》《郑可雕塑"技"与"道"
　　　　　　　　　　　　　　　　　　　　　　　　　　　之学术研讨》《从雕塑家到现
◎ 郑可工作室实于柳江边搭建的简易工棚，即"在柳州柳江　　代艺术设计的先驱者》
　边一片烂地上，用竹篱围起有几百平方，有一间上百平方的
　雕塑间，还有铸铜工棚"，"架上、墙上、四周围，以及地上，
　都放着郑可的各式各样雕塑作品"。❶
◎ 结识剧作家夏衍。

的张发奎》，中国人民政治协商会议广东省　　的情况，据杨益群编《抗战时期桂林美术　　版，第 162 页）
韶关市委员会文史委员会编：《韶关文史资　　家传略》所称："经常往来于桂林、柳州等地，
料・纪念"七七"卢沟桥事变 50 周年专辑》，　创作了不少战地素描、速写"。（杨益群编：
第 10 辑，政协韶关市委员会文史委员会，　　《桂林文史资料・抗战时期桂林美术运动》，
1987 年，自印本，第 81 页）至于其时郑氏　　第 30 辑・上，桂林，漓江出版社，1995 年

年岁	事件说明
1943（37） 民国三十二年	○ 为张发奎塑像，并主持完成铸铜《光复桂南纪念碑》[26]《无名英雄像》。❶
1944（38） 民国三十三年	○ 5月（中旬），于柳州设计"第四战区阵亡将士公墓"（建设费500万元，旋因疏散而止）。²⁶ ○ 10月，柳州疏散，再次携家眷，辗转逃至湘桂交界的桂林及桂中象县（今来宾象州）。❶
1945（39） 民国三十四年	○ 年中，与尹积昌等，初步完成制作《国民革命军陆军新编第一军印缅阵亡将士纪念碑》暨碑心铜鹰雕塑。[27] ○ 下半年，抗战胜利后，返抵广州，加入由伍千里任经理的黄图文化企业公司，[28]复于其内设立郑可工作室。❶ ○ 受十九路军旧部和国民党民主派相关人士之托，再次赴港创办数间工厂，包括中国工业美术工厂、郑可美术供应厂，²⁸ 兼任香港合众五金［汽灯］厂有限公司厂长［执行董事］（至1950年止），主要从事工商业美术设计与金属工艺研究、生产。❷

[26] 据吴瑾《青年艺术社与广州现代美术》（第163页），碑座有2幅大型浮雕，1944年7月于柳江南岸立鱼峰下建成，9月即毁于兵燹。

[27] 亦见广州市地方志编撰委员会编《广州市志·文化志》载录，时间记在"抗战胜利后"（第275页）。又，纪念碑碑体仍存于今广州广园东路新一军公墓遗址内，惟高499.5 cm、宽666cm、重5吨的雕塑

已灭失。另，其当因该军军徽标志为"蓝鹰"而作，或系以黄图公司名义承接。亦有谓，此距彼时广九火车广州站不远的纪念碑的设计者，同乃郑氏，相关报道见1947年9月17日《星岛日报·艺苑（双周刊）》第8版。（该双周刊主编为"叶林丰"，当即叶灵凤。参见黄大德编《广东丹青五十年》，第44页）

[28] 黄图公司前身，据吴瑾《青年艺术社与广州现代美术》等所载，系伍千里任社

长的柳州黄图出版社，迁址于广州惠爱（中）路38号（现中山五路与广大路路口）重张（《郑可：从雕塑家到现代艺术设计的先驱者》，《南方都市报》，2014年11月5日，"文娱·历史"，RB13版），后即承造新一军纪念碑铜鹰雕塑、香港华商总会集资的蒋介石祝寿塑像等（第163页），当均由郑氏主持完成。参考《广州市志》（第293页），其亦为郑氏与伍氏合作"开办的私人摄影、雕塑工作室"，"因经营不景气，1946年后

○《光复碑》乃郑氏唯一一座大型浮雕纪念碑。❶ ◎ 秋，韶关曲江广东省立艺术专科学校（今广州美术学院前身之一）毕业生尹积昌，经郑氏友人吴子复（时任省立专美术科主任）介绍，前往柳州郑可工作室当学徒。 ◎ 柳州时期郑氏的学徒有：尹积昌（后为广州雕塑工作室主任）、高永坚（后为广州美院院长）、许家光（陶艺家，后为美国新泽西州立大学 [美术学院] 教授，80 年代初曾短暂赴中央工艺美术学院讲授陶艺 [25]）。		《郑可材料》《工艺美术家》、《为了理想》《艺海寻梦五十秋》《从雕塑家到现代艺术设计的先驱者》
○自制"红娘"牌卷烟，售卖度日。❶ ○指导尹、高等人，展开设计基础训练。❶ ◎ 逃难期间，曾受已先期抵达贵阳的田汉、熊佛西，并贵阳基督教青年会、《大刚报》（1944 年 7 月曾于柳州复刊，终并入武汉《长江日报》）等组织筹款成立的"临时文化人救济委员会"救济。[27] ❶		《跟随郑先生的岁月》《访郑方》
○ 参加"黄图公司・黄图画廊美术展览会"。[29] ❶ ○ 与早年在法结识的何香凝联络更多。❷ ◎ 与先后旅居香江的张光宇、叶浅予、黄苗子、廖冰兄、黄新波、郁风、丁聪等艺术家往来密切。		《郑可材料》《沉痛悼念郑可同志》[《香港"设计师的地位"与"设计概念"》]《现代设计的开拓者》《艺海寻梦五十秋》《高永坚与广州美术学院的设计教育》《从雕塑家到现代艺术设计的先驱者》

改由伍氏独营"。而据吴瑾等称，1951 年 1 月伍氏"被送劳动改造"（1953 年 4 月释放）后，公司即"由政府接收"（第 158、163 页），改建为主营京菜的"老乡亲饭店"。（陈培：《北方风味在广州》，陈基、广州市工商业联合会等编：《广州文史资料・食在广州史话》，第 41 辑，广州，广东人民出版社，1990 年版，第 207—208 页）惟，吴氏于《青年艺术社与广州现代美术》及《郑可：从雕塑家到现代艺术设计的先驱者》一文中，将广州黄图公司成立的时间记在"1946 年 9 月"，而《广州市志》又将地址录在"今中山三路"，且于"1949 年底结业"。

年岁	事件说明
1946（40） 民国三十五年	○ [10月，] 郑可工作室于港（九龙塘）重新成立，收入则多来自广告业务（已涉及丝网印刷[29]），但仍创作雕塑，并进行工业产品及设备的设计。❶
1947（41） 民国三十六年	○ 与尹积昌、高永坚等合作，在港创作《毛泽东》大浮雕像（直径约 2m）。❶

[29] 刘劲等《来自生活 妙在自然——老画家张宗俊的艺术实践轨迹》（高州市政协综合文史科编：《高州文史》，第 12 期，中国人民政治协商会议高州市委员会，1993 年，自印本，第 69 页）

○ 于"合众"公司，改造美国波士（Boss）牌煮食炉设计，以供应亚洲市场。

○ 工作室还购置制造塑料及金属产品的设备，郑氏亦在此开办设计课程，讲题包括勒·柯布西耶的设计理论、现代法国设计、包豪斯设计理论及1937年世界博览会中的"美国设计"等。❶

◎ 尹、高仍为工作室核心成员，并由前者主事。❶

[《跟随郑先生的岁月》]《香港"设计师的地位"与"设计概念"》[《高永坚与广州美术学院的设计教育》]《从雕塑家到现代艺术设计的先驱者》

○ 参加由黄新波、符罗飞、张光宇、黄蒙田、特伟（后任上海美术电影制片厂厂长）、梁永泰（版画家）等1946年于港倡立的"人间画会"及"人间书屋"相关活动。[30]

◎ 1月（3日），徐悲鸿于天津《益世报》创办《艺术周刊》，首刊《推荐旅居南洋画家》专文，认为"抗战军兴，国人因故而至南洋者益夥，若司徒乔（后为中央美院教授）、郑可两君，尤其著之者也"，且言"郑可先生，留此为期虽暂，但所浮雕数张，亦中国之艺史纪录"。[31]

◎ 雷圭元于专为纪念国立艺专建校20年撰写的《回溯三十年来中国之图案教育》一文中，将郑氏录为"与艺校之有关系者，从事图案事业者"之首。

◎ 庞薰琹在向英国迈克·苏立文（Michael Sullivan，中国现代美术史家）介绍20世纪中国美术家的名单中，将郑氏与陈之佛、沈福文、李有行、雷圭元、沈士庄（即高庄）同列在"工艺图案"一项下。[32]

◎ 浮雕像创作者还包括：蔡里安（后任教于广州美院）、彭天暖（后为旅美雕塑家）等。❶

《回溯三十年来中国之图案教育》《跟随郑先生的岁月》《艺海寻梦五十秋》《高永坚与广州美术学院设计教育》

年岁	事件说明
1948（42） 民国三十七年	
1949（43） 中华民国 三十八年	○ 上半年，参加以香港华侨工商俱乐部（1947年初注册成立）为基础、由黄炎培倡立的中国民主建国会香港分会。³⁴ ○ 10月，以大型浮雕《毛泽东像》，参加香港进步美术界为宣传解放战争而举办的"港九劳军义展"。
1950（44）	○ 年初，为香港的合众五金厂创立"设计及机械部"，使之成为当时附设有此类专门部门的少数几家公司之一。❶ ○ 1月（底），与陈祖沛（企业家，后任中国民主建国会中央委员）一同作为工商界领队，随"香港同胞回穗劳军团"返抵广州。⁴⁰ ○ 5至8月，应廖承志（何香凝幼子）之邀，随首批港澳同胞观光团（又称"港澳工商界东北观光团"）赴内地参访。❷ ○ 9月（2至3日），由周恩来确认"照办"的《关于国徽公布、制造及颁发问题的报告》中，第2条"制作事项"第4款，曾明确建议国徽钢模制作"最快的办法"，是"向香港合众五金厂负责人"郑氏（彼时方"参观回去"）洽办定制。7日，毛泽东即对《中央人民政府办公厅关于国徽公布、制造、使用办法等问题的报告》阅示"同意"。[31]

[30] 佚名：《劳军美术展览——美术工作者昨开祝捷会推选专人负责筹备事宜》，《大公报》（香港），1949年10月27日，第4版。

[31] 据中央档案馆编《新中国向我们走来：国旗、国徽、国歌、国都、国名、纪年诞生纪实》之中华人民共和国国徽部分，今将《关于国徽公布、制造及颁发问题的报告》相应段落摘出："其余大行政区、省市应悬挂的国徽，约60余个，估计这间人力

	文词 / 报告 / 讲话	参证来源
○	下半年，结识黄永玉（时24岁），更为其于港举办的首次个展，制作肖像速塑浮雕（后翻制为铜雕）。[33]	《忆雕塑家郑可》
○	10月（26日），参加全港进步美术界于六国饭店（今湾仔六国酒店前身）举行的"庆祝中华人民共和国成立暨华南解放大会"。[35] 期间郑氏发言，称"今后应尽力为大众服务，不要像过去那样的只搬弄那些所谓伟人的印章。"[30]	《跟随郑先生的岁月》《为了理想》《为生命而歌》
○	11月（27日），在先期以廖冰兄、冯钢百、赵少昂、黄潮宽（粤籍留学美国油画家）、张光宇、陈福善（港籍画家）、郑氏和陈海鹰（李铁夫弟子）名义登报发布，于港金陵酒家为李铁夫祝寿消息为掩护，经廖氏等策划、组织，参加香港进步美术界声援新中国、服务新中国的集会、募款活动。[36]	
◎	11月（初），张光宇、阳太阳、王琦（版画家，后为中央美院教授）等旅港美术界进步人士，为庆祝广州解放，携"人间画会"集体创作的毛泽东巨幅画像返穗，张挂于爱群酒店，[37] 期间更曾推定郑氏、张正宇、廖冰兄、万籁鸣（早期动画艺术家、美术电影导演）、黄永玉等专家，起草一份"华南美术工业的实施计划"，以解决美术与生产结合的问题。[38]	
◎	二女儿郑方于港玛丽医院（港岛西薄扶林）出生，[39] 郑家住地则在九龙广东道某3层左右"唐楼"，该楼一侧为郑家，另一侧为郑氏所管理的工厂。	
○	"合众"的主要产品为汽灯，但在郑氏领导下的设计部门，却参照其构造原理，设计出一系列新产品，如台灯、火油灯、焗炉及暖炉等，且都有着浓厚的包豪斯风格，即以圆柱、球、立方体为主。❶	《香港"设计师的地位"与"设计概念"》《访梁任生》
○	9月（25至30日），参加"华南文学艺术工作者第一届代表大会"。[41]	
◎	初，已抵京的张光宇，受聘成为中央美院教授，担任实用美术系代理系主任。[42] 其胞弟张正宇（漫画家，曾任"青艺"美术设计总顾问）则于北京中国青年艺术剧院（现中国国家话剧院前身之一）供职。	

本月内绝难做好（指木刻），最快办法是派人到香港，或由广东省人民政府代为洽办，向香港合众五金厂负责人郑可（此人最近参观回去）按大中小号尺寸制成钢模，然后在上海用压版机压成铜片浮雕，再加以涂色喷漆。这样，比木刻更标准化，更能大规模制作，同时也能迅速完成。（因制造此项钢模，国内尚无办法）。"（北京，中国档案出版社，1999年版，第55—59页）

年岁	事件说明
1950（44）	
1951（45）	○ [6月] 9月 (中秋节前)，售出在港两家公司，携机器、设备 (主要为小型 "仿形铣床"，即 "缩刻机") 及四名技术工人，并家眷 (妻女及母)、保姆 (后即因生活不适离京)，正式赴北京定居，参加新时期社会建设。❶
	○ 主持中国青年艺术剧院美术工厂。
1952（46）	○ 上半年，随青艺美术工厂转入北京地方工业局。[33]
	○ 受徐悲鸿、江丰推荐，及张仃 (时为中央美院实用美术系主任) 之邀，[34] 调入中央美院实用美术系任教授，[35] 实际负责该系最早的陶瓷科 (至1952年祝大年调入接任后止)，[36] 并参与该院雕塑系相关教学。[37] ❶
	○ 作为主要教员，为实用美术系和中央美院美术供应社，45 培养新中国首批室内、展览设计人才，负责制图、家具及室内设计教学 (即室内装饰设计小组展览设计专业，至1954年止)，46 并提供技术保障。
	○ 主持由廖承志引资建设的北京新侨饭店 (现 "新侨诺富特饭店") 室内装饰，及配套日用家具、餐具和陈设雕塑的设计与制作，兼任该项目 "中央美院设计组" 组长。47

[32] 据2015年6月12日下午17点左右，笔者赴北京十三陵镇郑方女士居所所见郑氏亲笔签署之应聘档案彩色复制件。另，郑女士出示此件时，同《首都人民英雄纪念碑兴建委员会办事处》聘任通知书》专门夹在一处，今暂疑此件或与彼事关联。

[33] 转入北京地方工业局时间，《中国艺术家辞典》（现代第5分册，第453页）记为1953年。

[34] 进入中央美院之事《中国艺术家辞典》（现代第5分册，第453页）表述为，1953年 "由徐悲鸿、江丰、张仃推荐到中央美术学院实用美术系和雕塑系任教"。

[35] 关于郑氏在中央美院时期于京住所，王炜（王琦长子）《渐入佳境——艺术人生七十年》中曾明确提及该校宿舍 "五老胡同16号院"，称郑氏于其内 "单身的李桦家中"，参与过教师自发组织、每周晚间的素描写生人像练习（成都，四川美术出版社，

2012年版，第59页）。另，据2015年1月8日上午11点15分右，笔者致电郑方女士询问，郑氏全家抵京后，亦曾于南池子大街赁屋暂居。

[36] 并参滕晓铂《金宝升先生访谈录》及《祝大年作品展暨艺术教育研讨会发言》内张守智回忆。（杭间主编：《传统与学术：清华大学美术学院院史访谈录》，北京，清华大学出版社，2011年版，第234、409页）

	文词 / 报告 / 讲话	参证来源

◎ 廖氏对郑氏将在内地的可能工作、生活，给予具体安排，夏衍亦参与推动。❷

◎ 10 月（27 日），与陈君葆（学者，曾任香港大学冯平山图书馆馆长）、黄永玉等在叶灵凤香港居所聚餐。43

○ 返抵内地后，更写信鼓励黄永玉由港来京。44

○ 9 月（25 日），曾应中央美院之聘，惟未见担任任何课程、职务等细节。[32]

◎ 带回的机器，进入中央美院、中央工艺美术学院后 20 多年，均未能顺利安装使用，还曾被外借，直至 80 年代初方寻回，在工艺美院内启动。而"出借"，或还包括带回的技术工人，应亦转往原北京通县花丝厂。今，该设备似仍在清华大学美术学院工业设计系综合模型室运转。[带回机器两台，为香港仿英制，抵京后均存至"证章厂"，终不知去向。校内一台，为另行购置的昆明仿港制品。]❶

参证来源栏：
《郗海飞笔记（19800117）》《悼郑可》《郑可教授考察唐山陶瓷》《忆雕塑家郑可》《访梁任生》《回忆郑可先生对我说的几件事》《访王受之》《心中的大师》[《关于郑可从香港带来的设备》]

○ 讲授多类课程，包括跨专业的素描、雕塑等，且负责事项杂，更主张要建设工作室、作坊、工厂，强调学生当重视材料和加工工艺，多进行实践、实习，继而被张氏誉为"全武行"。❶

○ 7 月间，与祝大年、高庄、梅健鹰带领四名研究生、一名进修生，前往景德镇，"分散在数十家手工作坊"，为由祝氏领衔的"建国瓷"设计方案展开试制。48 ❸

参证来源栏：
《悼郑可》《为生命而歌》《不志奇才》《郑可先生百年祭》《访梁任生》

[37] 郑氏与雕塑系的准确关系，少见资料叙及，殷双喜曾于《蓦然回首：半个世纪的足迹》中描述该院雕塑创作、研究发展情况时，提到约 1954 至 1955 年，郑氏曾为该系初组建的"创作队伍"的"指导教师小组"成员。（殷双喜编：《雕塑五十年：中央美术学院雕塑艺术创作研究所》，香港，中国出版社，1998 年版，第 11、295 页）而已版行的零星回忆，仅得梁任生主编《中国当代陶瓷精品选》（合肥，安徽教育出版社，1995 年版，第 84 页）之"郑可（作者介绍）"段落、王炜《渐入佳境》（第 73 页）及张得蒂回忆《教育名家垂范艺术大师风采——郑可先生诞辰 110 周年纪念活动简述：众人眼中的郑可先生》，《雕塑》，2015 年第 3 期，第 18 页）等内文字。另，相关回忆亦曾言及进入中央美院后，徐悲鸿"非常重视郑可先生宽广的雕塑基础"。（刘小岑：《徐悲鸿大师的形成》，徐悲鸿纪念馆编：《美的呼唤：纪念徐悲鸿诞辰 100 周年》，北京，中国和平出版社，1995 年版，第 416 页）

年岁	事件说明
1952（46）	○ 6月[10月(21日)]，受聘为首都人民英雄纪念碑兴建委员会美术工作组成员。[38] 并曾与张仃、张光宇等列席由梁思成担任主席的首都人民英雄纪念碑兴建委员会建筑设计专门委员会第一次会议（6月14日）。[49] ❷
	○ 10月(26日)，被推选为轻工业部"建国瓷"设计委员会常务委员。❸
	○ 12月(中)，香港"郑可美术供应厂"开始发售多种由该厂设计、制造且通过认可审核的英国女皇加冕纪念品，并于年度工商展览大会上特别陈列。[50]
1953（47）	○ 春，作为"建国瓷"设计委员会委员，在由祝大年携样品向周恩来报请认可后，共同带领中央美院实用美术系陶瓷科1951级学生，前往景德镇参与完成手工制作和柴窑烧造。[52]
	○ 12月，参与中央人民政府文化部主办的"全国民间美术工艺品展览会"暨座谈活动。[53]
1954（48）	○ 参与由文化部组织的，赴苏联、东欧及印度、巴基斯坦等10国巡回的，"中华人民共和国工艺美术展览"艺术瓷（又称"出国展览瓷"）的设计、生产工作，并再次前往景德镇参与烧造（1955年止）。[57] ❶

[38] 并参佚名《首都人民英雄纪念碑兴建委员会办事处致中央美术学院郑可等聘任通知书》（手稿电子影像，1952年10月21日），及殷双喜《永恒的象征：人民英雄纪念碑研究》。（石家庄，河北美术出版社，2006年版，第126页）

[39] 王琦《回到激情四射的集体创作年代——有关人民英雄纪念碑的回忆》（《中国艺术报》，2011年9月14日，第5版）及王氏《艺海风云——王琦回忆录》中亦曾载，1952年11月底其自沪抵京，入中央美院后，"由于江丰的推荐，我参加了首都

人民英雄纪念碑的雕塑构图设计工作，这项宏伟工程的创作室就设在美院的U字楼内。参加创作的雕塑家有滑田友、高庄、傅天仇、郑可、曾竹韶、张松鹤、王临乙、王炳召、夏肖敏、沈海驹等，还有刘开渠、萧传玖、廖新学未到。……我担任'鸦片

○ 12 月,郑氏曾在"纪念碑"浮雕设计讨论时认为:高浮雕所花费的功夫与圆雕不相上下,太费时、费事,仍以浅浮雕为宜。[39]另,其中关于浮雕《虎门销烟》(有称《鸦片战争》《三元里》等,初定高 2.5、长 5m),现存提议由郑氏、张仃和刘小岑共同执行的《美工组工作分配草案》。[40]❷

◎ 11 月 (14 日),与张仃共同经手验收沈从文 (时近 50 岁) 以时币 33 万元价格出让给中央美院实用美术系的 30 件古瓷器及铁瓶、漆器各 1 件。51

◎ 年中,梁任生 (中央美院实用美术系毕业生) 成为郑氏及祝大年助手。

○ 曾向学生传授"矾红"与"挂坯绿"两种炉彩烧制技术。

○ 9 至 10 月,以"中华全国美术工作者协会"北京地区代表身份列席"中国文学艺术工作者第二次代表大会"。54

《不志奇才》《追忆与思考》《访梁任生》《高永坚与广州美术学院设计教育》

◎ 秋 (末),与李可染、黄永玉、许麟庐等同往齐白石家探望。55

◎ 高永坚进入实用美术系,随郑氏学习陶瓷,亦曾参与"出国展览瓷"的设计制作。56 其毕业后曾前往广东佛山石湾陶瓷雕刻工厂,参与组织陶瓷生产恢复等。

◎ 年初,由 1952 年上海美术专科学校图案科合并形成的中央美院华东分院实用美术系 (位在浙江杭州) 迁入北京,与中央美院实用美术系完成合并,清华大学营建系部分教师也一同并入。合并后,张仃、雷圭元为正、副系主任,庞薰琹为该系研究室主任。

○ 系文化部组织中央美院等陶瓷专业教师,会同景德镇名艺人在恢复传统名瓷技艺基础上,开始新中国成立后首次艺术瓷创作活动。❶

◎ 9 月 (3 日晚),前往吴祖光北京居所观赏瓷人。58

◎ 年初,原中央美院实用美术系更名为"工艺美术系",庞薰琹为主任,设立"工艺美术研究室",暂停招生。59

战争'的构图起草。……原来拟定与我合作的雕塑家廖新学始终未到任,他的助手沈海驹也调往杭州,'鸦片战争'浮雕的制作改由曾竹韶来完成"(北京,人民美术出版社,1998 年版,第 166—169 页)另,据邱陵《人民英雄纪念碑的建筑装饰浮雕》

一文,其于 1952 年秋冬之间,因借调而开始参与纪念碑装饰设计工作,1953 年底为了配合碑形设计的变更,重新着手进行装饰设计,"在设计之初"还访问过"中央美术学院实用美术系的雷圭元、庞薰琹、张光宇、郑可等专家教授"。(《人民英雄纪念

碑的建筑装饰浮雕》,《装饰》,1997 年第 6 期,1997 年 12 月,第 41 页)

[40]据佚名编《(首都人民英雄纪念碑兴建委员会)美工组工作分配草案》(电子扫描影像,2015 年 7 月 10 日郑方女士提供)

年岁	事件说明
50 年代 初期至中期	○ 已加入中国民主同盟。[60] ○ 在北京工艺美术服务部组织下，带队前往东阳、青田、福州等地，指导竹、木、石刻生产。[61] ○ 已是中央美院雕塑系创作队伍(即该院"雕塑艺术创作研究所"前身)专门"指导教师小组"成员。
1955 (49)	○ 年初，领衔创作"解放台湾展览会"展品之一的雕塑《我们一定要解放台湾》(高 3m)。[64] ❶ ○ 参与由张光宇主持的中华人民共和国"元帅勋章"的设计制作，以及作为各分 3 级的"八一勋章""独立自由勋章"和"解放勋章"的金属工艺顾问及监造。[65] 同时，为元帅、将军服设计并监制领徽、帽徽和铜扣等金属饰件。
1956 (50)	○ 上半年，作为中央美院工艺美术系教授，协助北京市第一珐琅生产合作社恢复制造中断生产 20 多年的"六瓣九鱼吃草景泰蓝花瓶"。[67] ○ 下半年，应庞薰琹之请，[41] 转入于中央美院工艺美术系基础上新组建的中央工艺美术学院，任陶瓷美术系教授，并着手筹备金属工艺专业 (1957 年止)。❶ ○ 负责新成立的中央工艺美术科学研究所 (中央手工业管理局与中华全国手工业合作总社筹办，1957 年划归工艺美院) 陶瓷、金工两研究室。

[41] 武晓燕等《陶如让先生访谈录》。(《传统与学术：清华大学美术学院院史访谈录》，第 171 页)

○ 前往潮汕地区收集金漆木雕。

○ 常议及以民族、民间优秀艺术，装饰新中国的"社会主义大厦"。[62]

○ 较早提出接待外宾的室内环境设计，应使用中国锦缎等作为墙饰材料。

◎ 基本不再过问，以致完全搁置于港创办、任职的相关工厂、公司。

◎ 于京出席"印尼华人美术家访华代表团"宴会，得遇留法故友郭应麟。[63]

○ 12月（25日，17至19时），为送别香港大学英籍教授布兰敦等一行，应中国人民对外文化协会等安排，作为熟悉香港情况的文艺界人士，与李桦等近百人，共同参加周恩来主持的酒会。[66]

◎ 参与者还有：王鸿文、王倬予、吴汝剑、谷浩、李桢祥、邹佩珠、刘士铭、谢嘉声。❶

《访梁任生》

○ 10月，设计紫铜镀金浮雕《孙中山诞辰九十周年纪念章》，由北京市金属工艺工厂、公私合营证章厂（前身当为中央美院美术供应社下设证章工厂）赶制。[68]

○ 加入中国美术家协会。[69]

○ 担任工艺美院院工会主席。

◎ 3月（下旬），参加杨士惠（北京牙雕名家）设计的《北海全景》（表现1954年国庆节时北海风貌）公开评议、鉴定会。[70]

◎ 7月（26日），参观在美术服务部举办的首次"北京特种手工艺者新作展"，对新华社记者说"雕漆的工艺，有的胜过了清朝乾隆时代"。[71]

◎ 8月（13日），于叶恭绰处得遇因率"香港大学师生观光团"抵京的陈君葆，并商谈"港方作家作品到穗展出事"，郑氏的意见"也以为应先选择。在穗方面事可与丁波、赵本或廖冰兄一谈"。[72]

◎ 8月（22日），北京《人民日报》第2版署名文章《"美术家真难请！"》提及"几年来，除了极个别的，如中央美术学院郑可教授外，没有一个美术家跨进过艺人们的生产车间"。[73]

《为生命而歌》《访梁任生》《励精图治 垂范后学·朱军山》

年岁	事件说明
1956（50）	
1957（51）	○ 为工艺美院金工雕塑教研组组长（至下半年止）。
	○ 3 月，成为工艺美院院务委员会委员。
	○ 5 月，在由中央工艺美术科学研究所（6 月后划归工艺美院）编辑出版的《工艺美术通讯》（第 7 期，5 月 25 日出版）上刊发的《关于工艺美术事业的几点建议》文末率先签名附议（共 36 人）。[43] ❶
	○ 与陈铭枢等，参加在中国人民政治协商会议全国委员会办公地举行的文教座谈会，批评了文化部和手工业管理局。[44]
	○ 与庞薰琹、柴扉、王琦等参加文化部艺术教育司召开的座谈会，批评了文化部。[45]
	○ 下半年，在反右派斗争中被错误划归"右派分子"。❷
	○ 为轻工业部起草"模具"及"玩具"生产规划。77
	○ 下放至北京市工艺美术研究所，幸未受过大磨难。❸

[42] 佚名《民革中央小组扩大会议批判陈铭枢反动言行（"新华社北京 14 日电"）》。（《新华社新闻稿》，1957 年 7 月 15 日，第 2591 期，第 3 页）

[43] 佚名《关于工艺美术事业的几点具体建议（1957 年 5 月）》。（《工艺美术通讯》，第 7 期，1957 年 5 月，第 1—4 页）

[44] 1957 年 7 月 28 日《人民日报》的《一

个毒辣的右派集团》（王孔诚，第 7 版）。另，据朱宗震、汪朝光编《陈铭枢简谱》，是年仅见"5 月 8 日到 16 日间，参加统战部组织的座谈会"一条类似记录（全国政协文史和学习委员会编：《陈铭枢回忆录》，北京，中国文史出版社，2012 年版，第 237 页），今疑《人民日报》所称"文教座谈会"或即此。而郑氏参与相关座谈会并提意见，亦涉及是年年中的"整风运动"，据其时"工艺美院整风运动 5 人领导小组"成员何

燕明回忆，在听过毛泽东的"宣传工作会议讲话"录音后，他即传达并"动员柴扉、祝大年、郑可提意见"，帮助"整风"。（《何燕明先生访谈录》，《传统与学术：清华大学美术学院院史访谈录》，第 80 页）

[45] 王琦《艺海风云——王琦回忆录》的记叙是："我参加过文化部召开的一次座谈会，应邀参加的有中央工艺美院院长庞薰琹和教授柴扉、郑可等。这次会上，有的

◎ 8 至 9 月，为纪念鲁迅逝世 20 周年，完成浮雕《鲁迅》。[74]

◎ 9 月（2 日），参加北京市园林局组织的颐和园美术建设座谈。[75]

◎ 冬，据聂轰（时供职中国国民党革命委员会中央委员会）等认为，参与过陈铭枢组织的"秘密座谈"，也搜集过材料，协助起草陈氏致李雪峰（时任中央工业工作部部长）书信（约四五万字）。[42]

◎ 年底，庞薰琹安排何燕明协助郑氏筹备金工雕塑教研室。[76] ❶

○ 5 月（6 日晚），应邀参加民盟北京市委员会召集的文化艺术界盟员座谈会，坦言工艺美院内的矛盾。[46]

○ 将现代科学技术与传统手工业生产结合，在"研究所"负责人杨明甫支持下，成功研制了电动磨玉、超声波琢玉、电铸成型、旋压成型、滚胎成型、电脉冲雕刻、失蜡铸造、电解处理等新工艺，还涉及对景泰蓝和牙雕蛇皮钻[47]的改良，后均在工艺美术生产领域得到广泛运用。❸

◎ 5 月（1 日），以《人民日报》头版全文刊发 4 月 27 日通过的《中国共产党中央委员会关于整风运动的指示》为标志，第三次"整风运动"正式开始（翌年 8 月底止），随后亦发起反右派斗争。

◎ 5 月（12 日），《人民日报》刊发庞薰琹文章《跟着党走，真理总会见太阳》（第 3 版），内称郑氏曾一度想离开工艺美院回广州，赞其乃"我国研究现代金属工艺独一无二的人才"。

○《新年开笔》（《工艺美术通讯》，第 4 期，1957 年 1 月）
//○《来函照登：中央工艺美术学院郑可来信》（《北京日报》1957 年 5 月 28 日，"文化生活"版，第 3 版）

《郑可材料》《额头上布满雕痕的人》《郑可的艺术》《现代设计的开拓者》《访郑方》《访梁任生》《在纪念郑可先生诞辰 110 周年大会上的发言》

人把自己的聘书都带来了，为了说明自己目前的级别待遇太低，和自己的学术地位不相称。……又有人说：'中国的知识分子的最大特点是"士为知己者死"，你如果重视他，他可以为你去卖命。但如果得不到重视，反而受到压抑，他也可能和你拼命。'会上的气氛是颇为紧张的，但主持会的艺教司司长王子成和副司长陈叔亮两位同志，却态度自若地忙于记下大家的发言，有时微微点头，但一言不发。会快结束时，陈

叔亮还问我：'王琦同志有什么意见要谈的吗？'我回答说：'没有什么意见要谈的，以后再说吧。'"（第 217 页）

[46] 定保《文化艺术界人士畅抒心里话民盟市委会邀文化艺术界盟员座谈》（《北京日报》，1957 年 5 月 8 日，第 1 版）。对此，郑氏于是月曾投书该报，要求对报道中与其发言原意有出入的内容进行更正。（《北京日报》，1957 年 5 月 28 日，"文化生活"版，

第 3 版）

[47] 据《美术辞林·工艺美术（卷）》"杨士惠"条记叙，杨氏（时任该所副所长）于"1958 年接受郑可、郭效儒的建议，首先改革工艺手段，使用、推广蛇皮钻，现在已成为行业中不可缺少的工艺"。（樊文江等主编，西安，陕西人民美术出版社，1989 年版，第 366 页）

年岁	事件说明

1957（51）

1958（52）

○ 2 月，被错误划归为工艺美院内"一般右派分子"。[79]

○ 参与由张仃提议建立的"工艺美院壁画艺术工作室"教学（至 1960 年止），负责人体素描、速写课程。[80]

1959（53）

○ 调回工艺美院陶瓷系，[51] 与李葆年（1955 年工艺美院派出留学苏联研习装饰雕塑）共同主持陶瓷（系）雕塑[科]教学。❶

○ 对现代工艺美术理论展开系统研究，以陶瓷系为基础，由玻璃制品突破，独立承担为"现代工艺"专业培养 3 名"后备师资"学生的全面教学、实习工作。❷

---

[48] 此文原始版，当即《新华社新闻稿》所刊之《民革中央小组扩大会议批判陈铭枢反动言行（"新华社北京 14 日电"）》。

[49] 该"新华社北京 26 日电（文）"未删节之全篇，当系收入同天刊行的《新华社

新闻稿》者。（1957 年 7 月 28 日，第 2603 期，第 5—8 页）

[50] 据 2015 年 1 月 8 日上午 11 点 15 分左右笔者致电询问，及 2015 年 6 月 12 日下午 17 点左右笔者在北京十三陵镇郑方女士居所

采访确认。

[51] 调回工艺美院时间，《中国艺术家辞典》（现代第 5 分册，第 454 页）记在 1962 年。

◎ 该文围绕工艺美院及中央工艺美术科学研究所组织、领导关系调整，向国务院、文化部、美术家协会等提出 10 条建议：调整领导关系、整顿中央工艺美术科学研究所、文化部门管理地方工艺机构、成立文化部工艺美术处（科）、召开"全国工艺美术教育座谈会"、召开"全国工艺美术工作座谈会"、美协及分会建立"工艺美术艺术指导委员会"、文化部具体协助《工艺美术通讯》改为公开刊物，组建"工艺美术之家"、"全国手工总社工艺美术局"改称"手工艺生产管理局"。❶

◎ 7 月（15 日），《人民日报》（第 2 版）报道文章，[48] 即借 7 月 14 日"民革中央小组第十四次扩大会议"与会者聂氏之言，除指郑氏与陈氏勾结外，并称其乃工艺美院内"一个反党小集团的骨干分子"。❷

◎ 7 月（28 日），《人民日报》（第 7 版）发表署名文章，[49] 将庞薰琹（时为副院长、民盟区分部主任委员）、郑氏及工艺美院其余两人（刘守强、何燕明），错误划归为院内"以庞薰琹为首的右派集团"。❷

◎ 转入初位于北京城西的工艺美院时，为工作近便，经短暂租用亲属曾租住过的阜成门白塔寺一带小型四合院（在今西城区宫门口四条 23 号 78）后，迫于房东压力，郑氏在夫人苏女士主张下，以其离港时所任职学校退回的保险金，自购该处栖身。[50]

◎ 10 月，张仃由中央美院调入工艺美院，与雷圭元共同担任副院长（均主管教学，院长为邓洁，陈叔亮兼任院党支部书记）。

◎ 工艺美院初定筹建"现代工艺"专业。　　　　　《忆郑可先生》《访王受之》
◎ 12 月，工艺美院组成由副院长雷圭元领衔的，北京"十大建筑"装饰工作队。
◎ 大女儿于北京钢铁工业学院（北京科技大学前身）选矿专业毕业后，分配至甘肃白银市相关铜矿厂工作（1983 年随丈夫工作调动，迁居深圳）。81

○ 负责玻璃工艺、金属工艺、工业产品设计、装　　《包豪斯与郑可》《郑可的艺饰雕塑等专业教学，课堂上曾简单讲授包豪斯，　　术》《现代设计的开拓者》《忆反对契斯恰科夫（Павел Петрович Чистяков）教学　　郑可先生》《忆恩师郑可的几体系，更专门开设"结构素描"等设计类基础　　件事》《光墨春秋》课程。❶

◎ 陶瓷雕塑专业学生有柴静溪、何宝森、申永。❶
◎ 现代工艺专业"师资班"学生有吴祖慈等。❷

年岁	事件说明
50 年代末 60 年代初	○ 开创性地进行"硬纸设计"。❶ ○ 重新设计北京天安门广场大型照明立灯（包括灯柱、扬声器组合等）。
1961（55）	○ 9 月（25 日）至 10 月（21 日），在吴劳（时为装饰绘画系主任）安排下，参与 1959 年招收的工艺美院装饰绘画系（即原装潢设计系）"工农班"教学，主张学生画人体，研究笔墨趣味，"文化大革命"初即因此连带遭到批判。[52]❶ ○ 年底，自费倩人（王和，残疾）翻译国外现代工艺、设计史论著作（如日文《设计基础》，系常沙娜随中国文化代表团访日后，带回相赠[53]），涉及工艺简史、工业设计总论、设计教育等（后未能刊布）。
1962（56）	○ 4 至 5 月，展开不同年级、专业，50 余人同时授课的教学试验。 ○ 6 月（6 日），总结调回工艺美院后的教学经验和教训，提出加强修养、创作主导、合班授课、以量求质等特色方法。❶ ○ 8 月（初至中旬），据其年初所请（1 月 18 日），后奉中央手工业管理总局指示，赴广州、上海两地，参访模具制造及相关工艺情况。❷

[52] 据《吴劳先生艺术、设计、教育思想摘编（1966）》记录，该班学生曾于 1966 年"文革"开始后批判说："1961 年吴劳无 故地撤换教员，把陶瓷系的郑可先生（画流派的）弄来教课，在这种情况下学生的学习转为光画裸体，完全搞笔墨趣味。"（郭 秋惠编：《吴劳文集》，济南，山东美术出版社，2011 年版，第 189 页）

	文词 / 报告 / 讲话	参证来源
○ 反右派斗争后期，因教学等工作停滞，在阜成门居所自搭窑炉烧制陶器。[82] ○ 已明确提出基于“产品”的艺术、科学、商业相互关系的，设计、生产、销售执行逻辑及其结构图示。 ○ 将卡片或硬纸，经剪接、粘贴形成浮雕效果，用于广告、装潢等的展陈。❶ ◎ 曾在工艺美院教学楼走廊内展出于法国所绘制的女裸体作品。 ◎ 仍与漫画家陆志庠友好。[83] ◎ “变形人物”及“图案”课程助教为韩美林（约至 1962 年止）。		《关于发展工艺美术事业的几点看法》《郑可材料》《为生命而歌》《众人眼中的郑可先生·韩美林》
○ 受邀教授素描课程时，要求绘制“整个桌面大的人体，桌面是活的，竖在画架上面，要求 10 至 15 分钟画一张”，对于训练学生“整体感和力量的把握”，以及“逐步深入抓住微妙的细节表情”等，均有价值。[84]❶ ○ 11 月，于工艺美院内大范围专题讲授“形式美”。 [◎年中，“现代工艺设计”班学生毕业，多数分配往无线电厂等单位。[85]] ◎ 9 月（21 日），经中共工艺美院总支委员会研究，刘鸿达（时任工艺美院党委书记、副院长）签字，以“郑可已在政治上认识错误，低头认罪；行动上有悔改表现，工作一贯积极，有干劲”为理由，呈拟摘掉郑氏“右派分子”帽子。 ◎ 冬，文化部指示部属院校实行“拜师”制度，以培养“学术接班人”，工艺美院指派周成儁拜郑氏为师。	//《杨永善笔记》	《杨永善笔记》《郑可材料》《“包豪斯”与郑可》《访郑方》《周国桢拜见郑可》《忆恩师郑可的几件事》《中央工艺美术学院授课表》
○ 4 月（中旬），试图对当时民众及行业中运用较混乱的雕塑术语，进行初步的辨析与统一。 ○ 5 月，中共北京市委大学科学工作部初步批准摘掉郑氏“右派分子”帽子。	《雕·刻·塑》 /《中央工艺美术学院“设计专业班”教学草案》 《关于发展工艺美术事业的几点看法》 《两年来我在教学中得到的几点经验、教训》	《申请前往上海、广东、天津调研模具生产等并协助购买火车票之报告》《雕·刻·塑》《中央工艺美术学院“设计专业班”教学草案》《关于发展工艺美术事业的几点看法》

[53] 亦可参常沙娜《黄沙与蓝天：常沙娜人生记忆》。（北京，清华大学出版社，2013 年版，第 182—184 页）

年岁	事件说明
1962（56）	○ 9 月（13 日），以工艺美院收藏的外国图书资料为基础，主持完成摘录式的《资本主义国家的现代工艺美术设计教育》移译工作，涉及日本、美国、联邦德国、瑞典、丹麦 5 国的设计教育情形，以及它们"基本上都是出自德国的 'BAUHAUS 设计理论'"。
	○ 因工艺美院陶瓷系实行"工作室教学制"，而主持陶瓷雕塑工作室。❸
	○ 10 月，奉中国美术家协会（何香凝时任主席）指示，以"轻工调研组"成员身份，再赴上海，调研轻工业品的生产与设计。❷
	○ 11 月（22 日），在 6 月完成的《中央工艺美术学院"设计专业班"教学草案》基础上，拟订 5 年制《"现代工艺"教学草案》，明确提出采取"科学研究 + 技术实验 + 艺术创作"的教学方法，以将学生培养成为生产者与需要者、消费者之间的"媒介者与组织者"，并希望建立"小型试验工厂"，以备课间实习。

○ 6月（1日），完成《"设计专业班"教学草案》，提出"设计专业"概念，寄望以"授课包干制"、5个年级共同授课，及基础（平面造型、立体造型、科学技术、设计基础）、专业（商品装潢、日用工艺品、工艺美术品、工业美术品设计）、实习与毕业设计课程渗透、结合进行的方法，尽快培养出"一专多能"的专业设计人员。达到仅需经一年专业教育，"即可逐年各有一批毕业生投入生产、设计战线"的目标。

○ 6月（3日），建议"调整、充实、巩固、提高"北京已有的"工艺美术设计机构"，使"设计专业（班）"毕业生得以在类似的"设计研究机构"，即在最终将"发展成为一个美术设计中心、研究中心"内，参加实际工作、锻炼设计才能，再分配到生产单位，继而形成院校、科研、生产间的"一条龙"关系。

○ 尤其重视设计理论的传授，强调实际"创作"及其观念在专业学习中的价值，并以"以'老（生）'带'新（生）'"的策略，更以"长短结合""粗细结合"的练习，力图在较短时间内培养出"能讲、能写、能想、能做"的"四能"学生。❶

○ 6月（25日），经中共北京市委统一战线工作部部长廖沫沙（1966年5月与邓拓、吴晗同被错误划定为"三家村反党集团"）批准，正式摘掉郑氏"右派分子"帽子。

○ 参访后，其总的印象是：模具的生产方法以手工操作为主，机械加工力量尚未全面发挥，近代化制模机械利用率不高，且花色品种少。其更建议，组织专人加强调查研究工作，以及加强试验、研究机构和美术设计力量，开展专题性展览。❷

○ 12月（15日），参加工艺美院教师与德意志民主共和国玻璃工业造型专家弗里德利的学术座谈会，期间询问交换教材的可能、校属实习工厂的条件，兼及分系、分专业的相应情形。⁸⁶

《关于赴广州、上海参观模具制造的总结汇报》《（申请前往上海、广东、天津调研模具生产等并协助购买火车票之报告）》《资本主义国家的现代工艺美术设计教育》（编译）《"现代工艺"教学草案》

《两年来我在教学中得到的几点经验、教训》《关于赴广州、上海参观模具制造的总结汇报》《资本主义国家的现代工艺美术设计教育》《"现代工艺"教学草案》《关于充分利用"靠模铣床"的建议书》《郑可材料》《追忆与思考》《忆恩师郑可的几件事》《中央工艺美术学院授课表》

年岁	事件说明
1962（56）	
1963（57）	○ 2月，带领学生前往广东佛山石湾窑，路过广州、上海，顺道在有关工厂参观、学习。
	○ 3月，为响应中国共产党中央委员会于第三个"五年计划"首年提出的"在提高工业品质量和增加品种方面再大进一步"[90]的号召，以陶瓷雕塑工作室为基础，短期内，经多番推敲，主持完成《关于成立"现代工艺系"的建议书》，提出师资、教材、设备、科研试验、社会情报、组织系统等方面可能的执行措施，呈报工艺美院党委。❶
	○ 4月（27日），在《关于成立"现代工艺系"的建议书》基础上，主持完成五年制《"现代工艺"设计教育纲要》初稿，其内涉及具体的教育方针、体系、方法、内容等，并期望能够"每半年或一年，修改一次"。❷
	○ 下半年，开始主持现代工艺工作室（或有称"现代工业造型班"，1965年因撤销"工作室制"而止）。[91]

◎ 2月（25日），工艺美院各专业停止招生1年，进行教学经验
　总结。[87]

◎ 应邀前往中央美院版画系李桦工作室，为木刻插图专业学生
　讲授素描课程。[88]

◎ 先前的"陶瓷雕塑"专业撤销，而陶瓷雕塑工作室开设有制
　图及瓷制陈设品、陶瓷壁饰、陶立像、塑料装饰品等美术、
　设计相结合的课程。❸

◎ 上半年，在雷圭元倡议、主持下，工艺美院增设五年制日用
　工艺品美术设计专业（"图案班"），是年全院仅招收了该专业
　23名学生，由染织美术系代管。[89]

○ 明确"今后的工业品的具体设计工作中，就要
　体现科学技术和艺术的高度结合"，且该系的
　全名当为"现代工艺美术设计系"，内中的专业
　也"不是从生产方面或材料方面进行划分，
　而是从设计性质与范围上进行划分，如工艺美
　术品设计、实用器具设计、劳动工具设计、劳
　动环境设计等"。继而，本着"穷干、苦干、
　自力更生"的精神，其五年制的教学目标是：
　通过科学、技术与艺术相结合，探讨设计原理
　和表现技术，"从设计的角度，广泛研究进步
　的工业生产（机械化的与某些手工的）"，并
　展开创造性设计等的综合教育，以培养熟悉生
　产机构，能"成为需要者、消费者、生产者之
　间的'媒介者'"的"'现代工艺'设计、教学
　和研究的专门人才"。更详尽开列各阶段授课
　科目，以及技工、艺人、设备等的已有和需求
　情况。❶

/《关于成立"现代工艺系"
的建议书》
《关于充分利用"靠模铣床"
的建议书》（残件）
《"现代工艺"设计教育纲要》

《关于成立"现代工艺系"的
建议书》《关于充分利用"靠
模铣床"的建议书》《"现代
工艺"设计教育纲要》

○ 4月，通过调研，发现北京、上海、广州等地
　的不少工厂，用于加工钢模、价值很高的重要
　生产设备——"靠模铣床"（"仿形铣"）竟均未能
　发挥实际作用，甚至造成积压与浪费。

年岁	事件说明
1963（57）	
1964（58）	○ 5 月，成为工艺美院学术委员会委员。
	○ 10 月，接替雷圭元，主持"图案班"[54]三年级的实际教学。❶
1965（59）	

[54] 即"日用工艺品美术设计专业"或"日用工艺专业""工业品美术专业""工业班"。其时，对该专业负领导责任者当为吴劳，据1966年7月工艺美院内部资料描述："一年来的工作中他对我班满脑子资产阶级个人奋斗思想的郑可，从不抓他的思想改造，一贯强调要肯定郑的优点。"（《吴劳先生艺术、设计、教育思想摘编（1966）》，《吴劳文集》，第189页）

○ 明确培养对象主要为学习交通工具、生活用品、装饰品及工艺雕塑设计的四类学生，相应的教育体系则以"设计方法论"为核心，由"设计理论""表现方法""研究实验"三部分组成。教育内容上，主要以"一般"与"专门"教育科目双轨并行，后者又分出"设计基础""造型基础"与"科技基础"三类。其中"设计基础"部分，承自《建议书》，同样在第一至第三学年，强调"设计方法论"；而从第二学年开始，亦更以"工业设计"作为"设计基础"的替代名目。另外，《纲要》还对"现代工艺设计教育系统"，及至1965年的教材规划，做了相对清晰的示例和安排，希望借此构建一个"三位一体"的基础设计教育框架。❷

○ 指导工艺美院建筑装饰美术系1964届毕业生贾延良（1959级）设计BK—651型北京市公共交通汽车，后得到大批量生产。[92]

◎ 2月，工艺美院明确增设五年制"现代工艺专业"。7月（12日），向中央手工业管理总局和文化部提出筹建报告，拟在9月建立暂时附设在陶瓷美术系的"现代工艺工作室"和"现代工艺教研组"。10月（16日），中央手工业管理总局批准在"工业品美术专业"（"图案班"）中添设"现代工艺专业"，定于翌年招生。[93]

○ 先后独立或合作，为该班开设雕塑基础、机械制图、工业描绘、设计基础、设计练习、专业设计实习等课程。❶

《跨越艺术与设计的大家》《中央工艺美术学院授课表》

◎ 随工艺美院师生前往河北邢台任县，参与"清政治、清经济、清思想、清组织"的"四清"工作（至1965年年中止）。[94]

◎ 职责岗位等似已变动为"染织美术系工业品美术班教授"。
◎ 带领"图案班"学生与北京汽车公司及清华大学汽车系进行设计合作。

《郑可材料》《众人眼中的郑可先生·王明旨》

年岁	事件说明
1966（60）	○ 下半年，遭红卫兵冲击、抄家，图书资料及个人作品等大多散失。[95]
1967—69 （61—63）	○ 被红卫兵揪斗后，被限制人身自由而隔离于工艺美院内"牛棚"进行思想改造，主要执行勤杂工作，偶尔释放回家。[56]
1970（64）	○ 5月，与工艺美院师生一起下放至河北石家庄获鹿（现鹿泉）小壁村北京军区1594部队农场（干校）学生一连劳动锻炼。[97] ❶
1972（66）	○ 参与工艺美院承接的北京饭店及其新楼的室内装饰和陈设用瓷等设计（至1974年初止）。 ○ 于河北邯郸市陶瓷研究所及彭城镇（现属峰峰矿区，旧为磁州窑系核心产地）相关瓷厂、公司，与生产工人一起，利用三个月时间，设计、制作了近两千件以日用器皿为主、小型动物雕塑为辅的陶瓷作品，继而形成个人陶艺的独特品貌。[57] ❶

[55] 据庞薰琹回忆，"学习"不到一个月后，军宣队要求庞氏及柴扉、雷圭元先行回校，再"过了不久，把留在社会主义学院的几个人都揪回来，戴上高帽子，身上贴满了纸条，在一个晚上开了几千人的大会"（庞薰琹：《就是这样走过来的》，第278页），又见清华大学美术学院院史编写组编《清华大学美术学院（原中央工艺美术学院）简史》第66页。

[56] 据2015年5月9日上午11点左右，笔者致电郑方女士询问得知。

[57] 与磁州窑接触并帮助其生产，据《中国艺术家辞典》（现代第5分册，第454页）记录亦系"自1972年起"。不过，今见沈从文《全集》所收，1974年5月1日于北京写成的《致张兆和》家书，沈氏对郑氏的新创作似颇见微词："焕章已去大寨工作，上次郑可说得他那么坏，近来才明白是饭店中已明白郑可办不了，才派他去邯郸帮忙，郑大怒原因即自己搞不出什么成绩，拿回些烟灰碟子等等，正在学校公开受批判。焕章的一些大件，和另一三马车也烧出来了，还在唐山评比，大得好评。所以

大寨工作到六七月完成后，大致还将换一地方搞新的。这次回来，郑可曾邀永玉去邯郸，若真的去了，做出的什么，一定还是会出乱子。只想出奇制胜，以为有创造力，其实还是抄抄摄摄外来物，不是扎根于人民生活中，搞小件会有时见新意。作大件，总是不会成功的。北京饭店大壁画样子通过时，我即为想到，怕不成功，果然不成功，取消。现在闻只用两三件磨漆画，因为有梯田，别的全取消了。焕章的动物雕刻，却已通过。邯郸有个展览室，且把他所作大大小小全烧成展品，工作比较扎实。估

	文词 / 报告 / 讲话	参证来源
○ 下半年，被送往中央社会主义学院参与文化界"学习"。[55]	《我检查我的两个与党争夺青年的丑恶事实》（或佚）	《郑可材料》《"我是党的人了"》《访王受之》
◎ 5 月，带领学生前往北京汽车公司四分厂实习，直接参与车辆的设计与生产，惟期间不愿或消极参加所谓"批判邓拓的声讨会"及相关政治学习。 ◎ 6 月（3 日），在中共中央决定向北京市大中学校派出工作组领导各单位"文化大革命"，暨中央拟定《八条指示》后的一段时间，郑氏极少回校看"大字报"。 ◎ 6 至 7 月间，写成《我检查我的两个与党争夺青年的丑恶事实》"大字报"（今或已佚）。		
◎ 二女儿主动前往陕西延安富县（即鄜县）插队。[96]		
○ 利用捡拾来的废旧材料，替村民修补过几百个破水桶、脸盆等，得诨名"破烂教授"。❶		《鄜海飞笔记（19800117）》《"我是党的人了"》《悼郑可》《海棠·梧桐·翠竹》《他永远引领着我》《忆恩师郑可的几件事》《访常沙娜》
○ 与张仃居于一屋，期间郑氏开始冒险私下辅导几名中青年教师为老乡等绘制素描，积累了大量炭笔肖像作品，进入其绘画艺术的全盛阶段。❶		
◎ 多番接济身处辽宁山村接受"再教育"的徒弟周成儵。		
○ 作品包括造型各异的烟灰缸、瓷壶，以及一些小型动物雕塑。除满足北京饭店使用外，还投放市场。❶		《额头上布满雕痕的人》《为生命而歌》

计将来新大建筑，必依然会要些新题材群像雕刻相配，甚至于公园等处也要，焕章参加机会必还多，比在学校教学生基本雕刻有意义得多。……事实上工艺前途大，前路也广阔，正如我的改业，搞的工作虽十分沉闷，大不如过去写作成绩显明。可是由于底子打得厚，得人认可基础广泛得多。比作个'空头作家'那可以随时倒下，新的改业还是对了。基本上从学习'为人民服务'出发，一生到死，还有的是可服的务。至于涉及面之广阔，肯定还将日益增加，工作且极现实，因为谈'古为今

用'，明白什么古可称'优秀传统'，可为今用。这可不是务虚空言可以解决，要的是实在知识。若今后一二年内工作条件好些，我大致还可亲眼见到许多建议，都将成为现实。还可望编出不少大小图录。特别是若能带百十件坛坛罐罐去各大陶瓷生产区去服务，会对于所学不少都可在生产上起好作用的！……听人说工艺中的什么届原等等雕牙刻木均嫌题材旧而不今古，到需要时大致还得由我为提新的参考材料。"（《沈从文全集·书信》，第 24 册，太原，北岳文艺出版社，2002 年版，第 98—100 页）

又，段首"焕章"，据沈氏《全集》该卷第 39 页所收 1974 年 1 月 29 日《复沈虎雏》（家书）编辑者注释，即任职于中央美院的沈氏侄女沈朝慧丈夫、雕塑家刘焕章。至于所谓"是饭店中已明白"，今疑当指北京饭店、国际俱乐部等新楼落成与重新装修之事，由此触及"文革"末期的"批黑画"事件，其详亦可参李辉《传奇黄永玉（增补本）》内《追寻"黑画事件"始末》专章。（长沙，湖南美术出版社，2013 年版，第 365—418 页）

年岁	事件说明
1973（67）	○ 9 月，随工艺美院师生"复校"，由河北返回北京。
1974（68）	○ 重新设计国内原先使用的英式圆形邮筒，改为方形，增加投信孔。[58]
1975（69）	
70 年代 中一末	
1977（71）	○ 5 至 9 月，主持工艺美院与财政部、中国人民银行印制管理局（现中国印钞造币总公司）合作的"纪念币设计制作培训班"（"浮雕学习班"，于北京西交民巷中国人民保险公司原址授课）。[102] ❶

[58] 据 2015 年 5 月 9 日上午 11 点左右，笔者致电询问郑方女士得知，郑氏后来曾描述过当时的设计意图："信筒里面的内容物——信件——都是方的，那么外观也就设计成方的吧"。

	文词 / 报告 / 讲话	参证来源
○ 返京，于协和医院接受疝气手术治疗。[98]		
◎ 夏，陪同由新疆赴京治疗眼疾的艾青，前往协和、同仁等医院检查。[99]		
○ 继续往来于北京及邯郸间，组织相关艺术家，从事日用陶瓷设计与制作。		《额头上布满雕痕的人》《从巴黎铁塔想到的》
◎ 二女儿由陕西返京，开始照料郑氏生活。		
○ 5 月 (中) 至 6 月 (初)，于协和医院接受前列腺炎手术治疗。[100]		《访梁任生》
◎ 6 月，工艺美院应轻工业部要求，成立"特种工艺美术系"（以原装潢系装饰壁画专业为基础），后即以短期班、短训班的形式开课，主要招收有实践经验的工农兵学生。[101]		
○ 常往邯郸彭城，亦曾专为韩泉友、崔宝林、张宝成及杜宏宇等一批早年从北京市工艺美术学校毕业 (1968 年)，后分配至河北省邯郸陶瓷公司者授课，主要内容为陶瓷雕塑。	// 《张宝成笔记》(约 20 世纪 70 年代中至 70 年代末)	《张宝成笔记》《励精图治 垂范后学·杜宏宇》
○ 下半年 (7 月起)，参与"特艺系" 76 级 [工农兵] "进 [专] 修班"（即轻工业部牵头招收的、两年制"工艺雕刻与工艺绘画 [大专班]"专业）教学。	/ 《对于动用缩刻机的几点意见》(约 1977—1979，未完成稿)	《额头上布满雕痕的人》《在纪念郑可先生诞辰 110 周年大会上的发言》
○ 参与由中国第一汽车制造厂轿车分厂（现一汽轿车股份有限公司）相关人员（工艺美院早期毕业生贾延良）牵头，工艺美院举办的"汽车造型设计培训班"教学，有来自一汽、中国第二汽车制造厂（湖北十堰）、上海汽车制造厂等学员约 20 人。[103]		
○ 为来京周游的朱屺瞻（国画家）作浮雕像。[104]		
◎ 常往艾青在京居所，并辅导其三子习画，更在翌年鼓励其报考北京电影学院。[105]		
◎ 该班主要为设计、制作贵金属纪念币（章）做准备，约有 12 名学生，亦称共 8 名。结业后，亲往财政部，联系该班上海造币厂（现上海造币有限公司）学生罗永辉 10 月返京继续进修事宜。❶		

年岁	事件说明
1978（72）	○ 春，前往邯郸陶瓷公司主持短训班，并创作一批旅游纪念品。❶
	○ 9 月，主持工艺美院特种工艺美术系 1978 级装饰雕塑（立体造型）专业教学。❷
	○ 下半年，"中央工艺美术学院・郑可工作室"（附设金工车间）酝酿成立，并招收首批四名两年制硕士研究生。❸
1979（73）	○ 5 月，担任重新组建的工艺美院学术委员会副主任委员。
	○ 8 月（28 日），担任以工艺美院为基础（于校内筹备、办公），由轻工业部牵头、有关部委参加，在中国科学技术协会领导下工作的中国工业美术协会筹备委员会副主任。[108]
	○ 9 月 [末]，担任北京首都国际机场陶板拼镶壁画《科学的春天》（肖惠祥创作）的工艺 [设计] 顾问，[59] 并赴邯郸市第七瓷厂指导装烧工艺。[109]

[59] 具体指导建议，包括"拼砖方法（指陶瓷镶嵌）是菱形分割"，而非"完全是方形拼接"等。（杭间：《一所学院的"实践"——袁运甫、杭间有关中央工艺美术学院学术思想的对谈》，《原乡·设计》，重庆大学出版社，2009 年版，第 207 页）而"工艺顾问"的参与角色称谓，目前较早可见于 1980 年 2 月《人民中国（日文版）·（特集）中国文学——芸術界の新風》图片报道《北京の新名所——新国際空港ビルに大壁画》彩色插页图注中正式使用。同时，排在次席的工艺顾问为严尚德，工艺制作监督乃严尚德、张一芳、岳景荣、任世民，长 20 米、高 3.4 米的陶刻板制作则由邯郸陶瓷器公司承担。

○ 教学中提出 "锥形互套"（基础、造型的 "手" 的训练从大到小、由多变少，创作、设计的 "脑" 的训练从小到大、由少变多，二者形成紧密嵌套关系，不能截然分开）、"狼牙棒思维"（以一点为中心的全方位、发散性思维）及 "互相依赖、互相作用、互相渗透，引起连锁反应" 的 "三互一连" 理论。同时，回避使用 "雕塑" 一词，而强调 "立体造型" 概念。[106] ❷

○ 5 月，由邯郸陶瓷公司与工艺美院特艺系联合举办的 "赴邯郸 '短训班' 汇报展" 及 "美术陶瓷座谈会" 召开。❶

◎ 5 至 7 月，指导并带领特艺系 76 级 "进 [专] 修班" 工艺雕刻专业学生，前往邯郸彭城陶瓷厂完成毕业设计。
◎ 7 月（30 日），参加特艺系 76 级 "进 [专] 修" 班毕业典礼。
◎ 夏，工艺美院及特艺系，指派何燕明配合郑氏参与 78 级本科新生的教学工作。[107]
◎ 前往福建厦门及鼓浪屿参访期间，为马心伯制作浮雕头像。
◎ 两年制硕士研究生为：张锴、路盛章、杜宏宇、任世民。❸

《郗海飞笔记 (19780927)》《中央工艺美术学院致轻工业部教育司并文化部教育司的函》《致李先生》《话语录》《郑可先生百年祭》《跨越艺术与设计的大家》《访郑方》《回忆郑可先生对我说的几件事》《感怀与感恩》

○ 下半年，受李桦（时为中央美院版画系研究生班教学主任）之邀，为中央美院版画研究生班教授素描（至 1981 年止），同时介绍丝网版画特点及作法，是为此画种进入该院的发端。[110]

○ 10 月（底），作为 "中直系统・美术方面" 代表及 "中国美术家协会第三届理事会" 理事，出席于北京召开的 "中国文学艺术工作者第四次代表大会"。[111]

◎ 4 月，职称、定级仍为 "教授三级"。[112]
◎ 4 月，受邀出席于北京中山公园举办的 "唐山陶瓷汇报展览" 参观座谈会。[113]
◎ 年底，第四次文代会期间，受邀参加香港 "人间画会" 成员于京集会。[114]

《沉痛悼念郑可同志》《访梁任生》

年岁	事件说明
70 年代末至 80 年代初	○ 于"立体造型班"筹建基础上，亲自起草《"立体造型"教育纲要》，还涉及相应的"教师要求"与"教学内容"。
80 年代 初期至中期	○ 将金属爆破、金属喷涂、气压翻砂铸造、真空铸造、非金属电解铜等成型新工艺，引入美术与设计领域。 ○ 力主将"中国工业美术协会"更名为"中国工业设计协会"，[60] 继而间接推动工艺美院工业美术系更名为"工业设计系"，对全国"工业设计"学科产生先导性影响。 ○ 在中央教育改革的背景下，指出工艺美院教学中的相关问题，如基础课与专业课长期分授，不重视科学、工艺技术，各系壁垒森严，甚至将"工艺美术"看成是"纯美术"，且不重视相互交流、交叉，却又人浮于事。

[60] 惟，此"推动"直至"国家科学技术委员会"《关于中国科协两个学会更名的函》，即 1987 年 10 月 8 日批准"中国工业美术协会"更名为"中国工业设计协会"，随后 10 月 14 日于京召开成立大会，方见成效。（中国工业设计协会编：《中国工业设计年鉴 2006》，北京，知识产权出版社，2006 年版，第 44、62 页）

○ 已明确分析了"艺术概括内容"的作用，认为其本身即可作为一种具体的方法，也是艺术处理的依据和观察生活的标准。

○ 提出以"装箱法"，即以假设的正方形（体），框定将表现的事物，实现快捷的透视、比例关系分析，并掌握其结构规律。在立体造型中，强调以多变的"抽象形"概括将表现的事物，即通过"适形法"，去繁就简，而保证形体的高度完整性及特征。同时，强调雕塑等立体造型创作时，也应注重一种细节（即"零件"）刻画，令其在整体中有个性的"零件讲话"手法。

◎ 似有撰写介绍装饰浮雕及做法专册的计划。

《浮雕》（未完成稿）
/《"立体造型"教育纲要》（约1978—1981）
//《"艺术概括内容"的作用》（草稿）
○《郗海飞笔记》
《马心伯笔记》

《"立体造型"教育纲要》《张宝成笔记》《浮雕》《"艺术概括内容"的作用》《话语录》《我国艺术设计教育的先驱》

○ 与何宝森设计、制作工艺美院光华路校园礼堂外墙《西游记》浮雕壁画。

◎ 成为文化部艺术委员会委员、北京市人民政府工艺美术顾问、中国科学技术协会工艺美术分会理事、中国工艺美术协会筹备委员会副理事长、中国玩具协会副会长、北京工艺美术学会理事。[115]
◎ 为常书鸿创作的《敦煌飞天》壁画题签。[116]
◎ 称赞山东博山艺人孔凡怡将琉璃花球与吹制工艺结合制作的"滴水燕鱼瓶"为"山东的一宝"。[117]
◎ 为河南禹州钧瓷相关机构及工艺师题词"大有作为"。[118]
◎ 认为安徽宣城的"宁国可望成为中国第二个陶都，资源丰富优良，大有发展前途"。[119]
◎ 对罗丹的《巴尔扎克像》（Monument à Balzac）推崇备至。

《从罗丹的巴尔扎克像想到的》（约20世纪80年代初）
//《关于教育改革及"工艺美院"教学存在的一些问题》（约20世纪80年代中，草稿）

《从罗丹的巴尔扎克像想到的》《"我是党的人了"》《关于教育改革及"工艺美院"教学存在的一些问题》《沉痛悼念郑可同志》《异国忆恩师》

年岁	事件说明
1980 （74）	○ 1 至 3 月间，工艺美院向轻工业部教育司并文化部教育司，申请撤销 "装饰雕塑" 专业，另建议并申请正式成立 "中央工艺美术学院特艺系·郑可工作室"，试行 "工作室教学制"。❶
	○ 3 月，当选为中国科学技术协会第二届全国委员会委员。[120]
	○ 11 月（中下旬），再往江苏宜兴丁蜀，进行陶瓷新产品的造型设计。[121] ❷
	○ 为张仃设计的工艺美院院徽试制银色镂空初样。[122]
1981 （75）	○ 年初，仍负责立体造型教学实验小组暨立体造型专业，并着手恢复一间小型实验工厂（金属工厂）。❶
	○ 2 月，回应国家旅游局征询发展旅游产品意见。
	○ 5 月（19 日），工艺美院特艺系党支部大会暨该系全体党员一致同意郑氏申请加入中国共产党，工艺美院党委是日正式批准郑氏入党。❷

○ 工作室将配备两三名中青年教师，以研究现代金属工艺和装饰雕塑，着重金属及非金属模具方向，同时利用陶瓷工艺条件及陶塑创作，提高学生造型能力，并培养硕士研究生。❶

○ 明确提出浮雕创作应运用"纳光、纳阴"手法，以表现立体感。

○ 11 月 (5 日)，¹²³ 于"山东工艺美术学会"成立大会上，作特邀学术报告。

○ 30 天内，即为当地五家工厂（"美陶""瓷厂""红星""红卫""建陶"）设计出一百多种陶瓷产品，包括灯具、茶具、文具、挂盘、镂空陶雕和青瓷瓷塑，更向青年工人传授雕塑、工艺美术的基础理论知识。❷

◎ 年初，装饰雕塑班共有 16 名本科生，两年制硕士研究生四名，专业教师七人（何燕明、何宝森、吴保东、王学东等），雕刻技工一人（刘泽章）。❶

◎ 春，带领学生前往江苏宜兴丁蜀建筑陶瓷厂实习，并结识技术工人张培元。¹²⁴

◎ 6 月，北京《装饰》杂志刊发《中央工艺美术学院师生作品选登》，装饰雕塑版块专题介绍"郑可教授工作室"。❶

◎ 已有将郑氏揶揄为"包豪斯加孔老二"者。

◎ 工作室延请范曾授白描、康殷授书法。❶

○ 3 月，在总结工作室近年经验基础上，正式提出灵活机动的多角度"航海教学法"，再次明确课程安排应采取艺术、科学、生产、销售相结合，以创造力为主线的"一条龙"方式，力图通过"模拟教学"（以泥塑、陶瓷等工艺，在立体造型教学中展开实物试制模拟），将学生培养成"多能一专"的"通才"。

文词 / 报告 / 讲话栏：

○《让雕塑为祖国"四化"出力》（《文艺研究》，第 4 期，1980 年 8 月）

/《致王副部长》
//《谈谈工艺美术的设计与创新》

参证来源栏：

《郗海飞笔记（197912、19800117）》《马心伯笔记（198009）》《中央工艺美术学院致轻工业部教育司并文化部教育司的函》《"郑可工作室"方案》《"郑可工作室"简况》《致李先生》《去中央工艺美院进修总结》《郑可的艺术》《跨越艺术与设计的大家》

《中央工艺美术学院致轻工业部教育司并文化部教育司的函》《马心伯笔记（198105、19810530、19810531、19810601、19810604、19810721）》

年岁	事件说明
1981（75）	○ 5 月（下旬），前往宜兴紫砂厂、陶瓷厂等处，四次集中授课（听课人数达 550 余人）。
	○ 5 月（30 日）—6 月（1 日），参加"安徽省轻工装潢美术协会学术研讨会"，并参观安徽省博物馆、作即席报告。
	○ 6 月（4 日），前往安徽宁国陶瓷厂参观。❸
	○ 7 月，参加轻工业部组织召开的，重点关注消费品生产的"十年规划会议"。
	○ 7 月（下旬），主持工艺美院举办的"装饰雕刻短训班"。
	［○ 9 月（8 日），工艺美院党委正式批准郑氏加入中国共产党。］
1982（76）	○ 4 月（23 日），参加文化部、轻工业部联合委托工艺美院筹备召开的"全国高等院校工艺美术教学座谈会"（即"西山会议"，于北京西郊北京军区第一招待所召开），并做长篇即席发言。❶
	○ 4 月（末），担任"全国城市雕塑规划组筹备小组"副组长。
	○ 7 月（7 日），只身由北京经巴基斯坦，赴南斯拉夫社会主义联邦共和国阿兰杰洛瓦茨地区（Arandelovac，现属塞尔维亚共和国），参加"大理石和声音学会"举办的"陶瓷世界（Svet Keramike）国际艺术节"及创作活动。❷

○ 6 月（11 日），北京《光明日报》"庆祝中国共产党成立六十周年"专栏，刊发顾德华署名报道《"我是党的人了"》——记中央工艺美术学院老教授郑可》（第 1 版转第 3 版）。❷

○ 8 月，参与轻工业部工艺美术公司于福建厦门举办的"工艺美术专业领导干部进修班"授课。125

◎ 教学小组并工厂亟需外汇、设备与教职人员，同时准备进行英、日等国相关资料的翻译。后者更考虑设置陶瓷、金属工艺两个小组，以图将设计课程和教师科研与社会需要相结合。❶

◎ 2 月，谈伟超（彼时供职于山东省工艺美术研究所）成为郑可工作室进修生（至翌年 1 月止）。

◎ 入党申请书由马心伯协助完成。❷

◎ 参观安徽省博物馆期间，与中共宁国县委副书记曾有交流。后中共安徽省委指示该县，延请郑氏指导，进一步做好当地紫砂生产，力争成为该省出口产品生产基地。❸

◎ 11 月（3 日下午），以中国陶瓷专家身份，应邀出席由中国展览公司于京主办的"前柏林皇家瓷器厂瓷器展览"开幕式。126

◎ 下半年，工作室接受安徽合肥市人民政府委托，设计合肥市标。同时，还承接"大众电影百花奖"、北京钓鱼台国宾馆银质餐具等设计任务。

《致王副部长》《我们对今后工作的几点设想》《谈谈工艺美术的设计与创新》《"我是党的人了"》《"郑可工作室"简况》《去中央工艺美院进修总结》[《沉痛悼念郑可同志》]《回忆郑可先生对我说的几件事》

○ 4 月（16 日），在参加小组会议期间，与西安美术学院孙宜生讨论"意象素描"时，"一再强调'素描有几千种'"。127 ❶

○ 在南期间，主要创作了两件作品：镂空浮雕《钟馗》（高 1m、直径 0.8m，运用传统砖雕手法）和一座方形喷水池（高 3m、边 3m），该国党报亦曾发表评论专文。另，还先后于当地陶瓷实验厂和耐火材料厂，摸索并发明"麻布造型法"的烧造新工艺，制成 30 多件作品，更将之传授给当地两名助手。❷

○ 开始招收三年制硕士研究生。

○ 年底，由轻工业部、北京工美总公司组织，作为"国家翡翠四宝工程"（因初拟 1986 年完工，又称"八六工程"）题材审议委员会成员，参与开雕前的初步定稿及人员培训工作。128

○《工艺美术的继承和发展》（《中国工艺美术》，第 1 期，1982 年 3 月）

// ○《对工艺美术教学谈一点初步看法》（《工艺美术参考》，1982 年第 1 期，1982 年 7 月）

《我到南斯拉夫参加创作活动的简单情况》《"郑可工作室"简况》《沉痛悼念郑可同志》

[《郑可教授考察唐山陶瓷》]《异国忆恩师》《跨越艺术与设计的大家》《访郑方》《郑可其人》《访王受之》

年岁	事件说明
1982（76）	
1983（77）	○ 9月，与北京市科学技术协会理事张基等，受聘担任河南平顶山宝丰陶瓷厂（后更名为宝丰县第一紫砂工艺美术厂）顾问，共同研制开发适合紫砂陶生产的胶模贴花、钢模压坯新工艺及软质浮雕模具。[130]
	○ 呼应北京市工艺美术品总公司提出设立金属工艺设计开发中心的建议，以"金属模具设计培训班教学筹备小组"成员身份，义务着手筹建金属模具培训班[131]及实验工厂（实验车间）。❶
1984（78）	○ 2月，开始主持北京工美总公司模具培训班（在德胜门外北沙滩）的义务教学。❶
	○ 8月，着手筹建轻工业部工艺美术总公司委托代为培养、翌年9月招生的工艺美院金属工艺培训（大专）班（两年制、20人），亲自拟定教学计划。
	○ 下半年，倡办了工艺美院首届"特种工艺系装饰雕塑金属工艺专业学习班"。（金专84级、20人）
	○ 11月，成为工艺美院咨询委员会委员。

◎ 2月，郑可工作室集体前往宁国瓷厂实习。

◎ 4月，参加工艺美院"美国威斯康星大学来华进修班"结业典礼。

◎ 7月，在郑氏推荐下，工艺美院五名78级本科毕业生林学明、陈向京、崔华峰、东美红、陈小清前往广州美术学院任教。

◎ 9月，武汉大学美国史研究方向硕士毕业生王受之（郑氏故交之子），应高永坚之邀，前往广美任教，成为工业设计研究室副主任。

◎ 下半年，香港理工学院英国籍教员马修·特纳（即马端纳，Matthew Turner）在广州，向王受之提及郑氏，誉其为"香港设计第一人"。

◎ 11月，出席福建工艺美术学校（福州大学厦门工艺美术学院前身）30周年校庆活动。[129]

◎ 至1985年，三年制硕士研究生共招收三名：蒋朔（1982）、吴少湘（1984）、孙嘉英（郑氏去世后，导师转为何宝森）[及一名留学生]。

○ 特艺系郑可工作室解散。

○ 年底，组织完成《工艺设计总论》写作，确定《设计方法概论》初稿。

◎ 春，向工业美协引荐王受之。

◎ 11月（4日），出席于中国美术馆举办的"庞薰琹画展"。[132]

◎ 培训班翌年3月正式开班，负责人为安学信及郑氏，计划设立在北京特种工艺工业公司机械修理厂，招收30名学生。❶

/《我到南斯拉夫参加创作活动的简单情况》

《关于"金属工艺设计开发中心"一词的补充和说明》

《关于"金属工艺设计开发中心"一词的补充和说明》《金属模具设计培训班教学筹备小组报告》《装饰雕塑专业攻读硕士学位研究生培养计划》《异国忆恩师》《访郑方》

○ 4月，受聘为轻工业部第一轻工业局、中国工业美术协会全国玻璃设计协会主办，在陕西西安召开的"全国玻璃器皿设计评比交流会"评审委员会副主任委员。[133]

○ 于山东淄博，设计、烧制一批陶瓷雕塑作品。

◎ 1月（14至22日），由磁州窑工艺美术厂、邯郸陶瓷公司研究所组织郑氏等人制作的多种画盘、窑变花釉动物，赴港参加河北省工艺品进出口公司、香港双鱼艺术陶瓷公司、香港中艺公司联合举办的"河北省艺术瓷展览"。[134]

◎ 带领学生完成北京人民大会堂河南厅电铸造大型浮雕制作，更逐一指导学生完成低熔金属首饰定货会样品设计、制作（当年即为企业争取到一百万元定货合同）。❶

◎ 香港设计家罗显扬及青年工业设计师唐裔隆（后为清华美院2013届博士），受北京工业学院（现北京理工大学）之请，赴京讲学，更应郑氏所邀，前往其个人工作室及居所拜会。

○《"工艺美术"初探》（《北京工艺美术》，第2期，1984年2月）

/《金属工艺培训班教学计划》

《悼郑可》《为生命而歌》《郑可先生百年祭》《忆郑可先生》[《感念恩师郑可先生》]《中央工艺美术学院授课表》《励精图治 垂范后学·林齐》

年岁	事件说明
1985（79）	○ 9 月，主持由财政部举办的两年制"造币班"教学。❶
	○ 特艺系成立五个工作室，第四工作室为郑可工作室。
1986（80）	○ 10 月，着手筹备预计将于翌年招生的四年制本科"金属工艺专业"相关工作，其培养目标包括早日争取特别是金属首饰的国际市场。
1987（81）	○ 前往上海及河北邯郸、沧州献县等地，指导首饰制作等。
	○ 5 月（26 日），应邀赴唐山陶瓷工业公司暨唐山第二瓷厂、唐山第十瓷厂及礼尚庄小学校办瓷厂等处，进行考察、指导。❶
	○ 9 月 22 日（晚），因突发心肺功能衰竭，抢救、医治无效，于北京朝阳医院辞世。❷

[61] 据 2015 年 5 月 9 日上午 11 点左右，笔者致电询问郑方女士得知。

○ 5 月（初），于山东济南召开的中国美术家协会第四次代表大会上成为第四届全国美协理事会顾问之一。[135]

○ 为北京密云水库库区创作大型雕塑《牛门》。

○ 下半年，与何宝森、吴少湘借助北京金属工艺美术厂技术力量，共同设计完成山东淄博大型煅铜纪念碑雕塑《奔马》。

◎ 5 月（27 日），特艺系以工会名义，举办"郑可教授八十寿辰祝寿会"。

◎ 9 月，工艺美院"金属大专班"招收首批学生，主要学习首饰设计。

◎ "造币班"（又称"专科装雕—金工""人民银行代培班"或"雕—干专 85"等）系受中国人民银行总行暨中国铸币公司委托，其 20 余名学生均为银行系统的一线印钞、钱币设计人员。❶

	文词 / 报告 / 讲话	参证来源
	○《从巴黎铁塔想到的》（《装饰》，第 4 期，1985 年 11 月） // ○《谈雕塑教学》（《美术家通讯》，1985 年第 4 期） ○《话语录》（《美术家通讯》，1985 年第 10 期）	《郑可的艺术》《郑可教授考察唐山陶瓷》《异国忆恩师》《郑可雕塑"技"与"道"之学术研讨》《郑可先生百年祭》《中央工艺美术学院授课表》

○ 1 月，获工艺美院年度先进工作者表彰。

○ 2 月，成为山东工艺美术学院特聘兼课教授。[136]

○ 5 月，获轻工业部 [机关] 年度先进工作者表彰，同时被授予"社会主义精神文明建设积极分子"称号。

○ 下半年，向北方工业大学艺术馆（是年 9 月开馆）无偿赠送作品。[137]

[◎ "郑可个人作品展"在北京举行（韩美林出资）。]

◎ 安徽电视台、中央电视台联合摄制、播出专题电视纪录片《郑可教授七十年》（由黄永玉、韩美林牵线、联络，何宝森、吴少湘具体协助）。

◎ 秋，筹划但最终未能成行的敦煌及西北参访。

◎ 工艺美院朝阳区光华路校园内"工艺楼"三楼，基本建成一个"金属首饰教室"（"金工工作室"）。

◎ "造币班"有五六名学生，专门跟随郑氏研究金属工艺。

	文词 / 报告 / 讲话	参证来源
	/《我对筹备金属工艺专业的初步设想》《关于金属工艺专业筹备工作的第 2 号报告》	《我对筹备"金属工艺专业"的初步设想》《关于"金属工艺专业"筹备工作的第 2 号报告》《访郑方》[《众人眼中的郑可先生·韩美林》]

○ 身居香港的旧学友致函，请求制作包括李约瑟（Joseph Terence Montgomery Needham）、尤德（Edward Youde）在内的六件名人塑像，准备赠予英国牛津大学，郑氏倾向交由唐山相关瓷厂协助完成。❶

○ 未及办理离职休养等相关手续。[61] ❷

		参证来源
		《沉痛悼念郑可同志》《郑可的艺术》《郑可教授考察唐山陶瓷》《郑可先生百年祭》

年岁	事件说明
1987（81）	
1988	
2000	
2006	
2009	
2014	
2015	
2020	
2021	

[62] 据栗宪庭《旧权威不破，新权威何立？》(《重要的不是艺术》，南京，江苏美术出版社，2000 年版，第 181、183 页）所附列者。另，亦参《美术》杂志 1989 年第 9 期"热门话题"版块的全文转载（第 58—60 页），及该杂志 1992 年第 3 期的后续报道《"首届全国城雕评奖"评委名誉受损害的诉讼经法院调解结案 原〈中国美术报〉编辑部公开道歉》(第 57 页）。

◎ 7月，"造币班"教学结束，学生毕业。
◎ 黄永玉以"得到您帮助和教育的学生"的身份，携家人于北京，为郑氏题写悼词："别了！敬爱的郑可老师！火一般的热情，孩子般的天真，高超的艺术修养，无私的胸怀，死而后已的工作精神，汇集成您对祖国和人民的爱！"[138]❷

◎ 12月（24日），栗宪庭（现代艺术批评家）于《〈评奖还是分奖〉一稿的编辑想法和编辑过程》中提及，在1987年"首届全国城市雕塑优秀作品评奖"活动（6月末—7月初）上，"作为全国城雕委员会副组长的郑可先生竟没有被列入在评委之内。众所周知，因为他与别人学术观点不一致"。[62]

◎ 苏淑娴女士离世。

◎ 1月，《装饰》杂志发表吴少湘、成阳（张耀笳）、孙嘉英三篇专文，纪念郑氏百年诞辰。

◎ 3月，清华大学美术学院正式启动出版《中国现代艺术与设计学术思想丛书》（原拟名为"清华大学美术学院学术思想丛书"），首辑即包括《郑可文集》。
◎ 12月，《郑可文集》编选工作正式启动。

◎ 年初，王培波（"郑可工作室"78级本科）主编《郑可1905—1987》（作品图集），由生活·读书·新知三联书店（北京）梓行。

◎ 5月（23日），由清华大学美术学院主办的"纪念郑可先生诞辰110周年大会暨《郑可》作品集首发仪式"于京召开。
◎ 7月（中），《郑可文集》编定，交山东美术出版社（济南）制作。

◎ 7月（初），《中国现代艺术与设计学术思想丛书——郑可文集》由山东美术出版社（济南）正式出版。

◎ 6月，《中国现代设计先驱——郑可研究》由山东美术出版社（济南）正式出版。

连 冕 重纂述

注释

01 黄大德编《广东丹青五十年》，第31页。

02 加入吴琬、伍千里、李桦等组织的广州"青年艺术社"的时间，今暂以黄洋《李桦艺术与教育研究·年表》所据李氏《自传》（B0—03—01，第103页）为准。惟，吴瑾《青年艺术社与广州现代美术》（第22、23、26、164页）依黄蒙田、赵世铭等回忆，记在1934年秋归沪后。另，吴氏亦提及，黄大德所编《广东丹青五十年》（第30页）中，曾记录1927年"春，李俊英、吴琬、赵世铭、伍千里、余所亚、郑可等组野草社"，此"野草社"即"青年艺术社"前身，只是吴氏仍持"1934年"之论。

03 并据2015年6月12日下午17点左右，笔者赴北京十三陵镇郑方女士居所采访所见之杨氏手书郑氏悼词照片，及田晓岫《在文化人类学领域勤奋开拓的杨成志教授》，《民族教育研究》，1994年第2期，1994年5月，第98页。

04 亦见《中国留法艺术学会简章（中华民国二十二年四月二日大会通过）》《艺风》，第1卷第8期，1933年8月，第68页），而"展览股"另一委员为王临乙。惟，王子云对此会却有一些别样理解，称"留法艺术学会当时有会员三十多人，主要是由巴黎美术学校的中国留学生组成，实际是有名无实，很少作学术活动"。（《从长安到雅典——中外美术考古游记·欧洲编》，下，第489页）

05 王震编《徐悲鸿年谱长编》，上海画报出版社，2006年版，第123页。另许宏泉编《边缘人语》2001年记录，"黄永玉称曾在友人（雕塑家郑可）处见到徐悲鸿旅法时的一张名片，上面写着：巴黎落拓画家徐悲鸿"。（《许宏泉边缘语录》，成都，四川美术出版社，2008年版，第204页）

06 惟据冼氏回忆，其曾几次要求给予公费资助，因照成绩及资格"是应得"的，但"祖国政府"都没有答复，后更曾向某前往巴黎宣传抗日的要人要求给予相关资助，亦未实现，"结果是从始到终一文公费也领不到"，"在巴黎音乐学院的几年生活，只靠师长和学校的帮助"。（冼星海：《我学习音乐的经过》，《冼星海全集》，第1卷，第100页）今暂据"档谱"。

07 陈氏1907年中生于浙江仙居，1928年考入杭州国立艺术院，1929年秋与同校雕塑系曾竹韶共赴法兰西，入读里昂国立美术学院至1933年毕业。同年，经彼时中法大学批准，成为巴黎国立高等美术学院绘画专业研究生，至1937年8月返归上海。先后于上海美术专科学校、新华艺术专科学校、国立英士大学等任教，1950年春至香港。1956年底，应钱穆之邀，与丁衍庸筹办新亚书院两年制艺术专修科，翌年2月任该科主任，并与丁氏、王季迁和曾克耑同校共事。1959年初，新亚增设四年制艺术系，陈氏乃首任系主任，至1962年退任，1984年6月末病逝于香港。（参见林品湘、陈志宇编：《陈士文年谱》，香港中文大学艺术系系友会编：《陈士文：一位香港高等艺术教育创建者》，杭州，中国美术学院出版社，2018年版，第312—323页）今翻检陈氏已知相关文词、篇什，概不见提及郑可，惟其曾自述于巴黎国立高等美院师从"立体派"画家Léger（当即莱歇，或译莱热；Joseph Fernand Henri Léger，1881—1955）习画时，"常到隔壁Despiau工作室学雕塑，约有三个月"（当即罗丹助手德斯比欧，或译德斯皮奥；Charles Despiau，1874—1946），亦参与组织"共有会员六七十人"的"中国留法艺术学会"，乃该会文书，还"编过两期'现代艺术专号'，在上海《艺风》出版。我们的活动主要是讨论艺术问题，地点多在我们家（我与常书鸿、吕斯百、王临乙、曾竹韶住十四区Rue Daguerre的六楼上）"。（陈士文：《中西画学与画人》，《陈士文：一位香港高等艺术教育创建者》，第3—4页）

08 1934年第2卷第8期《艺风》杂志（1934年8月，第88页）所刊《本会会员最近出品于法国各沙龙或展览会之统计》。

09 据1935年2月《良友》（第102期，第28页）报道《青艺小品展》，具体日期即在"元旦日"。

10 李氏《春郊小景集》、赖氏《自祭曲》，据李氏《回忆"现代版画会"》所称均系手印，惟将具体月份录在是年 6 月（《中国新兴版画运动五十年 1931—1981》，第 232 页），今暂依两书版权页所记。

11 林氏（1912—1944？）应为海南崖县（即今三亚）崖城东关市人，艺术社会活动家，1934 年毕业于广州"市美"，除广泛参与"新木刻运动"外，1936 年曾留学日本东京帝国美术学校（或有称系"帝国大学"）。1937 年受聘为崖县中学教员，授语文、音乐、图画等科目，并积极投身抗日。日军侵略时，与胞弟林绍松参加中国共产党领导的琼崖抗日纵队第三支队，不幸壮烈牺牲。其余情况，亦参孙有宣《忆林绍仑老师》（蔡明康主编：《三亚文史》，第 3 辑，政协三亚市委员会文史资料征集出版编辑室，1991 年，自印本，第 120—124 页）及吴瑾《青年艺术社与广州现代美术》（第 170—171 页）。

12 1935 年 10 月《良友》（第 121 期，第 12 页）及天津《北洋画报》（1936 年 10 月 17 日，第 30 卷，总第 1466 期，第 2 版）报道。

13 据朱伯雄、陈瑞林编《中国西画五十年（1898—1949）》（北京，人民美术出版社，1989 年版，第 363—365 页）"中国工商业美术作家协会"条，该会原名"中国工商业美术作家协会"，系"提倡实用美术的首创的一个同人团体"，"举凡全国著名的工商业美术家已网罗无遗"。其于 1934 年以上海宁波路钱江小学为会址、由王扆昌等发起成立，首批会董有雷圭元、汪亚尘、陈之佛等。1937 年春"第二次会员大会"更为此名，增选杭穉英等为常务理事，增聘会董除郑氏外，还有颜文樑、孙雪泥、张聿光、潘玉良等。惟，至 1937 年 4 月《良友》（第 127 期，第 38 页）刊登《工商业实用美术·中国工商业美术作家协会第二次选集》时，会名未见变化。另据，1937 年 4 月 20 日该"中国工商业美术作家协会"（地址登记在上海市汉口路恭庆大楼 309 号）暨该会"出版事业委员会"刊行的《现代中国工商业美术选集·第二集》内《名誉董事名录》中，在"常务董事"王晓籁、雷圭元、汪亚尘三人后，郑氏列名"董事"第 16 人，身份为"广州勷勤大学陶磁科主任"，在《职员名录》末名列广州办事处负责人，并随书于"工艺美术之部"刊载郑氏三件作品《陶瓷灯座设计》《瓷像装置设计》《陶瓷女像设计》（第 48、51、55 页）。

14 据教育部第二次全国美术展览会管理委员会编《教育部第二次全国美术展览会专集·现代西画图案雕刻集》（第三种，上海，商务印书馆，民国二十六年版，"丙—雕刻之部·12"）登录。惟国立美术陈列馆编《教育部第二次全国美术展览会展品目录》（南京，民国二十六年版）未见郑氏任何作品，不知其缘由会否如黄大德所记，是展览会在南京开幕时，"由于筹委会安排不当等诸原因，广东参展的作品未能如期运到"。（《广东丹青五十年》，第 39 页）

15 陈抱一《洋画运动过程略记（续）》并称郑氏为"向在南方的工艺织家兼雕刻家"，但其似误将民国二十六年（1937）"第二届全国美展"记在"1936 年"。（《上海艺术月刊》，1942 年第 11 期，第 227 页）并参吴瑾《我的父亲——吴子复的生平与艺术》，政协广东省委文史研究委编：《广东文史资料·艺海风华——广东文化名人之三》，第 72 辑，第 55 页）

16 姚梦桐《华人美术研究会（1936—1941）——新加坡第一个组织健全的华人美术团体》（《新加坡战前华人美术史论集》，新加坡亚洲研究学会，1992 年，自印本，第 44 页）。另，郑氏赴法参观世界博览会的派出机构，亦可见此书转引，惟具体时日姚氏记录有误，今已依原始报道订正。

17 蔡涛《1938 年：国家与艺术家——黄鹤楼大壁画与抗战初期中国现代美术的转型》（杭州，中国美术学院博士学位论文，2013 年，第 67、194 页）。另，陈抱一《洋画运动过程略记（续）》，亦曾简单提及是年在香港，与梁锡鸿、林镛、郑氏、任真汉等人，"以及事变前曾在上海的漫画名家诸人"等相遇之事。（《上海艺术月刊》，1942 年第 12 期，第 244 页）

18 欧阳兴义编《南洋画伯李曼峰》，北京，人民美术出版社，1998 年版，第 27、70 页。

19 佚名：《旅港美术界举行座谈会，五日在利园举行》，《大公报》（香港），1938 年 10 月 5 日，第 6 版（本港新闻道）。

20 转据王震编《徐悲鸿年谱长编》，第 201 页。

21 此厂名，据 2015 年 6 月 12 日下午 17 点左右，笔者赴北京十三陵镇郑方女士居所采访，所见之 1941 年初郑氏完成的烟灰缸彩色效果图上英文名称"China Industrial Art Co."或为"中国工业美术公司"。而佚名编录的《郑可材料（"文化大革命"初期）·一般情况》中亦记为"1939—

1941，在香港创立'中国工业美术公司'"。

22 并参佚名：《漫画协会举办第三届素描研究班》，广东人民出版社编：《华商报》（香港，晚刊，1），民国三十年（1941）4月12日，第5号，广州，广东人民出版社（影），1984年版，第4版，第20页；唐薇、黄大刚：《张光宇艺术研究（下编）·张光宇年谱》，北京，生活·读书·新知三联书店，2015年版，第176—177页。

23 据2014年12月4日晚20点左右，笔者致电询问郑方女士得知。

24 该校以"市美"为基础，1940年草创时称"广东战时艺术馆"，1941年名为"广东省立艺术学院"。（并据苏汉忠《战时广东省立艺术专科学校简述》，韶关市政协文史资料委员会编《韶关文史资料》，第4辑，自印本，1985年，第89页；黄渭渔《广东省高等美术院校的渊源及其演进》，《一抹彩霞出岭南——美术随笔论文集》，第260页）

25 据范伟民《感怀与感恩——记我的老师郑可先生》，惟该文将许氏名姓错录。（《雕塑》，2015年第2期，2015年3月，第68页）

26 柳州市地方志编纂委员会编《柳州市志·大事记——中华民国》，第7卷，南宁，广西人民出版社，2003年版，第415页。

27 据《大刚报史》编写组编《大刚报史》（北京，中国文史出版社，1999年版，第52页），其所列首批接受救济者另还包括田汉、熊佛西、黄药眠、黄新波、马思聪、张天翼、欧阳予倩、阳太阳、张光宇、张正宇、李桦等约70人，惟郑氏曾否抵达贵阳，今暂无法详考。另据2015年6月12日下午17点左右，笔者赴北京十三陵镇郑方女士居所采访得知，前往粤西逃难之际，郑氏家庭或已分散，苏女士携长女郑玄，徒步前往四川成都等地谋生。

28 据佚名编录《郑可材料（"文化大革命"初期）·一般情况》，此香港"郑可美术供应厂"创立时间记为"1950—1951"，今暂依"档谱"。另，目前所见唯一明确的该厂出品实物，系一件"英皇加冕纪念"品（杯），图像收载于香港博物馆与马端纳合编之《香港制造：香港外销产品设计史（1900—1960）》（中英对照，招绍瓒等译，香港市政局，1988年，自印本，第62页）内，其英文名即"CHENG HO ARTS AND CRAFTS, HONG KONG"。惟，上另压印有数字"501"，未知何意；其中文"郑"字，又似因音误，而塑为"精"。

29 黄图画廊美术展览会较闻名者，当系1947年元旦举办，有冯钢百、胡根天、吴琬、黄君璧、黄般若等参加的一次（吴瑾：《青年艺术社与广州现代美术》，第158页），今未详郑氏具体参与情况，暂依"档谱"。

30 据广东美术馆编《梁永泰·春归而华实》（香港，公元出版有限公司，2007年版，第7页）所附图片之说明，又见广东省美术家协会编《黄新波：纪念文献集》（广州，岭南美术出版社，2006年版，第43页）。另，黄蒙田1988年回忆，1946年下半年酝酿成立的"人间画会"的"办事班底"主要是黄新波、特伟、廖冰兄、米谷、方成、王琦、陆无涯、梁永泰和黄氏本人，初推举符罗飞为第一届会长，1948年由张光宇接替，直至1949年底完成在港的"历史任务"止。而该会成员依其统计，"到了1948年到1949年初之间的全盛时期，应该是五十五名左右。根据1949年5月20日香港《文汇报》第五版整版发表的，人间画会集体讨论长文《我们对于建立新美术的意见》，参加讨论的一共是四十八人，因事或暂时离港没有参加的会员，记忆有如下这些人：杨秋人、谢子真、张正宇、徐坚白、郑可等等，还有一两个一时记不起来了。从会员名单看，全部是战后回来的，到了1951年之前，大抵占了九成以上又离开香港了"。（黄蒙田：《新波与香港人间画会——回忆新波之八》，《黄蒙田散文·回忆篇》，香港，天地图书有限公司，1996年版，第227—231、233页）

31 转据王震编《徐悲鸿文集》及所附《徐悲鸿年表》，上海画报出版社，2005年版，第130—131、251页。

32 庞薰琹1948年4月《给迈克·苏立文的信（二）·附录二庞薰琹帮助迈克·苏立文介绍中国画家的名单》。《论艺术、设计、美育：庞薰琹文选》，南京，江苏教育出版社，2007年版，第109—112页）

33 亦见王焕林编《黄永玉年谱》（上海大学出版社，2006年版，第41页），而关于郑、黄两人初次的结识，以及后来的影响，黄氏于1985年初完成的《蜜泪》中曾写下："认识久仰的雕塑家郑可先生，一个充满童心、火一样炽热情感的大师。十几年的巴黎生活，对这朴素的广东乡下人没有产生任何影响。艺术的真诚，开拓式的见解，快速的步伐，灵活的技巧，勤奋加上勤奋，使他在港九一带奔跑不停。他的理想和事业直线上升，工作的成果使他原本可以终身受用不尽。不久，带着妻儿子女，回祖国参加建设去了。他留给这个青年许多艺术上深入思考的教诲，远远地走了。"（《黄永玉全集（普及本）·文学编》，3，《自述》，长沙，湖南美术出版社，2013 年版，第 62 页）其后，黄氏亦于 1989 年 4 月，向陪同前往湖南凤凰的李辉提及，"一生中对我影响最大的：郑可，沈从文，聂绀弩"。（黄永玉口述：《凤凰的星星点点》，李辉主编《黄永玉自述》，郑州，大象出版社，2004 年版，第 7 页）

34 李清泳《香港华侨工商俱乐部》，中国人民政治协商会议广东省委员会文史资料研究委员会编《广东文史资料》，第 74 辑，广州，广东人民出版社，1994 年版，第 119 页。

35 据王琦《王琦美术文集·艺海风云（上）》（北京，中国文联出版社，2007 年版）附图第 9 页，并经笔者于 2015 年 1 月 25 日下午 16 点左右，致电郑方女士确认。另参黄大德《廖冰兄："九七回归"话当年》相关记述，其间廖氏等提议，艺术家捐出作品举行"劳军美术展览会"，倡议以"人间画会"名义举办"慰劳解放军义卖画展"等，并就今后美术路向等交换了意见。（《同舟共进》，1997 年第 7 期，第 20 页）

36 黄大德《廖冰兄："九七回归"话当年》，第 21 页。

37 此事具体情形，可参谭雪生《忆战斗在南方的革命美术群体——人间画会》（《美术》，1982 年 3 月，第 14、15、转 55 页）、王琦《我国第一幅毛主席巨像五十年前由香港人间画会完成》（《美术》，1999 年第 11 期，第 16、17 页）回忆。

38 张光宇《华南美术界的动态》，《人民美术》，北京，1950 年第 1 期，1950 年 2 月，第 56—57 页。

39 据 2015 年 3 月 19 日笔者与郑方女士的电子邮件确认，郑先生所起郑女士本名即"方"，后因户籍管理人员疏失，身份证明文件等误记为"芳"，又为变通，则将"郑方"定为曾用名。

40 1950 年 1 月 26 日《人民日报》的《香港同胞组劳军团回广州劳军 港穗同胞热情交流 该团留穗五日深受欢迎》报道（第 1 版）。

41 据广东美术馆编《梁永泰·春归而华实》（第 10 页）所附图片之说明，今复据《中华人民共和国成立后粤剧纪事（1949 年 10 月—2000 年）》（曾石龙主编《粤剧大辞典》，广州出版社，2008 年版，第 15 页）补入相应月份。亦见王焕林《黄永玉年谱》（第 42 页），惟记在 1949 年夏，误。

42 唐薇编《张光宇文集·年表》。《张光宇文集》，济南，山东美术出版社，2011 年版，第 229 页）

43 谢荣滚等主编《陈君葆日记全集》，第 3 卷，1950—1956，商务印书馆香港有限公司，2011 年版，第 229 页。

44 亦见黄永玉《这些忧郁的碎屑——回忆沈从文表叔》。《比我老的老头（新增补版）》，北京，作家出版社，2008 年版，第 94—95 页）

45 前身是以"北平和天津军管会"所属"华北大学美术工作队"为基础（并参郭秋惠《谷首先生访谈录》，《传统与学术：清华大学美术学院院史访谈录》，第 88 页；张仃《战争年代与解放初期的展示活动》，雷子人编《张仃文集》，济南，山东美术出版社，2011 年版，第 86 页），1949 年 6 月成立的"华北大学（三部，文艺学院）美术供应社"，吴劳任社长。至 1949 年 12 月并入改称为"国立美术学院"的原北平国立美术专科学校。1950 年 4 月又改称为"中央美术学院美术供应社"，此时起，实用美术系主任张仃兼社长、吴劳为副社长，又于 1952 年 6 月解散，其下设"证章工厂"独立为北京证章厂。后再改为由中央美院办管理的"中央美院展览工作室"。1955 年"工作室"归隶文化部艺术局美术处，1956 年解散，一部分成员进入文化部对外文化联络局宣传处展览科，成为专门为"文联局"（对外文化联络委员会及中国人民对外友好协会之前身）工作的展览工作室。（亦参《谷首先生访谈录》，《传统与学术：清华大学美术学院院史访谈录》，第 89、90、93、97、98 页）

46 张仃《战争年代与解放初期的展示活动》（注 1 "李瀛回忆"）及《我与工艺美术》两文中相关描述（《张仃文集》，第 88、335 页）。今，特将李瀛回忆原文录下："张仃先生重视艺术教育，一生中培养出无数艺术人才，在展览设计方面也不例外，非常重视对展览设计人才的培养。

新中国第一个展览设计专业，并不是像有些人所说是在 1957 年或从中央工艺美术学院建立后才有的。早在 1952 年张仃先生为满足社会上对展览设计人才的需求，就在中央美术学院倡导并在实用美术系创办了我国第一个室内设计、展览设计专业，为新中国培养出第一批展览设计人才。我就是这个专业的学生之一，同时从实用美术系印刷科、染织科抽调学习展览设计的还有寇云灵、李宏纯、钱家醉、廉晓春等。这个专业的主要教师是张仃和郑可先生。张仃主讲展览设计，郑可教制图、家具及室内设计。在成立展览设计专业的会上，张仃先生说：'成立"科"没条件，主要是没教员，先成立室内装饰设计小组，将来搞室内和展览设计。以前有素描及平面图案基础，主要补充立体图案、建筑制图、室内装饰、展览设计，晚毕业一年。室内外设计，很多地方都需要，出国展览任务多，新侨饭店四百多个房间委托我们设计，还有很多其他设计任务。展览设计很复杂，需要有各方面的知识和技能。培养设计家很困难，主要靠工作中锻炼，通过工作加强对设计的全面认识，提高能力。必须全面地学。单从技术着手不行。展览设计在许多艺术科目中是新的东西，在实际工作中会碰到许多矛盾，今天就要有思想准备。要有正确的学习目的，做设计师、出国工作不是轻而易举、好玩的事。抽调的要保证学好，没调的要安心学习。'在校学习期间，我们曾随张仃、郑可、张光宇、张正宇、郁风等先生参加北京新侨饭店、和平宾馆的室内设计工作。后来我作为先生的助手，多次随他参加我国赴苏联、德国、法国的展览设计和国外的施工、布置工作，多方面受到他的教导，对我从事 40 年的出国展览设计工作益处极多。"（《怀念恩师

张仃先生》，清华大学张仃艺术研究中心编《张仃追思文集》，北京，清华大学出版社，2011 年版，第 85 页；亦载李瀛《张仃先生与新中国的出国展览设计》，《装饰》，2010 年第 8 期，第 68 页）

47 郑氏参与新侨饭店相关雕塑审选等事，潘绍棠有过简短描述，惟时间记在 1954 年。（潘绍棠《雕塑〈华侨女农〉创作轶闻》，《岁月留痕——潘绍棠艺谈录》，南宁，广西美术出版社，第 88 页）潘氏其时为中央美院雕塑系党支部书记兼系秘书（殷双喜《蓦然回首：半个世纪的足迹》，《雕塑五十年：中央美术学院雕塑艺术创作研究所》，第 11 页）。另，据佚名编录《郑可材料（"文化大革命"初期）·一般情况》称，"1956 年，在北京新侨饭店的设计工作中，因搞形式主义雕塑而受到批判"，故疑新侨饭店相关雕塑恐系饭店建筑、装饰等执行后期，方展开操作，具体时间或要晚至 1954 年至 1955 年间。

48 并据中央轻工业部《建国瓷设计计划》（1953 年 3 月 27 日，打印稿），及李正安《品陶论器——关于陶瓷饮食器具设计》（《装饰》，2008 年第 2 期，第 37 页）、张守智《建国瓷的设计、试制与生产》（《装饰》，2016 年第 10 期，第 50—57 页）。

49 会议于该日下午 3 时在北京市人民政府第一会议室举行，据《张光宇年谱》转引记录所见，"出席人：莫宗江、赵正之、张镈、庄俊、梁思成、陈占祥、林徽因、吴良镛、王朝闻、郑振铎、朱兆雪。列席：王明之、吴华庆、梁思敬、黄云、张仃、张光宇、彦涵、曾竹韶、郑可、滑田友、胡一川"（唐薇、黄大刚：《张光

宇艺术研究（下编）·张光宇年谱》，第 256—257 页）。嗣后，据已公开档案，郑氏至少还参加了 1952 年 11 月 26 日首都人民英雄纪念碑兴建委员会雕画史料编审委员会暨工程事务处例会联席会议（上午 9 时于团城社会文化事业管理局会议室，出席人有张建关、梁思敬、滑田友、谢家声、陈志德、郑可、吴作人、中共中央办公厅［裴□代］、王万景、沈海驹、蔡若虹、王式廓、范文澜、荣孟源、刘大年、薛子正、王治秋、张松鹤、王朝闻、郑振铎、吴华庆、贾国卿列席，郑振铎为主席），1953 年 2 月 13 日该兴建委员会浮雕史料编审委员会暨建筑设计专门委员会联席会议（上午 9 时于北京市人民政府第一会议室，出席人有张松鹤、王朝闻、陈志德、张建关、董希文、王临乙、郑振铎、郑可、吴华庆、阮志大、梁思敬、曾竹韶、司徒洁、辛莽、王丙召、沈参璜［沈兆鹏代］、滑田友、刘开渠、肖传玖、莫宗江、梁思成、古元、吴作人、陈沂［高帆代］、吴良镛、薛子正、贾国卿列席，郑振铎、梁思成为主席）等。（北京画院编：《开篇大作：人民英雄纪念碑落成五十周年纪念集》，北京，文化艺术出版社，2010 年版，第 55—56 页）

50 佚名：《郑可美术供应厂制造加冕纪念品》，《工商日报》（香港），1952 年 12 月 16 日，第 7 版。

51 据李辉《从边城走进故宫》一文，并依其作为"收条"藏者的说明，时币"33 万元"约相当于后来的 33 元。（《笔墨碎片》，合肥，安徽教育出版社，2007 年版，第 169—171 页）另据吴世勇编《沈从文年谱（1902—1988）》（天津人民出版社，2006 年版，第 352—353 页），1952 年 7 月 4 日，"（国立北京）历史博物馆

成立文物收购组，沈从文为四成员之一。……数年间，他还替多所大学文史、艺术院系代购教学用文物。对一些认为有价值文物，若馆中感到不需要，他往往自己垫钱买下，日后捐赠给需要单位。初到博物馆二三年，月收入约人民币旧币 80 万元，平均每月用四分之一的工资买书和文物"，而本年"'建国瓷艺术设计委员会'在周恩来总理的关怀下成立，承担为北京饭店举行国宴及国家驻外使馆招待国宾使用的瓷器设计工作。沈从文被聘请为设计委员会顾问。设计工作在中央美术学院实用美术系陶瓷科进行，他经常到那儿协助工作，并买来许多古瓷供设计组参考，事后全部捐献给学校作资料。此外沈从文还协助解决学院的印染、图案等课程在教学上碰到的问题。这种不定期咨询服务关系，后转移到新成立的中央工艺美术学院，一直延续多年"。另，黄能馥《淡如清水，亲如家人——回忆 20 世纪 50 年代初的师生情谊》中亦曾叙及，"请校外一些著名专家如沈从文先生等，帮助学校收购古代家具、陶瓷、织绣、漆器、铜器、书画等，以充实工艺美院的教学资料"。(《装饰》，2008 年第 5 期，第 80 页) 再据吴劳回忆，"筹建学院时，大家都有个共识：代表文科院校水平的标志是图书资料丰富与完备。而邓洁同志在力争上级批款方面可谓有胆识，有气魄。因而当时为图书馆建设的批款是相当可观的一个数字 (我记不清具体数字了)。于是根据学院的性质、专款专用的原则，大量购置了有关的图书、字画、陶瓷器皿和明式家具。在这方面许多专家都倾注了心血，直至 1958 年还不断为此项建设到处挖掘、比较、鉴别。在这方面花心血很多的有陈叔亮同志、祝大年同志、袁迈同志和郑可同志。现在看来，这些宝贵

的资料确实为我院图书馆奠定了一个丰实的基础"。(《后顾为了前瞻——漫忆四十年》，《吴劳文集》，第 193 页)

52 并参李正安《品陶论器——关于陶瓷饮食器具设计》(第 37 页)、肇文兵等《关于建国瓷的点滴记忆——访建国瓷亲历者金宝升先生》(《装饰》，2009 年第 9 期，第 20—21 页)、《祝大年作品展暨艺术教育研讨会发言》内张守智回忆 (《传统与学术：清华大学美术学院院史访谈录》，第 409—410 页)，及张守智《中国现代陶瓷概述》(《装饰》，2000 年第 3 期，2000 年 6 月，第 13 页)。

53 据 1954 年 1 月 6 日《人民日报》第 3 版的《全国民间美术工艺品展览会闭幕》报道。另，黄能馥《淡如清水，亲如家人——回忆 20 世纪 50 年代初的师生情谊》一文亦曾记录，筹备全国第一次民间美术展览会及筹建工艺美院时，"为了到集市收集工艺美术品，张仃先生总是领着张光宇、雷圭元、徐振鹏、周令钊、夏同光、郑可等先生去赶集"，在"当年北京的崇文门外花市，前门外鲜鱼口、天桥、西城白塔寺等每星期都有几个集市，集市时各地过来卖土产的小商小贩十分热闹……这些民间工艺品后来都在第一次全国民间工艺美术展览会上展出了，现由清华大学美术学院资料室收藏"。(《装饰》，2008 年第 5 期，第 80 页)

54 中国文学艺术界联合会编《中国文学艺术工作者第二次代表大会出、列席代表名单》，《中国文学艺术工作者第二次代表大会资料》，北京，中国文学艺术界联合会，1953 年，自印本，第 177 页。

55 并参黄永玉《云深不知处》(《比我老的老头 (新增补版)》，第 237—238 页) 及王焕林编《黄永玉年谱》(第 53—54 页)。另据黄氏《速写姻缘》，齐氏于见面当日，亦为赠郑氏的、由黄氏制作的木版水印《齐白石像》题字。(《黄永玉全集 (普及本)·文学编》，3，《自述》，第 146 页)

56 滕晓铂《金宝升先生访谈录》，《传统与学术：清华大学美术学院院史访谈录》，第 229 页。

57 并参张守智《中国现代陶瓷概述》(第 13 页)、滕晓铂《金宝升先生访谈录》(《传统与学术：清华大学美术学院院史访谈录》，第 189 页)。

58 吴祖光《吴祖光日记》(1954—1957)，郑州，大象出版社，2005 年版，第 75 页。

59 清华大学美术学院院史编写组编《清华大学美术学院 (原中央工艺美术学院) 简史》(第 16 页)。另，据石楠《阎玉敏的雕塑人生》(《江淮文史》，2002 年第 4 期，2002 年 11 月，第 86 页) 中记述，中央美院实用美术系陶瓷科在暂停招生后，有将学习"装饰雕刻"的学生转入该院雕塑系相应年级的情况。

60 据 1957 年 9 月 6 日《人民日报》第 2 版的相关报道。另，郑氏入民盟较先，据庞薰琹回忆，即在工艺美院成立后，比庞氏早。(庞薰琹：《就是这样走过来的》，北京，生活·读书·新知三联书店，2005 年版，第 265—266 页)

61 据石丛《美之涅槃——记北京工艺美术服务部》记录，

该机构系 1954 年初于校尉胡同中央美院内成立，原系仿照苏联形式而名为"美术商店"，主要是筹备出国展览及国礼用工艺品，同年 12 月迁至王府井大街，曾参与恢复景德镇陶瓷生产等任务。（北京《新剧本》杂志社编《王府井大观》，北京，中国戏剧出版社，1993 年版，第 129—131 页）

62 据郁风 1980 年 6 月的《开向世界的窗口——香港》一文回忆。（《画中游》，北京，大众文艺出版社，2004 年版，第 297 页）

63 黄永玉《速写姻缘》，第 132 页。另参庄稼《印度尼西亚华侨画家举行回国旅行写生画展》报道（《美术》，1957 年第 12 期，第 39 页），郭氏或即参加此活动——以"旅居印度尼西亚华侨美术工作者组成的美工团，于 1956 年秋回国观光和作画"，其或更出任该团副团长。（佚名《郭应麟——爱国华侨美术家》，http://www.jmxwh.com/XiaoWeiHui/CN/XiaoYou.asp？id=2572）

64 据 1955 年 5 月北京《新观察》杂志（第 10 期，封二）所刊图片及说明。

65 亦见梁任生主编《中国当代陶瓷精品选》（第 84 页）之"郑可（作者介绍）"段落，惟时间笼统记在 20 世纪"50 年代"。

66 熊向晖《周恩来总理关注香港大学访问团》，《纵横》，1997 年第 3 期，第 20 页。

67 据 1956 年 5 月 13 日《人民日报》第 5 版的《工艺美术新产品》报道及配图。

68 据 1956 年 11 月 1 日《人民日报》的第 4 版《孙中山先生诞辰纪念章北京两个工厂日夜赶制》报道。

69 暂据笔者所藏、于 1979 年 4 月 10 日由旁人代填的郑氏《中国美术家协会会员登记表》。

70 《当代北京工业丛书》编辑部等编《当代北京工艺美术》，北京日报出版社，1989 年版，第 60—61 页。

71 任家骥《北京特种手工艺者的新作品》，《新华社新闻稿》，1956 年 7 月 27 日，第 2242 期，第 13 页。

72 谢荣滚等主编《陈君葆日记全集》，第 3 卷，第 519 页。

73 据 1956 年 8 月 22 日《人民日报》第 2 版的任家骥《"美术家真难请！"》报道，惟该文似有部分内容失实，可参看 1956 年 11 月 5 日出版的《工艺美术通讯》（总第 2 期，第 30—32 页）上姚曼的《事实胜于雄辩——读任家骥"美术家真难请"一文以后》（经修改，复以《美术工作者不难请》为题，刊于《人民日报》1956 年 12 月 22 日第 2 版），及署名"一个美术工作者"的《一个美术工作者的申明》。

74 据 1956 年 9 月 9 日《人民日报》第 7 版的《纪念鲁迅逝世二十周年 美术家新创作许多有关鲁迅的作品》报道。另，此《鲁迅像》，若依时间对照，并据王朝闻回忆，或系王氏 1941 年于延安鲁艺的完成品（不足 1 尺）的石膏翻制件，因"1956 年，中国作家协会印制纪念鲁迅先生逝世 20 周年纪念册

时，借用这个浮雕像由郑可先生缩制成小图印在封面上。事后王要收回原件，催问多次，郑可先生说他也不知去处，只送了一个按原件缩制的小浮雕像。'文革'之后，王根据这个小石膏像翻制了十多个，赠送来访的朋友"。（简平编《创作与临摹选辑》，《王朝闻集·断简残篇》，第 22 册，石家庄，河北教育出版社，1998 年版，第 166—167 页）

75 颐和园管理处编《颐和园志·大事记》，《颐和园志》，北京，中国林业出版社，2008 年版，第 49 页。

76 滕晓铂等《何燕明先生访谈录》，《传统与学术：清华大学美术学院院史访谈录》，第 82 页。

77 亦见梁任生主编《中国当代陶瓷精品选》（第 84 页）之"郑可（作者介绍）"段落。

78 据 2015 年 6 月 12 日下午 17 点左右，笔者赴北京十三陵镇郑方女士居所采访得知，此处旧宅已于 20 世纪 90 年代初由郑女士主持典卖，所得价款均用于其母苏女士疾患治疗。

79 清华大学美术学院院史编写组编《清华大学美术学院（原中央工艺美术学院）简史》，第 30 页。

80 张仃《我与工艺美术》，《张仃文集》，第 338 页。

81 据 2015 年 1 月 8 日上午 11 点 15 分左右，笔者致电郑方女士询问确认。

82 据 2015 年 6 月 12 日下午 17 点左右，笔者赴北京十三陵

镇郑方女士居所采访得知。

83 并参黄永玉《不用眼泪哭》（《比我老的老头（新增补版）》，第 198 页）及王焕林编《黄永玉年谱》（第 70—71 页），惟后者将时间记在 1960 年。

84 韩湛宁《书衣是有生命的》（访宁成春），中国出版协会装帧艺术工作委员会编《书籍设计 2》，北京，中国青年出版社，2011 年版，第 75 页。

85 滕晓铂等《王明旨先生访谈录》，《传统与学术：清华大学美术学院院史访谈录》，第 319 页。

86 佚名编《我院教师与民主德国专家弗里德利举行学术座谈会记录》（誊清稿），中央工艺美术学院档案，1960 年 7 月 30 日至 1962 年 12 月 15 日，180—15 号，长期，第 1a、5b 页。

87 清华大学美术学院院史编写组编《清华大学美术学院（原中央工艺美术学院）简史》，第 56 页。

88 陈亚丹《深深的缅怀》，上海鲁迅纪念馆编《李桦纪念集》，上海，东方出版中心，2007 年版，第 348 页。

89 清华大学美术学院院史编写组编《清华大学美术学院（原中央工艺美术学院）简史》，第 56—57 页。

90 据 1963 年 3 月 15 日《人民日报》第 1 版社论。

91 清华大学美术学院环境艺术设计系艺术设计可持续发展研究课题组编《设计艺术的环境生态学》，北京，中国建筑工业出版社，2007 年版，第 179 页。另，据王森回忆（刘一达《绘制〈中国京剧名优谱〉的王森》，《老根儿人家》，北京出版社，2004 年版，第 204—205 页），工艺美院于 1962 年即成立了陶瓷系"现代工业造型班"（工作室），主要招收有实践经验的在职人员，学制四年。

92 贾延良《被遗忘的"红旗"设计师》，《经营者·汽车商业评论》，2007 年第 1 期，第 124 页。

93 清华大学美术学院院史编写组编《清华大学美术学院（原中央工艺美术学院）简史》，第 58 页。

94 暂并据郭秋惠等《陈汉民先生访谈录》（《传统与学术：清华大学美术学院院史访谈录》，第 189 页）、王丽丹等《朱瑞琛先生访谈录》（《传统与学术：清华大学美术学院院史访谈录》，第 210 页）。

95 据 2015 年 6 月 12 日下午 17 点左右，笔者赴北京十三陵镇郑方女士居所采访得知。

96 据 2015 年 6 月 12 日下午 17 点左右，笔者赴北京十三陵镇郑方女士居所采访得知。

97 常沙娜《黄沙与蓝天：常沙娜人生回忆》，第 201 至 203 页。若据朱瑞琛回忆，此部队或即隶属中国人民解放军陆军第 27 集团军。（《朱瑞琛先生访谈录》，《传统与学术：清华大学美术学院院史访谈录》，第 213 页）

98 据 2014 年 12 月 4 日晚 20 点左右，笔者致电询问郑方女士得知。

99 高瑛《知己》，《我和艾青》，北京，人民文学出版社，2012 年版，第 194 页。

100 据高瑛《艾青的十封家信·第四封信·1975 年 6 月 8 日》（《我和艾青》，第 160 页），艾青称"郑可动手术，是膀胱癌"。今已经笔者于 2014 年 12 月 4 日晚 20 点 45 分左右，致电郑方女士询问后纠正。

101 清华大学美术学院院史编写组编《清华大学美术学院（原中央工艺美术学院）简史》，第 71—72 页。

102 据方茂森《上海造币缘定熊猫金币》（《检察风云》，上海，2012 年第 9 期，第 84—86 页），亦见《中国艺术家辞典》（现代第 5 分册，第 454 页），并表述为"为财政部代培金币设计人员"。

103 贾延良《被遗忘的"红旗"设计师》（《经营者·汽车商业评论》，2007 年第 1 期，第 128—129 页）及贾红谱《设计出有中国风格的汽车——访红旗设计师贾延良》（《汽车纵横》，北京，2013 年第 5 期，第 45 页）。

104 郑逸梅《画坛寿星朱屺瞻》，《郑逸梅笔下的书画名家》，上海书画出版社，2002 年版，第 111 页。

105 张映光《艾未未:最具"星星"精神的人》（新京报

编《追寻 80 年代》，北京，中信出版社，2006 年版，第 122 页）。惟，郑氏前往艾氏北京居所走动，据高瑛回忆，或当始于 1975 年 5 月后。(《艾青和画家》，《我和艾青》，第 189 页）另，据曹辛之《日记》，1978 年 5 月 7 日晚，艾氏三子曾到访其宅，以 "彭城陶器小鱼盘一只及郑可设计烟灰缸一只" 相赠。(赵友兰、刘福春编《曹辛之集》，第 1 卷，《诗文·日记 [1978 年 1 月 1 日至 10 月 17 日]》，上海人民出版社，2011 年版，第 490 页）

106 任世民《郑可先生的浮雕造型艺术思想》，电子演示文稿及整理稿，2015 年。

107 参见何燕明《感念吴劳》，《装饰》，2010 年第 2 期，第 66 页。

108 据《中国工业美术协会筹委会正式成立会议纪要》，其时 "筹委会" 主任为张仃，副主任还有罗扬实、庞薰琹、雷圭元等。另，是年 8 月 4 日中国科学技术协会主席团即已同意成立 "中国工业美术协会"，国家编制委员会后于是年 11 月 5 日发出《关于中国工业美术协会机构编制的批复》，"编制定为 15 人"。(中国工业设计协会编《中国工业设计年鉴 2006》，第 43—47 页）

109 据邯郸市陶瓷工业公司科技情报站《陶瓷壁画砖——新型建筑装饰材料》(《河北陶瓷》，唐山，1980 年第 2 期，1980 年 4 月，第 49 页），另据郭光华等《彭城磁州窑·彭城磁州窑大事记》(北京，文化艺术出版社，2010 年版，第 201 页），前往参与该瓷板壁画制作者还包括侯一民、袁运甫，主要的制作工厂系彭

城中国磁州窑艺术陶瓷厂。

110 李树声《丝网版画的摇篮——记中央美术学院版画系丝网版画工作室》，刘玉山主编《中国版画》，第 5 期，北京，人民美术出版社，1994 年版，第 3 页。

111 佚名编《中国文学艺术工作者第四次代表大会代表名单》及《中国美术家协会第三届理事会名单》，中国文学艺术界联合会编《中国文学艺术工作者第四次代表大会文集》，成都，四川人民出版社，1980 年版，第 425、480 页。

112 据笔者所藏、于 1979 年 4 月 10 日由旁人代填的郑氏《中国美术家协会会员登记表》。

113 佚名《难忘的聚会——唐山陶瓷第二次进京展览侧记》，河北省唐山市政协文史资料委员会等编《唐山陶瓷》，北京，华艺出版社，2000 年版，第 91—94 页。

114 王琦《王琦美术文集·艺海风云》，下，北京，中国文联出版社，2007 年版，第 1 页。另见广东省美术家协会编《黄新波：纪念文献集》第 97 页，惟其图片说明记在是年 12 月。

115 本条后四项，均暂据《中国艺术家辞典》，现代第 5 分册，第 454 页。

116 牧青《敦煌的风铎——访著名学者常书鸿》，《是与非》，1992 年第 7 期，第 31 页。

117 刘元武《精美的博山琉璃工艺品》，《山东史志通讯》，1983 年第 5 期，1983 年 10 月，第 53 页。

118 苗锡锦主编《钧瓷志》，郑州，河南人民出版社，1999 年版，第 285 页。

119 《宁国县志》编撰委员会编《宁国县志》，北京，生活·读书·新知三联书店，1997 年版，第 251 页。

120 据 1980 年 3 月 28 日《人民日报》第 2 版公布的《中国科协第二届全国委员会常务委员和委员名单》。

121 据 1980 年 11 月 20 日《人民日报》第 2 版徐祥法的报道《陶瓷美术家云集宜兴研制新产品》。

122 雷子人编张仃《年表》。(《张仃文集》，第 385 页，注 1 "谷首回忆"）

123 于占德主编《山东省志·文化志》(第二次评议稿），下，《山东省志·文化志》编辑室，1993 年，自印本，第 306 页。

124 据章左声《开创陶艺新天地》，此张氏于 1981 年在郑氏指导下，制作完成琉璃陶瓷屏风《九龙壁》，1982 年获 "全国美术陶瓷产品设计" 一等奖，后又于 1986 年初制作完成广州东方宾馆门首陶瓷拼砌壁画《龙凤呈祥》。(《祝您成才》，1986 年第 3 期，1986 年 5 月，第 31 页）

125 《当代中国》丛书编辑部等编《当代中国的工艺美术·当代中国工艺美术大事年表（附录一·1949年—1983年）》，北京，中国社会科学出版社，1984年版，第582页。

126 佚名《"前柏林皇家瓷器厂瓷器展览"在北京开幕》，《新华社新闻稿》，1982年11月4日，第4663期，第23页。

127 孙宜生《意象造型教学（提纲）序言——"意象之年"》，《西安美院学报》，1983年4月，第1期，第19页。

128 杨伯达《20世纪中国玉坛上的伟大创举——翡翠四宝》，《杨伯达论玉——八秩文选》，北京，紫禁城出版社，2006年版，第334、336页。

129 陈文灿主编《回首与展望：福建工艺美术学校——福州大学工艺美术学院》，福州，福建美术出版社，2002年版，第178页。

130 刑军纪《公仆》（《当代》，1987年5月，第2期，第9页）、宝丰县史志编纂委员会编《宝丰县志》（北京，方志出版社，1996年版，第446页）。

131 据《当代北京工业丛书》编辑部等编《当代北京工艺美术》（第172页）记录，该班为"全系统第一个以加工装饰品模具为主的、学制两年的中专班"。

132 袁韵宜《庞薰琹传》，北京工艺美术出版社，1995年版，第260—261页。

133 据1984年3月1日该"交流会"主办方向工艺美院方发出的《评审委员会委员聘请通知》及所附列"全体评审委员名单"。原存清华美院档案室，今已将其附于本集所收郑氏等《"工艺美术"初探》一文内。

134 刘志广《河北美术陶瓷赴香港展销记》，《河北陶瓷》，1984年第3期，1984年6月，第8页。

135 陈履生编《1942—2009中国美术年表》，《革命的时代：延安以来的主题创作研究》，北京，人民美术出版社，2009年版，第535页。

136 王存秀等主编《山东工艺美术学院志（1973—2003）·编年纪事》，济南，山东人民出版社，2003年版，第9页。

137 杨军等编《坚持科学发展建设文明校园——记北方工业大学校园的建设与发展（1946—2009）》，北京，北方工业大学，2009年，自印本，第28页。

138 据郑方女士提供的落款在是年9月、黄氏毛笔所书原件电子照片。

图1

图2

图3

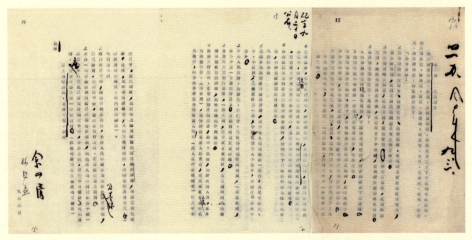

图4

图5

图1.《中央工艺美术学院档案·名人全宗·郑可卷》封面

图2.《中央工艺美术学院档案·名人全宗·郑可卷》目录

图3.《郑可年表》首页

图4. 余心清、孙起孟《关于国徽公布、制造及颁发问题的报告》及周恩来的批示（1950年9月3日，郑可名姓出现在第二节《制作事项》第四条内；采自中央档案馆编：《中华人民共和国国旗国徽国歌档案》，下，北京，中国档案出版社，2009年版，第449—451页）

图5. 林伯渠、余心清《关于国徽公布、制造及颁发问题的报告》及毛泽东的批示（1950年9月7日；采自中央档案馆编：《中华人民共和国国旗国徽国歌档案》，下，第452页）

附：核心参证来源

（依事实及刊发次第等为序，《重订年表》内已将较长篇名略写）

佚名编：《广东省政府第六届委员会第 122 次、第 190 次议事录（节选，1932、1933）》，广东省档案馆编《民国时期广东省政府档案史料选编》（第 6 届省政府会议录，1931 年 6 月—1934 年 6 月，第 3 册），广州，广东省档案馆，1988 年，自印本，第 205、369 页。

江 鸟：《中国留法艺术学会·本会成立经过》，《艺风》（上海），第 2 卷第 8 期，1934 年，第 85—86 页。

佚 名：《电机学专家周宣平等学成归国》，《申报》（上海），第 22041 号，1934 年 8 月 29 日，第 13 版，第 4 张。

宛 玉：《雕刻家郑可》，《民国日报》（广州），《艺术》周刊，第 25 期，1934 年 10 月 27 日。

郑 可：《关于小品展的几句话》，《民国日报》（广州），《艺术》周刊，第 35 期，1935 年 1 月 5 日。

李 桦：《介绍两个个展——郑可人体素描个展、唐英伟木刻个展》，《民国日报》（广州），《艺术》周刊，第 52 期，1935 年 5 月 4 日。

秋 灵：《素描艺术——观"郑可人体素描个展"后小感》，《民国日报》（广州），《艺术》周刊，第 53 期，1935 年 5 月 11 日。

郑 可：《广州艺界》，《艺风》（上海），第 3 卷第 8 期，1935 年，第 130—131 页。

伍千里等：《素描习作》，《良友》（上海），1936 年第 123 期，1936 年 12 月，第 32—33 页。

应 能：《第二回全国美展的印象》，《青年艺术》（广州），1937 年第 3 期，1937 年 5 月，第 180—183 页。

郑 可：《如何改进工艺美术》，《青年艺术》（广州），1937 年第 4 期，1937 年 6 月，第 217—225 页。

郑 可：《关于连续图案制作法的检讨》，《青年艺术》（广州），1937 年第 5 期，1937 年 7 月，第 304—310 页。

佚 名：《雕刻家郑可再度赴法考察实用工艺美术》，《中山日报》（广州），1937 年 7 月 9 日，第 6 版。

佚 名：《华人美术研究会欢迎艺术家郑可》，《星洲日报》（新加坡），《星期刊》，1937 年 12 月 26 日，第 6 页。

佚 名：《战时新雕塑》，《良友》（上海），1940 年第 154 期，1940 年 5 月，第 20 页。

郑 可：《石膏像制模法》，地点不详，郑氏工作室出版，约 20 世纪 40 年代初，手抄本。

佚 名：《纪念蒋主席功绩港华人献铸金像广州筹备欢迎主席赴粤》，《申报》（上海），第 24462 号，1946 年 3 月 26 日，第 1 版，第 1 张。

雷圭元：《回溯三十年来中国之图案教育》，国立艺术专科学校出版组编《国立艺术专科学校成立第廿年校庆特刊》（艺专校刊），杭州，国立艺术专科学校出版组，1947 年 3 月，自印本，第 3—4 页。

连冕整理：《中央工艺美术学院授课表·郑可（1956—

1987)》，手稿及整理稿，1956 年 9 月至 1987 年 7 月。

郑　可：《杨永善笔记》，杨永善编录，手稿及整理稿，1961 年 12 月 6 日。

郑　可：《申请前往上海、广东、天津调研模具生产等并协助购买火车票之报告》，手稿及整理稿，1962 年 1 月 18 日。

郑　可：《雕·刻·塑》，手稿及整理稿，1962 年 4 月 12 日。

郑　可：《中央工艺美术学院"设计专业班"教学草案》，手稿及整理稿，1962 年 6 月 1 日。

郑　可：《关于发展工艺美术事业的几点看法》，手稿及整理稿，1962 年 6 月 3 日。

郑　可：《两年来我在教学中得到的几点经验、教训》，手稿及整理稿，1962 年 6 月 6 日。

郑　可：《关于赴广州、上海参观模具制造的总结汇报》，手稿及整理稿，1962 年 8 月 19 日。

郑可等编译：《资本主义国家的现代工艺美术设计教育》，手稿及整理稿，1962 年 9 月 13 日。

郑　可：《"现代工艺"教学草案》，手稿及整理稿，1962 年 11 月 22 日。

郑　可：《关于成立"现代工艺系"的建议书》，手稿及整理稿，1963 年 3 月。

郑　可：《关于充分利用"靠模铣床"的建议书》（残件），手稿电子图像及整理稿，1963 年 4 月 16 日。

郑　可：《"现代工艺"设计教育纲要》，手稿及整理稿，1963 年 4 月 27 日。

佚名编录：《郑可材料（"文化大革命"初期）》，手稿及整理稿，1966 年 6 月至 7 月。

张宝成记录、整理，连冕等整理：《张宝成笔记》，手稿及整理稿，约 20 世纪 70 年代中至 70 年代末。

郑　可：《"立体造型"教育纲要》，手稿及整理稿，约 1978 年至 1981 年。

郗海飞记录，连冕等整理：《郗海飞笔记（1978—1980）》，复印手稿及整理稿，1978 年 9 月至 1980 年 4 月。

马心伯记录，连冕等整理：《马心伯笔记（1979—1981）》，复印手稿及整理稿，1979 年 11 月至 1981 年 12 月。

郑　可：《"艺术概括内容"的作用》（草稿），手稿及整理稿，约 20 世纪 70 年代末至 80 年代初。

郑　可：《浮雕》（未完成稿），手稿及整理稿，约 20 世纪 70 年代末 80 年代初。

中央工艺美术学院：《中央工艺美术学院致轻工业部教育司并文化部教育司的函》（草稿），手稿及整理稿，1980 年 1 月。

佚　名：《"郑可工作室"方案》，手稿及整理稿，1980 年 3 月 22 日。

郑　可：《致王副部长》，手稿及整理稿，1981 年 2 月 15 日。

郑可工作室：《我们对今后工作的几点设想》，手稿及整理稿，1981 年 3 月 30 日。

顾德华：《"我是党的人了"——记中央工艺美术学院老教授郑可》，《光明日报》，"庆祝中国共产党成立六十周年 1921—1981"专栏，总第 11518 号，1981 年 6 月 11 日，第 1 版转第 3 版。

郑　可：《谈谈工艺美术的设计与创新》（中央工艺美术学院特艺系"装饰美术理论讲座"教学参考讲义，007#），录音整理稿，1981 年 9 月 12 日，自印本。

郑　可：《从罗丹的巴尔扎克像想到的》，手稿及整理稿，约 20 世纪 80 年代初。

郑可工作室：《郑可报告·郑可工作室"简况》，手稿及整理稿，1982 年 2 月 12 日。

谈伟超：《去中央工艺美院进修总结（节要）》，复写手稿及整理稿，1982 年 4 月 22 日。

何宝森：《致李先生：关于"郑可工作室"的一些意见》，手稿及整理稿，1982 年 5 月 10 日。

郑　可：《我到南斯拉夫参加创作活动的简单情况》，手稿及整理稿，约 1983 年初。

王　森：《额头上布满雕痕的人——访造型艺术大师郑可教授》，《老人天地》，1983 年第 1 期，1983 年 10 月，第 42—43 页。

教学筹备小组：《金属模具设计培训班教学筹备小组报告》，手稿及整理稿，1983 年 12 月 20 日。

郑　可：《关于"金属工艺设计开发中心"一词的补充和说明》，手稿及整理稿，1983 年 12 月 30 日。

吴少湘：《装饰雕塑专业攻读硕士学位研究生培养计划》，手稿及整理稿，1984 年 9 月 16 日。

何宝森：《工艺美术家——郑可》，《实用美术》，第 16 期，上海人民美术出版社，1984 年版，第 45 页转第 33 页。

何宝森：《包豪斯与郑可——为郑可先生八十寿作》，《中国工艺美术》（丛刊），1985 年第 3 期，第 35 页。

郑可、蒋朔整理：《郑可话语录》，《美术家通讯》，1985 年第 10 期，第 3—6 页。

郑　可：《从巴黎铁塔想到的》，《装饰》，1985 年第 4 期，1985 年 11 月，第 9 页。

郑　可：《关于教育改革及工艺美院教学存在的一些问题》（草稿），手稿及整理稿，约 20 世纪 80 年代中期。

何宝森：《郑可教授七十年》（电视纪录片解说词），1986 年，自印本。

郑　可：《我对筹备"金属工艺专业"的初步设想》，手稿及整理稿，1986 年 10 月 10 日。

郑　可：《关于"金属工艺专业"筹备工作的第 2 号报告》，手稿及整理稿，1986 年 10 月 16 日。

中央工艺美术学院：《沉痛悼念郑可同志》，手稿及整理稿，1987 年 9 月 29 日。

赵鸿声、崔福群：《郑可教授考察唐山陶瓷》，《河北陶瓷》，1988 年第 1 期，1988 年 3 月，第 54—55 页。

张　仃：《悼郑可》，《中国工艺美术》，1988 年第 3 期，1988 年 8 月，第 21 页。

张耀笳：《跟随郑先生的岁月——访尹积昌、高永坚》，《中国工艺美术》，1988 年第 3 期，1988 年 8 月，第 22—24 页。

何宝森：《郑可的艺术》，《中国工艺美术》，1988 年第 3 期，1988 年 8 月。

马端纳（Matthew Turner）：《香港"设计师的地位"与"设计概念"》（节选），香港博物馆、马端纳编《香港制造：香港外销产品设计史（1900—1960）》（中英对照），招绍瓒等译，香港市政局，1988年，自印本。

晓　芙：《现代设计的开拓者——为郑可教授逝世二周年而作》，《设计》，1989年第3期，1989年9月。

张耀笳：《不志奇才——郑可》，《美术史论》，1990年第4期，1990年12月。

曾　炜：《著名雕塑家尹积昌·为了理想》（节选），中国人民政治协商会议广东省委员会文史资料研究委员会编《广东文史资料·艺海风华——广东文化名人之三》，第72辑，广州，广东人民出版社，1995年版，第162—166页。

曾　炜：《艺海寻梦五十秋》（节选），《雕塑》，1997年第2期，1997年5月，第38—39页。

赵　旻：《为生命而歌——郑可先生的艺术与教育思想研究》，北京，中央工艺美术学院，学士学位论文，1999年6月。

傅为群：《"船洋"的设计者——郑可》，《图说中国钱币》，上海古籍出版社，2000年版，第197—199页。

吴少湘：《异国忆恩师——郑可》，《装饰》，2006年第1期，第7—8页。

成　阳：《郑可雕塑"技"与"道"之学术研讨》，《装饰》，2006年第1期，第9—10页。

孙嘉英：《郑可先生百年祭》，《装饰》，2006年第1期，第10页。

李正安：《追忆与思考——追思陶瓷艺术设计教育的先

驱祝大年、高庄、郑可、梅健鹰》，《中国陶瓷艺术家》，2006年第3期，2006年9月，第65—70页。

蓝素明：《海棠·梧桐·翠竹》（节选），《五十情怀》编委会编《五十情怀——记忆中的中央工艺美术学院》，北京艺术与科学电子出版社，2006年版，第389—390页。

吴祖慈：《忆郑可先生》，《五十情怀》编委会编《五十情怀——记忆中的中央工艺美术学院》，北京艺术与科学电子出版社，2006年版，第402—403页。

祝韵琴：《他永远引领着我——忆恩师郑可先生》，《五十情怀》编委会编：《五十情怀——记忆中的中央工艺美术学院》，北京艺术与科学电子出版社，2006年版，第404—406页。

郭秋惠：《郑可：跨越艺术与设计的大家》，《美术观察》，2007年第5期，第33—37页。

黄永玉：《忆雕塑家郑可》，《比我老的老头》（新增补版），北京，作家出版社，2008年版，第150—154页。

连　冕：《访郑方》，整理稿，2009年12月28日、2012年5月7日。

石奎济：《周国桢拜见郑可》（节选），《周国桢传奇·艺术人生》（上），上海，学林出版社，2009年版，第104—111页。

马心伯：《回忆郑可先生对我说的几件事》，手稿及整理稿，2012年。

连　冕：《访梁任生》，整理稿，2012年4月30日。

周成傈：《忆恩师郑可的几件事》，手稿及整理稿，2012年。

唐裔隆：《忆郑可先生》，电子原稿，2012 年。

何宝森：《光墨春秋》（节选），《光墨春秋——艺术生命的足印》，北京，大众文艺出版社，2012 年版，第 26—27、294—295 页。

王受之：《郑可其人》，2013 年 1 月 25 日，http://blog.sina.com.cn/s/blog_4bdabb490102fpl9.html。

吴卫光：《高永坚与广州美术学院的设计教育》，《美术学报》（广州美术学院学报），2013 年第 4 期，2013 年 7 月，第 20—23 页。

连　冕：《访常沙娜》，整理稿，2013 年 8 月 14 日。

连　冕：《访王受之》，整理稿，2013 年 10 月。

张大庆：《心中的大师——忆郑可先生二三事》，手稿及整理稿，2014 年。

郑　方：《关于郑可从香港带来的设备》，手稿及整理稿，2014 年。

吴　瑾：《郑可：从雕塑家到现代艺术设计的先驱者》，《南方都市报》，2014 年 11 月 5 日，RB13 版（文娱·历史）。

张有志：《感念恩师郑可先生》，《上海工艺美术》，2015 年第 2 期，2015 年 6 月，第 4—5 页。

范伟民：《感怀与感恩——记我的老师郑可先生》，《雕塑》，2015 年第 2 期，2015 年 3 月，第 68—70 页。

刘景森：《我国艺术设计教育的先驱——郑可》，电子原稿及整理稿，2015 年 5 月。

程建平、王明旨、李功强、常沙娜、韩美林、王受之、沈榆、唐克美、周国桢、张得蒂：《教育名家垂范 艺术大师风采——郑可先生诞辰 110 周年纪念活动简述·众人眼中的郑可先生》，《雕塑》，2015 年第 3 期，2015 年 5 月，第 14—19 页。

范伟民、郗海飞、吴少湘、姜沛然、朱军山、孙嘉英、杜宏宇、任世民、张锠、刘景森、罗永辉、林齐、路盛章：《励精图治 垂范后学——郑可先生诞辰 110 周年研讨会会议纪要》，《雕塑》，2015 年第 3 期，2015 年 5 月，第 19—21 页。

罗永辉：《在纪念郑可先生诞辰 110 周年大会上的发言》，电子原稿及整理稿，2015 年 6 月。

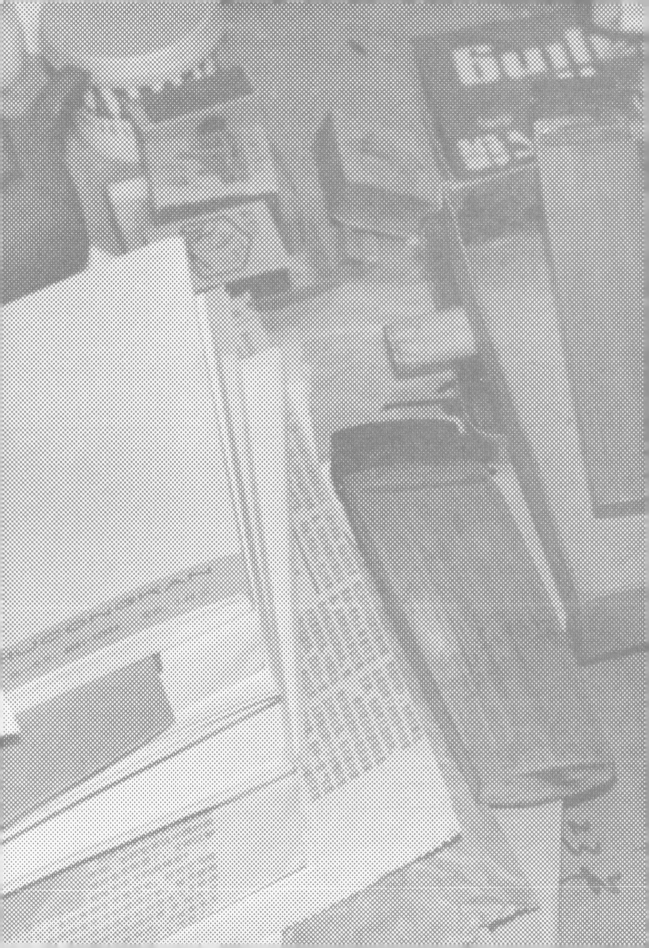

石膏像制模法 [1]

郑可

前言

石膏的用途，在外国是非常广泛，从雕刻界说起，考古家、建筑家，博览会、博物馆……以至工业界的陶器、机械模型，金银首饰，甚至医学界等一切精细模型的翻印，无不使用石膏制模。

雕刻家采用石膏制成石膏模，然后根据石膏模型翻砂制铜像，或者雕石像。考古家用石膏仿制古物，建筑家也用石膏翻印有价值的名作。具有国际性的博览会或博物馆的会场中，不少古代的、现代的具有艺术价值的建筑物，以及世界上稀奇少有的珍珠宝贝，都可以用石膏仿制出来。而仿制的结果，大细完全与原物相等，再经打磨染色，就更与原物无异。甚至连原物的年龄都能仿制出来，使你感受到一种古色古香的味儿。

在工业方面，更广泛地采用石膏制模，就陶瓷方面来说：自从法国 18 世纪派人到我（国）研究烧瓷以后，回到法国就采用石膏翻模，这[1]样一来，生产速率突飞猛进；然而我国依然是墨守成规、不求改进，这不能算是我陶瓷工业的缺陷。

机械的翻砂制钢模的过程当中，必定要一个模型，然后可以用砂印出一个空心的阴模，再将已经炼熔的钢水注入，于是注成一个机器中的一小部件。那么，那件翻砂模的模型，是用什么物体制成呢？在过去，一向用木料依照图型制成，近来亦有采用石膏制模，结果要比木料制模的精细。就因为石膏能制出极精细的模型，所以极精致的金银首饰亦用石膏制模。医学上亦同样采用了石膏制模型的方法，譬如一只生有癞疮的手，可以用石膏将生有癞疮的手翻印一只出来，再请有着色经验的人着色，效果与原来的人手相差不远。在一个人的身体上，无论躯壳、内脏都可能制石膏模。就牙齿来说，相信大家都见过牙医师用白色的粉末去印患病者的牙齿，那些白色的粉末，正是石膏粉末……还有更多的部门使用石膏的，这里不必赘述了[2]。

根据以上各点，毫无疑问地，大家知道石膏对文化、对科学的贡献，确实出

1. 此共 55 叶（正背两面计 110 页）竖排繁体墨笔双面手书原件，由郑方女士提供。所用为每页 400 字竖式红格、居中对折土制稿纸，约长 20、宽 14、厚 1cm，右侧书背双铁丝穿刺简装。封面同用书芯稿纸，上见行书"郑可著石膏像制模法 郑氏工作室出版"16 字，似为油墨印刷。全册似均非郑氏笔迹，惟所谓"郑氏工作室出版"，或暗示此册抄自已版行专书，或准备提供给某机构付梓，今暂无以详考。仅就整体情况判断，如内文提及"在抗战的今日"等，并参考郑女士回忆，其或系于 20 世纪 40 年代初，即郑氏"柳州时期"，抄改完成并作普及教学使用。另，册中个别字迹潦草，亦常见异体及错漏，且掺杂广府粤方言语汇，更杂补绘插图。今概以原抄本为准，仅做基础的繁简转换及微调，多不再出注。惟漶漫等处，均以"口"代替；少量据原稿之删改、增补等，则以"（ ）"括出。

另，下标符号"1"等，均于每叶结尾处，提示原抄本叶码，故亦不再区分正背。

力很大。

石膏是我国的土产，消流亦广，城市、村镇，随处可以买到。不过它的用途实在是狭窄得可怜，其主要的用途不外是做豆腐的凝结剂，或者做肥田料。也许我说得过火，不过我想科学界、考古界、建筑界、工业界……使用石膏者，实在微乎其微（当然不是绝对没有）。文化界中，相信多数是雕塑者使用它制模型。这里，我们要研究的就是雕刻的制模问题。石膏制模是一种专门技术，非有相当技巧和经验的，殊难胜任。在外国，当然有此种专门技工担任，使雕刻界得到更大的便利。至于我国使用石膏制模既然稀少，专门制模的人才正是凤毛麟角般的难得。

这本小册子，是综合本工作室内从工作中获得的经验。虽然全是以制雕塑的模为研究对象，不过我相信，不论制陶器的石膏模、翻印古物（染色不在内）、翻印建筑物，以及医学上要翻印真人的某一部门、机器模型的制造等，都可以，参照本书的雕塑制模法，因为翻印石膏模没有比雕刻上所翻制的模更复杂、更精细得过。懂得制雕塑模的原理，任何翻模都不难处理。

在目前，从事学习雕塑的艺术工作者渐渐多起来，同时一般中小学校的美劳课程因为美劳材料的缺乏，亦多采用石膏工艺。我谨将这本小册子献给他们，当作制模时的参考资料。假使读者觉得其中有未够详尽的地方，我诚挚地希望读者提出意见，本室负责书面奉（复）₄。

第一节　制模前的准备

造型艺术的制作过程中，要算雕刻为复杂，无论油画、水彩画，所需要的笔、颜料、画架、画布、画纸……最多不过二三十种，都是些轻快便利的工具或材料，室内、室外都可以自由制作，而且一经作者将颜色涂染到画上，就算完成一个作品。可是雕刻就不是这么简单的一回事，它所需要的材料和工具一总在百数种以上，而且一半是笨重的工具。其中有木匠与铁匠所用的工具，有舂米用的石舂，有特备用作炒石膏粉的铁锅。由此可以知道雕刻者的制作环境是被规限在室内工作，不是随时可以移动。雕塑好比写文章，一定要经过印刷机印刷出来的文章，才算完成一件制作，否则，只能说一篇原稿罢了。同样，未经铸成铜像的雕塑，不能说一件完成品。严格地说，从泥塑的原稿中翻印出来的石膏像，还是铸铜的过程中的草稿罢了。

作品的优劣，当然决定于雕塑者的技术修。养，不过制模的技术与工具、材料的设备，亦足以影响到作品的优劣。文学家的文章有出版社和印刷公司负责完成后半段工作，可是雕塑家就没有此种便利条件，一切工具、设备，大部分都是由自己亲手制成。本节就是将制模室的设备，以及各种工具材料的制法和使用法，分别详述。俾使制模者在制模前，能够得到充足的准备。

一、工作室的设备

一间光亮的房子，房子的大小由工作需要而定。空气流通，门前是个天阶，安放着一两个水瓮，一个专供洗碗、洗手，或洗一切粘着泥或石膏的木盆。另外，还准备一个经常保持洁净的小木盆。除木盆之外，还预备几个大小不等的瓦盆。这些瓦盆是调石膏用的，亦可用在其他地方。不过每次调过石膏之后，应保持洁净，不要让盆、盆外积留着石膏的残口。还有，天阶边，应该设备一个大瓦缸，可能（的话），最好把整[6]个缸藏入地下，缸口适与地面平行，或突出数寸即可，这个缸的用途是藏泥。当然，每次把一个泥塑制成一个石膏模的时候，自然抛弃原稿（即泥塑）。有了一个藏泥的缸，一方面可以随手抛下去，另方面可以保持一定的湿度。因为缸面经常盖着一层木板，而且可以随意加水润湿它。

还有，在室外的另一角，或者离室外不致十分远的地方，应该设备一个舂石膏粉的石舂，和一个炒石膏粉的灶和铁锅。这两个设备都不宜露天。在石舂的边旁，应该有一点足够（筛）粉用的位置。（筛）粉应该（筛）到木箱里，木箱的形状如图一。然后送到灶边去炒。这样说来，舂石膏的位置，最好接近炒石膏的位置，工作起来才不致把石膏粉移来移去。水缸、藏泥缸、木盆、瓦盆等，这几种用具亦要接连在一块地方，而且要靠近工作室的门口。室外的布置大概如上所述。

室内近门口的边旁，正适宜安排储藏石膏粉的木柜或瓦埕——这样调石膏的时候，处处便利。在室内靠近墙壁的某一面，须要一两个大木架，每件制成的作品，随手放上[7]木架。等到晒干、打磨，再搽上光滑剂以后，才能将石膏像离开工作室。陈列架的形状如图二所示。在室内的中心，应该设备一两张八仙桌，板凳应该有高有低，才适合工作。最好有一两个可以车转自如的雕塑台，不过为着适合制模用的车转台的台面，就应该阔大，而且要低至三英尺高，即合使用。室内的另一角，比较偏僻的地方，设一张长方形的大台，预备安置些零碎工具。另外，还有一个专放铁匠工具与木匠工具的壁架。

具备这些设备的工作室，已经达到理想的要求了。既然有了设备充分的工作室，还要有条理地整理和保管，每个制模者应该有此种最基本的修养。当你每日收工时候，必须将所有用过的工具清理一次。每日用剩的材料，亦要收拾起来，留待下一次使用。务须养成一种有条不紊的工作恒心，要这样才算是一个制模者的工作态度[8]。

二、工具介绍

制模者使用的工具，有一部分可以制造，有一部分就不是自己能力所能做到的，一定需要交给木工或铁工去完成。现在我将各种工具的形状、构造，以及使用方法等，做一个详细的说明。假使制模者自己能够制造的，当然尽量自己制造。

现在，先从制模中最重要的一种工具——"枝"说起。

① 枝：枝分竹制与铁制两种，工作者对于接近自己的机会最多的枝，是极端讲究的。一方面合实用，另方面姿态要美。竹枝一定工作者自己制造，但铁枝就不是自己可能做到的事，须要交给技巧老练的铁工去炼制。枝的形状十足像一条吃胀了肚子的两头蛇，一个头大、一个头细。假使从侧面看去，一个头向左行，一个头向右摆。头的边缘为全身最薄之处。头以上就是枝颈，颈是纤细圆滑。再讲究的，还有一条颈骨连接在头与胸之间(铁枝不在此例)。颈以下,由颈至胸,渐渐扩大直至腰间的中心点，就是一支枝最饱满的地方。枝的形状大概 [9] 就是这样。往下去就要研究枝的制法。

枝分竹制与铁制两种。制竹枝所用的竹，不用十分干涸，或新从竹林里砍下来的湿竹。同时，不用竹节，竹肉要厚，约三英分厚、五六英分阔。枝的大细、长短，合理地说，应该以合于制模者的手使用利便而定，最好准备大小不等的十数支。

制竹枝的方法：最初选定一支竹，在竹的两端约二英寸位置的两侧面，每边剔一个弧凹，那里就是颈的位置，如图□。进一步用火，嫩颈部用手或用□去屈，一个头屈向左面，一个头屈向右面。屈曲的程度要适合制作而定，大概如图□的曲度即可。现在要用小刀将枝头剔成蛋圆形，将颈剔圆，胸与腰剔圆，成扁圆形，如图□。最后，用砂纸省滑竹枝，即告完成。竹枝是常常接近水或接近湿泥，每当春雨时节，说不定会上霉。当发现有霉的时候，要赶快放到阳光里去晒。假如上了黑色的霉点，就大大不雅了。

铁枝的形状多少与竹枝不同。铁枝在胸以下,一直至腰,都是一般的大细，不是扁圆形，而是起角的榄榾形，如图□。至于头与颈的形状 [10]，大致与竹枝相同。因为铁枝接近石膏的机会比较多，有时要用它来批删模型，补修折断与多余的突出的地方。因此，铁枝常常要磨制，普通钢铁不免生锈，所以最好用不锈钢制枝。

铁枝分三种，以上所述的是第一种。第二种枝的头顶，一头是平顶，另一头是斜顶，如图□。第三种，一头是平口刀，一头是圆顶，简直就是一支平口凿，如图□。三种枝的腰完全一样，只是头的变化而耳，三种枝的长，不过六英寸，阔不过三英分。铁枝的介绍大概如此。

② 铲：铲一定是铁制。铲口像一把张开的扇的形状，腰部握手的位置，也是扁形铁片,头顶是半圆形,如图□。铲的用途也很广,所有模型的修删，基板的铲平，以及开模之用。此铲应该时常保持一定的锐利，同时要当心上锈，在未磨去锈黄之前，不能使用。

③ 凿：凿分钝口与锐口之分，都是平口凿，约一寸之间，大小几把。凿之上有木柄 [11]，不论制浮雕或制立体雕的弃模，都用平口凿。

④ 木锤：木锤是敲击平口凿用的，制木锤所用的木，不能用坚硬的木料，要用质地松嫩的杉木。木锤的形状如图□。

⑤ 枧水:枧水分两种,一种是分离剂,一种是光滑剂,都是用软枧制成。不过，后一种就一定要用白枧，此种软枧可到枧厂里去定购，使用前要加一些清水下去。前一种煮成米汤般的稀淡，盛入碟内，长久可用。后一种就比较浓些，而且每次使用时，临时煮调。一面使用，一面用火煮沸……

亦有人用滑石粉做光滑剂，由于滑石粉容易抹杀身上微细的波纹，实在远不及白梘的光滑，故多采用此法。

⑥ 棕扫：棕扫形状如图□，可以自己制造。用途除制大型石膏模时，用作洒石膏液之外，多数用它来扫除模型上粉屑、泥碎等脏物。

⑦ 排笔：排笔要买白羊毛制成的，比较合于扫除粉屑、清理污物之用。其次，涂梘水以及吸干模内水泡。此外还有一种单独一支的白羊毛笔，用途大致与排笔相同₁₂。

⑧ 木贼草：一件完成的作品，在涂光滑剂之前，必先经过打磨工作，使石膏像本身粗糙的部分光滑起来，这就是木贼草打磨的结果。此种"木贼草"药材店有售。

⑨ 布：这里须要软细洁净的白布，除用吸干梘泡及模中的积水、吸干毛笔之外，还用它擦滑已经涂过光滑剂的石膏像……用途甚多，听各自便。

⑩ 盆、碗、匙羹：盆分几种，一种是盛净水的木盆，一种是盛水专供洗碗、匙羹用的木盆，一种是调石膏用的瓦盆。碗也有大小之分，用途亦是调石膏之用。匙羹则不论是铁羹还是瓦羹，都可使用。

⑪ 木条：木条的用途是在制模时用来坚固模围。至于木条之长短、大细，要看需要加上木条之模而定。通常总是预先请木工界定三四尺长的、大细不一——有些半英寸阔、有些一英寸阔的木条。使用时，可随意锯断。

⑫ 麻根：从市上买些旧麻，或比较便宜的麻尾回来，撕成像艮丝般的幼细，然后成网状地₁₃叠成一个像面球似的。大细由各自便。

⑬ 铜丝：金属接近石膏时候，铁是比较铜容易上锈，所以制模时，多数采用铜质金属。假使采用不锈钢铁的话，似乎因为它过于坚硬，不合使用。若是浮雕的石膏模的话，可以用大小适宜的铜丝做挂钩（如图□）。若是立体的石膏像，往往要在手足以及其纤幼部分都应加上铜条，石膏像才不致断折。铜条的□幼，要像的大细而定。假定是两尺高的石膏像，至小要用筷子般大的铜条。关于这个问题的详细情形，容后再谈。

⑭ 木柜：经常翻模的工作者，不妨做此种木柜来储藏熟石膏粉。这种木柜的特点，既能保石膏粉不因外面的风雨潮湿，因而失去它的效能，在使用方面，亦感利便，好比自来水一样，从上面源源而下，只要尔将闸板拉起，比起用瓦埕装石膏，要方便得多。木柜的形状如图□。它的构造如下：A 图是柜的正面，B 是侧面，C 是平面，D 是石膏出口的地方，E 是木闸，F 是制模的工具储藏柜，G 是石膏入口的孔，H 是小梯。此柜高□英尺、阔₁₄□，正面约□英尺、侧面□英尺。由地基至槽口——石膏出口之木槽，高□英尺。储藏工具之木柜，内分两层、三层，由各自便。藏石膏之内壁，事先要用油纸裱过，才不会为风湿侵入。木柜的构造大致如此，假如力量不能做到的话，还是用酒缸藏石膏。

⑮ 木尺：木尺不论硬木、软木都可制尺，长约二尺、阔约一英寸，厚约一分半英寸。木尺的用途只是锣泥带时用之。

⑯ 条形木锤：此种木锤与上面所述之木锤完全不同，这是一种长约七八英寸、阔约两英寸、厚约半英寸的硬实木方，用途很大。在开模时，用它敲击木枯，让木枯挣脱黏紧在大模上的每块细模。其次制泥带时，用此锤打泥，打成一块厚薄相等的泥片，然后用木尺、小刀，锣成一条条长带。

⑰ 木枯：上面略略说过，它是专用来挣脱黏紧在阳模上面每块细小的阴模。它的形状是一条长约六七英寸的，一头大一头尖的圆木，如图□，宜用杉木制成[15]。

⑱ 桃形刀：此种工具专供制圆榫之用，其构造是一片桃形的铁片。桃之顶还伸上一片铁，约一寸半英尺长。用一条长约七八英寸长的圆竹芯，头顶破一线小裂，夹住桃形刀头顶的一片长铁片，最后用铁丝绞紧已经破裂之竹头，将桃形刀夹紧，如图□。使用时将刀尖插在被指定的位置，然后双手合住竹杆。（让）石膏屑到处跳去，好像一把□子一样的理由，如图□。被□成圆口的尖底形的小孔，就是阴榫。

⑲ 喷雾器：用它来喷颜色水，渲染石膏像的一种着色器，制法简单，如图□。

工具与材料的介绍，大致如上所述。关于工具的使用，虽然略有说明，不过这不是刻板地规定某种工具的用途，是机动的、灵活的，由工作者自己去运用[16]。

三、制石膏粉的方法

制石膏，先决条件在乎石膏粉是否制得好。好的标准决定在石膏粉与水调合后，经过一些时候是坚硬的。假如不坚硬的话，不是炒得过火，就是未炒熟的结果。所以，石膏的好坏，全在炒制的技巧，要炒得不生也不太熟，火力恰当，才是好的石膏粉。

在过去，我国各大城市都设有专厂制石膏粉供应市面，可是，在抗战的今日，对于此类的供应，似乎极其稀少。因之，从事制模的工作者，以及学校方面的应用，不得不自己炒制——当然是一件烦琐的事情，不过只要多试验两次，自己不难克服其中的奥妙之处。

现在由怎样处理生石膏说起，一直至到制熟为止，把中间所经过的过程，做一次详细的说明。

从市上买来的生石膏块，多数夹有赤色泥块，若不删去，制成的粉末会呈现一种粉红色。应先将生石膏放到盛有水的盆内，让它浸一晚水之后，赤色泥块自然松浮，这时可用凿或[17]用铁锤将石膏击开，再铲去赤色泥块，加以洗、扫。手续虽然麻烦，这样制成的粉末，好处是洁白，缺点是比较不易除去赤色泥块的粉末，要松浮一点。因之，各有所长。粉红色的粉末稍为坚硬，适宜制阴模。至于洁白色的粉末，虽然比较松脆，不过，制出的阳模是洁白可爱的石膏像。

第二步工作是舂粉。通常先将洗净过的生石膏块晒干，用铁锤根据石膏的直纹，捶成片形小块，然后放进石坎里去舂成粉末，再用密的箩斗筛过。

第三步是炒的步骤，这是将生石膏变成为熟石膏的一个工作，是相当费脑筋的一回事。首先，我们要讲究炒石膏用的锅，最好用新锅，其次是用饭锅。若是用有油渍的炒菜锅，就要用青砖把锅中的油渍彻底磨去，否则有碍石膏的洁净。锅的大小可不论，但每次下粉的粉量不可过多，最多占锅的面积五分之二即可。放多了，容易给锅铲拨出锅外。

现在要开始注意锅内的石膏粉了，一锅粉的好坏就在这个关键。也许专门出产石膏的[18]工厂，已经采用更科学的制粉法，不过在我们自己的制粉法，是用眼的观察和用手的感觉来判定石膏的生熟。我们通常所用的燃料，不外是柴火、炭火、煤火几种，因之，我们只限于上列三种燃料炒石膏。我们所应注意的事，只要火力均衡，不让时强时弱，就过得去。生石膏一经入锅，就开始用锅铲去炒，好比炒花生米一样。要自入锅至出锅，不断地用铲去炒，否则有生熟不匀的弊处。这时，是用手的感觉和用眼的观察来判定石膏的生熟的时候了。要怎样判定呢？初入锅的石膏粉，尔会感到要点气力，才炒得动——好像炒石沙子一般，还有水蒸气频升上，因为石膏内含有多量的水分。大约十分钟以过，慢慢地，尔会感觉到愈炒愈轻松，而且石膏粉的颜色也愈炒愈白，证明粉中水分蒸发完毕。再过一些时候，粉泡翻翻滚上，简直像烧沸了的水一般，浪浪荡荡。这时，铁铲一到，有如岩石坠入海中，雪花四散。不多时，石膏粉又渐渐还原到像初入锅时的沉重。这时，每个气泡的中心，喷上一支约二三寸高的粉雾，不过[19]昙花一现，随即落下，留下一个小孔……至此，迅速铲起石膏粉。这就是炒石膏的过程，假如读者经过多方试验，仍觉得棘手的话，可以参照后列的一个比较刻板的方法：一次过，以十斤石膏粉为限，大约炒二十分钟，就算最适当的时间了。根据此法，多尝试几次，自然不难炒得好的石膏粉。

除炒制法之外，还有一个烧熟的方法，是成块送入炉里，用炭火去烧。煤火亦可以烧，独独柴火不能够使用。因为有烟，容易把石膏炕污。此种用火烧熟的方法，最显著的缺点就是很容易做成"皮熟心生"的弊处，而且石膏生熟的程度，比较炒法更难判定，所以此法不易采用。

炒熟了的石膏粉，同时要保管周密，否则日久潮润，可能失去石膏的性能。因此，读者应该注意若干点：
① 刚炒熟的石膏粉，需要等待完全冷却后，方可使用或盛入木柜或盛入瓦埕内。
② 盛石的木柜或瓦埕，切勿接近潮湿的地方。即使是干爽的地区，也要用火砖或木头，将木[20]柜或瓦埕的基底托起。总之，谨慎提防潮湿侵入为重要的一回事。
③ 最初几次炒熟的石膏粉，应该试验是否合用。等到技术老练的时候，才可以放胆炒制。
④ 要当心，湿过水的手，切勿随便插入瓦埕内兜取石膏粉，或探手入木柜的槽口内，去拨石膏出槽口。藏在埕内的石膏粉，应该先倾到一件托盘上，等用完以后，再将余剩的石膏粉入回埕内。若是木柜藏着的石膏粉，在槽口的左右经常放一根竹杆，若须要石膏使用的时候，盛有水的调石膏的瓦钵，应该放在槽口之下，再用竹片将石膏拨出槽口，落到瓦钵里去。总之，任何潮湿的物体都不容许接近石膏粉，制模者切勿因一时之急，

图 2　　　　　　　　　　　　图 1

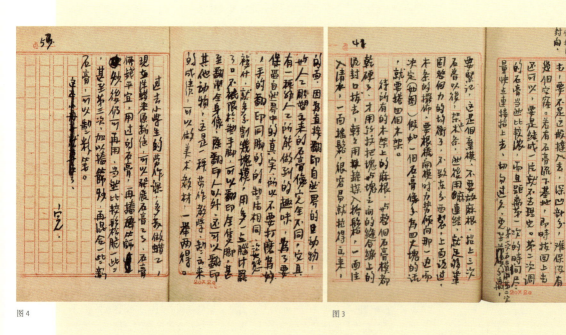

图 4　　　　　　　　　　　　图 3

图 5. 郑可于《光复桂南纪念碑》前（约
20 世纪 40 年代初，桂林；郑方提供）
图 6. 郑可与助手翻制石膏模（约 20
世纪 40 年代中，地点不详；郑方提供）

图 5

图 6

或贪便利随便把正经调过石膏的湿手去取石膏粉。这样一来，粉里自然因水点滴入，走出一点点的粉珠来。使尔烦恼的事情，会在后来发生[21]。

四、调石膏的方法

调石膏粉也要技巧，石膏粉的胶性，在适当的水分内才发生效力。假使调得稀，胶力会弱，干后不坚硬；假使调得浓，极快硬结，在使用的时候，会使尔手忙脚乱。但是，往往处在此种情况之下，不要慌乱，看清楚哪方面是需要添补石膏的部分，眼快手快，几下功夫把快要凝结在碗里的、调得过浓的石膏液，拨到尔认定应该添补的位置上。所以，即使石膏炒得好，还要调得合度，才能充分发挥石膏的性能。制成的模，坚硬如石，才算一个会调石膏的制模者。

若是读者要询问：多少分量的粉末配合多少分量的净水，才能调得一碗最合使用的石膏液？这个问题，一时很难回答。因为制模用的石膏液，有时须用浓，有时须用淡。不过，为了要使读者得到便利与充分的自信力起见，特将试验的结果，认为最准确的分量——以一满碗（普通食饭碗）水为例。

用双掌抱起石膏粉猛挟，有如仙女散花一样地让粉末从指[22]间撒下。或者用竹片从木柜的木槽口拨下。总之，尽可能避免因为成堆涌下，而发生团块硬结的弊病。石膏见水，立即沉淀，直至撒下的石膏粉占碗的容量三分之二强一点。涌出的水让它流去，即时用羹调混（有时用手亦可）。如果发现其中有气泡或污物浮上，即将污物拨归一角，用口气吹开碗外。依照此法配合的分量，才是不浓不淡、刚合使用的石膏液。

不过，在制细模的时候，不能用手拈石膏液到模上。或者在填补缺陷的时候，都要用铁枝拨石膏上去。因之，此种调石膏的方法，与前一种完全不相同。这里先用碗盛大半碗洁水，然后拨石膏下去，不用羹去调混，让石膏成一个塔形，突出一部分在水面。使用的时候，把碗倾斜，让水倾斜一边，然后用铁枝拨出没有浸着水的一部分湿石膏用起。一面拨出，上面的石膏一边（落）下。用这种方法调用石膏，多数在制细模时候，不能用手拈石膏到模上面，而必须用枝挑上去。前一种调石膏的方法，石膏的浓淡，只能[23]一次过调足分量，一经调混，石膏的胶性完全发挥，不管是粉是水，都不能再次添加。倘若调得太稀，只有将浮面的那层稀胶淘汰。留下来的比较浓的液体，稍为等待一些时候，就可以由淡转浓。若是一开始就调得过浓，唯有迅速使用。此外，并无其他补救办法。但是，如果采用后一种调石膏的方法时，就绝不受此限制。

石膏粉炒得好坏，一经调水，就可分别出来。好货是凝结性慢，结后非常坚硬，大可以从缓使用。劣粉是遇水即结，结后又不坚硬，始终是水汪汪的似块豆腐团。补救的办法是没有的，只有忍心抛弃它罢了。或者卖给做豆腐的商人，他还可以使用。

制模前的准备已经详细地介绍了，现在接下去我们就要谈到制模的方法[24]。

第三节 [2]　制模的方法

制模的方法有好多种，浮雕制模与制立体雕塑的模，方法完全不同。就浮雕本身来说，薄肉雕与厚肉雕的制模法，已经略有差异。还有大壁雕与细个浮雕的制模，又有点不同。所以，有直接存模法，有弃模法，有线割的存模法，有弃模的存模法。立体雕同样有上述四种方法，不过比较浮雕制模法要复杂得多。现在先从浮雕制模法的四种方法说起，然后说到立体雕塑的四种制模法。

制模是一件复杂而使人烦恼的事情，制模者须要忍耐，急躁的人都不合宜此种工作。所以，制模者第一须要忍耐性，不怕麻烦才能有好的成果。

一、浮雕制模法

上面说过浮雕制模有四种方法，现在依次由"直接存模法"讲起，其次讲"弃模法"，再讲"线割的存模法"，最后讲"弃模的存模法"。作者根 [25] 据原稿（泥稿）在四种方法中适合那一种，然后依法制模。

A　直接存模法

所谓"直接存模法"，就是不经弃模，不用分割，能够直接翻印出来的制模法。说明白一点，直接存模法就好比印糕饼一样，先把面粉压进木印上，然后反转面来，一敲木印的背后，一个糕饼应声而出。虽然，制石膏和印糕饼根本是两回事，但是，尔明白了印饼的原理，对于直接存模法就不难洞悉。

面积在一尺以下的薄肉雕，假如正面无牵制、阻挡，容易出模的话，多数采用直接存模法。不过，这不是绝对的讲法，有时厚肉雕也未尝不可以用这种方法。问题决定在开模时，是否受到牵制、阻挡而定。

直接存模法分为"制阴模法"与"制阳模法"来讲。阴模是从泥塑中翻印出来的石膏阴模，阳模是从阴模中翻印出来的完成品。

a　阴模制法

① 先将应用的工具、材料全部准备妥当，每 [26] 种工具、每种材料都要确实合用，一点也不能敷衍了事。

② 把已经完成的泥塑放在平板上，用泥带在泥塑的边缘围绕成一道墙基，基的高低要一致，注入的石膏液才不致向外决流（如图囗）。第一次调下的石膏液，因为与泥塑的突兀不平的面直接黏贴，所用的石膏要调稀一点，才能流入其中微细部分。拈石膏最好用手洒下，如果发现泥塑中有泡沫，就用口气大力吹散。第一次石膏刚拈下去，第二次石膏液就要接踵而下，同时把预先撕定的麻根，成网状地布下，轻轻用手压贴，然后注下第三次的比较浓一点的石膏液。在注入石膏的过程中，应该随时注意各部厚薄是否相等，边缘是否加厚（如图囗）。最后，根据浮雕面积的大小，然后决定是否加上木架。搭木架的目的，在乎巩固整个模的力的均衡（关于这个问题，留待以后再说）。

2. 抄本原件此处即记为"第三节"，今暂不改动。另，此叶起至最末叶，抄本叶码见改动，原为"26"，后改为"25"，以此类推。

假如现在所做的模，是在一尺以内的面积，而且可以不架木条，那么，拈下第三次的石膏以后，接着就把泥基拈去，修齐石膏的边缘，用手指 ₂₇ 试探石膏模是否硬实，是否发热。

③ 大约五分钟以后，把阴模连泥塑一并反转，小心挖去泥塑上面的泥。在微细的凹坑里，不免藏着些泥屑，不论用手甲或用锋利的尖刀去挑拨，都会损坏模形的面。最好的方法是用泥去黏（即是用泥去黏泥）。同时，可用毛笔混水去洗扫。阴模大概算作完成了，亦即是直接存模法的制模过程中，已经完一半工程了。

b　阳模制法

用排笔将阴模搽过枧水，再巡视一周，发现其中有水泡，即用抹干的毛笔去吸收水分。然后在阴模的边缘用泥围基。至于调石膏液的方法，与阴模调法相同，第一次调和的石膏液，还是比较第二三次调得稀淡。第二次石膏液拈下去以后，除放下麻根以外，在阳模的顶中线（图□）另外加上一个凸形的铜丝钩（图□），然后注入第三次石膏液。铜钩的作用，是利便于他日挂浮雕在墙壁上。还有一个，用一根杉木条横放在浮雕背后的顶中线的位置，两头黏上石膏液，留出中间的孔当作挂钩（图□）。最后拈 ₂₈ 去泥基，用铁枝将阳模与阴的缝合线刻划明显，探入铲刀，轻轻一松，一面注入清水，让里面的枧水发生效力，阳阴二模即可分离。取出阴模以后，用洁净的毛笔或排笔，把阳模上黏有脏物的部分洗净。若有裂痕或断碎，即时趁着阳模的石膏未十分干透前，调一些较浓的石膏去修补。"第一世"的石膏像出生了。要是对于阴模毫无损坏的话，就证明可以继翻制第二个、第三个，直到阴模的峰□模糊不清了才罢。

B　弃模法

我们已经知道，直接存模法好比印糕饼一样，出入自如，不受任何牵制、阻挡，这里就刚刚相反：开模时，处处受阻挡，非把阴模凿碎，就难得到阳模，所以称它做"弃模法"。

弃模中的制阴模法完全与上段"直接存模法"中的"制阴法"相同，这里不多赘述，请参阅上段。至于制阳模，则第一步与第二步，亦与上段直接存模法中的制阳模相同。直接存模法与本段的"弃"，所差异的地方就是，制阳模中的第三个步骤。前者可以保存阴模，继续翻印，后 ₂₉ 者就要把整个阴模凿碎，才能得到一个完整的阳模。否则，被里面的凹凸勾住。若是像直接存模一样，用铲插入强□，结果里面的像，一定是头破鼻裂罢了。所以，制模者在制作之前，先要考虑该件作品（泥塑）是适合于何种制法。凿碎阴模，可用大、小平口凿去凿。用力要轻重适宜，当心勿凿碎阳模，同时要用木锤去敲。等到把阴模完全凿去了，用毛笔扫除阳模上的碎片，仔细查验阳模。假如有被凿伤，应立即补修。阴模碎烂了，这样看来一个阴模只能制一个阳模？是的，这就是所以称它做"弃模法"的理由。

此种弃模法，只是便利作者因某种问题，只须要制一个阳模的时候——当然

图7. 郑可《香港某剧院舞台装饰·女体浮雕》（20世纪30年代中；郑方提供）

用不着费一番心血去制存模。这是一种比较简单的制模法。假如须要翻印一个以上，又因凹凸太深而不能用"直接存模法"的时候，后面告诉尔，还有一种"线割的存模法"，或者更详细一点，用"弃模的存模法"。

C 线割的存模法[30]

"线割"的意思，就是用线将一块大模分断开，成为若干小块。这就是"线割的存模法"。

在进行线割之前，要准备一条极韧的幼线，有如锁链牌的车衣线，其他应用工具大致相同，不再逐件举出。

最初，先要详细忖度，泥塑应该划分为若干小块（如图□）。然后放下细线，用毛笔湿水，使线贴服在泥塑上。若用手或用工具将线压到泥塑上面，都会伤及泥塑的□□。线的两端要拖出泥塑之外（如图□）。先将石膏液一次过用枝敷在一条直线上——石膏液要浓，而且一次调够使用。敷在分割线上面的石膏液，变成一条白带。在此种工作的过程中，难免有石膏液滴出白带之外，可是这些白点并无多大阻碍，不要用枝去挑拨，反正以后会与阴模一块儿黏合。若有几条纵横交搭的线，要紧记切勿同时敷上石膏，应该先割妥一条线，然后再割另一条线（如图□）。倘若是个大浮雕，分割线当然随着面积而伸长，这时，在同一条直线上分做两段或三段来割。拉线时候，要测准石[31]膏正是凝结但又未十分坚硬时，就要迅速把线拉起。拉线的时候，当心勿往上拉，或偏左、偏右拉。合理的拉法，是斜向前拉，左手随在线后压定石膏带，勿使整条石膏拐起（如图□）。万一拉断了线，线头又埋在石膏里面，立时将隐藏着头的一段石膏打横切断，找出线头，继续向前拉（如图□）。对于已经截断的一段，可以分做两片，随便抛弃一片。留下来的一片经修补后，依然放回原位，搽上枧水（如图□）。等到整个拈上石膏液的时候，自然会把那半边空缺填补上。虽然后来填补上去的石膏液，不能再使用线割法，不过留下来的半片已经搽上枧水，开模时，只要轻轻用枝划开线，灌入些小清水，就不难开模了。可是，往往不是线断，而是拉线时候用力轻重不均，把石膏弄破裂了。亦可要回比较完整的半边，归回原位，再加厚石膏。甚至，有时在一条直线上，上线删去左边，下线删去右边，成犬牙交错形（如图□），亦无大碍。总之，不论破碎到什么程度，也有补救办法，切勿将整条线上的石膏统统删去，以免伤害原作[32]。

分割的步骤大致如上所述，现在可以用湿泥将所有的线口封闭，避免后来拈下的石膏液掩盖（图□）。假如尔觉得几条分割线上的石膏不够厚的话，可以用一条扁泥带，填在线口中间，将左右分离，然后加厚石膏（如图□）。照现在的情形看来，在一个泥塑上面只有几条石膏布成的线网，留下来的空位仍然可以看得见是泥面（如图□）。

现在可以根据线割成的几小块，逐块拈下石膏液，每块的厚薄相等。几分钟之后，拈去线口上面的泥，用枝轻轻探入□松，逐块取出。用毛笔湿水擦净，

图 8

图 8. 郑可《香港某剧院舞台装饰·女体浮雕》（20 世纪 30 年代中；郑方提供）

搽过枧水，再依次合并，围一道泥基，就可以调石膏下去。方法与上段直接存模法的阳模制法完全相同，这不必重述。

因为是线割的条件决定，块与块的联系上，不能加做榫头扣合。在开模的时候，随便先捻起那一块都可以。不过，最好还是由边线拈起。刚拈出来的阴模，不免有些小破裂。遇到这种情形，应该把破碎下来的一点一片都拾起来，让以后再补回上去。每块阴模都拈出来了，就[33]可以看见一个完整的阳模。再睁大眼睛看一看，尔会发现有些白色的细线浮突在阳模的浮面上，这些线就是阴模的块与块的缝合线所留下来的痕迹（如图□）。若是技巧老练的分割者，所遗下来的线痕是非常精细。有不少作家，往往要保留这点点的趣味。不过，若是这条线痕粗细不等，或像犬牙交错，反会影响到整个作品的统一，倒不如干脆把它删得精光。

线割的方法，上面已经说得够详尽了，现在另外再贡献一个新方法，给读者参考：这个方法的第一步工作，还是依照上节的线割法，把石膏敷上一条线，再将石膏割为两片。所谓新方法者，就是将分隔开了的两片之间抛弃一面（如图□），在保留一面的边缘搽过枧水，然后在左右两块同时拈上石膏液（如图□）。这样一来，块与块之间的缝合会更来得密合了，不致留下一条线坑。

D　弃模的存模法

所谓弃模，在上面 B 段的弃模法中，已经说得够详尽了。弃模的存模法的意思，是指在弃模[34]所得到的阳模上面，制存模。也许读者要质问：既然可以用线割法直接在泥塑上制存模，又何必多一重弃模手续？问题是，为了直接在泥塑上用线割法制存模，远不及在石膏模上面制存模的可靠与精细。此法有内外两模，组织严紧，是四个制模方法中，最基本的一个，也可以说是最繁复的一个。其翻制过程大概分为四步：

① 首先，依照上面 B 段的弃模法，求得一个阳模。

② 是在阳模上制存模了。翻制方法也是要用分割法，不过不采用线割法，是用“泥分离法”。首先要研究原作兀突不平的，如耳、眼、口、鼻等，比较曲折的部分，划分为若干部分，留下来的一部分，都是平坦的大面。对于这种划分，可用红色铅笔在阳模划记位置。模分内、外两种，对于那些零碎的细模，都归并入内模。外模一方面负起保护内模，另方面对于内模以外，留下来的大片空位都归入外模。所以“外模”也（是）“内模”，是两种用途。

③ 先用扁形泥带，依照铅笔划分的内模部分，全[35]部围上泥基（如图□）。用竹枝修齐整些，然后全部注入石膏，用铁枝修齐。待石膏干后，撕去泥基（如图□），再将各个小模拔出，加以修删。每块模的背面都要删斜，接近金字形，将来盖上外模的时候，才不致与外模勾搭（如图□）。最后用干排笔把各处黏有的石膏碎屑，都彻底清理。然后把所有内模，各归原位，再涂一次枧水。记住，这些内模完全不要入榫，否则在开模时，内外两模因入榫的关系，互相勾紧。内模制好了，留下来的大片平坦的空位都归并入外模。

④　先用泥带，把全个阳模的边缘围一条泥基。将整个阳模，连同内模的背面，涂一次枧水，然后调大量石膏注下。这时，所有全部内模都被掩盖，石膏的厚薄，各处须平均加上。约一英寸厚度时，布下麻根。最后还要架一个木架，巩固四维，不致破裂。

架木架的方法，假定是浮雕，那么□木条的粗幼、大细，须看浮雕的大小而定，长短当然以浮雕的大小为标准。木质不宜用坚硬的木[36]料，应以杉木为最适合。木条是在外模的背后架设，纵横不论，全以是否能够维护外模为原则。木条的位置布定以后，以麻根浸到浓石膏，贴连着木条与石膏上面。待麻干透以后，再来开模。这时，凭着木条的助力不小，万一内外二模贴得过于紧密，亦勿执拗强拉，恐防把内模拉烂。应该细心研究其中缘由，或注入一点清水，使里面的枧水润滑，同时用铲轻轻挑松各面。假如外模能够揭开的时候，要注意内模是否贴住外模，恐防它在揭开外模的途中，突然脱离外模跌落地上。照理，里面的内模每块删成金字塔形，是不易被外模吸去。外模揭开以后，加以整理，再将细模拔出、抹干。同时扫去碎屑，逐块内模放回外模的原位，这就算完成了弃模的存模法的制模过程了。

翻模的方法，请参照以上直接存模法的制阳模法，就可以翻制阳模，这里不再多赘。

浮雕的四种制模法，大致如上所述，下一节就要说到立体像的四种制模法了[37]。

二、立体像制模法

立体像制模，要比平面的浮雕制模繁难一些。一个姿态稍为复杂的立体像，绞去相当脑汁与数日的时间的代价，才能完成一个阴模。它的制作过程，是先在泥塑上用弃模法制出一个石膏的阳模，然后再从石膏制的阳模，制成存模。上节已经说过，这种方法就是弃模的存模法。现在依照浮雕制模法的次序，先说弃模，然后说存模法，至于直接存模与弃模存模，都包含在以上两种方法之内，无须另说。平面浮雕与立体雕塑的制模，比对起来，当然后者比较复杂。两者之间，虽有相同的地方，但应有不小相异之处。

A　立体像弃模法

立体像的制模，因为凹凸的关系，很少能够用直接存模法。立体雕与浮雕的弃模法，亦有些小相异之处。立体像的制弃模，要用线割法。

未分割之前，先要研究应该怎样分割[38]，在开模时才不致受阻碍。将泥塑划分为若干大块面之后——通常先划一线，从侧面将像分为前后两大块（如图□），然后根据前面与后面的情形，而决定前面是分割为两块，或不分割。后面同样看情形去决定，总之，尽可能不分割。假如前、后都要分割，那么分割线应该注意要前后交错、一上一下，才可避免中断（如图□）。立体像的雕塑架，必定有一根在外面支撑全个泥塑重心的铁杆，从泥塑的背后的腰背间插入（如图□）像此种情形，在分割的时候，多数由铁杆插入泥塑的位置横断它，分为上下两块（如图□）。若遇到有空眼，譬如一个站着的立体人像的两脚之间的空眼（如图□），可用细块白铁片封闭它。若有凹陷过深的深坑，是线割能力之外，在凹坑的范围内，亦用铁片分割（如图□）。

贴线的方法，也是毛笔湿水贴上，一次过通通把线贴完。若是像身高大，为慎重起见，可以将一条线分为数段来分割。同时立体像的姿态是曲折的，敷到线上的石膏液要比较浓一点，免至石膏液向下倾流，把原定线的位置都[39]推移。不过，石膏过浓了，也要当心石膏凝结的时间是很迅速的，必须在一条线上同时盖上石膏。这就是说，不能由这边一直盖到另一边。在整条线上的石膏将结而未结硬的时候，及时拉起，万一断了线，或者石膏破碎了，均可参照浮雕的线割法（第 32 页）。

经过线割之后，本来可以拈石膏上去，不过还有一点小小的手续。譬如直线与横线之间，必定将直线的半边切断（如图□），才能将上下分作两段（如图□）。好像全是几条白线布在一个泥塑上，随手用泥把线割开的地方暂时封闭，免至以后拈石膏时候，把线口封闭（如图）。

现在要将泥塑前后分作两次，拈上石膏。拈石膏要用手由上而下，成之字形走，薄薄地一层层拈上去。切勿贪快，务须以各处平均厚薄为原则。遇见深凹部分，不妨用力捺去，要不是这般捺入去，深凹部分难保没有几个空窿。若有石膏流下基地，即时拨回上去还可以，要是结成一片，就不去理它。第二次调的石膏，当然比较浓，而且距离第一次的时间尽量快点，连接拈上去，切勿过久，免至第一次石膏与第二次分离[40]。要紧记，这是个弃模，不要放麻根。

拈上三次石膏以后，架上木条，然后用麻连结，就足够巩固整个力的均衡了，不致东分西裂。上面说过木条的摆布，要根据开模时力势倾向哪一边而决定（如图□）。假如一个石膏像分为四大块的话，就要搭四个木架。待所有的木架上的麻根，与整个石膏模都干硬了，才用竹枝把块与块之间的缝合线上的泥封口拔去。轻轻用铲探入、撬松，一面注入清水，一面摇松，很容易就拉得出来，即使将里内的泥塑拉断手脚，又何妨。

阴模拉出来了，经过修理、洗擦、搽梘，藏入铜条。藏铜条的方法：先将阴模并成前后两块，睡在平板上，用泥垫底（如图□）；然后将铜条依照尔认为要藏铜条的位置放下，然后调半杯浓石膏，分上、中、下滴在藏铜条的部位；趁石膏未硬结放下铜条，依照原来滴有石膏的上、中、下三点，加盖石膏（如图□）。不过，勿把通路阻塞，藏铜条都是局部的，如颈与手、脚的部位比较多数，没有绝对的，一切看情形而定[41]。

铜条安排以后，先将两片"大阴"涂一次梘水，然后调一盆略浓的石膏，拈上其中的一块。不过，边缘要先用细小的长条布片掩盖，免至黏着石膏。前后两大块阴模不能贴合。用手感觉不方便的时候，可以枝拨下去。总之，要厚薄一致，第二次浓石膏一经注下，马上放麻根，然后将盖在边缘的布片取起、洗净后，再盖上第二块的边缘。等到第二块都完成，正如第一块的做法，然后前后两块相合。整个用绳绑紧，用泥封闭两块相合的合口。最后倒过来，从基（地）注入大量石膏液，因为要准备弃模时不因外面的凿力震动而断腰折手，所以让它实心比较好。

凿模时候，首先用铲割断木条上的麻根，除去木架，然后开始凿碎阴模。这时，制作者须要□定，对于里面的阳模的大致凹凸部分，应该有一个印象，很有把握的凿力要轻重适宜，切勿性莽。

从弃模中翻制出的阳模，多少总染上些泥黄色，即使用水洗擦，始终不如存模中翻制出来的阳模这样洁白——因为是实心的母模，要晒相 42 当多时日，才可以制存模。

B 存模法

立体像的制存模与平面浮雕的制存模方法，理由是一样，问题就是繁难得多。现在分点详述：

① 先将从弃模中凿出来的阳模洗洁，晒干，再经过详细修理，认为满意了。

② 从侧面划一线，把像的前后分为两大块，再把像平睡在平板上面。用泥依照侧面划分之线路，筑成一个基底，让后半边身藏在泥基下（如图□）。

③ 现在可以将前面半边面斟酌一番，从头顶至脚底，根据像身的凹凸、曲节的位置，应该划分为若干小块做内模。留下来的空位，归入外模。现在只制前半边身的模，至于藏在泥基下的后半身模，暂且不管。

④ 每块内模形状，尽量避开锐角形（如图□），因为锐角容易折断，除了无法避开之外，都改为钝角（如图□）。

⑤ 几只角口相对，也要尽可能避开（如图□）。即使无法避开，也要错多"小模"（如图□）。

⑥ 这里也是和浮雕的分模一 43 样，将小模归入内模，留下来的大块平面，都到外模。因之，首先着手制内模。

⑦ 这里也是用泥带依照红线的轮廓，一次过围四五个内模（如图□）。搽过枧水，同时把四五个内模，（注）入石膏液。待干后，撕去泥带，逐个拔出内模，修删平滑——都是金字塔形的上细地阔（如图□）。

⑧ 若有内模与内模相贴，应该用桃形刀驳几个阴榫，或用平口枝，铲一两个平口榫（如图□）。模与模的关系，就是完全够阴阳二榫的扣合。修删完毕，将各个细小的内模，放回原来位置，将细模的背后搽一次枧水，准备制外模。

⑨ 先用排笔扫去内模边旁的粉屑，全体搽一次枧水，再用毛笔吸净，然后调大量石膏液洒下。这样一来，藏在里面的细模就是内模，在外面的模就是外模。

⑩ 外壳之外，还要搭一个木架保护它。关于架木架的方法，上面已经重述两次，请参照是了。不过，这里架上的木架，是长久的，直用至外模破烂为止，用不着拆架。

前半身制存模的工作全部告成了，用桃形刀在边缘上车十来个阴榫（如图□）。现在可以反 44 转身来，现在因为半身已经架上有保护性的木架，无须用泥筑基。

不平之处，只用木板小心架平，就算了事。用排笔湿水洗擦洁净，依照前半身制法去完成后半身的存模，这里用不着重述。

最后还要补充一点，大凡遇到立体人像，将手平平伸出，或手执枪杆之时，制存模是相当困难。唯有把尖出的部分，预先在泥塑上已经用铁线锯截断，另外翻制那截出的小部分。

前后两面都制成了存模，现在要开模了。先握住木架，揭开外模。至于内模，除独立一块的头上榫之外，凡是两块相贴的内模，都有阴阳榫相扣。假如揭起内模，必根据阴阳二榫的扣法，先揭起阳榫的一块，然后揭起阴榫的一块。揭起后，连手用排笔扫一次，才放回外模的原来位置。前后两片，一同放到太阳下面晒干。立体像的阴模的制模手续，大致告成，现在可以翻制阳模了：

① 首先将其中一片阴模的内模，逐块取出。随即放到枧缸里浸一次，放回原位。内模都浸过枧水，外模可用排笔搽枧水，再放入铜枝（请参看第42页的"放铜条法"）。阴模的边缘，用湿纱带 45，或用湿纸片掩盖。若是石膏液滴在这条边缘线上，两块模的合口会受妨碍（如图口）。

② 现在可以调石膏下去了，各处厚薄一致，同时要放下麻根。再将盖在边缘上的纱布揭起，用水洗净，再制第二件阴模，方法如前。最后把两片阴模合并，用绳扎紧外模的木架，从基底再注入稀淡的石膏液，使前后两边黏贴。

③ 开模时候，一定要等待里面的石膏干透了，才可动手。首先解开绳带，握紧木架，往上拉起，下面一块由另一个按住。

④ 外模拉开了，这时，要当心内模跌出。贴紧阳模的内模，须小心用枝挑松。每拔出一个内模，同样用排笔扫净，安放回外模的原位。待晒干后，方再翻第二个阳模。遇有断碎了的细模，应加以小心保存，或即时修补。

⑤ 制成的阳模，假如发现阳模上有裂口或深坑，先将裂口向上，注入大量水分，然后调好石膏液，用枝挑进去。孔内的石膏，起初是吸收水分，到后来吸够水分也就藏在孔内。石膏液一面拨入，里面的水一面涌出，直到无水涌出，里面的石膏也藏得饱满了，再填满孔 46 口为止。

⑥ 刚翻制出来的阳模，要晒三四日。以后，要不然，很快就上黑点。即使晒干了的石膏像，在春雨时节，也要常常晒一晒。

⑦ 一个阴模，假如石膏的质与制法都好，以及制模者的技术高明的话，那么，该个阴模，相信可以多翻制几十个。否则翻几个，就会破碎。

平面浮雕与立体雕的制模法，上面已经说得够详细了。我们知道一个阴模的制成，须要费多少时间和多少心血。所以我们对于阴模要加以保护，每翻一次阳模，必定晒干，才可以收藏起来。而且一定要安放在干爽的地方，用纸掩盖，免致灰尘侵入。

不论是浮雕或是立体雕，一经出模与晒干以后，必须打磨，以及着一次光滑剂，然后才算完成一个作品。有时因某种问题必定要着色，下一节我们就要研究石膏像的着色与打磨的方法了 47。

第四节[3]　　石膏像的着色与打磨

艺术与实际人生，本来应该要有距离。这个距离要恰当，不能太远，也不能太近。艺术与实际人生距离得太远，往往走入空疏、荒渺的境界，叫人难以了解，不能打动欣赏者的情趣。距离太近，就容易引起欣赏者对实际生活的联想，以致扰乱美感……所以，一种艺术有一种和人取得距离的手法。造型艺术中，以雕刻的距离为最近。因为雕刻是以立体表现立体，和实物几乎没有分别。历来雕刻家也有许多推远距离的方法，都是为了避免过于近似实物，使欣赏者抛开实用态度，而进入美的境地……

石膏像和大理石都是洁白色的，铜像有铜的色彩。雕刻为什么不把白色的石膏像和大理石，以及铜像都染上人肉的色彩？头发为什么不染上黑色或金黄色，衣服为什么不染上各种衣服的色彩？（其）目的，也是与实际人生取得恰当的距离的问题。因为这是一种艺术品，并不是百货公司橱窗里的洋囡囡，更不能与僵尸[48]般的着色蜡像可比。石膏像与大理石以及铜像，虽然是与人肉的色彩相距极远，但是，在白色中，凭着一种柔和的、有节奏的浓淡，已经含有一种肉的味道。正如我国的水墨画，有人只认为墨是单纯的黑色，但有人却说墨有□色，从一幅水墨画当中，可以欣赏到□种色彩。由此，可以知道石膏像的白色的趣味。

站在实用的立场上，石膏像着色的效果极大。考古家在翻印出来石膏上面仿、染色彩，医学上同样要仿、染彩色，因为与本题无关，不必多述。本节所包括的范围，只限于在雕刻上的三种比较简易的着色法。

第一种，先将颜色调入水中，然后调入石膏，须知极浓的颜色水一经调入白色的石膏粉，必定比较淡几倍，等到石膏干透以后，就更淡白了。不过石膏像着色，有人喜欢浓色，也有人喜欢着淡，听各意思……每次调石膏的水，要有一定的准则，颜色更要规定每次的分量[49]。若是一碗淡、一碗浓，结果制成的石膏像，必定会变成花斑鸡一样。

第二种，是在制成的石膏像上面，用一种喷雾气着色的方法。喷雾气的构造，在工具介绍一节中的第十六页第十九条已经介绍，根据该图，请匠工制造。喷时，要各处喷得平均，才不致一块深色、一块淡色。同时，在喷色前，预先把石膏像晒干，吸水力自然会强好多。

也有人用毛笔直接涂色上去，这是最低能的着色法。因为石膏的吸水力很强，第二笔涂上去的色彩，决不能与第一笔的色彩混合，结果还不是一只花斑鸡？所以很少人用此种着色法。

一、打磨

翻模的最后一种工作便是打磨。不论着色与不着色，都要经过打磨。不过也有特意不打磨的，各有各的口味。打磨的工具极简单，是药材店里一种木贼草。经过此种木贼草打磨，然后起火煲，熔细白软枧。一面 50 煲，一面用排笔涂在石膏像上面。等待软枧干透后，用软布擦滑，打磨的手续即告完成。

一个石膏像的全部翻制过程，大致就是这样。

二、怎样翻制美术教材

抗战至今日，一切物资都极贫乏，对于教学上的教材，尤感稀少。一般中小学校，甚至美术专科学校，都缺少石膏像临摹，在基本学习上，极成问题。临摹画片的风气甚重，到底这是不是美术教育上的损缺点，不是本题所关，这里只能介绍一种简单的制人手、脚的方法。

用真人手脚翻印阴模，然后制存模，大批翻印，供给学生们临石膏模。同时，上劳作课的时候，可能教学生制模与翻印。手的姿态变化极多，由学生自己制造。翻印真人手、足的方法是用"线割法"：

① 先将真人的脚或手洗净，踏在一块平板上。然后依照脚的姿态，详细体察 51。看看应该划分为若干块。肉是正有弹性的，比较容易出模。分割用的线，先湿水然后黏到脚上（请参照 39 页"立体像的弃模法"，制法完全相同，这里不再赘述）。

② 不过，这里制成的阴模，是上下皆通的东西。这时，应该先用泥封着脚底一面，然后翻制阳模（图□）。至于顶上的空口，临到最后一碗石膏的时候，在顶中放下一个铜圈（如图□）。

③ 弃模时，特别要小心，切勿伤及阳模的面。因为直接翻印自然界的动物，与人工雕塑出来的石膏像，完全不同，它具有一种非人工所能做到的趣味。为了要保留自然界中的真实，所以不要打磨为妙。手的翻印，同脚的制法相同。姿态复杂，就多分割几块模，用多一点脑汁罢了。不只限于制手、脚，可以翻印全只脚，甚至翻制全身像。除翻印人以外，还可以翻印其他动物。这是一种劳作教学，制出来的成绩，可以做美术教材，一举两得 52。

过去小学生的劳作课，多数做蜡工。现在洋蜡来源断绝，可以发展石膏工了。石膏价钱便宜，用过的石膏，再舂、筛、炒后，仍可再用。当然比较松脆一些。甚至第三次，加以舂、筛、炒，再混合一些新石膏，可以制粉笔。

这本小册子就算结束了。

完 53

154

"现代工艺"设计教育纲要 [1]

初稿，1963 年 4 月 27 日

1. 本篇手写原件（非郑氏笔迹）由郑方女士提供，已经简单装订。内亦见 1963 年 5 月 1 日时间标记，封面后即附单页表 2 幅，文内另附图表 11 个。文前原有目录 3 页，今已略去。另，据本篇稿纸边缘"北京市电车公司印刷厂出品 七九·一"印记，及纸张、笔色等初步推测，或系 20 世纪 80 年代初前后重抄。

《"现代工艺"设计教育纲要》是极为概括的初稿，但是它属于最起码的"基本建设"之一。希望能够得到同志们的改正，而形成一种具有参考价值的"手册"。以后定期，每半年或一年，修改一次，使这本"手册"永远跟得上时代的发展，并贯彻到我们的"现代工艺"设计教育中去！

1963 年 4 月 27 日脱稿，作为"五一国际劳动节"向党的献礼！

郑可，1963 年"五一"前夕，北京

一、前言

我国的工艺美术，历史悠久，领域广阔，丰富多彩。与人民生活的关系，极为密切。

"现代工艺"，即"现代工艺美术"的简称，是工艺美术中的一个组成部分。由于新中国的工业、科学、技术的飞跃发展，一些工业品的美术设计都向工艺美术提出了新的要求，从而产生了"现代工艺"。特别是在党提出"农业现代化、工业现代化、国防现代化、科学技术现代化"的号召以后，更好地满足现代人民物质与文化生活的高度需要，便成为"现代工艺"更明确的任务了。

从"现代工艺"的专业性质与特点来看，凡是使用现代化的、机械化的生产手段，使用现代的物质材料（如金属、玻璃、塑料等），以大量生产的方式满足现代人民生活需要与审美需要的，一些实用器具、劳动工具，以及工艺美术品的设计、计划与造型活动，均属"现代工艺"的范畴。此外，作为"现代工艺"的特点，在于体现对于人民的极大的关怀。换言之，现代工艺品的设计，必须是符合人类的生理与心理的条件，使物与人的关系紧密联系，有机结合，充分发挥现代生产技术与现代物质材料的美，以最低的代价取得最高的效果，达成最大的节约。

由此可见，举凡以大量生产为前提的现代工艺品，全都是科学、技术与艺术的综合产物，并具有经济与文化的双重性，它具体体现设计的合理性、适用性、经济性与审美性。因此，"现代工艺"的设计教育：第一，必定是进行科学、技术与艺术相结合的综合性教育；第二，必定是适应现代工业、现代科学技术的发展而进行的现代化的教育；第三，必定是结合实习与生产实践而进行的实际教育。

为了尽快地培养"现代工艺"设计人才，服务于时代的需要、社会的需要、广大的人民群众在物质与文化生活方面的需要，特拟订《"现代工艺"设计教育纲要（初稿）》——作为指导设计教育、检查设计教育的初步依据，而基本上带有设计教育工作手册的性质。估计在教学实践的过程中，根据客观情况的发展，必定会有所增辟、删减，以及修改补充的。

本《纲要》分为"教育方针""教育体系""教学方法""教育内容"等四部分，分别于以下各部分中评述之。

二、教育方针

（一）教育方针
"现代工艺"目前还是一个综合性专业，它的任务是培养"现代工艺"设计、教学与研究的专门人才。同时，为了适应现代工业的各种要求，应该以科学素养、生产实际，与较高的艺术观察力、表现力、实现创造性的设计，作为教育目的。并以下列教育方针，作为指导：

① 进行科学研究、技术实验与艺术创作相结合的综合性教育。
② 科学地探讨设计原理和表现技术，以正确的马列主义历史观观察，并产生现代的知识与技能。
③ 从设计的角度，广泛研究进步的工业生产（手工的与机械化的），并在这个基础上进行创造性的设计。
④ 熟悉生产机构，成为需要者、消费者、生产者之间的"媒介者"。

（二）教育要求
根据以上的教育方针，要求毕业生达到以下的标准：

① 具有爱国主义和国际主义精神，愿为社会主义、共产主义事业奋斗。通过"马列主义"、毛泽东著作的学习，和一定的生产劳动、实际工作的锻炼，树立全心全意为劳动人民服务的思想。
② 理解"马列主义"文艺理论的基本观点和中国共产党的文艺方针。
③ 系统地掌握从事现代工艺、设计所必需的基础理论知识，熟悉本专业的工艺过程，掌握本专业的主要工艺技术，对工艺美术的民族遗产和现代

工艺的发展规律有较深刻的理解，具有较高的专业设计能力和实际制作，及指导生产或独立研究的能力，力求"一专多能"，以适应社会工作的需要。

④ 具有较广博的文化、艺术修养。

⑤ 有健康的体魄。

（三）教育重点

第 1 学年：以基础教育为重点。

第 2 学年：以设计、造型、科技"三结合"的基础教育为重点。

第 3 学年：以结合生产实际，逐步明确专业的教育为重点。

第 4 学年：以明确接触专业的个人研究、因材施教为重点。

第 5 学年：以个人独立思考、独立设计、独立制作、独立研究为重点，配合专门教师的辅导教育，进行毕业设计及毕业论文。

（四）培养对象

培养的对象，目标并不是从生产方面或材料方面进行专业的划分，而是从设计性质与范围上进行划分。初步计划在力所能及的范围内，培养以下 4 类专业的对象：

① 交通工具类：分为陆上和海上交通工具。

② 生活用品类：以金属、塑料、玻璃制品为主。

③ 装饰品类：以金属、塑料、玻璃、陶磁[2]制品为主。

④ 工艺雕塑类：分为建筑雕塑、装饰雕塑、模具雕塑、工艺品雕塑等四项。亦以金属、塑料、玻璃、陶磁制品为主。

以上专业的划分，是从第 3 学年以后，学生结合个人能力、专长与爱好自选的，教师只是负责辅导。由于学生能力、专长与爱好的不同，估计培养对象的范围将会根据时代、社会、生产等各方面不同的需要，可能更加广泛，以上所列，系基本项目。

三、教育体系

"现代工艺"设计教育，包括以"设计方法论"为核心的，设计理论、表现方法、研究实验等三大部分而组成，相互联系、相互作用的教育体系。三者结合又反作用于设计教育，充实设计教育中的新生因素，使设计教育永远适应时代的发展而发展（表1）。

现代工艺设计教育 —— 设计方法论

表现方法
设计理论
研究实验

表1

根据以上所述教育体系中 3 个组成部分，其具体作用与内容分述于下：

（一）"现代工艺"的基本教育，就是"设计教育"。而在设计教育中，主要是

2. 原文即为"磁"，为保持文献原貌，未做改动。下同。

157

以"设计理论"为中心，"设计方法论"又是"设计理论"的核心。无论是"表现方法"或"研究实验"，均与"设计方法论"有着不可分割的关系。事实上，"设计方法论"对于"表现方法"，产生提高作用；对于"设计理论"，产生指导作用；对于"研究实验"，则产生加强的作用（表2）。

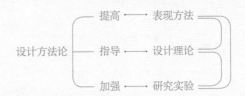

表 2

（二）设计方法论的具体内容，详见第五部分"教育内容"分析。

（三）设计理论的教育目的，在于锻炼独立思考的能力，内容包括形态学、色彩学、设计练习，以及产品设计等（具体内容，详见第五部分"教育内容"分析。表3）。

表 3

设计理论中的基本理论与设计练习，在教学过程中，系相辅相成的有机联系，从简入繁、由浅入深、循序渐进，基本上属于阶梯性的设计教育。

（四）表现方法的目的，在于锻炼视觉上的感觉力、创造力、构成力，除学习有关色彩、空间、形的基础知识外，重点内容则包括平面造型（如素描、制图）、立体造型（如雕塑、模型）。其中素描与雕塑平行进行，制图与模型平行进行（表4）。

表 4

（五）研究实验的目的，在于实现设计，其内容包括：科学研究与技术实验（工作实习亦在内）。有重点地围绕设计课题，解决产品的机能、构造、材料、加工技术以及工艺操作等问题（表5）。

表 5

四、教学方法

根据"现代工艺"设计教育体系中所阐述的三大组成部分（表现方法、设计理论、研究实验），拟订了一个基本的教学方法（表6[3]），目的在于解决基础课程之间的联系、关系与有机作用的问题，在于解决基础课程与专业课程的融汇与渗透的关系作用问题，在于尽快地培养学生具备巩固的基础教育与专业的设计才能。

3."表6"原阙，今疑当即该册前所附单页《"现代工艺"设计教育系统表》，现补入。

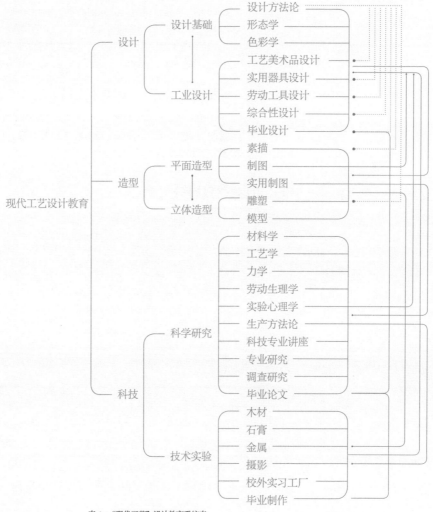

表6 "现代工艺"设计教育系统表

具体说明如下：

（一）设计为纲，三位一体

    5年期间，以"设计理论"与"设计练习"为纲，"设计方法论"为核心，

159

作用于"表现方法"（平面造型与立体造型）、"研究实验"（科学研究与技术实验），组成"三位一体"的基础教育。

（二）反复作用，有机结合

表现方法中的平面造型与立体造型，研究实验中的科学研究与技术实验，均采取反复交错的教学方法，使之达成相互作用，有机结合融汇于设计教育的整体之中。

（三）广为吸收，一专多能

第3学年以前，广为吸收基础知识与技能，丰富艺术修养与科学素养。

第3学年以后，致力于专业研究，开展设计天地，达成"一专多能"，适应时代、社会、生产等方面的需要。"广为吸收"，系在设计基础上的吸收。"一专多能"，系在专业产品设计上的"多能"。而且，在五年期间内的基础课程，是从多到少，过渡到专业；专业设计课程，则是从少到多，从简至繁，从小到大、循序渐进，阶梯性地逐步提高。

总之，以上这一基本教学方法，是针对过去基础课程之间，基础课程与专业课程之间的脱节现象，通过教学实践，总结出的有效教学方法中的基本方法。可以定位为"'现代工艺'设计教育基本教学方法"，或叫"阶梯连锁教学法""三位一体教学法"。

五、教育内容

一般教育科目	专门教育科目				
	设计基础	造型基础		科技基础	
		平面造型	立体造型	工作实习	专业讲座
政治 美学 工艺美术史 文学 外国语 体育	设计方法论（一） 形态学 色彩学	素描 制图	雕塑 模型	多种材料的使用 摄影	材料学 工艺学 专业讲座

表7 第1学年课程

一般教育科目	专门教育科目				
	工业设计（一）	专业造型		专业科技	
		平面造型	立体造型	工作实习	专业讲座
政治 美学 近代工艺史 …… 文学 外国语 体育	设计方法论（二） 工艺美术品设计 实用器具设计	素描 实用制图	雕塑 模型	木材 石膏 金属 摄影	工艺学 力学 劳动生理学 专业讲座

表8 第2学年课程

一般教育科目	专门教育科目				
	工业设计（二）	专业造型	专业科技		
			工作实习	专业研究	专业讲座
政治 美学 近代工艺史 …… 外国语 体育	设计方法论（三） 实用器具设计 劳动工具设计	绘画 制图 雕型 模型	工艺操作 原型制作 整体工作（小组作业训练）	自选科目 （需经批准） 参观学习 调查研究	劳动生理学 实验心理学 生产方法论 专业讲座

表9　第3学年课程

一般教育科目	专门教育科目				
	工业设计（三）	专业科技			
		工作实习	专业研究	调查研究	专业讲座
政治 美学 外国语 体育	劳动工具设计 综合性设计	量产性工艺技术 校外工厂实习	自选科目 实验 总结	调查研究 情报搜集 资料积累 （生产、技术、材料、 产品等方面）	尖端科技

表10　第4学年课程

一般教育科目	毕业设计制作	科技研究
政治 美学 外国语 体育	自选专业设计及实物、模型制作 （大型产品即作制缩小比例的模型）	研究报告及毕业论文 （自选研究内容）

表11　第5学年课程

以上所列各学年的课程内容,系根据"教育与劳动结合""理论与实践结合""实习与生产结合""设计与需要结合"等原则而规定的。通过讲课、实习、作业、观摩、研究等方式进行教学,兹根据具体教育内容、要求以及措施,分别详述于下,作为教学参考:

（一）一般教育科目

作为"现代工艺"设计工作的参加者,必须接受必要的政治课、美学课、工艺美术史课、外国语课、体育课,以及结合"现代工艺"专业的近代工艺史课,以丰富科学、文化知识,加强艺术修养。除近代工艺史课,需要另编教材外（表12[4]）,其余各种课程,均与全院各系共同听课,本《纲要》不再赘述而从略。

（二）专门教育科目

由于"现代工艺"重视设计教育,所以它的基础教育的训练,特别重要。一方面吸取世界各国设计教育值得借鉴之处,一方面结合我国具体情况,从切实可行的教育内容开始。因此,它的特点则是根据现代的科学时代的要求,而探索具有科学性、技术性与艺术性的综合性的教育内容。而且从第1学年开始,即进行基础巩固的教学,它与以后第2至第5学年的课程,相互联系,基本上属于阶梯性的、连锁性的,从浅入深的系列课程。对于学生以后如何划分专业学习、进行专业研究,必须根据第1学年基础教育的学习成绩而决定。因此,专门教育科目,实际上分为基

4. 此表原无编号, 夹附册后, 今将之标记为"表12", 列在篇末。

161

础课程与专业课程两部分。兹分别就其授课的形式与内容，说明之。

Ⅰ．基础课程

基础课程是学习共同的、实际的、科学的基本原理，以及造型技法、工艺技术等内容。它是基础的专门教育，也是学习"现代工艺"专业的学生，必要的一种素养教育。其内容大致分为 3 项科目：设计基础、造型基础、科技基础。

1. 设计基础——主要是以培养设计工作者，在视觉方面的创造力、感觉力、构成力的学习。亦即在色彩、空间、形的学习基础上，着眼于达成造型目的的新的方法与手段。这些教学内容，都由"设计方法论（一）"担任之。辅助的教学内容，有形态学与色彩学。这一科目的讲授形式，采取课堂讲义与设计练习相结合的形式。教学要求：1）掌握科学的设计知识；2）具备基本的设计技能。

2. 造型基础——主要内容分为平面造型与立体造型两种，基本上均属于"现代工艺"设计中的"表现方法"的范畴。通过视觉的观察与艺术技法的锻炼，达成造型的表现目的。这是一种在近代设计教育中，对于生产性问题，要求掌握其加工性、再现性、规格性的基础学习，也是进行大量生产中的，极其原则而根本的造型学习。在这个科目中，"平面造型"包括素描、制图（几何制图、技术制图）、透视图的练习，"立体造型"则包括雕塑（浮雕、圆雕）、模型（木材、石膏、金属）等练习，具体教育内容如下。

1）素描

素描属于表现方法中的一个类别，它不同于造型艺术中的素描，而是为了适应"现代工艺"设计的特点，进行形态构成的一种表现手段。除去掌握形态轮廓的一般技法外，还穿插一种从平面，乃至向立体发展的构思方法，作为新的教育内容之一。因此，从概念上，已经不再是表现光与形的、一般造型艺术的素描，而成为为"现代工艺"设计而进行的一种科学的思考方法。从而，它的教学要求也随着概念的发展而有所变异。教育目的在于锻炼学生具有较强的描绘能力，这种描绘能力就是眼睛看到的可以描写下来、记录下来，脑子想到的可以描写出来、表达出来。

对于素描教学中的具体措施，同样也要根据要求的进展而加以改进，如：①细致刻画的长期作业与概括描写的短期作业，交叉进行；②优质与多量相结合（以量求质）；③抓整体、抓性格、抓特征，进行多而速的练习；④严肃与轻松相结合；⑤基本锻炼与个性发挥相结合；⑥传统技术与西洋技法相结合。总之，进行反复的锻炼，逐步从浅入深、循序渐进，培养学生对于形态的描写，掌握准确而有力的基础。同时，素描与雕塑有时也交叉进行。

2）制图

制图在"现代工艺"设计中，是重要的表现方法之一。它的内容比较丰富，但"基础教育"内容中所列的制图，系一般性的制图法——除讲授几何制图法、机械制图法、器具的使用方法、基础图法、投影图法、等角投影图法、透视图法、设计草图、效果图法、阴影法等以外，还进行一些必要的练习。它是立体设计的专业，不可分割的基础训练，是制造模型的依据，更是"大量生产"范畴内的基本要素。因此，在基础教育中的教学要求，是通过严格的训练，掌握从设计意图过渡到产品化的关键性的表现手段，以及应该具备的制图学的专业知识。

3）雕塑

雕塑也是表现方法的一个类别，在基础教育中，一方面需要与素描有机联系，一方面应着重学习立体形态构成的各种基本的要素：空间与量的联系，分析塑成形体的特性等。以形态的构成作为重点，使用纸、金属丝、黏土、石膏，进行形形色色的练习。此外，雕塑也是为"现代工艺"设计服务的表现手段之一，它的概念已经从造型艺术的领域，又前进了一步，形成单纯的造型的最大特点，基本上可以列入大量生产性的产品造型范畴。

因此，对于雕塑的教学要求，在于加强它的"装饰性"，去掉繁琐的表现"手法"与自然主义的所谓"技法"，培养学生的塑造能力、概括能力、表现技巧以及创作方法。采用平面造型技巧与立体造型技巧交叉进行、反复锻炼的措施，使学生在雕塑基础教育中，获得艺术造型与科学造型的双重技能。

4）模型

模型属于立体造型的表现方法之一，它是具体体现一个产品从设计至制造的过渡形式。通过模型的制造，可以考验一个设计是否具备合理性。通过模型的制造，可以预先检查投入大量生产产品的适用性与加工技术，是否达成最大的节约。总之，模型在"现代工艺"中占有相当重要的位置。因此，将模型列为基础教育内容是必要的。

在基础课程中，主要讲授模型的制造方法、材料的选择，如何将平面设计图放大或缩制比例不同的模型等方面的基础知识。同时，结合设计基础课程，进行较简单的模型制造；结合工作实习课程，进行木材、石膏、金属等材料的模型制造。它基本上带有设计、造型、科技三者的综合性，因此，根据以上所述模型的特点，在基础教育中，要求学生从理论上理解模型的制造方法，逐步由浅入深地掌握模型的具体制造技术。

3. 科技基础——在"现代工艺"设计教育中，占有极为重要的位置。作为科学、技术与艺术的综合体的现代工艺品，并不单纯是依靠美术设计所形成的艺术外壳，而是从表及里地包括机能、构造、材料、加工技术等基本因素的，象征我国在科学技术方面高度成就的现代化的产品。在"基础教育"中，这一科目基本分为理论与实习两个类别，亦即专业讲座与工作实习两个类别。主要教育的内容，系根据上述的特点，培养学生具备必要的基础知识与技术，详述于下。

1）工作实习

此处的工作实习，系指"基础课程"中的工作实习而言。它在第1学年，即进行木材、金属、石膏，以及摄影的实习。开始的第1学期内，以个人为单位，分别按照各类别实习1个月。主要采取在实际中，从基础理论上，理解工具、机械、材料的性质、使用方法与特点等。同时，对于使用机械来表现大量生产性的机械加工与材料，进行基本的训练及实验性的构成。工作实习初期阶段结束以后，即组成小组，于第2学期内充分地进行技术的训练。工作实习经常与技术制图相互联系进行，需要同时兼顾地进行锻炼。总之，工作实习在于培养学生，加强空间、形态、面、质对于人类感受性的修养，通过工艺技术的锻炼，提高设计的基本知识与才能。

此外，在工作实习中还包括摄影实习，可在第1学年第2学期进行之。以实际练习为主，并讲授摄影中必要的基本知识与基本原理，以及视点、视野的深度、比例问题、单独对象的记录、反射、歪曲、双重摄影等技巧——作为"现代工艺"品设计图与制作产品模型，或成品的资料积累与宣传的工作中，所必需的快速记录，以及造型表现等技术。

2）专业讲座

专业讲座系科技基础中的理论部分，它不能单独构成一种专门课程，作为教育内容，而是配合设计基础与造型基础，以及工作实习中，所需要的科技知识与科技理论。根据实际需要，在第1学年的基础课程中，通过讲座形式，讲授材料学、工艺学。其他内容，可以根据其他基础课程的要求，由教学研究室统一研究和安排。

Ⅱ. 专业课程

所谓专业课程，在"现代工艺"设计教育的范畴中，并不是一般地根据使用的材料而划分的，也不是按照生产方法所划分的专业。"现代工艺"设计教育中的专业课程，从性质上与概念上都形成了一个独立的体系，根据设计的种类分为工艺美术品、实用器具、劳动工具以及综合性设计等。由于均系以现代工业的生产手段，进行大量的生产，所以归纳为"工业设计"的统称，这也是其中科目之一。其余的科目则有"专业造型""专业科技"两项，高年级则有"造型研究"与"科技研究"等项。兹根据专业课程中的各项科目，分别详述于下。

1. 设计方法论——分为"（一）、（二）、（三）"三部分，分别在第1学年至第3学年期间讲授之。其内容除理论部分，如设计总论、艺术概括的方法、形态的基本理论等项外，同时还进行有关设计的基本练习、具体构成形态的理念与方法。

"设计方法论"基本上属于设计教育的基础课程：第1学年以基本的设计原理为主要教育内容；第2学年以促进灵活设计构思的设计方法，作为主要的教育内容；第3学年即以较高深的设计方法，进行设计构思的训练，加强和充实学生的设计才能。"设计方法论"的教学形式，采取多种多样的启发性、指导性的讲授，优秀作品的分析，课堂讨论以及设计课题作业、进行设计工作总结等。总之，凡有利于提高学生设计能力的一切教学方法，均采用之。这样做，正是意味着设计方法也是丰富多彩的。因此，除去一些有关设计的原理，与必要的设计方法，通过编写教材进行讲授外，可采用讲座方式进行教学。此外，为了更好地取得"设计方法论"的教学效果，必定是与"工业设计"专业课程紧密结合，联系进行的。

2. 工业设计——亦即"产品设计"，内容分作三部分。

1）工业设计（一）

以自然界与人类工作的机能，进行"实体"与"形态"相互关系的分析。同时，学习观察的方法、评价的工作方法，并在分析与观察的基础上，培养学生具备直接进行综合与解决有关机能、构造、色、质理、音、运动等问题的能力。除做上述有关理论的讲授外，主要以结合现代生活的工艺美术品、实用器具之类的产品设计作为重点。教学方式以讲授与实际设计练习，同时交叉进行，由浅入深。其中包括，"产品制作过程（史）"的概述、关于简单的设计课题分析法的练习等。本科目与设计方法论、制图、模型、工作实习等科目，相辅进行，系在第 2 学年两个学期内连续进行。

2）工业设计（二）

本科目在第 3 学年内连续进行，主要以实用工具与劳动工具之类的产品设计作为重点，进行设计、制图、模型工作、量与空间的研究。同时学习把设计的物品向群众传达所需要的技术，从单一的形态，到复杂的机械的设计对象的生产过程、市场调查、包装、展览等，与产品有关的一切设计工作，均在第 3 学年内进行之。并且，基本上，将产品设计所涉及的基本理论与练习，告一段落，为步入第 4 学年专业化设计，打下良好基础。因此，在第 3 学年第 2 学期，在本科目的教学当中，必须针对学生能力与爱好，因材施教，初步明确并推动学生对于第 4 学年后的，自选的专业设计项目。

3）工业设计（三）

本科目在第 4 学年内进行，第 1 学期以 1 个月的时间，讲授大型劳动工具以及综合性设计的理论，并配合必要的设计练习。以后，即按自选的专业设计项目，直到大型工厂企业可能进行的大量生产的产品设计，均可列为"工业设计（三）"的教育内容。因此，在设计之前，以及设计过程中，必须与校外的小规模的工厂、企业，或大型的工厂、企业建立关系，作为产品设计与产品制作的实习基地。教学中，要求学生掌握材料与生产上的制约、分配，与产品在要求上的各种条件；广泛地对群众的爱好与要求，进行调查研究。还要求学生对于机上作业的生产计划、生产时间与产品的成本，具备必要的工作能力。

4）毕业设计

即自选的专业产品设计（或"综合性设计"），课题非常广泛，如汽车、火车等交通工具，发电所、工厂的机械设备等。要求较高的综合性设计，使用材料或加工技术，也根据自选课题决定之。在毕业设计中，除去要求学生对于自选专业产品设计（或"综合性设计"），进行一系列的设计制图外，主要必须完成最终的实物模型或成品，以及大型综合性设计的缩小比例的模型。此外，在毕业设计中，如选择小型的实用器具或劳动工具，以至工艺美术品时，必须同时以生产单位直到销售单位的角度，进行一系列的宣传、展览、陈列、包装等的"整套"计划，必要时亦制作模型表现。

总之，毕业设计也就意味着学习阶段的结束与工作阶段的开始，从而毕业设计不但要提出专业设计的论文，而且还要总结基础课程与专业课程的学习收获，并提出将来的设计目标与努力方向，以便作为教学研究室审查、批准毕业生的依据。

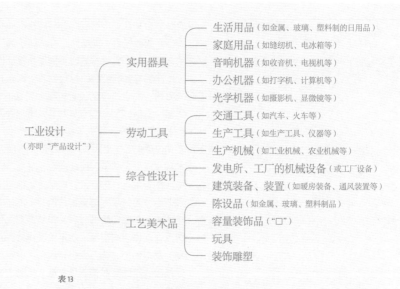

工业设计
（亦即"产品设计"）

实用器具
— 生活用品（如金属、玻璃、塑料制的日用品）
— 家庭用品（如缝纫机、电冰箱等）
— 音响机器（如收音机、电视机等）
— 办公机器（如打字机、计算机等）
— 光学机器（如摄影机、显微镜等）

劳动工具
— 交通工具（如汽车、火车等）
— 生产工具（如生产工具、仪器等）
— 生产机械（如工业机械、农业机械等）

综合性设计
— 发电所、工厂的机械设备（或工厂设备）
— 建筑装备、装置（如暖房装备、通风装置等）

工艺美术品
— 陈设品（如金属、玻璃、塑料制品）
— 容量装饰品（"口"）
— 玩具
— 装饰雕塑

表13

5. 原篇内编号为"表12"，今因前已置入《现代工艺教材建设规划表（1963—1965）》而变更为"表13"。

以上"工业设计（一）—（三）"的各个科目中，所列的工艺美术品、实用器具、劳动工具等产品设计，以及综合性设计的范畴，是比较广泛的。为了概括地说明它们的具体内容，特列表于下，作为参考（表13[5]）。

表中所列项目，均系指大量生产为前提的，属于造型、装饰、机能、构造、加工技术、使用材料等方面的设计而言。括弧内的产品名称，系举例说明，不一定都是非常有代表性的典型产品。

3. 专业造型——

"专业造型"可以说是"造型基础"的继续，二者之间的区别在于，后者是掌握了基础技法之后，结合"现代工艺"设计专业的需要与特点，所进行的专业性的造型锻炼。要求学生一方面在技法上日趋熟练，更主要的，则是在表现方法上，如何更符合设计教育的要求，并作为第2、3学年中所要解决的关键性问题。根据"现代工艺"设计的范畴，对于专业造型来说，既要求具有"造型艺术"的表现方法，又要求具有适应于工业设计专业的科学性的表现方法。换言之，既可以搞艺术创作，更能够用于科学，用于生产。因此，这种专业造型的教育内容，就意味着设计教育与美术教育不同，从而以新的概念与表现方法，代替了原有的概念与表现方法了。

在专业造型的教学过程中，基本上要掌握以下的原则，并提出具体措施：

1）素描与制图密切结合，从技法上的锻炼，逐步过渡到产品设计方面表现方法的运用。

2）雕塑与模型密切结合，从技法上的锻炼，逐步过渡到产品制作方面表现方法的运用。

3）平面造型与立体造型密切结合，形成一个"统一体"，共同为产品的设计与制作，发挥较强的表现力。

4）从专业造型与设计的关系来看，基本上逐步减少专业造型的授课学时，以增加设计的授课学时。

5）专业造型的学时虽然减少，但是必须加强与扩增造型表现方法的教育内容，以取得比重上的平衡。

6）在专业造型的教学中，还必须解决造型与色彩的关系问题，造型、色彩与周围空间的关系问题，颜料与染料的使用技术与表面加工问题等。

7）专业造型的练习，必须与"工作实习"密切结合。必要时，它们可以在同一个课题作业中，贯穿设计、造型、科技3种教育内容，成为一个有机整体。这正是我们设计教育所具备的特点之一。

4. 专业科技——

"专业科技"是在"科技基础"课程中，所讲授的基本知识与工艺技术的基础上，进一步结合专业设计而设置的专业课程之一。基本内容有3项，即"工作实习""专业讲座""科技研究"。作为"现代工艺"设计教育的基本性质，是科学、技术与艺术的综合性教育，而且这种综合性教育又必须与我国现代化的科学、技术，与现代化的工业紧密结合着。如果广泛地普遍地吸收科学技术，作为教育内容，当然是不可能的。因此，在5年的学制中，也只能结合专业产品设计，配备重点的、能够解决专业产品设计问题所需要的基本科学知识与基本工艺技术，作为培养和鼓励学生对于科学研究与技术实验的爱好，使之通过学校的设计教育中的科技基础，在步入生产实际的工作以后，进行专门性的研究与实验。所以，"专业科技"实际上也就意味着，仅仅是科学技术的入门而已，但是这些"入门"的实习与讲座，都是非常重要与必不可少的最基本的教育内容。因此，它在我国工艺美术的领域中，是个新兴的教育科目。

1）工作实习

以配合设计与造型的专业课程进行，同时在第2学年的第1学期，仍继续进行"基础课程"中木材、金属、石膏、摄影等科目的技术锻炼。其后直至毕业的时间内，均以实际操作以及技术实验作为实习内容，必要时配合科技专业讲座，培养学生在理论与实践方面同时提高，取得一定的技能。

"工作实习"的教学过程，基本上是从学习基本的工具与机械的概念开始，渐进到手之器具与眼之感受性的锻炼，再逐步掌握机械的性能与材料的性质，并发挥机械加工美与材料美，而后再引申一步，发展到大量生产性的规格化的生产技术的锻炼，最后与科学研究紧密结合，进行多种工业材料的试制实验，以及自然材料现代化加工技术的实验等研究工作的实际技术。技术难度较强或本校机械设备"力不能及"的情况下，必须与校外工厂、企业、单位联系进行之。这类工作实习，系指第4学年的"下厂实习"、第5学年的"毕业设计、制作"而言。根据需要与可能，在校内附设"机械实习工厂"，及木材、金属、石膏、摄影等小型实验室，并配备必要的技术人员，进行工作实习时的辅导。

2）专业讲座

从第2学年起至第4学年，"专业讲座"担负的教学任务，是配合设计与造型专业课程的需要，进行科学研究及专业基本知识的理论性与学术性的讲授。

专业讲座的内容大致具有以下的科目：

第2学年，讲授工艺学、力学、劳动生理学。其中"劳动生理学"是一门新的科学，在国际上已经用于工业设计中，主要是计测人体的工学，研究人类与机械的关系、人类与器具的关系，是安全性（防止危险）的设计、防止疲劳的设计、有关提高机械或器具使用效率的设计、快适性的设计的科学依据。

第3学年，讲授劳动生理学、实验心理学、生产方法论等科目。其中"实验心理学"也是一门新的科学，主要是研究人类的动作，以及对生理的、心理的影响等内容，也是进行"现代工艺"设计的科学依据之一。"生产方法论"并不是"生产工艺学"，它的主要内容多系各种专业生产的组织法、管理法，以及从设计、制作到完成的产品投入市场为止的，有关生产计划与产品成本的核算等。这些，均属于"生产方法论"中所要讲授的项目。

第4学年，即转入个人的专业设计阶段。"专业讲座"较难确定其内容，但是配合专业设计与专业造型的发展，必定增设"尖端科学技术"的专业讲座，以提高学生的设计水平与造型水平。

3）科技研究

第3学年下学期至第5学年，即进行专业科技的专业研究。根据学生个人的能力、特长与爱好，可以自选研究科目。于研究之始，经过教学研究室批准，并在指定专门教师的指导下进行之。科技研究的内容，有"专业研究""调查研究"与"毕业研究论文"等3项。

自选的"专业研究"科目，是为了提高设计水平，取得高度的专门化的设计工作者的科学素养与艺术修养所必需的课程之一。内容与个人爱好，都是比较广泛的。从而，这种专业研究的科目，也涉及各个方面。例如：工业材料及其制造过程、特性（物理的、化学的、机械的特性）的研究；在制造产品时，使用单一材料或多种材料实验其科学效果及艺术效果；吸附作用对于"现代工艺"品的关系，与典型实验及其利用范围的研究。对于微观世界的研究，已经提到科技研究的日程上来了。如何运用研究成果，使之在"现代工艺"事业中开花结果，也成为现代化的研究内容之一事：关于旅客用的飞机造型、内部装置、特用餐具，以及结合旅客的生理与心理的各个方面的科学研究与技术实验工作。研究期间，除必要的专门问题由指定的专门教师进行"因材施教"的讲授外，并结合参观工厂的生产以及研究所等，研究完毕，作出总结。

第3学年下学期至第4学年上学期，期间设置科技研究课程中的"调查研究"科目。主要内容包括：生产、技术、材料、产品、设计等方向的调查研究，有关"现代工艺"情报的搜集、资料积累等工作。"调查研究"的教学目的，在于积累设计参考资料，积累造型与科技的参考资料，作为设计、造型与科技的研究与客观依据。根据实际教学需要，由教学研究室确定调查项目，并讲授调查的具体内容。以调查的"课题"为单位，分为学习小组（或调查小组）进行调查。资料整理完成后，组织课堂集体研究讨论。最后将研究结果附于原始调查资料上，装订归档，备作参考。

第5学年的学生，根据自选的科技研究内容，提出研究过程的报告以及毕业论文。某些科学研究的学术性问题，还需要组织课堂答辩，以提高研究成果。某些技术实验，需要提出实验过程中的各种实验品以及最终的试做品。某些设计研究或造型研究，需要提出有关设计的一切图纸、模型，或试做品。毕业论文中，最后须明确科技研究自选科目的发展前景与生产对象，经过专家评定合格后，由学校等有关生产单位推广之。

六、结束语

"现代工艺"设计教育，在我国还是一个新的开端，因此，需要首先制定教育方针，适应教育体系，明确教学方法，组织教育内容，才能有目的、有计划、有步骤地，在党的领导下和其他各个专业的兄弟单位并肩前进。

本《纲要》针对上述的各项要求，作了尝试性的论述。其中，"教育方针"部分，系根据党和院的教育方针，并结合"现代工艺"的特点拟定的。"教育体系"部分，系根据"现代工艺"设计教育的性质，归纳为"表现方法""设计理论"与"研究实验"三个组成部分而形成的教育体系。"教学方法"部分，则是针对过去在教学方法上存在的问题和缺点，在党的教育与支持下，通过两年来的摸索与实践，不断地总结与改进，而形成的比较切实、有效的教学方法。"教育内容"部分，是在教育方针的要求下，以及教育体系的范围内，总结过去的教学经验，参考国际上 10 个设计院校，展望即将到来的现代化的高潮，经过再三推敲，准备教学材料后而提出的。

"现代工艺"设计教育，由于涉及科学、技术与艺术三个方面的内容，所以教育科目比较多，为了培养学生广为消化与吸收，将采取由浅入深、由易而难的具体步骤，进行之。在 5 年的学习期间，所有课程的系统性、连贯性很强，不学好初级基础课程而学好高级专业课程的可能性，可以说是没有的。因此，教师与学生都要在思想上意识到，必须付出极大的劳动与热情才能取得教学成果。

国家的建设飞跃发展，农业、工业、科学技术的现代化日新月异，"现代工艺"设计教育的适应性，必定也要随时改变，才能吻合于时代的发展、社会的发展，并随着人民生活需要的提高，而日益丰富生产的发展。因此，本《纲要》随时有必要加以充实和改进。

本《纲要》于 1963 年 4 月 27 日脱稿，因系初稿，势必有不够全面或不正确之处，请党指正，请大家提出宝贵意见。

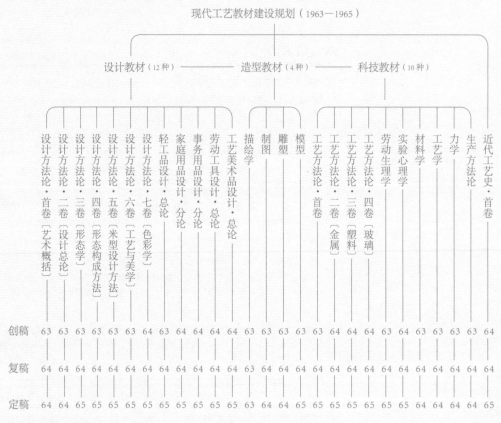

表12　现代工艺教材建设规划表（1963—1965）

附注：

1. 创稿：系教师讲课的教材，未成熟的教材稿。

2. 复稿：亦系教师讲课的教材的修订稿，只发提纲给学生。

3. 定稿：系经过一至二年的教学实践，经受多次考验的教材稿，并经过集体讨论通过的定稿，可以印成讲义，发给同学。

4. 首卷：教材有首卷、2卷、3卷、4卷……等卷。其"首卷"，含有整个课程的"总论""第1卷"，及指导以次各卷等课程的含义。首卷以次各卷，并不是按授课先后为次序的，它们可以同时讲授，其中有卷次讲得长，有的讲得短，根据不同课程的内容，做不同的讲授方法。

5. 表列各种课程的内容解释，详见于《"现代工艺"设计教育纲要》。

6. 表列各种课程，系"现代工艺工作室"（5年制）全部讲授内容，初步规划3年内编写完成。

7. "分册"中，属于同卷内的任何内容，若有所补充，或有更具体、更专门问题需要增加时，可以用"第几分册"的册名。

图1   图2

图 1. 郑可指导工艺美院建筑装饰美术
系 1964 届毕业生贾延良（1959 级）
设计 BK—651 型北京市公共交通汽车
（1963 年；采自贾延良：《被遗忘的"红
旗"设计师》，《经营者·汽车商业评
论》，2007 年第 1 期，第 127 页）
图 2. 郑可指导工艺美院建筑装饰美术
系 1964 届毕业生贾延良设计 BK—651
型北京市公共交通汽车（1963 年；郑
方提供）

"现代工艺"教学草案 [1]

5 年制，1962 年 11 月 22 日

1.本篇复写件（非郑氏笔迹），由郑方女士提供。

"现代工艺"，是一门以现代工业、现代物质材料、现代科学技术为依据，以大量生产为前提，并符合现代人民的审美要求，设计现代人民物质生活与文化生活所需要的生活用品及工艺美术品的，完全崭新的学科。

为了遵循党为工、农、兵服务的文艺方针，贯彻"教育与生产劳动相结合，理论与实践相结合"的教育方针，根据上述的特点与需要，拟订"现代工艺"的五年《教学草案》，如下：

一、教学方针

（一）培育学生具备"现代工艺"设计及实际生产的知识与技能。

（二）培育学生具备"现代工艺"专业设计的创造能力与指导能力。

（三）培育学生成为"现代工艺"的生产者与需要者、消费者之间的"媒介者与组织者"。

二、教学方法

采取"科学研究＋技术实验＋艺术创作"的教学方法，以便适合"现代工艺"的特点，以及保证教学方针的实现。

三、教学内容

（一）必修课程：

除史论课程、外国语及体育等必修课程外，结合"现代工艺"的特殊需要，拟加强外国语的修养，并增设"现代工艺史"课。

（二）课程基础：

1. 平面造型基础（包括实习）：

1）绘画（素描、色彩学）
2）制图学（设计图、透视图、效果图、构造分解图等）。
3）平面造型概论

2. 立体造型基础（包括实习）：

1）雕塑（浮雕与圆雕的基本练习）
2）模型（各种材料的模型制造）
3）立体造型概论

3. 设计基础（包括实习）：

1）设计方法论
2）生活用品设计
3）现代工艺美术品设计

4. 基础工艺学（包括实习）：

其中分为金工、木材、塑料、玻璃、表面加工、模具等工艺学的基本理论与实习。

（三）辅助课程：

1. 调查研究（包括工厂、市场、商店的调查研究及统计）

2. 工厂实习

3. 实际产品与作品的练习

4. 参加展览会

5. 毕业论文的设计或创作计划

6. 实际技术指导

7. 聘请专家作专题报告

8. 摄影技术

四、课程安排

一、二年级：学习造型、设计、工艺学的基础课程。

三、四年级：专业课程的实习、实际练习。

五年级：毕业设计、创作（生活用品或现代工艺美术品）。

其中基础课程，平面造型与立体造型交错进行。从线、面、色彩的理论开始，向实际材料的立体构成发展，再逐步进入产品、作品的设计与创作。

五、招生人数

每年 10 至 20 人。

六、其他

（一）拟建立小型试验工厂，进行课间实习，具体计划另拟。

（二）因本专业课程内容较多，拟扩充为全日授课制，请考虑。

（三）根据目前情况了解，本专业迟早有成立的可能，因此，建议尽快开始备课，以便将来应付这个任务，请考虑人力与物力的支持。

（四）草案中可列教学内容较多，如果臻于完善，还有待补充。俟开办专业系科时，再结合具体情况，予以调整与修改。

（五）我们认为本专业的工作是艰巨的，初创办的，有待于各有关单位的支持。我们有信心接受党这一光荣任务，不懂就学。目前我们已经边学边备课，有些课程已经进行教材的编写工作。

关于成立"现代工艺系"的建议书 [1]

1963 年 3 月，北京，草案

1. 本篇复写件（非郑氏笔迹）由郑方女士提供，已经简单装订。其部分内容与同年 4 月底完成的《"现代工艺"设计教育纲要（初稿）》相近，文前原有目录 2 页，今略去。又，郑方女士另曾提供一套此《建议书》经简单装订后的手写、修改"初稿"，即第 1 至第 3 稿，封面所记为"1963 年 3 月 15 日"及"21 日完成"等数字。因其字迹、涂抹均非郑氏笔迹，且较初稿更显潦草，今暂不参照，仅随载内页影像一张。

2. 此即 1963 年 3 月 15 日《人民日报》"社论"标题（第 1 版），今已将该文附后。

第一部分　前言

一、现代工艺概述

在现代人类的进步中，工业的发展起着巨大的作用，它标志着一个国家的经济与文化的水平。解放后，在党的领导下，我国的建设事业获得了空前的发展，当此 1963 年——第三个"五年计划"的第一年，党又提出了"在提高工业品质量和增加品种方面再大进一步"的战斗号召。[2] 为了响应这一号召，科学家和艺术家在党的领导下，依靠群众而肩负着共同巨大的任务与责任，从而在今后的工业品的具体设计工作中，就要体现科学技术和艺术的高度结合，尽可能最大限度地满足人民日益增长的物质与文化生活的需要。因此，对于工业品的设计要求，将逐步严格而又必须合理，并符合现代人民的审美要求。产品的质量，也必须是很优良，而又符合使用目的。只有如此，才能吻合"号召"的精神，达到最大的节约。

目前工业品的美术设计已提到日程上来了，某些尖端科学的普及，也需要艺术造型的设计。因此，教育事业面临的迫切问题，是如何尽快地培养出足够数量的、具备优良素养的现代工艺美术设计人才，使我国的工业产品在预期中，不但在品种数量和技术质量方面赶上世界先进国家，同时也要在艺术质量上达到先进的国际水平。我国工艺美术教育事业，是在解放后才在党的领导下建立起来的。几年来，所培养的人才，都在工作岗位上发挥了应有的作用，并取得了优异的成绩，但是适应新的时代，适应新的生产手段，新的物质材料，以及新的社会要求的现代工艺美术设计，在工艺美术教育中还是一个空白点。

现代工艺设计教育，在旧中国更是一穷二白的。即使是工业比较发达的国家，他们的设计教育，也是近二十年才得到了发展。不过，解放后的新中国，由于工业的突飞猛进，就迫使工艺美术院校其他专业的毕业生，担任了他们未曾学过的现代工艺的设计任务。因此，他们在实际工作中，由于困难较多而影响到设计水平。更有甚者，即数百家玻璃厂、塑料厂，由于没有设计力量，而不得不抄袭外国过了时的东西，以应付生产的需要。这种现象的普遍存在，在一定程度上影响到产品的内销和外销。

二、建系任务的提出

鉴于上述各点，在现代工艺的领域内，只有培养出我国自己的设计家，才可以摆脱外国影响，扭转被动局面，改变落后面貌。目前，我国正在为力争实现农业现代化、工业现代化、国防现代化、科学技术现代化的目标而奋斗，我们工艺美术教育事业，也要在这个宏伟的现代化的领域中跟上去！因此，根据时代的需要、社会的需要、生产的需要，建议在中央工艺美术学院成立"现代工艺系"，进行科学技术与艺术相结合的综合性教育，培养现代工艺设计人才，以期与其他兄弟系的专业人才，共同参加祖国的社会主义建设。

三、专业的性质与特点

现代工艺是工艺美术中新的领域，它是随着近代的工业、科学、技术的发展而发展起来的，凡是使用现代化的生产手段（某些手工的与机械化的大生产），现代的物质材料（天然的与人造的），适应现代人民物质与文化生活的大量需要，符合现代人民审美要求的实用器具、劳动工具、劳动环境，以及现代化的工艺美术品的设计计划与造型活动，均属现代工艺的范畴。它是科学与艺术的综合产物，并具有经济与文化的双重性。

四、名称的确定

根据上述现代工艺的性质与特点，拟确定为"现代工艺系"

的名称，即"现代工艺设计系"的简称，其全衔则是"现代工艺美术设计系"。

国内虽曾流行有"实用美术设计""日用工艺设计"或是"工业造型设计"等名称，但从概念上都不足以明确地表达"现代工艺设计"的本质与范围。因为，"现代工艺设计"实际上既不单纯是日用品、实用品的设计，也不仅限于外形的设计，它所包括的对象，从性质上则有实用的、非实用的，日用的、非日用的；有外形的设计，更有由表及里的结构设计、造型与装饰的设计等。因此，任何一种局部的名称，都不能代表它的全部含义。

在国际上，一般均称现代工艺为"工业美术"（industrial art，日译"产业工艺"），把"现代工艺设计"称为"工业设计"（industrial design，日译"工業意匠"或"工業デザイン"）。有时，索性简称"设计"（design，日称"デザイン"）。在我国叫作"现代工艺""现代工艺设计"的名称，还是比较恰当的，因为它带有一定的时代意义，可以作为衡量一个设计是否具备现代化的标准。尽管，目前根据客观需要，先从实用器具的设计开始，但今后的设计范围，必定会逐步扩展开来的。因此，以比较广泛的名称，定为系名的目的，即在于避免将来的再次更改。"现代工艺"一词已正式编入《辞海》，一般群众已开始熟悉并习惯了这一名称。

第二部分　建系的方针与任务

一、教育方针

现代工艺，目前还是一个综合性专业，它的任务是培养"现代工艺"设计、教学和研究的专门人才。为了适应现代工业的各种要求，应该以科学素养、生产实际，与较高的艺术观察力、表现力、实现创造性的设计，作为教育的目的。并以下列"教育方针"作为指导：

（一）进行科学、技术与艺术相结合的综合性教育。

（二）科学地探讨设计原理和表现技术，以正确的历史观观察并产生现代的知识与技法。

（三）从设计的角度，广泛研究进步的工业生产（机械化的与某些手工的），并在这个基础上进行创造性的设计。

（四）熟悉生产机构，成为需要者、消费者、生产者之间的"媒介者"。

根据以上教育方针，要求毕业生达到以下的标准：

（一）具有爱国主义和国际主义精神，愿为社会主义、共产主义事业奋斗。通过（对）马列主义、毛泽东著作的学习和一定的生产劳动、实际工作的锻炼，树立全心全意为劳动人民服务的思想。

（二）理解马列主义文艺理论的基本观点，讲中国共产党的文艺方针。

（三）系统地掌握从事现代工艺设计所必需的基础理论知识，熟悉本专业的主要工艺过程，掌握本专业的主要工艺技术；对工艺美术的民族遗产和现代工艺的发展规律，有较深刻的理解；具有较高的专业设计能力和实际制作及指导生产，或独立研究的能力；力求"一专多能"，以适应社会工作的需要。

（四）具有较广博的文化艺术修养。

（五）有健康的体魄。

二、教育重点

（一）第一学年至第三学年期间，以全面的基础教育与专业教育，作为教育重点，以"广博知识、丰富修养、启发设计、带动研究"施教。

（二）第四学年至第五学年，服从客观需要，结合学生擅长的专业，鼓励独立研究、独立设计，作为教育重点。由教研室具体制定，专门教师负责辅导、检查学生对于专业设计与制作的独立工作能力。第五学年的毕业设计与毕业论文，结合生产实际进行。

　　总之，五年学制中，采用科学研究、技术实验、艺术创作结合的教学方法，强调理论联系实际。一切课程与工作实习均为专业设计服务，以适应现代工艺的专业特点，保证教育方针与培养目标的实现。

三、招生人数

（一）招生人数：第一学年10至15人（在教学过程中，可能淘汰一部分成绩过差者，故以15人为宜）。以后每年，原则上仍招收10至15人，但具体情况发展，或教学力量有了一定充实以后，再根据社会需要，逐步扩大招生名额。

（二）学生来源：高中毕业生或具有三年以上工作经验，具有一定文化水平的青年干部或工人。

四、发展方向

（一）在五年学制中，主要系进行综合性教育，全面地学习工艺美术品、实用器具、劳动工具、劳动环境等类设计。而且，其间必定是由浅入深、循序渐进，由简至繁、反复提高，以培养学生的现代工艺设计能力。因此，教育性质则属于现代工艺专门教育，并非按照生产系统进行详细划分的。根据社会需要、客观要求，以及学生的爱好与特长，可能分为金属、塑料、玻璃、木材、陶磁等不同材料与不同加工方法，进行分类设计，或者向更多的方面发展。

（二）根据现代建设事业的飞跃发展，建系后，如果在设计教育方面或设计实践方面，为了能够适应国家和人民的需要时，就有可能扩充系的组织，而成为更大的系统。从发展来看，是存在着这种可能性的。将来的专业，并不是从生产方面或材料方面进行划分，而是从设计性质与范围上进行划分，如工艺美术品设计、实用器具设计、劳动工具设计、劳动环境设计等等方面。

第三部分　教育内容

一、教育范围

（一）由于"现代工艺设计"，是艺术力量融汇了科学与技术的成果，而形成的一种综合性的艺术活动，因此，现代工艺系的教育范围，就要涉及科学研究、技术实验与艺术创作等，相互联系的各个方面（表Ⅰ1）。

表Ⅰ1

（二）由于"现代工艺设计"必须与现代工业相互结合，因此，"现代工艺系"的教育范围就要涉及大至交通工具、生产机械的造型设计或环境设计，小至打火机的设计。从其机能方面分类，则包括现代化的实用器具、劳动工具、劳动环境、工艺美术品等4大类（表Ⅰ2）。

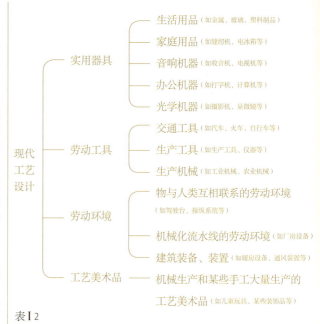

表Ⅰ2

（三）由于"现代工艺设计"受到物质材料的一定制约，因此"现代工艺系"的教育范围，也要涉及现代的物质材料（天然的与人造的）。既要充分发挥材料的性能，以进行设计；又要发现新材料、发明新材料，以丰富设计，革新设计面貌。

（四）由于"现代工艺设计"必须适应现代人民的物质与文化生活的大量需要，因此，"现代工艺系"的教育范围，就要涉及以人民生活和市场的需要为对象的调查研究工作，以便掌握情况，做到"设计既为了今天，又为了明天"。

（五）由于"现代工艺设计"必须要符合现代人民的审美要求，因此，"现代工艺系"的教育范围，就要涉及一般教育科目的马列主义美学的研究，以及专门教育科目所进行的，广泛调查研究现代人民（包括少数民族）的审美体验。在力所能及的范围内，还要包括调查世界各国人民的审美要求等工作。

以上教育范围，虽然较为广泛，但是任何一项都是必不可少的。因此，为了满足这些需要，曾参考了世界各国10个大学的设计教育内容，结合我国具体情况，拟定了一个《5年计划课程配备表》，详述于下节中。

二、创立教育体系

我国过去没有"现代工艺设计"教育，建系以后，一切工作都是从无到有，逐步奠定基础的。在国际上，同样是缺乏科学的、共同的、正规的设计理论范本，大多都是从实践总结出来的经验和规律。其中，有些是根据基础理论推演出来的规律，经过实践或实验的证明，而加以应用的。并且，这些理论仍在不断发展中。因此，我们要创立一个比较完整的教育体系，首先就要尽最大的努力，参考国际上有关设计教育的先进经验，并结合我国具体情况及教学实践，在建系后的5年内，逐步奠定这一基础，配备必要的基础理论课程、专业理论课程与工作实习课程等。通过几年来的教学实践，根据需要与可能，初步拟定了一个5年制的《课程配备计划表》（表Ⅱ1—表Ⅱ5），拟通过实践试行。

附记：

（一）附表中第1学年为基础课程，第2—第5学年为专业课程。基础课程学满考试合格后，方准升入第2学年，学习专业课程。

（二）"科技基础"中的"专业讲座"，系聘请专业师资（或专家）讲授有关配合设计、造型所需要的科学与技术知识。

（三）各种教育科目的具体内容与学时，另作详细计划。

表Ⅱ1　基础课程配备计划表（第1学年）

一般教育科目	专门教育科目				
	设计基础	造型基础		科技基础	
		平面造型	立体造型	工作实习	专业讲座
政治 美学 工艺美术史 文学 外国语 体育	设计方法论（1） 形态学	素描 制图	雕塑 模型	多种材料的使用 摄影	材料学 工艺学 专业讲座

本学年以基础教育为重点。"设计基础"主要内容，以视觉方面的创造力、感觉力、构成力为学习重点，亦即关于在色彩、空间、形的学习基础上，进一步达成造型目的所必备的基础理论。"造型基础"的"平面造型"，属于生产性范畴，亦即掌握加工性、再现性、规格性的基础，为体现于大量生产中所必需的造型学习。"立体造型"，学习立体形态构成的各种基本要素、空间与量的联系，分析塑成形体的特性等，以形态构成作为学习重点。（表Ⅱ1）

表Ⅱ2　专业课程配备计划表（第2学年）

一般教育科目	专门教育科目				
	工业设计Ⅰ	专业造型		专业科技	
		平面造型	立体造型	工作实习	专业讲座
政治 美学 近代工艺史 …… 文学 外国语 体育	设计方法论（2） 工艺美术品设计 实用器具设计	素描 实用制图 色彩学	雕塑 模型	木材 石膏 金属 摄影	工艺学 力学 劳动生理学 专业讲座

本学年以设计、造型、科技"三结合"为教育重点。"工业设计Ⅰ"，设计理论、设计练习、模型制作结合进行，并配合工厂的参观与学习。采用"单位设计课题"，贯穿设计、造型、科技3门课程，互相平行结合的整体教育，作为试验教学。有代表性的课题，都必须从设计一直到制成品，建立较科学的、系统的档案资料（此项档案资料，各学年均可建立；表Ⅱ2）。

表Ⅱ3　专业课程配备计划表（第3学年）

一般教育科目	专门教育科目				
	工业设计Ⅱ	专业造型	专业科技		
			工作实习	专业研究	专业讲座
政治 美学 近代工艺史 外国语 体育	设计方法论（3） 实用器具设计 劳动工具设计	绘画 制图 雕塑 模具	工艺操作 原型制作 整体工作 （小组作业训练）	自选科目 （需经批准） 参观学习 调查研究	劳动生理学 实验心理学 生产组织与管理 专业讲座

本学年以结合生产实际的教育为重点。"工业设计Ⅱ"，设计理论与生产实际相结合，除技术性设计外，应包括机上作业的生产计划、时间与成本的统计和计算工作。（表Ⅱ3）

表Ⅱ4　专业课程配备计划表（第4学年）

一般教育科目	专门教育科目				
	工业设计Ⅲ	专业科技			
		工作实习	专业研究	调查研究	专业讲座
政治 美学 外国语	劳动工具设计 劳动环境设计 综合性设计	量产性工艺技术 校外工厂实习	自选科目 实验 总结	调查研究 情报搜集 资料积累 （生产、技术、材料、 产品等方面）	尖端科学技术

本学年以个人研究，因材施教为重点。"工业设计Ⅲ"，以社会需要的生产物作为设计对象，如汽车、火车等交通工具，发电所、工厂等机械设备（或工厂设备）等，要求高度的综合性设计。鼓励学生投入社会所需要的设计、制作、劳动，奠定第5学年毕业设计的良好基础。（表Ⅱ4）

表Ⅱ5　专业课程配备计划表（第5学年）

一般教育科目	毕业设计制作	科技研究
政治 美学 外国语	自选专业设计 并进行实物、模型制作 （大型产品即制作缩小比例的模型）	研究报告及毕业论文 （自选研究内容）

本学年以个人独立思考、独立设计、独立制作、独立研究为重点，配备专门教师辅导，进行毕业设计及毕业论文。关于创立完整的教育体系，不仅要在课程配备上及教学方法上，通过实践逐步稳定下来，而且在教学指导、教学效果方面，也要经过一个摸索、巩固与提高的阶段，它们都将促进这一新的教育体系的形成。由此可见，作为完整的教育体系，也就意味着教育内容的丰富与实际、系统与科学。争取在党的领导下，兄弟系及有关单位的支持与帮助下，尽快地完成这一计划。（表Ⅱ5）

一、师资培养

为了建系后的迫切需要,必须尽速地培养"现代工艺设计"教育中的"第一代"师资,使他们首先具备科学技术与艺术的综合性的设计才能,同时精通一门外国语,能够独立进行设计理论的研究。本着"穷干、苦干、自力更生"的精神,提出具体措施如下:

(一)以"陶磁雕塑工作室"作为培养师资的起点,通过教学实践、调查研究、翻译教材,掌握国际情况,作为培养教师的主要工作。现在已经参加工作的教师有 3 人。

(二)建议选拔"陶磁雕塑工作室"1963 年、1964 年毕业生各 2 人,留校作为师资培养的对象。

(三)争取向有关单位借调(临时或永久)具有建筑与机械专业修养的工程师或讲师各 1 人,以充实"现代工艺系"科学技术的教学力量。

(四)实习工厂担任技术辅导的技工与民间艺人,均须经过一个与专业教学相适应的培养阶段。

(五)在需要与可能的条件下,选拔青年教师,派遣出国,作为留学生或研究生学习。

二、教材建设

在培养"现代工艺设计"人才的战线上,编写教材是一项首要的工作。应在党的文艺方向、院的教育方针指导下,以及系的统一计划安排中,通过翻译国际上各先进设计院校的教育理论、教学实践、经验总结一类,值得借鉴的资料作为参考,并结合我国具体情况和教学实践,通过集体研究、集体编著,而创造出我国第一批"现代工艺设计"教育的独立的教学材料。

编著教材的初步计划如下:

1963 年至 1964 年

(一)进行大量的编译工作、整理工作与改编工作。当创办之始,这一工作是必不可少的,从而需要动员一定数量的、水平较高的翻译人员,参加这项工作。目前,急需教研室根据实际需要,有重点地确定有关外国出版物及译文内容与要点,提出详细的规划。这一工作相应地涉及编译费用及图书资料的购置问题,请统一全盘考虑之。

(二)争取编辑完成急需的"基础理论"教材的初稿,加以应用:

1. 设计方法论(1—3)

2. 形态学

3. 色彩学

4. 素描教材

5. 制图学

6. 雕塑教材

7. 石膏模型制作

8. 材料学

9. 工艺学

10. 近代工艺史

11. 劳动生理学

1965 年至 1968 年

(一)1965 年,有重点地制定基础课程的教科书,并开始编写"专业理论"教材。

(二)1968 年以前,逐步制定"专业理论"教科书。

三、教学设备

教学设备包括实习工厂、实验室以及教具等方面,是用于工作实习、科学研究与实验的必要设备。工作实习与科技研究、实验的目的,在于巩固教学成果,使理论联系实际,熟悉专业的工艺过程和生产知识,培养学生独立的工作能力。而"现代工艺设计"最大的特点,则是使用现代化的机械作为生产工具之一。因此,就必须首先在校内,通过一系列的工艺操作技术锻炼,才能到校外的工厂进行实习。

目前我院基本上已建有小型的机械实习工厂,一年前技工外调,机器停顿。建议于 1963 年底前,加以整顿并配备技工,增加一些必要的设备,1964 年即可迎接第一批学生进厂实习。初步计划如下:

(一)配备技工 5 人,民间艺人 1 人,辅导实习技术。计:

车工　　1 人　辅导机械实习工厂的工作实习

铣工　　1 人　辅导机械实习工厂的工作实习

钳工　　1 人　辅导机械实习工厂的工作实习

细木工　1 人　辅导实验室的工作实习

石膏工　1 人　辅导实验室的工作实习

装饰雕塑民间老艺人　1 人　辅导实验室的工作实习,已在编制内,无需另加

(二)已有设备,如下:

匈牙利小型车床(4 呎)　1 部

6461 靠模铣床(昆明机床厂制造)　1 部

小型牛头刨床　1 部

空气压缩机　1 部

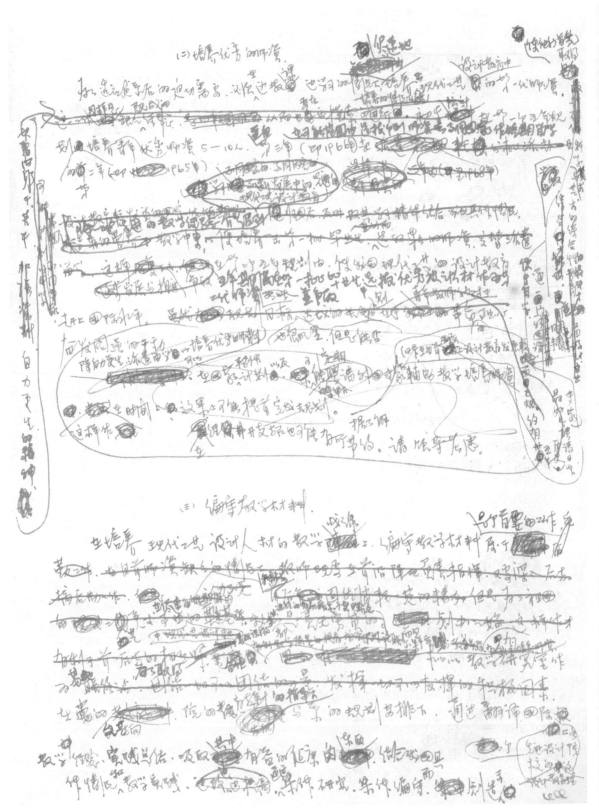

图1

小型直流发电机　　1 部

　　小型工具　　1 批

（三）需要增加的设备，如下：

　　ⅢC 型普通车床　　1 部

　　大型皮带车床（加 2500 公厘以上的直径者）　　1 部

　　大型台式钻床　　1 部

　　立式钻床（2A125 型或 2A150 型）　　1 部

　　插床（7430 型）　　1 部

　　大型牛头刨床（737 型）　　1 部

　　万能工具铣床（678M 型）　　1 部

　　手摇塑料压注机　　1 部

　　大型砂轮（电动）　　1 部

　　抛光机（3585 型）　　1 部

　　大型锯床　　1 部

　　液体压力机（200 吨）　　1 部

　　液体压力机（1000 吨）　　1 部

　　小型铸造设备　　1 套

　　小型电镀设备　　1 套

　　电焊机　　1 套

　　风焊机　　1 套

　　小型手冲床　　4 部

　　小型量具、刃具、手工具　　1 批

（四）小型实验室需要增加木材、石膏、金属，所需用的手工工具、小型机器，以及专用的摄影机及整套放大与暗房设备，根据实际需要，另拟具体计划。

（五）玻璃实验室的设备，必要时另定。

（六）教具类亦由教研室统一考虑，另拟计划。

四、科研与设计

（一）展开科技研究

　　一件优美的现代工艺品，必须体现出现代化的科学技术，所以"现代工艺设计"不但要充分地利用先进的科学技术进行武装，而且根据现代不断进步的需要，还要促进设计与科学技术向更新的领域探索。因此，"现代工艺设计"的发展规律，将永远是经过改善阶段、革命阶段，以至发明阶段。由此可见，加强科学研究工作，对于"现代工艺设计"来说是极其重要的。

　　初步计划在 5 年期间，不但要在理论上学习基础科学、技术科学与生产科学，还要在具体设计教育中，使用新的科学成就，力求发展基础理论，推进生产科学，进一步指导生产实践。并将研究成果，经过

图1.《关于成立"现代工艺系"的建议书》内页（初稿，1963 年）

实验证明后，通过生产部门试行推广，以解决专业生产中的专业问题。特别是目前，我们工艺美术队伍对于科学技术比较陌生，因此与科学技术部门、与研究部门取得密切协作关系，是很重要而又迫切的。利用他们的某些新成果，来发展实用器具、生活用品与家庭用品，即是以之在生产范围内，改变目前的落后状况，逐步改进市场面貌。因此，建议在党的领导下，吸取一部分尖端科学技术的成就，用于我们的"现代工艺设计"教育之中，通过学习、研究、实验，试产一部分最新的现代化产品。至于研究项目问题，由教研室统一计划、呈核。

（二）试验产品设计

设计等于造型计划。而造型计划，又必须是来自要求、通过制作，而最后达成使用目的。因此，一个现代工艺品的设计方案，对于群众来说，就远不如一件现代工艺产品更具说服力。对于设计工作者来说，通过实际产品的实验，一方面考验了原设计，一方面相应地充实了设计工作者对于生产工艺、技术的实践，同时又刺激了新设计的出现、改善与革新。初步计划在 5 年内，根据各学年的"工业设计"专业课题的设计（详见表 II 1—表 II 5），选择优秀的设计方案，进行实验性生产，争取与群众见面，听取意见，改进设计，改进教学，改进工艺技术。其中，反应好的产品，可以通过生产单位投入生产，以满足群众的需要。这样做，既便于群众检查教学质量，又有利于使现代工艺这一新兴的项目，在群众中建立感情。同时，通过这些现代工艺产品的销售，也可以给群众带来一定的美学教育。

总之，科研与设计是相互联系、相互作用、相互促进的。展开科学技术的研究，目的在于为设计服务。实验产品设计，目的则在于考验科技研究成果——通过实验、实践，证明研究成果的正确性、合理性与适用性，以便在今后的工业产品设计中，创造出更新的，符合广大群众所需求的设计。

五、社会调查与情报研究

（一）调查人民对于现代工艺品的需要与审美要求，调查目前有代表性的工业品的设计、制作、使用、销售等方面的反映，以进行新产品的设计研究。

（二）在力所能及的范围内，对于国内外不同工厂生产的同类产品，有重点地调查其机能、构造、材料、加工技术、包装，以及主要特点、优缺点等等，进行研究，作为参考。

（三）尽可能将国内外科学技术的研究，用于现代工艺产品（代表性产品）设计中的科技项目，进行调查研究，作为情报资料。

（四）尽可能调查现代工艺的国际活动、国际组织、各国的设计教育、设计教材、设计专刊，以及新产品的设计评比竞赛、展览等动向，各国的设计特点等方面的情报资料，进行研究，并建立档案。

（五）在教学中，每一设计课题确定以前，先进行市场的调查研究。确定以后，即以课题为单位，建立档案的调查研究。建立档案袋，搜集所有作业图纸、资料、记录、实验报告、总结等等，进行归档。

（六）基础教材与专业教材的编译、整理，集体研究记录、集体编写原稿、定稿，均须系统而科学地加以专门管理，建立档案。

（七）各项调查研究资料、情报资料，以及系内图书、文字、图片、卡片等教研资料，均须建立档案，并不断积累，丰富起来。

（八）搜集国内外现代工艺优越的产品、标本，作为参考资料。

以上各项工作，都列入"五年计划"之内，不分先后，不分主次，能办就办，尽力而为，广为搜集，勤加积累，坚持不渝。不拘形式，举凡卡片、文摘、索引、剪报均可为之。并且，建议设立系的资料室，制定必要的档案制度，配备干部兼任管理。5 年下来，"师生齐动手，资料积成山"。

六、建立组织系统

"现代工艺设计"教育，5 年期间内，一定会随着我国经济建设事业的飞跃发展、现代化的逐步实现、人民生活的大量需求，而日益成长和壮大起来。由于时代的需要、社会的需要、生产的需要、国内外人民生活的需要，要求我们必须培养出更多的优秀的设计人才，逐步形成一支"现代工艺设计"的队伍。从长远看，将来的扩建与大力发展，必定取决于我们今天所奠定的基础。因此，越发感到我们必须具有革命事业的雄心壮志，发奋图强、自力更生！越发体会到，党对我们的信任与支持！鉴于奠定良好的基础是决定今后发展的关键，而基础的奠定，又必须建立一个组织系统，特建议党和领导考虑以下几个问题。

（一）人员的编制问题。

建系初期，关于人员的编制，如下：

现代工艺系	实习工厂
系主任1人	技工5人 （车工、铣工、钳工、细木工、石膏工）
教师9人	民间艺人1人 （装饰雕塑艺人1人）
共计10人 （系秘书由教师兼）	共计6人

以后，有所发展及有客观需要时，另行申请扩充编制。

（二）毕业生的集中使用与培养问题

毕业生除留用师资外，建议成立一个专门研究（或设计）机构，毕业生可集中于该机构，以发挥集体研究、集体设计的力量，以免在人才不多的情况下，分散设计力量，不利工作。这个问题，亦属组织问题，虽然距离第1届毕业还有5年，但事先尽可能做一个全面的考虑。

总之，建立组织系统后，对于计划的安排、工作的执行，以及有关教学方面的一系列的问题，都可在新建立起来的健全的组织系统中、在党的领导下，得到顺利解决。全体人员的思想教育，亦可通过组织系统。组织是一切工作的保证，加强领导，树立风格，团结在党的周围，共同为共产主义的革命事业而奋斗，为祖国社会主义建设服务。

结束语

"现代工艺设计"教育，在国内，还是一个新的开端。由于缺乏经验，所以在上述的计划与措施中，可能有不够全面之处。假定1963年开始招生，1年以后有2班学生，2年以后才有3班学生，在教学任务上，并非过重。建系之初，可以一面准备、一面授课，通过教学实践，提高师资水平。在继续探索、不断前进的"战斗"中，成长起来。因此，这个建议是从无到有、从小到大，而又切实可行的建议，它具有逐步实现的可能性。

不过，由于国家建设事业的高速度发展，"现代工艺设计"教育必须具有较高度的适应性，对于全世界的"现代工艺设计"教育，通过较全面的调查研究以后，也可以取得不少借鉴之处。因此，对于《建议》中的某些计划，有可能作必要的调整、修改和补充。

此外，"现代工艺系"的课程内容较多，实习活动尤其多，建议参考各国先进经验，拟扩充为全日制的学习。因事关全院学习制度，也请一并予以考虑研究。

此上

王主任[3]转
院党委

陶磁雕塑工作室
郑可，1963年3月

3. 此或指王舒冰，时任陶瓷系党支部书记、系副主任。

183

在提高工业品质量和增加品种方面再大进一步
（社论）

佚名

提高产品质量，增加产品品种，是当前工业生产上的一项主要工作。必须用很大的力量，争取在这个方面再大大地前进一步。

我国大部分工业产品的质量，1962年比1961年有所提高。例如，平炉钢、生铁的合格率都达到了98%，水泥的合格率达到了100%，棉纱棉布的一级品率达到了95%以上。产品的品种、规格也有所增加。这是过去一年工业战线执行调整、巩固、充实、提高这一方针所取得的一项重大成绩。但是，现在还有一些企业的产品质量不好；产品的品种和规格，也还不能满足我国建设事业发展的需要，即使质量比较好、品种规格比较全的企业，也应该继续努力，不断提高。因此，一切工矿企业，都要把保证和提高产品质量、增加产品品种的任务放在最重要的地位。原料和材料工业部门尤其应当保证提高质量和增加品种，为加工工业部门提高质量和增加品种创造有利条件。

提高质量和增加品种的问题，是我国社会主义建设中一个极其重要的课题。

第一，工业的力量是否强大，根基是否牢固，一方面要看工业产量发展到什么样的水平；另一方面，也是更为重要的，是要看产品的品种是否齐全，质量是否优良。只有真正解决了品种齐全、质量优良的问题，工业的力量才是强大的，根基才是牢固的。否则，就仍然不能摆脱落后状态，不能形成独立的现代化的完整的工业体系。

第二，工业要为农业现代化、国防现代化以及工业和交通运输业的技术改造服务，就必须解决品种和质量问题。以农业技术改革来说，它所需要的机器和其他设备的品种、规格是多种多样的，而制造这些机器设备，保证这些机器设备的质量，又需要有成千上万个品种和规格的质量优良的原料和材料。至于国防建设的需要，更是如此。我国的工业要完全满足这些方面的需要，还要作很大的努力。我们应当认识，在我国这样一个大国，一定要依靠自己的工业，自力更生地提供品种齐全和质量优良的原料、材料、燃料和各种机器设备，才能够实现农业现代化和国防现代化。

第三，产品的品种设计很合理，产品的质量很优良，这是最大的节约；产品的设计不合理，产品的质量低劣，是最大的浪费。一件产品的质量好坏，一方面取决于它的设计好不好；另一方面取决于制造过程中对产品质量的要求严格不严格。如果一件产品的质量不好，降低了甚至丧失了它的使用价值，就不仅浪费了设计、制造、运输、销售这种产品的人力物力财力，而且常常使产品的使用者受到损失。比如质量不好的农业机械，就会直接影响到农业劳动生产率的提高，并且增加农业生产的费用。我们在建设中要最节约、最有效地使用人力物力和财力，要避免浪费国家资财，而保证和提高产品质量就是一个关键。

争取在提高质量、增加品种方面大进一步，现在已有更加有利的条件。我国工业经过了前几年的大发展和最近两年的调整工作，比之过去，不仅在数量方面有很大发展，而且在提高质量和增加品种方面，也有显著的成绩。工矿企业的技术装备和技术力量，已比过去雄厚。企业的管理水平，已经有了提高。我们完全有可能集中更大的力量，在已有的基础上，进一步解决品种齐全和质量优良的问题。

现在，各地工矿企业正在努力增产节约。在增产节约的活动中，需要很好处理提高质量、增加品种、降低成本和增加产量之间的关系。要把提高质量和增加品种放在第一位。保证和提高产品质量是增产节约的前提，它本身就是一项重大的节约，必须坚决防止和反对任何片面地追求产量和降低质量的偏向。但是，在保证质量的前提下，又必须切实抓紧做好降低成本的各项工作，纠正各种浪费原料、材料、燃料和劳动力的现象，增加企业的赢利；又必须根据国计民生的需要，根据原材料供应以及设备能力的可能，努力增加生产；特别是要认真进行新产品的试制工作，增加产品的品种。

在增加产品品种方面，首先要着重适应农业技术改革和国防建设的需要，努力增加钢材、有色金属、化工产品、石油和机器的品种；对于人民生活和市场上需要的其他新的品种，也要有计划地安排生产。所有工业部门，都应当根据国家的统一安排，拟定出增加新产品的具体计划，规定新产品的技术标准和试制程序，切实保证试制新产品所需要的材料、设备和费用。一切承担新产品试制任务的工矿企业，都要加强新产品的研究、试验、设计、试制等工作，保证按时、按质、按量地完成新产品的试制和生产任务。

各个工业部门，应当切实抓紧提高产品质量的工作。首先是要继续抓紧建立和健全各项必要的制度。对一切产品，都要规定适当的技术标准。没有统一标准的，要迅速制定；标准不完整、不适当的，要补充和修订。所有产品的生产，都要按照主管部门规定的技术标准进行，不准许随便降低标准。一切工矿企业，应当建立和健全以总工程师（或者技术负责人）为首的各级的技术责任制，切实加强技术管理工作。应当严格执行产品质量的检验制度，不合技术标准的产品不许出厂。所有产品，都要实行优质优价的办法。对于那些随便降低标准的产品，收购部门、使用部门有权退货，有权要求返工，有权要求赔偿损失。只有建立和健全各项必要的制度，认真按照制度办事，并且使各项制度在执行过程中日益完善起来，才能促进产品质量的提高。如果没有制度或者制度废弛，那就根本谈不到保证产品质量。

为了保证和提高产品质量，增加产品品种，各工业部门、各地方、各企业，必须加强整体观念、全局观念、国家计划观念，提倡和发扬一切从全局利益出发的共产主义风格。大家知道，统一的计划是社会主义经济建设的特征之一，也是社会主义经济建设得以胜利进行的根本保证之一。国家在工业生产方面的计划，不只有数量和进度的计划，而且有质量和品种的计划，严格执行国家规定的有关产品质量和品种的计划，以及保证实现这个计划的各项制度，是国家计划观念的一个重要标志，是全局观念的一个重要标志。某些产品质量的好坏，某些新产品的试制和生产任务能否按期完成，决不只是有关生产这些产品的企业的信誉和利益，更重要的是，它直接间接关系到其他企业、其他经济部门的生产和建设，关系到整个国民经济计划以及广大人民群众的切身利益。任何一个企业，都必须十分严肃负责地对待这个问题，切实防止只从本单位的局部的、暂时的利益出发，只从目前自己工作的某些方便出发，而随便降低产品的质量和随便改变国家规定的产品品种的计划。

解决质量和品种的问题，是工矿企业全体职工的责任，共产党员、特别是担负领导工作的共产党员，负有更大的责任。对提高产品质量、增加产品品种是否保持严肃郑重的态度，同一个共产党员对社会主义建设事业是否保持严肃郑重的态度有关，是判断工矿企业中的共产党员好坏的一个标准。为了提高质量、增加品种，必须作好一系列的艰苦细致的工作，而要作好这些工作，企业中的共产党员，就一定要首先严格要求自己，以身作则，在各个岗位上起模范作用；企业的领导人员，就一定要更加自觉地改进自己的领导作风。要进一步发扬艰苦奋斗的作风，调查研究的作风，踏踏实实、深入细致的作风，经常抓紧、一抓到底的作风，要有计划地、循序渐进地一个一个地去彻底解决问题。如果只是停止于作一般号召，只是停止于抓些"突击一下"的临时的措施，而不是经常地深入下去，踏踏实实地、自始至终地抓紧做好企业管理的各项基础工作，认真解决企业职工的思想问题，解决各项有关的科学技术问题和其他问题，那么，质量和品种问题就不可能得到解决，即使经过一时"突击"取得某些成绩，也不可能巩固和发展已经取得的成绩。

提高质量、增加品种，需要解决一系列的科学技术问题。这就需要更好地实行领导、专家和群众三结合的群众路线的工作方法。企业领导人员除了自己应当坚持不懈地努力学习科学技术知识，提高业务水平和技术水平，使自己成为内行以外，任何时候都要尊重科学技术人员的职权，保证他们能充分行使自己的职权；任何时候都要尊重科学技术人员的科学知识和工人群众的生产经验。在制定规划、采取措施以及解决各个技术上的关键问题的时候，都必须同科学技术人员和工人进行充分讨论，善于集中他们的智慧，善于组织和依靠他们进行工作。这样，才能充分发挥科学技术人员和广大工人群众的积极性和创造性，为提高质量和增加品种更多更好地贡献他们的智慧和才能。

让我们所有的工业部门、工矿企业，在1963年——我国第三个五年计划的第一年，在提高产品质量和增加品种方面，都鼓足干劲，力争上游，作出更大的成绩吧！

《人民日报》，1963 年 3 月 15 日，"社论"，第 1 版

浮雕 [1] （未完成稿）

前言

浮雕这一名词据说是来自外国，即所谓"高浮雕"和"低浮雕"是从外国雕塑艺术传到中国来的。其实在我们祖国，很早以前就应用在各种造型艺术中。早在几千年前，我们祖先、劳动人民就将浮雕应用到铜器上，取得了很好的艺术效果。其后在佛教艺术中和陶瓷的装饰上，也广泛应用了浮雕的手法，得到了辉煌成果。

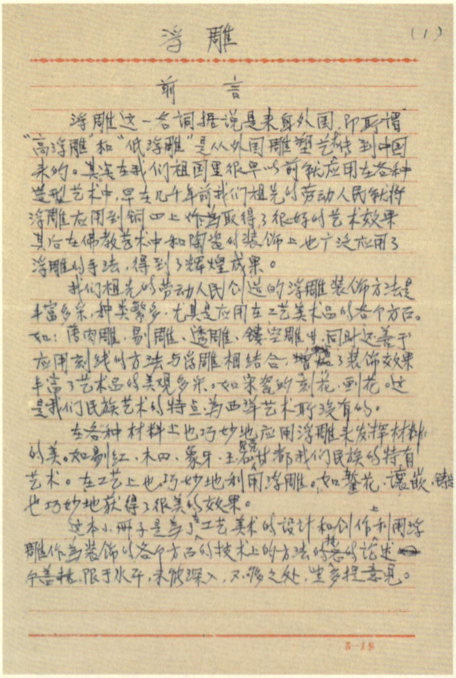

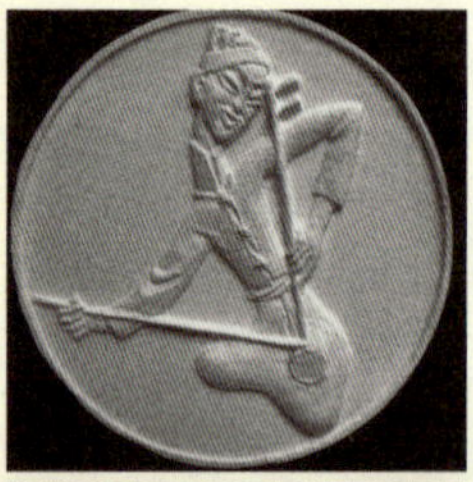

图 1

图 2

图 3

图 4

我们祖先、劳动人民创造的浮雕装饰方法，是丰富多彩、种类繁多，尤其是应用在工艺美术品的各个方面，如薄肉雕、剔肉、透雕、镂空雕等。同时还善于应用刻线的方法与浮雕相结合，增加了装饰效果、丰富了艺术品的美观多彩，如宋瓷的刻花、划花。这是我们民族艺术的特点，为西洋艺术所没有的。

在各种材料上，也巧妙地应用浮雕来发挥材料的美，如剔红、木器、象牙、玉石、贝壳等，都是我们民族的特有艺术。在工艺上也巧妙地利用浮雕，如錾花、镶嵌、铸造，也巧妙地获得了很美的效果。

这本小册子是为了在工艺美术的设计和创作上，利用浮雕作为装饰的，各个方面的技术上的方法述论，限于水平，未能深入，不够之处，望多提意见。

1

在立体造型艺术中的雕塑艺术，可分为两个大的类型，这就是圆雕和浮雕。

圆雕是立体的，可以从四面八方来欣赏，即由前面、后面和左右面，各个方向去观察欣赏。是表现原型的正体，使全面欣赏。它是立体造型的主要表现方法。大的如纪念碑，小的泥人、陶瓷雕塑等，都是属于这一类型。

浮雕也是属于立体造型艺术，它也像圆雕一样，即具有高、宽、深三元的立体表现。不过它与圆雕不同的地方是，后有一背景，只能从三方面来观察和欣赏，从后面看是不能看出内容的。

浮雕在世界的雕塑艺术中，只分为高浮雕和低浮雕两种类型。所谓高浮雕，是指凹凸较大的浮雕，最高的可以做到将圆雕的作品放在一个背景上来表现，很多纪念碑的作品都是用这个类（型）的浮雕，以达宏伟、壮观的效果。但这类浮雕在工艺美术上，因为工艺复杂、生产困难，所以用起来受到很多限制。所谓低浮雕，是很平的浮雕，凹凸相差不大，如钱、银币的花纹或人像，都是属这一类型，它的生产工艺比较简单，在工艺美术行业中用途很广。

在我国的雕塑艺术中，浮雕应用很广，如果像西洋的分类来看，也可总的为高、低两种，但是我（们）的处理手法是很丰富。大致佛教中的大型雕塑和小的工艺品，都用上高低两个类型的浮雕，得到辉煌的成果和浓厚的民族风格。

总之，所谓浮雕，就是利用高低、浮起来的形象，来装饰一件纪念品、装饰品和工艺品，它是外形或器型结合在一起的，一般是后边不能欣赏的。

图 5

图 5. 郑可率蔡里安、尹积昌、高永坚、彭天暖等艺术家集体创作的大型浮雕《毛主席像》(《人民领袖毛泽东》) 参加 1950 年香港举办的"劳军美展"。(采自吴卫光：《高永坚与广州美术学院的设计教育》,《美术学报（广州美术学院学报）》, 2013 年第 4 期, 2013 年 7 月, 第 20—23 页；据该文说明, 乃谢雪筠女士提供)

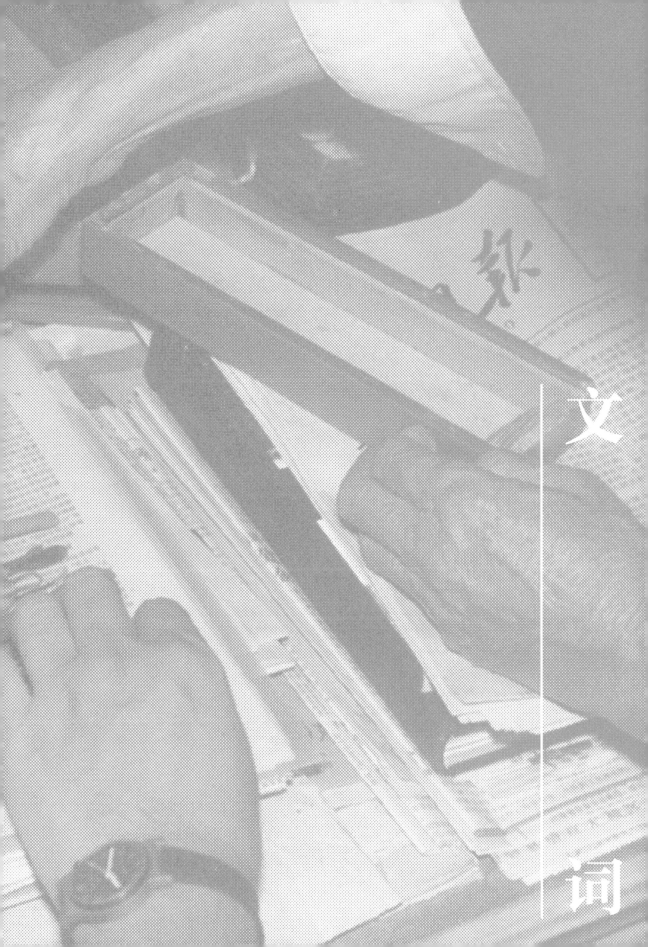

文

词

ELEVATION

PLAN

190

现代工业美术之轮廓

郑可

一、题前的话

工业美术是研究与人类实生活有密切关系的一切事物的装饰及设计。人类自原人起，就是一种追求美的动物。在远昔的石器时代，遗留下来的石斧、兵器上面，都刻有十分精致的花纹。每一个民族，都有他们的日用品的特殊样式与纹彩。这就是说明了工业美术与人类生活合为一体，而在精神上，表现着一种文化的。

在有四千年的灿烂文化史的我国，研究其过去的工业品，可以发见许多有价值的遗迹。中国的陶磁、铜器、漆器，并不单以质的优良夸耀于人，是以固有的特殊样式、技巧见称。所以在许久以前的中国，已是一个工业美术发达的国度。只可惜，中国人一向把工艺品的设计与制造混为一说，而鄙为雕虫小技，漆工木匠才去做的勾当。没有错，中国过去的陶磁、铜器、漆器等，都成于工人之手。于是聪明的工人，做出一些美的形式，就转相模效，流行一时，中国的工业美术便是这样绵延着。然而，在没有提倡，缺乏研究与知识的情形之下，中国工业美术的衰落是必然的。

所以我国固有的工业美术固是有复兴之必要，而跟着时代的转变，我们更不能熟视西洋的工业美术若无睹。我们要知道，西洋的工业美术是进步的，适合现代生活的，所以我们除采取我国的所长外，更当客观地去研究西洋的文化。

二、工业美术是什么

所谓工业美术，在法国称为 Art industriel，更有许多时称为实用美术（Art appliqué），字面虽有多少不同，内容都是一样的。

工业美术就是一种研究与人类实生活有密切关系的，一切事物的装饰及设计的科学。所以与纯美术的绘画，雕刻是不同的。纯美术是以作家的意念为主，自由地发挥其思想、技巧，以完成一种艺术的。工业美术却受到多方面客观的限制，作家不能自由地运用艺术手腕，是以实用为最高条件的。比方，一张椅子的设计，一个工业美术家该先去采纳委托者的意向，再考虑到所用的材料、用途，更要虑及经济上的多角的关系。所以，一个工业美术家的活动是受限制的，而工业美术品的评价就视能否适应其条件而被决定了。

一般人要把商业美术与工业美术分家，以为商业美术是些平面的设计，而工业美术是研究装饰立体的东西的。这是错误的见解。商业美术就是工业美术的一科目，商业美术非从平面研究到立体，而工业美术也非从立体研究到平面不可的。不过，工业美术更注重立体的设计罢了。

三、工业美术所研究的领域

然则，工业美术是研究着什么东西的？就从平面与立体，概括的分如下表：

属于平面的——织造、印花布、地毯、裱墙花纸、嵌磁、书籍装帧等。

属于立体的——建筑设计及装饰，室内外设计及装饰、建筑上的雕刻、服装设计、城市街道设计、家具、陶磁、玻璃窗饰、五金细工、首饰、玻璃器、铁工等。

这个体系虽未免挂一漏万，而有许多琐屑东西是可以扩入其他项目的。我们或许单说，工业美术是研究与人类实生活发生关系的、一切事物的设计与装饰之为妥当罢。

因此，一个工业美术家是非有广博的知识不可的。比方他要做一个玻璃器的设计，他该先具玻璃的制法、性质，和其他有关系的知识，才可以把他的设计如实地拿到玻璃工厂里制造出来。做一件家具，也该先明了木材的种类、色泽、性质，做木的实际技巧、经验等。他不单要有美术上的修养，更要有科学的基础，丰富的经验的。

四、工业美术与实生活

工业美术离不开实生活而独立，所以工业美术的作品处处要以实生活为条件而制作的。从来，一般人以为加以装饰的器具就是贵族化，就不合经济原则。这在过去的路易王朝时代的工业品或可以这样说法，在现代以实生活为依归的工业美术，完全以合理化为目的的。一张椅子的设计，就要考虑及实用上的种种问题，经济上的种种问题，生理上的种种问题，所以，结果产生出一张最适合一般实生活条件的椅子。

所以，现代工业品显然奉着平民化、经济化，注重生活、使用等条件，单纯化、合理化等倾向的。比方在阿立斯（A □□□□）和比莱尼（P □□□□□□）山上的日光浴医院，和在巴黎近郊现代的代表建筑物"犹太村集体学校"（□□□□□□□□□）都是具备整部实际条件而出现的好例。在十分单纯化，用几何学的平面与直线表现着科学精神的外形之内，没有一部分，就连一口钉子的排列，一个热气炉的放置，都经过深思熟虑的。前者，日光浴室中采用到一种最新发明的紫外光能够透过的玻璃，适当的电器装置，适合病人心理的颜色，安适的环境，后者的幼稚园部分的设计，处处表现对儿童生活、思想、行动的深的考虑。那么，所做成的结果，并不是以豪华、奢侈为尚，而是以实生活为目的的。

五、工业美术与我国

我们既知现在工业美术之轮廓，及其新倾向；那回头看看自己的情形怎样呢？中国固有的样式，美的元素现在已逐渐给从西方学到皮毛的轻浮形式所淹没，做成些目前流行着的不东不西的工艺品。这是表现着中国文化之低落，中国人认识的浅薄的。所以，我相信，要把中国现代化，要把中国的文明发扬光大，那么工业美术的注重应从今始。

原载《民国日报》(广州)，《艺术》周刊，第 27 期，1934 年 11 月 10 日

关于小品展的几句话 [1]

郑可

展览会，原本对于作家本身，没有多大利益的，至于物质和时间都会受到相当的损失。不过悬挂自己某时期的作品，作一次总检阅，陈列出来，给批评家指正指正，这是不得不做的。并非因为展览会而制作，□因为有制作而开展览会。

在巴黎的时候，除了闭户自修之外，送出品去展览会的虽然也有过几次，但都不是预先为着出品而制作的。这回同人的小品展览，在我只能把带回来的学校习作木炭素描拿出来，至于雕刻带回来的就只有两件，其余的因为搬运需钱，就不得不割爱了。回国后的作品就只得一件人像，这是着色石膏和青铜的。工作室的不易找，在我是一件极难解决的问题。在短短的两个月回国后的时间中，没有什么新的制作，对自己也觉得惭愧。

原载《民国日报》（广州），《艺术》周刊，第 35 期，1935 年 1 月 5 日

1. 关于本次展览的可能时间，若仅据吴琬《二十五年来广州绘画印象》（载黄小庚、吴瑾编：《广东现代画坛实录》，广州，岭南美术出版社，1990 年版，第 154 页。原文发表于 1937 年《青年艺术》杂志创刊号）推测，或在 1934 年前后，吴氏并有过简短评述："从巴黎回来的雕塑师郑可先生把他一部分的素描习作，在大众公司二楼开一次展览，全以纯粹的素描作个展的，在广州，这也算是第一次。继这素描展之后，有青年艺术社小品展、李桦的版画个展、广州版画会的作品展等小规模的展览。"

图 1. 郑可《人像》（采自《良友》1935 年第 102 期，1935 年 2 月）
图 2. 郑可（后右 2）与李桦（前左 1）、吴琬（前左 2）等的"青年艺术社小品展"合影（1935 年；采自吴瑾《青年艺术社与广州现代美术》，第 66 页）

图 1   图 2

雕刻家郑可

宛玉 [1]

1. 本文后收录于《吴子复艺谭》（第 124—128 页），此"宛玉"即吴琬（字"子复"）

算来忽然又八个年头了。

是一个秋天的下午，天气晴朗而有点微寒，已是穿夹衣的时候了。正从东山美术学校授完了课，大概是为着买点什么吧，踱到大东路的那儿，碰见郑可，听说快要出国了，我便问他何时起程，他说还有一两天的逗留。
"我们大家努力吧。有机会的话，我们在欧洲相见。"

他说完了这句话，便匆匆地握了握手各自走了。

一个清瘦的，热情的，勇于工作的青年人的脸孔，从此就和我的眼睛隔别了整整八个年头，可是在我的回忆中留下来的一个小小的印象，至今还没有消减。

度过八年悠长的岁月，我们在生活中，获得了不少的创痕，郑可却在学问上获得了丰富的积累。

"我们大家努力吧！"这句话，现在回想起来，我们实在惭愧了。

在一位朋友的谈话中，有时得到郑可在巴黎的消息，可是不大详细。

他初到法国时，因为听到朋友的劝告：补习法文就要在□□□□，那里中国人少，可以强迫自己讲法国话。在□□□□留了一年的他，一面补习法文，一面入市立工业美术学校学木雕和木炭画。因为教师的指示，以为学雕刻就非到巴黎不可，于是作了几个月的预备，挟了一卷自己木炭画的成绩，便到巴黎国立美术学院去要求收录。作了一年旁听生，便考入雕刻系正科。我们中国人得到这个学籍的，郑可算是第一个了。

除了每天上午必到实习室去习作，下午去听理论之外，他晚间还去研究工业美术，每星期六晚到巴黎市立高等实用美术学校去上课。这学校是为那些于图案有基础的学生，更求深造而设的，然虽只有二小时的讲授，可是自己对于教师命题的练习，就把整个星期的晚间用去了。

去国时，从家中带来的几百块钱，够不上在巴黎一年的俭约的生活费。家中原非富有的他就不得不把宝贵的时间，拿一半去替人家工作了。在那时找工作比之近年容易。在一家漆器厂里作油漆的小工，得到油漆的种种经验，也可说是不坏的报酬。

家中虽然有时还有很少很少的钱寄来，可是非靠做工，还不能生活下去。做了差不多一年的油漆小工之后，有一个美国装饰美术女作家找助手，工值比较高，他于是便舍弃了漆工，替那女作家调颜色了。

这时候，郑可的消息，在我们朋友中听来的更少了，也许连写信的时间也不容易有吧。

在画报上见到郑可的作品，在我，以中山先生的浮雕像始。这虽然是初期的学校习作，但已经告诉我们，他下过不少工夫了。

在国立美术学院雕刻系□□□室中不辍地研究了整整七个年头的他，听说要在本年九月间回国了，在朋友中，都认这是一个可靠的消息，这是年头的事。

前两个星期，千里对我说："明天早上到我家里用膳，郑可回来了，说是趁早车的。"

已是十一点钟了，当我跑到千里家里时，等了差不多一个钟头，有点不耐烦，走到门外站瞭望，一个清瘦的，热情的，勇于工作的青年人的脸孔，又复显现在我眼前。穿一件粗粗的麻布外衣，手提一个皮箧。还是八年前一样的风度啊！不过在脸上却添了多少磨炼过来的老态——壮年人的老态。

"这个人还认得吗？"千里指着我说。"认得，认得。"他一边说一边举起手和我打招呼。

在座的还有李桦。我们顺便谈些巴黎的美术界，他求学的经过，他在巴黎的生活：

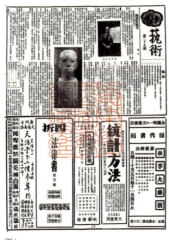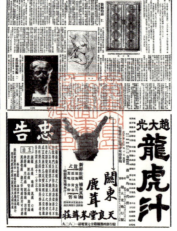

图1

图1.《民国日报》（广州）报样

——巴黎的市立高等实用美术学校，除了二小时的讲授之外，有时还得到各工厂去实习。比方是做地毯图案的时候，到制地毯的工厂去。地毯用机械来多量制造的□有，单制三两张的也有，为了合于制造的手续起见，就图案的设计者非亲自到那里去不可。

——我学过室内室外的装饰设计，学过家私装饰设计，学过陶磁、玻璃器的样式设计，学过钱银币的样式设计，学过铁工设计，首饰设计，丝织品设计等。对于工业的实用美术，我甚感兴趣。

——美术学院雕刻系除了泥塑的练习之外，石膏和刻石是要到别的地方去学的，我到过石膏模型工厂，大理石厂。

——你在美术学院七年，这学院有没有毕业制的呢？

——没有所谓毕业制的，不过只能在那里习到三十岁，三十岁以后就要请出去了。

——可是我见有人大书巴黎国立美术学院毕业呢。

——唔，我以为他连美术学院的大门也未曾踏过去吧。这是我们社会一般人的资格崇拜狂，使他们不能不说谎！

——说到沙龙吧。入选沙龙，并不是一件怎样光荣的事，只要你有钱就可以了。那如这里的百货陈列场一样，有钱和当口就得把你的货品陈列。

——在巴黎画坛，最近称雄的是那几位作家呢？

——因为派别的关系，这问题不容易简单作答的，不过，从前的几位老作家，如 Matisse（马蒂斯）、Van Gogh（梵高）等画都过了气了，Picaso（毕加索）虽然也算老辈，但还保持相当的地位。

——新进的作家多是操纵在一群画商的手里，画商多是犹太人，他们有的是钱，无名的作家，为了要生活的原故，就不得不去仰画商的鼻息，替他们作些合他们脾胃的应市的画。艺术界的黑暗，比之这里还厉害一点吧。

——你在巴黎的生活，有什么有趣的，给我们说点吧，比方说穷，你尝试过穷到怎样的田地呢？

——穷，实在是一件平常的事，在那里的中国学生，我还不算至穷，还有比我穷的。至穷的时候，就算那美国的女画家因为没生意回国去了的时候，没有饭吃是司空见惯的事。不过到了最急的当儿，不知什么原故，总会碰到意外的援助者。喂，当一个人什么方法都想过了，依然还不能解决今晚的晚餐，以为一定又要挨饿了的那当儿，忽然送来一阵叩门声，接着就是一个远道来访的朋友，你道这是一件怎样欢喜，怎样高兴的事呢。

——最有趣的事就是我们学校每年举行的四艺跳舞会。那真是一件极天下胡闹的事情。法国人真会玩，玩起来着（实）可惊，但他们工作起来也一样的可惊。你试想想吧，在开会前的下午，分作十数群的几百个赤裸裸的化了装的青年，在赴会的途中喝酒，唱歌，和途中的女人搭讪，拥抱，接吻，啊——应有尽有，尤其是在会场的里面。参加这个会也得花四五十个佛郎。

——值得呀！

——这才是人间呢。

我们大众笑了一会，因为还有别的事情，就把对话终止了。

关于郑可的作品，我们会要求他开一个展览会。这大概可以在不久的将来实现的吧，带回来的作品，在雕塑方面，只是一些很小的东西，大件的雕像，搬运就要钱。木炭的素描就有百余件，其余便是工业实用美术的设计。在这里先把几张照片给读者介绍：

"中国人像"，是石膏制的，一九三三年作，至一九三四年四月完成。曾获一九三四年沙龙奖的。

"外国人像"，这是大理石的雕刻，作于一九三一年。

"铁门"，装饰设计，这是一九三二年二月作的，在巴黎市立高等装饰美术学校获第一奖的。

"素描习作"，是一九三三年的作品。

对这几点作品，我不欲下什么批评，因为我以为批评很可以妨碍读者的主观的欣赏的，而且我对于雕刻是一个不能说内行话的。

"把自己对于自然的观察力，评判力，表现力养成坚固，去寻求自己的道路。"只消把郑可的这句话体会体会，便可以了解这位青年作家的术艺了。这就是他的艺术的出发点。

廿三年十月廿五

《民国日报》（广州），《艺术》周刊，第 25 期，1934 年 10 月 27 日

民国时期广东省政府第六届委员会第122次、第190次议事录（节选）

佚名编

第122次（1932年9月23日，星期五）
（出席者：林云陔等，列席者：刘纪文等，主席：林云陔）
报告事项：……
讨论事项：……
五、教育厅呈，据留法巴黎国立美术学院生郑可呈，请补助生活费，查该生在法研究美术多年，颇著成绩，可否于三年内，每年补助毫银一千元，俾成所学，请核指遵案。
（决议）函驻法公使查明该生学行及生计状况再核。
……

第190次（1933年5月23日，星期二）
（出席者：林云陔等，列席者：刘纪文等，主席：林云陔）
报告事项：……
讨论事项：……
六、驻法使馆函复，查明留法巴黎美术学校学生郑可学行及生活状况，请察核办理案。
（决议）准每年补助毫洋六百元，以三年为限，在留学经费项下支给。
……

广东省档案馆编：
《民国时期广东省政府档案史料选编》，第6届省政府会议录，1931年6月—1934年6月，第3册，广州，广东省档案馆，1988年，自印本，第205、369页

电机学专家周宣平等学成归国

佚名

电气机械工程师周宣平君，四川安乐县人。十五岁时，即自费赴法，入比国维东（Virton）中学。毕业后，转入比国电机工学院，期满，即被学校派赴 Air hgmde 及瓦夫尔（Wavre）城等处工厂实习，得电机工程师荣衔，并曾在哥伦布炼钢厂机械部服务。对于用电胶铁及引擎修理、制造汽车零件，尤有心得。周君少年英俊，干练有为，想此次归国，定有不少贡献。又同轮归国者，尚有郑可君，广州人。于十五年，自费赴巴黎，入高级美术学校（Conseavatoire des beaux arts）肄业，专学雕刻。又吴子祺君及袁女士，皆河北定县人，同在法国里昂大学工学院毕业，皆得化学工程师荣衔，擅长制造皮革。又张兴培君，四川成都人。留法七年，在巴黎土木工程专科学校毕业，于上月同乘意大利邮船返国，于昨晨抵埠。周、郑二君，下榻五马路一新商栈。

《申报》，第22041号，上海，1934年8月29日，第13版，第4张

巴黎国立美术学院成绩冠著之华人留学者郑可的雕刻

佚名

法京巴黎国立美术学院，不啻世界最高的美术学府。各国人士投考的很多，而被录取的极少，远东学生则几至绝无。粤人郑可君于民十六年考入该院，入学校精心研究雕刻已七八年，成绩辄冠侪辈。其作品在欧洲艺术界中颇负盛誉。

《大众画报》，上海，1934年第8期，第24页

图1

图1.《大众画报》内页

图书装饰的意义

郑可

一

图书装饰的艺术，在欧洲，随着"工艺美术"的发达而进步了；在现代，不论任何一个文化兴盛的国家，对出版业的改良，与图书装饰的精心研究，其成绩是十分可观的。

然而，在中国，"图书装饰"究竟是什么呢？在普通一般人的心目中，甚至于一般专事出版事业者，对它恐怕也莫名其妙。于是只顾把所要出版的一本图书，马马虎虎地印出来就算了，装饰的适当与否，似乎是并不介意的。至于"装饰的艺术化"，这更谈不上了。

近年来，图书装饰的艺术，在文化出版业上的重要，已有人感到。然而装饰的真义，还没有人去探讨。普通一般人，大概以为在书本之封面上绘些花草之类的东西，或涂上些红红绿绿的颜色，就称为"图书装饰"。其实，图书装饰的意义并不如此简单的。

二

在过去，中国所出版的图书，装饰上发现了有很多的错误。最显明的，是形、质方面的配置。关于这点，似乎没有人去仔细研究过；所以画册上的装饰，往往不吻合书的内容。这是装饰上错误的最显著事实，也是工艺美术界上的一个最大的缺点。

讲到装饰，中国古来的线装书是很美观的，在磁青纸的封面上，加上简单的字条，类似此种的装饰，已获得了"单纯化的美"。就在书的编排上，篇幅上，内容上，关于"空""实"的问题的研究也很进步、成功。但，最可惜的是书的内容仍不能在书的封面整个表现出来，致弄成"千篇一律"的状态。

自从闭关主义打破之后，中国的出版界自然不能保持原来的状态了；图书装饰的艺术也不能独存其本来的风味。然而，受欧洲文化影响的结果，出版事业似乎进步了些；但对于"图书装饰"的艺术还没有人注意。

图1

书店现在出版的图书，虽然是红红绿绿，然而它的装饰，若从严正的艺术立场来批评，事实上，还有很多错误。譬方，书的内容是描写喜戏的，却加上悲哀的沉闷的色调；描写苦闷的、忧愁的，却又加上一朵"艳花"。诸如此类的数不胜数。这未免太颠倒事实了。又好像，描写战争的，本来是应该表现出铁血的、尚武的精神，那么，在色彩上，自然应该用"红""黑"等色才能表现出战争的伟大。然而，在普通的出版物，却并不如此，这都是图书装饰的最大错误。

图1. 郑可设计 李桦《春郊小景集》封面
图2. 郑可设计 李桦《春郊小景集》李氏自序页
图3. 郑可设计 李桦《春郊小景集》目录页
图4. 郑可设计 李桦《春郊小景集》内页版式
图5. 郑可设计 李桦《春郊小景集》版权页

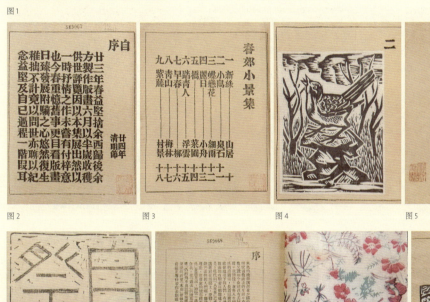

图2　　　　　图3　　　　　图4　　　　　图5

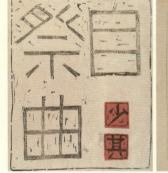

图6

图7

图8

图6. 郑可设计 赖少麒《自祭曲》封面
图7. 郑可设计 赖少麒《自祭曲》序言页与环衬页
图8. 郑可设计 赖少麒《自祭曲》内页版式

图9

图10

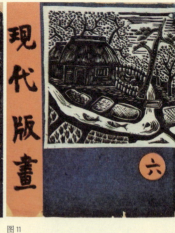

图11

图12

图13

图14

图15

图16

图9—图15. 郑可设计《现代版画》第4期至第10期封面（采自上海鲁迅纪念馆、江苏古籍出版社编：《版画纪程——鲁迅藏中国现代木刻全集·〈现代版画〉》，I，南京，江苏古籍出版社，1991年版，第308、313、319、321、324、326页）

图16. 郑可设计的林绍仑、赖少麒《给我们自己》（诗与版画集）封面

三

究竟，图书装饰的真义是在哪里呢？我们要理解图书装饰的"真义"，应该先明白什么叫作"图书装饰"。

所谓"图书装饰"，其最大的目的，不过欲求在图书上应用装饰之美以适合其内容而已。就是研究装饰艺术的人，其用意也不外如此。

简直地说，图书装饰的目的是求表现整个图书的内容；使从装饰的"纸质""形式""色彩"上，可以意识到书的内容。诚然，装饰在图书设计上占有十分重大的意义，是客观的必要情形告诉我们的。

自近代绘画发达之后，色彩的注意是必要的事实；而装饰艺术更当重视色彩。所以，研究装饰的，首先自然得注意色彩，更要明了色彩的表示。

譬方，描写伟大事迹的，应该用庄严的色彩，如红、黑、棕等。反过来说，如表现青春的，就应该用明快的色彩，如黄、绿、浅蓝、白等色。说出来是谁都不能反对的。

在图书装饰上，除了应该注意的色彩之外，得注意"纸质""内容的编排"和"阔度与面积"等条件。

纸质，可以说是图书最重要的材料，在装饰上占着很重要的位置。好似用粗厚的纸是表现伟大、强烈；用光滑的纸，是表现柔弱。这是在材料上表现的象征。

其次，内容的编排也不能忽略，字的形体、大小，都很关系。又，用直线多的，属于表现伟大，曲线多的是表现温柔。至于书的"阔度""面积"也是重要的，如属于理论的书，好似《中国近代史》等国家大事记载的图书，是应该尊严的，因为它有历史的价值；那么，书的面积便不能过小。反过来说，小品集之类的图书却不宜过大，因为它主要的，不外是有趣的事。

总之，图书装饰最大的意义不过求"装饰的美是否适合内容"，使人一看到装饰，就意识到内容这点而已。

廿四年五月十三日

原载《民国日报》（广州），《艺术》周刊，第54期，1935年5月18日

广州艺界

《艺风》杂志社诸学长：

回国后，久想修函问候，因生活忙碌，未克如愿，至以为怅！

久仰诸兄为国家，为民族努力，奠下艺术基础，更望扬鞭直上，贯彻到底，至祝！

并望诸兄时赐教言，以开茅塞，甚以为盼！

广州艺术界非常岑寂，六月十五至二十五日，版画研究会开第二回展览会，今附奉一幅，以公同好。专此。

　　并祝
健康！

郑可
七月十日

图 1. 郑可《奔马》（版画；采自《艺风》1935 年第 3 卷第 8 期，第 130 页）

原载《艺风》，上海，第 3 卷第 8 期，1935 年，第 130—131 页

图 1

1. 据朱伯雄、陈瑞林编《中国西画五十年（1898—1949）·附文》部分（北京，人民美术出版社，1989年版，第601页）指认，此即"常书鸿"。

2. 此文并是期《艺风》杂志封面，均明确指认学会成立时的名称即为"中国留法艺术学会"，惟常氏于回忆录《九十春秋——敦煌五十年》中则称为"中国留法艺术家学会"（杭州，浙江大学出版社，1994年版，第16页），后所列名单更未见郑氏。

中国留法艺术学会·本会成立经过

江鸟[1]

记得还是在一九三二年的圣诞节假期中，感得异乡的况味怪使人无聊似地，于是由斯百、开渠发起了新年聚餐会的动议。

那时候我们有四五个人都共同的在拔地南（Bardinet）路十六号Atelier（工作室）居住，因为这里是预备为画家或雕刻家的工作室，远离着布尔乔亚生活方式的另一个世界中，自然没有一切外国礼教习俗的拘束，可以自由自在的作乐行庆，所以当时就决定在我们Atelier中举行。

这个新年聚餐会中被邀请的人原是就我们认识的友朋中任意介绍。结果签名加入的有十八人（纂述者按：原文如此）：建筑虞炳烈、提琴虞夫人、雕刻刘开渠、曾竹韶、王临乙、程鸿寿、李韵笙女士、陈芝秀女士、油画吕斯百、唐一禾、陈策云、马霁玉女士、张贤范女士、常书鸿、陆传纹女士、周圭等都是从事于艺术的人。当时，在极端intime（亲密）的喜乐的一个通宵的欢聚之后，觉得需要一个更紧密的、更纯洁的艺术团体的组织。

恰巧在这个时候，同学郭应麟有离法归国的消息。郭君为同学中成绩最好的一个人，加之和蔼可亲的善良态度，使我们留恋了不少好的印象。在这个归去的时际，大家似乎需要一个同情的表示。一方面，我们希望能够在郭君去国之前，见到艺术会的雏形（因为他也是竭力主张的一个），所以就在一月十四号召集艺术同志，在欢送郭君的集会中，公开提出我们最近的企图。当时刘开渠、秦善鋆、郭应麟、郑可等都

有极恳挚的讨论。大家以为应该保持我们共同合作的实际，而不需要虚空的名目。所以当时我们实际的联合已有了最充分的表征，而并没有急急乎找寻一般人在专注的集团的名目。

从二月五日一直到三月五日，其中经过三次的无名集会。我们自由地评论艺术界的现状、艺术上的问题，觉得精神上获得极深刻的慰安。然而为了要稳固我们的基础，发展我们对外的事业起见，我们似乎需要一个相当的组织。所以在三月五日开会时由郑可、常书鸿提议，本会应定一个名目。

当时拟定了四个名称：1. 中国留法艺术学会；2. 中国留法艺术研究会；3. 中国留法艺术同学会；4.Seine（塞纳）社或会，及草章，决定在下次集会时提出讨论。

终于在四月二日大会中决定本会名称为"中国留法艺术学会"，[2]同日通过本会简章，选出第一届委员，本会正式成立。

从去岁四月二日到今年四月二日一个整年中，我们是非常惭愧的，没有做出我们所希望做的事件。

原是计算着能够在一九三三年十月间在巴黎举行一次会员出品展览会，终于因了会员出品未曾成熟，在质在量两方面都似乎没有在世界艺坛中心的巴黎举行展览会的必要，而不曾举行（虽然同学之中多半已先后参加各"沙龙"出品，而得有相驾的成绩）。

其次是本会Atelier的企图，当初也有许多同学期望着能够共同出资创设一个本会会员公共Atelier。除由同学共同负责出资雇用模特儿外，其余由同学义务Poser（摆姿势），轮流分值。但是因为经济的限制，同学们在异乡的窘迫，决不容我们有实行的可能。

第三是本会会员作品印行事件。原是希望本会会员都能一次共同加入。结果因个人经济问题，只出版了第一集共十一张。不过是四个会员的作品。我们希望今年或能出版第二集，多加入会员的代表作。

第四是借用《艺风》出版本会专刊事。原定的撰稿人本来较今日出版的为多。可是因为时间的问题，或以会员准备归国忽促间不能如期交卷，结果殊不是我所希望那般圆满。这是希望《艺风》编辑先生及阅者的原谅。

总之，过去一年中，我们承认我们已经留下不少遗憾，希望在这个新乐的年头中能如我所期望的实现。但在一年来，我们十六次的聚会中，徐徐地感觉得我们互相了解，互相研究的真诚的态度，已足够为我们同学将来的事业抱乐观。

我们更希望回国的同学不要忘记我们在国外事业的热诚和勇敢，努力继续我们未完的工作。

《艺风》，1934年，第2卷第8期，第85—86页

介绍两个个展
——郑可人体素描个展、唐英伟木刻个展

李桦

我写这篇文章似乎是替朋友卖广告。或许就是替朋友卖广告罢，只要我说的是实在话，不吹牛，不捧场，就作一段广告看待也何尝不可。因为郑可和唐英伟两君都是我的好朋友，他们平素的努力使我惊服。在过去几个月中，我已好几回去鼓舞他们将过去努力的收获提供大众，所以我写此文，一方面为了朋友，一方面为了艺术界，都感到是自己的责任似的。

十年前认识的郑可当时并不是个雕刻家。那时我已开始习洋画了。以我所知，他是会吹洋箫的，并未晓得他志出做成个雕刻家。殆八年前他赴法国，我才晓得他跟自己是同行。心里暗高兴，因为我想我可多得一个同伴了。可是分别后，我们间绝了音信。从许多方面，我只知道他已进了巴黎最高艺府的美术学院，研究雕塑，生活很苦，借工维持学业。中间我们横着一段长久的隔膜，我为了种种私事，更为了东渡，竟然将郑可整个忘掉了。我回国后，偶然在朋友家见到郑可的一张人体素描，这是我第一次看到他的作品罢。那是一个肌肤丰硕的裸妇，用木炭写的。看了那些一根一根活跃的线，仿佛看到清癯秀逸的郑可。我从前听过他吹洋箫，我也爱洋箫底铿锵的高部音，那天看到郑可的素描，竟同样有洋箫音色的感觉。据朋友说，他白天习雕刻，晚间习素描，作为训练雕塑技巧的人体素描，四五年间积下千余点。我想：量之多寡不足惊奇罢，光就一张素描说，表现得那么样圆熟，用笔用色那么样有生趣，郑可的成功已完全出我们意想之外了。

我时常盼望他回来，他果然回来了。当我索画看，他举以见示的就是一大帙的人体素描。于是我开始提议，"拿出来给大家看看啊"。他迟疑，大概他不愿意在雕塑个展未开之前将习作公开。可是雕塑个展非可以朝夕实现，方今艺坛正需要一些新鲜的刺激，拿出去给人家看有什么大关系呢？四个月后我又催促了他，终于他答应了，这回"郑可人体素描个展"就算如此实现了。

关于郑可的素描，让大家去批评罢。这里我要贡献点意思的，就是：素描在现代已脱离附庸于雕塑、绘画或建筑之地位，而成一种独立的艺术了。即是说，从前一个雕塑家为要雕一个像的准备才去写一张素描，那么素描就单是一个草图、底稿，并不能算是独立的艺术品，到现在，人们已把独立的生命付予素描了。所以在批评罗口的钢笔画或铅笔画，或布特尔（Bourdelle）的木炭画是完全离开他们的雕塑去看的。那么，我们看郑可的人体素描也该这样。每一张素描，是存着郑可生命力之一部的。

从素描说到木刻并不牵强，实在素描与木刻是同宗。那么，同日举行的唐英伟的木刻个展完全可以和郑可的相提并论。比方你先看素描，再看木刻，因为同是一种"黑白艺术"，在你的印象中总不致发生矛盾或什么不愉快的感觉罢。

唐英伟是今年快要毕业的市美中国画系学生。在市美中西画系常相水火，所以我在任市美教西画，并不认识一个学中国画的学生，除了唐英伟一个。真的，若他不是从事木刻，也许我们都是像其他的一样不认识。我们一年前开始以木刻为媒介认识了，迅速地进到很深的友谊，组织起"现代创作版画研究会"了。他是努力的，他从事木刻的两年中，好像一个人在挣扎，

在拼命。每日刻两三张画，并未间断过的。

"看你的能力怎样，弄个个展出来，使版画界热闹一点啊。"这又是我底煽动的口吻。受了煽动的唐英伟，在今年正月已有开个展之意，但不知为了什么，竟躲到一星期前才告诉我要开。他已将全部作品给我看过，看他百二三十张的初稿，显出近几个月来紧张的进取，使我感动极了。

木刻无疑的已发展得很迅速，在这个发展的初途中，人们在摸索，各找途径。请看唐君摸索到的是一条什么路吧。我爱他的《榛莽集》。因为在唐君的大体表现手法中，多是三角刀底活泼的使用，但收入这一集里的却多用圆刀。用三角刀也是好的，但是我常在想，在"木身"上去运用三角刀无论如何比不上"木口"，用"木身"去刻，毋宁放弃这个西洋表现法。"木身木刻"有它的好处，好处在那里呢？自己去想想罢。

用现实生活为题材是唐君成功的地方。他是热情奔放的，可是正因为他太热情，偶然会显出一些矛盾。《秋天小品》倒不错，是值得介绍的。

同日两个朋友在开个展，真使我一面高兴，一面惭愧。我不晓得怎样去替朋友说好话，只叙述了我与他们个人及这回个展的关系，因此说是广告可，说是介绍可，但说是吹牛、捧场就不可了。批评让看过他们个展的艺术爱好者去做，看过的人，是应该发表点意见的。

五月二日

《民国日报》（广州），
《艺术》周刊，第 52 期，1935 年 5 月 4 日

图 1

图 4

图 2

图 3

图 1. 郑可《玻璃饮具系列》（效果图；
采自《艺风》1934 年第 2 卷第 8 期，
第 49 页）

图 2. 郑可《黑人女子》（铜雕及模子，
印造用；采自《艺风》1934 年第 2 卷
第 8 期，第 49 页）

图 3. 郑可《银质茶具》（效果图；采
自《艺风》1934 年第 2 卷第 9 期，第
59 页）

图 4. 郑可《人像》（或即廖新学；采
自《艺风》1934 年第 2 卷第 8 期，第
52 页）

素描艺术——观"郑可人体素描个展"后小感

秋灵

素描（Zeichnung），谁也知道在造型美术上占着很重要的位置；不论画家、雕刻家、建筑家，他们最初也要下过相当时间的素描工夫。素描的研究，可以说是一个艺术家的基本练习；差不多，技巧的纯熟与线条的活动，多数是从这练习修养得来的。

所以，从一幅简单的 Sketch（素描），也很容易看出一个作家对于艺术修养的工夫如何。

素描，在以前，不过是被认为制作过程的一种练习吧，并不当它是完全的艺术形式的。可是，到现在，已成为一种独自存在的艺术形式了。

大概伟大艺术之可贵也就可贵在"充实的内容"吧。有充实内容的作品，是不论小品、Sketch，都有它伟大的艺术价值存在的；不一定要大幅的才配称为"杰作"。素描的艺术价值，现在自然可以和油画相比了。

广州的展览会空气是沉寂的，独立举行某一类艺术的展览会更是少。郑可这次的"人体素描个展"，在广州实是创举。郑可本来是雕刻家，但从他的素描看起来，知道他对于绘画的艺术也很有功夫。他不但对于绘画的艺术很有功夫，就是对于装饰也很有研究；我们试看他底素描的简便的装配和那用草纸制成的图录，就很容易看出他的天才来了。

他这次"个展"中的素描，据说是在巴黎美术学院时习作的一部分，但我觉得，它已获得"纯粹素描"（Reihe Zeichnung）的艺术了。在各种不同姿态的描写的线条与明暗中，郑可已有相当的成功。

听说不久郑可还打算举行雕刻展和装饰展，我想，在这沉寂的南国艺坛，正有很多爱好艺术的人们在期望着的。青年的艺人，努力吧！

廿四,五,六日 于山河村

《民国日报》（广州），
《艺术》周刊，第 53 期，1935 年 5 月 11 日

素描习作

伍千里（寄）

留法雕刻家郑可氏，雕品极精，本志曾为介绍，按凡雕塑艺术高妙者，必长于素描，盖亦基本功夫之一也，郑氏素描之造诣，本页可见一斑，皆为五分钟内所速写者。

《良友》，上海，
1936 年第 123 期，1936 年 12 月，第 32—33 页

雕刻家郑可再度赴法考察实用工艺美术

佚名

[中央社] 雕刻及工艺美术家郑可，自民廿三年回国后，任勷勤大学工学院陶瓷科实用美术技士，对陶瓷造型大加改良，出品成绩极佳。最近该校拟大量生产，供应社会需求，特派郑氏再度赴法考察，并参观一九三七年之巴黎万国文艺科学博览会，借资借镜。闻郑氏此行，除考察陶瓷外，并注意工艺美术教育，俾回国后，对工艺美术教育有所供献。

《中山日报》（广州），
1937 年 7 月 9 日，第 2 张第 6 版（教育体育）

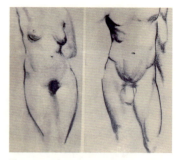

图 1

图 1. 郑可《男女人体》（5 分钟速写习作；采自《良友》1936 年第 123 期，1936 年 12 月）

雕塑讲座

郑可

一

雕塑在这时候，对于一般人，似乎还是陌生的东西，正如二三十年前之西洋画——即使二三十年后的现在，对于西洋画，尤其是现代的西洋画，也未必人人都有深彻的领会。对于雕塑的蒙昧，自然是免不了的。以未尝接触西洋雕塑的眼，来看取现在的所谓雕塑，"似""不似"的非艺术的问题，尚且不能清楚地解答，那就关于艺术上的欣赏和批判，自然不能置喙了。关于雕塑的技术及其艺术上的赏鉴，作简单的讲求，在"艺术家"们听来，当然是多余的事，但在一般人，也许可以得一点常识罢。

雕塑和绘画不同。如果说绘画是一种平面的艺术，那么雕塑可以说是一种立体的艺术了。雕塑是由许多面积做成的，能具体地显示真实的立体形状——即使极浅的塑雕，多少也有相当的凹凸。绘画只是由色彩、明暗做成有"立体感"的形状罢了。换句话说，雕塑是可以用手抚触得到的实体，绘画只是映在眼膜上的感觉。这样说法，大概可以把雕塑的定义说明多少罢。

雕塑大别有两种：一是圆雕，一是浮雕。

现在先说圆雕（Ronde-Bosse）。

所谓圆雕，是雕塑术之最完备者。它在空间具有一个完备的体积。形状是孤立的，我们的视力可以望到整个圆雕的周围，望到分布在外增的光或暗处的凹凸部分，同时也可以用手抚触得到。

圆雕的类别大概也可以分为三种：塑像（这是就习惯上对于单一个的立像或座像言之）、群像、胸像。

塑像又可分成 A、B 两种：
A 可以独立而不必有其他附属物的。例如安置在室内、公园中、广场上等作为美术品欣赏或纪念的塑像。
B 属于纪念碑的一部分的。

207

在整个中古时代，塑像是被认为属于纪念碑的装饰物而不能独立分离的，雕塑品须靠建筑家的同意，为了装置于建筑物的某部分而取得装饰的效果，于是雕塑便成了建筑的附属物。在无论哪一个雕塑的大时代，都是这样的，试看希腊美术和哥特克美术的全盛期的一切雕塑品，就可以知道。

18 世纪的雕塑，也几乎完全嵌入建筑物的里面，所有的作品，竟有用建筑的石块雕成。雕塑测量过建筑物的高度，来作他们作品的容积。这差不多可以说成了建筑的一部分的工作。

试把 17 世纪屋维也多教堂的门面，和同时建筑的法兰西的教堂比较，在屋维也多教堂，那美术家在一层砖壁上，盖上一层刻了一些作品的极薄的大理石。在法兰西教堂，雕刻家则在那建筑物的门面壁石间，嵌着许多重叠的分明的浮雕。这样一来，所有的塑像，都专为远望而设的，和这建筑物的大小成了适当的比例。在形状上的观感，是广泛的，综合的，大体的。在现代，塑像差不多脱尽此种羁绊而独立了。在文艺复兴期以后，它已经很可以自由独立，摆脱了过去纪念物上作为点缀的依赖性质。即使有时也还会被列入整个的建筑计划中，但雕刻家在他们的工作上，尽可以努力寻求人物的特有表情和个性的表现。尤其特别研究塑像的衣褶，以求雕塑本身的美的效果。

图1　　　　　　　　　　　　　　　　　图2

图 1. 郑可《建筑装饰·男人体 (浮雕)》
（约 20 世纪 30 年代中；郑方提供）
图 2. 郑可《建筑装饰·女人体 (浮雕)》
（约 20 世纪 30 年代中；郑方提供）

现藏于巴黎卢佛尔宫的文艺复兴期的著名建筑和雕刻家约翰·古雍（Jean Goujon，1515 年生于巴黎，有名的代表作是《无辜者》[Innocents]，作风在情感方面是时代的，性质是复古的，表情是轻淡的）所作以人体负重的种种姿态构成的柱和现藏于法国都龙市（Toulon）美术馆的 17 世纪的雕刻家蒲佳（Pierre Puget，1622 年生于马赛，他的作品很多，作风是原始的、强有力的，具刺激性和诱惑性的、写实的）所作的人体支柱，都可以说还是建筑物的附属品。但以后，雕塑和建筑就很明显地分离了。因为可以分离的原故，建筑物上的雕塑，有时又会有不联系的流弊。正如 17 世纪，凡尔赛经堂（Chapelle de Versailles）栏杆外装饰着的雕像和巴黎圣须必里斯教堂（Saint – Sulpice）上面塔边装饰着的，完全和这建筑物无关联一样。

总之那时代的雕塑，是可以移动的，放在这地方固可，放在别的地方也无不可，如公园也或客厅那些有座子的塑像。

18 世纪末，流行一种新的小型塑像，在室内，人们都很高兴陈设一两件这样的东西。这种小型塑像，有用希腊泥塑成的，有用德国赛斯（Saxe）瓷及蓬彼（Pompée）的铜制成的。皮加尔（Pigalle）的小孩像，克罗底昂（Clodion）的熟铜像，范尔谷里（Falconet）的雕瓷等是那时最流行的东西。

群像是若干塑像合拢在一起的集体表现，也可分为 A、B 两种。
A 以各个塑像用人工联络起来，聚在一起，成为许多独立塑像的集体。例如中古时代的墓碑，17 世纪支拉东（Girardon）的《亚波龙入浴》，19 世纪罗丹《加莱市民》（Les Bourgeois de Calais）等。
B 群像也可以用一整块的大石雕成，这样，因为物质的关系，所雕的各个人体自然地联系着的。或把许多已雕成的石块联系着而成整个群像的。如陈列于凡尔赛宫的支拉东作的《劫夺》（Enlèvements），蒲佳作的《普罗斯宾之被劫》（Enlèvement de Proserpine）和《柏尔斯与安得罗米特》（Persée et Andromède）就是这种作法。

胸像是一种雕塑的肖像。在中古时代没有这东西流行的，但在古罗马时代实已开始了，一直到文艺复兴期后才又再盛行起来。

胸像在雕塑时应该留意的几个问题——
一、如何截取？单是头部或附带多少身段？
二、留意于大体的外表，抑留意颜面的表情？
三、头部的表现：全面，半面，四分之三面，或转身状。
四、如何表现衣料的布质、结带、花边及皮肤色素？

自从 17 世纪以技术有相当的进步之后，嵌印死尸面形风颇盛，关于心理表现也相当进步。18 世纪已进到眼睛的神态的研究了。在嘉非（Cafieri）和乌冬（Houdon）的作品中，就看到此种方法的应用。

二 、雕塑术，铸像术和塑造术

雕刻术（Sculpture）：以刀或凿之类的利器，把石头之类的东西雕斫，成各种形状的，我们称为雕刻术。

铸像术（Statuaire）：以金属或蜡之类的熔液，倾入预先造好之型范里，俟其凝固后，把那型范劈开，而得到它的形状者，我们称为铸像术。

塑造术（Modelage）：以手指或塑造用的工具，把黏土之类的东西，塑成各种形状的，我们称为塑造术。

雕刻术所应用的物质，是比较硬性的，如大理石、纯玉、石块、花岗石、云斑石、红纹石和火山之熔化石等。比这些没有那么硬的，如灰石和木头之类，也可作雕刻之材料。

雕刻有直接雕和间接雕的分别：直接雕是雕刻家亲手用凿或刀，在整块的石头上，直接雕刻的。间接雕是利用求点机之类的机械，依据雕刻家预先塑好的模型，在石块上雕成的。这种工作，不必雕刻家亲手为之，雕刻家只要塑好了模型，交给助手或凿石工人，他们便利用机械给你照样雕成。

直接雕对于坚硬的石块往往发生问题：所用的工具，和这坚硬的石块接触时，容易把那锋芒弄坏。如花岗石、云斑石、火山之熔化石等，雕斫较细致的部分时，槌凿之外，还须利用湿的细砂慢慢摩擦。过于坚硬的石头是不容易使作品收得精细的结果的，造成粗糙的大体便了。

在近代，几里米克（Quillivic）作的巫尔敦男人和女人，面貌的单纯和衣服的粗厚，从这点看来，就知道作者对于物质的利用了。不能施以精细的技术的物质，雕刻家就应该舍弃了精细这一点，而应用粗大的雄厚的技法了。

铸像术所应用的物质，是可熔的金属或蜡之类。作铸像的型范的物质，有纯石膏，或 Stuc（灰泥）胶与石膏之混合物。

每种物质都有它的特性，因为它的特性之不同而有技术之差别。

在雕刻上，物质的应用，自然是因为发见而有增益，有时也因为时代的好尚而微有不同。但无论如何，古代所应用的物质较少，近代较多，现在略把普通应用于雕刻上的物质各异的特性分述如次：

石块，是一种不宜于表现轻盈的动的姿态的物质，因为它的重量和易碎性，限制雕刻家的自由运用。云斑石、花岗石、火山之熔化石这些没有那么硬的物质，有时也会发生意外的破裂，雕刻家要十分留心，才能作较精细的表现。有一种石块是较具韧性的，施槌凿的时候，不怕它容易爆裂，而且用火山石

图3   图4

打磨，可以得到美丽的光泽。因为它受时间上的风化，外层蒙着一重金色的石土凝结物的原故。这种石块，称为雷石（Tonnerre），中古时代的雕刻家颇喜欢使用。

在14至15世纪的时候，法兰西雕刻家常用默兹（Meuse）的大理石。15世纪末叶，就以意大利热那亚（Gênes）和卡拉拉（Carrare）等地方所产的最流行。这种物质的特性是外观较华贵，较庄严，比其他石块较容易施槌凿。因为它的石理幼细，而外层又带有一种很薄的、很幼的具有光泽的石土凝结物，尤易于随意打磨。

因为大理石之被采用，而有大理石之贩运者，在14、15世纪时，大理石来源，多是由比利时佛兰德斯（Flandres）那些地方入法境的。因为利用了这种石块的天然的颜色，有些雕刻家们便用它作雕像的身段，而嵌以白石作的头，身段的衣裳，就利这种石的颜色表现。这种作品，骤然看来是颇别致的，可是往往流于纤巧，失却大时代的精神了。

大理石的性质是颇坚实而不容易爆裂的。表面有闪光，混合着金色的凝结物。在技术的运用上，颇如人意，能作精细的表现。用以作人体，皮肤的柔软——甚至皮肤里面的肌肉、血脉、神经等也可以表达得出。除了表现人体之外，这种石也可以表现阿拉伯式绣花的薄衣裳。以这种物质，造成的作品，多是室内的陈设品，在16世纪时是颇引为时髦的。

大理石和石块（La Pierre）在雕刻上所受的同样规律，在这里应该述说一下：这两种物质作成的雕像，动作须平稳，姿态须安定，体量须均衡，重力须相等。

如果雕刻家在大理石或石块上，表现一种强烈的动作，为着受上述的规律所限制，他不得不更想一种方法去给那伸出的肢体的部分作一种支持，使全个雕像不会失却重心。这种支持的工具，在雕刻术语上名为"支柱"（Etai）。这种支柱，有时是隐蔽着的，给别一种配件的外形隐蔽着的。如陈列在巴黎罗佛尔博物馆的可士乌斯（Coysevox）所作的《公爵夫人》（Duchesse de Bourgogne）和《月神》（Diane），两像的重心都借旁边的一只狗、一根树干来支持。《爱神出浴》（Vénus Sortant de bain）亦同样借着树干或一个甕子来支持，这就是原故。

原载《青年艺术》，广州，
1937 年第 1、2 期，1937 年 2 月、4 月，第 78—82、141—144 页

郑可之雕塑杰作

佚名

雕刻家郑可君，粤人，曾肄业于巴黎国立雕塑系八年，复毕业于巴黎实用美术学校，故其对于装饰美术，独具心得，回国后，复孜孜不倦，技术益进。本页所载各图，为郑君回国后之得意作品，于其艺术之造诣，可见一斑。

《美术生活》，上海，
1937 年 7 月，第 40 期，第 40—41 页

图 1

图2　　　　　图3　　　　　　　　　　　　　　　　　图4　　　图5

图6　　　图7　　　　　图8　　　　　　　　　图9

图10　　　　　　　　　图11　　　图12　　　　　　　　图13

图1.郑可《裸女》
（青铜；本篇图片除特别注明外，均
采自《美术生活》）
图2.郑可《自雕像》（郑方提供）
图3.郑可《裸女》（石膏）
图4.郑可《女像》（瓷）
图5.郑可《女首》（石膏）
图6.郑可《鹤》（书夹设计）

图7.郑可《鹅》（瓷）
图8.郑可《鹈鹕》（铜镀铬，书夹设计）
图9.郑可《鸟》（瓷，烟灰碟）
图10.郑可《牛》（石膏）
图11.郑可《松鼠》（书夹设计）
图12.郑可《鸽》（烟灰碟）
图13.郑可《枭》（石膏）

郑可氏浮雕作品选

《良友》杂志社

国人所作浮雕作品佳者殊少，雕刻家郑可氏，所作精湛纯熟，为国内不可多得之雕刻人才，本志前曾屡有介绍，兹特觅得郑氏浮雕作品选刊于此，以飨留心雕艺者。

《良友》，上海，
1937 年 5 月，第 128 期，第 36—37 页

图 1. 郑可《寿星公》
（广州爱群大厦正门浮雕；郑方提供）
图 2. 郑可《松·鹤·桃》
（广州爱群大厦浮雕；郑方提供）
图 3. 郑可《余心侧面像》
（本篇图片除特别注明外，均采自《良友》）
图 4. 郑可《孙中山侧面像》
图 5. 郑可《黄能昌侧面像》
图 6. 郑可《伍千里侧面像》(约 1935 年)

图 1　　　　　　　　　　　　　　　图 2

图 3　　　　　　　图 4　　　　　　　图 5　　　　　　　图 6

第二回全国美展的印象

应能 [1]

应能 [1]

1. 郑氏本名，惟于刊发文章中极罕使用，此处或特有深意。

近年来政府肯在恶劣环境下兼顾到文化事业，是最使我们兴奋的一回事。三月前，停止了八年的全国美术展览会，听说就有筹备的消息，我们看到国内快要死沉下去的艺术空气又要蓬勃地复兴起来，怎不高兴呢？广州为着参加这个机会难逢的美展，在一个月前开了个预展会，这已使百粤人士，得再度重温自"民九"开过全省美展以后，一直荒凉到现在的好梦。广州本来文化水准就不很高，可是这回得到政府鼎力的鼓舞与筹备，也算得到相当效果。在我想，这回在首都开幕，集中全国艺人力作的第二次全国美展，当然大有可观吧。

为着要参与这回隆重的盛典，且观摩当代艺人力作起见，我就不能以看看广东预展会为满足，当天就决定要到南京去观光观光。我到南京是抱着万分的热望，一方当然要瞻仰瞻仰首都风光，尤其是带着一颗赤诚的心，想着看中国的艺术界究竟怎样。

到了久已渴慕的首都，我找到了一位朋友，说了句寒暄话头，就落到全美展会了。我几乎没有休息，就和那朋友跑去参观。

经过了一些滑脚的卵石路，前面有两座堂皇的洋房，其中一座门口伏着两尊石狮子，那就是美术馆，我们的目的地到了。

到门口，才知道里面已经挤得水泄不通。望着里面发了一回呆，还挤不进去，我心急了。好容易才找到从国民会堂进去的入路。我进了去，我把眼睛向四面贪婪地去寻找我所要看的雕塑和油画，可是只空着急！

我开始以为自己弄错了门路，因为在目前摆着的是些古代瓷器，莫不是古物陈列所？好在那位朋友向我解释：不要烦躁，你耐心一点就可以看到你要看的东西了。但是，我拐了好几个弯，穿了一条廊又一条廊，还摸不着头脑，心里一面急，兴高早冷却一半了。

现在我要说雕塑吧。数量贫乏得可怜，总数不过三十件，除了一个全身像外，多是要人胸像，有内容有结构的简直没有。类多是 Academy（学院）的作风，

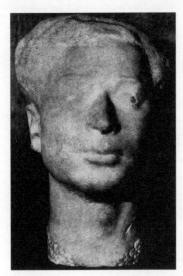

图1

图1. 郑可《肖像》（雕塑，入选"第
二次全国美术展览会"作品；采自《教
育部第二次全国美术展览会专集［第
三种］·现代西画图案雕刻集》）

我们除了得不到一些很愉快的印象外，什么都没有。我们认定一种艺术不单
是一些技巧的玩味，更要表现作者的思想——艺术的内容。绕观今回的出品，
使人感到最大的失望，就是缺乏内容这点。

我们再到油画部，一看更连半截的兴头都冷却了。乱七八糟地挂着的画，给
人一个混乱的感觉，我们细意地想去找些艺术养料，得到的只是些糟粕。常
常我听人家说，艺人们现在变了，多觉悟起来要跟着时代走，他们看到国难
的深重，要唤起人们的抗敌心，所以画些武装的兵士；他们看到社会的黑
暗，同情劳动者的生活，所以描写打石匠。不错，今日的艺人真的变了，我
看到充塞会场里，采取这些题材的作品那么多，就相信了。这样转变是进步
的，我们没有反对的理由，但是，写惯女人屁股的未必就写得出武起起的兵
士。所以在这些画前站着的人，不会获得一种正确的感觉，倒生出一些反感来，
这决是失败的。

最引人注意的是两张二百号大小的巨构。一张是华清池。我们看过梅兰芳首
本的贵妃出浴吧，我记得有段笑话，当这段首本在广州上演的时候，梅兰芳
是几乎脱得精光的，那时吓得座上的老头儿都跳起来。这是一出好戏，因此
华清池也是一幅好画。有人说那是抄什么西洋裸体风的，我倒不大相信，但
以这画之大，已经吓煞人了。还有一张是三位党国要人骑在马背的背像，也
是二百号大小的。真是杰作，而且是最合时的，不过这张画只合藏之凌烟阁！

总之，接触到油画，一种伪经院派的气质浓重得逼人，没有多大的朝气。或
许这是审查的结果，但是我想如果希望美术得活泼发展，这种伪经院派的毒
素是非□除不可的。

看得倦了，头在作痛。我来的兴高采烈的情绪，早给改变为失望。我想，要
是在艺术上用一点心的人，对于这回全美展所得的印象是不会好的。政府既
有提倡美育，提高文化的美意，我们应该怎样努力，使得一个美满的收获。然后，
今回自己检讨起来，实在惭愧，有负政府这种好意了。

在未入京前，我们已经不满于自己广东的出品，因为自己知道广州文化水准
一向是低，可是今回看到集合全国的作品也不外如是，这个失望真不知何处
才得补偿了。我的头在作痛，我告诉我的朋友，我要回去休息。我在旅馆里
听到街上的喧叫声，心里烦闷得可以，我连首都也不能久留，两天后就跑回
上海来了。

原载《青年艺术》，广州，1937 年第 3 期，1937 年 5 月，第 180—183 页

如何改进工艺美术

郑可

一、楔子

有不少人说中国产业不进步，老实说，中国产业各部门生产技术的幼稚，也用不着隐讳。比方单就工艺品说吧，不管所用的是怎样真材实料，而形式总赛不过人。因此，我们虽然也有印花布，人们还老爱穿舶来品。这件事就说明了工艺美术在方今提倡产业的怒潮中是怎样重要了。即是说：我们一方面固然要努力促进产业技术的发展，一方面更不能放过了工艺美术的提倡。

在国难这般严重的当中，谁都知道经济是解除国难的一根钥匙。我们要改进产业的技术，同时不要忘却工艺品的形式美，以求与舶来品竞争。研究美术，尤其是研究工艺的人们，要怎样地努力啊。

最近国内美术界似乎也有注意到这些问题，可是旷观目下的工艺品还少有适合美的条件，而从事工艺美术的人少注意到"实用"上的种种问题，于是工艺美术家只有"闭户做车"，不切实际。从参观我国全美展回来，觉得政府正关心美术而注意到工艺美术之重要，因有所感，写成此文。然为了篇幅限制，只能从人们所未加注意的"实用"问题加以阐发，对于工艺美术上的"审美"抽象理论，却未能旁及了。

二、工艺美术的定义

工艺美术照字面说，是与工艺不能分离的一种美的设计。纯粹美术，比方一张油绘，只求合于美的条件，用不着计较到实用上诸问题，可是工艺美术除了要具有美的条件外，更不能不顾虑到实用方面的种种条件，要是不然，工艺美术就不能施之实用了。

所以我们对工艺美术要下一定义，就是：工艺美术是美化人们生活环境，且适合时代与环境的实际设施的美术。

三、工艺美术的范围

上面已经说过工艺美术是美化人们生活环境的，那么，它的范围就很广泛，即是，举凡与我们接触到以及应用到的一切器物都包含在里面。我们试具体地说个大概，可分为：

1. 住宅工艺美术——实用建筑、园艺、涂壁、壁纸、陶器（磁，精陶，沙石）、涂油、漆壁、玻璃器、铁器、黄铜器等。
2. 家具工艺美术——木具、金属具、竹具、藤具、镶嵌、刺绣、小雕像、骨具等。
3. 市容工艺美术——纪念或公共建筑物、公园、广场、露天铜像、贮水池、亭榭、公共车辆、广告、柜饰等。
4. 图书工艺美术——制纸术、活版术、插图术、钉装术等。
5. 交通工艺美术——轮船、火车、长途汽车、飞机等外形与内部的设计。

四、工艺美术的制作与应用

在这里我们既强调工艺美术的实用性，那么工艺上的一般制作法，物质的性质，工艺品的价格，环境的需要，以及时代趋向等，都应为工艺美术家所关心的事。如果工艺美术只知绘出一张椅子的设计，这个设计能否实行，成本及环境等问题一概不理，这样的工艺美术家根本就不称职。

社会的进步由于经济及社会组织的改变，一切生产部门都分起工来了。从前的工艺美术就是一个工匠。他照着自己的经验设计一张椅子，又跟主顾说好了价钱，及椅子的用途和放置的环境，最后依照主顾的趣味条件等才动手自己锯木做起来。这样的工艺美术家便自然而然的和实用连成一气。但是自从生产部门分工起来之后，设计一张椅子是一个人，动手做椅子的是一个人，于是做设计的那个工艺美术家便有意无意地忘掉了做椅子的一切，甚至有以绘出一不合用的图案挂起来看为满足，像这样名不符实的工艺美术家我们是不需要的。

今日的工艺美术家只是间接参加到工艺品的实际制作，但是，他的设计既是供给那件工艺品的实际制作，那么对于物质的应用，制作经过，价格及环境等知识，便非加注意不可。

试举些例子来说明吧：

比方我们设计一张椅子，木造和用金属造的，因为木和金属的特质前者是脆硬，不便曲折，后者是软韧而可延长，因此为这两种不同物质而设计的椅子，那两种形状就得和其物质的特性而互异。又如所配合用的是布、是石或是什么物质，美术家也得要知道其物性和效果才能够完成一张椅子的切合实用的设计。

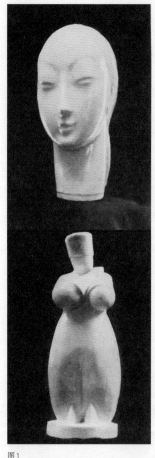

图1

图1. 郑可 《陶瓷灯座设计》（采自中国工商业美术作家协会出版事业委员会编：《现代中国工商业美术选集·第二集》，中国工商业美术作家协会出版事业委员会，上海，民国二十六年版，自印本，第48页）

又如瓷器吧。设计瓷器的工艺美术家须知道瓷是经过几多手续才能制成的，尤其是瓷质经过烧，及会发生怎样的变化、施釉的彩色只限于几种等制瓷的基础知识，才能设计。如果设计的花瓶不适宜于在旋转盘，或铸模或手压等制作手续，甚或烧出来过分困难，致影响成本，或设计上的彩色烧不出来的，都一概不是有用的工艺设计。

说说建筑吧，缘目下建成宫殿般的红墙绿瓦建筑物，在今日应用到钢筋和三合土的时代，已成为十分愚蠢的设计，因为花那么多的材料去建成完全没有实用的柱子，高而空廊的屋顶，这些都与时代和实用发生矛盾的。又如有许多设计成弯曲的玻璃窗子，以为是美，但实际上只消耗材料而不耐用。因此我们在设计时要顾虑到实用和制作上种种问题，虽一窗之微，我们忽视了防盗、防风雨的实际效果，便不是一种完美的工艺美术设计。

总括一句，我们在设计一种工艺美术品时要处处注意到下列的各面：

1. 比例——即设计与原物之比例。在设计图上能顾虑到实物的比例，才可将设计图实施起来。图案有比例，同时可以在设计图上预先得到一种合乎实际的印象。如一张地毯，我们不能在三二十尺的纸上写出来，只好在一张三二尺的纸上画，因此我们在纸上就要写出实施时的缩小比例，才可以得到一个实际的印象。因为如在十分之一的纸上写出一张地毯图案，若不顾虑到比例在纸上看来的图案很小，而放到十倍大的实际地毯，便不能合实际与美的条件了。

2. 物质——我们多数看到图案都只是纸上的图案，完全没有计较到实施时的物质，这是不对的。比方颜色，每种物质有它的天然色与特殊性，在设计一图案时，必先加以认识，然后才能实际去运用。虽小如竹头木屑的特性，甚至各种物质的价格都得加以注意。物质之于艺术家比如颜色之于画家一样的重要。

3. 实施——设计者写出的图案一定要有实施的可能，所以工艺美术家一定要知道该工艺品的制作过程及制作方法，以及物质在制作上的使用。

4. 价格——价值决定了一切的物质，一种工艺品不能凭空存在，所以设计者不能不顾虑到它的价格，因为价格可以影响到它的实施和它的效能等问题上。工艺美术家好似建筑工程师那样，胸中时常要明了砖瓦木石的价格，才可以照预算作一座房子的设计。

五、现代工艺美术品的批判

根据上面举出几个条件，我很想从国内什志上或展览会上发表出来的作品检讨一下，作为一个反证，促使大家的注意，然只是一个意见的贡献而已，不能说是批评。

近年来看到许多"蜡染"的作品发表。按蜡染是从爪哇传到欧洲，由欧洲传到日本，及由日本流入我国的一种图案技巧。这种方法只可作手工业看待，

图 2

不能够多量的生产。因此用蜡染制成的台布、窗帘等成本一定贵，在实际上断不能与印花的东西竞争。若就工艺美术的实际发展上着想，这样蜡染实没有提倡的必要了。蜡染这种东西，在欧洲，即使在今日的日本，也已成为陈迹，我们不应再沉醉在这种没出息的东西里白花精力了。

我们又新近发见了一种叫作"堆漆"。若果这是一种画，就不应称为工艺品，然在展览会上它往往是与工艺品陈列一起的。"堆漆"是没有它的实用性的，只能如油画、水彩画、炭画般看待。

我们看到国内的所谓图案，八九是写些没实用的装饰画。装饰画和堆漆是一样，只可看作绘画，不能称为工艺美术，所以即使承认装饰画是工艺美术的一门类，我们也不能对它估价过高。而国内从事工艺美术的多枉费精力于这方面的制作，做成工艺美术界上一种沉闷的空气。

在各种什志上，让我再来指出两个实例。

如一个"瓷鼎设计"，那三只脚在实施烧瓷的时候是不会成功的。因为瓷质在三千四百度高热时，这样高的脚便软得不能站起。我们试看一个普通宣炉的

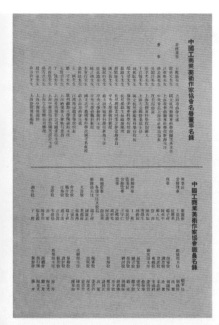

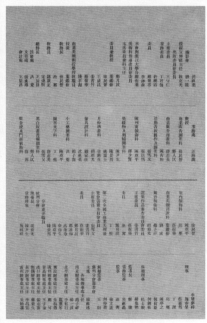

图 2—图 4. 郑可等 "中国工商业美术
作家协会" 部分董事暨《董事名录》
《职员名录》（采自《现代中国工商
业美术选集·第二集》）

脚,高度不过是全体的三分之一,而这瓷鼎设计的脚竟达全体二分之一以上的,这就证明作者对于烧瓷缺乏知识。这个设计是不能实施的。又如一个 "地毯设计",我们只看到它的几分之一,须知地毯是以整个结构为美的标准的,一小部分怎可以看出整体的美恶? 这个设计在实际上,也是不能用的。

其他如最通行的伞的图案,多只顾到平面的设计,该图案在折合的伞身上和在侧面看去所得的效果,又在色彩上也多未计较到纸上加上光油所生的效果,制作者是很少计较到的。又如与我们接触最多的商业广告画,多令我们一看莫名其妙,认不出卖的是什么货色的,只求是一张图案便失却了实际的效果。如引诱人们旅行的广告,上面只表出灰沉的色彩,引不起人们的快感,事虽微小,但也失却工艺美术实效的好果了。

六、我们的希望

在国内目下尚没有一所工艺美术学校,但在一般艺术学校里都附有图案科。他们的用意是再好不过的,可惜试检讨一下他们图案科的科目,多是不切实用。

我们从艺术学校的展览会里可以看出一个通例,作品都老是装饰画,近来又多了一项蜡染。这可知道他们学的是什么,而中国的工艺美术,要等这样教育出来的人来发扬光大,简直是缘木求鱼了。我们既认定工艺美术在振兴产业的中国是怎样的重要,那么,除了希望将来国内有所工艺美术学校出现之外,更希望现成的美术学校的图案科能够按了实际去改造一下。

学图案的更要首先有一个清楚的认识,知道图案不是纸上谈兵的一种计划,要处处与实际携手,使设计出来的,都能马上实施出来,中国工艺品才得真真正正地改做。同时从事工艺美术的人,也应改变一向轻视直接参加生产的态度,多多与生产技术发生联合,以求经验之获得,才能直接改仿中国的工艺品,美化人们的生活环境。

本来工艺美术家在外国分为两种：一是装饰美术家（Decorateur）,一是工匠（Artisan）,前者是设计的创作,后者是设计的执行。我们固然希望中国有多多装饰美术家之产生,而工匠也同样的需要。今后关于工艺美术的教育,不要只以养成装饰美术家为目的,致使工艺美术在实际上不能充分发展。

本文是一些意见的贡献,用以就教于大方。今日美术界似乎已弥漫了改良工艺,参加生产的空气,而政府正竭力提倡美术,正是我们庆幸的事。希望彼此能负责发扬我国工艺的责任,国家产业和民族前途实利赖之。

原载《青年艺术》,广州,1937 年第 4 期,1937 年 6 月, 第 217—225 页

关于连续图案制作法的检讨

郑可

纂述者按：

作为一度遭到刻意遗忘的中国现代设计、艺术教育重要先驱，广东五邑郑可先生与中国美术学院前身"国立艺术专科学校"之间的关系，尚未见其他研究者有所论述。近十余年来，纂述者在恩师杭间先生和郑氏亲友等的积极推动与持续支持下，长年利用极少的余暇，不断跟踪并整编郑氏文稿及其个人档案。这批材料里，既有 20 世纪 30 年代粤地"青年艺术社"所主办期刊《青年艺术》登载的，郑氏批评陈之佛先生《图案法 ABC》（应即 1930 年上海版系统）之专文，[1] 又有雷圭元先生回忆中国图案教育发展由民国七年（1918）起步，至国立艺专建校 20 年后的 1948 年左右的重要篇什。作为当前不少近代中国图案、设计史基础研究者尤为关注的，早期亲历者书写下的回顾性文献，雷文最末一段所谓"值兹国立艺专纪念二十年立校之日，缅怀往昔，策励将来，更寄怀故旧于艺校之有关者，从事图案事业者"中，第一位即举出了彼时自法兰西学成归国已 15 载，人在广东等地、岁数约四旬的郑可。怕也是因雷氏此处的提及，又有个别论者误认郑氏当毕业于国立艺专。

就此，还可再引纂述者曾做过的分析，即于"众多现代图案名家和艺林妙手中，排首席的竟是郑可先生，这实际也反映了郑先生在 1934 年留法归国后，所从事的大量雕塑和现代设计推广、生产工作，得到了包括雷先生在内的不少艺术界关键人士的绝对认可，也曾对'国立艺专'的'图案—设计'教学有过明确影响。而郑先生的这些贡献又源出何处？据我近 8 年来的研究，实际还是绕不开'包豪斯'：他除了积极推广原本不为人知的'包豪斯'设计、教学模式，并凭借切实的作为带动了广州、桂林，以及香港、新加坡等环绕南中国海暨东南亚，特别是华人生活圈的现代设计产业的快速发展"。[2] 至于这篇目前已知郑氏唯一的、关于图案书和图案做法的评论，更是较早的"旅欧派"核心艺术实践者所撰著的，不媚世且极难得的真切史料。而两位先生的那场"笔墨官司"，陈氏有无回应等等，业已超出本人核心研究领域，惟两篇均同当前中国工艺、设计学脉关联致密，断不可假诐辞以轻忽。

这篇文章我好久以前就想动笔写的。因为在展览会里往往看到题为"散点图案"的连续模样，遂很想知道这种散点图案的制作法。所谓"散点"，起初我就不大明白。"散点"也许会令人想起 Point 这一个字，但如果就是指作为图案最基本要素之一的"点"（Point）而言，那更使我怀疑着为什么国内的谈连续图案者，只在这"初步"里兜圈子。照我所知拿 Point 做成的图案是属于几

1. 陈氏此书参照研究者收集的资料，一般认为影响极大，其首版当即 1930 年世界书局印行，1935 年 6 月第 6 版后无再版。而笔统来看，该书约系继须己己、王雅南、俞剑华等后，民国间第 5 部专门图案教材，不过其内引述、绍介的"西方图案教科书"似仅一种（参见蔡淑娟：《民国时期图案教材版本与撰述考》，中国美术学院民艺博物馆编：《陈之佛与 20 世纪中国设计·学术研讨会论文集》，杭州，中国美术学院民艺博物馆，2019 年 3 月，自印本，第 41—42、47、66 页）。

另，陈氏亦曾于 1928 至 1930 年间受聘为广州市市立美术学校教授并图案科主任，据有论者分析，他极大地延续了其母校之一的"东京美术学校图案系的课程设置"，因此认为："对于工艺美术教育不甚发展的南中国，陈之佛所带领的广州市美图案科，逐渐与北京、上海、杭州等中心城市的美术院校教育水平接轨，陈之佛的开拓之功不可没。"（周锦嫦：《陈之佛与广州市立美术学校图案科》，《陈之佛与 20 世纪中国设计·学术研讨会论文集》，第 138、148 页）但现实却是，虽然日本东京和中国广州等的经历，显然也助推了陈氏在离开广东后即版行《图案法 ABC》，不过仅过了约 7 载，1924 年起一度曾在"市美"习画、1927 年赴法求学的郑可借此《检讨》一文（参见连冕：《郑可研究暨重订郑氏简编年谱》，《装饰》，2017 年第 1 期，第 37—38 页），已对陈氏的图案作法明确表达了不满。而又 10 载后，雷圭元更将陈氏于 30 年中国图案发展的作用着落为郑氏等之后的第 3 位，纵然其排名或许未必有个了然的先后次第，但陈氏的价值于其中并无特别凸显，倒也是不争的事实。那么，郑可彼际对陈氏一书进行批评，想来确有不吐不快的、清晰的针对性。同时，借之或还能映衬出这背后多少带点儿广东本域知识、艺术界，对于借粤系文官系统而"打通与国民政府文宣高层人脉"（宋健：《陈之佛图案生涯的转折》，《陈之佛与 20 世纪中国设计学术研讨会论文集》，第 194 页）的陈氏的某种腹诽。

何形图案之一种，结果产生不出什么美好的模样。我虽是这样怀疑，但相信所谓"散点图案"断不是这么简单的一回事，然对于这个从未听见过的名词和制作法，我更存一种检讨的热心，在这里让我提出一些意见吧。

由"散点"这个名词，而引起我检讨一般人制作连续图案的方法的兴趣。关于他们的制作法，我终于在陈之佛编的《图案法 ABC》（世界书局版）上得窥全豹了。在连续图案的部分，其制作法他分出下面三种：（一）散点模样，（二）连缀模样，（三）重叠模样。照这个分类看，"散点"就是一种模样彼此没有联络关系的，照着骨格（即预写在纸上的格子）分布着的图案；而"连缀"或"重叠"的模样，才是有联络关系的存在。现在未谈及制作法的内容，先就名称上检讨一下罢。

2. 连冕：《中国现代设计先驱郑可的"包豪斯"情结，兼述其与庞薰琹之关系》，《新美术》，2018 年 11 月，第 39 卷第 11 期，第 43—44 页。参见连冕：《赓续与新力：再谈"包豪斯"》，《美术报》，2016 年 9 月 3 日，总第 1188 期，第 13 版（特别报道·G20 峰会）；连冕：《实务非虚名 21 世纪再谈"包豪斯"与中国》，周刚、成朝晖主编：《第五届设计教育高层论坛·第五届设计教育高层论坛文集》，杭州，中国美术学院出版社，2016 年版，第 66 页。

所谓"连续图案"，在谁的想象中都会因"连续"而想到"联络"这方面吧。即是说，一种连续图案，最根本的条件就是要许多同样的模样，互相有关系地"联络"着，分布着。而且"联络"就是一般艺术尤其是图案的构成基本条件之一。断没有一种布满了散沙似的模样的图案可说是好的图案，尤其是不能叫作连续图案。依此见解，我以为"散点"这个名称是万分的不妥，而且依照他们的做法，也断不会产生出一种好的连续图案。在我的见解，连续图案的画面构成，不管复杂或简单，其上面各个模样一定要彼此"联络"是最重要的条件。所以退一步说，连续图案的分类，只有"连缀"及"重叠"是合理的，"散点"就是一种错误的理论。

再看看他们制作"散点"模样的方法吧。根据陈氏的《图案法 ABC》，"散点模样"之作法可分为自一个散点至十一个散点。如二个散点的作法，"先将已定一完全纹面积从横等分之，划分四个小区间，然后在左上和右下或右上和左下的两个小区间内，以适当的方向和位置，各配置一个资料（意即花纹），便成二个散点的图案"（前书五十二页）。

这里我们马上发现了这样的作法，犯了一个绝大的毛病——缺乏"联络"。事实上由这样作成的连续图案，不管画面上是复杂到十一个散点，也是彼此不相干，也不能勉强去找寻彼此的关系的。为什么呢？因为照这个方法做只能设计出一个"单独模样"，把这个单独模样机械地依序排列在全部骨格上，那么，当设计这单位，即在这四个小区间内排下两个资料时，是无法忆忖到全图案连续后的结果的。即使作者刻意地去找出各个单位间连续后的结果，因为制作时只能看到一个单位，好结果也不能具体地获得。因此，在事实上就不能超出这种不良制作法的限制，做出来的"散点连续图案"便十之八九陷于缺乏"联络"的大毛病里了。

为着要着重各单位间的"联络"，陈氏便另外举出一种"连续模样"的制作法。（因此反证所谓"散点模样"是有意识地撇开"联络"的关系，而以为"连缀模样"才有"联络"关系存在的，奇哉！）试看他的连续模样的制作法："先定单位区划，置任意模样于其中央，再将中央直切之分为二区间，右区间和左区间的位置任意相交换，在中央部填入模样，再在横方向切断之，把上下位置调换，于空白部分填入模样，交换其左右位置，再在其空白部分填入模样，把上下位置交换之，便成连缀模样。"（前书六十九页）

够了，这够使读者摸不着头脑了。像这样使一些模样彼此有关系地分布在一定的格子上，就要把一个"任意模样"先分开做两份，既将一半各分在左右两区间，又把"任意模样"横切之，又将一半各分在上下两区间，然后再以另一模样填密其空白部分。反复要经五层繁杂的手续，制作时也够万分困难了。而且因模样机械地被连缀着，作者不能随意自由去支配，纵偶然可能做出一些好结果，但坏结果还是意中事。作者不能控制与支配自己的作品，只能听天由命似的，画好一个"任意模样"，照法制作，以觇其必然的连缀后的效果，像这样的制作法，不是艺术的而是机械的了。所谓"连缀模样"似能挽救了缺乏"联络"的大毛病，然而他的制作法，也就繁杂愚蠢得可以了。

关于连续图案的制作法，这里举出一个方案：首先我们认定举凡图案，尤其是连续图案不可缺少的特质是：联络、变化、节奏、调和、均衡、对比等。为着要不只获得而且发挥这几种特质，作者在制作图案时就不能单从局部着眼，应处处注意到全部，因为这些特质，是指全部连续后所得的效果而言的。我们既不能机械地处理模样，盲目地使之达到无从把握的效果，所以这里举出的制作法，最大目的是使作者能自由支配其模样，依其艺术上的修养以达到这几种特质之获得的。

为着要求模样间的联络，我们不能单做出一个单位模样，机械地排列在其余的格子上，因此"散点"的制作法，根本与此不同。制作者先在纸上画出九个格子（不管正方，长方，或其他可连续起来的格子），在最当中的那个格子里，依照该图案的用途及实施上的种种条件，计划出一个模样，这个模样，便照样地写在其余八个格子里如图一、图二、图三。现在要看看，排列的结果，太单调吗？失联络吗？缺乏曲线直线或什么变化吗？再依自己判断出来的缺点，设法补上另一些模样，分画在九个格子的相同位置上。于是看全体模样排列在九个格子里（注意，九个格子即九个单位的连续，也即全体图案的一大部分）是否已获得联络、变化、节奏、调和、均衡、对比的效果，照这样逐步改至最完善的境地为止。

但上面的制作法不过是个草图，这草图不必十分齐整地画出。有经验而聪明的图案师在草图的九个格子上，连模样的正确花纹都不必画出来，只用一个什么形什么线画在各位置上，以观其联络的效果，待各形、各线，及它们的位置都决定了以后，才把这草图正确地在另外的纸上画出来。

草图可以十分随意去设计，作者有十分的自由去设计，作者能一目了然于他的连续后的效果，全盘打算地去设计，因此这草图实在是制作连续图案的最简便，而且最完善、最基础的方法。照这样制作出来的连续图案一定没有"缺乏联络"的大毛病，而且能达到有变化、节奏、调和、均衡、对比等要素的境地。

不管是几多个"散点"，也不管是"连缀"或"重叠"，都可用这个方法最简便而最完善地制作出来。

在我想来，图案制作法以愈简便愈能收获实效。像上面举出陈氏的连缀模样的机械的制作法，又要先把模样破碎，又复连缀起来，左右上下反反复复地把半边模样移动，非弄得制作者头昏不止，而且得不到全盘打算的效能，致使连续后的模样作者不能自由控制。

彼此都是以做成一个连续图案为目的，只就成败得失上着想，我希望目下从事图案制作者都能比较地去彻想一通，在每个人的实践上，自然发觉到两个方法的缺点与优点。可是我所举出的九个方格的自由连续的方法，也不过是一个方法而已，没有强人依从的道理。

原载《青年艺术》，广州，1937 年第 5 期，1937 年 7 月，第 304—310 页

图 1.《青年艺术》内页

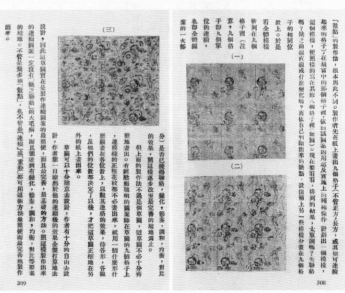

图1

华人美术研究会欢迎艺术家郑可，席间郑氏纵谈巴黎博览会观感

佚名

图1

本坡华人美术研究会，日昨假座快乐酒家，欢宴留法雕塑专家郑可氏。到会会员二十余人，满座俱系艺术界同志，一时谈笑风生，颇为融洽。席半，由主席张汝器君起立致词，略谓："郑君留法专攻雕塑与工艺美术多年，为留法学生中之杰出人才。彼之作品参加法国艺术展览会多次，曾获法政府荣誉奖章。非但留法同学认为非凡光荣，即班法国老艺术家对于郑君作品，亦称誉备至。郑君于三年前返国，主持广东省之勷勤大学陶瓷科美术主任。彼之作品发表于国内杂志、报章者极多。今夏受广州市

教育局委派赴法参观巴黎博览会。借此次博览会集世界各国精华于一堂，颇多足为我国借镜之处。郑君考察归来，于祖国工艺美术诸方面，定有巨大贡献也。敝会同人能乘郑君留星之便，一聆教益，实属非常荣幸"云。

继而郑氏起立演说，云："兄弟今时承贵会盛意招待，非常感谢。星洲艺术界同志能不分畛域，共同研究，诚可喜之现象。贵会会员遍马来半岛各地，组织之健全，虽艺术人才之多若广州者，亦叹弗口。今夏兄弟受广州市教育局之委派，赴法参观巴黎博览会，负责考察各国出品以及工艺美术各种问题，俾资我国借镜。因我国诸事落后，工艺品大半墨守陈法、不思改进，恐难与世界各国竞争。我人试以瓷器、漆器而论，我国出品，素称名于世界，但现已渐渐为人淘汰，实因制造法守旧，美术图案不思改进之故。巴黎博览会为一大规模科学工艺美术品展览会，欧美及东方各国，大半有专馆陈列出品。我国因国难严重，而不克参加，殊为遗憾。此次博览会筹备费十年光阴，占地一千亩，各国陈列馆鳞次栉比，无不争奇斗胜。科学与美术，熔于一炉，允称廿世纪之奇迹。陈列馆各有所长，尽善尽美，身入其中，如在山阴道上，目不暇接。德国馆规模宏大，建筑时之材料及工人，均由德国运去，德人作事之认真，可见一斑。英、美诸国陈列馆，亦无可疵议。西班牙馆中有一旧铁皮堆成之雕像，为一战后妇女抱一小孩，仰首望天，令人无限感触。我国受外寇侵略，无辜人民之遭杀害者，不可胜计。西班牙与我国，同样受法西斯主义荼毒，而奋起作维护正义与公理而抗战。瞻此雕像，虽黯然者久之。但我坚信，只需全民族一致奋斗，光明始终在我人之面前也。兄弟此次北返，将尽我所获，以贡献于祖国。处此非常时期，各业在中央统制之下，实人民竭其所能，以贡献国家之大好机会也"云。最后，郑氏纵谈□陆各

国商业美术现况，据谓工业美术与商业美术，实属相辅
并进者。

□郑氏在星，受张君之招待，将有较长时间勾留，以考
察此地马来人民之风俗情况。又，郑氏搜集之巴黎博览
会名贵照片□多，将在本报《星光》画报发表云。

《星洲日报·星期刊》，民国二十六年，1937 年 12 月 26 日，第 6 页

图 2

图 3

图 4

图 1. 1937 年 12 月 26 日《星洲日报·
星期刊》（胶片还原件）
图 2—图 4. 郑可《人力车·效果图及
产品》（约 1938—1940 年，新加坡；
本篇图片除特别注明外，均由郑方
提供）

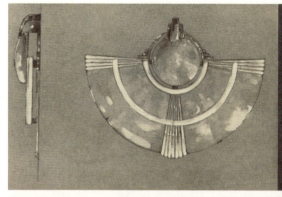
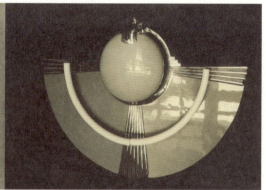

图 5   图 6

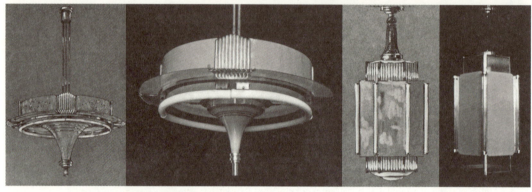

图 7   图 8   图 9   图 10

图 11

图 5—图 10. 郑可《灯具·设计图及产品》（约
1938—1940 年，新加坡）
图 11. 郑可《铁门·产品》（约 1938—1940 年，新
加坡，人物不详）

228

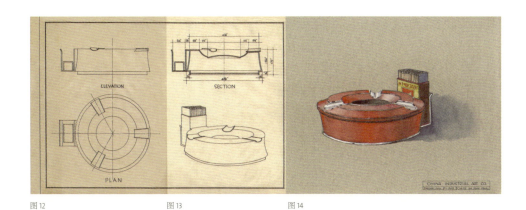

图 12　　　　　　　　　图 13　　　　　　　　图 14

图 15　　　　　　　　图 16　　　　　　　　图 17

图 12—图 14. 郑可《烟灰缸·结构图及效果图》
（1941 年，香港 "中国工业美术公司"）
图 15—图 17. 郑可《课桌椅·产品（3 款）》（约
1938—1940 年，新加坡）
图 18. 郑可《惠安庄有钊》[1]（约 1938—1940 年，
新加坡）
图 19. 郑可《徐悲鸿》[2]（约 1938—1940 年，新加坡）
图 20. 郑可《流民母女》（约 1938—1940 年，新加坡）
图 21. 郑可《异国人物》（约 1938—1940 年，新加坡）

1. 据章星虹《二月的追思——昕张识芬忆述父亲
张汝器》描述，此 "庄有钊" 当系张汝器的妹
夫，曾与潮州人张氏共同创办星洲 "朋特画社"
（《联合早报》网，新加坡，2014 年 2 月 17 日，
http://www.zaobao.com/social/crossroads/
general/story20140217—311011）。
2. 此件当系徐氏流寓狮城期间完成。

图 18　　　　　　　　　图 19

图 20　　　　　　　　　图 21

回溯三十年来中国之图案教育

雷圭元

中国图案教育创始于民国七年，算起来将近三十年的历史了。那时在北平西京畿道成立国立北京美术学校，郑锦裳为校长，主持图案系者，为黄怀英、焦自严、韩子极并设立金工、印刷、陶瓷等工厂，是为中国图案教育初创时代。十七年北伐军兴，是林风眠长校北平艺专。林氏于春季南下，在西湖建立西湖艺院，主持图案系者为刘既漂。再十年抗战迁，迁校沅陵，与北平艺专合，图案教育至此可称为发展时期。至沅陵后，因转徙奔波，无一日安定，无形有形之间，图案教育与其他艺术一样遭遇厄运。二八年冬，四川省立艺专成立，由图案家李有行长校，一时图案人才集中成都，设染织、漆器、家具工场，是为图案教育移植之时期。溯自民国七年至今，此三十年间，图案教育自北而南，自南而西南，散布移植，造就人才不下千人。其间兴替之迹，大堪一书。此三十年中隐约可分为三个时间，十年一阶段，圭元均身历其境。值此平、杭两地均身复校，四川省

艺专继续发展之时，欣喜图案教育经三十年之奋斗，由一枝而繁殖为三枝，今后十年之中，必将遍于全国。欣欣向荣，尤赖于群策群力，此篇之作，盖寄有深意在也：

第一个十年：提到中国图案教育，不能不先追溯欧洲的工艺美术运动。当英国工业革命，机器代替了手工，日用品大量生产的时候，乃知图案设计有赖于专家的统筹。是时，英国拉飞尔前派的几位画家，与批评家，如骆斯金、白雷克、罗赛蒂等，在一八五〇年提倡新图案，以"现代精神"为标榜。这个运动后来推进到艺术感应锐敏的法国巴黎，于一八八二年成立了法兰西中央图案协会，图案博物馆，及图案图书馆。并举行图案展览会，开始作有计划、有组织的提倡。一八八七年在巴黎创设了图案专门学校，正式造就人才。因社会上需要此等人才的迫切，乃于一八八九年正式改为法国国立图案专科学校。一九〇三年的法国秋季沙龙，开始辟新兴图案作品

的专室陈列。一直到现在，每年一度地在秋季沙龙中开拓图案的新园地，并足以左右世界的图案作风。日本维新之后，极力吸收欧洲文化，新兴工艺应时而起。图案教育亦列为国家教育事业之一部门，成立国立高等工艺学校，造就不少图案专家，五十年来之日本工艺，能跻列国际地位者，图案教育之功，不可抹煞也。

我国继日本之后，于民国七年创立图案系于北京美专，当时采中等部四年、专门部四年制度，附设实习工场，教授有韩子极、焦自严、黄怀英，均系日本留学，颇具实干精神。因学习时间长至八年，毕业生能力较强，盖此时间在北平研究学术之空气甚浓，学生简朴耐劳之精神，养成良好之学风。回思当时教室中孜孜不倦之情形，至今犹认为不可多得者。惟此时西洋图案作风介绍者尚少，在大体上讲不免多少带一点日本气息，乃此风之渐，来自东瀛也。

图1

图2

图3

图1.《国立艺术专科学校成立第廿年校庆特刊（艺专校刊）》（书影及内页）

图2. 郑可（后排左1）与"人间画会""人间书屋"部分同人在香港浅水湾萧红墓前（1947年；采自广东美术馆编：《梁永泰·春归而华实》，香港，公元出版有限公司，2007年版，第7页）

图3.（传）郑可《玻璃花窗》（约20世纪40年代，地点不详；郑方提供）

此时，东南一带有陈之佛、陶元庆，努力图案教育。陈氏亦留学日本，故南北图案，作风如出一辙。

迨至此十年之末，李有行、庞薰琹任教北平艺专，两氏留学法国，开始以西洋之写生变化法及构图法传授。北平艺专之图案学生乃接受欧洲内地气氛，而踏上新途。

第二个十年：民国十七年，林风眠在杭创办国立西湖艺术院，后改国立杭州艺专。主持图案者，为刘既漂。刘氏留法攻美术建筑，带来了巴黎最新的形色。民国十八年，西湖博览会会场之设计布置，即出诸刘氏之手。全盘欧化的装饰，引起世人的注目。是时，南北图案作风，俨然有东西对峙之势。在学术上讲，可以说是刘氏将新血液注入了中国图案教育的体系内，使发育未完全之中国图案教育，激起了一度的兴奋。

后延聘俄人杜劳教授室内装饰及舞台装置，可姆斯其授商业美术，于是图案之课程益趋完整，并作分组教授之试验。会在上海作扩大成绩之展览，引起外中人士之注意，而工商界受影响之最大者为杭州之纸伞、纸扇，脱去陈式换上新装，景德镇瓷器，在五省物产博览会中，以艺专所设计之新型用品，亦最受人欢迎。乃知此十年中之图案教育，已与国计民生发生直接之关系矣。

图案教育之基础甫行奠定，而日本侵略之战起。平艺专、杭艺专在战事中均跋涉数

千里，于二十六年在湖南沅陵合并，改称国立艺专。李有行、庞薰琹、谭旦冏、王子云，共同筹划，谋图案教育之复兴，分组颇详。擘画伊始，而长沙大火起，不遑暇处，又上征途。由贵阳而昆明，由昆明而入川，聚而复散，给予图案教育之打击甚巨。李、庞、谭、王，均相继离校，而由王道平主持。道平独立支持，因劳致疾，竟以肺病终于四川，此图案教育之厄运也。

第三个十年：四川省教育厅长郭子杰，在成都创设艺专，着重工艺教育。延李有行主持，沈福文、庞薰琹、谭旦冏均与焉。是时成都生活安定，物价较低，开办之初，设备甚齐。设立印染、家具、漆工三工场，求制图与实习之联系。漆艺专家沈福文由日本归国，参与其事，于是图案教育始脱离附庸于美术家校而独立成科，自谋发展。一时图案人才，如梁启煜、张枕江、程尚仁、程尚俊、柳维和等，均集中成都。并设美术建筑科，图案各部门之教育课目于焉完整。工场出品之印染、家具、漆工，颇得社会人士之好评。每有出品，争相购置，西南艺术空气为之一振。并由张岳军、郭子杰介绍于国外，图案教育在此阶段中，渐入正规矣。

胜利到来，复员开始，四川省艺专之教员，纷纷东下。盖十年在外，困苦备尝，归心如箭。数载结合，又作劳燕之分飞。同时国内工商业不景气，受图案教育者，三十年中，不下千人，都因出路尚未打通，改业者比比皆是。能坚守岗位，必须含

苦茹辛。且国内尚无一具规模之图案学校，容纳人才又如此有限。此三十年之图案教育，以身历其境之圭元视之，实一篇伤心史也。

值兹国立艺专纪念二十年立校之日，缅怀往昔，策励将来，更寄怀故旧于艺校之有关系者，从事图案事业者，据记忆所及有：郑可（在广东）、王纲（未识所在）、陈之佛（在南京）、王子云（在西北）、庞薰琹（在上海）、刘深山（在巴黎）、孙行予（在长沙）、李有行、沈福文（在成都）、谭旦冏（在南京）、柴扉、邓白、程尚仁、梁启煜（在本校）。毕业同学则几遍全国。屈指算来，三十年来之图案教育人才，不为不多。假使此后十年中，国事安定，能有一完善之国立图案学校成立，人才集中，则中国之图案教育，必可在国际上争一长短。谨于此良辰美景，馨香祝祷之。

《国立艺术专科学校成立第廿年校庆特刊》（艺专校刊），杭州，国立艺术专科学校出版组，1947年3月，第3—4页。

浮雕和牌雕 [1]

郑可

1. 本文亦曾刊于王泉昌主编《中华民国三十六年中国美术年鉴》"论文"版块（上海市文化运动委员会，1948年，第70页），惟其内有不少删削，今将最关键差异以"[ ]"表示。

雕刻原属造型美术中之一部分，而可以分为两大类，即圆雕（Ronde-Bosse）和浮雕（Relief）。

所谓圆雕，是立体的，即将整个作品之立体美表现出来。浮雕则不然，它和绘画相似，只可从正面欣赏，而且一定要背负着一个背景；它的凹凸，是多以绘画与雕刻之综合技巧表现出来的。

浮雕又 [只] 有所谓高浮雕（Haut Relief）和低浮雕（Bas Relief）之区别。高浮雕类似圆雕，在作品的画面，能将整个的立体美在背景上表现（注意：圆雕并无背景）。低浮雕的凹凸较少，作品的画面和背景几成平面，表现的能力，多用透视和线条之形式。小型的低浮雕，统称为牌雕（Médaille）。例如，钱币和大小徽章及襟章之类的作品。

浮雕作品的表现力，较之圆雕为自由，有时还能补助圆雕之不逮。例如日夜季候或风景之表现。虽不能像绘画表现之圆满，但仍能勉强示出；而圆雕几属于不可能。又如一个万马奔腾的复杂画面，在浮雕作品中现出，亦能使欣赏者易于领略。所以浮雕亦可称为一种"直看的版画"。根据上述，浮雕的表现力，当然较圆雕者为自由，但圆雕作品的优点，好像表现纯粹的立体美方面，则非浮雕所能做到。

大型的浮雕作品，与建筑物有密切之关系。好像在一片大的墙壁，纪念一个胜利的凯旋；在高高的门楣，表现着四时的盛世，这些，在东亚亦许少见，在中南欧则比比皆是。

牌雕（Médaille）是小型低浮雕的一个总名称。通常是金属制成的，亦有用其他物质制造者，但这算是例外。牌雕的大小，虽然没有确定，但以利便手携带的面积为最普通。形状方面最常见的是圆形，方形和长方形，不规则者次之。牌雕还有双面和单面雕刻的区别；关于此点，又是各随所好，没有规定。

牌雕的起源，由来很早。自从古希腊或古罗马帝国的钱币雕着浮雕，以纪念当代或过去帝皇的伟绩与宗教的光荣之后，牌雕的发展已稍具雏形。直至文

图1

艺复兴的初期，比塞奈罗（Pisanello）以后，西欧各国的艺术家，因受这位大师作品的影响，牌雕遂逐渐萌芽。他们的作品，从钱币的变相，把古代牌雕的面积扩大起来，表现亦复杂起来。自此以后，又因为美术作家和考古学家习惯的称呼，牌雕之名，就被认为小型低浮雕的总称；所以不论它是用来纪念也好，标记也好，甚至于用作货币来交易也好，都用这名词——牌雕——来代表。因此，牌雕之具有纪念意义者，大则称为纪念牌，小则称为纪念章；代表一个记号而可悬于襟帽者，则称为徽章；纪念一个功勋或伟绩者，则称勋章；具奖励意义者，则称为奖章；而用作买卖交易者，始称为钱币。

牌雕制作，可分为两种：一是美术制作，一是成品制作。前者是由雕刻家将画面塑在泥上（通常用 Plastiline），然后模印以石膏即成，但必须经成品制作的手续始成为完成的作品。后者——成品制作，又可分为两种：铸造和印造。铸造者，即将雕刻家所造好的石膏作品，以"播沙法"或"走蜡法"用金属的铸造方法制成之。此法之成绩，具美术价值较高，故较纯粹的美术作品多用之，但作品之面积不能太小，否则稍属精致细微处则不能表现。印造者亦须将作家造好之石膏作品，先以铸造方法（多用电铸法）变为铜质，再电镀以镍，使表面之质地较坚，然后安放在一架雕刻缩细机上，缩成所欲得之大小制品于钢上，使成为"母模"（即阳模）。又将此模用大压力机印在另一钢上，以得其子模（即阴模），更将此模印在任何一金属片，然后始成为一完成之作品。此法较为近代化，发明不过数十年，能作大量生产，但限于缩小机与压力机之面积，故不能太大。现在市面流通之各国钱币、襟章等，即用此法制成。

［从此我们可以知道雕刻的种类及其功用，愿落后的中国把它建设兴旺起来，使广大的人民饱尝艺术教育之福。］

我们中国历代有着很优良的雕刻的传统，当此民族解放战争中，将有许多伟大的史迹可以用浮雕的艺术记录下来，希望艺术工作同志们不要忘了使用这个工具。

原载《耕耘》，香港、重庆，1940 年第 1 期，1940 年 4 月，第 4—5 页

图3

图1.《耕耘》杂志内页
图2.（传）郑可《还我河山》（领扣像章正、背面，背夹刻"星洲电器制造厂"；约 1938—1940 年，黄铜镀金、直径 183 mm，新加坡；吴子复遗物，吴瑾提供）

233

战时新雕塑

佚名

留法雕刻家郑可，受华侨筹赈总会之嘱，雕造一含有南洋风光，及表示华侨努力于抗战工作之大浮雕以呈献委座。此项模型刻已完成，该浮雕对于侨胞之各项努力表现无遗，洵为抗战期中难能可贵之艺术作品。右角为郑可氏摄于浮雕前之影。

《良友》，上海，1940 年第 154 期，1940 年 5 月，第 20 页

图1

图1. 《良友》杂志内页

纪雕刻家郑可

仲绮

雕刻家郑可，为中国雕刻界中之一等名手也。伊致力于雕刻工作已十余年，初习雕刻美术于法国之巴黎、里昂等地，归国后，于民二十六年被派遣出席巴黎美术会。居沪时，并曾以十万金刻总理像。在未被派遣出席巴黎之前，供职于本市勷勤大学工学院，任美术雕刻建筑科指导。当时其作品中，有总理铜像，有古勷勤翁之石膏像、铜像，另名人之石膏像，美术雕刻等数种，皆珍贵之作品也。

郑爱美性成，其服装颇漂亮，从事工作时，可连日不眠，饮食亦日仅一进。其日常生活，除供职时间外，闲居即研究美术雕刻工作。所居卧室，一切雕刻工具齐备，常有一正在工作中，而未完成之石像陈列室中，夜不能寐，乃起而雕刻。其努力于艺术精神，可以想见。事变后曾一度在港，但今伊之行踪若何，无从探知也。

《粤江日报》（广州），《八景栏》，第 284 号，1943 年 4 月 24 日，第 4 版

介绍·记雕刻家郑可及其作品

佚名

广九车将抵达广州站的一瞬间，我们从车窗中望过去，远处很像有万道毫光，闪烁耀目，那就是陆军新编第一军印缅阵亡将士公墓。雍容伟岸，万古凌霄，站在墓碑顶那只铜鹰，象征着我国族的奋发鹰扬、一飞冲天的神气，深瞰待举、振翮盘空，飒飒雄姿，肃然起敬。前天在广州公祭盛典的情形，详见《星岛晚报》。吾人在景仰英雄的心情中。这座纪念碑的设计者便是郑可先生。

提起郑可这两个字，我们总算不得是陌生，尤其艺术界中人，无论老前辈及后起之秀，对他都有相当认识，因他是具有很坦率、很虚怀的个性，但一方面又是一个埋头实干的努力者。他曾两度留法，先后在法国国立美术雕塑师（院），以及又是工业专门学校早期毕业，（的）博而能专，正是一个多才多艺、苦学苦干的人。艺术造诣如何？自有他的作品来告诉。抗战留桂期间，曾制作《光复桂南纪念碑》《无名英雄铜像》《第四战区司令长官张向华铜像》，……。余如建筑设计，人像浮雕，陶瓷制品，美不胜收，大抵因他以工业专才，兼具美术修养，凡经他费过心思，动过双手的成就，的确另有其精湛之处。

记者为加深艺术的了解，满怀着企慕的心情，会见了这位热情如许的雕塑家。在研讨学术之下，深觉他对于艺术，确有其独到之见解。就一般人的观感，明知艺术不止徒供欣赏，尤能发思古之幽情，例如面对着《昭陵六骏图》的时候，当然联想到太宗鸿才大略，唐室中兴。又假如经过巴黎凯旋门，必将警觉到战火无情，春风吹草。人们踏着历史陈迹，不期然而睹物兴怀，究亦只供凭吊。所以郑先生极力主张艺术深入民间，以普遍化为目的，为求大众获得艺术的熏陶，大众获得艺术的享受，于是必先以艺术科学化、机械化为必要条件，民生"衣、食、住、行"所需，几无一不沾有艺术成分。举一例，余如

衣料及家具之图案，建筑及器用之设计，经艺术者之考虑，取材以适应机械能力，简化美观，切合实用，成本廉宜，就购买能力，如此才是发挥艺术之最大效能。向来我国著名艺术品，如象牙球、象牙塔，名磁、名画等类，皆纯靠手工，又必出自名手，始克留存。此种古董艺术，雅而名之，是谓国粹，实际徒然增长收藏家之占有欲，纵然得登大雅堂，陈之博物院，亦不外徒供玩赏，岂惟艺术者之初心哉。上述为郑先生的独特见解，深长思之，自有其至理所在。因又论及纪念性的雕刻艺术，其言曰：立体人像，不徒其面貌酷肖便了，实在最重要者，在能把其风度姿态，刻划传神，就服装或衬品中，必须表现其历程中之光荣历史，使人有肃然起敬，悠然神往之触感；试稽历史伟人之铸像，凡出自名手者，皆不忽于隐微，可从多方面迹象寻之，必不逾此矩，总之此所谓"胆大、心细"功夫，非片言可能尽其大概；神而明之，存乎其人，故凡艺术作品自有其本身价值，雕刻工作，固不能与一般商品并论也。

《星岛日报》,《艺苑》,
双周刊·第1期, 1947年9月17日, 第8版

图1　　　　　　　　图2　　　　图3　　　　　　　　图4

图5

图6

图 1. 郑可《建设》（浮雕）（1947年；本篇图片
均采自《星岛日报》）

图 2. 郑可《少女》（石膏像）（1947年）

图 3. 郑可《张发奎将军半身铜像》（1947年）

图 4. 郑可《"新一军印缅阵亡将士公墓"墓碑铜鹰》
（高15尺、横20尺[1]，重5吨）

图 5. 雕塑家郑可像（1947年）

图 6. 郑可工作室一角（1947年）

1. 此数据若参考丘光明等《中国历代度量衡量值
表》，民国时期一尺约合33.3厘米（《中国科学
技术史·度量衡卷》，北京，科学出版社，2001年版，
第447页），即为高499.5cm、横666cm。

新 年 开 笔 [1]

郑可

1. 此篇名为刊物编辑当时所设定之栏目名称。又，收录时已对个别文字及标点偏差有所调整。

图1

图2

图1. 郑可（约20世纪50年代中；郑方提供）

图2. 郑可《牧童》（约20世纪50年代；郑方提供）

几年来，工艺美术事业是有了一些起色和发展，可是，我总感到在工艺美术事业的一些带有根本性的问题上，还没有很好的解决。而凡事不从根本处着手，仅在一些局部问题上花费许多时间和精力，虽然也可以见到一点成效，那毕竟是暂时的成效，不能决定大局的。

我所感到的根本性问题，有以下几点：

第一，必须明确工艺美术的概念及其性质。这个问题，早在几年以前，就已经接触到了，可是也仅仅是接触了一下，并未深入下去加以解决，社会上是众说纷纭；工艺美术界本身也是似是而非，不求甚解的情况。而长期以来由于对此问题未能给予解决，竟使工艺美术事业的发展方向也摇摆不定。

什么是工艺美术呢？据我粗浅的理解，即是对于广大人民生活中日用必需品的美化和欣赏品的美化，也就是说通过工艺美术工作者的劳动和劳动成果来美化人民生活，满足人们物质的和精神的生活享受。现在有不少人，却把工艺美术的范围看得非常狭小，认为只有欣赏品才是工艺美术品，这种看法是不全面的。而严重的是，这种看法，已经成为一部分对工艺美术工作负有领导责任的同志们的指导思想。而在这样的指导思想下面，必然使工艺美术的发展受到局限，甚至忽视了主要方面。

第二，关于提高审美能力和创作技巧的问题。工艺美术是一个复杂的艺术创作活动，一个工艺美术工作者，应该具备一般造型艺术的基础，而更重要的是掌握工艺美术创作的技巧与处理手段。这个问题，曾经也引起过争论，但也并没有得出一个结论来，现在还有不少人认为画好素描和水彩画就能成为工艺美术家。几年来，眼见许多人作如此想法，也在如此去做。我看到这种情况实在着急，事情是明明白白的，仅仅去画素描和水彩画，是既不能成为一个工艺美术家，也不能解决工艺美术创作上的任何问题的。我认为审美能力的提高是非常重要的，要提高审美能力，必须在一定的专业学习过程和创作实践中，通过对于工艺美术的美的原理和法则的创造性的运用，并从各个艺术门类的陶冶中去培育和寻求的。只有提高了审美能力，创作技巧才能随之提高。

至于社会上的某种习惯势力，对于工艺美术的种种庸俗的评价，一方面需要我们去展开批评和争论，而更重要的最根本的办法，是我们自己拿出好作品来。

第三，必须加强科学技术的学习，并充分利用一切可能利用的科学技术条件。过去每每一谈到科学技术，在工艺美术界就有一种格格不入的意味，认为我们是搞艺术的，何须去过问科学技术，而科学技术问题自有科学家去搞。这种看法也不能不说是有些狭隘。这些同志他们没有认识到我们谈科学技术，决不是说让科学技术来代替一切艺术劳动；恰恰相反，我们学习科学技术的目的，是运用科学技术来为工艺美术的创作服务。所谓科学的，应该是先进的同义语。从工艺美术的历史来看，任何时代的工艺美术的创作、生产和成就，都和当时的科学技术有着密切的血肉不可分的关系。如果没有好的坯釉和高明的烧窑技术，虽有好的陶器设计，也仍旧是纸上谈兵。

因此，我们作为一个工艺美术工作者，应该学习和掌握各种进步的生产方法和进步的操作技术，因为只有这样，工艺美术工作者的才能和智慧，才有可能得到实现。

在这新的一年的开始，我直率地提出我的这些看法和认识，希望与同志们相互勉励，共同努力，使工艺美术事业得到真正的繁荣。

原载《工艺美术通讯》，北京，1957 年第 4 期，1957 年 1 月，第 42—43 页

图 3. 1956 年郑可（左 2）与制造景泰蓝的技术工人在研究"六瓣九鱼吃草花瓶"的质量（采自《人民日报》，1956 年 5 月 13 日，第 5 版）

图 3

我们对于建立新美术的意见

集体讨论：
张光宇、符罗飞、特伟、陆无涯、沈同衡、张文元、廖冰兄、黄茅、王琦、黄永玉、方成、谢文、傅天仇、方菁、盛此君、杨纳维、麦非、余所亚、张大羽、殷朗、戴铁郎、游允常、许伊凡、丁聪、陆志庠、温涛、萨一佛、荒烟、新波、蔡里安、曹平、谭彦、马勒、郭炎、黄平、邓中铁、米谷、张漾兮、卢巨川、谭雪生、朱鸣冈、李翔、蔡迪支、陈雨田、王文彪、梁永泰、阳太阳、关山月

执笔者：
黄茅、余所亚、王琦、新波

（甲）一个过去的轮廓

伟大的人民新时代已经出现了。

压迫人民，出卖民族利益的封建官僚资产阶级统治即将归根消灭。

这是中国历史上一次空前的，最彻底的革命，它显出中国人民大翻身的英勇无敌的力量，这力量不仅使她取得斗争胜利的果实，而且将永远巩固自己创造出来的世界。

但目前在国民党反动派残余势力尚未彻底肃清以前，这斗争仍然继续进行着。

在这革命的新形势下，作为文化战斗一翼的美术，是紧跟着整个文化展开着辉煌的业绩，将担负起新的任务。

要认识新美术运动今后的道路，我们有必要对它的过去轮廓回顾一下。这里首先值得提起的是具有反帝反封建革命精神的五四运动，美术在当时为了配合于政治改革的巨浪，像秋风扫落叶一样，夺取了那代表着士大夫封建的，宫廷享用的国粹画的阵地，使它几乎无地自容。无论是在展览会上，在厅堂的挂壁上，在书本的插图上，在日常各种用品的装饰上，都给新的所谓西洋画代替了那由一相传的传统秘法，公开了图画的玄奥。那时这种美术学校虽然不多，但全国风靡着这种蓬勃的空气，向上海美术学校去学习的学生是趋之若鹜的，几乎包括了全国每一个省份。这种潜力自然由于当时政治上的科学与民主号召。西洋画恰好适合自然科学的追求而挤上画坛宝座，人民又正能透过科学精神去了解图画。中国绘画在那时从新注重形象，人民从形象中获得到新的教育，这是在悠长的中国美术史上最值得宝贵的一页。作为当时的主导人物，大抵有蔡元培作理论上的启蒙，在实际的美术教育工作上，则有刘海粟所办的上海美专，广州胡根天等人所办的美术学校等。

美术必然生根于其政治的基础，在国民党掌握政权以后，其本身的封建残余尚未清除，配合着他们那种媚外苟安的心理，所以一切所谓的革命行动，都仅以改良主义的姿态为止。勇进之途一断，反动的措施随之而来，单就美术教育一项来说，则转了一个大弯，使它重新坠进泥沼里，以前仅仅步进于门槛，正企图从科学上去解决图画的技法这一问题还未深深的触到，而西欧庞杂的绘画流派却又混了进来。而运进来的主要尚不是数百或数万张怪画，而却是无数具产生怪画的机器——这个从法国学了印象派回来，那个从日本学了立体派回来，那个是从英国学了学院派回来，五花八门，不一而足，有些居然会叫起为艺术而艺术的口号来了。总之一切混乱了，正如国民党的政权方向一样，像一片竹叶漂在海洋上，洋洋自得，既不会凌空，又不会沉底，飘摇恍惚，莫知所措。从前有志未成的美术学徒，正感手足无措，不但不知道如何去开辟出正当的道路，连美术工作有何意义也不明白。在茫茫风暴下，他们只有附会所谓国际沙龙的时髦一途，以苹果或裸女为他们在画布上追求的目的，在作风上则力求标新立异，多树旗帜。美术家在当时是一个迷惘于歧路的无主的游魂。

产生这种情况的根源，自然要归咎于国民党的文化阴谋。国民党运用政治力量来操纵、培养这种颓势的成长，而使美术家沦为他们少数人的奴役，使适合于他那统治范围中的官僚资本的文化。因为只有这样的美术，才足以粉饰他自己的太平世界，才足以掩盖他啃咕人民脂膏的血腥。

当时的画家既不能跑进工业生产部门，又不能作为人民精神营养的种子，于是只好来回于达官显贵之门，投奔于商品货柜之间。画家是什么呢？十足一个可怜的寄生者，尤其可怜的是以荒谬的哲学来麻醉自己说"不安于贫而后有好的创作"，这种的梦呓。

国民党政权既不能直接有帮助于穷人自己的发展，间接又没有准备好一切可能给穷人以必要发展的客观条件；社会对于穷人，

总是抱着轻蔑鄙视的态度，因此每年从国民党统治下培植出来的美术学生，是一大群失业的后备军。即使有极少数取得政府上层关系的学生，能够获得遣送出国的优遇，或是得天独厚的富家子弟，能够自费出国留学镀金，但他们也不过是去撷拾一些西欧资本文化的余唾，回来徒供买办阶级的使唤而已。至于艺术的社会意义，在他们心目中仍是茫然的。这些人虽然在当时表面上学得一手外来的技巧而自炫，但那所谓技巧，也不过局限在人体、风景、静物的狭隘范围以内，画些死硬的毫无生气的东西。这些作品只能取悦于少数的特权阶级，而且也靠着他们的撑腰，才建立起自己的声名和地位。他们那种并非来自群众认定的声名和地位，也居然一直残存在每个人心目中，把他们当成偶像一般的崇奉着，这是非常令人叹息的事。

美术和国民党整个政治经济文化合流，只有上层阶级拿它来附庸风雅，人民是无暇与美术发生关系。又以美术的旗帜虽多，但作品全是一些苟且消闲的不纯熟的东西，给国民党的腐败政治装潢起来。而另一些自己关起门来的画家，就在极度贫困中度过与人民一样困难的日子。

等到中国无产阶级政党的兴起，号召一切被压迫的人民起来为自己的幸福、解放而奋斗，就直接影响到中国的文化活动。同时在美术领域内展开了另一翼新军——即中国左翼美术家联盟的成立，一部分觉悟的画家们就勇敢向前，放下过去为艺术而艺术的笔，开始为工农阶级艺术而斗争。虽然在当时理论与创作实践还未能坚实地展开，然而在中国的新美术前途上，却已开始显露出曙光了。

另一方面，我们不能不谈到作为全国美术运动中心的上海。这里的中心人物可以指出的是□□□、□□□、□□□、□□□等，不论是有意或无意，客观上他们都执行了封建官僚买办阶级的艺术任务。他们虽然在作风上追求的是不同的派别，但是使美术与民众生活游离，提倡唯心的庸俗的作品，与当时的反动政治相符合一点却是共

同的。下面所举的几项事实，便是他们在当时所干出的业绩：（一）对于新兴艺术（主要是木刻、漫画）的歧视与压迫，这方面特别是刘海粟，在当时进步艺术刚开始萌芽的时候，而他却用假正统的姿态来压制这种艺术的生长；（二）无条件而又毫无批判的介绍西洋作品，当时的艺术学校却在摸索的状态中，而他们不负责任的任意搬运，不说明某一类的西洋美术的形式或内容的好坏，因而造成了他们所介绍的"外国的东西都是好的"错误观念，荒谬怪诞的现代主义的东西，他们也认为是不朽的绝佳之作；（三）贩卖东方封建艺术到外国去，把中国士大夫艺术作为代表中国民族的艺术，以奴性的、投机取巧的方法取悦于洋人，以"遁迹山林""超世绝俗"的意象为中国民族精神的最高表现，以反科学的表现形式为民族艺术的形式。这种替封建艺术延续其生命的玩意，有意无意的以闲逸之笔，企图扰□正在进行民族革命□□粉饰史实、太平，造成一个无声的中国于世界。

此外，在这种逆流下的插曲，便是小资产阶级艺术的蓬勃。所谓小资产阶级艺术，是指包括了个人主义、自由主义和形式主义这些倾向来说的。

中国小资产阶级艺术的形成，是以决澜社为首，里面的主导人物是倪贻德、周多、杨秋人、阳太阳、段平右等。他们虽然有不满现状和官僚买办阶级及其艺术代理人的因素，但他们的对抗意志却异常脆弱。由于他们本身阶级的妥协性，在他们的生活里没有斗争，没有勇气把人民的斗争生活和画面联结成一气；他们不敢正视现实，反而变成现实的逃避者，或为"为艺术而艺术"的俘虏。像这种在社会生活中没有根基的东西，想要和大资产阶级对立，其结果便必然成为社会消极的畸形的东西而已。

但他们不满意旧有形式的情绪是激昂的，为弥补这精神上的缺憾，于是向形式上寻求出路。他们说："我们厌恶一切旧的形式的色彩，厌恶一切平凡的低级技巧，我们要用新的技法来表现新时代的精神。""让我们起来吧，用了狂飙一般的激情，铁一般的理智来创造

我们的色、线、形交错的世界吧！""我们要自由地综合地构成纯造形的世界！"（决澜社宣言）不错，小资产阶级艺术是在苦闷于旧有形式的束缚之下解放出来，破坏了过去的传统，而呼喊形式的创造和个性的解放。假如说这种勇气不失为一种形式上的革命的话，那么，他们却犯了一个错误，即是把形式脱离了内容而孤立起来了。实际上在他们所谓新的形式表现下的题材，和资产阶级艺术并无丝毫区别。

因此，小资产阶级艺术的形式革命，事实上不知不觉地回到资产阶级的旧路上去，很显然的，作为他们形式的根据的现代主义艺术，就是现代资产阶级艺术的代表，而小资产阶级艺术，其实是徐、刘旧路换一个方式的延续。

当新兴绘画与官僚资产阶级尖锐对立的时候，即有从侧面闪出来的改良国画，企图苟延旧美术的颓势，这就是所谓革新派或折衷派国画，可是这也不过是买办文化与东洋封建文化的合流而已。封建艺术原已失去了广大群众基础支持，然而它之所以能依旧存在，那就是它附从买办阶级而生存的。因为这样，这种保存封建传统的艺术，便得到和帝国主义勾结的机会，而且被误认为封建艺术是东方艺术的代表。其实，我们并非把封建美术全都否定，对于中国固有的美术遗产，我们必须承认并保留其技巧上若干优点，但必须去掉它的封建意识——主要是古代画家流传下来的反科学的唯心的理论，和表现在画面上的帝王封建观念，与士大夫阶级的出世思想。

"九一八"以后，日本帝国主义的侵略，掀起民族革命的高潮，文化战线上执行着对日战争的任务，同时提出反封建的口号，给国民党以很大的警告，人民重新了解自己与民族的命运，必需依靠自己的力量，才能获得自己的解放。进步的美术家洞悉了这一重大的课题，就暗地里进行着严酷的斗争。这种斗争是向着多方面的，一面是对自己的残余的不良的艺术气习，一面是对国民党的钳制，还有一面是对日本帝国主义的进迫。但当时有文化界友军和广

大人民的支持与鼓励，更加以有鲁迅先生作前导，从思想上给美术以许多指示，大大地增强了他们奋斗的信心和勇气。这种斗争的范围，开始从个人的或少数人的，渐渐扩展到多数的集体的和群众性的斗争。许多新兴的美术团体组织起来了，如杭州艺术的木铃木刻社、一八艺社、上海野风画会、上海美专的 MK 木刻研究会等，他们都是在反动统治者之检查迫害下，勇敢地进行这种新艺术的开拓运动。在开拓的过程中，一部分同志是牺牲在当时统治者的刺刀下，但这些先驱者的血并没有白流，他们的精神在今天还活在我们的心底。

中国左翼美术家联盟，也正是这些进步的美术团体的中心，成为展开新兴绘画运动的主导力量，尤其在木刻运动方面表现特别显著。但美术青年在初期因为缺乏师承，大多数还在黑暗中摸索，所以当时没有表现出较好的成绩。但有一点是值得特别提出的，就是他们的工作不单是表现在纯粹创作上，同时也表现在一些实际的革命任务工作上，这一点其意义我们是认为比诸创作成品的收获更加可贵的。

漫画，虽然在辛亥革命后就有出现（沈博康时代就有了反帝反封建的漫画），可是漫画家在思想上是比较落后的，认识也较为模糊，加以后来美国"纯趣味"与黄色漫画的入侵，漫画界大部分作者被他们所同化。到了"漫画生活"时代，虽然它犯了严重的"左"倾幼稚病的错误，但最低限度已显出一种进步的倾向，这种倾向在当时是值得着重强调的。认真说来，漫画步入了进步阵营成为新兴绘画中坚强的一部分，还是抗战以后的事，特别是江南事变以后的事。因为黑暗的政治压力使漫画家不得不认清他们自己的政治方向，而坚决走上为人民解放事业的道路。

这种新兴绘画的内容，表现在木刻上的，首先是以描写工人生活、工厂的机器、街头失业者、劳动者的特写，罢工浪潮和"九一八"以来东北义勇军英勇抗日的史实等为题材。由于作者的出身或生活习惯的关系，很少把笔尖涉及农村生活方面。黄

河两岸大水灾以后，才有一些有关农村的作品出现。表现在进步的漫画上的，恐怕比口个范围更为窄狭，常常是革命口号的说明，想象中的资本家的糜烂生活，抽象的暴露资产阶级压迫劳动人民的场面。在这些作品中，常常看到他们误解了"内容决定形式"的格言，而把一般的生活放过了。同时因为这些画家原多是小资产阶级出身，他们的生活是空虚的，当他们接触到这些从无生活经验的题材时，便只有一种空虚的原则上的概念，缺乏具体的深入的表现。那种缺乏真实性的题材，及虚构的表现形式，结果必然地使它陷入于口号化和公式主义的泥沼里。

在技巧上，木刻虽然是我们固有的艺术，但我们却没有保留这种旧形式，而去接受了欧西影响，主要是珂勒惠支和麦绥莱尔诸家粗犷的作风，其后苏联木刻的精细整齐的表现方法，又被惯性地模效着。漫画一开始就是由西洋钢笔画蜕变过来，个别作家是受西洋作家影响的，其中以大卫、乔治格罗兹及哥佛罗皮斯等被影响得最多，有一个时期还出现了介绍罗斯的盲目模仿风气。总而言之，作为新兴绘画代表的木刻漫画初期的作风是：观念的，空泛的，忽视了表现它内容的形式。另一方面由于美术工作者没有受过充分的绘画技术训练，他们往往把技术修养抛下了，来从事实际革命工作，所以基础修养不足，以致不能把内容表现得更好，也是事实。

过去新兴美术虽然暴露了若干缺点，但在抗日期间，除了还迷恋于旧法统下的美术家抱着那艺术与政治无关的旧观点，对抗日采取不闻不问的冷漠态度以外，很多觉悟的美术家却已秉承了鲁迅的指示，以文化战士的姿态服膺于民族解放战争，这一悠长的日子一直继续到抗日胜利。

在这差不多十年的战争期间里，他们几乎走遍了全国的前线和后方，经过无数艰难的困苦，受到许多阻碍和折磨，使他们从事实的经验中洞察到国民党的虚伪无能之后，更深刻了解到非将反动的国民党统治从根本上推翻，不但全国人民的自由幸福无法取得，

连美术本身的发展也是不可想象的事。

进步的画家们就在民主的大旗下，成立了几个美术团体（如全国木刻协会、全国漫画协会），直接向代表国民党系统而由张道藩操纵下的中华全国美术会，以两种全然不同的姿态进行战斗。

近几年来，美术家不管自己专门与不专门，差不多全部精神都致力于漫画的讽刺，木刻的暴露，给统治暴君以不快的颜色。美术家们也甘愿受着逃亡、拘禁的痛苦，而不肯给美术以侮辱。在这方面从理论到创作取得相互的关照，作为现实主义的标识，由于与广大人民的抗争相配合，由于其他文化友军的支持，从废墟中新生起来的美术就逐渐茁长，而形成一种不可轻侮的力量。虽然如此，但在国民党反动统治尚未彻底崩溃之前，反动的美术犹有所包庇。目前由于全国性的解放已迫在眉睫，旧的美术无疑地将随着它依存的旧统治基础归根消灭。那么，在这样一个划时代的剧变行将到来的前夜，我们将如何检讨过去的缺失，认清目前的情势而把握着正确的方向，以充分的准备去迎接未来的新的伟大的工作呢？

这里，我们提出了下面的意见：

（乙）怎样去认识新民主主义的美术

我们回顾了中国新美术发展前面的一段过程，虽然经过许多迂回曲折道路，但不能否认，中国新美术运动，确已在人类历史进步的号召下，离开了朦胧的境界，而开始找寻到和人民结合的道路，为民主解放而战斗。在目前，全面胜利的局势已定，全中国人民的伟大解放即将到来，新中国的美术即将开始建立，因此为配合客观情势的要求，明确阐明新美术的本质，是今天新美术运动中的一项重要的课题。

我们了解到今天中国革命的道路，是新民主主义的道路，从口口口方向出发，新美术的本质，也口无口口口的是新民主主义的美术。它不仅明显地区别了以前的各种艺术观点，同时也切实地作为确立今后美术

运动的中心。因此作为我们艺术思想上的领导的，是以工农阶级的思想，同时也只是以工农阶级的思想为中心领导，才能稳定我们的立场，发挥我们的创作力量和丰富整个美术运动的内容。

我们既已认为新美术必须与人民结合，必须表现群众生活，使适应于进步的政治运动的要求，那么，新美术的内容，就应该清除过去那种模糊的、观念的、空泛的、口号式的表现，而代之以具体的、客观的、富有生命内容的表现。当前的革命任务，是彻底消灭封建残余和官僚资产阶级的统治，击破帝国主义奴役中国人民的阴谋，使数百年来处在半封建半殖民地的黑暗地位的中国，得到完全解放。为着要达成这一个伟大的任务，全中国的人民解放军、武装人民和文化战士们都在各地区展开激烈的战斗，□写着中国历史上最辉煌的一页。我们新美术的内容，曾经要具体地反

映这伟大的现实，从人民大众的生活——尤其是工农大众的生活，及其进行反帝反封建，实行土地改革和与土改有关的斗争史实作为我们的内容。同时更需要反映已建立起的新民主主义的新社会生活，我们能把握着这些伟大的主题，并通过基于写实的多样性的表现形色，这不仅能改变一部分人对于新美术的认识观点，而且更能使人民从新美术的作品里，对于社会的变革有深刻的了解，和借此以鼓舞其战斗情绪，坚定其必胜的信心。

新美术是为广大人民服务，主要是为工农兵服务，这个基本原则使我们清楚了艺术和人民的关系。艺术工作者本身便要和人民的生活打成一片，一同呼吸，而且只有经过这样的实践，新美术才不致成为一个空壳，新美术的内容才有真实的具体的表现。

但，我们也并不完全否定了小资产阶级美

术，在目前，小资产阶级艺术仍有其保留的余地，因为今天革命的形势，小资产阶级是被认为能够与人民一同前进的同盟军。所以，新美术的对象，也要包括小资产阶级在内，只要它是以反帝反封建为内容，和不拾取资产阶级那种□残的、支解了□实的具体形象的作品，它一样为人民大众所理解所接受。而且我们也希望，这种革命的小资产阶级艺术，可能跟着中国历史的发展，从长期的斗争经验里，更清楚革命的目标和人民的需要，彻底进行自我改造，成为一支新民主主义美术的新军。

（丙）怎样团结和批评

在目前的革命形势下，美术上的统一战线不仅是需要，而且更应该把它巩固和扩大。从过去到现在，我们得承认在所有文化部门中，统一战线工作表现得最脆弱的是美术这一部门。严格地说，美术统一战线只

图1

是一个空洞的名词，仅是一种形式上的统一，或者是纯以联络情感为出发的一种结合。因此在新美术运动的行程上，渐渐地产生出各自为政、脱离群众的宗派主义倾向。美术界作为无产阶级中心思想的领导的缺乏，也是形成这种分崩离析的最大原因。美术界没有一个最高的思想原则作为行动上的准绳，所谓自我批评和集体教育，只是一些好听的名词，在实际上做到的程度真是微乎其微，这种现象大大地影响了美术工作者的团结和统一战线的建立。

但今天的形势比人还强，我们必须努力纠正过去种种错误，应确定以工农阶级思想作为我们进行统一战线的领导思想。所谓统一战线的基础，应该以广大的群众为基础，使新美术的影响，不仅局限于爱好美术的人，或从事一般美术的工作者以及就学于美术学校的学生，在地区上也不应局限于几个大城市，我们要把新美术普遍在每个城市的市民，工厂的工人和广大农村的农民。我们不仅止于影响、或教育对于新美术的认识而已，我们更应该从这一个基础上去训练出新美术的干部，组织干部，发掘新人。过去我们的进步美术工作者，他们的团结也能照顾到几个少数人身上，或一两个团体身上，只满足于一个小天地以内的团结，而放弃团结这几个人或一两个团体以外，较进步或可能进步的美术工作者，以致形成一种左的关门主义的倾向。他们以为单靠孤单奋斗，就可以创造出一个广大的新局面，他们对于新兴阶级思想观念比较模糊，对于有志向上的美术工作者，□采取冷淡的态度，不□去团结、争取和影响他们，帮助他们去进步，只听其自然发展。像这种错误的观念和做法的结果，不但会削弱新美术工作队伍的力量，而且会阻碍新美术的向前发展。我们认为这一类在政治思想及艺术思想上比较落后的美术工作者，在全国美术界确是占了相当多的数量，不论从事西洋美术或中国美术的人，他们当中也有不少是在技术上有了相当的成就，而且也有了相当的历史，拥有相当数量的观众，在目前全国人民及各革命阶层为建立新民主的中国的大团结的前提下，只要他们不直接或间接

违反人民利益，我们便没有理由拒绝他们与我们合作。我们应以诚恳的态度去接近他们，团结他们。我们应以对象的思想认识程度，而采取多样方式去接近他们，使他们渐渐地明了新美术运动的意义，与我们团结合作。假如我们只有机械地去认识原则，不灵活运用原则，对对象提出过高或过低的要求，这等于窒息我们自己的呼吸，违背了新美术工作者应有的态度。

但我们在争取和团结工作上，也并不是采取不问是非、一视同仁的态度。过去有少数顽固分子，钻到反动阵营里，甘心为统治者作帮凶，执行反人民、反革命利益的任务，如参加了南京和上海的所谓"战乱委员会"的美术罪犯□□、□□□、□□□、□□□、□□□、□□、□□□、□□□等，他们制作所谓"战乱"宣传画，推行所谓"战乱"美术运动，训练"战乱"美术干部，阻挠及破坏人民新美术运动的发展等，像这些自甘堕落的罪恶分子，我们不仅要孤立他们，而且将毫不怜恤地给以打击，使他们永远无法渗入我们新美术的队伍中来。然而也有另一部分败类，也许是自己一时无知，跑入歧途，或贪图一时的享受，出卖了自己的良知，受了反动者的驱策而投入火坑。那么，我们却希望他们能及时觉悟，及时清□地停止反动工作或积极地革面洗心，跳出反动的圈子，决心去参加人民解放事业，以图戴罪立功。这种人，也往往欠缺主动改过的能力，需要我们去提醒他们，纠正他们，引导他们。因此我们亦应站在正确立场的宏量去感化他们，教育他们，使他们认清方向，得有为人民服务的机会。

最后，我们认定过去美术统一战线最大的弱点是缺少批评，缺少讨论，大家不敢正面去接触问题，战战兢兢地只求感情上去融合，以为只要感情无间，就解决了团结问题，相反的却把批评看成是破坏团结的举动。因此，新美术的作品也显出复杂纷纭的现象，产生了实际上是个人形式主义和回复到自然主义的种种倾向。同时，也因为只有感情的团结，才造成美术界各部

门的本位主义，人事上的宗派主义，无原则的争辩，排斥倾轧，互相吹捧；或者是仅在别人背后说闲话，不敢公开征求大家的意见，作严正、坦白的批评。另一方面，一般以为艺术批评与讨论，只是作为技术上的问题，把一切艺术创作方法上的问题，单纯看成是艺术制作方法的问题，所以表现在过去有关美术的讨论文字，也只有看到这一单纯问题的讨论；又无对每一个作家的作品，或某一流派的批评和介绍，则仅以线条、笔触、色彩和构图等作为主要讨论的中心，而艺术家的思想和作品的主题以及时代背景等，都被完全忽略了。这种不从科学的理论观点出发的批评和讨论，便造成美术上偏重于纯技巧表现的风气——虽然有时连这种纯技巧也不见得就很成熟，但我们的美术批评工作者，却是普遍地犯了这种偏向的错误。

建立新美术统一战线的批评工作就是巩固团结工作，因为只有批评才有进步，只有批评才会发现更明确的路向，才能更阐明真理之所在。只要我们肯定艺术为服务于人民的观点，以社会科学的美术批评立场，去批评美术作品的内容和形式，我们相信一定会收到好的效果。我们反对主观的漫骂式的批评，反对偏向内容的或形式的片面的批评，和幼稚的不深入的公式化的批评……

(丁)怎样实际去执行

(一)关于画家思想改造
由于过去美术家的阶级属性和他所处的种种特殊环境，所以一般的智识分子所残存着的小资产阶级倾向，表现在我们美术家身上是尤其多的。目前值得指出，便是那种"超乎常人"的艺术家的特殊优越观念，是普遍存在于美术家的脑子中。旧的美术家则以为他们是高踞艺术的宝殿，把自己的艺术和对于人民的关系，看成是自上而下的恩典式的施舍，认为人民是有把自己那样"高贵"的"艺术家"奉之若神明的义务。前进的美术家虽然参加了人民解放斗争工作，但也把"为人民服务"这件事看成是自己一种"牺牲精神"的表现，所

以他只是以一个旁观同情者的地位，去向被压迫人民伸出援手，而没有真正站在人民的立场，和人民真正结合起来一起斗争，所谓优越感的遗毒，依然没有肃清。新中国的美术家，并不是什么了不起的所谓"特殊阶级"，他只是人民大众中的一个组织成员，所差异的只不过他掌握一种专门的艺术技能，这种技能和科学家掌有实验技能，农夫会耕田，或木匠会锯木的方法一样，大家都是在运用各人的所具有不同的技能为社会人民服务，绝没有什么贵彼贱，我高你下之分。美术家只有在把这种"优越感"完全克服了以后，才能把自己真正和人民融合成一片，才能真正站在正确的群众观点上来从事工作，才能产生人民大众所真正需要的作品。

其次，我们要指出的是：美术家对于一般智识的缺乏，也是使许多问题搞不清楚的最大原因，他们这种把自己的研究局限在狭隘的技术圈内，对于技术范围以外的智识（特别是哲学、历史、社会科学）漠不关心的态度，这样的结果便造成美术家无非成为一个偏狭的技术工匠，不但不能具体认识自己从事艺术工作的基本任务，也因此无法正确地去把握住群众观点，在作品上也极容易流入个人的自由主义倾向，在工作上也难免会犯下主观的宗派主义的错误。以过去的情形看来，旧的美术家一贯是抱着"艺术即技术"的错误观点，只知道在画室内埋头作画，即或有少数人涉及理论，也只限于技法上或美术史上和画家个人的一小部分的故事传奇而已。新的美术家也许在这方面所得到的智识还远不及他们，但他们都以得到一点初步的革命理论为满足，也不肯往更深的理论和广泛的智识境界去探索。所以这种对于多方面知识欠缺的现象，同样表现在新的和旧的美术家当中。今天"加强科学的艺术理论的学习"和"扩大多方面智识的研究领域"，确是我们当前认为迫切的急待努力的工作。

但怎样才可以克服上面所指出的缺点呢？我们认为：除了唤起每一个美术工作者对于加强自我学习的注意和严格执行自我改造以外，主要的还要在美术界建立起集体批评制度，用集体的方式来进行自我改造

和研讨学习。这不但可以在学习上收事半功倍之效，在克服本身的缺点上，也是一种最良好的方式。

（二）美术界与人民生活结合

毛泽东先生指示给我说："既然文艺（工作）的对象是工农兵及其干部，就发生一个了解他们熟悉他们的问题。而（为）要了解他们，熟悉他们，（为要）在党政机关，在农村，在工厂，在八路军新四军里（面），了解各种人，熟悉各种人，了解各种事情，熟悉各种事情，就需要做很（多）的工作。我们（的）文艺工作者需要做自己的文艺工作，但是这个了解人熟悉人的工作（却）是第一位的工作。"这即是说，先要求美术工作者在生活上与工农大众结合，然后才能在美术作品上真正做到与工农结合。过去的美术家由于存在着智识分子的优越感，首先从意识上便与人民分离，在生活上当然更是与工农大众脱离得老远老远了。他们大都强调着艺术的特殊性，所以也强调着自己应有特殊的"艺术家气"的生活，其实这种所谓"艺术家气"者，也无非是散漫、懒惰、颓唐、无组织、无纪律的极端个人的自由主义生活作风的另一种解释而已。这种作风的发展，造成美术家与群众生活的隔离，美术家把接近群众，走进群众生活看成是非常卑下而艰苦的事情，他们认为拿着画本和画笔，到下层社会中去写一两趟画，便算是与人民生活结合，这是多么可笑的想法。新的美术工作者和人民生活结合的理解，应该如毛泽东先生所指出："必须到群众中去，必须长期地无条件地全心全意地到工农兵群众中去，（到火热的斗争中去），到唯一的最广大（最）丰富的源泉中去，观察、体验、研究、分析一切人，一切阶级，一切群众，一切生动的生活形式和斗争形式，一切文学和艺术（的原始材料），然后才有可能进入（创作）过程。"只有这样，美术工作者才能把自己的生活和精神和人民大众的生活精神打成一片，才能以人民的利益为自己的利益，人民的需要为自己的需要，才能认识人民大众在进步生活发展上的程度，才能把自己的艺术适应于人民生活发展的步调，而创作出人民所需要、所能接受的

作品。美术工作者必需以极大的耐性与决心来克服过去那种小资产阶级的残存观念，诚心诚意与人民生活结合，以达到真正为人民服务的目的。

（三）大众化问题

目前我们美术工作者主要的任务：一方面是用美术来当作教育人民的武器，一方面是把几千年来被少数特权阶级从民众手里夺去的艺术交还给人民。要达到这两种任务，基本上都非要求我们的作品要切实地做到大众化不可，不过因为造型美术有它特殊的表现方式，所以一般在文艺上对于大众化问题的看法，运用到美术部门来，我们还必须说明一些个别的意见。

第一，我们认为美术上的大众化问题，不单是形式上的问题，主要的是内容上的问题。是内容决定形式，不是形式决定内容。观众看一幅画，总是先从它的内容上去认识，先看看这内容是否与他们的生活有关，观众对于作品的兴趣，都是首先从这里产生出来的。如果作者在作品内容上是描绘一些为大家所不熟悉或与大众生活无关的东西，或是描绘画家自己主观和超然的理想，那么无论在形式上如何去讲求大众化，也不是大众所喜欢的作品。这里我们也并不否定形式对于观众的吸引力，我们要求的是"政治与艺术的统一，内容与形式的统一，革命的政治内容与尽可能高度的艺术形式的统一"。在这一个昭示下，我们允许有各种各样的艺术表现形式去表现人民生活的内容，这样在艺术园地上才会显得出它的丰富和多彩。我们不能肯定某一种形式才是大众化的至高的代表，但我们却肯定最高的艺术是应该符合人民斗争的要求，把人民斗争的生活内容表现得越深刻、越生动，它就一定会得到广大群众的爱好，也就是最高的艺术作品。

第二，要否定某些人对形式上偏狭的看法。例如有的人认为平面的单纯线条的黑白画是容易被大众理解的、接受的，而多彩的复杂调子的立体的画面是否不为大众所理解，所不能接受呢？我们认为不但能够而且是应该更能理解和接受的。绘画与文学不同者，就在于一部有高深艺术价值的文学作品，读者

至少需要有能识字的水准才能理解，而一张有高度艺术价值的绘画，却是只要有眼睛的人便能欣赏，问题不在于绘画艺术应用的工具和表现方式，而在于作者运用这些工具和形式的手法如何。如果作品所表现的内容正确，运用手法恰当，无论是油画、水彩、素描、木刻、漫画、招贴画和国画，在新美术发展的道路上，都将有其远大的前途。

第三，时间和地域对于大众化问题的解决，也是不可忽视的两个问题，在美术大众化的形式问题上，绝没有"放诸四海而皆准"的铁口。在什么样的时期，什么样的地点，大众所要求于艺术的形式与内容都各有不同。南方大众所喜欢的形式，一搬到北方，不一定为北方的大众所喜欢，城市市民所喜欢的形式，移到农村也未必合适。时代总是一天天往前进，群众的认识眼光也是不断地在进步，今天的形式未必适用于明天，所以美术作品的形式和内容，是随着时期和地域的不同，而产生着多样的变化，美术工作者就要善于把握住每个不同时间和不同地域的特点来从事自己的创作，才会收得实际的效果。

第四，关于美术作品应通过怎样的方式去接触大众的问题，我们认为这是与政府当局对于美术上的设施有着密切的关系的。美术作品总不外通过展览和出版等方式和大众接触，过去美术界在反动的国民党政府压杀、封锁的政策下，造成美术作品与大众的隔离，没有较好的多的展览会场，没有公共陈列所和画廊，出版界对于美术出版的歧视和冷漠，这些不合理的情况，在新民主主义社会制度下，应该是不存在的。我们希望新政府当局在从事全面文化建设的工作计划里，不要忽略了美术建设的工作，□可在各大城市设立博物馆、美术馆，小城市的民教馆里设立画廊，图画册子、连环画集的大量印行，使美术作品能真正借此深入到民间，成为广大民众不可缺少的精神食粮，而我们也可以随时吸引人民的意见，改进自己的工作。

（四）美术教育

新民主主义初期的美术教育，应该分做两方面来进行：一种是美术专家的教育，是长期性的；一种是普通美术干部教育，是短期性的。

为什么要有普通干部的教育呢？因为在建设初期，用美术来辅助启蒙教育工作的重要是无容否决的，这是一项普遍而巨大的工作，需要大量的美术工作者来做，照目前的情形来说，就是动员了许多有修养的专家也嫌不够。但如果要等到新的专家出现之后，才来推行这项工作，又为实际情形所不容许。所以唯一补救的办法，便是设立这类短期性的干部训练班，使在短期内使教给他们以基本技法，足以应付初期民众教育工作需要的起码水准。但如果为了目前工作的暂时需要，便集中了全部精力来从事单一的干部教育，因而忽视了，甚至停顿了美术专家教育的计划，这却是一桩极大的错误。这样的结果，将会使人民大众的智识水平逐渐提高了以后，当他们需要更高的艺术的时候，我们所给予他们的将是一片空虚。所以我们认为美术专家教育的计划，也是提高干部的教育计划，二者同样不可偏废的。

图 2. 1949 年 10 月，郑氏（4 排右 2，即戴墨镜者及长辫女士身后戴眼镜者）参与香港进步美术界于六国饭店举行的庆祝中华人民共和国成立集会活动（采自王琦《王琦美术文集·艺海风云》，上，附图第 9 页）

图 2

过去美术专门学校的教育，显然存在着不少缺点，在总的方面，它偏重于技术的训练，而忽视了理论和思想意识的训练，尤其是缺乏对生活方面的锻炼，这也是造成今天美术家那样一些技术工匠的总原因。即使就单纯的技术来说吧，过去的方法也有许多不合理的地方：第一，他们太注重于室内的死的技术学习，而忽视了室外的活的方面的技术学习，虽然也有写生的课程，但也只限于风景描写。今后应多注重室外活的人物的描写。第二，室内实习的对象石膏模型，都是外国人型，以致他们在后来画人像的时候，往往把中国人也画成外国人的面孔。今后应该配合着较多的中国人石膏模型来练习。第三，片面的注重于面对实物写生，缺少默画的训练，以致使他们一离开了对象便无法制作。今后应当增加默画的课程，这于后来创作构图上，将会给他们以很大的便利。第四，木刻、漫画是过去一向认为富于战斗性和教育人民最优秀的武器，可是遭反动政府的压杀、迫害，在美术学校内也遭到歧视和禁止，

在新政权管理下的美术学校里，这两姊妹艺术一定要列入正式课程内才是合理。

这里我们只简略地提出上列几点在改革美术教育上的大略意见，至于详细的美术教育计划和具体的实施方案，却有赖于教育专家们去拟定了。

（五）美术与生产结合

前面举出美术与民众接触的最好方式是通过出版和展览，但除了这两种方式而外，把美术推行到生产品中，也是最易普遍的良好方法之一。美术作品从出版物和展览会场上与人民发生接触，都是处在被动的地位，民众不走书店或展览会场，美术作品是无法送到民众眼前去的。只有美术与生产品实行结合，它才能主动与民众发生接触，从都市及公共机关的房屋建筑装饰，以至于日常用具如服饰、家具、茶杯、茶碟等用具上的图案花纹，都是使美术直接与人民接触的最容易、最便捷的方式。从这方面去着眼，美术与生产品的结合，实

大有其意义在，它不但可以增加人们的美感，而且还可以通过这些同样去教育人民。改良生产品的装饰设计和充实它的内容，这里我们认为工艺美术家有大量涌进生产机构中去的必要，而且教育当局也有创设工商业技艺专门学校的必要。

美术只有在民主自由的社会条件下，才能够得到踊跃的发展。革命的新美术，必然会在新民主主义的新中国土地上开放出光辉灿烂的花朵。但由于几千年旧美术所遗下的传统遗毒还未被肃清扫荡，新美术阵营中力量是那么的单薄，所以尽管革命形势的发展，给美术准备了有利的客观条件，但要争取到新美术的全部胜利，还需要一切美术工作者加强团结和不断地努力。

《文汇报》（香港），《美术》
（双周刊），1949 年 5 月 20 日，第 5 版

图 3

图 3. 1950 年中，郑氏参加首批"港澳同胞观光团（港澳工商界东北观光团）"赴内地参访（1 排左 3，武昌首义公园前；郑方提供）

建国瓷设计计划 [1]

1. 此份档案原文繁体竖排、计4页(无页码)，今次整理就原有标点等做了必要调整。其影本由清华美院郭秋惠女士得自张守智先生处，当如张氏于盛装之中国轻工业陶瓷研究所纸质信封封面记称："中国轻工业陶瓷研究所涂金水(原副所长)提供有关1953年'建国瓷'原轻工业部资料(部分)，涂说：资料为中国陶瓷协会常务副理事长付维杰提供给景驻京办事处主任，复印给涂的。2015年4月寄来。"另，张氏2016年10月曾刊发专文《建国瓷的设计、试制与生产》(《装饰》，2016年第10期，第50—57页)，其内多引此材料。惜同据者，亦当经多番影衬，字词漫漶难辨，张氏文中更有误读、错记等。今特将无法识认处以符号"□"代替，将张氏个别或可信从处以"[]"符号括出。

2. 张氏此处括注称，"是指政务院机关事务管理局为中南海怀仁堂和北京饭店、新侨饭店定制的国宴餐具"。

3. 此7字为原文所见唯一改笔，今录出并括注备考。

我国的瓷器有悠久的历史，有辉煌的成就，充分表现了我国劳动人民朴实□□。□□年来，由于受□帝国主义经济上和文化上侵略影响，使瓷业生产同样受到了沉重打击。现在为着广大人民生活上的需要，和发扬我国工艺美术的优秀传统，所以组织了"建国瓷设计□□□[委员会]"，来从事这项设计工作，来逐步推进瓷业生产的改进。

我们设计的原则是：

一、尊重我国瓷业生产的固有传统，根据现有设备及技术条件，在原有基础上逐步改进。目前先以江西景德镇为试制重心，以后逐步推广经验，在其他产瓷地区进行试制。

二、目前初步试制，配合各机关所拟定制的餐具来进行，[2] 这样可以使试制工作结合实际需用，也就是使试制工作与生产紧紧结合，以后逐步由定制整套瓷器□入为人民大众日常需用的瓷器的试制。做到凡是礼品能充分表现我国瓷器的辉煌成就，而日常用品要求做到物美价廉。

三、在形式上，器物的造型在适合实用的条件下，力求能表现我国造型艺术上的雄伟、朴实的风格，装饰上则力求活泼、优美、壮丽。并力求避免随便使用红星、镰刀、斧头等来作为装饰，及盲目仿古的倾向。

"建国瓷设计委员会"的成立和工作状况

(一)成立经过与人事：

一九五二年九月，我部(商得文化部同意)[3] 委托中央美术学院担任建国瓷设计部□，因于同年十月二十六日正式成立"建国瓷设计委员会"，聘请委员郑振铎、徐悲鸿、江丰、张仃、章元善、蔡若虹、梁思成、张光宇、徐振鹏、王秀峰、雷圭元、齐燕铭、尹佐庭、庞薰琹、张正宇、林徽因、王逊、叶麟趾、吴劳等二十六人为委员，推选郑振铎为主任委员，江丰、张仃为副主任委员，郑可、祝大年、张仃、高庄、梅健鹰、陈万里、沈从文、□□[钟灵]为常务委员。并组织设计工作室，下设设计、资料、总务三组，推祝大年主持室务□□[兼领]设计，高庄负责资料、郑乃衡负责总务，同时又雇用绘图员六人，专摹插□。工作了二月，进度趋缓，因即呈由我部核准充实人事，当即由部分函河北工业厅借调叶麟祥、江西工业厅借调江西建筑瓷厂经理傅德鑫、江西文教厅借调陶业专校设计教员一人。除傅德鑫仍留景市参加制作外，余均未能遵山，乃派郑乃衡参加设计、蔡德春参加制□。所遗总务事宜，派由地方工业司干部朱则尧按月前往处理。

(二)各项会议的召开：

1. 陶瓷工业技术座谈会。一九五三年一月十五日，我部借中央美术学院召开陶瓷工业座谈会八天，事先函洽景德镇工商局选派当地技工代表七八人来京参加，以便交流经验。这八天的议程，有报告、参观、技术和组织问题的讨论等，总结这一次会议，有如下的收获：

(1)了解景市的技术情况，把理论与实际设计与制作结合起来；

（2）代表们了解建国瓷的目的与要求，回去发动大家思想上早作准备；

（3）会议参观，[4] 对今后提高技术有很大的帮助。

2. 检查工作会议。技术座谈会既结束，该会在全体委员及工作人员共同努力之下，作品渐增。为欲确定方向，依照计划完成任务起见，特于一九五三年二月七日召开"建国瓷设计委员会"常务委员会议。首先检查工作、考核进度，次则确定结束步骤，并议决：（1）剪纸不主张再发展；（2）应着手礼品的设计；（3）资料可再向故宫参考、吸收；（4）决定于二月廿六日起在中央美术学院召开扩大评选会议，并将作品分类陈列，以便各界人士前来参观与批评。

3. 扩大评选会议。三个月来，该会已绘成图案凡一百八十八幅，为听取群众意见、以期改进起见，特于二月廿六日起，将所有作品分类陈列三天，邀请本京艺术家及有关机构前来参观。连日到院阅览者甚众，提出意见亦多，艺术家如王朝闻、艾青、蔡若虹、刘开渠、庞薰琹、雷圭元等皆联袂参加扩大评选会议，针对作品，结合技术与理论，□□[尽量]批评。对于评选标准，一致通过：（1）剪纸不主张采用；（2）造型要切合用途，重心不安定者□□[要修]改；（3）秧歌舞、□□、和平鸽等不可滥用，应□[考]虑；（4）花纹力避繁复；（5）利用空白地位，增加美[观]；（6）完全仿古者不采用。

（三）图案的质与量：

图案分创作与仿古两种，就其用途言，属于中餐具者有青花十五幅、古彩十五幅、斗彩十一幅、粉彩九幅，属于西餐具者有青花十六幅、古彩十二幅、□[龙]泉[5]二幅，属于茶具者有青花八幅、古彩十三幅、斗彩二幅、粉彩二幅、洋彩[6]十幅、青瓷孔绿十六幅。属于烟酒具、台灯、礼品者，包括青花、古彩、斗彩、龙泉等共五十七幅。合计一百八十八幅，连同登报所征□□[外稿]八十七幅，总计二百七十五幅。

（四）经费的支用：

建国瓷的制造中央核准垫拨人民币二十亿元，自一九五二年十一月起截至本日止，共已支用二亿四千四百一十五万六千三百元。一九五二年准支设计费一亿元，实支22,649,700元，余为上缴。一九五三年第一季度，准支设计费二千万元、制作费三亿元，二个月来，已支出办公杂费以及召开座谈会，计20,506,600元，并口江西景德镇工商局统筹江西建国瓷厂二亿元，作为预备瓷土、木柴之用。

（完）

一九五三年三月二十七日
中央轻工业部
打字：张美云 校对：纪清枝

4. "参观"所指，张氏括注系"故宫博物院陶瓷馆和北京酒店业餐饮用瓷等"。

5. "龙泉"后，张氏括注指乃"青瓷"。

6. "洋彩"后，张氏括注指乃"新彩"。

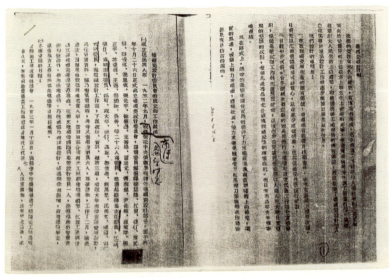

图1.《建国瓷设计计划》影本（部分）

图1

雕 · 刻 · 塑 [1]

郑可

1962 年 4 月 12 日

1962 年 4 月 8 日,《人民日报》在"简讯"中有一则雕塑展览会的报导,[2] 文字很简短,但是牵涉到一些名词的问题,如圆雕误为"图雕"、石雕写成"石刻"、泥塑写成"泥雕"。依我个人理解,提出一些看法,如下:"图雕"可能是笔误的问题;"石刻"与"泥雕"的问题,是值得研究的。

特别是"石刻"这一名词,是否应该把它的含义,再澄清一下呢?我以为,是有必要的。

雕、刻、塑的概念

通称的"雕塑",是一个普遍概念。细致地分析起来,"雕、刻、塑"是有区别的。如果我们有了较明确的"雕、刻、塑"的个别的概念以后,在解决上述问题中,就可以取得一致的看法了。

追溯中国古代对于"雕、刻、塑"的一些解释:

雕,大别有二,一为浅雕、凸雕之属,一为立体造像。《考工记》也有"刮磨之工"凡五,其一曰"雕人","主治骨、角者也"的记载。

刻,史称"周穆王纪迹于弇山之石"[3],当是刻文之制所由始也。

塑,或作"塐",捏土为人物形也,《史记》帝乙为偶人,以象天神,'与之博'。则殷时已开其端"[4]。

由此可见,我国在几千年前,就有了雕、刻、塑的不同的处理手法和初步的分工了。以后至汉代、南北朝、唐代等时期,由于雕塑艺术的大力发展,从而雕、刻、塑的分工就越发细致了,有极为丰富、多彩的雕塑艺术,流传至今,足以借鉴。

1. 本篇经简单装订之手写原件(非郑氏笔迹),由郑方女士提供。封面及内文首页,见"62 7 9"及"论·62·5—7"编号标记,内更有大量不同笔色的调整。今依一般编辑规律,将基本确定的修正文字录出。

2. 此新华社"简讯",为《北京雕塑家展出新作品》:"北京的雕塑家们近年来创作了不少题材新颖、形态优美和风格各异的雕塑艺术。最近在北京帅府园举行的'雕塑展览会',就展出了一百二十三件包括图雕、浮雕、石刻、木雕和泥雕等形式的作品。作品的创作手法各具特点。王朝闻的'少女像',用精致的刀法捕捉住青年妇女生气勃勃的精神特征。民间艺术家刘润芳雕塑的'卧佛',线条柔美流畅,运用了我国传统的雕塑艺术的手法。'泥人张'张景祜的彩色泥塑'选花布',极其细腻地塑造了少数民族生活形象。"(《人民日报》,1962 年 4 月 8 日,第 2 版)。

3. 原句或出自清人梁熙《皙次斋稿》卷 4《真武庙记》(四库未收书辑刊编纂委员会:《四库未收书辑刊·伍辑》,第 28 册,北京出版社,影清康熙刻本,2000 年版,第 395 页、30 叶背)。

4. 所引一句,当出自清人赵翼《陔余丛考》卷 32"塑像"条(上海,商务印书馆,1957 年版,第 692 页)。惟,与西汉司马迁《史记》卷 3《殷本纪第三》所记人物相悖,"为偶人"者,应乃"帝乙"的祖父"武乙",且词句或当为"谓之天神",而非赵氏之"以象天神"(北京,中华书局,1997 年缩印版,第 104 页、缩 31 页)。

现在我们再引申地读读：

雕：是立体造型的一种手段。用一定的工具在硬质材料上，留下艺术家所表现的艺术形象，去掉不要的素材，使用多种不同的凹、凸深度的处理手法，就叫作"雕"。雕可以产生三度空间的艺术效果，即长度（高）、宽度、厚度（深）。雕只限于铲去或凿去素材，而不能附加素材，这是被材料一定的制约性所决定的。雕有"圆雕"与"浮雕"之分，例如：云冈石雕、潮州木雕、福建雕钮、北京果园厂雕漆……都是"雕"的处理手法。

刻：是平面造型的一种手段。它用一定的工具在不同硬度的材料上，只能表现一种凹、凸深度的处理手法，体现艺术形象或一幅画面的，就叫作"刻"。刻与雕、塑都不同，只能表现二度空间的艺术效果，无厚度。刻的处理手法，只能是刻出阴线和阴面，以及阳线和阳面，用来表现艺术形象，例如：刻印、立碑刻铭、画像刻砖、画像刻石、木刻（版画）……都是"刻"的处理手法。

图 1. 郑可《搞卫生》（石膏，约 20 世纪 50 年代末 60 年代初；郑方提供）
图 2. 郑可《植树》（上色石膏，约 20 世纪 50 年代末 60 年代初；郑方提供）
图 3. 郑可与张光宇（约 20 世纪 60 年代初；郑方提供）

图1

图2

图3

250

塑：也是立体造型的一种手段。使用可塑性的材料、陶土、磁土、黏土等，根据创作意图，随意加减，使它发生立体凹、凸的变化，而成为艺术品。"塑"的处理手法表现力很强，比较"雕"与"刻"省时省事，大小由之，不被材料所制约，例如：陶塑、磁塑、泥塑等艺术品，以及用石膏翻成的塑像，都是"塑"的处理手法。

以上简单地阐明了雕、刻、塑的基本特点，在于处理方法的不同，性质的不同，从而有不同的概念。

石雕与石刻的问题

在我国传统雕塑艺术的处理手法中，有雕整体、刻细部的结合手法，可以统称为"雕刻"，或简称为"雕"。

以云冈雕刻艺术而言，简称为"云冈石雕"，就比"云冈石刻"的定名更切合实际。主要因为它的整体效果是用雕，细部装饰辅以刻，石雕是名副其实的。换言之，单独用刻是不会出现立体造型的，因此，称之为"石刻"就不太恰当了。

如果说"云冈石刻"是一个习惯的叫法，那也无妨改一改。问题在于有了雕与刻的正确的与明确的概念之后，就应该逻辑地得出一个真正判断才对。这种判断，基本上无需经过□理，就可证实了。希望雕塑界对这个问题推敲一下，把艺术用语统一起来，无论是发表文章也好，编写教材也好，或是编写雕塑史稿也好，如果都能取得一致的名词或用语，对教学与分类等工作，全是有利的。

因此，我认为，只要是立体造型的雕刻艺术□，最好把"石刻"名词改正为"石雕"。如果是平面造型，使用"刻"的处理手法，当然还是应该叫作"石刻"的。

泥塑与泥雕的问题

我国传统雕塑艺术中，凡是使用可塑性的材料捏制的艺术品，都是用"塑"的处理手法。泥巴是软的，只能用塑，不能用雕。如果把整块泥巴晒干去"雕"，总不如用软泥巴"塑"起来，更有丰富的表现力。

当然，在塑成的立体造型干燥以后，也有用雕或刻的手法，辅成装饰的，但毕竟它还是以"塑"为主的。因此，泥塑最好称为泥塑，还是比较恰当的。

以上是我个人的看法，请大家指正。

让雕塑为祖国"四化"出力

郑可

如今全国上下一致为祖国"四化"贡献力量,雕塑怎样适应新时期的革命需要,为"四化"服务,是摆在每一个雕塑工作者面前的重要问题。在我们雕塑工作者中间,有些同志看到在我国建立大型纪念碑的任务很少,美术展览会上的雕塑作品,展出之后又没有专门的雕塑博物馆收藏陈列,雕塑系的毕业生分配工作成问题,迫切感到雕塑后继乏人,没有出路,不像搞国画、油画那样有发展前途。雕塑工作者认为英雄无用武之地,不能为"四化"出力而十分烦恼。这个苦恼是怎样产生的呢?这是有历史根源的。

解放以来,由于我们的艺术教育、美术创作上盲目地学习苏联,纪念碑式雕塑受法国学院派的影响,使雕塑工作走入了一个小胡同。昂头看是一线天,往下看是一条沟,左右看不见东西,今天还沿着这条胡同走下去。在这样的

图 1. 郑可于北京西城阜成门旧宅内创作郭沫若浮雕像(约 1980 年)

图1

胡同里是烦恼的，怎样才能走出这个胡同，走到一个豁然开朗、天地空旷的境界呢？

其实雕塑的创作领域是很宽阔的，雕塑的涵意是很广的，它不只限于纪念碑和美术展览会上的"座上雕塑"[1]。它既是空间艺术，又是时间艺术，它还包含着建筑上的装饰浮雕，实用品上的装饰雕塑以及案头陈设的各种小型工艺雕塑品等。它的题材也不只是限于人物、动物、花鸟、鱼虫、风景都是雕塑表现的范围。雕塑的艺术形式也是多种多样的。正像戏剧的艺术形式一样，不能只有话剧，还有京剧、评剧、歌剧、舞剧等。过去在我国雕塑界仅有"座上雕塑"一个品种，其他形式例如装饰性的雕塑，与实用品结合的雕塑，与城市建设和建筑结合的雕刻等形式，就很少有雕塑家去尝试。特别是各种工艺美术雕刻，如牙雕、玉雕、黄杨木雕、陶瓷雕塑、青田石雕等，这个领域更是广阔，期待着我们雕塑家去学习，去探索，去创造。

雕塑事业从来就是和工艺结合的。雕塑家必须懂得工艺制作，精通并亲身参与铸铜、刻石、翻模等专业劳动。我们的雕塑创作不能只停留在现有的石膏、水泥、大理石等几种材料上，民间有许许多多利用多种工艺材料制作立雕、浮雕的传统技法，值得我们去发掘与继承。我们要把眼光投到更多更丰富的新工艺新材料领域里去。要了解制作，了解生产，创作出价廉物美、为广大人民群众欢迎的作品。

国家和雕塑工厂还要资助一些雕塑工作者去从事这方面的探索，给他们提供必要的工作条件，使他们发挥所长。

以上只是谈到对雕塑工作者的希望，但雕塑事业的发展是不能缺少国家和社会的提倡与支持的。"四个现代化"的时代来到了，我们的思想必须适应新的要求，只要我们打破旧的框框套套，解放思想，向优秀的民族传统学习，向民间艺术学习，充分发挥广大雕塑工作者的智慧和才能，定能创作出丰富多彩的优秀作品。我们祖国雕塑事业的繁荣复兴时代一定会早日到来。

原载《文艺研究》，北京，1980 年第 4 期，1980 年 8 月，第 36 页

1.原注："座上雕塑"是指独立的一件雕塑作品形式，一般也称"架上雕塑"。

从罗丹的巴尔扎克像想到的[1]

郑可

1. 本篇手写（非郑氏笔迹）原件，由郑方女士提供。其绿格文稿纸侧边，见"北京电车公司印刷厂出品八〇·五"印记，今更从纸张新旧程度判断，当约在 1980 年代初完成。

在我桌上放着几件法国文豪巴尔扎克的雕像照片，有……但是，唯有罗丹的《巴尔扎克》给人强烈的印象，这件作品在人类艺术史上留下了光辉的一页，是人们公认的真正的《人间喜剧》的作者——巴尔扎克的"纪念碑"。

雕塑大师罗丹为《巴尔扎克》塑像付出了巨大的劳动，反复构思，不倦地探索，花了整整七年。他全面研究了文豪的一生，彻底了解作家全部的创作，并亲身到他的故乡体验生活：沿着英德拉河岸长途漫游，寻求创作的灵感，搜寻形象的模特，感受巴尔扎克故乡的乡土气息。

为了找到纪念碑的基调，罗丹他做了大量的草图，研究并借鉴了世界各国的艺术遗产——他说过，巴尔扎克像是得到中国陶瓷雕塑"达摩像"的启发的。为了掌握人物的形象、表情，他塑造了几十件人体习作、头像习作。一个姿势、一个表情，都认真推敲。甚至巴尔扎克穿的一件普通的睡衣，雕塑家也都绝对地忠实于生活的客观真实性，请了曾给巴尔扎克做过衣服的老裁缝来定制。真是严肃、认真，一丝不苟。罗丹的创作，是建立在这样坚实的土壤基础之上的，他作品中那热情的笔触、奔放的质理、独特的造型，就是在这土壤上开放的天才的花朵。

每当我们面对他的任何一件雕塑作品，《思想者》《加莱义民》《施洗者约翰》《维克多·雨果》……都无不被他那深刻的思想、强烈的激情所震慑，这正是罗丹艺术的力量之所在。

罗丹的巴尔扎克雕像就是这样一个艺术的典范。试看其他的几件作品照片，轮廓刻画得如此准确，细部雕刻得如此精美，可是只要和罗丹的作品一加比较，就黯然失色了！难道这些雕塑家没有塑造技巧，没有艺术才能？工作不够严肃认真吗？不是。那么这些作品为什么不如罗丹的作品呢？原因当然是很多的，但是根本的原因就是，罗丹的作品他不拘泥于表面的真实和准确，而是采用了艺术创作中夸张、提炼、集中、概括的手法。你看他的作品，雕像上隆起的额头、突出的眉弓、紧凑的鼻孔、有力的嘴角、奔放的头发、潇洒的衣纹、鲜明的形体……这一切动人之处，都不是靠模拟自然形象而达到，而是以雕塑特有的造型语言来表达。这件杰出的作品，尽管在当时被人们反对、误解，被人们用"漫画"、用"石膏做的白企鹅"来取笑，但是丝毫磨灭不了他的光辉。正如法国人克拉德尔讲的，"它仿佛是不朽的作家的神灵的化身，出现在无知的凡人眼前"。

是的，罗丹是伟大的、不朽的，他的艺术也将不朽。当人们的艺术素养提高了，就会睁开眼睛看到大师的伟大，感到自己的渺小。雕塑家法尔吉埃就曾流着眼泪，悔恨自己嘲弄罗丹的过失。在艺术史上，这样的事情是屡见不鲜的。虽然这样，但对于我们来讲，从中吸取教益是很重要的。

罗丹的巴尔扎克"纪念碑"，给我们许许多多启示。《巴尔扎克像》的创作过程和遭遇，永远值得我们纪念。

工艺美术的继承和发展

郑可

中国工艺美术的遗产是非常丰富的，她是中华民族悠久、优秀的文化遗产的重要组成部分。在原始社会，我们祖先最突出的成就是新石器时代的彩陶，在奴隶社会的光辉成就是青铜器，在历史上，称为彩陶文化和青铜器文化。

如何继承和发展这一优秀的遗产呢？第一，继承传统的旧的艺术形式。例如过去画"福禄寿三星"，今天还画"福禄寿三星"。这些产品可以出口，增加外汇。但是，我认为，它们不能代表我们国家今天的面貌。第二，继承传统的精华，结合现在的生产实际，创造出新的风格、品种和技法。第三，我国工艺美术有着丰富、宝贵的传统艺术理论，这些也要研究、学习和继承下来。但是，最重要的要做到"古为今用，洋为中用"。在历史上，我国工艺美术吸收了外国艺术的营养，丰富和发展了民族的艺术。例如佛教艺术是从印度传到中国的，它对中国的雕塑、壁画、织锦等艺术产生很大的影响；现在闻名于世界的中国景泰蓝也吸收了阿拉伯国家珐琅、金属工艺品的长处。由此可见，"洋"是为了中国的"今用"，学习外国的艺术，不是全盘欧化，而是为了发展和创造今天的新的工艺美术。"古为今用"也是如此。封建社会的工艺美术是为帝王服务的，今天社会主义的工艺美术是为人民大众服务的。因此，立足点是"今用"，是在继承传统精华的基础上，创造出社会主义时代的艺术风格，而绝不是抄袭。只谈继承，不谈发展，是不全面的。

工艺美术的发展是和生产、科学技术的发展密切相关的。春秋战国时期，我国就有石蜡铸造青铜的先进科学技术，直到今天的 20 世纪，仍然广泛应用。随着现代科学技术的发展，某些工艺美术品可以吸收国外先进的科学技术成果，如超声波、激光、电火花等，都是可以的。所以，加强科学技术研究工作也是一项重要工作。工艺美术生产一方面要很好地保持手工技艺的特点，一方面某些环节的机械化、模具化，也是完全必要的，以便节约劳动力，降低成本，提高产品质量。现在，全国有八十多个工艺美术研究所（室），如果根据生产需要，组织这些研究所有计划、有目地研究某一个问题，一定会取得可喜的成果。

设计、生产、销售等环节要相互贯通，互通有无，这也是当前发展工艺美术所必须解决的一个重要问题。设计就是创作出新产品。新产品要物美价廉，考虑到销售，才能卖得出去。现在，不少工艺品还没有过"销售关"，产品积压，卖不出去；有的是销售不得力，不了解世界行情和不同地区的需要；还有一个宣传问题，你不宣传，人民不知道，商人不知道，也就没人买你的产品。因此说，设计出新产品并不等于工作做完了，生产、销售这两关没处理好，还是不行的。所以，要做到设计、生产、销售"三位一体"，搞设计要考虑生产，生产要考虑销售，形成"一条龙"。解决了这个问题，就避免了浪费，加快了步伐。

工艺美术品涉及人类生活的衣食住行等各方面。现在，无论是在世界上或在国内，人民对物质文化生活的要求都在不断提高，对工艺品的需求也就更多了。工艺美术生产的发展前途是无量的。我们应该为中华民族创造出更加光辉灿烂的物质文化和精神文化，为社会主义建设作出积极的贡献。

原载《中国工艺美术》，北京，1982 年第 1 期，1982 年 3 月，第 6 页

图 1. 袁运甫陪同郑可在首都机场壁画施工地（1979 年；采自翁剑青编：《中国现代艺术与设计学术思想丛书——袁运甫文集》，济南，山东美术出版社，2018 年版，第 231 页）

图1

"工艺美术"初探

1. 篇内数处关于"包豪斯学校"的错误称谓，当非对之有过明确接触与认知的郑氏所为，足见此文或系他人代笔，捉刀者又未详其故事，现特将作者署名改为"郑可等"。

另，关于郑氏对"包豪斯"的理解，目前还有一个不知来由的谬种仍在流传，即针对约于 1979 年在中央工艺美术学院举办的"吕立勋平面与立体设计基础课教学成果展"的反对声音中，有所谓"也在法国留学，50 年代抛弃香港几间工厂返回内地任教的郑可教授甚至说：'包豪斯是失败的。'但是，当时大部分年轻人坚信，他们找到了设计现代化的方法"（李立新：《突异的过程："三大构成"与中国设计基础教学——中国设计基础教学研究之三》，南京艺术学院设计学院等编：《设计教育研究》，5，南京，江苏美术出版社，2007年版，第84页）的记录。

人们对"工艺美术"是什么，看法不一，颇有一番争论。我以为这个争论对于工艺美术事业的发展是有意义的，故提供一些资料与不成熟的意见和同志们商榷，作为"初探"。

顾名思义，"工艺美术"的工艺，就是"百工之艺"的意思，为了把"工艺美术"的工艺区别于一般"制造工艺"，赋予它美的艺术的含义，便在工艺后面加上"美术"二字，指明这种工艺是属于美术范畴的，或这种美术是与工艺紧密结合的。也就是说"工艺美术"虽与美术有关，但又不同于一般的美术，它具有物质与精神这两重属性，既为满足人们物质生活的需要，又为满足人们精神生活的需要，两者缺一不可。

从原始社会、封建社会、资本主义社会到社会主义社会，都有工艺美术存在。广义地说，石器、彩陶、铜器、铁器、纺织、服装、陶瓷器皿、塑料用品、建筑装饰、机械外型等，凡是科学技术与艺术文化的综合产品都可叫工艺美术。

在我国，解放前没有使用"工艺美术"这个词，只用"图案""实用美术""装饰美术"等几个名词。当时的美术院校设立"图案系"或"实用美术系"，一直沿用到全国解放初期。1954 年举办了第一届全国民间工艺美术展览。中央美术学院的实用美术系停办，改为工艺美术研究室，筹办中央工艺美术学院。1956 年经毛主席指示，周总理批准，正式建立我国第一所工艺美术学院。接着，全国各地相继成立了数十个工艺美术公司、工艺美术研究所、工艺美术学校。各艺术院校设立了工艺美术系科，建立了数以百计的工艺美术工厂。从而"工艺美术"这个词被广泛采用，并在群众中扎下根子。但直到现在，除"工艺美术"这个词外，还有人沿用"图案""装饰美术""实用美术""应用美术""日用美术"等名词。

解放以来，在毛主席《在延安文艺座谈会上的讲话》精神的教育下，由于老解放区来的美术家和许多热心于工艺美术事业的爱国美术家、老艺人，以及文化艺术部门的积极提倡和共同努力，使我国的民间手工艺术得到重视与发扬。例如中央美术学院实用美术系把民间艺人汤子博的面人、张景祜的泥人、路景达的皮影、郑乃衡的彩绘，以及杨柳青的年画和民间剪纸、玩具、彩画等作为教学内容和研究的课题。各地学习与发掘民间手工艺术蔚然成风，玉器、牙雕、漆器、景泰蓝、花丝镶嵌、刺绣、抽纱、贝雕、羽毛画、地毯、竹雕等，这些具有浓郁民族民间艺术风格和特殊手工技艺的产品，如雨后春笋般发展起来。据说过去海关把这类在国外享有盛誉的出口产品列入"特种工艺"栏，于是，有人把这类手工艺术品称为特种工艺。今天，凡是具有民族民间艺术风格和特殊技艺的手工艺术品，一般称为"工艺美术品"。

然而，它们并不能包罗全部工艺美术，它们只是工艺美术中属于手工艺术品那一部分，如果把它们同工艺美术划等号，就把纺织美术、陶瓷美术、日用美术、商业美术和服装、机械、建筑装饰，以及大量的现代科学技术与艺术结合的工艺美术撇在外边了。更何况，尽管工具与机械的改进还未能完全替代巧夺天工的手工技艺，但手工艺也是会随着工具与机械的发展和使用而发生变化的。民族民间艺术风格也会随着人们的经济状况、生产发展、生活需求，以及文化素养的变化而变化。所以说，把工艺美术限制在特种工艺或手工艺术范围内，便是对工艺美术不全面的、狭义的解释。

在国外，大多数国家没有"工艺美术"这个词，他们不知道如何确切地把我国这个"工艺美术"翻译成本国文字。在日本，所谓"工艺美术"就是指手工艺美术，如东京大学设立的工艺美术专业便是搞手工艺美术的,而千叶大学则专搞工业美术。以前外国所谓"实用美术""装饰美术"这些词汇,现在很少使用了。现代一般分为手工艺美术和工业美术两大类。

"工业美术"是随着产业革命的发展而发展起来的一门新学科。从蒸汽机制造开始的产业革命,推动了生产的长足发展,但当时人们对机器不满意,认为机器缺乏美感和艺术性,和人的性情格格不入。后来,德国人包豪斯认为机器生产给人类带来了莫大的希望,因为人越来越多,对物质的追求越来越高,手工产品就供不应求,应为机械产品所代替。他还认为机械虽然呆板,缺乏美感和艺术性,但机械是人制造的,是人的智慧的象征,而且机械也要由人来操作,工人每天有三分之一的时间要和机械打交道,农业、手工业也会逐渐走向机械化;如果把美感、艺术性注入机械中,使工业产品艺术化,就能符合人的性情要求,更好地为人民服务。但当时包豪斯等人不了解工业,很难实现机械与艺术的结合,他们就决心训练一些既有艺术修养又有科学技术头脑的人才,共同工作。同时,由于产业革命使新材料、新工艺不断出现,如钢铁、水泥、电器、印刷、电影、电子技术等,以及制造业的新生产方式和新生产管理方法带来的影响,使得人们的视野和设计能力大大推进,使工业美术逐步

图1

得到发展,使工业美术所涉及的生产和生活领域越来越宽阔。作为艺术与生产、科学技术相结合的工业美术,在外国也分为不同的专业,如日用美术、商业美术、交通运输美术、纤维美术、陶瓷美术、机械美术、五金工具美术等。有的国家将手工艺美术也放在工业美术里面,研究和发展手工业现代化的美术产品。当前,在许多国家工业美术得到重视,发展很快,许多美术家也投身到工业美术工作中来。同时,它在实验科学中也发挥着很大的作用,具有旺盛的生命力。

目前为止,世界上还是有些人反对机械生产的艺术品,存在所谓"手造产品为贵"的思想。有的人认为工艺美术是手工的,而工业美术是大生产的。还有人认为工艺美术是手工的、传统的和民族风格的,因此不存在什么需要现代化的问题;相反,也有人认为工业美术只要现代化和科学化,也就不应谈什么传统和民族化等之类的问题。我觉得对这些观点都要进一步磋商或在实践中逐步得到解决。

现在回到"工艺美术"上面来。前面已经说过,"工艺美术"这个词是解放后才采用起来,并已在群众中扎下了根的。过去"工艺美术"较多地用在手工艺美术方面,今后应同时注重工业美术。那么,今后我们是把"工艺美术"既包括手工艺美术又包括工业美术呢,还是将"工艺美术"与"工业美术"划分开来呢?我是倾向于前者的。说它是"工艺美术",就要和纯美术区别开来,成为纯美术之外的一种美术,也不能像衡量和评价纯美术一样来衡量和评价工艺美术。工艺美术虽然也是美术,也有造型,但它的美术与造型不同于纯美术,它有自身的美术造型规律,否定它的特殊性,就像否定京剧与话剧各有特点一样。说它是"工艺美术",就要注重强调美术与特定的工艺密切结合,就要注重研究某一工艺美术品特定的实用性或功能,就要考虑它的价格和使用场合等多方面的因素,使美术在其中发挥恰如其分的作用。"工艺美术"是一个总称,在它下面应分为工业美术、手工艺美术,还可再分为各种专业,不能让手工艺美术取代"工艺美术",也没有必要把工业美术从工艺美术中分离出去,自造混乱。我以为问题不在于名称,而在于它所包含的内容和我们如何工作,至于外国人如何翻译、如何理解那是他们的事。

原载《北京工艺美术》,1984年第2期,第1—2页

从巴黎铁塔想到的

郑可

工艺美术自古有之。石器、彩陶、青铜、陶瓷等艺术品被陈列在博物馆里。它们以立体造型展示着人类文明的发展史。

谈到造型艺术，当然是指绘画、雕塑和工艺美术，这是众所周知的。可是，细省起来，这样的分类往往含有对工艺品的轻视。工艺美术有时干脆被列入实用美术之列。可是，一些小型的陶瓷和金属雕刻品，又常常不具备任何实用性！因此就有了装饰艺术之说。

其实，按艺术的表现形态而论，不管是工艺品、绘画还是雕塑品，我以为不外乎两大类，即平面造型和立体造型。

顾名思义，立体造型就是以立体的表现形态，有三度空间的艺术形象。平面造型就是指在平面上表现二维的形象而言。

雕塑艺术品自然属于立体造型的范畴。不止如此，生活中的瓶罐杯勺，以至汽车、飞机、大炮等所有经过人们主观造型的形象设计，都包括在里面。

从古至今，立体造型伴随着人类文明的发展进程，由农民、手工业者、手工艺人、雕塑家、建筑师……以他们的智慧和创造不断丰富和发展着这项活动，为美化和提高人类的生活，在地球的每一个角落，都留下数不胜数的作品。

埃菲尔铁塔是雕塑吗？我认为她是法国的象征，是巴黎人的骄傲；她体现了雕塑艺术的品质。

金字塔是一座帝王坟墓，她独特的造型及打动人心的力量，是埃及任何雕塑品代替不了的。

北京人民英雄纪念碑是雕塑吗？这个具有民族性的石柱形象就是一尊雕塑，她主宰了四周所有雕刻作品。

图 1. 郑可《马》（约 20 世纪 70 年代末至 80 年代初；1986 年无偿赠予北方工业大学艺术馆，张鹏程拍摄）

工艺美术自产业革命以来，经历了深刻的变革，同时美术也经历了一场革命，抽象艺术应运而生，雕塑的概念被扩大和丰富了。人们面对一座座"非人非马"的立体造型，由生疏到亲切，由排斥到接受。现代文明社会已没有人再为"什么是雕塑，什么是工艺美术，什么是艺术品，什么是装饰品"而大伤脑筋。美术家既是画家又是工艺品设计家；工艺美术家既搞服装、广告，又办个人画展。时代已发展到一个新阶段，紧跟时代的艺术家必然自觉不自觉地改造着自己。

今天，我们的祖国正向世界开放，全国人民满怀激情向现代化迈进。时代对美术家、工艺美术教育工作者提出了新的要求。

美术家们，当你们面对全国各地的那些英国殖民主义者遗留下来的圆形邮筒时，作何感想?!

工艺美术家们，当你在公园、马路边看到一尊尊张着大口的陶制狮子和熊猫痰盂时，是否思索过自己肩上的责任？美化人民生活，用美来塑造人的心灵，这是我们的责任！

我赞赏美术界的一些有志之士，他们走出画室，投身于陶瓷工厂，和工艺美术家结下友情。这是时代的趋势！

雕塑家和工艺美术家在立体造型事业上携起手来，为美化城市、美化人民生活，献出自己的智慧。现代的、中国的立体造型艺术，靠我们的双手创造，它将代表十亿人的理想和信念，矗立在中国大地上。

原载《装饰》，北京，1985 年第 4 期，1985 年 11 月，第 9 页

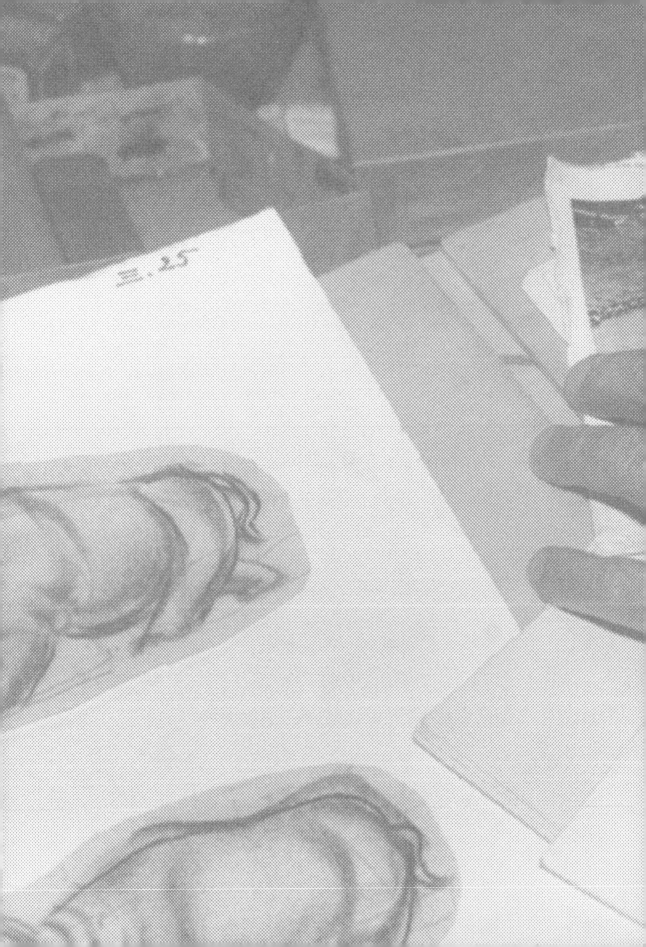

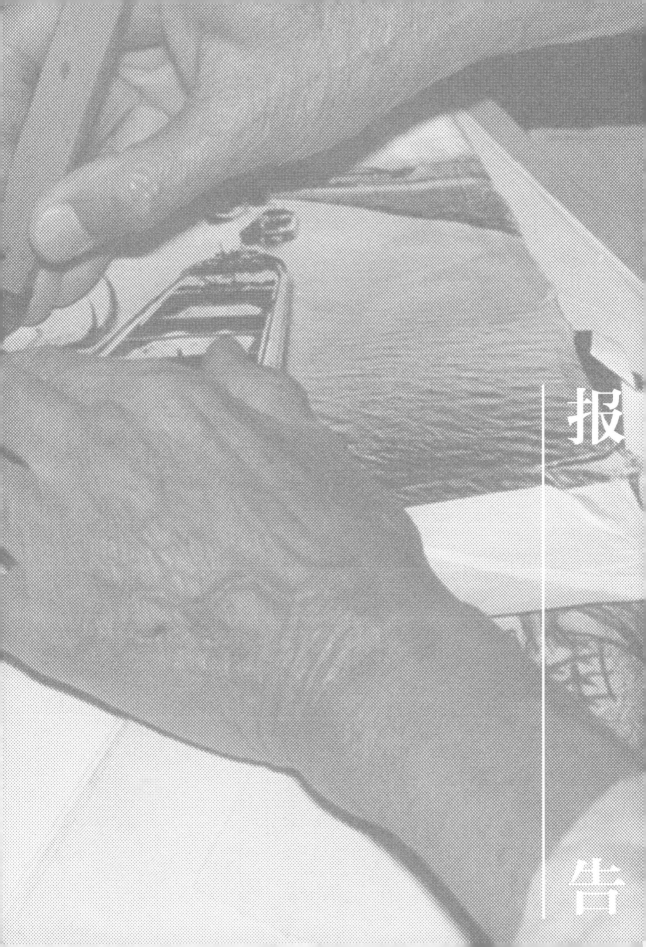
报

告

图1.《中央工艺美术学院"设计专业班"教学草案·报告》（非郑氏手迹）

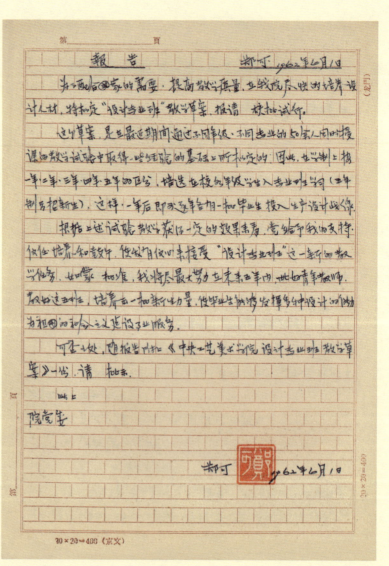

图1

中央工艺美术学院"设计专业班"教学草案[1]

1. 本篇复写件（非郑氏手迹）由郑方女士提供，首页有"郑可"朱色阴文钤印一方，据郑女士描述，当为所借残疾人士王和篆刻。

报告

为了配合国家的需要,提高教学质量,在我院尽快地培养设计人才,特拟定《"设计专业班"教学草案》,报请核批试行。

这个《草案》是在最近期间,通过不同年级、不同专业的 50 余人同时授课的教学试验中,取得一些经验的基础上所拟定的。因此,在学制上按一年、二年、三年、四年、五年的区分,培选在校多年级学生入专业班学习（五年制另招新生）。这样,一年后,即可逐年各有一批毕业生投入生产、设计战线。

根据上述试验教学获得一定的效果来看,党给予我的支持、信任、培养和鼓舞,使我有信心来接受"设计专业班"这一新的教学任务。如蒙批准,我将尽最大努力,在未来五年内,带好青年教师,教好这五班,培养出一批新生力量,使毕业生能够发挥多种设计的能力,为祖国的社会主义建设事业服务。

可否之处,随报告附上《中央工艺美术学院"设计专业班"教学草案》一份,请批示。

　　此上
院党委

郑可,1962 年 6 月 1 日

一、教学任务

为提高商品装潢、日用工艺品、工艺美术品及工业品的美术设计水平,设立"设计专业班",专门培养设计人才、教学人才和研究人才,作为设计力量的骨干。在现代设计工作中,能够满足和丰富人民生活的需要,发挥设计创造才能,更好地为社会主义事业服务。

二、教学要求

（一）具有革命的艺术事业心，为社会主义建设、共产主义理想，以及为人民服务的理想。

（二）理解唯物主义的美术理论，贯彻党的文艺方针。

（三）具有较广博的文化艺术修养、现代科学技术知识及多方面的设计才能，并结合需要与爱好；又有精于单项专业的美术设计能力，及独立操作的能力。

（四）具有创造、创作、讲课、写作的能力。

（五）有健康的体魄。

三、教学年制

"设计专业班"为五年制毕业。但为了满足目前国家的迫切需要，可以增设一年制、二年制、三年制、四年制等的班，分别调动校内各系、各年级有培养前途的学生，过渡学习。

（一）五年制：招收高中文化程度的新生 10 人。

（二）四年制：培选校内各系一年级肄业学生 7 人。

（三）三年制：培选校内各系二年级肄业学生 6 人。

（四）二年制：培选校内各系三年级肄业学生 6 人。

（五）一年制：培选校内各系四年级肄业学生 6 人。

总计：35 人

四、教学内容

在五年学制中，除政治课、史论课、文化体育课，以及生产劳动，均系根据全院统一规定外，设置设计基础课程及设计专业课程 7 门，计 3542 学时（161 周，每周 22 学时，合计如上数）。

课程组织，详列于下：

（一）设计基础课程

1. 平面造型：在第一、二学年内进行，课程内容包括素描、速写、装饰绘画等，共计 13 周（286 学时）。

2. 立体造型：在第一、二学年内进行，课程内容包括泥塑、模型等，共计 13 周（286 学时）。

3. 科学技术：在第二、三学年内进行，课程内容包括各种专业的简易工艺学及工艺操作，共计 6 周（132 学时）。

4. 设计基础：在第一、二学年内进行，课程内容包括设计构思、设计法则等，共计 13 周（286 学时）。

（二）设计专业课程

1. 商品装潢、日用工艺品、工艺美术品、工业品等美术设计专业课程：在第1、
2、3学年内，从低级到高级，循序渐进，共计22周（484学时）。

2. 设计实习：在第一学年至第四学年上学期，配合各种设计专业课程，反复
进行实习。第四学年下学期至第五学年上学期，根据群众需要与个人爱好，
进行一种专业的设计实习。实习目的，在于巩固基础课程与专业课程相结合
的教学成果，使理论联系生产实际，培养学生具备独立设计及工艺操作的能力，
共计82周（1804学时）。

（三）毕业设计：第五学年下学期进行，可以根据第四学年下学期所选的专业，
联系群众需要进行设计，制作模型、成品，并著作专论、作专题报告。目的
在于总结五年的教学成果，接受群众考验，为毕业后参加实际设计工作，奠
定良好的基础，共计12周（264学时）。

五、教学特点

（一）授课"包干制"：由教授一人、助教三至四人，担任"设计专业班"的
教学任务，以节约教学劳动力及开支。

（二）一至五年级合班授课：使学生以老带新，加速提高教学效果，兼而培养
学生教学才能。

（三）基础课程与专业课程渗透、结合进行：以设计课程为主导，平面造型、
立体造型、科学技术等课程为基础，达成有机结合。使学生能够在五年内一
开始即可进行设计实习，以利设计能力的充实、巩固与提高。

（四）培养学生"一专多能"：低年级、中年级采取专业课程轮流反复进行教学，
由浅入深，培养"多能"设计。高年级则选择专业设计，达成精于"一专"。

六、教学进度（初步计划，按学期拟定，每周学时另拟；表1）

课程	1年级 上学期	1年级 下学期	2年级 上学期	2年级 下学期	3年级 上学期	3年级 下学期	4年级 上学期	4年级 下学期	5年级 上学期	5年级 下学期	合计周数	折合学时
一、设计基础课程											45	990
① 平面造型（素描、速写、装饰绘画）	5	3	3	2	1	1					13	286
② 立体造型（雕塑、模型）	5	3	3	2	1	1					13	286
③ 科学技术（各专业简易工艺学）	1	1	1	1	1	1					6	132
④ 设计基础（设计构想、设计法则）	5	3	3	2	1	1					13	286
二、设计专业课程											116	2552
① 商品装潢设计	2	4	5	5	4	9						
② 日用工艺品设计											22	484
③ 工艺美术品设计					2	2						
④ 工业品美术设计	1	2	4	4								
三、设计实习					14	9	19	10	19		82	1804
四、毕业设计										12	12	264
总　计	19	16	19	16	19	12	19	10	19	12	161	3542

表1　教学进度

关于发展工艺美术事业的几点看法 [1]

1. 此篇复写原件（非郑氏笔迹），由
郑方女士提供，文末见阴文"郑可"
钤印一方。

一

工艺美术学院有如"苗圃"，学生像是嫩绿的"幼苗"，当他们毕业离校，投入工作岗位以后，对于"自然条件"的适应性是比较薄弱的，从而会因情况的不同，各自走着不同的弯路。因此，需要加强这种适应性，就必须通过一个过渡阶段，才能够好好地茁壮成长，开花结果。如果这些毕业生能够在一个工艺美术设计机构练达练达，则对于他们的成熟与发展都是有利的。

建议：将北京已有的工艺美术设计机构加以调整、充实、巩固、提高，加强领导，发挥它更大的作用（不用新行成立），使"设计专业班"的毕业生在这一机构参加实际工作，是可以锻炼他们的设计才能的。

二

像这样的设计机构，一经加强领导，充实、提高以后，对于各有关生产单位的设计工作，都能有直接和间接的帮助，可以一跃当前的美术设计水平。预计在发展中，由于业务的需要，还可以在这些机构里，培养出更高度的、有设计才能和有实际工作能力的，为工艺美术事业所需要的设计工作骨干。

建议：设计机构分为两个组成部分，一部分搞设计，一部分搞制作。就是说，设计的东西要通过模型或样品的制作，对于有关生产单位来说，就会比"纸上谈兵"来得更有用处。这是一方面。另一方面，还可以通过这个设计机构，把某些新的生产技术和生产方法推广到生产单位去，相应地就促进了美术设计水平的提高了。

三

通过这个设计机构锻炼过的"设计专业班"的毕业生，再分配到有关生产单位以后，无论是设计资料和一些新的科学技术成就，都可以从设计机构得到支援，这对于促进和发展工艺美术事业，都极其有利。

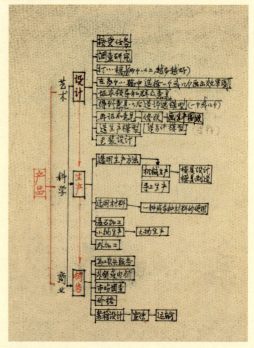

图1

图1.《"产品"关系图》(郑氏手迹)[2]

2. 本表郑氏手写原件，由郑方女士提供，原仅为单页，无标题。今，暂据纸张及书写情况推测，或在20世纪60年代左右，现特附于此篇后，以助说明。

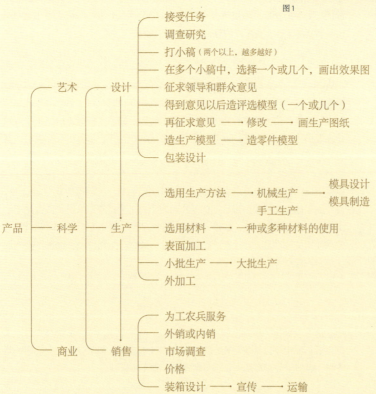

建议：选拔最优秀的毕业生参加到设计机构中去，带动设计工作从原有的基础上得到更大的提高，从而达成设计机构在设计力量方面的真正的充实。

四

总之，我院"设计毕业班"开课时，在教学中就要培养学生的工艺美术事业心，一两年毕业后，参加这一设计机构，通过设计锻炼，再分配到有关生产单位工作。他们将会得到两个机构的支援（母校和设计机构），从而加强了"学校—设计""研究机构—生产单位"之间的有机联系，对于设计力量的发挥，对于提高商品装潢设计、日用工艺品设计、工艺美术品设计、工业品美术设计的水平，对于加速工艺美术专业的发展，都能起到促进作用的。

目前，科学部门中，如清华大学与科学研究机构、生产机构的"一条龙"的关系，业已形成。有鉴于此，使我联想到以上几点，提出来作为领导研究考虑。

最后建议：为了工艺美术事业的发展，学校与有关生产单位之间的设计、研究机构是非常需要的。它可以作为一个事业单位而存在，也可以作为一个企业单位自给自足；它可以发展成为一个美术设计中心、研究中心，集中领导分散的设计工作单位。这样的机构在国内有必要也有可能予以充实提高，为长远计，为解决当前迫切需要解决的设计水平问题，这种设计机构对于工艺美术事业的发展，有一定的血肉关系。请领导与有关单位研究考虑，在现有机构的基础上加强领导。

　　此上
院党委

郑可
1962 年 6 月 3 日

两年来我在教学中得到的几点经验、教训 [1]

1. 本篇复写件（非郑氏笔迹），由郑方女士提供，文末钤有"郑可"朱色阴文印一方。

在党的教育、支持下，同志们的帮助下，加上同学们的努力学习，我在两年内通过三种不同课程（素描、图案、雕塑）的教学，得到不少的经验、教训。如果说同学们的反映好评比较多，那是因为他们的水平不高，发现不出更多的问题。依我自己看，这些经验是不够巩固的，还需要继续努力，经过一个较长阶段的考验，才能证实是否可靠。

因此，总结于下，请领导指正我，以免今后在教学中走弯路。

经验

一、加强同学的艺术修养

（一）在上述三种课程的教学中，都是以加强艺术修养为主的。通过实践，证明这样做，不但同学们感到有兴趣，而且主要的是使同学们的基础课程进步得更快。就是说，"眼"一经提高，"手"也会随之而提高。

（二）用比较多的学时讲理论，使同学动"手"时，通过对于理论的理解、结合和运用，则进步很快，同时还可以提高他们的欣赏能力，辅助了自己的基础课程。

（三）为了巩固学习，鼓励同学们写学习心得、学习日记，提问题、研究问题，展开学术辩论，并安排一定的时间解答他们的问题。此外，还组织同学自己在课堂上作专题报告等形式，用以培养同学的"四能"——能讲、能写、能想、能做。

（四）针对部分同学不安心于工艺美术学习的"绘画思想"，培养同学们对待工艺美术专业的正确观点和兴趣，灌输有关现代工艺美术的基础知识，树立他们的工艺美术专业心。

二、创作作为学习主导

（一）图案、雕塑两基础课，采取以创作为主导的渗透教学方法，目的是为了基础课与专业课的有机结合，消灭脱节现象。甚至，素描课虽然是基础练习，也同样灌输创作营养，使与专业相结合，促进专业创作的提高。通过教学实践，同学们都说收获很多。

（二）通过创作学习遗产，是一种有效的教学方法。如图案课中临摹宋磁刻划花的纹样，是通过临摹后进行"小变""组合""大变"而"创新"的程序。首先使同学们明确临摹的目的在于创新，学习遗产的创作规律和表现手法。进一步深入理解、结合、运用创作理论，而锻炼他们的创作能力。这就基本上解决了正确地对待遗产和参考资料的问题。

（三）通过创作学习生产知识，创造工具，动手搞工艺，使同学对于创作与工艺的结合，有了进一步的认识和体会，一举而两得。

（四）通过创作，可以学习其他的课程（如制图、透视等），不必另行设置新课程。

三、合班授课，取长补短，共同提高

（一）不同年级、不同专业的合班授课，是个大胆的教学实验。通过50余人的合班授课教学效果来看，发挥了以"老"带"新"，互相学习，互相促进，取长补短，共同提高的作用，达成"多、快、好、省"的要求。

（二）节约教学劳动力和开支，同学收获也大。

四、以量求质

（一）对于作业的安排，采用"长短结合""粗细结合""以量求质"的教学方法。加强"短"与"粗"的比重，为将来更细、更好，打下基础，也是一个大胆的教学试验。通过教学实践，取得了创作数量既多、质量也比较高的成绩，充分发挥了同学们的创作能力。

（二）这种教学方法是"长"与"短"、"粗"与"细"反复进行的，目的在于以"短""粗"的作业培养思考能力，"长""细"的作业锻炼技能，脑、手并进，才能使学习巩固、深入，进步快速。

（三）期间，同时采取分析同学的作业与观摩相结合的方式，使同学吸取更多的"营养"而形成"以少胜多"的教学效果。

（四）节省学时，符合"多、快、好、省"的原则。

五、因材施教

（一）大力帮助进步较差的同学，作个别辅导。

（二）发挥进步快速同学的积极性，鼓励他们的学习热情。

总之，以上可取得的一些经验，基本上已经得到初步效果，同学们反映收获较大，还需要作进一步努力，巩固、充实之。

教训

一、由于试验摸索教学方法，因备课资料不多，而感不足。

二、有时对于理论的讲课，由于时间关系，内容又较多，加上自己的水平有限，而有阐述不够详尽之处，今后努力克服。

三、对于进步差的个别同学，帮助还是不够的，今后还要加强于全面照顾的努力。

为了今后教学质量的提高，请领导多多指正我。总结如上，报请核示。

　　　　此上
院党委

郑可，1962 年 6 月 6 日

关于赴广州、上海参观模具制造的总结汇报 [1]

1. 本篇手写原件（非郑氏笔迹）由郑方女士提供，封面及首页均有"报告·62·4—7"标记。另，文前原有内容目录 3 行，今已略去。

此次奉命赴广州、上海两地，对有关工厂的模具制造工艺，进行了为时将近三周的参观与学习，谨将参观印象及有关建议，总结汇报于下。

一、有关工厂的概况

在广州参观了 13 个工厂：

（一）广州轻工模具厂——1961 年 4 月成立，拟改名"中南轻工模具厂"。产品种类有食品、塑料、玻璃、陶磁、橡胶、五金、表壳、纽扣等模具，规模很大。

（二）艺成铝模厂——玻璃模具全国著名，质量高。

（三）珠江塑料厂——广州塑料分厂，模具技术力量强，设备完善，工艺美术设计问题较大，多搬外来样子。

（四）金属、雕塑研究生产合作社——设备条件较差，不能自制较大型钢模，但手雕小型模具技术较高。

（五）东昇铜牌徽章厂——技术力量强，有一套翻模技术，车间生产面积利用率很高，生气勃勃。

（六）光明汽灯厂——月产汽灯二万只，每年出口二千至三千打，目前因广州百货公司库存一万余只，生产方向拟改为生产铝锅，反出口伞杆（向南洋出口）。

（七）红风制锁生产合作社——生产 15 层锁，4 种出口，1 种内销，即将生产千层锁。

（八）红球制锁生产合作社——生产抽屉锁为主，质量不坏。

（九）小刀生产合作社——产品刀口锋利，质量一般，花色也少。

（十）潘美利理发工具厂——产品内销，也出口马来西亚、泰国、缅甸等地。电镀质量没过关，因防锈性能差，国外有反映。铸件使用冲压泥模，较精确。

（十一）广州刀剪厂——双狮牌菜刀、晨钟牌剪刀是名牌货，向缅甸、泰国、马来西亚出口，以手工操作为主。

（十二）光明五金工具厂——生产锯条、钻头、锉刀。

（十三）朱义盛金属生产合作社——规模较小，条件差，生产金银首饰，以炒金法镀金（古代镏金法）的手工操作为名牌货，深受农村妇女欢迎。

在上海参观了 16 个工厂：

（一）上海化工厂——自产原料，自行加工。生产塑料制品（工业用品、生活用品），模具质量高，规模很大，在上海以该厂模具制造最好。但以手工操作为主，有"拉克"靠模铣床一台（使用率不高）。

（二）上海塑料模具厂——机制模具质量不高，技术较保守，新方法进不去，仍以手工操作为主，精雕细刻。目前为波兰生产金属模具（明年将为古巴、朝鲜制作）。

（三）设计开模工厂——专作金属玩具的模具，手工加工，单一生产（非成批生产），有靠模铣床一台，没用。热处理没过关。

（四）上海精益金属雕刻模型厂——手工精雕商标、徽章，线雕钢模，技术水平较高，生产管理好，接受内、外销产品定货。

（五）华生电器厂——专生产电风扇，有三四十年历史，花色品种跟着外来样式跑。据称日本外销 150 万台（年销量），1280 转／分。印度新建厂，外销 10 万台；华生厂，外销 1 万台，1250 转／分。如能提高设计水平及产量，则可与日本、印度相竞争。

（六）益泰铝制品厂——生产铝锅、壶、盆等，产品质量不错，模具较好。

（七）上海打火机厂——手工加工模具，品种少，表面装饰水平差。

（八）汇明手电筒厂——半自动化生产，材料使用进口铁皮，表面加工（亮度）质量好。

（九）中国唱片厂——用电成型法制造模具，表面硬度、亮度都好。

（十）上海康元玩具厂——已有三四十年历史，设备较完善，有靠模铣床一台，使用率不高。产品主要为外销（外国定货或来样定货），模具多为一套，再定再作，有进一步丰富品种，提高艺术水平的必要。

（十一）上海塑料玩具厂——花色品种少，模具为手工模具，质量一般。

（十二）光荣刀片厂——1958 年成立，上海只此一家，加工刀片、刀架，因产钢材不匀，质量不如进口货，年产 12000 片。

（十三）上海钟厂、（十四）上海表厂——模具质量较好，花色品种问题较大，表面加工目前还赶不上国际水平。

（十五）新中华刀剪厂——建厂 30 余年，生产小刀 30—40 种，剪刀 12 种，剃刀 3 种，生产机械化、半自动化，在国际市场上与日本竞争，模具较好。

（十六）上海美术片厂（附带参观）。

在广州时，还参观了"广州进口商品样本展"。

二、总的印象

（一）模具的生产方法以手工操作为主，机械加工力量尚未全面发挥。

很多厂依靠老技工（尊称"技师"）的手工操作，能有今天质量较高的模具，确实不简单，这种苦干的精神值得发扬。当然，在今天以至明天，都还需要手工操作，但有些工序可以依靠机械的力量，则更能发挥手工的作用。目前用手工制造模具，已出现以下几个缺点：

1. 进度慢，赶不上产品生产量的需要，从而花色品种减少。

2. 精度不高，使用寿命短，影响产品质量（如广州的"红风厂"，由于个别模具质量差，造成大批锁的积压）。

3. 在定型产品的工厂中，由于模具的回修量较大，而抽不出力量来进行模具的改进和提高。

（二）近代化制模机械利用率不高。

有些工厂虽然设备陈旧，但自力更生、自制设备，模具的质量也很好，他们迫切要求增设新型机械（如广州"东昇厂"）。但也有些厂，设备比较理想，仅以"靠模铣床"一项来说，使用率却不高。甚或不懂使用索具，用手制造，从而造成了生产机械的积压现象。

据我眼见过的"靠模铣床"，广州、上海、北京 3 地总有 30 台以上（未见者不详），约值 100 万元。这批机械都是用外汇购入的，如能适当调配或充分应用，发挥机械威力，则可以大大改变当前模具制作的面貌。

（三）关于产品的花色品种问题。

各厂都普遍提到这一问题。综合参观可得，总结有 3 类产品：

1. 传统的名牌货：虽已陈旧，但有群众基础，仍可在现有水平上，精益求精，维持生产。

2. 外来产品：比较普及的如锁、打火机、塑料制品、铝制品，其销量较多，为群众欢迎的产品，应力求提高生产水平和生产率。

3. 日新月异的新产品：这类产品，不但为群众渴望，同时在国际市场上也有竞争性，各工厂都有雄心壮志生产这类新产品。但是，有的厂对于设计、制模、生产之间的矛盾关系，尚未解决，从而赶不上去。如上海"华生厂"的电扇，由于设计力量薄弱，只好跟着外来样子跑，明明产品质量并不低于日本，却在竞争当中失利。主要原因，在于所模仿的样子已经在国际市场中早就出现，从而失去了日新月异的意义。

总之，花色品种少的原因很多，模具制造与设计水平只是其中较重要的问题。

（四）关于美术设计问题。

各厂在这个问题上的要求都很迫切，有的厂没有专人设计，提出增加美术设计力量；有的厂虽然有人设计，但水平又不高；有的厂索性不要设计，把外来产品实物拆卸后，照样制造。

与产品设计相关的产品包装设计问题，也很重要。如广州香料、炼乳非常好，由于旧包装设计水平低，到达香港后就滞销。

由此可见，关于产品的美术设计问题，是亟待解决的。

三、建议

模具制造在旧社会是一穷二白的，今天在党的领导下，已在不断地迅速成长。根据目前形势的发展，从模具制造的生产方式上，有再进一步提高的必要——从手工操作逐步过渡到机械生产上面去。兹就此次参观印象，提出建议如下，请考虑：

（一）加强调查研究工作

为了尽快地发展模具制造，提高产品质量，应请搜集国际上有关模具生产的科学技术资料，以及竞争商品的商业资料，组织编译，加强档案管理，以便使资料充分利用于生产战线。

（二）加强试验研究机构

充分利用先进的科学技术，设计试制新产品。创造生产前提，扩大产品领域，为生产服务。

（三）加强工艺美术设计力量

培训各厂的美术设计人才，提高工业产品的设计水平。使教育与生产实际具体结合，培养工业品美术设计的新生力量。

（四）组织同类产品、模具、包装的专题性展览，交流经验、取长补短、奖优示范，促进提高。

（五）据我所知，目前全国各地有几十个工艺美术研究单位，可否在可能条件下，从这些单位中抽调一部分力量，专事以上这些工作。不必另行成立新机构，以符合"八字方针"。

简单汇报如上，请领导参考研究。

　　此上
中央手工业管理总局 邓主任

中央工艺美术学院
郑可，1962 年 8 月 19 日

申请前往上海、广东、天津调研模具生产等
并协助购买火车票之报告 [1]

1. 本篇手写原件（非郑氏笔迹），由郑方女士提供。

为了贯彻几次会议的精神，我觉得提高手工业品的质量，进行模具改革是重要环节之一。我想利用寒假 20 多天，没有教学任务的期间，请指派一位对工程技术了解的同志与我同道，重点地到上海、广东、天津三地，对模具生产的实际情况，做一次调查研究。如果时间条件许可，也对设计力量（美术方面）、工艺美术研究所的情况加以了解，请领导考虑批准。

但是，在春节期间购买火车票很困难，也请批准替我们办理。

以上，可否之处，请批示。

　　此上
中央手工业局

中央工艺美术学院 郑可
1962 年 1 月 18 日

资本主义国家的现代工艺美术设计教育
（第一次译稿）[1]

郑可 等 编译

1.本篇复写件（非郑氏手迹）由郑方女士提供，已经简单装订，封面及首页各有阳文"内部参考 62002"钤章1方，首页及末页又有"郑可"阴文钤章共3方。另，首段"报告"后，列有内文目录，今已略去，全文仅做基础繁简转换及适当的补译、订正等工作。

报告

谨将我院图书资料中，有关资本主义国家的"工业美术教育"摘录要点译出，作为改进和发展我国工艺美术教育工作的内部参考资料，请领导审阅。

　　此上
院党委

郑可，1962 年 9 月 13 日，中秋节

《资本主义国家的设计教育》（参考资料）

所谓"设计教育"，也就是"DESIGN 教育"。

它是以象征近代机械出现以后，所产生的一种新的艺术观为背景，而发展起来的，具有生气的创造行为。与古代的"工艺美术"，有着本质上的不同。

第二次世界大战以前，在一些资本主义国家中，大都以技术作为重点的、"作家的"教育为主，偏重于培养专家。战后，以至最近，"设计"已逐渐得到社会上的理解与认识，从而它的教育方法，多以近代设计作为方向，并逐渐改进。当然，在这些国家里，教育方法不同，但本质和方针上，却是一致的——培养构成者，进行综合性的教育。

为了掌握它们的教育情况，了解它们的教育方法，特从现有材料中摘录出来，作为内部参考资料，及改进我们工艺美术教育工作的一些参考。请领导审阅。

一、日本

（一）东京艺术大学美术学部工艺科图案计划部

教育方针——以近代社会要求的产业工艺有关的技术和理论为主，培养能在产业工艺界担任指导任务的人才。

教课内容——除去有美术学部各科共同科目，如一般修养科目、外国语科目、体育科目以外，则有人文科学关系的哲学、伦理、国文、音乐等；社会科学关系的法学、社会、教育、历史、考古等；此外，还有自然科学关系的心理、数学、物理、力学、生物学等。

第一学年进行基础的学习，如形体的构成实习、色彩实习、机能实习等。第二学年以后，以专门学科及实技作为重点。最后学年，分为工业设计的项目和商业设计的项目的选科。

讲座内容——必须科目的讲座有：工艺图学、图案概论、日本纹样史、西洋美术概论、东洋美术史概论或是日本美术史概论、美学及美术史特殊讲义、实习等。特殊讲义之中，有构成原理、工艺论、色彩学、工艺素材学、色彩形体论等。

（二）千叶大学工学部工业意匠学科

教育方针——为了实现与近代工业的各种要求相适应的科学修养和计划生产，针对近代社会所流行的构造，达到现实的、创造的设计目的，以下列教育方针作为指导：

①探究科学的意匠原理和表现技术，具备现代的正确对待历史的观察及知识技能。
②从设计角度广泛研究进步的生产工业，并在这个基础上，进行设计的创造。
③了解生产机构，达成需要者、消费者、生产者的媒介者的任务。

教课内容——从工业意匠学科掌握专门技术方面，分为工艺意匠、商业意匠二部门。两者都首先从基础构成的教育开始，与其他大学一样，第一学年以修养学科作为学习重点，第二学年进行意匠、造型的基础学习和实习，第三个学年进行专门学科的实习和演习。

基础构成的教育，首先从线、面、色彩的理论的概说开始，向在实际材料上构成发展，逐步加入应用的实物的设计。这一时期内，工业意匠专业如果选定纤维关系的主题，就要进行各种染织品、服装用品设计；工业机器则进行厨房用具、餐具、家居室内装饰和交通机械等设计。商业意匠专业，可以在包装用具、（LEVEL）、商标、招贴画、装订、印刷物、版面设计、商品陈列等范围的主题中，自由选组。

讲座内容——基础部门：形态构成概论（包括实习）、色彩学概论、特论、绘画雕刻实习、图学（包括实习）、造型概论（包括演习）、工业生产论、宣传学、造型史。应用部门：工业图案泛论、商业图案泛论、造型材料、商业图案各论Ⅰ（印刷图案理论）、商业图案各论Ⅱ（展览设计理论、展览计划论）、工业意匠各论Ⅰ（机械用具的设计论）、工业意匠各论Ⅱ（家具类的设计论）、机械大意、材料力学、木材工艺学、工业意匠各论Ⅲ（室内染织品、服装携带品的意匠）。辅助部门：关于工厂商店的见习、调查、现业练习、参加竞赛会、毕业论文的意匠计划、实技指导。

（三）其他，如京都工艺纤维大学工艺学部意匠工艺科，东京教育大学教育学部艺术科，女子美术大学艺术学部图案科、工艺科，日本大学艺术学部美术科，多摩美术大学图案科，桑沢 DESIGN 研究所 LIVING DESIGN（居室的评价）科，文化学院 DESIGN 科，盛冈短期大学美术工艺科，金泽美术工艺大学工艺科等，都具备设计的教育内容。

总之，日本目前的设计教育，基本上是比较普遍的。它们采用了德国导入的"BAUHAUS"（美术·工艺·建筑综合研究院）的教育方法——莫霍利·那吉的构成教育和阿尔卑斯的构成教育。特别是它们从美国聘请专家以后，使原有的教育方法有或多或少的改进，但仍不失为原来的教育体系。

二、美国

美国商品设计的动态比任何国家都激烈，确实难于掌握。这是大家都了解的，工业设计的教育，也是敏锐地随着工业设计界的发展而逐渐改进的。

在美国有很多工业设计的专业学校，虽然也名为大学或专门学校，但是实质上都是为资产阶级服务的，为资产阶级谋求最大的利润，而培养着所谓设计工作者新的一代。兹分别选述于下，请予参考：

（一）美国美术中心学校（ART CENTER SCHOOL IN USA）

该校的课程构成和内容，有以下五项：

① ADVERTISING DESIGN（广告设计）。这个课程是指，使用于商业广告、宣传、陈设，以及各种公司、工厂、协会、学校等团体，拉拢"群众关系"时，所使用的设计。学生只要精通、熟练了以下四门专科之一就能够毕业：1. 广告设计（ADVERTISING DESIGN）；2. 广告插画（ADVERTISING ILLUSTRATION）；3. 新型插画（FASHION ILLUSTRATION）；4. 电视设计（TELEVISION DESIGN）。

注：“1”，除学习这门课程的全面规划和计划，或有关设计的课程，奠定
设计基础外，并且还要培养作指导者的能力（“2”至“4”为专业课）。
“2”，以新闻广告、杂志、书籍、宣传所用的设计，以及公司等企业
拉拢“群众关系”所用的邮件上使用的设计为对象。为此目的，须
与广告设计人员合作。“3”，专指流行时样、变化激烈的商品而设的，
例如服装的装饰、化妆用具等。“4”，以电视广播的广告设计为主。

② ILLUSTRATION（插画或插图）。这个课程是进一步延续 ADVERTISING 的
设计，考虑印刷效果、修正画面，加强宣传目的，属于现场制图之类的工作。
③ INDUSTRIAL DESIGN（工业设计）。这一课程，具有四种毕业课程：1. 交
通机械（TRANSPORTATION）；2. 工业产品的设计（PRODUCT DESIGN）；3. 特
别结构物的构成（SPECIALIZED STRUCTURES）；4. 包装与陈设（PACKAGING
& DISPLAY）。

注："SPECIALIZED STRUCTURES" 是一个新的学科，补充说明一下——
在限定的空间内，使具有目的性的结构物或建筑物，与其附近的环境、
风景，以及其他结构物之间，保持调和而进行的设计。因此，需要
以材料的合理使用法、构造学、照明、色彩调节等类的综合知识为
基础。例如纪念塔、博览会、宣传塔一类的单一构造物，以及博览
会场、巡回陈列场之类的建筑物的设计等。

④ PAINTING（绘画）。
⑤ PHOTOGRAPHY(摄影)。1.广告摄影（ADVERTISING PHOTOGRAPHY）；2. 摄
影报道（PHOTO JOURNALISM）；3. 彩色照片技术（COLOR TECHNIQUES）。

注：摄影报道课包括外景拍摄的技术、具有"故事性解说"的宣传手册
和书籍的计划版面设计等。例如美国人的一般生活、加利福尼亚的
名胜游览等。

该校工业设计（INDUSTRIAL DESIGN）的基础课程，包括"构成原理"在内
的一般设计基础训练课程有——DESIGN（设计）、DESIGN STRUCTRUE（设
计构成）、LAYOUT & PRESENTATION（构思和表现）、ADVANCED GRAPHIC
DESIGN（先驱的绘画设计）、SPECIALIZED STRUCTURES（特别结构物的构成）。
在教学进程上，是从平面构成至立体构成，循序渐进的。"设计"与"设计构
成"基本上很相似，但教授的教学方法与教学内容，是各具特点、内容各异的。

（二）伊利诺伊工科大学（IIT, INSTITUTE OF DESIGN, ILLINOIS INSTITUTE
OF TECHNOLOGY，美国芝加哥）

1892 年创设，学生数达 2000 人（白天）、5000 人（夜间），从事教育研究的教
授团有 2500 人，被称为一个大技术的中心。教育课程与工业的进步，有如相
互皮肉的关系，全是一些新的内容。"IIT"的校址是个建筑群，校舍、宿舍以

及生活必备的一切设备，均在其中，如食堂、医院、百货店、邮局、理发店及集会场所等。四年制毕业。该校有三个学部、两个附属机构：

①设计学部（DIVISION OF DESIGN）。1. 建筑学科；2. 都市计划学科；3. 设计学科（INSTITUTE OF DESIGN）。
②工学部（DIVISION OF ENGINEERING）。分16个学科：航空学、化学、应用化学、土木学、电气工学、火灾预防、安全工学、食品学、机械工学、物理学、数学、机构学、冶金工学、海军事学、自然科学教育学、制图学等。
③教养学部（DIVISION OF LIBERAL STUDIES）。分10个学科：生物学、家政学、政治、社会学、心理、教育学、事务、经济学、文学、哲学等。
④ ARMOUR 研究财团（ARMOUR RESEARCH FOUNDATION）。
⑤ GAS（煤气）研究所（INSTITUTE OF GAS TECHNOLOGY）。

关于"设计学科"的资料（INSTITUTE OF DESIGN）：这一学科是采用德国"BAUHAUS"（美术、工艺、建筑综合研究所）的教育方法而进行的新的设计理论的教育，因为这是被国际上所公认的教育方法。1937年，他们就以新的教育方法，称之为"NEW BAUHAUS"，又名"AMERICAN BAUHAUS"（美国 BAUHAUS）进行。"设计学科"分为五个专业，工业产品设计（PRODUCT DESIGN）、装备设计（SHELTER DESIGN）、视觉设计（VISUAL DESIGN）、摄影、美术教育。四年毕业后，即给予"工学士"称号。留校进行两年研究工作，并且所定的研究专业成绩批准合格时，即赠予"修士"称号。

（三）其他。美国属于工业设计的大学遍及全国各地，其中有名的学校除上述者外，还有加州大学（UNIVERSITY OF CALIFORNIA）、ILLINOIS 大学（UNIVERSITY OF ILLINOIS）、PRATT 专科大学（PRATT INSTITUTE）、罗德爱兰德设计学校（RHODE ISLAND SCHOOL OF DESIGN）、BRIDGEPORT 大学（UNIVERSITY OF BRIDGEPORT）、SYRACUSE 大学（UNIVERSITY OF SYRACUSE）、PHILADELPHIA 美术学校（PHILADELPHIA MUSEUM SCHOOL OF ART）、MICHIGAN 大学（UNIVERSITY OF MICHIGAN）、GEORGIA 工科大学（GEORGIA INSTITUTE OF TECHNOLOGY）、CRANBROOK 美术学校（CRANBROOK ACADEMY OF ART）、南加大学（UNIVERSITY OF SOUTHERN CALIFORNIA）。

三、德国

在德国，设计教育是在继承"BAUHAUS"的理念之后，继续发展成为结合近代的要求，向世界设计界作出新的贡献的。乌鲁木造型大学是西德进步的、具有高深设计理论，并以创造的意匠研究为重点的国际性的单科大学（私立学校）。全校学生定额 90 名，四年制。乌鲁木造型大学的全衔是，HDCHSCHULE FÜR GESTALTUNG, ULM。设有五个学科：工业意匠学科（PRODUKTFORM）、建筑学科（ARCHITEKTUR）、都市计划学科（STADTBAU）、商业意匠学科（VISUELLE KOMMUNIKATION）、报道学科（INFORMATION）。这个学校的制度，在一般大学中是少有的，只有设计一项教育。年制及定额：基础学科（GRUNDLEHRE），也就是第一学年，30 名；专业学科，也就是第二、三、四学年，各 20 名 ×3。10 月 1 日，新学期开始，经过三个月，即进行第一学期考试，经过教授会讨论结果后，发表选出有适应能力的学生 30 名，才被批准为正规学生。基础学科结束后，进入专业学科时，需再次经教授会批准，才能正式入学。由于定额是 20 名，所以总要有 10 名落选。入学的 20 名，再经三个月的试验期间，其中对专业学科适应程度低的，则予以特科或仍保留在基础学科待命。这就是该校选拔专业学科进修的基本制度。

基础教育教课内容：

①形态构成学理论及演习（简称 VE）。这是作为一个设计工作者必要的从视觉方面的创造力、感觉力、构成力的学习，亦即对色彩、空间、形的学习。教学科目有五项，色彩学（FARBENLEHRE）、知觉学（WAHRNEHMUNGSLEHRE）、形态学（MORPHOLOGIE）、位相学（TOPOLOGIE）、语义学（SEMANTIK）。

②表现方法论及演习（包括制图，DM）。近代设计对于生产性的问题，是一种必然性的要求，亦即掌握加工性、再现性、规格性的基础，为进行大量生产的原则，及其根本的造型之学习。在这一科目中，有制图及透视图等演习。教学内容有：1. 构成表现法和演习（KDM）、几何制图（GEOMETRISCHES ZEICHNEN）、技术制图（TECHNISCHES ZEICHNEN）、自由素描草图（FREIES ZEICHNEN）、实用制图（PRAKTISCHES ZEICHNEN）；2. 自我概念陈述（DARSTELLUNGSMITTEL SPRACH）；3. 自我概念书写（DARSTELLUNGSMITTEL SCHRIFT）；4. 印刷学（DARSTELLUNGSMITTEL, TYPOGRAFIE）。

> 注："2"，在会话中无此文字，它是指在一个制品的设计中，其说明书类的制作方法。说明的简要内容、项目的分法，约等于"活字的构思"的类别，或是商业中的书论学一类。

③工作实习（WA）。进行木材、金属、石膏及摄影的实习，开始采取对于道具、机械、材料的性质、使用方法、特点等实际认识。其后训练使用机械表现出量产性，并具有美的表现能力，通常是与技术制图平行进行的。

④教养科目（KI）。在设计部门工作的参加者，必须教授科学的和文化的知识。学科有以下几类：20 世纪及 19 世纪的造型史、设计方法论（MÉTHODOLOGIE 1）、形态学（MÉTHODOLOGIE 2，高年级学）、美学（MÉTHODOLOGIE 3，高年级学）、社会人类学、解析几何学、心理学。

> 注：关于工作实习科目，有以下的工厂指导进行：PAUL HILDINGER 木

材工厂、OTTO SCHILD 石膏工厂、JOSEF SCHLECKER 金属工厂、CORNELIUS J.UITTENHOUT 金属工厂、WOLFGANG SIOL 摄影工厂。

以上系该校一些概论，在现有资料中，还有一些具体课堂教学内容，此处则删译了。

四、瑞典

瑞典的设计师以室内装饰、家具为主，教育亦偏重于这些项目的研究。国立斯德哥尔摩工艺大学是较近代化的学校，简译于后。

斯德哥尔摩工艺大学（KONSTFACKSKOLAN STOCKHOLM）。19 世纪中叶，瑞典即在斯德哥尔摩设立了"国立工艺学校"（SLÖLDSKOLAN I STOCKHOLM），当时是在产业革命时期，受英国的新工艺运动的刺激而设立的，其后改为"斯德哥尔摩技术学校"（TEKNISKA STOCKHOLM）。40 年前，瑞典进而为"社会主义化"，贸易亦不得不予以进展，国立的工艺大学也就在后期，获得教育下一代的资格。该校后期二年间，曾称作"艺术与设计高等学校"（HÖGRE KONSTINDUSTRIELLA SKOLAN，HKS），主要进行专门教育。至于"师资中心"（TEKNINGSL Ä RARINSTITUTET，TI），则是在后期三年间所设的教员养成科。

国立斯德哥尔摩工艺大学共分 8 个学科：纤维科（FACKAVDELNING FÖR TEXTILARBETE）、装饰画科（FACKAVDELNING FÖR DEKORTAIVM Ä LNING）、雕刻科（FACKAVDELNING FÖR SKULPTUR）、陶磁器科（FACKAVDELNING FÖR KERAMIK）、家具及室内装饰科（FACKAVDELNING FÖR MÖBLEROCK INREDNINGAR）、金工科（FACKAVDELNING FÖR MATALLARBETE）、商业美术及本科（FACKAVDELNING FÖR REKLAM OCK BOKHANTVERK）、教员养成科（FÖRBEREDANDE UTBILDINING FÖR TECKNINGSL Ä RARINSTI-TUTET）。该校目前有教授、讲师、助教 100 人，学生定额 300 人。

该国对外设计的作品，目前是由 S.A.R.（瑞典建筑协会）、S.I.R.（瑞典室内设计家协会）及 S.S.F.（瑞典产业设计协会）联合审查。

五、丹麦

丹麦的家具、小木工品、银器、不锈钢制品、陶器等工艺品，是被世界公认最优秀的。丹麦从 1814 年实施义务教育制度以来，7 岁至 14 岁的 7 年间，为义务教育期。其间小学 4 至 5 年毕业后，即升入 4 年制的中学。经过毕业考试，入高等学校，从高等学校才能考入大学。现在丹麦有两个综合大学，进行造型教育的大学则有"王立美术大学"。

（一）丹麦王立美术大学，正式称为"DET KONGELIGE AKADEMI FOR DE SKONNE KUNSTER"，1756 年创设于哥本哈根市的东部。该校分绘画科（PAINTING）、雕刻科（SCULPTURE）、建筑科（ARCHITECTURE）等三科。绘画、雕刻是纯粹艺术的教科，没有特别的、近于规则的教育课程，只是以简单的技法和美术史的讲义施教。同时教授对学生则更多接触，至于哪一年毕业，也没有规定。即或是退校，再想入学，也有可能得到许可。学生不缴纳学费，自己使用的材料、学生会费，及其他一切费用均由政府负担。

入学之际经过严格的选拔。建筑科开始约选 150 人，通过一个月的试验，期间从中选取 40 人许可正式入学。建筑学科 5 年毕业，有 8 个专业内容，其中工业设计及家具设计专业，每年平均只有 5 名。8 个专业内容如下：园艺（GARDENING）、都市计划（CITY PLANNING）、建筑技术（BUILD TECHNIC）、工业设计（INDUSTRIAL DESIGN）、家具（FURNITURE）、字体学（LETTERING）、修复（RESTORATION）、艺术史（ART HISTORY，包括MEASURING［测绘］、DRAWING［制图］）。

这个学校毕业以后，即可作为建筑家协会的成员（MEMBER OF ACADEMIC ARCHITECT，M.A.A.）。它和其他的工业技术学校出身的建筑家的团体（M.D.A.，MEMBER OF DANISH ARCHITECT）结成一个"M.D.S."（MEMBER OF DANISH ARCHITECT SOCIETY）。

注："M.D.A."是"丹麦建筑家协会"，"M.D.S."是"丹麦建筑家协会联合会"。

（二）工业技术研究所（TECHNOLOGICAL INSTITUTE）。1914 年创设，它的性质既是研究机构，又是教育机关。一方面进行工业技术的研究，另一方面进行职业教育，将理论与实际作为研究教育的目的，由国家和市协同管理。研究所的组织与研究内容如下：金属部门（铁钢／淬火、机械／工具、铸物、汽车／发动机、电气／无线电、熔接、塑料）、建筑部门（木材和木工、木工工作、菌类研究、森林调查、建造、音响、暖房设备、通风装置）、化学部门（纤维和洗濯、染色、制革、食品、制粉、糖果制造、屠宰和肉食，材料试验）。在这个研究所附属的学校之中，已经持有"全能"资格者约有 300 人，分别接受不同专业的技术教育，期限是业余四年。及格的即可得到"师傅"的资格，而且进入社会就可以得到优遇的，中小企业的工人都可入校。

（三）其他：丹麦还有很多培养工业技术者的机构，中学不能升学者，则通过劳动进行五年的职业教育。在全国 14 个地区，都有这样一个机构，技术进修后即可得到"熟练技工"的资格。总之，丹麦对于技术教育是充分热情的，在这个国家中"设计"（DESIGN）正向新的方向前进。

结束语

总括以上五个国家的设计教育，基本上都是出自德国的"BAUHAUS 设计理论"，这是它们的共同点，但是主要的特点：

一、日本和美国有其传统的美术学校，但也有崭新内容的工业设计学校。从发展上看，预计将来工业设计学校可能成为这种教育的中心。因为它主要是为了谋求最大利润的工业产品的输出而培养新的设计人员，而且在教学内容上接触的面也非常广泛。因此它们把学制压缩到四年，都是与它们的资本主义社会制度分不开的。

二、德国的"ULM 造型大学"在世界上来说，是一个单项学科的大学。教学内容都是采取较高深的设计理论，因此它的教学方法和教学内容都带有示范性，用以夸耀它的"BAUHAUS"传统，制造新的"威信"。

三、瑞典则偏重于建筑、室内装饰、家具的设计，不像日本、美国那样广泛。

四、丹麦又致力于工业技术的研究，基本上也是一个建筑体系。

总之，在我院一些图书资料中摘录一般概况，已如上述。其中还有很多更具体的教学方法、具体内容，值得我们参考的。因此，建议把图书资料整理一下，其中有参考价值的都可以组织翻译。

关于充分利用"靠模铣床"的建议书（残件）[1]

1. 此手稿仅见于网络古旧书刊交易平台（http://www.kongfz.cn/2512877/），原拍品标题作"郑可手稿5页，1963"，只有首尾两页图像展列。今据字迹判断，正文并签名均非郑先生亲笔，惟因其开篇即以第一人称"我"行文，兼之所述与先生从事职业有明确联系，并系呈送中国美术家协会，故除个别格式、错漏有所调整外，特依两图原样收载于此，中阙者亦已注明。

图1

图2

图1—图2.《建议书》抄件首、末页

我曾于1962年8月奉中央手工业管理总局指示赴广州、上海等地参观模具制造工艺；同年10月，又奉美协指示再赴上海，对于轻工业品的生产与设计进行了调查研究。最近（1963年2月）带领学生去广东石湾窑同时，路过广州、上海，再次对有关工厂进行了参观与学习。

在以上先后三次的参观学习期间，发现很多工厂用于加工钢模的重要生产机械之一——靠模铣床（亦称"仿形铣"）未能发挥它的实际作用。相反地，却将这些价值很高的机械造成了积压与浪费。根据不同情况大致分为以下五种：

① 绝大部分搁置不用，使机械睡觉；
② 改为其他用途；
③ 拆卸后将机器部件转移别用；
④ 仅有一部分工厂使用之，但利用率不高；
⑤ 当作废品处理。

根据记忆将北京、广州、上海三地所看到的靠模铣床列表于下，供作参考。其中可能与目前实际情况，

【（中阙）】

□□□□□□研究工作培训一批技工，分配各有关工厂参加实际生产。
（五）总结研究成果，向全国各有关工厂推广之，以提高生产水平。

我是一个工艺美术工作者，可能对这个问题理解不够全面，想出拙见如上，请考虑。特请相关单位研究。

　　此上
中国美术家协会

郑可
1963年4月16日

对于动用缩刻机的几点意见 [1]（未完成稿）

郑可

在华主席为首的党中央英明领导下，在深揭深批"四人帮"的大好形势下，一个工业学大庆、农业学大寨的新高潮正在兴起，我们轻工工艺美术战线必将出现一个繁荣兴旺的新局面。

为了充分利用现有设备，培训设计技术力量，我们建议动用缩刻机，为特艺行业作出应有的贡献。

1. 据本篇行文内容推断，形成时间当在 1977 至 1979 年间。另，手迹原件图像，系由郑方女士提供。

图 1.《意见》手迹
图 2. 郑可《中国美术家协会会员登记表》(1979 年，代笔）

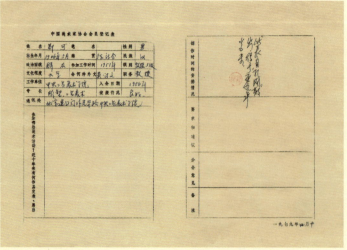

图 1   图 2

图 3

图 3. 第四次文代会期间, 郑可 (2 排右 5) 与参会
美术家代表等于北京集会, 包括关山月 (1 排左 3)、
阳太阳 (1 排左 4)、特伟 (1 排左 6)、黄新波 (1
排左 7)、陆志庠 (2 排左 2)、王琦 (2 排左 3)、
廖冰兄 (2 排左 5)、丁聪 (2 排左 7)、黄苗子 (3
排左 1)、郁风 (3 排左 2)(1979 年; 采自王琦:《王
琦美术文集: 艺海风云 (下)》, 北京, 中国文联
出版社, 2007 年版, 附图第 1 页)

图 4. 郑可《男人头像》[1](陶; 采自吴少湘:《雕
塑艺术》, 北京, 人民美术出版社, 2008 年版,
第 118 页)

1. 该书作者对此件作品有过 3 处评述, 现均录出:
"中国传统透雕和剔雕的技艺, 经雕塑家郑可发
掘、整理和运用到他的浮雕创作与教学中, 已成
为独树一帜的有东方特点的现代浮雕技法", "雕
塑家郑可将中国传统浮雕技艺发掘、整理, 并运
用到他的浮雕创作和教学中, 形成了独树一帜的
有个人风格的浮雕技法。他的这件头像中的头发
的塑造, 借用了剔雕的技法, 在很有限的高低起
伏中表现出了丰富的起伏变化。整个人物面部的
塑造是控制在极薄的厚度中完成的, 充分地利用
了光影变化, 使面部造型充满表现力", "郑可的
浮雕头像中有很多精彩的凹面处理展示"。(第
114、118、127 页)

图 4

"立体造型" 教育纲要 [1]

郑可

一、"立体造型" 教育纲要（初稿）

"立体造型"是培养有立体创作能力的工艺美术人才。"立体造型"种类繁多，我们目前只能先办金属、陶瓷、塑料三个类型，分二年和四年两种班培养，将来有力量和有需要时扩充。

"立体造型"名词，目前还有争论，我们办起来，目的是培养全心全意为工艺美术事业和"四个现代化"服务，为"衣、食、住、行"服务的新人才。

我们先设立以上的三个专业，是培养这三方面的，有创作能力，既有艺术修养又有科技知识的新人才。

1. 手稿原件由郑方女士提供，现略经调整后，据之重新制作。另，经向郑女士询问，初步判断此件当在20世纪70年代末80年代初完成，或即1978至1981年间。

培养出有发明创造能力，设计出
为现代广大人民需要的新产品

暂分三个专业

金属	陶瓷	塑料
小五金、金银首饰、日用品、奖品、建筑和家具的金属吊件等。	陶瓷首饰、陶瓷纪念品、奖品、旅游品、陈设小品、装饰品、运动会纪念品和奖品等。	塑料首饰、塑料用品、纪念品、奖品，其他用品等。

图1

292

二、"立体造型班"对教师的要求 （第 1 稿）

说明：

（一）平面造型是立体造型的基础，而工艺又是立体造型的不可分割的组成部分。重视三者的互相渗透、网络作用、连锁反应才能提高教学质量。

（二）我们要互相学习、共同提高、掌握全面，经过一段时间的努力提高教学水平，腾出力量进行创作（设计）活动和科学研究，并希望能达到节省教学力量的目的。

（三）塑造是立体造型的关键点，塑造出的形象（立体图纸）为生产服务。

（四）创作是教学活动的生命力，应大力提高创作（设计）的水平。

（五）专业课和基础课是我们立体造型的主要课程，但两者不能截然分开，而是相互作用而组成的整体。

图1. 郑可《"立体造型"教育纲要》手稿

图2. 郑可《"立体造型班"对教师的要求》彩色手稿

图3. 郑可《"立体造型班"（雕塑班）教学内容示意图》彩色手稿

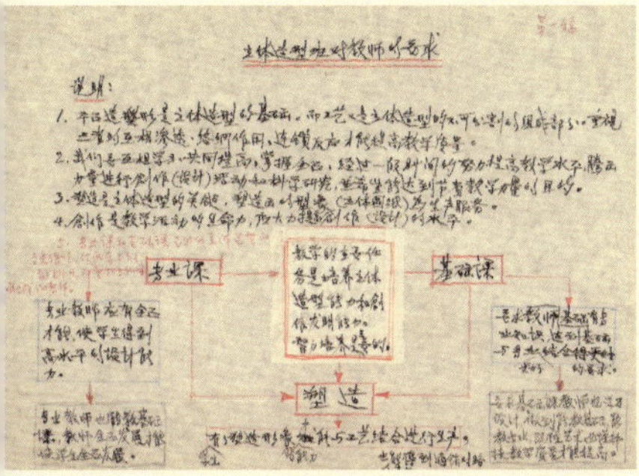

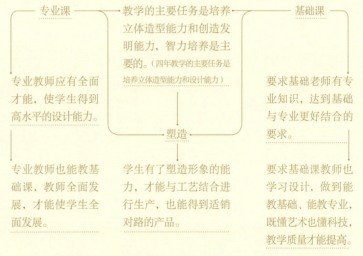

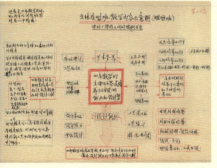

图2

图3

三、"立体造型班"（雕塑班）教学内容示意图
课程与课程之间的纲络关系（第 2 稿）

说明：这表是四年教学用的，如二年的"训练班"用，则要从中精减。

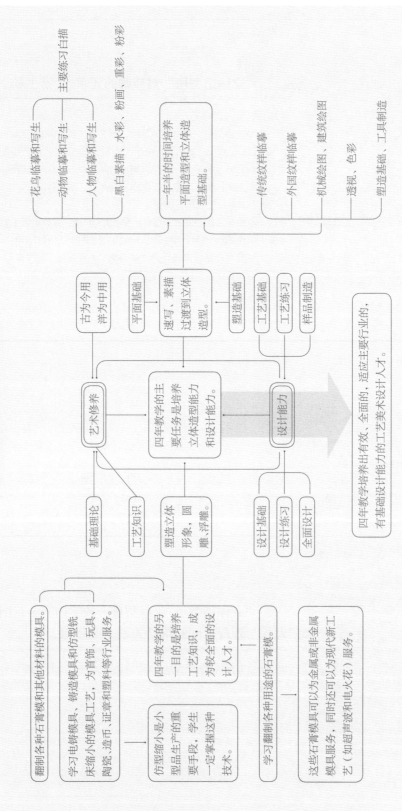

立体造型班教学内容示意图（雕塑班）

花鸟临摹和写生
动物临摹和写生 — 主要练习白描
人物临摹和写生
黑白素描、水彩、粉画、重彩、粉彩

一年半的时间培养平面造型和立体造型基础。

传统纹样临摹
外国纹样临摹
机械绘图、建筑绘图
透视、色彩
塑造基础、工具制造

古为今用 洋为中用
平面基础
速写、素描 过渡到立体造型。
塑造基础
工艺基础
工艺练习
样品制造

艺术修养

四年教学的主要任务是培养立体造型能力和设计能力。

设计能力

基础理论
工艺知识
塑造立体形象，圆雕、浮雕。
设计基础
设计练习
全面设计

四年教学培养出有效、全面的，适应主要行业的，有基础设计能力的工艺美术设计人才。

翻制各种石膏模和其他材料的模具。

学习电铸模具、铸造模具和仿型缩小的模具工艺，为首饰、玩具、陶瓷、造币证章和塑料等行业服务。

四年教学的另一目的是培养的工艺知识，成为较全面的设计人才。

仿型缩小是生产各种型品的重要手段，学生一定掌握这种技术。

学习翻制各种用途的石膏模。

这些石膏模具可以为金属或非金属模具服务，同时还可以为现代漆工艺（如珊瑚和电火花）服务。

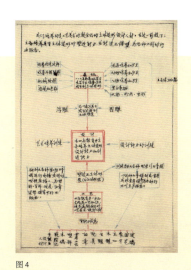

图 4

图 4. 郑可《课程与课程之间的纲络关系》彩色手稿

说明：我们培养的是工艺美术的较全面的立体造型设计人才。在这一前提下，主要培养具有立体造型的塑造能力，并能造出模型，为各种（不同的）行业服务。

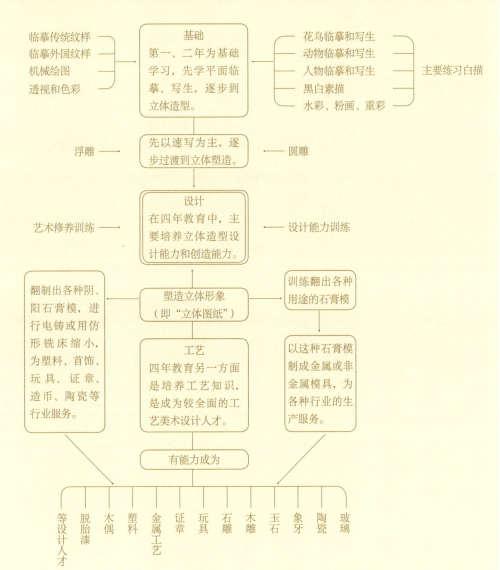

临摹传统纹样
临摹外国纹样
机械绘图
透视和色彩

基础
第一、二年为基础学习，先学平面临摹、写生，逐步到立体造型。

花鸟临摹和写生
动物临摹和写生
人物临摹和写生
黑白素描
水彩、粉画、重彩

主要练习白描

浮雕 →　先以速写为主，逐步过渡到立体塑造。　← 圆雕

艺术修养训练 →
设计
在四年教育中，主要培养立体造型设计能力和创造能力。
← 设计能力训练

翻制出各种阴、阳石膏模，进行电铸或用仿形铣床缩小，为塑料、首饰、玩具、证章、造币、陶瓷等行业服务。

塑造立体形象
（即"立体图纸"）

训练翻出各种用途的石膏模

工艺
四年教育另一方面是培养工艺知识，是成为较全面的工艺美术设计人才。

以这种石膏模制成金属或非金属模具，为各种行业的生产服务。

有能力成为

等设计人才　脱胎漆　木偶　塑料　金属工艺　证章　玩具　石雕　木雕　玉石　象牙　陶瓷　玻璃

致王副部长 [1]

1. 此手稿存于中央工艺美术学院档案《郑可工作室关于今后工作的设想》（档案号 JX·b·03—0128，第6—7 页；形成日期"1981 年"，保管期限"永久"，形成单位"特艺系"），篇名系新拟。

又，今仅据字迹判断，正文非郑先生亲笔，签名似是。更因其基本以第一人称"我"行文，故除个别错漏有所调整外，全稿依原样附载，其上批阅诸语亦附记于文后。

王副部长：

从今年起，工作重点转到四个现代化方面来了。我这个年过七十的老知识分子，能眼见这样的大好形势，太激动了。真是一心扑在工作上想快快做出些成果来。

在我们工艺美院情况也是好的。几位院领导对我非常支持，让我负责一个专业的教学实验小组，开设一门专业，来实现我四十多年的教学改革的设想。现在正把一个搁置了廿多年的小型工厂着手恢复，以配合科研，带动教学。最近，旅游局的同志来找我征询关于发展旅游产品的意见，更叫我兴奋。

为早日做出成果，为实现"四化"贡献我的一份力量，我要求您给我一些实际的支持。

一、

为了以科研带动教学，我迫切希望我院的小型实验工厂能早些恢复，目前，还需要一点少数的外汇，购买一点必需的设备。

这个小型实验工厂，现在一个人也没有。有设备，没有技术工人是不行的。我只希望能有十至十五个人的名额（包括必需的技术员、老师傅、有培养前途的青工）。

二、

现在我负责的这门专业（立体造型教学实验小组）实际上只有两位专职教师（还包括我在内）。因此，我希望能给一些教师的编制，能有六位至七位真正有能力，有技师实践经验，工作态度好的教师与我一道工作，搞好教学、科研，提高教学质量。我希望有一两位比较精通英、日文的教师做些国外情报资料的翻译工作。

我只需要很少的一点外汇，十至十五个技术工人，六至七位教师，我希望在人员的配备上，给我物色适当人才的发言权，可以接受我的建议，而不要由上级硬性调派（因为硬性调派来的人，往往很不合适，这方面已有深刻教训了）。

图1

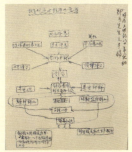

图2

图1.《致王副部长》抄件

图2.20 世纪 80 年代初郑可《教育规范与程序示意图》手迹[2]

2. 此手迹由清华大学美术学院何宝森教授于 2012 年初提供，其右上角双行竖排黑色 17 字即为何氏所写："郑可先生之手稿，时为上世纪八十年代初。"又，今右侧乃此手稿"整理图"，系本次编辑时新制。

以上要求如能得到您的支持，有了必需的人力和条件的话，我有信心在不长的时间内做出成果。

请您指示。
敬礼！

中央工艺美术学院
特艺系教授 郑可
2 月 15 日

附记：

拟予以支持，请培传、建平同志审批，责成有关单位落实。　2.16
请罗扬实同志阅。
请张仃同志考虑和郑可同志研究解决。　罗扬实　3.8

教育规范与程序示意图

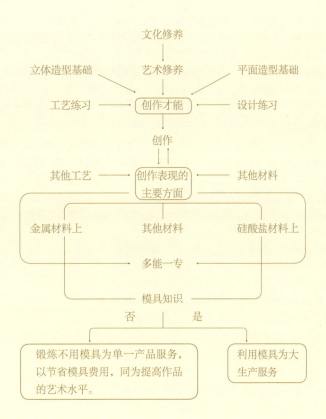

文化修养

立体造型基础　艺术修养　平面造型基础

工艺练习 → 创作才能 ← 设计练习

创作

其他工艺 → 创作表现的主要方面 ← 其他材料

金属材料上　其他材料　硅酸盐材料上

多能一专

模具知识

否　　是

锻炼不用模具为单一产品服务，以节省模具费用，同为提高作品的艺术水平。

利用模具为大生产服务。

中央工艺美术学院致轻工业部教育司并文化部教育司的函（草稿）[1]

1. 此稿存于中央工艺美术学院档案《成立郑可工作室》（档案号1973—1981·人事—10；形成日期"1981年"，保管期限"永久"，形成单位"人事处"）。其上批阅诸语均附记于文后，篇题系据内文新拟。

轻工业部教育司并文化部教育司：

我院本着"调整、改革、整顿、提高"的方针对系科、专业进行了研究，其中对特艺系装饰雕塑专业存在的问题做了较深入的工作。这个专业（又称立体造型专业）成立不到两年，现有专业教师七人，技工一人，有一个班级的学生，研究生四人。由于该专业成立较匆忙，很多条件尚未具备，教师在学术观点方面很不一致。专业教学力量较薄弱，在专业教学内容上有些方面与其他专业（如工业美术系的现代工艺）还有重复现象，因此如每年招收新生是十分困难的。为此，庞副院长提出了对该专业的调整意见。经特艺系与该专业的有关教师讨论研究后，认为这个意见比较实事求是，既有眼前的考虑又有长远的设想，是一个既稳妥又积极的设想。经院领导小组讨论研究之后，亦同意了这个调整方案，现报请部领导批准。

调整装饰雕塑专业的具体方案是：

① 撤销装饰雕塑专业的建制。
② 该专业的郑可教授在金工、立体造型与基础训练、工艺处理等方面有突出的成就，为此建议成立"郑可工作室"，配备两三位中青年教师，以带研究生为主，为国家培养有关高级专门人才。该工作室仍在特艺系领导下工作，现有78班的教学工作仍由郑可工作室负责，至毕业为止。
③ 该专业的其他教师，在进行适当的加强与充实之后，在近两三年内的主要任务是为轻工系统领导工艺美术工厂、工艺美术研究所、工艺美术学校的在职美术干部开办短期进修班。进修班的教学内容以加强基础训练与艺术修养为主，同时进行必要的专业设计（主要是下厂）与有关业务经验交流。学习时间为一年左右，每年招收一个班级，廿名学员（进修班教学计划另附）。经费按国家规定由院领导单位负担。
④ 进修班的师资在特艺系领导下组成单独的教研室。除教学任务外，同时负责我国民间工艺美术的调研与经验总结，教材编写等工作。边教边学，逐步总结经验，在此基础上争取在两三年后发展扩建为民间工艺美术系。

我国的民间工艺美术具有悠久的历史传统，有一支庞大的队伍。这方面的美术干部迫切地需要培养和提高。它不仅仅有立体的雕塑方面的多种行业，还有大量平面的多种工艺材料的实用品与装饰品。我院的系科、专业设置不能忽视这方面的需要，应当做出具体措施，来填补这个空白。对现有装饰雕塑专业的调整，也正是为此需要而做的工作之一。

以上报告请审批。

中央工艺美术学院
1980 年 1 月

附记：
（文稿审定后请打印）
请罗、陈、庞阅后打印上报。　　张仃 1 月 12 日
同意。　　　陈叔亮 1 月 14 日

"郑可工作室"方案 [1]

佚名

1. 此稿亦存于中央工艺美术学院档案《成立郑可工作室》，正文前封面页加盖"中央工艺美术学院特种工艺美术系"公章一枚。

经院领导研究并决定在特艺系装饰雕塑专业成立"郑可工作室"，试行工作室制。这一决定是为了贯彻党的"双百方针"，给予老教授郑可先生以充分的人力和物质条件去实现其多年的夙愿，为工艺美术事业的发展，为"四化"建设早出人才，多出成果。

现将工作室的任务、业务方向、人员配备、设备及其他各项，分述如下：

1. 工作室的任务：为培养全心全意为社会主义"四化"建设服务的又红又专的创作研究人才。通过创作、科研，结合对研究生、本科生的专业学习辅导，使郑可教授丰富的知识和经验得以系统地传授、继承和发挥，并体现出工作室自己的艺术风格和特点。
2. 业务方向：研究现代金属工艺和装饰雕塑为主。着重于各种金属及非金属模具的科学研究；同时利用陶瓷工艺条件及陶瓷雕塑创作，提高造型能力。
3. 人员配备：以郑可先生为首，目前配备何燕明、何宝森等中青年教师，四名研究生及雕刻技工刘泽章同志。原七八班装饰雕塑专业的十六名同学转入工作室。
    今年内尚需配备：专业教师一至二人；有写作能力的理论教师一人；技术员一人；工人一至二人。
4. 设备及其他：
    ① 尽早健全金工车间，把"电成型"及"失蜡铸造"设备搞起来，以便创作和科研项目能做出成品。并使学生有进行工艺实习的条件。
    ② 为了编写教材，加强理论建设，要有计划地搜集资料，增添相应的设备。

图 1. 仿形铣床旁的郑可

图 1

③ 七九届四位研究生仍按原定研究项目进行。七八班本科学生仍维持四年制教学计划，到三年级时结合工作室的创作任务及科研项目进行学习和实习。

1980 年 3 月 22 日

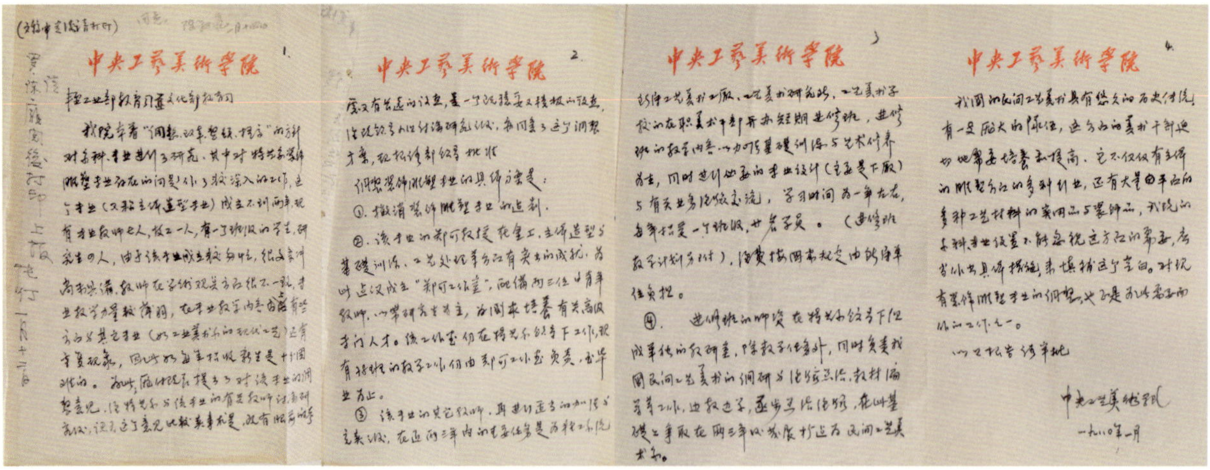

图2

图3

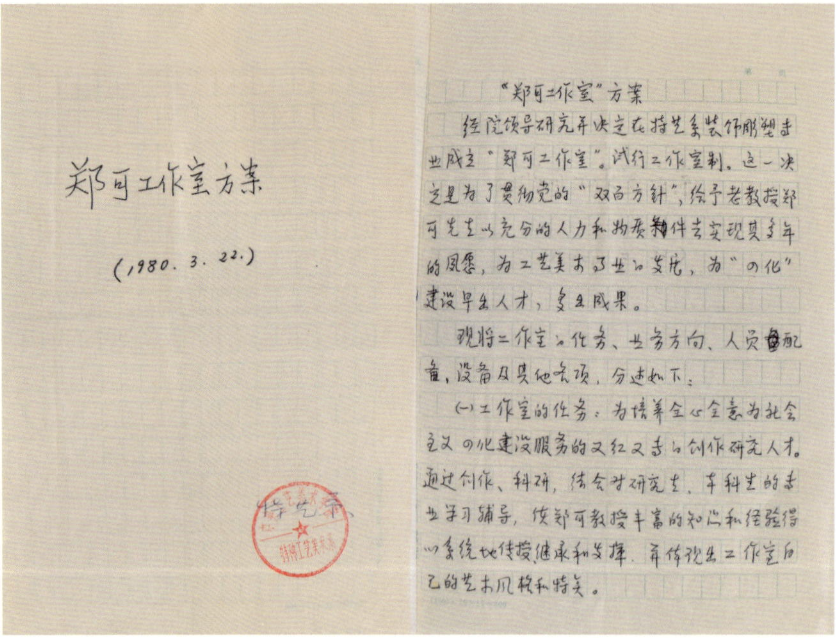

图2《中央工艺美术学院致函》抄件
图3《"郑可工作室"方案》抄件

我们对今后工作的几点设想 [1]

1. 此稿见存于中央工艺美术学院档案《郑可工作室关于今后工作的设想》（档案号IX·b·03—0128，第1—5页）。今仅据字迹判断，非郑先生亲笔。

一、自从工作室成立以来，由于院系领导的支持和工作室全体同志的共同努力，取得了一定的成绩。但是也碰到了不少的困难，这些困难有的已经克服了，有的仍然存在，有待于解决，希望院领导给予关怀和支持。

同时我们在教学工作中进行了试探性的改革，从中摸索到了一些经验（包括教学经验和工作经验）。

二、经过一年多的教学工作，我们在培养同学方面总结了我院成立以来的教学实践，我们的经验是既培养基本技能又培养创造才能，而重点是放在培养创造才能方面。

① 采用"航海教学"的方法，为了培养同学的创造才能，根据不同的具体情况，灵活机动地进行教学。例如为陶瓷系七七班上动物雕塑课程时就把重点放在培养同学的艺术形象创造能力方面。而为陶瓷系专修班上毕业设计课程时，就着重于启发同学们如何进行创作思维方面。

② 课程安排要采取"一条龙"方式。以培养创造能力为主要脉络安排其他课程，防止技术性内容比例过重，影响同学动脑的锻炼。

③ 根据我国实际情况和历届毕业生分配的经验，我们提出本工作室的培养目标是要求学生具有适应性较强的"通才"，或者成为"多能一专"的人才。

三、今后在教学方面的设想是进一步结合实际，加强工艺实践，一方面继续要到工厂实习，另一方面还要建设我们自己的小型工厂。为了"模拟"教学的需要，工厂可以分成两个部分。一是以软质材料塑造成形的陶瓷工艺小组；一是以硬质材料加工成形的金属工艺小组。

所以要设立以上所说两个工艺小组，是经过认真研究后提出的。其理由是金属工艺小组重点是搞模具和铸造工艺，工艺美术只有使用模具才能大量生产，再进一步发展可以搞冲压塑料制品，还可以制造陶瓷首饰、纪念品和旅游产品等。这样的工厂在社会上是找不到的，为了学生实习就必须建立自己的金属工艺小组。我们搞陶瓷是为了"模拟教学"的需要，用陶瓷原材料塑造和复制各种造型，比其他原材料都要优越。但是过去主要依靠下厂，要花费许多经费，如果我们自己有三个人组成一个小组，以土法上马，只要有一些简单设备，就可以供同学实习，为国家节约大量经费。进一步设想的话，如果把同学的设计课程和教师的科研项目同社会需要相结合，再组织一些力量，可以为国家作出不小的贡献，为学院增加经济收入。例如今年年初为文化部电影局设计的电影国家奖奖杯，就是由于我们没有加工能力而不得不找外厂加工，价格贵而效果又不理想，如果我们有翻模和铸造能力的话，可以为我们院增加一大笔收入。

因此，工作室迫切需要健全金属工艺小组和建立陶瓷小组。现将所需条件列出，希望我院领导大力支持。

① 金属工艺小组：现有技工1人，徒工2人。需要再增加1名机床技工和2名徒工。

② 陶瓷工艺小组：需要调我院陶瓷系蔡德春同志和在今年专修班毕业生中留校一名做技术骨干（闫淑芬或李兴华）。如有可能再增加2名徒工。（蔡德春同志兼管管理工作）徒工可由待业青年中选调。

另外，我们要在厉行节约的基础上展开工作。但是在可能条件下仍然需要在物质（上）得到一定的支持。如果能够增加少量必要的设备，是完全可以保证很快搞出成绩来的。

郑可工作室
1981年3月30日

郑可报告 · "郑可工作室"简况 [1]

郑可工作室

1. 此稿存于中央工艺美术学院档案《名人全宗·郑可卷》（第30—33 页；形成日期"1986 年"，保管期限"永久"，形成单位"院办"），原"卷内目录"总标题为《郑可工作室报告》，稿纸页眉处有铅笔注记"郑可报告"。又，今仅据字迹判断，非郑先生亲笔。

工作室成立已经三年了，78 班也已临近毕业。现将 78 班入学后和目前的教学安排与工作室的情况与发展设想概述一下，以期使系、院领导了解并给予支持。

78 班入学后因为没有明确他们今后从事哪些行业，所以我在立体造型专业范围内提出"多能一专"的要求，使同学毕业后适应性强些。

工艺美术有三个组成部分，实用性的、陈设性的和实用与陈设性结合的。现在中央提出首先为消费品服务，因此实用性的应放在相当的位置。我们努力培养学生有这三方面的设计能力。三年多的时间里，除这方面的教学以外并进行了多次实习，加强培养学生的艺术修养、塑造与创作的能力。

我们选了两种材料作为我们教学的基础：一是硅酸盐的陶瓷，二是金属。

从人类有史以来，这两个材料直到现在还是占非常重要的位置。我们的学生毕业后，不一定搞陶瓷，也不一定搞金属，但有了这两种工艺的锻炼，也会较容易地适应从事其他行业的工作。

从上学期开始，接受了安徽省合肥市人民政府的委托，设计建立合肥市市标。上学期已把同学的设计画稿带到安徽合肥审定。现已最后选出两个方案，从两个方案中还要再进一步选出一个，就可以施工了。这个工作合肥市政府非常重视，由一个市长来抓，我们的食、住、行都由他们开支。市标部分采用金属材料，部分用陶瓷，部分用水泥来建成。在整个工作中同学们可以得到多方面的实际锻炼。

另外安徽省宁国县有个陶瓷厂，是个新发展的单位。现在同学们去那里，一方面帮助他们搞些新产品，另一方面还可以进行创作实习。我们建议以安徽砖雕的风格发展该厂艺术陶的风格特点，厂方很感兴趣。我们将以砖雕的形式做一些浮雕，另外还做一些人物、动物及器皿，共计可达到 200 种左右（在宁国瓷厂的情况另详细说明）。

关于金工车间：

现有缩刻机一台，可以进行小型浮雕产品的制作；
电成型工艺去年也已搞出成品，今年要扩大成果；
今年还要进行两种新的工艺研究：失蜡铸造与金属喷涂。

以上这些工艺手段可以搞首饰、小五金、旅游纪念品，也可以搞大型建筑浮雕与大型圆雕。

目前的车间只能进行小型的试验与科研，预计在上述计划完成以后，即可成为一个教学实习与完成创作任务的实习阵地。为此我希望：
①　工厂现有的机器尽早通电，使之转起来；
②　增加一部雕刻机和一部 1：1 的仿形铣；
③　金属喷涂及其他设备的配备。

注：长期计划另行安排。

1982 年 2 月 12 日

郑可报告 · 附件

佚名

1. 此稿存于中央工艺美术学院档案《名人全宗·郑可卷》（第28—29页），原"卷内目录"总标题为《郑可工作室报告》，写作时间应在1981年底至1982年初之间。

又，今仅据字迹判断，非郑先生亲笔。但，稿纸格式、书写字迹，以及所述内容均与前篇《郑可工作室简况》近似，或有必然联系。

另，本篇总篇题，乃据此稿页眉注记新拟。

2. 此稿亦存于中央工艺美术学院档案《名人全宗·郑可卷》（第27—28页，页码重复），原"卷内目录"总标题为《郑可工作室报告》。稿纸页眉处有铅笔注记"郑可报告附件"，写作时间应约同《致王副部长》等，亦或在1981年至1982年之间。

又，今仅据字迹判断，非郑先生亲笔。但，稿纸格式、书写字迹，以及所述内容均与前篇《郑可工作室简况》及《郑可报告·附件（1）》近似，似有必然联系。

1[1].

工艺美术属于第三产业，是为衣食住行服务的。可分三个类型——实用性的、陈设性的和实用与陈设相结合的。现在中央提出首先发展消费品工业、轻工业，因此实用性的工艺美术品的设计、科研与生产应放在一个相当重要的位置。虽有经济、文化的发展，美化人民生活的陈设性的（装饰的）工艺美术品，还是要搞好的。因此我们的教育方针，应当培养学生有这三方面的能力，如果光搞陈设性的就和中央提出的精神不相符合。

工艺美术的行业太多了，同学毕业后都要从事某一种行业的工作，而且主要是软件性的工作。为了同学在毕业后的适应性强些，应着重培养同学的造型能力、创作才能和艺术修养。而不是单单懂得某个行业的操作方法。如，一个大学文科，不能培养写长篇小说、短篇小说或写诗词的能力，而是培养文字能力、写作能力与文学修养，所以在教学中我提倡多能一专（或二专、三专），而不是一专多能。

我院是中国唯一的高等工艺美术学院，其他美术学院只设一个工艺美术系，因此，我们学院要为培养真正的工艺美术人才发挥应有的作用。现在领导提出成立科研部是非常好的，我院已建院25年多了，要培养更多的人才出来。

我们的任务是教学，搞科研也是为教学。这两方面又不相同，又相互促进。

学院要设立一些实习车间，但要选择有代表性的，可以举一反三。千行百业，包罗万象，都学是不可能的也不必要，因此我们在逐步建立实习车间的时候要进行认真的选择。

2[2].

金属工厂从我院成立起就开始建立，历史已不短了，但是还没有真正搞起来，现有的设备和条件虽还不太理想，但在艺术院校中还是比较好的。应该迅速发挥其应有的作用。为此，我们提出以下几点想法和设想：

① 现在的一部雕刻机不够用，必须再增加一到两部，资金约两万元。

② 电成型工艺现在虽然搞起来了，但规模还太小，不能满足教学和科研的需要。应该扩大和增加相应的设备，约一万元。

③ 失蜡铸造在各艺术院校中还是一个冷门，我们认为应该从我院首先搞起来。

④ 金属喷涂是一个新兴的工艺，可以推动多种工艺美术门类的发展。今年我们计划这项科研也搞起来。

⑤ 为了使金属工厂迅速地发展起来，正常运转，目前的人员显然不够，计划增加一名技术员（最好有学历），培养一个车工，一个钳工，逐步发展到15名。

致李先生：关于"郑可工作室"的一些意见[1]

1.此稿存于中央工艺美术学院档案《名人全宗·郑可卷》（第34—37页；形成日期"1986年"，保管期限"永久"，形成单位"院办"），原"卷内目录"总标题为《郑可工作室报告》。又，篇题为据内文新拟。

李先生：

遵嘱将近几日考虑"关于郑可工作室的一些意见"，写给您，望指教。

郑可工作室1978年开办特艺系雕塑专业教学，四年来开展教学项目有：素描，速写（人物、动物），水彩，水粉（风景、人物），泥塑，圆雕，浮雕（人物、动物），创作设计，外出参观学习传统雕塑遗产，到宜兴、宁国陶瓷厂实习等。学生16名，今年暑期毕业。1980年招收四名研究生，分别学习传统彩塑、陶瓷雕塑、金属工艺等，现已毕业。根据以上教学实践有以下体会。

① 郑可教授早年留法，多年从事工艺美术教学工作，有丰富经验。为在他有生之年将先生学术技能总结继承下来，建议近一二年内为他招收研究生，人数可少而精，分门学习，具体总结。鉴于1980年研究生培养经验，需规定较完整系统的教学方案，制定学习进程计划，方有利于人才培养和成绩考核。避免盲目疏忽造成流产损失。

② 工作室的专业范畴应明确划分，不能凭主观愿望任意改动。灵活性不能大于稳定性，这样才便于开展学术研究和工艺创作。拙见认为：工作室要以工艺美术雕塑研究为主，涉及范围是：牙、玉、木、石雕刻，金属、塑料、现代材料雕刻，陶瓷雕塑。这个范畴既符合如今工作室成员的客观专业条件，又符合学院教学及研究的需要。

如若范畴不明，任意定向，在工作上只会落得个忙于一世，一无所成。

③ 工作室人员的配备安排要从专业研究需要的角度健全组织，吸取以往教训方能做出成绩。例如，原工作室附带之金工车间三名工人中仅只一名勉强符合条件，四年以来难于展开工作。又如，原工作室曾有吴保东、王学东、何燕明等同志与郑可先生共事，都因种种原因而分解，其中亦因缺乏组织领导导致人员使用不当。

④ 工作室的学术研究及创作风格应遵循党的文艺方向和"双百方针"，才能有利于事业发展和发挥每个成员的艺术潜力和创造才能。

⑤ 工作室将来的发展规划，拙见认为应开设三个实验室：现代工艺雕刻（金属、塑料），雕刻室（牙、玉、木、石），雕塑室（泥塑、彩塑、陶瓷）。添置设备也需三方兼顾，设备以精减为主，不拟搞成套或庞大机械。

⑥ 鉴于目前工作室状况可开展以下几个方面工作：其一，七八班本科生留校两名，望能与特艺系协商随郑先生一至二年，分门别类整理他的教学经验。如金属工艺、浮雕技法、陶瓷雕塑，以及素描等教学材料。其二，如今留校两名研究生，可根据教学需要及他们之专长制定研究专题，继续请郑先生指导深造，为教学做好准备。其三，作为研究部之工作室，应为学校作出出教员、出教材的贡献。例如可开展特种工艺雕刻的教材编写工作，现代

工艺雕刻研究，传统雕塑研究，工艺雕刻特性等研究工作。

⑦ 郑可教授老当益壮，精力过人，鉴于他的性格及特点，需从组织上给予多方面的关注和关怀。否则按以往的情景，任凭老者驰骋南北，天马行空，其他同志不知所措各行其是，随时光流逝，将贻误工作。

以上拙见承领导信赖，冒昧付纸，谬误之处望海涵。

何宝森
1982年5月10日

1. 此手稿附在中央工艺美术学院档案《郑可赴南斯拉夫参加"大理石和声音"的讨论会的通知》（档案号 WS·d·2—11，形成日期"1982 年"，保管期限"长期"，形成单位"外办"）。经辨认，全文为郑先生亲笔，现除错漏有所调整外，依原样收载。惟，写成时日，或当在 1983 年初。
又，档案内所存《中国美术家协会对外联络部致工艺美院院长办公室的函》及其上批阅诸语亦作附件列于文后。

图1.《情况》手迹

图1

我到南斯拉夫参加创作活动的简单情况[1]

郑可

去年七月我接到文化部通知，到南斯拉夫参加"大理石与声音"协会的创作活动，当时我很不理解，甚至文化部也不知道实际情况。

由文化部办好一切出国手续，我于去年七月七日离开北京，途经巴基斯坦，第二天到达贝尔格莱德。到机场接我的有中国大使馆何子立参赞和任秉欣同志，"大理石与声音"协会的秘书也来接我。车行一百多公里，当天下午五时到了一个小城"阿郎谢鲁域"（Aranjelovac）。我立刻到"大理石与声音"协会报到，并拜会了协会负责人 Alek Djonovic（阿列克·乔诺维奇）和安排住所。

阿城是个美丽的小小山城，风景甚佳，四季如春。当地有一个全国出名的大理石矿，石质仅次于意大利。在这个有利的条件下，每年都举行一次世界性的大理石雕塑创作活动，选出的作品安放在一个很大的公园里。因此，人们可以在这个公园里看到世界各种流派的大理石雕塑。另外，城里还有一所陶瓷实验工厂，人们可以在这里进行陶瓷创作活动。我这次被邀请就是为了在这里参加一个国际性的"世界陶瓷"节日创作活动的。来参加的国家有南斯拉夫、美国、法国、英国、德国、挪威、墨西哥等国。我们相见之下互相探讨、互相交流经验，甚至互相争论、互相学习、交朋结友，创作空气十分浓厚。使我知道了一些现世界的各种流派的表现。这从正反两口都得到很大的收获。

经过了一段时间后，我才理解到所谓"大理石与声音"就是指空间与时间艺术的活动。阿城虽然是个小小的山城，但是文艺活动非常丰富多彩，每天都有几个音乐会和多种文娱活动，其中有戏剧、舞蹈、歌唱、下棋、电影，等等。来自世界各国的代表团在公园演出，不收门票，任何群众都可参加，真是文娱活动丰富多彩。我在阿城的时间虽然很短，就看到了很多演出，如中国的上海民族音乐组（8 人）、非洲的民族舞蹈团（60 人）、苏联的民歌唱团（80 人）和南斯拉夫的多次歌唱表演，等等。在公园里还看到绘画、雕塑、陶瓷、建筑设计、摄影等很多展览会。以上这么多的活动都是由"大理石与声音"协会组织的，他们会内只五人办事：经理、秘书、会计和两个小青年。他们组织能力之强，真令我钦佩！

ZHENG KE

Institut primenjenih umetnosti
PEKING
NR KINA

Rođen 1906. u Kantonu. Studirao
na Ecole national des beaux-arts u
Parizu skulpturu i medaljerstvo i u
isto vreme na Ecole de la ville de
Paris primenjenu umetnost.
Sada je profesor umetnosti na In-
stitutu primenjenih umetnosti u
Pekingu.
Kolektivno izlagao na brojnim
izložbama u NR Kini.

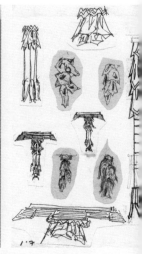

图 2   图 3   图 4

图 2. 郑可于南斯拉夫工作照（郑方提供）

图 3.《"南斯拉夫 82 年'陶瓷世界'国际
艺术节"作品册·郑可介绍及作品〈钟馗〉》
（内页书影；郑方赠送）

图 4. 郑可《喷水池（图稿）》（郑方提供）

我到阿城的第二天就开始工作，经过构思、初稿、定稿，就进行放大，创作
出两件作品：

第一件，高一米、直径八十公分的"钟馗"镂空浮雕。以中国传统砖雕的处
理手法表现钟馗的形象。

第二件，三米高、八米见方方形的喷水池。它准备安放在一个耐火材料厂的
入门处。因为我急于回国，只能留给厂方放大完成。

两件作品都得到领导的好评，并写文章发表在党报上，认为既有中国民族形
式又有时代风格。

在创作过程中，我首先在陶瓷实验工厂打小稿，后来转移到耐火材料厂进行
放大定稿，他们配备两个助手帮忙，并给我一个很大的工作室。在工作中我
还摸索了一种我定名的"麻布造型法"，创作了三十多件作品，并部分已烧成，
结果很好，而且也教会两个助手掌握了这种方法。这个方法对我将来教学和
创作是非常有用的。

中国美术家协会对外联络部
致工艺美院院长办公室的函

工艺美院院长办公室：

文化部（对外文委）同意郑可同志赴南，参加"大理石和声音"的讨论会以及创作活动。现随函寄去政审表一份，请办妥，连同郑可同志的小二寸光面照片6张一并退我。以办理5份手续。

另外，文化部（文委）有关负责人希望，郑可同志在出行前，再进行一次体检。

　　此致
敬礼

中国美术家协会
对外联络部
1982年5月31日

附记：
同意。　　张瑞增 82.6.8
借服装补助，合 350.00 元。

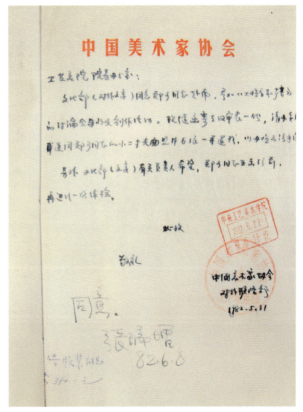

图1

图1.《中国美术家协会来函》

关于"金属工艺设计开发中心"
一词的补充和说明 [1]

郑可

1. 此手稿存于中央工艺美术学院档案
《名人全宗·郑可卷》（第49—51页；
形成日期"1986年"，保管期限"永久"，
形成单位"院办"），原"卷内目录"
总标题为《郑可工作室报告》。
又，今仅据字迹判断，正文非郑先生
亲笔，但签名确是。更因其以第一人
称"我"行文，故除个别格式、错漏
有所调整外，全稿依原样收载。

"金属工艺设计开发中心"一词是首先由工艺美术总公司提出的，目的是通过办各种培训班，为工艺美术事业培养既有理论又懂实际操作的专门人才。这对我国工艺美术更好地满足人民日益增长的物质文化需要的要求是有促进作用的。这一名词是由总公司领导批准同意才确定下来的，与我无关。

具体到金属模具培训班，我只是建议在各种条件基本具备的情况下，建立一个实验工厂，使学员熟悉机械，掌握机械，在设计中考虑生产过程。这是必要的，也是必不可少的。实验工厂主要研究模具，并能将学员中好的设计付诸生产。这也是公司领导的意见，机修厂也完全有能力办到的。

我的作用也只是提出这一想法，得以实现是公司领导和机修厂领导共同努力的结果。目的是使设计适应新形势，进一步提高学员的设计能力。

1983 年 12 月 30 日

金属模具设计培训班
教学筹备小组报告 [1]

1. 此手稿亦存于中央工艺美术学院档案《名人全宗·郑可卷》（第 44—47 页），原"卷内目录"总标题为《郑可工作室报告》。其文前有一《报告 2》封面页，并有郑先生签名。

又，今仅据字迹判断，正文非郑先生亲笔，但签名确是。因与《关于"金属工艺设计开发中心"一词的补充和说明》撰写时间相当，应有联系。故除个别格式、错漏有所调整外，全稿依原样收载，篇名系据正文新拟。

新的一年就要到了，金属模具设计培训班教学筹备小组的工作又向前迈进了一步，这是大家共同努力的结果，现将工作情况再次向领导汇报。

（一）一个月来，准备工作从思想上已经逐步进入正轨，明确了工作任务、培养对象。

 ① 教师的用途：挖掘现任教师的最大热情和潜力，借助请有经验的人做专门报告，使学员能自觉思考，引导同学既在理论上又在实践中考虑时代的要求。为社会主义工艺美术事业培养骨干、中坚力量。

 ② 实验车间：鼓励学员自己动手做各种模型，多方面思索产品的产值，生产及销售之间的关系。随时将他们做的东西具体做出来。

 ③ 实验工厂：使学员熟悉机械性能，掌握操作实际。并能将学员中优秀的设计小批量进行生产。

（二）在写出《工艺设计总论》的基础上，一个多星期来又将《设计方法概论》的初稿确定出来。

《设计方法概论》是从理论上使学员掌握设计基础，打稿，做主体图、机械绘图、效果图等平面造型理论和立体造型理论。

（三）一个月来，教学筹备小组的成员在思想基本统一的基础上，进行分工合作，分头备课。教师根据自己的具体工作进行资料、教材以及工具的准备和备课。有关科学技术的概论将在明年初写出计划。现已整理出有关教材的一大批卡片。

（四）具体事务的落实情况：

 ① 培训班设立在特种工艺公司机械修理厂。

 ② 教室、实习操作室、教员办公活动室基本就绪。争取在一月初搬到机修厂，更有力、更集中地进行工作。

 ③ 设计、操作工具已经买到。共三十份，每个学员一份。

 ④ 招收条件已和有关单位商讨。各单位领导正在酝酿推荐学员，在一月份人员基本就绪。

 ⑤ 实习车间人员正在着手调拨，在开学前齐备。金属模具培训班力争在一月中旬就绪。二月上旬正式开课。

困难和问题依然很多，公司领导以及机修厂领导给了我们很大的关怀和帮助。教学筹备小组的工作人员兴致很高，正在更加努力工作，争取明年更上一层楼。

教学筹备小组全体人员
教学筹备小组 郑可
1983 年 12 月 30 日

金属工艺培训班教学计划 [1]（初稿）

郑可

1. 本篇当在 1984 年 8 月 14 日完成，手写原件（除封面签名、表格及少量修订等外，均非郑氏笔迹）由郑方女士提供。

为了培养金属工艺行业急需的专业人才，以加速提高金属工艺产品的设计水平，轻工业部工艺美术总公司委托我院代培金属工艺专门人才 20 名，学制两年。毕业后发给大专毕业证书，由总公司自行安排，或回原单位担任金属工艺品设计和金银首饰设计工作。

我们接受这一任务后，经过讨论，认为培养大专水平的金属工艺设计人才，必须是既懂理论又能动手的专门人才，以适应"四个现代化"的迫切需要。也就是说，既能动脑又能动手、结合实际的专门人才，以改变和提高这个行业现有的水平。

为了达到这个目的，我们必须在教学方法、课程内容、教学安排等方面，进行大的改革。为此，希望"部总公司"在人力、物力方面大力支持。所谓人力，就是调动有实际操作（金属工艺）的老艺人和技工（短期或长期）；所谓物力，就是金属材料及其他必需的材料，以及一些教学设备。这就是要有必需的教学和实习的条件，使学生毕业后成为既能设计适销对路的产品，又能促进生产的人才。

以上的要求，在教学方面由我院调配教师，组成一个教学小组，还要聘请校外专家来校讲学。在实习方面，也要设立一个实习车间。这样，也要求"公司"支援两三个有经验的技工，并增加一些设备。

教学内容

我们的教学内容，共分三大类。如下：

（一）设计方法

    ① 设计基础：平面设计基础、立体设计基础、色彩学。

    ② 金属设计理论：金属和非金属理论。

    ③ 产品设计：多种产品设计，主要（为）金银首饰设计。

（二）表现方法

    ① 机械绘图：剖视图、结构图。

② 预想图（效果图）：透视图、渲染。

③ 临摹：平面临摹、立体临摹。

④ 雕、塑、刻：立体造型基础、多种材料的造型练习、浮雕和圆雕的表现方法等。

⑤ 塑造：多种材料的使用、与生产结合的模型制造、石膏工艺学习、初步认识模具的重要性。

⑥ 模具制造：不同工艺的模具制造。

（三）科学技术（工艺）

① 物理、化学、电工基础：科学知识的基本基础。

② 铸造：电铸、熔模制造、翻砂铸造等。

③ 表面加工：各种金属电镀、喷砂、烧蓝（景泰蓝、银蓝、七宝烧等）、机械抛光、电抛光、化学抛光、光亮电镀等。

④ 材料：新材料的学习、新材料的使用。

⑤ 钣金工：冲压、冲压机床。

⑥ 切削加工：切削加工及冷挤压加工等。

⑦ 机床操作：一般机床、仿型铣床（特别重要）的学习和使用。

⑧ 到生产中学习：下厂学习。

⑨ 工具制造：我们设计工具大多数是市场没有的，我们一定教好学生能够自己制造，无论是塑造工具、绘画工具。

以上三大类教学内容，不是互相孤立，而是互相影响、互相渗透、互相作用的。而且在服从需要时，可互相倒置的。

教学安排

我们两年教学中，可分为三大阶段：

（一）基础课学习

第一学期为基础课学习阶段，这就是说，在六个月内，初步、分别打下设计、表现、科技三个最根本的基础。

（二）设计、表现、科技结合

第二学期为三种基础互相结合，进行初步训练。也就是说在六个月内，学习临摹、创新、预想图、工具使用、物质材料等互相结合，进行初步设计锻炼。

（三）设计和毕业设计

第二年即第三、四学期，通过设计，充分发挥学生的思维能力、创造能力，结合科学技术、生产方法等，设计出适销对路的产品，为"四个现代化"服务。

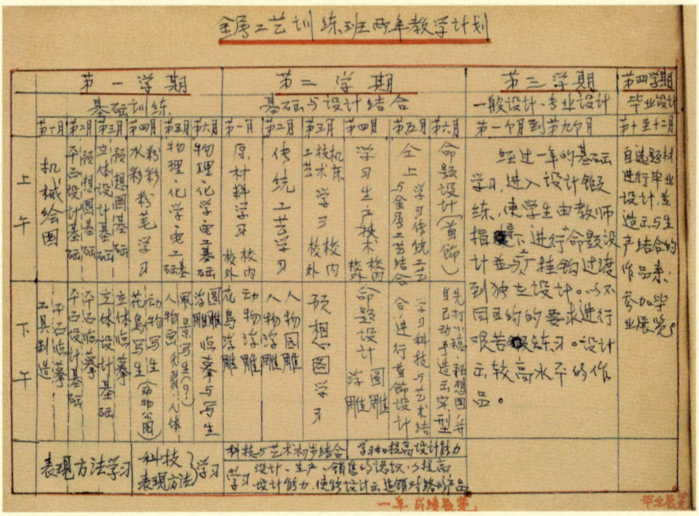

整个教学安排，如下表所示：

图1

说明：

1. 如果培养目的以首饰为主的话，我们就要用模拟方法，以代用材料进行学习。不过，如金、银、宝石、珍珠之类的代用品，还要领导支持才能得到。

2. 两年教学时间很短，要精简一些课程，集中培养智力开发和创造能力。因此，如石膏像的临摹、裸体素描等等的课程，要精简。至于政治、体育等课程，可以研究讨论。同时减短假期，来加强晚上自修，也可研究。这一切都希望学生在毕业后，在智力和设计能力方面，得到或超过旧方法"四年教学"的效果。

3. 如人类工学、仿生学、经济学、系统工程学等等，只能用报告方式，进行教学。

4. 学生20人的教室、实习生间、教师进修与创作的地方，以及教材的储存及教学资料的储存等，都要一定的空间，希望领导加以考虑。

金属工艺训练班二年教学计划

	第一学期（基础练习）						第二学期（基础与设计结合）						第三学期（一般设计～专业设计）	第四学期（毕业设计）
	第一月	第二月	第三月	第四月	第五月	第六月	第一月	第二月	第三月	第四月	第五月	第六月	第一个月到第九个月	第十至十二月
上午	机械绘图	平面设计基础	预想图基础／立体设计基础	水粉彩粉笔练习	物理、化学、电工基础	物理、化学、电工基础	原材料学习 校内外	传统工艺学习	机床工艺技术学习 校内外	学习生产技术 校内外	同上 学习传统工艺与金属工艺结合	命题设计（首饰）	经过一年的基础学习，进入设计锻炼。使学生由教师指导下进行"命题"设计，并到工厂挂钩，过渡到独立设计，以不同项目的要求，进行艰苦练习，设计出较高水平的作品。	自选题材进行毕业设计，并造出与生产结合的作品，来参加毕业展览。
下午	工具制造／平面临摹	平面临摹／平面设计基础	立体临摹／立体设计基础	花鸟写生 动物写生（动物公园）	人物画（头像、人体）风景写生（？）	浮雕 圆雕临摹写生	花鸟动物浮雕	人物圆雕浮雕	预想图学习	命题设计 浮雕圆雕	学习科技与艺术结合 进行首饰设计	先打小稿 自己动手造出预想图实型		
	表现方法学习						科技艺术初步结合			学习和提高设计能力				毕业展览
	科技方法学习 表现方法学习						学习设计、生产、销售的知识，以提高设计能力，使能设计出适销对路的产品。 一年成绩展览							

我对筹备"金属工艺专业"的初步设想 [1]

郑可

1. 此手稿存于中央工艺美术学院档案《名人全宗·郑可卷》（第41—43页；形成日期"1986年"，保管期限"永久"，形成单位"院办"），原"卷内目录"总标题为《郑可工作室报告》。

又，今仅据字迹判断，正文并签名均非郑先生亲笔。惟因其开篇即以第一人称"我"行文，并系报送学院，故除个别格式有所调整外，全稿依原样收载。

我现在正积极准备明年金属工艺专业的招生工作。这个工作要准备四年的教学课程和教材，要准备设备和材料。为了早日争取国际市场（特别是金属首饰），因此，要有较高的教学质量，工作相当繁重。我们的准备工作如下：

一、四年的教学安排。大致分为两大类。
　　① 基础课（见金属工艺设计教育纲要）。
　　② 创作课（见金属工艺设计教育纲要）。
　　以上课程均已做了充分准备。

二、四年教学中要接触到的各种材料，尤其在首饰方面。
　　① 金属首饰（真金、K金、亚金、银、铜等）。
　　② 陶瓷首饰。当今世界非常流行，在我们陶瓷之国条件更为优越。
　　③ 塑料首饰。现在世界上大型首饰不断发展，为了减轻重量，大型首饰多用塑料制作（塑料首饰可镀金、银等，尤其是中、低档产品）。
　　④ 玻璃首饰。可以用料器制作（料器可摹仿珊瑚、玛瑙、松石、翡翠等）。
　　⑤ 宝石、钻石、珍珠首饰等。
　　以上五大类材料，在教学中都要使学生接触到，因此，现在我们就要培养教这些课程的教师。

三、为了准备教学课程，我们要翻阅大量资料（英、日文等），希望领导大力支持。

四、从现在起要着手准备教学中的实习课程，因此，要准备一些小型设备（动用的资金不多）。

五、院领导已经支持我们在工艺楼三楼成立一个金属首饰教室，我们现在已经开始工作，不久将会有研究成果拿出。

以上是初步设想和计划，以后还将继续汇报。

此请院领导同志审阅。

1986 年 10 月 10 日

关于"金属工艺专业"筹备工作的
第 2 号报告 [1]

1. 此手稿存于中央工艺美术学院档案
《名人全宗·郑可卷》（第 39—40 页；
形成日期"1986 年"，保管期限"永久"，
形成单位"院办"），原"卷内目录"
总标题为《郑可工作室报告》。
又，今仅据字迹判断，正文并签名均
非郑先生亲笔。惟因其开篇即以第一
人称"我"行文，与《我对筹备金属
工艺专业的初步设想》一文有明确联
系，并系报送学院，故除个别格式、
错漏有所调整外，全稿依原样收载。

院领导：
下面将金属工艺专业的筹备情况及我的一些想法进行第二次汇报。

一、目前，在我院搞工艺美术困难很多。

① 从历史上看，中国的工艺美术已经有几千年的历史，到文人画以后才出现了纯美术。纯美术与工艺美术的一个明显区别是前者可以单干，而后者则不能。工艺美术要有统一的组织，设计、生产、销售要一条龙。而我们工艺美术队伍中一大部分是来源于搞纯美术的，到现在为止，我们工艺美院用搞纯美术的观念来搞工艺美术的比重还是相当大的，因此，出现了许多问题和困难。

② 我们目前的状况是用我们自己微薄的力量所改变不了的。领导让我们筹备金工专业，所以我们准备在这项筹备工作中尽量把工作做得好些。我们将遵照中央"教育、科研、生产联合体"的精神来进行工作。

二、正在筹备进行的工作和需要院领导帮助解决的工作如下：

① 在筹备工作中，财政部办的造币班有五个同学跟我搞金属工艺，现已在三楼金工工作室上课，同时开始试验用各种材料进行创作。这个班还有一年的学习时间，他们现在的学习，可以帮助我摸索以后金工专业的教学方法，也为我们以后的教学提供了试验园地（这个班的同学我认为是一批专业水平较高的学生）。

② 在造币班的学习中，我们要求添置一些必要的工具：a. 国内的设备；b. 如果学校有外汇，可用少量的买些国外设备。以上两项均为小型设备，动用的资金不多。

③ 我准备在适当时机到外地进行调查研究工作，希望领导支持（如果外地请我，费用将由对方负责）。

④ 随着筹备工作的陆续进行，翻译工作已经提到日程上来，望领导能及时给予安排。

此请领导同志审阅。

郑可
1986 年 10 月 16 日

讲

讲

实用美术在现社会的地位
——在省立民众教育馆讲

郑可

说到美术，我们一定会把它分作"纯粹美术"和"实用美术"两部门了。如果单提出"实用美术"这几个字来说，我以为一般人马上便会想到马路旁边颜色艳丽的广告画，或者又会想到商店门前的所谓美术装修，或者又会想到书籍上的封面图案等。"实用美术"，这几个字，顾名思义，当然是离不了实用，于是实用美术的范围就很广了，不单指几种图案而言，甚至我们作为生活的调节的整个美术，也可以包括在实用美术的范围内。有些人以为纯粹美术是驾乎实用美术之上的，所谓"为艺术而艺术"都要靠自己的天才，自己的个性，自己的情感来表现在自己的作品上，不受什么外界的压迫和什么物质的驱使的。这问题对不对，说来话长，而今晚的题目也不是讨论这个问题，不得不暂且搁下。

实用美术，可以说是客观的。一个忠实的作家，他终其身不外为社会工作，所有作品必须对着实用的目的去做，不能过于任情，而且因为要受时代物质的限制，作品的形式和趣味，也不能过于自由——比方说建筑吧，从前我们的建筑是用木材和石头，现在可不同了，现代的建筑是三合土。用木材和石头的建筑，就有它自己特具的形式，用三合土的建筑，就有它自己特具的形式，这形式是利用这物质的长处而得来的。用的是三合土，而形式却是从前的用木材的形式，这是何等蠢材，何等顽固的事！

更有所谓地方性和民族性的不同，而作风也因之而大别——一如中世纪的哥特式，德意志和法兰西就不用了。即同是漆器，日本和中国就大大不同一样。还有因为限于用途，而形式亦因而各异的——虽然同是四方，大戏院和坟场就大异其趣了；同是一把椅子，休憩室和会食堂的又大异其趣，所以我说实用美术家是很不自由的，但是他们作品的结晶，也全赖这点。

我现在要回溯到我们的祖先的时代去了，有史以来，我们所知道的美术，可以说全部都是实用美术，即纯粹美术也离不了实用去。在美术史上，我们大

图1

图1. 郑可《胡展堂先生瓷像装置设计》
（1936年；采自中国工商业美术作家
协会编：《现代中国工商业美术选集·
第二集》，第51页）

家都知道有几个大时代：最早的是埃及，其次是希腊，罗马，中世纪，文艺复兴期以至现代。在埃及，无论什么人都晓得那里有金字塔与狮身人首像，这种伟大的作品，是用作装饰帝皇坟墓的艺术，这垂示千古的伟作，不止我们艺术界赞叹，就是一般科学者们也惊其伟大的。在希腊和罗马，宫廷的装饰，寺院、剧场、神像、帝王像等美术作品都显然是为着某一目的和用途而制作的。一到中世纪，这宗教的时代，一切艺术的杰作，都无非是赞美宗教，为宗教作宣传，寺院建筑的巍峨，壁画和浮雕的富丽，这都是除赏鉴作品本身之外还有其他目的的，这是纯粹美术应用到实用上的问题。

我现在要说的比这范围远要窄一点，施于各事物之上而使其更美丽的是我现在所要说的"实用美术"。

在现社会的机械的运转中，人们正如机械地忙着工作，从早到晚都要运用他们的脑，运用他们的手，运用他们的眼或耳，运用他们差不多身体的全部，很不容易找到一个机会去寻求精神上的慰安，寻求赏鉴的喜悦。于是所谓实用美术更其客观底被要求了。一件家具，一种磁器，一段布匹，一个灯罩，一辆车，一间房子，一张广告，一本书……举凡人类需要的一切事物，都要美术家设计，都要美术家装饰。这不是奢侈而是要求。

原载《民国日报》（广州），《艺术》周刊，第34期，1934年12月29日

图 2

图 2. 郑可《爱群大酒店装饰·孔雀与
荔枝》(浮雕，20 世纪 30 年代中，广
州；郑方提供)

图 3. 郑可《爱群大酒店装饰·水果》
(浮雕，20 世纪 30 年代中，广州；
郑方提供)

图 3

1.作者为吴婉（字子复，别名宛玉）。另，《艺谭》并记该文原载于 1929 年 9 月 4 日《民国日报》（广州）。

图1. 郑可 《孙总理肖像》（浮雕；采自《良友》1930 年第 52 期，第 1 页，1930 年 12 月）

图1

"青年艺术社"宣言[1]

吴子复

给物质主义的恶气毒尽了的现世的人们，在日常的机械的运转上，在产业的战争上，灵魂和精神就麻痹尽了。

只是机械地活动着脑和筋肉的力量，攘夺、攫取以满足贪婪的心。

什么是善，什么是恶，伦理是什么，人道是什么？充满着世间的只是冷酷、险恶的空气！

物质问题的解决，并不就是一切问题的解决。

人类要求的是自由、和平、同情、慰安、希望、光明。

我们须把人类固有的灵魂和精神恢复了。

惟精神为万能。

惟精神有主宰之力。

真的形成了人类的就是精神。

我们中华民族固有的精神，在数千年前显示在艺术上的就是很美丽的诗歌、音乐、雕刻、绘画。

但是，现在我们的精神又何其萎靡、锢蔽、衰老、颓唐呢？

创造的欲求，已从人们的心中消失，艺术的园中就久呈枯萎、芜秽的现象；残存着

的只是些古代美术形式的遗骸和西洋前世美术的渣滓。

我们的文化生活，已是陷入极端黑暗、停滞的时期了。

现在是时候了，是人们灵魂和精神再生的时候了。

我们不相信东方的中华民族永远都是一样的老大、颓唐。

我们更不相信黑暗、停滞的时期不会终结而立趋光明跃进之路。

我们青年的热血，正蓬蓬勃勃地沸腾，我们青年的生命力也不息地在跃进。

我们就把我们的热血和不息的生命力来作燃料，扇起艺术底自由、和平之火，使温暖的空气薰陶遍了冷酷的人寰。

先输入现世欧西先觉诸邦的新兴艺术，这是我们的急图；我们从而研究、介绍以资借鉴。

同时我们也搜集我们古代的艺术，作我们的参考，来创造我们新的生命的新的表现。

我们艺术的出发点就是走入自然的内里去，把我们自己表现，同时也即是表现自然。

我们决不甘于自然印象的再现，如前代一

样把自然的形相模仿出来就以为满足。模仿自然的形象，乃是艺术的屈服及灭亡。

我们须依照我们自己内底的冲动，来创造和自然同等的有生命的艺术。

一切传统的规矩绳墨，一切传统的技巧，一切传统的样式，在我们都是枯朽不足用的东西，应该全盘抛弃。

我们尊重的是灵魂和精神。

我们高唱的是自我、个性、主观。

我们团体虽小，力量虽微，但我们决不因微小而气馁。

一粒泥中的种子，未必不会抽出苾葱的新芽。

一枝地上的树苗，未必不会长成伟岸的灌木。

我们期待着，期待着中华民族的精神再生！

《吴子复艺谭》，吴瑾校勘，广州，岭南美术出版社，1994 年版，第 52—54 页

"船洋"的设计者——郑可[1]

傅为群

"船洋"为旧中国广泛流通的国产四大银元之一，其余三种分别为"龙洋""袁大头"和孙中山开国纪念币（俗称"小头"）。"船洋"，正面为孙中山侧面像，上书中华民国某年；背面中为帆船放洋图，左右横书"壹圆"字样。传世有三个年份：民国二十一年、二十二年及二十三年。其中民国二十一年背图略有不同，船首前方多一日光，天空有三只飞鸟，故"船洋"中该币又别称"三鸟"。当年新币推出时正值抗日战争时期，对"船洋"背图一时众说纷纭。有人指出"三鸟"形象白愣如三架日本飞机，日光如日本的太阳旗。所以三鸟币当时除少量流出外，大都收回币厂重铸。现在我们所见的二十二年、二十三年"船洋"已没有三鸟及日光图了。"船洋"均由中央造币厂（即上海造币厂）制造。

"船洋"的设计者是谁？在三十年代初上海发行的一本《美术画刊》上有一帧照片或许可提供一点线索。照片上是一枚孙中山先生侧身像的圆形石膏模，下面文字说明：国父孙中山侧面像。据言此为废两改元后使用的新币模型，郑可作。

郑可为近代雕刻家，广东人，曾肄业于巴黎国立雕塑系八年，复毕业于巴黎实用美术学校，后回国从事装饰美术工作，三十年代在上海举办雕塑作品个展，名声鹊起。这枚出自郑可之手的中山像石膏模，后经过修改即用作新币——"船洋"的正面图案。

理由有二点：

（一）民国22年（1933）4月6日，国民政府宣布废止银两，规定自该日起，所有收付一律使用银元，不再用银两。而废两改元方案经马寅初提出，早在1928年夏季国民政府召开的全国经济会议、财政会议上已经议定。在两会中提出："上海造币厂，应于最短时间内成立，半年以内必须开工鼓铸新银元定为国币。"之后由于建厂经费一直未落实，所以上海造币厂即中央造币厂迟至1933年3月1日才正式开铸。但是作为国币的图案设计征集工作早就开始，因此，郑可创作的国父像币模是应上海造币厂币图征稿而作。

（二）石膏版和"船洋"上的中山像均为侧面像，极为相似，唯神态略有区别，石膏版中的中山像眉头略下呈思索状；而"船洋"上的中山像，眉头平展，视目正前，呈高瞻远瞩之态。较大的区别在颈部，一为无领，一为有领，银币上的中山先生着广东便服。我们知道石膏版是制造银币的前道工序，先用石膏制模也便于征求意见而后修改。可见"船洋"正面孙中山像由郑可设计，后经修改为币厂采用。至于新币背面的船图是否仍为郑可所作？因没有根据就不能臆断了。

《图说中国钱币》，
上海古籍出版社，2000年版，第197—199页

1.关于"船洋"问题，亦见张功臣《船洋故事》记叙（《钱眼里的中国》，北京，文化艺术出版社，2003年版，第283—284页）。其言：（1927年）发行孙中山开国纪念币的同时，对新式国币的设计也在紧锣密鼓地进行。当年的"袁大头"图案，是由天津造币总厂的雕刻师鲁尔兹·乔治主持设计。由于国内缺乏专业人才，1929年初，财政部欲再次邀请外国人参与设计。各国驻华使节得知后，纷纷电告本国造币厂，要求抓住这次进入中国金融市场的机会，在规定期限内提供银元样品。其后，共有美、英、意、日、奥5个国家按期提供了试样币，并在杭州试铸了少量样品。此时正值西方列强控制中国政治、经济命脉日深，国内各界反对呼声四起，南京政府财政部踌躇多时，未敢直接采用各国样币，而根据外国设计，发行了正面为孙中山侧面像、背面为帆船放洋图的一元银币。此币背图中船首前方放射一束日光，天空有三只飞鸟。但新币甫出，"九·一八"事变爆发，全国兴起抗日高潮，民众对"船洋"背图众说纷纭，认为三鸟形象如日本飞机，而日光酷似"太阳旗"。因而第一代"船洋"除少量流出之外，大部分都被收回重铸。为促使国币早日问世，财政部转而决定由新在上海成立的"中央造币总厂"在全国发起征稿，结果雕刻家郑可创作的《孙中山像》石膏模入选为新币正面图案。郑可是广东人，曾在巴黎学习雕塑及实用美术多年，三十年代初回国后在上海举办过个人雕塑作品展，轰动一时。他创作的这幅石膏版国父侧面像，后经修改为造币厂采用，公认是孙中山像中最逼真、传神者，屡被沿用。新币背面仍为双帆放洋图，代表中国之商务勇往直前。1933年3月，财政部将此币定为正式国币，开始在上海大量铸造，但未及投入流通，同年11月南京国民政府宣布以纸币为法币，白银收归国有，库存的"船洋"均被熔化销毁。中国历史上大规模铸造和发行银元的时代就此结束。

来函照登：中央工艺美术学院郑可来信

5月8日你报报道"民盟北京市委邀文化艺术界盟员座谈"的消息，其中我在这个座谈会上的发言，有一处与我的原意有出入。

例如："……而现在的五个系，由于业务不同，分别由几个部来领导。"这一段，我的原意是这样的："……而现在的五个系，如陶瓷专业和轻工业有关系，纺织专业与纺织工业有关系，装潢设计专业与商业和出版业有关系……可是，能不能因为这些专业和这些部门有关系，而就把这些系科分别由几个部门来领导呢？不能。工艺美术是文化事业，一定由文化部来领导。"

你们的报道与我的原意，恰恰相反，故请更正。

原载《北京日报》，1957年5月28日，"文化生活"版，第3版

图1

图1. 郑可《羊》（采自《工艺美术通讯》，总第8期，1957年6月，封3）

图2. 郑可于中央工艺美术学院初期校址（北京白堆子，今北京工商大学阜成路校区东区，即在航天桥、马神庙东）内雕塑教室中创作（摄影：杨德福，约1956—1957年）

图2

文化艺术界人士畅抒心里话
民盟市委会邀文化艺术界盟员座谈
（节选）

定保

本报讯　中央工艺美术学院教授郑可，在六日晚民盟北京市委员会召集的文化艺术界盟员座谈会上，尖锐地揭露了他们学校里的矛盾。

郑可揭露他们学校的矛盾：

郑可批评文化部不重视工艺美术。他说，文化部把我们从中央美术学院"推"出来以后，说是业务仍旧由文化部领导，可是从来没有管过；而现在的五个系，由于业务不同，分别由几个部来领导。在谈到学校里的矛盾的时候，他说，领导学校行政的手工业管理局，在学校发展方向的问题上，同一部分老教授意见不一致，但是这个局不是用磋商的办法，而是用压制的粗暴的做法来解决问题。在讨论学术草案的时候，青年共产党员都不敢发言；手工业管理局的同志还在外面宣传，说一部分有不同意见的老教授是吃洋饭的，不重视民族遗产。在学校里，我们连话都不敢讲，到处有人在偷听。

郑可还谈到学校机构庞大的问题。他说，我们学校只有八十多个学生，是全国最小的一个学院，可是有四个院长、两个人事科长。

《北京日报》，1957 年 5 月 8 日，第 1 版

图1

图2

图 1.《首都人民英雄纪念碑兴建委员会办事处致中央美术学院郑可等聘任通知书》（1952 年；郑方提供）

图 2.《（首都人民英雄纪念碑兴建委员会）美工组工作分配草案》（1952 年；郑方提供）

杨永善笔记

说明：

此篇所据系清华大学美术学院杨永善教授提供之现场听写整理手稿。编校者在严格保持历史原貌的前提下，为便阅读，已对个别字词做了适当调整。内文图片亦照抄件勾绘后清修置入。所有更动等，均由杨先生核准。

主题：谈"形式规律"——关于形式法则的运用

编录：杨永善（1961 年 12 月 6 日誊抄，2012 年 6 月修改）

校录：连冕、许昌伟

1961-11-30

要看一件东西美还是不美，怎样美，这首先要有出发点。不能空洞地谈美观还是不美观、生动还是不生动，因为这样不能令人信服，要有根据。

看一件作品美还是不美，要从感性和理性两个方面来理解，重要的在于思想认识。在世界上存在两类东西，一类是看得见的，一类是看不见的。现在谈的是能看到的部分，主要从造型形象来谈这样一个问题。

造型艺术工作者是描写社会中美的形象，这里包括人和自然形象。

美从形式上来讲也分为两种，有的是离心的，有的是向心的。这两种都是生活中常见的，如流水、波浪、太阳的光芒，这些景象在艺术上认为美，在文学上也认为是美的。湖水的空阔平静、小溪的曲水流觞、苏州园林的曲径通幽，登高山望白云飘渺，心旷神怡，这些在我们生活中常可以见到。天上的繁星明月是美的，大家都这样认为，画家和文学家也都描写它。美是有共同的语言，大家都懂得，大家都欣赏，只有程度上不同。（应该说也有其阶级性）

我们来看看更具体的形象。日常中经常碰到菱形、橄榄形、心形、桃形、香蕉形、新月形，这些美的形象常常被运用到艺术作品中，构图上常采用，在形象创造上也同样采用。而最主要的是方形和圆形，这最典型，具有代表性，而且应用的也最多。这些感性认识的形象被应用到作品上来，慢慢提高到理性认识。这样多且品种不同的形象归纳起来有几种。

这样多的形象都是具有感情的，可以用几种方式表现出来。任何一种物质，大至地球，小至分子原子，以至其他等等，都是由许多基本形所组成的。用最小的粒子可以排列成一条线，也可以排列成为典型形象的组合，有方形和圆形。这些排列起来的形象是具有独立性格的。直线或曲线都具有感情，即使同是直线，水平线和垂直线也各不相同，给人以不同的感觉。崇高的感觉是挺直的，表现生命力向上的气势。水平的则代表平静的、死亡的、静止的、安定的。如平静的海面和辽阔的草原，都很"平直"。直立的形态能表现年轻的特点，水平的形态也还能表现衰老的一方面。这些都是抽象的相对而言，在不同的情况下也常常有相反的感觉，这要更进一步研究，具体对待。

中国古代的塔是两条直线冲上天，有生命力，是向上的、挺直的。两条主线之中的水平线也加强了塔的稳定和线的多样变化。

图 1

图 2

在水平线和垂直线之间也有过渡和变化，如图 1。这两条线之间的斜线也有感情。而这种感情是变化的，靠近哪一方面，则接近那一面的感情。随着远近不同，程度的强弱亦不同。找其中一条线来分析（图 2），如线 a 向右倾斜，但支撑上 b 线条就稳定得多了。两条不同方向线的组成可以互相加强，也可以互相抵牾，成为稳当安定的画

325

面，工艺设计过程中也就是把这些不同感情的线加以组合。组合得当，自然就成功，不得当，便造成不协调的效果。

图3

直线有直线的感情，弧线也具有弧线的感情，日常也常见这种例子。如皮球胆打满了气逐渐成为圆的饱满的一个形象，气越足越接近圆形，超越过去便成为椭圆（图3），最后弧线变成两条直线。

弧线具有丰满的情感。美术工作者常利用这一特点而运用到创作中，如猪之肥胖、马之丰满强健，都用弧线来表现，而且表现的方法又不同。弧线在日常中常可以见到，如水的波浪、地的起伏、山峰的连接绵远。水线就 图4

是用弧线组成的（图4）。当没有风浪时，波浪的弧线最后变成水平的直线，可见直线和弧线之间也是有着非常紧密的联系的。

一个形象有什么样的感情，可以用线的感觉去分析它的，如唐马、旗杆。体积的形态也可以用线的感情去理解，但却不能仅停留在这一阶段，要根据具体情况，结合具体造型来认识。艺术永远不是绝对的，常常是相对而言，老头的背越弯也就越表示老。立体的造型用线去理解不是科学的合理，而是艺术的生活习惯的合理，艺术创作常常要利用这种合理。

分析一个形象的感情可以拿线这最根本的元素去分析，直线和曲线其中还有一种弧线，曲线和弧线也还有区别，曲线是由弧线拼成的。苏联展览馆（北京展览馆）直立的塔尖和中国的塔有各种不同方法的处理，都是运用线的范例。根据不同建筑的不同要求，所采用线的形式也各不相同。疗养院、医院就需要用平稳的水平线来构成，公共娱乐场所就不能太过于平稳，要求富于变化，生动活泼。

向心的线常常在设计中加以利用（图5），如茶壶可以利用此种方法构成造型的基本结构（图6）。

图5　　　　图6

弧线的运用也不能过多，要适当，要恰到好处，还要考虑生产过程的要求，这是搞工艺设计不能忘记的一条。如观音瓶底部不能过小，如光考虑线条而忘掉这些就不适用了。无论怎样的线的形式的应用，都要根据创作设计实践得来经验来考虑，不可随便乱用，要有目的、有根据地选择和运用。

放射的线条不能和其他线条相抵触，要相互调合又相互不抵触，要放得开。如果描写初升起的太阳光芒四射（图7），地平面的地方 图7

也要和上边的线协调在一起。线条的感觉总是要加强，而不能削弱。

夸张猪的造型的肥硕，就要缩小头部和脚，其他也是如此。要有加强的一方面，同时相对的就要削弱另一个方面。表现的主题要加强，而非主题的作为衬托的东西就要减弱，就整体而言其实质也是一种加强。这是一个相辅相成的辩证的关系。正如音乐演奏中的小提琴独奏时其他乐器均停下来，即使在伴奏的也服务于它，更好地表现小提琴演奏的主题。独唱家歌唱时，常常场内其余灯都关闭，而光线集中在他身上。话剧中也常用灯光跟着主角来突出主人翁的性格心理变化。

线是有情感的。由于线的方向作用，空间也可以具有情感。如一个箭头（图8、图9），东西方世界各国都一致应用，代表着方向，大致形式也都差不多。箭头形式可以变化，其本意不能变，不能画成图10的样式，因为中间的垂直

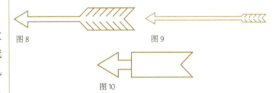

图8　　　　　　　　　　图9

图10

线减弱了方向性。即使没有学过美术的人也不应画成这样，而都画得方向一致。这是人的一般习惯，视觉上的和生活中的习惯的结合。

火花爆发给人的情绪和感情上都有一定的影响，节日的火花使人活跃，这里有线的感情，同时又加诸色彩的感情。

我们说箭头的方向所指之处，也就是线的感情区域，也

有一定的限度。利用空间处理表现方向，线的指向就是感情的方向，空白之处是发生作用的地方，有生命力，这正如音乐中的无声胜有声一样。

茶具中壶嘴的粗细和线的方向，以及整体线条的贯穿，这和空间地方有关系。中国画常有以多留空白的处理方法突出主题，这种空间是有学问的。线的方向常常把人的感情带到一个方向，试采用以下方法来证明。图11这样的线条方向一致，而采用另一种方法则是相反（图12），结果相互抵消，线的感情互相矛盾而减弱了。所以，处理任何形象都要头尾、内外一致，不能抵消而要加强。图13结果则更是违背人的视觉心理感受。

图 11　　　　　　　图 12

图 13　　　　　　　图 14

根据线条的性格、感情，也可以稍微更改一点，也不影响，这样做主要是为了求变化。但改得过分亦不好，图14这样的箭头看起来不舒服，设计工作者的眼睛应该同天平一样。

以上的一些一般性的道理要通过实践来体会，在实践中不断调整和修改，使设计趋于完善。必须要多想多构思，不断进行设计实践，才可悟出其中变化道理。

又如图15，后者前后调和，而前二者接不起来。利用线的感情要恰当。

形最基本的是方和圆。方形四平八稳，长方形更四平八稳（指平放于平面之上）。越长方也越稳，如图所示（图16）。最后成为一条水平直线。垂直的方向也是如此，最后成为直立的线。线的变化有两个方面：一是由方形变

图 15

图 16

成水平线；一是变成垂直线。

感情也随着形的变化而渐渐地变化。长方形的东西可以用几个四方形来理解，从这方面来看感情有加强。

圆形主要是中心，各处都以此为基准。圆线（各种圆弧线）的感情变化亦不同，由圆弧线组成了许多物体，形态之中也有正圆弧线，方中有圆，圆中寓方，这是艺术的普遍道理。圆和其他的形结合时要注意对比和调和。

美术设计工作者了解线的感情是要用到作品中，去表现设计构思、刻画形象、组织构图，从理论到实践，从实践再提高到理论。音乐工作者用音符，用长短高低不同的音来表示不同的感情，所以声音和线条都不能随便乱用。这是根据需要，根据自己的艺术修养、理解和认识来决定的。讲话也是这样，可以快也可以慢，可以大声也可以小声。同样的话讲法不同，收效也不同，这便是讲话的艺术。从这里也可以发现规律性的知识。

根据生活的需要来设计造型的形象，如果品茶就不能要放射状线条的茶具，而要四平八稳、方方正正的茶具。要安静平稳，不能过于活泼，因为要休息，要谈天，造型要和环境调和。空间的处理是设计手法的一种，要了解，要善于利用。创作设计一件作品是要所有的线条、形体都来加强你所要表达的思想，要集中，更具有生命力。一头牛的形象就不能和自然的牛一模一样，要注意一些形式法则的运用，又要考虑工艺过程中的一些加工，有夸大之处，也有缩小之处。唐马的造型也是有意识夸张它的大腿的圆丰有力，而把尾缩到最小，甚至缠起来。线的不断变化也能引起视觉的感情，如红绸舞就是如此。

在任何一件作品上都不能完全用夸张的手法，全夸张就会相互抵消，要有突出的一方面，也要同时考虑和生产工艺的结合。夸张的范围不能太大，要适中，还要考虑群众的审美能力是否能接受。夸张任何东西都要抓住要点，比如羊，要表现它的角，孔雀要表现它的尾巴。中国艺术常常是以人的情感去表现物象，草木、花卉、动物之类都赋予人的感情。

夸张的描写表现美，要抓住美的主要方面。

夸张可以表现出无限的东西。京戏中的骑马，其实没有马，但通过夸张的程式化的动作，表现了骑马的情景。齐白石的画——虾米，用画面的空白表现水，这种手法也是扩大我们感情范畴的一个好方法。

口技表演可以表现出任何声音来，而音乐却不是。口技只是自然音响的临摹，没有感情。音乐却是来自自然音响，而较自然音响有更高的艺术性，集中地表现一种情感，所以它是艺术。在艺术创作中永远要分清这两者之间的差别。

艺术的原始材料都来自生活，而其中又分成为两个方面：艺术的原始材料和物质的原始材料。

现在来讲第一种原始材料。自然界的万事万物都有形象，山水树木，这些眼看得到手摸得着的东西之外，还有看得到却摸不着的东西。如流逝、滚动、爆发、向心、离心，这些现象都有一定的感情。文学工作者描写这些抒发情感，这些是易于为广大人民所理解的。所以，要把艺术对于自然的感受集中起来，保存起来，作为自己的创作的丰富源泉。

从理性过渡至感情认识，用线的思想感情来体现艺术的思想感情。同是一个人，对同一事物的感受有时会不同。能于平凡的事物中看到深刻的道理，就需要有深刻的思想和高深的艺术修养。

怎样处理原始材料，是艺术创作的一个关键性问题。

大小问题：如"东篱南山"由小及大，大小对比；由近及远，远近拉开。山重水复、柳暗花明，山是大的远的，水是细的长的，明与暗对比，这些都是艺术的多样化，缺少这些就会乏味。诗人应该是图案家，对于形象的创造要到家，更具体更深刻地去刻画对象才会丰富有力量。要征服听众观者，就需要以独到的手法抓住要点，让观众非看不可，这就需要组织安排好素材，进行创作加工。

表现生活中的事物或景象，不是原封搬上来，而是要其最根本的印象和气氛，在这个基础之上进行艺术加工，这才是创造。反对自然主义和学院派，要点是创造具有个性的艺术。艺术的大小和数学大小不一样。艺术的大小不要渐变而要明确些的突变。渐变是无味的、空泛的、

不丰富的，变化要强烈些才更能引起人的感情变化。如下，艺术变化构成的美感属于第二种：

① 100 99 98 97 96（图17）
② 100 70 50 10 1（图18）

图17　　　　　　　　图18

美术家的眼睛应该要狠要准。创作要采用什么方法，也根据题材来定。要画画不要只会讲画，要做雕刻不能只会讲雕刻。艺术重要的是实践创作，要明确怎样画设计图、怎样进行工艺制作。这要辩证地来看待创作设计和理论讲述这两方面的关系。

根据环境来处理艺术中的浓淡，喜庆的场合需要更强烈的才好。地点、环境、处理不同，艺术的手法也不同。要恰当，结合实际，不能孤立地谈艺术的处理。

汉画的造型方面是利用大小关系处理形式变化很好的例子。形的变化服从感情，朴素的材料，处理得当会获得变化、丰富而不一般的效果。

同与异也是一个重要的方面。要"同"是为了表达不同的东西，要"异"也是为了表达不同的东西。常言"鹤立鸡群"表现孤高自大，生活中常注意这些东西，可以充分发挥和利用到创作中去。在同中求异，在异中求同。

文学中描述悲痛到最深最高的境界，常用无声的忍泣来表达；而描述最大的欢乐常伴着喜极而泣的泪水。这不是反常，是生活中常可以见到的。

同、异也要配合好。妈妈与小（女）孩之间，相同之处都是女的，但大小却不同。长的模样相似，但生活习惯有很多不同之处。在艺术创作中只求母女之同，会闹出笑话的。

隐、现问题：这也是虚、实问题，是一个问题的两个方面。文学工作者常写远山近水之美，画中有虚有实，诗歌亦有近景远景、过去现在等不同的描写。宋代龙泉青瓷花纹在釉下，有如鱼在水中，隐约可见，藏而不露，更富于诗意。

另外，渐续问题是艺术的空间问题，还有即离的问题，以后慢慢讲。艺术实践中注意这些问题，去体会它，可以悟出点道理来，可以有助于创作。

方圆之间感情的变化（图19）：
方是平板的、生硬的、直率的。
圆是光滑的、丰满的、富足的。

图19

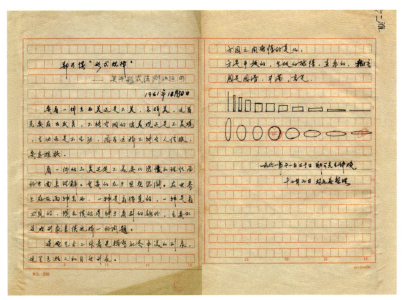

图20

图20.《杨永善笔记》抄件
图21.《杨永善笔记》杨氏本人后期修改件

图21

329

张宝成笔记 [1]

1. 此篇原附张宝成"5月19日"署名致郑方女士信件一封，内中提及郑女士考虑售出郑家旧居暨宫门口四条小院一事。今，据2015年6月12日下午17点左右，笔者赴北京十三陵镇郑女士居所采访，并再经电子邮件确认得知，此事开始操作及笔记整理时间，约均在1988年。而信中亦称同期学员，后于邯郸陶瓷公司工作的李允忠处，亦有一套待整理的"听课笔记"。

另，2015年7月10日杜宏宇回应笔者咨询时告知，张氏笔记或形成于20世纪70年代中期至末期，郑氏彼时常常前往邯郸彭城，亦曾专为韩泉友、崔宝林、张宝成及杜氏等一批早年从"北京市工艺美术学校"毕业（1968年）后分配至"邯郸陶瓷公司"者授课。

说明：
此篇原系张宝成先生据现场听写手稿，初步连缀、誊清而成。今次收录时，郑方女士提供其复写件，再经编者重新修订，删去部分图片

记录、整理：张宝成、连冕

雕塑有两层意思："雕"就是去，是减法，如牙、玉、石、木为"雕"；"塑"是添，如泥、面等"塑"。雕塑形式多种多样，包括圆、浮、剔、透、薄肉、镂空等。圆雕是立体的，可以从四面八方看；浮雕是浮在一个平面上的雕塑，只可以从一个方面看——也就是说一个被压扁了的雕塑或雕刻浮在一个平面上，由于光线的作用，使这个雕塑或雕刻产生不同的投影。因为它，以及和上面的明暗面一起，也可以叫作"影塑"，即纳光、纳阴。

浮雕的艺术形式和应用是十分广泛的，它不仅不被地区和民族所局限，反而被利用在建筑、陶瓷、木器、金属（造币）、漆器、石器、玉器、书籍装帧等许多方面。并根据民族和地方特点，出现不同的处理方法和表现形式，形成了具有不同民族特色的浮雕。我国的文学、艺术被称为代表东方色彩的艺术，当然浮雕也包括在内。

关于浮雕在陶瓷方面的应用，从我国古代各窑口来看，普遍采用了浮雕的处理手法。不论青瓷或者白瓷，不论"刻划"或者"三彩"，都充分利用了剔、刻、塑、片等浮雕的处理手法，在陶或瓷的器物上进行创作，出现了别具风格的定窑、磁州窑、耀州窑、龙泉窑等。就处理手法来说，也各不相同。

为什么我们祖先用浮雕这种艺术形式来装饰和美化器物呢？我认为主要是由于陶瓷在当时没有发现这么多的高温颜料，但是运用剔、刻、塑、片不仅不影响器物本身的形象美，反而为这些器物增添了无限的光彩。由于浮雕的凹凸变化，使釉色产生了微妙的浓淡变化，透过釉色看花饰纹样，就像透过水看鱼儿游戏一样，别有情趣。若隐若现的纹样变化，使画面更生动，更丰富了器物无限的内容，这就是我们祖先为什么用浮雕装饰陶瓷器物了。

现在国外一些国家在陶瓷浮雕上下了功夫，如英国一家陶瓷厂，现在影响比较大，我们为什么不在这方面下功夫呢？我们要有雄心和信心，继承发扬我国的传统，用毛主席"洋为中用，古为今用""百花齐放，推陈出新"的方针，赶上或超过国外的先进水平，这就是我们应该做的事。

雕、刻、塑是有区别的：
雕—减＝深、宽、长（三元）
刻—减＝宽、长（二元，在平面上）
塑—加＋减＝高、宽、深（三元）

我们只有认识了上述区别，才能在做浮雕的时候掌握这些方法，使浮雕更突出、更明朗、更新鲜，才能实现所要表现的内容。浮雕种类很多，搞陶瓷美术应多采用薄肉雕、剔雕、透雕和镂空雕，并结合生产，搞出有时代精神的好作品。浮雕从历史角度来看，处理手法有两大类：一类是照物体的比例压缩，以古代的希腊、意大利的作品为代表，也可以称为西洋处理手法或理论；另一类是把物体压缩在一个平面上，用凸凹线来表现，产生"纳光、纳阴"和层次之间的企位，这以中国、古埃及为代表，也可以称为东方处理方法或理论。例如：实际物体的形

状（图1），照比例压缩的方法（图2）"纳光、纳阴"的方法（图3）。

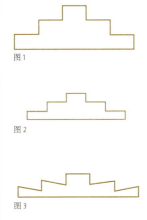

图1

图2

图3

比如画一张画，要画出亮面、暗面，这种黑与白的错觉就是"纳光、纳阴"。而从浮雕的外部结构看：那些同光线垂直的面，成90°角，最亮；斜面为灰面，同光线平行的最暗。也可以通过实例得出一种结论，即"平面"，和光源平行的最暗，反之最亮。所以我们应充分利用光线和平面角的作用，使浮雕轮廓鲜明，使物体明朗，明暗对比强烈。

做浮雕不容忽视的另外两个问题是：充分利用人们看东西的习惯，充分利用透视的方法。利用"纳光、纳阴"的处理方法，有时候鼓的东西可以做成凹下去的，但效果是一样的，例如古代剔雕中表现云的做法，同时也就牵涉浮雕对于"薄"与"厚"的表示。做浮雕时我们还要利用一些手段，如对物体视觉上的错觉、人的观察习惯、人对物体透视的感觉。作为陶瓷美术工作者，做浮雕在利用"纳光、纳阴"的同时，还要考虑上釉和露胎，也就是要明确做浮雕的用途，为谁服务。要结合原料、工艺制作，考虑到实用性。必要时，做陶瓷浮雕也可以考虑纳釉，就是在形象轮廓边缘，企位下边，加以强调，划一条沟，使釉流进沟里。

所以，我们多学习传统，多看一些古代比较好的作品，去粗取精、去伪存真，为我们所掌握。要明确"古为今用"，用中国人的独特处理手法，使我们塑造的作品从内容上，从形式上不同于西洋，使人一看就知道是中国的东西。

我们要注意，做浮雕是用泥巴画画，而不是去完成一个

被压缩了的圆雕，要创出新的形式，完成新的风格。搞雕塑创作要像诗人写诗一样，要先在脑子里多想。有时候我们把创作比作孕育，要逐渐发展，日趋成熟。所谓的孕育过程，就是成熟过程。因此孕育当中，要吸足了营养，九月怀胎，十月分娩，不要急于求成，不成熟的东西，不要急于拿出来，否则难免失败。因此创作当中，要广开思路，看到一个东西，要眉头一皱，计上心来。在短时间内，或较长时间内，反复思考。要有"横思竖想"的交叉思维，好像"瓦"的拼花，对我们就是个启发。（图4）

不管是长时间思考也好，短时间思考也好，都有以下几方面的来源：

一是从生活当中来。生活中我们所看到的形象，不外两大类。一类是自然形象，如日、月、山、水、树木、鸟兽等，另一类是人造形象，如房、楼、桥、飞机、汽车、机器、工具、锅、碗、电视机等。来源于生活又要高于生活，所谓艺术的再加工、艺术的再创作。一方面注意对形象有所感受，一方面注意动态，广开思路。有时可将死的东西看成活的，例如文学家看秋树称为劲松，把动物比作人的卡通。

二是从理论中来。其中包括本身的美术理论（点、线、面、空间、透视等）、工艺美术理论，和其他文学、艺术理论。要多看、多学前人总结出来的经验，和当前国内外专业理论知识，丰富自己，少走弯路。

三是靠作者本人独立思考和勤奋。对自己在创作实践中增长的知识、体会，进行总结、提高。

四是靠结合实际。不要空想，观察思考，广开思路，也要靠艺术修养。

自然形象和人造形象是我们的创作源泉，我们创作要从中吸取营养，加以提炼，由表及里，由此及彼，去粗取精，去假存真。要把对客观事物的感受，与自己的思想感情融合起来，进行创作。创作问题的初步，是设计方法。设计造型最起码是先从一点出发，一点顺一个方向走是一条线。搞造型艺术的设计思想，就是从点、线、面出发，将点、线、面怎样处理就得到怎样的情感。"点"很难表现情感，"线"就容易表现情感，例如：干燥、硬邦邦、丰富、软绵绵，蠢起来、倒下去（死亡的），有直的感

觉（正直的）、有弯的感觉（丰富的），有滚动的感觉（充沛的）、有固定不动的感觉（稳定的），三角是最稳定不动的（向上的）、三角朝下有最不稳的感觉，还有线的收和放。

在设计当中，我们应充分发挥点、线、面所表达的情感作用，但注意"部分服从整体"，好像"箭头"符号所表示的那样，还需要注意动势和方向的配合。而把有联系的"线"相互连接起来，设计的时候也就是要将轮廓线连接起来——"局部服从整体"，那么形象轮廓无论是凹是凸，轮廓线就显得很重要。而有时可以让"鸡的冠""马的尾""鹿的角"来烘托主体，使整体更生动，这就叫作"零件讲话"。

至于处理手法，还当注意外形，主要是形象轮廓和剪影效果。例如，五指分开，手掌对人，手的轮廓形象就很明确。如用五个手指尖正对着人，只能见到五个点，手的影响就不明确。因此创作、设计当中，要把物体最明确的方面体现出来，加以生动的刻画。

搞造型设计还要考虑长与短、大与小的关系。想大，要放小的进去；想胖，要放瘦的进去；想长，要放短的进去；想空，要放实的进去；想强，要放弱的进去。要形成对比和节奏。我们的艺术创作，所以还要有坚实的思想基础，创作的每一件作品都应该是美的结晶。

图 4

图 4.《张宝成笔记·"瓦"的拼花和交叉思维》内页

图 5

图 6

图 5. 郑可《公鸡》(1978 年，花釉陶塑，高 10cm；采自中国现代美术全集编辑委员会等编：《中国美术分类全集—中国现代美术全集·陶瓷—陶瓷雕塑》，第 4 卷，南昌，江西美术出版社，1998 年版，第 163 页)

图 6. 郑可《晨》(1978 年，紫金釉陶塑，高 23cm；采自中国现代美术全集编辑委员会等编：《中国美术分类全集—中国现代美术全集·陶瓷—陶瓷雕塑》，第 4 卷，第 164 页)

1. 此展览情形，或亦可参见原《一个解不开的疙瘩》《南艺学报》，1979年第1期，1979年1月，第58—59页）

河北省邯郸陶瓷公司—中央工艺美术学院特艺系郑可教授赴邯短训班汇报展[1]

纪念礼品介绍

请柬

河北省邯郸陶瓷公司和中央工艺美术学院特艺系联合举办郑可教授赴邯短训班汇报展，同时召开美术陶瓷座谈会，定于一九七八年五月 日在本院教学楼观摩、座谈。

敬请您光临指导。

此致

敬礼

附记：

打印100份

吴劳 9/5　　　中央工艺美术学院特艺系

河北省邯郸陶瓷公司

一九七八年五月十二日

这件作品是在今年春季，由中央工艺美术学院特艺系郑可教授赴我公司新创作出来的一批旅游纪念礼品，其造型夸张而典雅，具有浓郁的传统装饰艺术特点；花釉色彩新颖、润泽，富有碧玉、玛瑙、翡翠的天然美感。旅游纪念礼品中还有各种题材的色釉浮雕礼品盘，各种花釉动物雕塑，各类装饰实用造型器皿和传统"磁州窑"风格的各类刻划花挂盘等样品。

欢迎需用单位和个人前来观摩洽谈业务。

附记：

打印30份　　　河北邯郸陶瓷公司

吴劳 9/5　　一九七八年五月十二日于北京

办理业务地址：北京市朝阳区东环路34号

中央工艺美术学院邯美陶展筹备组

图3

图1.《请柬》抄件

图2.《介绍》抄件

图3. 郑可、张宝成 《花釉烟灰缸（2件）》（卷形长15cm，方形长13cm；采自邯郸陶瓷公司编：《磁州窑陶瓷》，石家庄，河北人民出版社，1980年版，编号"69"）

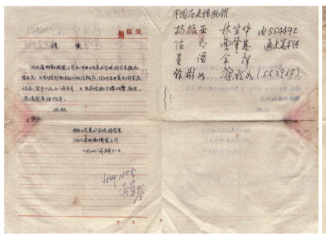

图1

图2

图 4. 郑可为"邯郸（彭城）陶瓷公司"等相关学员授课（约 1978 年）

郄海飞笔记 [1]

1. 此篇初步录入、整理稿, 曾经郄氏筛选后, 以《以缅前人, 以励后学——郑可先生教学笔记》为题, 分 4 次刊布于《雕塑》杂志 (2012 年第 3 期, 2012 年 5 月, 第 76—79 页; 2012 年第 5 期, 2012 年 9 月, 第 72—75 页; 2012 年第 6 期, 2012 年 11 月, 第 82—85 页; 2013 年第 1 期, 2013 年 1 月, 第 80—81 页)。

说明:

此篇据清华大学美术学院郄海飞先生提供之现场听写手稿连缀整理。编校者在保证历史原貌的前提下, 为便于进一步阅读, 对个别词句做了适当调整。内文图片亦参照该手稿进行了电子勾绘。所有更动等, 均由郄先生最终核准。

记录: 郄海飞

编校: 连冕、许昌伟、李亮

1978-09-27

我们的理论是 "锥形互套""三互一连": 互相依赖、互相作用、互相渗透, 引起连锁反应。基础是无穷的, 不断发展, 不断提高。学校教育是有限的, 希望同学们终身教育, 学校教育正是为终身教育打下良好的基础。描绘是基础的基础, 我们要锻炼我们的描绘能力。机械制图属于平面描绘。"描" 看到的东西, "绘" 想到的东西, 从 "描" 逐步过渡到 "绘" 需要有一个过程。我们不但要学会 "描", 更重要的是要学会 "绘" (图 1)。

图1

"绘" 是一个思维过程, 从感性认识上升到理性认识。"绘" 是有提炼、有取舍、有加工的。要训练同学画画, 不要 "填" 画。"画" 画 (真), "填" 画 (假)。

我们首先要画速写, 速写是硬功夫, 从慢写到速写, 速写画得长一些就是素描, 素描画得短一些就是速写! 速写是为素描打基础, 多画速写, 才能对形象有深的感受。我们提倡线条速写, 我们强调用钢笔作画, 画起来不容易改, 因而要求特别高。我宣布: 四年时间要画两万张速写。具体要求: 一, 不要怕画不好! 二, 不要用好纸。三, 不要改, 画错了在旁边再来一条线, 要 "真" 画画! 一直练到得心应手, 那时候我们可以搞创作了, 就是 "绘" 了, 不是 "描"! 古为今用, 洋为中用。速写不但练硬功, 还可以帮助我们搜集形象, 因此, 课余时间要多画, 开展兵教兵, 互相学习, 互相帮助! 老师的目的是, 尽力使我们能够独立工作。画速写, 要把对象当成自己, 要 "三互一连", 左顾右盼, 感情移入。书法很重要, 是基础。"高山低头, 江河让路, 怒火冲天, 悬针垂露", 我们所表现的形象都要有这种气魄。我们在画时要有气魄, 但不是装出来的。我们不是小商人, 整天打算盘, 也不是钟表修理匠, 要放开! 让这个气魄渗透到我们的细胞里去, 渗透到我们每一个工作里。每一个学画的人要有气质, 不要虚荣, 要老实, 不要空谈。要有艺术家的气质, 很重要。要知道, 一个艺术家在从事他的艺术劳动时, 完全是忘我的, 无私的。

我们要发挥每一种速写工具的特殊效果, 要采用不同画法。要整体比较。记住, 你发现自己的错误越多, 说明你表现得越正确。

1. 先放后收, 2. 左顾右盼, 3. 精神集中, 4. 整体观察, 5. 不断比较, 6. 感情移入, 7. 一气呵成。

"三练"（"放"的目的）：一练胆，二练眼，三练手。

我们要做到不但能把看到的画出来，而且能把想到的表达出来。我们的目的（画速写的目的）就是为了解决造型。造型能力的取得，不单纯是画石膏所能解决的。造型能力的提高，需要各方面的训练，加之以较高的审美能力。一个速写，一个默写，都非常重要。速写加强对形象的记忆，默写进一步加强对形象的理解。速写、默写画多了，头脑里有许多形象，可以呼之欲出。在画的时候，需要热情，不要以旁观者的姿态出现，不要冷冰冰的，那是画不好的。

1978-10-17（13:40）

1. 提炼与夸张。我们提倡教学反复训练，使同学们广泛接触动物、人物、花鸟、山水、风景、水粉、素描等等，但基础是速写，一定要把速写抓好。我们要防止各个专业互不相关，要像串糖葫芦那样"三互一连"，今后既能搞基础，又能搞专业，是通才。

我们现在的创作是初步的，是小型的创作练习。我们教学实验小组就是将各门专业有机地结合起来，成为串糖葫芦那样的关系。我们不是不要浓淡，不要画石膏，不要画颜色，一定要画，问题是方法不同。艺术是从很平凡的事物中提出的最特殊的精华。

现在中央美院有许多教师画了几十年画，但见到动物连笔都拿不起来，这又怎样去理解呢？

我们反对自然主义！只有经过艺术加工才能产生艺术品，

（艺术）来于生活，高于生活，不要老师画个圈，你就不敢跳出来了。创作像开花一样，慢慢开的，不是一下子成熟的。"眉头一皱，计上心来"，要动脑筋，对素材怎样提炼夸张，头、身体、尾巴怎样处理等等，都需要动脑筋。

① 动物原来没有思想性，但是要将我们的思想性放在它身上。例如鸡早晨叫是生理反应，但我们可以人为地理解为"叫人起床"，有意识地将人的思想及想象加到它身上去，把原来没有思想性的东西改变一下使之有思想性。

孔雀不一定认为自己漂亮，而是人们看它漂亮，因而才漂亮。孔雀旁若无人，自高自大，（除了上述两种特点之外）是否可以将它画成低头认罪呢？要考虑一下嘛。是否可以？因为一切都是人为的。

② 动物的某一零件。"要让零件说话"，零件可以帮助表达主体。创作一件东西，零件非常重要，要让零件说话。这样，整体形态才能完美。有时，动的东西用静的手法来表现，有时候静的东西则用动的手法来表现。即用动表现静，用静表现动。这属于处理手法问题。

③ 由于我们是搞造型艺术的，因此形象的准确对于我们来说是非常重要的。形象有动的、有静的，我们的"造型艺术"一定要夸张，所有的"形"都是依据艺术家的意志为转移的，它凝集着艺术家的天才、修养和智慧的结晶。我们反对自然主义，我们要搞夸张提炼！去粗取精，去伪存真。

2. 轮廓与形象。创作时，要特别注意"轮廓形象"。开始让我服从"它"，后来让"它"服从我。这是一个南京老艺人总结之理。

1978-11-04（14:00—16:00）

关于形象

时间艺术，如音乐（音响）、舞蹈（亮相）；空间艺术，包括平面、立体空间艺术，如一张画（长久）。

时间艺术最有代表性的就是音乐。音乐是比较抽象的。有思想感情的音乐绝不是单纯的"声音"的流露。所以，"口技"不是音乐。音乐可以表达感情，如泣如诉。（图2）感情不一样。头发是没有感情的，但"怒发冲冠"就形容得有感情了。如果没有形象，没有情调，那就不是艺术。

图 2

究竟什么叫作形象？经过我们的思考，运用我们的手法，经过提炼、夸张的形象才真正称之为"形象"。有感情的形象，绝不是自然形象。抬头见之星，低头见之土，平视见之房，都是形象，但所有形象都立体地存在着。平面形象实际就是为了表现立体形象。平面形象在空间中是不存在的。

科学工作者的"基本粒子"是肉眼看不到的，但美术工作者的"基本粒子"却是可以看到的，如一个"点"等。只要在空间占一个位置，我们就看得到，并无须有什么感情。但是，一个点如果向任意一方移动，就成为视觉当中的一条"线"了，因而就有了感情：1. 向水平发展（如风平浪静、平安等）；2. 向垂直发展（如悬针垂露等）；3. 向圆发展；4. 向方发展。

水平线可以表达死亡（如大海平静），平淡安定；垂直线可以崇高，宏伟（如教堂建筑），雄赳赳，气昂昂，挺拔。艺术工作者表现他的感情时就是运用这两个手法。男低音表示安定、苦恼、悲伤等，女高音表示欢快等。音乐家利用跳跃来表示"形象"。睡觉时就是一条水平线，起床了就是垂直线。

弧线如图所示空虚（图3）。有力量，充实的，有运动感（图4）。同样的道理，吃饭吃饱了就有了力量，可以产生运动。图5三种形象足以启发思维。图6产生了巨大的运动感（动势），如舞蹈等。动势方向有图7或图8等。当然，图9加上图10也可以产生运动感，如图11。

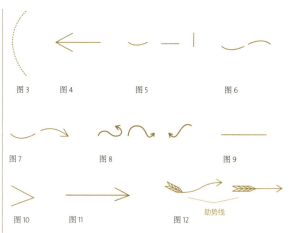

图 3　　图 4　　图 5　　图 6

图 7　　图 8　　图 9

图 10　　图 11　　图 12　　助势线

除了动势，还有"助势"原理。箭头就是助势形象，例如图12。

又：两水平线，两垂直线组合，便中和，即静止。四平八稳。

如图13成为方（但必须长度一致）。但比例发生变化之后，又发生了感情，如图14。虽然变化，但如果加弧线，如图15或图16，感情又不一样了。如图17，表示路灯、投降、叉子等；如图18，表示锦旗。感情是共通的。要善于从平凡的生活当中去提炼形象，用艺术眼光去观察一切。又如图19，侧重侧轻；图20各种舞蹈线条、武功线条等。唐草（图21），由每一弧线组成。

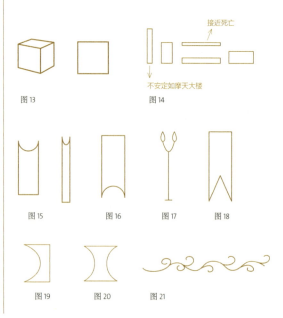

接近死亡

不安定如摩天大楼

图 13　　图 14

图 15　　图 16　　图 17　　图 18

图 19　　图 20　　图 21

①图22：长线表示优美，柔软，如红绸舞。短弧线表示急促。
②图23：感情不同。③图24：顿一下，如音乐当中的半拍休止等，有变化。深巷寒犬：感情多么深远，耐人寻味。所以，同图5，是最基本的三个形象。

图22　　　　　图23　　　　　图24

斜线也有感情：它不安定，站不住脚（东倒西歪，东歪西扭）。风派人物、流派人物就是斜线。如图25，像文学形容的那样；如图26等弧线。同、田、贯、日、四方，此种形象属于（同图5），显得正派；乃、甲、申、壬，要杀头（主要因形象问题），此种属（图27），显得不正派。

图25　　　　　图26　　　　　图27

线对于搞艺术的人来说是基础的基础，一定要加强对线的认识和理解。斜线虽不稳，但（图28）就稳多了，矛盾统一了，如金字塔。又如（图29），劳民伤财，浪费工夫。（图30）稳，（图31）更稳。稍变化，感觉不同。

客观虽然是不依人的意志为转移的，但在创作看来，客观就是依我们的意志为转移的了。线对于造型有着决定的意义。

图28　　　　图29　　　　图30　　　　图31

由三种线形象（同图5），发展成为三个形象（图32）。

滚动，　更稳　　稳，干净利落，相等
丰满
（不能再丰满了，再丰满就爆炸）
图32

圆的运动是不可否认的。仍然存在，尽管科学日益发达。但图33，如将其倒置（图34），△由最稳变为最不稳的方法，缩小支点，以求生动，如图35，若站不牢可加一"鱼尾"。

尖的功能：在工艺美术当中，尖的作用相当大。如图36不稳，但图37稳。尖是有感情的，如"匕首"，使人生畏。又如图38，凶多吉少。尖表示凶。房屋有尖（图39），不好，害怕，放个动物在上边（如故宫，庙宇等）。地主讨厌农民盖尖房子。

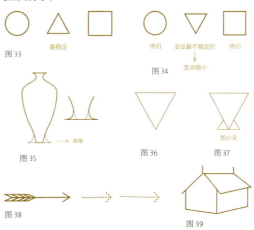

图33　　　最稳定　　　依旧　变成最不稳定的　依旧
　　　　　　　　　　　　图34　　支点缩小

→鱼尾　　　　　加小尖
图35　　　　　图36　　　　图37

图38　　　　　　　　　　　　图39

线是由点组成，形同样也是由点组成，面结构也是由点组成，这个基本理论一定要记住，不要忘记。立体形象也是由点组成的，例如沙堆、沙漠等。

设计草图时，要多放方的和圆的东西，这样能产生非常丰满、流畅的效果。（图40）

（渐变过程）
（基本形概念）
叶形
图40

新月形、香蕉形、半月形，来源于生活，诗人对此最感兴趣。我们不是搞形式主义，我们学的都是来源于生活的。如牛，宇宙间没有抽象的牛，只有实际的牛。"牛"是由象形文字而来，就如"××家有一头牛"，或是水牛，或是奶牛（由具体变为抽象）。香蕉与半新月形只是一尖之差，但形象绝然不同。因此我们以后搞创作，应注意基本形，有时稍一改动就会非常生动的。

画速写是吸收营养的一个组成部分，是一个起点，画长了就有感受了。同学们有时也要对自己"讲课"，也可以临摹一下中国的山水画，也是有好处的。我们在这两年要将速写基础牢牢打好。我们创作设计方案，靠什么？靠速写。主要是提倡一个"速度"，锻炼我们将来"多快好省"。自己主动找不同的对象，不同的材料，不同的东西……一辆自行车倒在地上，我们这边画一张，那边画一张，不然的话，我们画"车祸"就表现不了了。为了表现"四个现代化"，方法就是画速写。

敢于用工具，敢于改变工具和方法。"关门提高不成的，但不关门提高，出去也是提不高的。"

简易透视

装箱法：很快地把一个人物一分为二，再分下去，容易画得准。画机床时，应特别注意因透视而产生的比例变化。画什么东西用方形来衡量它，就容易找出互相之间在形体上的差别了。我们不是搞科学的，对于我们来说，形体多出一点没关系，不要多得令人不舒服就行了。

一个物体，如果是个长方体，先找一个正方，然后看剩下的那一部分是这个正方形的几分之几，或十分之二，或十分之五，等等。一把扇子，有几个正方形，多少差点没关系，只要不把它画成两个方形就行了。20 个稍长点，但还是它，我们不太计较。

做雕塑时，也要用方形来检验每个人的头部形体和特征——
1. "将对象用方形来量，是在方形以外还是方形以里。"
2. "用比例来衡量它。"
3. "不但看到前面，而且要看到后面。"

创作练习，即我们的创作。现在我们的动物提炼、夸张也称为创作练习，不是真正的创作。创作和设计并不是一回事。创作是一个总的名词：你亲手画的，通过自己亲自的劳动而搞出来的作品，称之为创作。纯美术的东西是创作。李可染的东西好，但是印刷出来就不是原作了，因为它是假的。相反，设计的图纸不是艺术品，只有当生产出来之后才能成为一件艺术品。

创作一件艺术品，亲自画的，是创作。设计一件东西，经过几个人、几百人、几千人的手工劳动才生产出来的，是"设计"的本身含义。但是也可以说，创作方法就是设计方法，只是方式上有所不同罢了。

不但要学创作方法，而且也要学工艺方法。创作方法、设计方法及工艺方法都是不断发展的，不断前进的。

"正圆的性格不是非常明显的。"

从平面入手、从立体去理解，这是搞立体造型首先需要解决的重要的认识问题。一个物体的形究竟是怎样形成

的？它是由什么因素决定的？从绘画角度来说，是由千变万化的"线"（实际是面的错觉反应）的规律或不规律运动而形成的。

把几个线的形象"三互一连"就会获得许多形象。像五线谱的每个音符一样，将基本形"拼拼凑凑"，可以得到千千万万个形象。

1978-11-08（09:30）

1. 就连一个小孩的动作我们都应注意，搞艺术的既要往上看，也要往下看。一个小孩摆积木，他很动脑筋，可以拼出很多东西。我们艺术队伍中有许多人不动脑筋，几十年来，教学仍然是素描、速写、图案等等，老路一条。搞展览除了满目照片之外，没有什么。"形似"都容易办到，"神似"却不然了。"神似"非常重要，但奇怪，现在却是"形似"画家们吃香。我们摆个模特儿，（铅笔）五个 B、六个 B 地画，画完了，了不得了！但够不够呢？不够，远远不够！
2. 美学有两个创作性，一个是主体性的，一个是功能性的。主体性或主题性：小孩都有目的地将积木摆成火车等。

功能性：不管题材，能够有本领把它堆叠得很高，别的小孩则不行。一个有主题，一个没有主题。

图 41：虽则你不是接近衰老、死亡，但是有时为了生动，我们仍然要争取这条线（虚线所示），如表现"冲锋"等。感情是带有双重性的。

图 42：感觉如此不一样。文学家的修养现在看来是要比我们的修养高得多。

图 41　　　　图 42　　　　头重脚轻根底浅

图 43：现在有向心感觉，但如果把心点去掉，则成为放射感觉（图 44）。

图 45：同一根线，方向绝然不同。因此，我们在创作时，必须很好地利用这些宝贵的法则。

图43　　　　图44　　　　图45

很平凡的东西我们需要注意，如
我们的黑板为什么不倒，正是因
为三角结构给以固定。

图46　　　图47

图46，图47，将其拼起来，如拼积木。
功能性创作：表示生动、感人。

1978-11-13

在创作时，就以黑白来说，一张是圆的构图，一张是方
的构图，两张是长方的构图。就色彩来说，一张是圆的
构图，一张是长方形的。（尺寸：100mm—120mm）。

黑白的可以用胶水画，随便。颜色不超过3个，可以加
个浓淡，不需要很多颜色。

以上为创作要求。

还是从基本形象谈起。在组织纹样时，可以将动物纹样与
唐草结合，如一个圆的纹样当中，除了动物之外，周围的
空间用什么东西来将它填补一下呢？纹样是让它鼓起呢，
还是让它凹进去呢，是双线还是单线？大还是小，强还是
弱，粗还是细，是连续还是断续，是单一处理还是双重处
理，是曲线为主还是以直线为主，是点还是面，圆还是方？

丑本身是丑，美本身是美，但你如果把丑暴露得更加深
刻，那也是一种美，是一种艺术的美，一种凌驾于自然
美之上的美。只要能够增强美，那么我们就要不择手段！
但是我们不是搞形式主义。

一条铁丝亮晶晶，很挺拔；一条毛线虽不流畅，但也有
一种美。现在在工艺美术当中，有的艺术家就以"边线
不齐"为创作特色而存在，并有相当地位。那是一种美。
例如地毯正是利用其边线不齐而得到一种美的。边线的
处理，主题的处理，辅助零件的处理，都要通盘考虑。

珍珠地处理如图48，锦地处理如图49。只要脑子里考虑

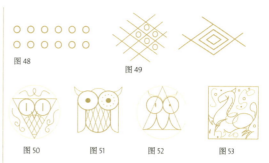

图48

图49

图50　　图51　　图52　　图53

到了，都要尝试一下，大胆一些。圆中带方如图50、图
51或图52、图53等等。总之要广开思路，要多画一些小
草稿，反复地推敲。

1978-11-21 （10:30）

教学方法和我个人的意图：
　　1. 首先知道我们自己是什么身份。
　　2. 要有较好的创作才能。

我们要培养有创造才能的、有本领的工艺美术工作者。
目的和愿望是培养鲁迅式的优秀文学家那样的工艺美
术家。

　　1. 我们是工艺美术工作者。
　　2. 有工艺美术才能，即创作才能。
　　3. 有工艺才能，要懂制作。

最重要的是要明确自己的身份。

插缝教学，讲评教学。画素描、速写都属于设计基础。
将来要学习工艺基础和工艺练习。我们已做了一些作业，
但那叫设计练习，不能叫设计。

工艺基础第一课就是学习制作工具。从设计到翻模再到
烧成，可以说是一个工艺练习过程。

工艺基础和设计基础是互相联系的，工艺基础练习就是
锻炼同学多动脑筋，锻炼形象思维。如用一张纸做十个
不同的风车，连续画十个不同动态的老虎，或做十个不
同的花。例如，图书馆的书架怎样才能多放一些书？怎
样才能改革一些旧东西？

我们要争口气，为中国人争口气，要大争一口气！我们的同学要经得起千锤百炼，百炼成金。

创作是要受苦的，不是甜的。不能满足于画画石膏，跑到西双版纳去画风景，展览一下就行了，远远不够！在创作时要出汗，要晕头转向，要辛苦。要知道，辛苦是不会白费的，有价值的。

1978-12-11

培养同学能全面地独立思考，成为一个优秀的工艺美术工作者。

A——油泥（橡皮泥）。初稿，阳的，翻出石膏来就得到阴模，用"A"表示。再翻出来→2A（阳）→2A（阴），用A翻出来的第一个作品，可在后面记上4A－1、4A－2、4A－3、4A－4，或2A－1、2A－2、2A－3（"2A"表示改动次数，"－1""－2""－3"表示出成品多少）。这是科学管理的一个手法。

感到"纳光纳阴"不足，来一刀，使底下空心，再用刀向下压，压到我们满意为止，再用一点点泥将刀洞补上。

平面是二元的，立体是三元的。我们要从两方面去看问题。从平面过渡到立体。我们有时可以将时间与空间立体化，以加深理解。要从立体上去考虑问题，这是我几十年，甚至是一生中的经验。

1苹果＋2苹果＝3苹果。
1橘＋2苹果＝3个（水果）。
1牛＋2羊＝3个（动物）。
2个橘子＋1个苹果＝2个橘子＋1个苹果（一正）；
　　　　　　　　＝1个苹果＋2个橘子（一反）。

但有的情况，你这样反过来就不行了。如图54：

| 1 2 | 2 1 | 2 / 1 | 1 / 2 |

图54

但1、2、3就可：123、321、312、213、231、132，如数字再多变化就更多。像图55、图56说明，从各方面翻来覆去看问题办法就多了，以及图57都要这样考虑问题。浮雕与圆雕，基础与专业，习作与创作。

图55　　图56　　　　　图57

图58

还是1、2、3的排列，可以成为图58等等等等。总之从空间去看问题，把问题考虑复杂一点。创作时，一人一马，可以不可以？不要马或不要人呢？从反面考虑问题，本来是1－2，可不可以2－1呢？创作应持这种态度，灵活运用。是不是我们的脑筋太复杂了？不是，假如让你设计50种书架造型，完全可以设计出来，只要将这些原理好好加以运用。如果有了这种锻炼，我们将来的创作思路就广阔了。

我们不是从兴趣出发，而是从实际出发，我们要善于将事物形象化，这样来考虑。上述举的数字只代表一个因素，而我们要经常跟主体性和功能性打交道。只有有修养才能搞好功能性，工艺有通用性工艺，有专题性工艺。我们甚至要考虑工艺过程、生产、销售。

1、2、3、4、5、6、7、8……合乎生产的、物美价廉的产品。

今天讲的目的，就是让同学们来动脑筋。主体、主题、空间、厚度、工艺、生产、材料、工具和功能性等等，要全面考虑。小孩玩积木，有多种玩法，发现功能性的苗头，我们应该表扬，少批评。我们现在不是手工业时代，现在是科学时代，不能满足于1、2、3，还有5、6、7、8、9、10……工艺是经济基础，美术是上层建筑、意识形态，要有科学性。现在倒有人害怕工艺美术的复杂性。

生物学＋化学＝生物化学，两种科学合在一起，成为新科学。现在我们的脑子不是复杂了，而是太简单了。我们想问题，可以以天真态度去想，不一定成功，但也不一定失败。比如家具要用榫，可不可以不用，如能不用，可节约一部分木材，如30%。但新工艺成本如何？如果比原来还要浪费大、消耗大，我们当然不能用。因此具体情况具体对待，但不应阻碍我们创新探索。

要善于从生活中探索规律，牛顿不是从苹果摔到地上而发现了万有引力吗？我们大概不会重视一个苹果吧！

1978-12-20（08:00）

通过工艺练习、工艺基础锻炼工艺头脑，提高创作能力和艺术修养。"吾生也有涯，而知也无涯，以有涯逐无涯，殆矣！"与此相反，知道得越多越好！知识越丰富越好，修养越高越好！

什么叫造型？蜂窝、鼠洞都是造型吗？诸如此类，只是如何分类罢了！有些是天然的，有些是功能性的。造型要有物质材料，有些则不需要。我们的造型活动要比动物的造型活动广泛得多，但更重要的是我们的造型存在着"美"的因素，因而它是一个极复杂的活动。

造型：科学性的、艺术性的。而我们的特点是二者结合。
造型：1. 物与物的关系。如齿轮与齿轮之间的关系等等。
      2. 人与物的关系。如人们使用机器怎样才能舒服，人和椅子、沙发等。
      3. 人与人的关系。

我们主要从"人与物"的关系去锻炼，如宣传画、广告等。一切同人接触的艺术品与工艺品都存在着人与物的关系，我们创作的物要引起人的共鸣。如潘鹤的《艰苦岁月》，笛子与人就是人与物的关系。我们搞创作特别应该注意这些关系，没有这些关系，作品是没有生命的。

注意工艺和美术的关系。工艺的功能性东西多，就是研究物与物的关系的结合，物与物之间功能性较为突出。而"人与物的关系"，这个观点永远不能忘记。一部汽车的制造，功能性的东西多，象牙雕刻功能性的东西就少。我们将来究竟是干什么的？毕业之后干什么？一个孩子

的出生，给妈妈带来了心思、打算：上小学、中学，上山下乡，还是考大学，考大学学什么？妈妈不能打算很细，只能"看孩子个人发展如何"！是孩子自己走路，不是妈妈替你走。

借此，我希望同学们每天画三张速写。

模拟方法。由于学校工艺条件的限制，因此，模拟教学法是必要的。石膏刷上黄漆就是黄杨木，不是吗？

1979-11-19

我们希望同学们百炼成钢。教学由两个阶段变为三个阶段，加进一个适形练习。给一个正方或其他任何一个形，锻炼在里面构图的能力。主要是对浮雕起作用。

怎么样懂得材料？怎样提高修养？怎样成为通才？外边的习惯势力对我们的影响太大了，包括我在内。我们培养的是艺术修养和创作才能。有了修养，什么都能干。希望同学能高能低，能上能下。（音乐四大件：和声、对位法、配器、曲式。）

要能成为一个孙悟空，变化多端，随机应变。我们不是搞纯美术的！是搞工艺美术的！大家对此注意不够，工艺美术是工艺和美术的结合。以人的聪明，用人的手，做出一件东西，同人的生活有密切联系的用品，就叫作工艺美术。

创造工具是伟大的变革。

科学、技术和艺术是合为一体的（指彩陶时代），有了工具，就可提高生活（水平），没有工具，生活则更原始。但人是不断发展的，从低级到高级的，发明了火，由低温到高温，低温时就有陶，高温时就有了瓷。而采矿的开端，是人们为了寻求□□。艺术家、科学家在当时是一个整体，一个人什么都能干的。但到了科学发展时，科学和美术就分家了，17世纪左右，在中国就是文人画的开始。1900年巴黎铁塔竖起来，钢架建筑以巴黎铁塔为最，原来是石头和木头。但到后来，钢太露骨了，难看，就把钢外面加水泥，成为钢石结构。如巴黎的沙龙展览会建筑，亦属此类。发明了水泥，但钢材水泥与钢筋水泥不同，

听说美国的建筑这两种很多。科技的发展同建筑有关系。严格讲，建筑是工艺美术，壁画也是工艺美术，不过比其他门类稍大一些。大与小不是衡量艺术的标准。手工造的，是单作的。

工艺美术：1. 有人认为就是艺人的杂耍。2. 科学的，有科学做指导。

科学的、机械的、大生产的，如果不是这样，如何满足大多数人们的需要呢？这是大问题。但科学还在发展，怎么办，只好两条腿走路。工艺美术工作者也应该懂得科学。

设计关、科学研究关、生产关和销售关，应该懂得这四个方面的关系。同学们毕业大致去向是教学机构及工艺美术研究机构。不过我们不单设计，而且要考虑到以后三个方面。

图59是另一种暖水瓶设计，外表看起来不是现在的暖水瓶，但功能是好的，是方便的。我们要求就是这样。

图59

设计的金字塔，我们不是搞装饰雕刻，装饰是可有可无的。我不同意装饰这个词，因此我们不搞可有可无的东西，不搞装饰。生活当中没有装饰的东西，是它自己本身美。如海里的鱼颜色很美，但它不是为了装饰，而是为了生存和保护自己；牡丹不是装饰，只不过是人把它给解释为装饰了。

现在有个问题，就是大家愿听理论，不注重实践。没有实践，理论是搞不通的，我们的课就是把我们听到的理论用到实践中去，发挥理论能力，实践是检验真理的唯一标准。

构成只是一个流派。

现在我们要进行结构练习，有两个原则：

1. 拼凑。当然拼凑是有原则的，生活中许多东西是拼凑的，如家庭是拼的，"生物＋化学＝生物化学"也是拼的。科学如此，艺术也是如此。拼凑得好，是幸福的家庭；不好，则是痛苦的家庭。朋友也是拼凑，但在拼凑时有一个模糊概念，怎样拼没有一个科学标准。有时是偶然的，有时出于科学，如图60。

2. 排列。就是前后、主次关系。

图60

以上两点是我们的法宝，光有拼凑，没有经过排列，还是不行。如炒菜，光有材料，但排列不好，顺序混乱，菜是不能做得好的。拼凑好像是指多因素的拼凑，如一男一女、一大一小。但只有一个怎么办？你拼来拼去总是一个吧？那就是要用排列了。

自我拼凑，各种不同角度：

1. 如一块砖：图61，这又叫作拼凑，又是排列。

图61

2. 另一种单因素造型（拼凑），如一块砖：图62，得到"一块"的三个形象的拼凑。又如图63，又是排列，又是拼凑。

图62

图63

现在许多图案书就是在讲一种拼凑。如果我们懂得了拼凑，不用找参考书，就可以搞出几十种、几百种，甚至上千种的东西来。托儿所的小孩就懂得拼凑和排列，如玩积木，但我们高等学府则视而不见。小孩用积木拼小汽车，他只会想到四个轮子。大车呢？只是想到有个烟筒，他是很明确的。我们要向小孩学习。

万花筒也是一种拼凑。但我们要有一个原则，就是结构。小孩做好的东西，可以一脚踢坏，但我们不同，终究不同。为什么我们提倡用儿童的眼光来看待"大线条"，如素描，小孩看的都是大的，我们用小孩的眼光去看"大线条"，又用结构来将它具体化，使我们的创作成为"实用"，这就是我们的目的。有人说是"实用主义"，这有什么不好？

实用、价廉物美、好看，这些就是思想内容。当然有的作品需要排列。比如，形象排列、主体排列，以及色彩、线条排列。

同学们做一个练习，不要互相看，不要参考。这种练习最好按照比例来搞。

　　1. 一块砖：图 64。
　　2. 一块瓦：图 65。

而培养同学有两个方法：

1. 有创作发明：拼新样式，如金钱（图 66）。
2. 通过启发而回忆的创作。

图 64　　　　　图 65　　　　　图 66

所以，理解、感受、表达、创作，这是我们的最终目的，不是为画速写而速写。另外，我们还需要"多、快、好、省"。我们研究蚊子，是为人类谋幸福。"创作才能"是"万金油"。

1979-11-20

关于玩积木、主题思想、装饰构图、看万花筒、数学……

1. 玩积木。你给小孩子一个积木（很简单的几何形），不用教师去教他，他自然就会去动脑筋。这也可以启发我们去动脑筋，创作就是动脑筋。
2. 主题思想。主题性的东西可以搞，没有主题性的东西也可以搞。现在搞纯美术的人比我们腰杆硬。对于工艺美术，有斗争。油画有主题性，那么一对沙发有什么主题性，一座台灯有什么主题性，一个茶壶有什么主题性？难道搞个猫壶就有主题性了吗？（记录者注：20 世纪 70 年代猫壶茶具盛行）如果形很好看，一个茶壶不也是很好看吗？有主题性的，当然好。可是搞美术，怎么想就应该怎么搞"美"！应该摆"扒地界"的地方就摆，不该摆的就不能摆，没有美！
3. 装饰构图。怎样对待装饰性，不是放点花就有装饰性了！怎样叫结构主义？
4. 看万花筒、玩积木。小孩子已经懂由此及彼、由表及里了，可是我们大学生反而不如小孩子。

创作是一件痛苦的事，但也是一件容易事。可以从万花筒里面获得启发。怎样去摇万花筒？这样，我们的思维就广了！创作是挖心、挖肝、挖脑袋。最后挖出"筋"——"金"来了。

我们要抓两个极端：1. 很难的，挖来挖去；2. 很简单的，像摇万花筒一样。

炼丹炉里，炼得焦头烂额，但是出来了，就不怕铁扇公主了。某一个早晨，让你搞十个创作图，难不难？很难，但是应该练，最后就像玩万花筒那样简单了！

我们希望同学，面对一个题材，一两天就能把构思搞出来。这主要看我们的能力强不强！我们应该自己严格要求自己，培养自己的创作能力。利用我们现有的"养料"——水彩、水粉、速写、素描等等，来加工各种产品。也要将浮雕课同我们现在的创作课结合起来。

适形练习、适材练习、惜材练习、惜用练习和适销练习，我们搞工艺美术的就应该练这些基本功，搞纯美术的可以不搞。如果我们搞的东西销不出去，那我们这一辈子就学了个"生气"。

适形是指圆的、方的、长方的、菱形的、带状的、框形的、正反三角形等。例如，一朵绢花、一条手帕、一个封面，都离不开"适形"。而"适形"本身，归根到底，无论是主题性的，还是非主题性的，都有一个骨架问题。我跟同学讲过"主动面""主动线"，没有骨架就乱了，如图 67。没有骨架，就等于一个人没有了骨头。没有骨架，你的构图就不会好。有了骨架，才可以放我们的思想感

图 67　　　　　　图 68

情进去，如图 68（形式决定内容）。

我们有两种方法学习，不看参考和看参考，但主要是动脑子。我们还应该向遗产学习，花鸟、人物，（有思维性的、有历史性的）舞蹈、京剧、体育、杂技等，对这些应该灵活运用。你不经过"挖脑袋"的训练，脑袋是不会灵活的。

这就是"难——炼——适形"与命题教学。

1979-11-22

质理、肌理、纹理。

在木刻作品当中，最容易看出质理、肌理和纹理的运用。因为它不是色彩的。

比如天空可以涂颜色，但木刻便不行，于是它便用另一种"形式"来处理。这种形式不是自然主义的，它不像云，也不像水，但它对主体起着衬托作用，增强主题。

木刻可以这样做，浮雕也可以这样做。利用各种纹理、质理、肌理来表现不同的对象。各种方法的运用都应该从表现的主题出发，从需要出发。

1979-12-28 (09:00)

我们目前系统性不够，如果我们搞不好，大家都是牺牲品。搞了一年了，大家有没有成绩？培养通才的问题，庞先生不同意，他提出"全才"。但主要是要大家理解我们的心情，我们的处境很困难。部里现在让我们搞象牙、雕漆。可能我们不理解他们，也可能他们不理解我们。

同学们可能习惯受"外势力"的影响。现在我们的素描教学究竟对不对？现在我们又听到一种议论，说素描只能画得很细了以后，才能放开。这可以争论，但部里非让我们搞象牙，只看眼前一点，看不远。技工应该是中专技工的事，我们大学生难道光能雕象牙吗？我们有难处。

我们不是钻在一个洞里看问题，要提高修养。我们看问题、看东西，要看大东西，不要看小东西，素描不是这样就好了吗？利用雕漆的技术搞我们现代的东西，我们不是主要搞什么玉器、象牙，或者别的，主要是利用它们。

看出正面的教育，也要看出反面的教育，一代总比一代强，这个概念总是要建立起来的。

在工艺美术里面，浮雕并不比圆雕的作用差（但也不能说强，实事求是）。浮雕表现多是剔红（剔雕、雕漆）。有高浮雕、低浮雕、薄肉雕，都有其特殊之用处。浮雕表现的画面效果比圆雕丰富。浮雕最大的特点是能够同器形结合。中国传统的浮雕是世界上呱呱叫的，也是世界上没有的。雕、塑、刻这几种东西融合在一块儿，而且是用刻表现出来的。传统是直接雕，但随着材料分化，无论木头或石块，开始出现"间接雕"。先雕一个形，然后通过翻石膏，或以各种方法复制。有了"求点机"，便可以做好泥稿，翻出石膏，然后通过"求点机"把石膏像的每一个点准确地挪到大理石上去。

但我现在要求同学练练直接雕。我们并不是让同学们去搞那些东西。外国人不是搞不出来，人家精力是放在集成电路上，而我们则放在雕几十层的象牙球上，完全不一样的目标，正相反。要古为今用、洋为中用。洋为中用很重要，原因在于我们的民族在现在和国外差距太大了。

浮雕是什么？浮雕是介于绘画与圆雕之间的一种表现方法。一块木头放在水里，它浮在水面上，露出一点，就是"浮雕"。通俗理解，雕刻家有两种人在做浮雕的工作：大雕刻家搞浮雕，方法是照比例压缩；以及专门从事浮雕的。浮雕的特点是适形、适材以及适应生产。其工艺特点在于根据生产需要可以做得高点，也可以做得低点。如埃及的浮雕法（图69、图70），金字塔多用，就是平面用线刻，没有主体的处理。这是很好的方法，做硬币可以用。但中国有没有呢？我看是有的！就是靠边线来表示形象，而且在工艺上也很好，不致磨损。

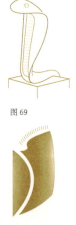

图69

埃及圆雕的立体关系

图70

为什么叫浮雕？浮雕表现的东西，圆雕表现不了，这是不是可以作为划分两者差别的一种方法？比如"月夜"，圆雕无法表现。它只能用象征性很强的形象来表现各种内容，如春、夏、秋、冬。

雕塑很有局限性，一匹马四条腿，两匹八条，三四十二条。麻烦了，没办法了，但也不必如此。绘画就丰富多了，文学则更丰富了，几千年都可以写，绘画比文学局限，雕塑比绘画更局限。虽然圆雕由于"马腿"问题的局限性，一般只搞一个方向，但浮雕则可以搞得多得多。立体的东西是比平面的东西感染力大的。"高山流水"，圆雕无能为力，浮雕则可以，因为它有一种"平面感"。

首先要看这类题材适合哪种表现方法来表现，圆雕好，还是浮雕好，还是绘画好？但有一点，圆雕做小了，同样不感人，因为体积的力量是圆雕唯一的表现优势。体积越大，分量越重（这与心理也有关系），人们的头脑所接受的刺激就越大。

刚才说浮雕可以同器形结合，但注意，高浮雕还不行，必须要低浮雕，主要是考虑到实用（图71）。

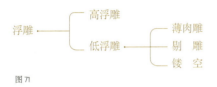

图71

有的时候，我们的课程是没有味道的！但你从没有味道当中能找出味道，找出兴趣来，就好了。大家的作业是拼拼凑凑，成绩不错，但都有一个共同的缺点，就是忽视结构。组合如果没有互相联系，就不合理。这个互相联系，我再重复一遍，是"头碰头""手拉手""面对面""背对背""脚碰脚"。我现在希望大家对工艺（如适产、适销规律等）产生兴趣！但现在大家对绘画的兴趣还是大于工艺，不愿去动脑筋。"百花齐放"是个表面，实际是个顶牛，顶牛就是拼不出来，不能拼拼凑凑。一个单位，人与人工作为什么不好，就是顶牛，拼凑不起来嘛！我希望大家注意这些道理，要有兴趣。（①适形 ②适材 ③适产 ④适用 ⑤适销）

脸对脸的效果。我们搞东西要考虑适产，如图72，黑点处可以用灰抹吗？既好看，又适产，符合工艺要求。如果不考虑工艺，就是搞形式主义。形式主义与工艺有什么区别呢？工艺美术就是实用。我们现在搞这些东西似乎像小孩子一样，但都是利用我们的材料和我们的思想。像打

图72

仗一样，只有一连人，应该怎样配备，我们就应当锻炼，这是难，但不是很难！

瓦筒是一头大，一头小，因为它要互相压，一个压一个，这是它的形象特点。同学要用眼睛看事物，应该学会看，看周围的这些事物是什么样。离开实际出发，就是搞形式主义。我搞东西就是靠123、321、312和231这样拼拼凑凑，就吃这个老本，一切从实际出发。总而言之，就是搞任何设计都要考虑到实用。从实际出发。

如图73，瓦筒和一块平板砖。画的时候，应该集中精力多写生。如图74，放点灰，既实用，又美观。

作业：每月画30张速写，每月交一本。

图73　　　　　图74

1979-12

是不是应该让大家上重彩课？由于大家要求延长一年重彩课，请祝（大年）先生和范曾来教，教学上我们可能要重新考虑，看看课程怎样往里插。我们希望大家搞"九龙壁"。

形象问题是个很原则的问题。横线表示死亡，竖线表示挺拔，如图75。弧线有两个"性格"与直线有关系，就是有点弯度，其余同直线"性格"相似。

图75

形式主义是什么呢？形式不能没有内容。法国有个画家专门画破墙，他也是来源于生活，但太主观了，没有思想性。我们现在是搞形式，但将来不搞。许多东西我不把它们叫作"形式法则"，因为既是"法则"，你就非用不可，我不同意。叫作"方法"比较好，因为"方法"可以发展，比"法则"活多了。

一个器形（不用这个"型"），也是由弧形拼起来的。不同的长短，不同的弯度，拼成各种不同的器形。所以我们搞任何东西，都离不开拼拼凑凑，连音乐也是拼拼凑凑。一根铁丝一转就是一个立体形。但如何能拼得好呢？

我们研究形象，应该懂这些，这是最原则的东西，弄懂了，什么都能干了。有的人能搞造型而不能搞装饰，搞装饰的搞不了造型，两者被割裂了，就是因为不懂这些最基本的原理。

比如一个茶壶的形，如图76、图77，我们懂得线的性格了，我们就能用得好了，如图78。我们可以随便创造，但要结合实际。直线多，性格就硬。圆线多，性格就软。直线多了，放点圆线。圆线多了，放点直线，如炒菜一般。有的利用外部形象，有的利用其内部形态。如"你这个人翘尾巴了"，这也是形象，是形态的形象。如果我们把每个人心里的形态，都通过形象再现在纸上，就高明了。

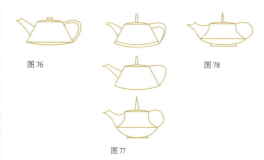

图76　　　　图78

图77

"拥抱"就像弧线，"针锋相对"就像直线。弧线多了就甜了，甜多了又讨厌了。这就是个分量问题。方中有圆，圆中有方，这是张光宇先生生前常讲的。用看得见的形，表现出看不见的形态，这在艺术里面是最高明的。

"创作方法"不是"法则"。首先脑子里面要孕育"腹稿"。孕育就是来源于生活，"腹稿"是从平面上来考虑怎样过渡到立体，但也不是不可以直接过渡到立体。因而我们也提倡创作时直接放，但不是无原则地放。

表达时有两种方法。首先，从记忆去画。我们画了许多画，我也可以画许多画，但有时也找点参考。现在有个不好的现象，一搞创作，就跑到敦煌、云南。不一定跑那么远，找点参考就可，参考也是来源于生活。以前是前三年基础，后一年跑出去写生，搞一个毕业创作就完了。不好，我不同意！我们要经常地搞小创作练习。如学数学，你卖

过苹果，才知道"5+5=10"，到生活当中去学习。

我们本身是年轻人，对年轻人的生活应该了解的。但不一定到处有生活，有时生活不会被人注意。我们坐公共汽车，看看旁边的人，我们就有感觉了，就有启发了，各种表情。生活有时就在我们旁边，我们都视而不见。

打小稿时，最初用铅笔，把笔尖修得尖一点，在纸上表达你的"腹稿"。有什么好处？首先可以一眼看到它的全局、位置、大小，甚至其感觉都可以看出来，如一个"飞天"的形象。打稿时，所想到的就表达出来，这指的是大线条，而且要快。这有两种办法，前一个稿，可以去粗取精；第二个稿可以吸取第一稿的优点，表达得更好。这有三步：小稿、放大、放更大。小稿不允许你具体，但有的人却直接放大。这三步过程，就是推敲的过程。但容易有个毛病，小稿放大，不一定放得准确，可能会失掉小稿的精华部分。所以，放大的稿子一定要精确，看是否与小稿一致。因而需要特别注意，要认真。对于你的小稿，看看它是属于哪种形象，有"同""田""贯""日"等，也就是把握住形象的全貌，抓住其最典型的特征。动作要快，否则就容易导致繁琐。

把小稿（图79）放大成图80。这两个图其特征都是正方形，而且中间都有两条竖线将其分成三等分，这就是共同点。放大时，先找出正方形，再分三格。要徒手画，这样小稿的精华跑不掉，这是很重要的方法。文艺复兴的大师们都这样搞。罗丹这样搞，波德尔也这样搞。因此，我们不能放得没边没沿儿，要放，也要科学地对待我们的创作。

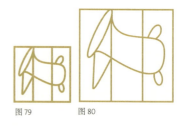

图79　　　图80

罗丹给一个科学家雕像，量来量去，科学家责怪罗丹不该这样，实则无道理，我们应该科学地对待创作。创作时需注意两个方面：一个是概念，一个是模糊。打小稿就是模糊。科学中100℃就是沸点，但我们100℃可能还模模糊糊，有个"模糊哲学"在里面。在模糊中画小稿，让它模糊，可以用铅笔画小稿，放大用木炭。但模糊不是糊里糊涂涂到底。

每人都能吃饱，但饱与饱之间差别很大，有人吃二两即可，但有人吃四两不够。这就是比较。

要锻炼眼睛，但创作是不能教的，我最后必须这样说！诗是天生出来的！文章创作是要自己去写的，但总要有方法，这个方法不是"法则"。创作应该孕育，有腹稿。这不完全是老师教出来的，它来自修养，一代高于一代，这就是我们的希望。

一个长明灯同一个闪烁的灯的效果和感觉是不一样的。艺术创作应该运用肌理，如质感、闪动等等。形式主义经常用这些东西，如图81，但有的无方向性，是随便排列的。肌理是结构的。粗砂、细砂就表现出不同的肌理。不同肌理构成的画面能够产生不同感觉。纹理跟肌理差不多，但纹理更具体，表达各种方向。纹理是纹路，有个方向。

图81

1980-01-16

题材是一个艺术家的良心认为不能不表达的东西，因此昧良心的事不要去干。同学们不能干。

教师怎么能不管这个呢？只教长短、大小、比例，良心呢？还要教这个。这个是最重要的。

有的人讲"风格"是不能教的，是艺术家自己自然形成的。既然不能教，那能不能学呢？不好教，但是可以学。

理解、感受、表达、创作，这是我们的最终目的。不是为画速写而速写。另外，我们还需要多快好省。"创作才能"是"万金油"。

现在我们把同学带进了一个"细胡同"，不是死胡同，老一辈这样走，中一辈也这样走，青年又走进来了，什么时候能走到底呢？我们只看见上面那一条"天"。

写实并不等于现实主义。写实也有许多形式主义的东西。

有许多形式主义的画家，但同时他们又是最伟大的现实主义者。因此，他们所说的那种写实的素描（现实主义），实际是一种自然主义。

图案就是花花草草。我们可以画桌椅板凳，瓶瓶罐罐，花花草草。

画素描不能解决所有的问题，素描和专业有适应性问题。总之：需要扎实的素描，不同于一般美术院校的素描，素描与专业如何适应的问题。

在变形中，生长规律不能违背，要理解，运动规律也要理解，但最重要的是艺术规律的理解。

1980-01-17

艺术思想、艺术才能最重要，但它需要肥料，即"修养"。它是多方面的，至于怎样画好素描，都是次要的。我给同学们报点忧，也报点喜。不是非让我们用破纸，用各种材料来搞创作，这还不是目的。主要是让我们打开思路，解放思想。今天我把"皮"剥开，讲"解剖"。

工艺美术的客观情况是怎样的？有三十年路程了，工艺品的产值比轻工业高，看到了钱而成立我们系。人的脑和手是最宝贵的，可是部里没有考虑这个问题。科学与手工操作是矛盾的。

我们是大学生，应该考虑社会，我们不是画一张油画，捏一个泥人，这些都是在社会的大整体里面。我们应当首先考虑大问题，就像我们画素描考虑整体一样。我们搞装饰雕刻，但主要还是"立体造型"，概念是不一样的。我们是既照顾手工业，又照顾现代化，把矛盾合二为一。我经常睡不着觉，考虑如何搞好教学。大家知道，我是喜欢科学的，我是想怎样使它与手工业合拢。我是中国最早的雕塑者之一，而且我的看法在全国也只有我一个，所以对立面也多。

通才，我们要博而专。激情，是抓不到，看不见的。有时简直是太漂亮了，说得神乎其神。而我还是坚持搞"通才"。通才，什么都能适应。

我现在扒开"皮"给同学们看：搞特种工艺，又不想搞特种工艺。特种工艺有一个科学化的问题。景泰蓝不是中国的传统，是明朝时从外国传进来的。之前有珐琅吗？我们应当有能力来改变现在特种工艺的落后面目。把科学用于特种工艺难道不是一件好事吗？

我们主要是培养同学的创作才能，这里面有一个艺术修养的问题。设计方法也很重要。没有设计方法，创作才能也只是虚的。

图 82 就像背对背、脸对脸。但关于这个课，我们没有上好，以后还要画。

图 82

装饰可有可无，一个衣服上有花，是好看，但可以不要，因为它的结构没有变。我们需要的装饰是指改变结构而言。如一个热水瓶，过去要提起来倒，现在只要一按就出水，其主要点在于结构上变了，使它外形也变了，并非为了装饰而言，但它实际上已经有了一定的装饰性（图 83）。

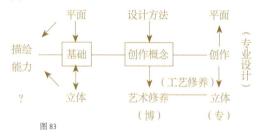

图 83

没有描绘能力，平面、立体都搞不好，但无论平面或立体，都属于描绘，都是画一个"形象"。一个在平面上，一个在空间里，其实两个东西是一个东西。在思想上应该这样，但在表达时不一定这样。你有了创作才能，但没有创作，还是没有用。

速写可不可以用泥巴来搞呢？速塑嘛！我刚到法国时，在先进的初等工艺美术学校学木雕。我 17 岁就开始学雕象牙，后来又学雕钢模，学过染织，学过室内陈设，桌椅板凳，学过铸造，学过油漆。所以到了法国之后我学了雕刻，我翻石膏这一套是不会有人知道的，那么为什么我提出一个"石膏文化"呢？

图纸是一个生产命令，你们将来要下这个命令的，要设计这个图纸的。这些都是科学的产物，大工业的产物。我们准备写一本《设计方法概论》。

我为什么回祖国来？我生在工艺美术品产区，那里做金箔、银箔。但我脾气不好，因为看到问题不对，就揭露出来，所以对立面多，但这不是主要的。可是有些人认为我郑可搞好了，他们就没饭吃。我在 1951 年中秋节前，从法国经香港来到了北京，带了四个工人，连阿姨也带来了。青年艺术剧院让我来的，不是江丰和张仃的关系。然而，我所懂的、干的，过去没人干，现在仍然没人懂，没人干。我在下放期间，给农民修了几百个水桶、几百个脸盆，在捡破脸盆、捡破灶滤等等，所以"破烂教授"由此而得名。我一想，的确是个名副其实的"破烂教授"，年年捡破烂，修破烂。

我教的学生没有一个不留恋我的。姓董的（山东轻工美术学校）他们不想干了。我给他们讲了 19 天课，同杨戈一起。

百花齐放是表面的，一到具体情况就成了一花独放了。我们前一班，当时李骐（教师）是支部书记，竟然拿不出一把工具给同学看。没办法，我又出来擦屁股了。

我这个"破烂教授"，不如说是"修破烂教授"，"擦屁股教授"。我们的教学一贯到底的思想是培养创作能力，有工艺修养。搞科学没有科学头脑不行，只能头疼医头，脚疼医脚，找不到方向，找不到明天。

我们若是搞音乐的，光拉小提琴不行，不要忘了大的东西。我们应该懂得写剧本，懂得导演。即便我们不能当导演，那也应该有能力辅助导演把戏演好。

我相信同学们的才能在今后一定会发挥出来，就在不远的将来。同学现在对我有意见，不要紧。但我不管，我还要说。我讲的东西就是"虚"。现在我们的工作当中"空"的东西太多了，但我们不怕，工作就是斗争嘛！有些东西我们不能教你，只能靠你自己去融会贯通。我们现在只是给你各种养料。

我是很重视在纸上画效果图的，要考虑色彩。"纸上谈兵"完了之后，再落实到泥塑上。也不一定非要把徐悲鸿、李苦禅的画拿出来搞一个东西，我们自己不能设计吗？我们希望手工艺美术水平不仅仅停留在这个阶段上。难道我们高等学校出来的人能眼看着一个几十人的车间都在无聊地绣一幅简单的徐悲鸿的马吗？

我同"八级工"合作得很好，我能讲他的心里话，能发挥他的才能。好的"臭老九"是什么？就是懂得举一反三，一箭双雕。我很欣赏"孔老二"的教学方法。

1980-04

创作题材不要怕重复，主要是要表现你所想到的。

"创造工程学"，如何而来的呢？它指出为什么有的人在校外成绩好，但到大学就不行了；有的人在学校好，一出校门就不行了。据说高更因生活苦还画过明信片。有许多人只去研究爱因斯坦的相对论，而不去研究爱因斯坦是如何成为"爱因斯坦"的。

要多路思考、对立思考、独立思考，如 123、231、321。很平凡的东西用深入的研究态度去研究。很重要的东西用平凡的态度去研究它，如牛顿和苹果的故事。一个简单的车轮，放下来就成了体育馆的圆形顶，构成是一样的，是平凡当中的不平凡。美术上就有个"平凡派"。而不平凡的东西要用平凡的眼光去"看"它。

要通过数量去提高质量。《血衣》画到死，没有必要，反正我不可到死都画一张画。

至于"多能一专"与"一专多能"的问题（图84），多能一专和一专多能相比，我以为多能一专比较妥当，顺序的变化表示了一种教育思想。

一专多能　　多能一专
图84

想问题不要钻牛角尖！其次不要空想，不要脱离实际。

为什么去宜兴？
1. 我们之间比较了解，工作可能顺利一点，条件也好。
2. 宜兴烧大产品比别的瓷区都更有把握。
3. 宜兴的花色品种多，可以多方面进行锻炼。
4. 利用宜兴，改变宜兴。我们是让英雄有用武之地。

技术容易，艺术难，我们的王牌就是艺术。

图85—图86.《郗海飞笔记》抄件

图85　　　　　　　　　　图86

中国工业美术协会筹委会正式成立会议纪要

佚名 编

中国工业美术协会筹委会第一次会议，由轻工业部负责召集，于1979年8月28日在北京举行，会期两天。会议由李建民同志主持，张仃同志作了报告。轻工业部谢鑫鹤副部长出席会议，并做了讲话。

中国工业美术协会的筹建工作，是根据国务院领导同志的布置进行的。去年11月，出席四机部"全国收音机专业会议"的美术设计人员，提出为了使我国工业美术事业得到更快发展，倡议成立"中国工业美术协会"，并给中央领导写信。李先念副主席看了这份倡议信，批示同意，并请方毅同志研究办理。方毅副总理据此召集国务院有关部委负责人开会研究。经到会同志讨论，方毅副总理在最后总结中，确定这个组织由轻工业部牵头，有关部委参加，以中央工艺美院为基础，在全国科协领导下工作。

根据方毅副总理的布置，轻工业部在今年2月7日，邀请了国务院有关部委及其所属单位的有关领导同志和专业人员，开了预备会议。会上商定由到会各部委推荐专业人员和热心并熟悉这一专业的领导干部，共同组成筹备委员会，领导这个组织的筹建工作，开始活动。

8月4日，"全国科协"批准成立中国工业美术协会。据此，轻工业部即于8月28日召集有关部委推荐的成员开会。出席这次会议的除轻工业部外，有国家建委、一机部、纺织部、广播电视工业总局、外贸部、商业部、文化部、国家出版事业管理总局以及中央工艺美术学院等。

会议开始，由谢鑫鹤副部长宣布"中国工业美术协会"正式成立，并宣布由中央工艺美术学院院长张仃同志担任"筹委会"主任委员，李建民、罗扬实、庞薰琹、雷圭元、郑可同志为副主任委员，共同负责"筹委会"的工作。

谢鑫鹤同志在讲话中讲到，轻工业部党组对国务院领导同志布置由轻工业部牵头的工作很重视，党组做过几次慎重研究。考虑到这个协会所包括的行业相当广，几乎涉及所有工业产品，所跨部门甚多，工作究竟怎样搞，要很好摸索前进。现在先把"筹委会"建立起来，一步一步扎扎实实地工作，搞出实际成果来。

张仃同志在就协会的范围、任务、组织形式和筹委会的工作报告中提出了如下意见：

由于工艺美术是现代科学技术、现代生产工艺与艺术两者高度结合的一门新兴学科，也可以说是一门边缘学科，而在我们国家更是一个新问题。关于协会的范围，经多方面征求意见，现在定为包括工业品造型美术设计，商品包装装潢和商业美术设计，建筑装饰和室内美术设计以及其他采用现代化技术的实用美术设计。

关于协会的基本任务和主要工作，基本意见是：根据我国新时期总任务的需求，团结广大工业美术设计及教学、研究人员。有关领导同志学习和运用马列主义、毛泽东思想，学习党的路线、方针、政策，开展学术研究，设计交流活动，其中包括搜集国内外情报资料，编辑出版刊物、图书，举办展览，组织评比，组织推荐专业人员参加有关部委委托的设计任务，组织工业美术理论研究，开展国际学术交流等，为我国工业美术事业出成果、出人才，为我国社会主义现代化建设作出贡献。

关于协会的组织形式。"工业美术"这一概念是对所有工业产品美术设计的概念提法，这个队伍的成员，分布在各种不同的具体行业和部门中从事各种不同特定对象的专业工作。因此，协会的活动需要考虑按行业的划分去组织，即需有行业性的组织形式。另一方面，各行各业的美术设计又有其共性，有其共同基础和共同规律，并且各行业之间是互相影响、互相渗透、互相配合的，而且经常性的交流活动，又主要是各自在当地组织进行。所以，这个协会，是既有行业性组织，又有地区性组织，是条块结合，两者并存。而大多数的活动将会由地方分会负责组织，在当地进行。

关于筹委会的工作任务。这个协会包括的行业众多，并且各自分布在全国各地，工作究竟怎样搞，抓什么，怎么抓，需要一个局部一个局部地搞，有了基层组织和基层工作的基础，取得一定经验，才可能搞起一个有成效的全国性的正式组织和工作机构。因此，建议目前筹委会一成立，就以这个组织形式，立即逐步展开前面提到的协会应该做的那些工作，加快实际工作的步伐，为本协会正式成立创造条件。

到会同志一致赞同谢鑫鹤副部长关于筹委会领导成员的提名，同意张仃同志的上述意见。

在两天的会议中，大家敞开思想，畅所欲言，各自联系本部门、本行业的实际情况，说明发展我国各族人民工业美术事业的重要性和迫切性。广播电视工业总局吕朗同志，介绍了去年全国收音机专业会议上，倡议成立我国"工业美术协会"的酝酿经过。他谈到，收音机之类的产品，既是实用品，人们同时又希望它是一件陈设品。但我国目前的外观设计，和国外相比，差距很大。当然，国内的设计也是有好有差。而设计人员（包括领导干部），往往弄不清其中道理何在，办法不多，或是在行政领导的范围内，很难迅速有效解决这一问题。因此十分支持专业人员组成的组织，开展各种渠道、各种方式的学习、交流活动，以提高我国工业品美术设计水平。

在发言中，许多同志深有体会地指出，对工业产品的一个好的美术设计过程，就是精神变物质的过程，创造物质财富的过程。一件产品，由于其美术设计和工艺的水平与状况的不同，产品的市场价格就大不一样。甚至使用同样的原材料，由于这一方面的因素，会决定其能否成为高档商品或低档商品。纺织部杨丹同志说，棉布在国外是按工艺和美术设计的好坏来决定其市场价格，而我国目前往往是按产品的重量计价，价格很低。所以他说，工业美术设计本身就是价值，就是财富，是工业产品质量的重要组成部分。

有些从事实用美术事业的老专家也在会上讲了话。庞薰琹同志在发言中谈到，最近相继搞起"工艺美术学会"和"工业美术协会"，前者以我国传统的民间工艺品为主，后者以现代工业产品为主，这是我国当前现实情况所决定的。他希望"工业美术协会"

能有适当的实验中心和试剂工厂，要搞出实际成绩来，不要纸上谈兵。雷圭元同志在发言中着重谈了目前工业设计人员的苦衷。他建议产品设计方案应直接与群众见面，由使用者直接鉴定，要"以销定产"；国家对被采用的优秀产品设计，对有成绩的设计人员，也应给予一定的精神和物质鼓励。郑可同志在发言中强调，要十分重视人才的培养，其中包括重视培养师资。

各部委的同志还列举大量事例，指出我国目前各类产品的外观和功能设计，存在许许多多的问题，说明成立"工业美术协会"，把从事这项工作的人员组织起来，重视对这支队伍的培养提高，是更快、更好发展我国工业美术事业的一个十分重要的环节，是一项迫在眉睫的工作。大家一致希望"筹委会"大刀阔斧地开展工作，大力加快前进的步伐。

最后由李建民同志对会议作了小结，肯定会议开得很成功。李建民同志在小结中谈到，我国"工业美术协会筹委会"的宣布成立，这作为我国在这条战线上的一个全国性组织，现在已开始了从无到有的历程，就这个意义而言，一个新的起点开始了。

现在，"筹委会"已经成立了，如何开展工作报告的设想也已经提出了，目前的问题是要继续解决组织落实和经费落实的问题。当前轻工业部领导同意先借调几个人来协会工作，先借支少量经费，并请各有关部委也考虑这个问题，给予支持。

在人员和经费适当解决后，打算先开始三项工作，一是开始收集、积累国内外情报资料，二是开始编印内部工作通讯，三是与有关方面协商，选择具备一定条件的行业和地区，筹建分支组织。

1979 年 9 月 4 日

中国工业美术协会筹委会

筹委会主任：
张仃（中央工艺美术学院院长）
筹委会副主任：
李建民（轻工业部办公厅负责人）、罗扬实（中央工艺美术学院党组书记）、庞薰琹（中央工艺美术学院）、雷圭元（中央工艺美术学院副院长）、郑可（中央工艺美术学院特种工艺系教授）
筹委会委员：
刘东岑（国家外贸部包装局副局长）、吕朗（四机部广播电视总局处长）、杨芸（国家建委建研究研究所主任工程师）、王嗣（国家纺织部棉纺处处长）、胡新（中国机械进出口公司处长）、何赐文（一机部汽车局处长）、荆国良（国家商业部日用工业局负责人）、红波（四机部北京无线电厂技术员）、张慈中（国家出版局编辑）、安靖（文化部艺术局美术处处长）、史敏之（轻工业部二轻局负责人）、贾安澜（轻工业部五金电器局顾问）、周刚（轻工业部塑化局负责人）、李康（女、轻工业部工艺美术公司副经理）、李鑫德（轻工业部科研公司副司长）、张则天（轻工业部一轻局）、陈叔亮（中央工艺美术学院副院长）、吴劳（中央工艺美术学院副院长）、梅健鹰（中央工艺美术学院陶瓷系负责人）、程尚仁（中央工艺美术学院染织系负责人）、奚小彭（中央工艺美术学院工业美术系负责人）、袁迈（中央工艺美术学院装潢美术系讲师）、叶慶华（中央工艺美术学院工业美术党支部书记）、潘昌侯（中央工艺美术学院工业美术系负责人）、安性存（女、中国轻工学会负责人）

中国工业设计协会编：《中国工业设计年鉴 2006》，北京，知识产权出版社，2006 年版，第 45—47 页

马心伯笔记

说明：

此篇据福州大学厦门工艺美术学院马心伯先生提供之现场听写手稿连缀整理。编校者在保证历史原貌的前提下，为便于进一步阅读，对个别词句做了适当调整。内文图片亦参照该手稿进行了电子勾绘。所有更动等，均由马先生最终核准。

记录：马心伯

编校：连冕、许昌伟、李亮

1979-11-07 晚

我们搞造型美术工作，因此我们就要重视形。如同音乐一样，你不懂得"声"，怎么能行呢？因而我们主要是解决"形"的问题。

但形式是没有感情的，并且是各种各样的，可一旦转变为"形象"（形态、形状），就有思想感情了。形象可以看到，看不到的部分就是形态。所谓"姿态"也是内在的，但有一部分可以看得到，有一部分却看不到，是内在的。所谓"去伪存真""去粗取精"，就要接触到这个问题。所以形态是理性的。

什么叫形状呢？形状同形象有所不同，思想性比较次要，例如不能讲"英雄的形状"就是这个道理。

图形、图像又是属于平面的。形有两种，自然形象（风景画）、人造形象，后者都是渊源于前者。为什么我们创造人造形象？因为需要。因而人们就把自然的树木锯成板，做成家具，把地里的土挖出来做成砖，盖成房子。人们通过归纳、提炼，把自然形象变为人造形象。

另外，装饰雕塑可以搞得更丰富一些，我们可以把毫不相干的东西放在一起，如"化剑为犁"。艺术不在于说明，而在于表现，不是说明书。寓意和象征同样也是我们民族的传统和思想形式。如喜鹊站在梅花上，称为"喜上眉梢"，"蝙蝠与龟"是富贵等。

1980-09

这次雕塑课是补课，浮雕在工艺美术中的应用比圆雕多，包括浮雕与圆雕结合的办法，浮雕与木刻结合的办法，这都是中国传统观念下的方法，即用刻、绘的方法。现在浮雕用刻的方法，将来圆雕可与浮雕结合起来。浮雕当绘画去做，"纳光""纳阴"去表现立体感。做高浮雕也是纳光、纳阴。这次补课，首先，上午用一半时间做低浮雕，尽可能做薄一些，一半时间做圆雕。下午我们要做老一辈革命家的浮雕像。

浮雕的三个基本作用：工艺装饰、室内装饰和建筑装饰。作为室内装饰的浮雕，应该把定位做得高一些，不然会太弱。建筑浮雕更应该做大效果。

浮雕为什么美？有三点。一是视觉美。二是材料美，比如追求某种质感，如青铜、木材、铁和石膏等各不相同的效果；也可以追求泥土自然的效果。三是工具创造出来的效果美，如刀法、笔法特别能体现在木雕上。

人物肖像方面，可以搞政治人物、科学家等，也可以画民间人物、历史人物、嫦娥奔月等。

同一种题材，用多种方法处理，实际上就是说：你自己对这个题材的独特感受。学院派不但美术学院有，我们也有。什么叫学院派？俗套、抹杀个性就是学院派。爱情、幸福、民主、自由、有哲理的东西，以及寓言和象征，都是雕塑独特的语言，其伟大就在于此。如罗丹的《思想者》、夏达尔《无产者的武器》，都是特别有感染力的雕塑。

浮雕分低浮雕、中浮雕和高浮雕三种。由于有低、中、高之分，这种形式的不同，就带来表现手法的不同。低浮雕更接近绘画，高浮雕更接近于圆雕手法。低浮雕的表现手法应以纳光、纳阴为主，如同绘画的明暗表现法，高浮雕则应从形、体积、结构去表现，同时也应有纳光、纳阴的处理手法。中浮雕则介于二者之间，一方面要纳光、纳阴表现形体，一方面应注意形象、体积和结构。

"按比例压缩"的提法，有不全面之处，似可理解为"有层次感的压缩"。这种层次感在于它不是按比例压缩的层次，而是可以通过纳光、纳阴的手法，表现出它的前后层次和体积感。

教学不改革不成，教学老化，老一套不行。现在世界上有许多是单独搞基础，但事实是，基础就是设计，设计就是基础。全国轻工部领导的研究所有 80 多个，大多是亏本。

我们要练习和掌握做很厚的浮雕。这次做老一辈革命家浮雕，直径 14cm、高 2cm。

第一练习，中浮雕，要看到整体形象中一块块的体积，要用纳光、纳阴的表现方法去做。

第二练习，高浮雕，1 寸厚，要看到整体形象，从体积上去表现，光是纳光、纳阴不行，纳光、纳阴只是一种表现手法。不看整体形象是不行的。

1981-05
郑可先生在宜兴紫砂厂讲授茶壶设计

评析教学法 : 有人设计茶壶，如图 1 所示，是个错误的设计。壶嘴和壶盖不在一水平线上，倒茶时，水会从盖中流出。

改正设计，如图 2 所示。1. 使嘴和盖在同一水平线上；2. 使 AE 和 ED 形成连线；3. ∠A、∠B、∠C、∠D 都

图1　　　　图2

是尖角，相互呼应，大壶把要三个指头能放下，小壶也要一个指头能放下。

另外，红卫厂装配式生产方法的推广，因该厂生产任务忙而中止，新产品的设计可能与厂里现阶段任务相互冲突。

茶壶设计 : 设计茶壶为了什么？当然为了好看（首先为了用）。所谓"新"，也就是要使人接受得了，然后才会有人来订货。好看可以是多样的，朴素和富丽是对立的，但富丽堂皇和朴素大方都是好看的，苏州妇女头巾和小裙也是美的。同样，丰满也是好看的。高档品可用金，但金太贵，可用不锈钢或镀铜。手表放在一堆破烂上，更能突出手表的好看。我们要学会用空虚来衬托丰满（即对比、衬托的方法）。在座的同志都是造型艺术工作者，所以大家要知道什么是"形"，好像音乐作者知道声音一样。

科学工作者和艺术工作者不同，前者对看不见的东西还要追下去，追到分子、原子、质子、中子、基本粒子……而后者的基本粒子是"点"。但点是没有思想感情的，形象（无动作）、形态（有动作）则是有的。这里还要注意，涉及立体的或平面的东西时都能用"形"这个字，但"型"字只能用于立体的东西，如模型。点动成线，上下移动为垂直线，左右动则为水平线，这"线"就有感情。水平线指平淡、风平浪静，还有从容、安静、睡觉，甚至死亡之意，总之都是"静"。垂直线指崇高、挺拔。斜线表现"倒"。弧线、曲线，一个仰、一个俯组成曲线。如图 3，弧线有的丰满、有的空虚。它们的基本形是点，没有点就没有一切。

图3

设计茶壶是利用"线"拼起来得到方、圆和三角。造型的基本元素是点、线、面和立体。"形"的根本是线。线又分两种，一种是看得到、摸得到的，另一种是看不见、摸不着的。设计茶壶时，两种线都要用。第二种线

有视线、生命线、三八线等，以及看不见的"边线"（轮廓线，图4），都是空虚的形象，如果涂上红色就是红的形象，是实的形象，所以只要有边线就能得到一个形象，"同""田""贯""日""甲""申""壬"这些字，都是用边线来形容形象，边线一确定，就可以知道是什么。线有连线、联线、方向线，从线得到动势、动态。参考"箭头"（图5）的功能，可考虑茶壶盖的线条，进行尖、体、形、动态等的表现（图6），可以是很生动的。

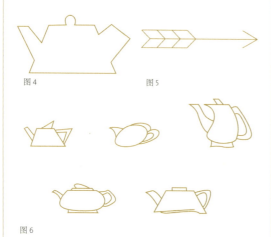

图4　　　　　　　　　　图5

图6

另外，要注意应用新的科学技术，包括新的外形设计、新工艺的外形设计，以及新的装饰手法的外形设计。新的是一方面，旧的是另一方面。我们还可以说，旧加旧得到新，新加旧得到新，新加新得到新，旧加新得到新，半旧加半新也可以得到新。

我们利用这次机会是希望培养人才，所以要多搞浮雕，培养浮雕人才、装饰人才。但这不可能立竿见影。我们现在和厂里有矛盾，更多的工作是为明天，要长远考虑，比如培养人才。

讲回来，弧线、直线怎样为设计茶壶服务？茶壶矮身的、高身的，形成了不同的性格，比如我们可以看看汉字的"田""同""贯""日"等。"田"的"性格"像图7，都是直线，所以调和；我们再想想"日"的"性格"，"皿"的"性格"如图8，"贯"的"性格"如图9等。壶身若是圆弧线的，则嘴、盖、把都应是圆弧线，这样才调和，如图10。我们还要学会以大见小、以小见大、以胖见瘦、和以朴素衬托富丽。另外，壶把和壶身连接处要很好地

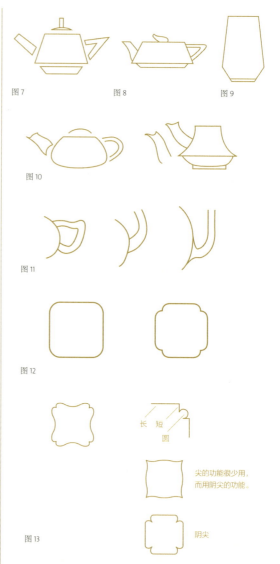

图7　　　　　　　　图8　　　　　　　　图9

图10

图11

图12

长　短

圆

尖的功能很少用，而用阴尖的功能。

阴尖

图13

研究，如图11立点减缩，截去了，不好看了。

另外，紫砂工艺的传统是精雕细作，是圆是方，要细致入微地推敲。如方的地方处理出四个圆角或者二个圆角（图12），进行圆、方结合（图13）。

轮廓形象在设计茶壶上十分重要，没有轮廓就没有形，手摸得到的还是轮廓线。做大雕刻的小稿时要想到大的，琢磨是大的1/3好，还是1/5好？同时还要画平面图，再用泥做立体形。我们画草图不用丁字尺，而用手画。画

原大的图（形象稿）时，心里要有腹稿，在具体制作时要进行推敲。我们可以画成机械图那样，不必浪费时间画剖面图。立体稿是给自己看的，看到立体稿可以对腹稿进行重新评估。

怎样推敲？首先注意轮廓线，注意动线（从大到小）。如图14，动线看得到，虚线看不到，但却是主动线。主动线得到主动势，如图15。壶纽的部分也要服从动势，盖可以凹进去，如图16。

依据线、外形可以区分出圆器、琢器（方、六角和八角）和塑器（异形，即竹根、树根等雕塑形）。装饰上可以使用"质理"与"浮雕"（花卉、动物、纹样）的手法。色彩则使用加彩。

"外形设计"还包括连线（图17）、联线（图18）和呼应三种。

高身壶一般用长纽，壶身花纹要和长纽呼应。而用水果、

蔬菜、花、动物、人物来启发我们制成各种新的壶，再用竹根做提梁，还可以与不锈钢、铜、陶、瓷结合，并利用加彩等多种思考，可得到许多新品种。

紫砂壶磨光的办法：先用湿布磨，第二遍用嫩牛皮（肚子下面，用开水泡软）打光，第三遍用牛角片，注意加水（水必须是清水，自来水必须放一段时间，因水中的氯腐蚀牛角片。牛角片用年轻牛角最好，用完后擦干放置）。水要勤换，防止牛角片长霉变毛。用牛角片擦一次泥，再擦一次湿布，将泥擦干净。不能用笔在磨光的泥上刷水（否则会将细泥擦去，留剩下细沙），只能用水喷，喷的水不能往下流，要放到湿缸里闷一下。

牛角片的加工法：将角片放桌上，用直的玻璃片从外向身里刮，这样处理的角片很光，而且越到尖时越薄（注意不能用砂纸打）。这样一般可做出两种工具，一种是平头的，光壶身；一种是斜的，仅在小的转折处用，两种头都很薄。

茶壶的设计还要讲究"度"。做什么茶壶最好看？如图19，底可考虑多高，用什么形式？不同的形式产生不同的效果。

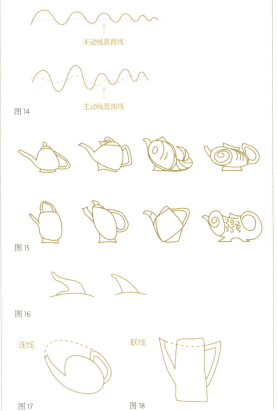

图14

主动线是直线

主动线是曲线

图15

图16

连线　　　　联线

图17　　　　图18

图19

美术工作者讲求质理，质理是没有颜色的装饰。如图20，这些质理可以是毛糙的，可以是光滑的，可以有内容，也可以没内容。紫砂茶壶要利用质理来处理，这一点十分重要。物体之美既体现于质理又体现在色彩上。从质理考虑，就是如何整体设计茶壶，如图21。

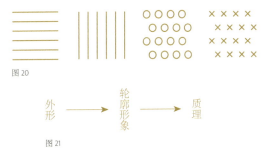

图20

外形　→　轮廓形象　→　质理

图21

另外，我们美术工作者最主要的研究问题还要属轮廓形象，正如在生活中，远远辨识一个人要看轮廓形象一样。所以，茶壶设计包括外轮廓形象、质理（内装饰）和色彩。

接着是主题，多思考什么叫主题，怎样吸收营养，怎样造型，怎样推敲。我们要重视器型的设计，要重视动物造型。有人一做马就是唐马，事实上马有多种，包括体积感的马、枝条感的马等。

茶壶设计要离开传统形象，灵感可以有下面几个来源：1. 我们周围所看到的东西，即生活当中来——物象化，例如：香蕉、苹果、月亮、蒜头、葱头、莲子、菠萝、鸡、象……都可以作为我们设计的参考；2. 拟物化；3. 拟人化。

茶壶的设计原则是功能，因而要注重以下四点，包括壶嘴形状、大小、位置的变化；壶把形状、位置、宽窄、厚薄的变化，连接方法的变化；壶身（包括壶脚）形状、大小的变化；壶盖形状的变化。

壶嘴的粗细及其线的方向，包括整体线条的贯穿，这与空白地方有关系。中国画也常以多留空白的处理方法突出主题，这种空间运用是有学问的。线的方向常常把人的感情带动起来，利用线的感情要恰当。

关于雕塑创作有几个问题。有的人创作目的不明确，有的人一谈创作就讲思想性，这是应该的，但如何表达出来值得深思。有的人一谈创作就讲罗丹、米开朗基罗，实际并不理解。

我们搞雕塑，一方面要夸张。怎样叫夸张？如果都夸张就无所谓夸张，要认真推敲。另一方面还要活泼。我们一搞创作就苦恼了，太认真了，搞不出来，缺乏活泼，各种题材都可以搞，大小都可以，甚至包括农业方面的许多东西。

我们搞砖雕，首先要命题。有人认为新题材的东西外国人不要，便从传统中去抄袭，强调所谓的民族风格，天天做"福、禄、寿"，但如果我们一搞就是毕加索，一搞就是光屁股行吗？马、牛、羊、鸡、犬、猪六畜，农、林、牧、副、渔，外国人要不要呢？只要我们搞得好，外国人照样要。

1981-05-30

郑可先生在安徽省"轻工装潢美术协会"学术研讨会上的讲话

我想把自己多年在工艺美术工作中接触到的一些问题提出来和大家共同讨论。

工艺美术从历史角度看，主要是个体生产，例如彩陶的成型、装饰和烧成都是自己干的。而后从个体生产发展到集体生产，从小生产过渡到大生产。

工艺美术包含的范围很广，其实质就是劳动密集。我们应当努力发展成智力密集、技术密集。一种思想强调劳动密集，一种思想强调技术密集，二者各有其局限性。我认为应当结合起来，但更要重视技术密集，把手工业提高。我国人口众多，如能充分利用手工业，就可以更好地为"四化"服务，为提高人民生活水平服务。

产业革命后，新技术、新工艺不断发展，因此，我们只停留在劳动密集是不够的。包豪斯学派从德国开始影响整个世界，钢管家具、构件建筑等，就是他们最先搞起来的。但我们存在一种越繁琐的东西就是越好的片面观点，我们要搞价廉物美的东西，就必须与科学技术结合。因此，我们要应用科学，向包豪斯的思想学习。

工艺美术工作者的任务是什么？目前科学一直在发展，机械化生产扩大，全世界农业人口逐步减少，有的国家只有几十分之一。随着电脑、机械手的发展，工人也会逐步减少。这两种人口减少了，劳动力要向何处去呢？许多是到服务业中去。服务业发展，相应地工艺美术就要发展。产品包装是工艺美术工作者干不完的事情，不光是包装，产品本身也要好、要美化。这样，工艺美术就有广阔的天地。如果产品本身不好，包装再好也没有用。反之，产品好，包装不好也不行。包装应考虑包装材料、体积、方法，以及便于运输、适应购买者的需求。

美院毕业的绝大部分学生分到工艺美术行业，到工艺美术研究所，或工艺美术学校，或工艺美术工厂搞设计等。现在中央美院也搞起工艺专业来了，鲁美也开始合并绘画专业，扩大工艺美术专业。广州美院也逐步扩大工业美术专业，这里的工艺美术可称为"小建筑"，工业美术可称为"大建筑"。至于工艺美术的队伍问题，现在有个协会，我们可以互相研究。

最后谈谈陶瓷。这是一个大产业，光湖南就有一千多间陶瓷厂，广东也是这样。那么培养人才就成了一个非常重要的问题。培养人才是为了解决明天的问题。但今天又该怎么办呢？包装装潢也是这样，那么今天的问题怎么办呢？那么装潢的材料又该如何改进呢？

1981-05-31

今天我本着"百花齐放"的精神讲出自己的看法。第一是造型问题，第二是培养人才问题。

首先讲"形"和"型"。"形"，包括立体与平面，"型"则单是立体。"形"是没有思想感情的、没有内容的，加上内容就是"形象"。形态是有动作的，形象没有动作，我们睁开眼睛就看到了各种各样的"形"和"形象"。

造型艺术 —— 空间艺术（不动的）
时间艺术（动的）

图22

从上图（图22）所见，我搞的造型艺术，无论是立体还是平面，都是空间艺术。空间艺术是不动的。在空间里放上时间的东西，就可以使不动的东西动起来。利用艺术手法、线条，将时间的东西放在空间上使它动，即成所谓"栩栩如生"。怎样放"动的东西"即"时间的东西"上去呢？也就是"零件讲话"。要使零件讲话，就要把千千万万的东西分析一下，物质可以"粉碎"到分子、中子、基本粒子，但艺术家把东西"粉碎"的办法则是把它缩小成为一个"点"，但"点"不能为创作服务，要把点排列起来，得到一条线。

直线 —— 垂直线 —— 雄、气昂
水平线 —— 安定、静止、死亡
斜线

图23

而线又分为直线（图23）、斜线（图24）。近垂直线是垂直线的感情，近水平线是水平线的感情。另外，向心的线也被常常利用，如茶壶设计中即可以借助。放射的线条不能和其他线条相抵触，要相互调和又相互不抵触，要放得开，如初起的太阳光芒四射，而底下的地方也要

图24

和上边的线调和在一起，不过这些线条的意义总之是要加强，决不能削弱。

两条线可以得到"尖"，如图25。"尖"有方向、动向及功能。比如"箭头"的功能就是世界性的，我们在设计时要充分利用它。我们说箭头的方向所指之处，也就是线的感情区域，只是也有一定的限度。我们利用空间处理表现，而线的感情的方向上的空白就是发生作用的地方——它有生命力，正如音乐中的"无声胜有声"一样。

"线"更可以组合成3个基本形：圆、方、三角。如图26。

图25

图26

其中方形的构图则代表了公正、稳重。圆无论如何摆都是圆，方还可以摆成图27，三角形还可以摆成图28。图29不稳，图30却稳如泰山，我们创作中就经常利用这种"尖"，利用其"不稳"。

图27

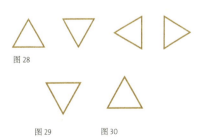

图28

图29　图30

另外，请大家注意创作中如何应用弧线。弧线具有动感、动态、动势和动向。任何形象都是由不同的体组成。加上"主动线"（主动线是看不到的）和"主动势"，它就可以动起来了。零件讲话，利用长短、大小、向线、连线、"尖"等（"针锋相对"，就是利用"尖"）。

而"点"的不同排列，可以得到两种情况，一种是直线，一种是弧线（图31）。直线有直线的感情，弧线也有弧线的感情。日常也常见这种例子，如皮球胆打满了气，逐渐成为圆而饱满的形象，气越足越接近圆形。一旦超越过去，便成为椭圆，最后弧线变成两条直线。

图31

弧线具有丰满的感情，美术工作者常将这一特点运用到创作中，如猪之肥胖便用弧线来表现。弧线在日常中也可以不时见到，如波浪、地的起伏、山峰的连接绵延。水线就是由弧线组成。当没有风时，波浪的弧线最后还可能变成水平的直线。可见直线和弧线之间也有着非常紧密的联系。不过，弧线的运用也不能过多，要适当，要恰到好处，还要考虑生产过程的要求，这是搞工艺的不能忘记的一条。无论怎样的线条都要根据创作实际来经验，不可随便乱用，要有目的、有根据地组合。

弧线有背对背的弧线，有面对面的弧线，如图32。两条面对面弧线组成一个面。四条直线便组成一个方形的面。可以得出一个结论：不同的线的不同的组合，可以得到不同的面。由面可以组合成"体"。总的看来，点、线、面、体，无论立体造型还是平面造型，就靠点、线、面、体完成——"体"靠"线"和"面"组成，"面"靠"线"组成。"线"是造型的基础，可分为眼睛看得到的线和看不到的线。我们的创作主要是靠"线"，主要是研究"线"（图33）。往往看不到的比看得到的更重要。

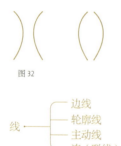

图32

线 — 边线
— 轮廓线
— 主动线
— 连（联线）

图33

图34

另外，正如音乐不是自然声音的重复那样，我们反对"自然主义"，要学会从思想感情层面去表现对象。那么，不同的"线"就有不同的思想感情（图34）。

1981-06-01 上午

创作时间短的素描叫速写，相反，创作时间长的速写叫素描。快与慢不是科学划分，而是相比较而言。有人说素描是一切造型艺术的基础，这句话是对的，但画好素描不一定就能搞好立体造型。画模特儿就能搞好器皿造型吗？因此，上面这句话又是不全面的。

作为工艺美术工作者应当怎样对待素描？搞纯美术的与搞工艺美术的，都要画素描。我们从来没有在教室里画一头牛、一只鸡，只是画人，结果不能画牛、画鸡。这样的素描训练是不全面的，画模特儿只是"依样画葫芦"。好的训练是既能画人物，又要能画动植物。

画素描是不是只需照顾浓淡、明暗和阴影呢？有的人离开模特儿就不会画画了，这是我们要思考的。素描只是表现形象的一个手法，然而目前，不少人认为素描是正统的，速写是多余的。一张素描可以画上六七十个小时，有的画一只眼睛就要花两天时间，这样本来活的也画死了。

速写是用很短的时间抓住对象，且题材广泛，可以什么都画。我们一开始就要画速写，运动的东西，要学会默画形象的动态，这才是真正的造型基础。同时，以数量求质量，练好线条。素描不论画多长时间，都离不开线条，没有线条就没有形象。而画素描时间也不宜长，最长不应超过半天，且尽可能缩短。素描的含义就是素的形象。我认为中国画的白描就是"素描的素描"，中国画的线描是中国画的灵魂。并非只有苏联那套才是素描，才叫造型艺术的。

至于创作练习，就是通过命题而非模特儿把形象画出来，把思想感情表达出来。基础课与创作课要分开来，低年级可能创作不好，没关系，只要多练习，就能搞好。

培养人才的过程中也遇到了一些问题，比如工艺美术的"素描"是不是应当和绘画、油画一样；工艺美术为什么要画素描，目的是什么；用油画的方法去搞工艺美术素描是不是适合；我们的图案是不是适应现在的需要等。在我看来，图案课应改为创作练习，旨在锻炼同学的大脑，提升独立思考、多路思考的能力，以及对"形"的感知力。

总之，要注重人才艺术修养、创作才能方面的培养，然后才是具体的立体造型的训练，包括圆雕、浮雕的训练。

艺术工作者要"多能一专"，我们不仅要搞室内的，还要搞室外的装饰，即与建筑、广场等的结合。工艺美术也即是"工艺"加"美术"，专搞工艺不是工艺美术，二者结合才是工艺美术。它是一种综合性的艺术，具备科学与美术两只翅膀，科学是基础，美术是主导。

回到"素描"上，顾名思义，"素"是因其简单的工具、方法而言，"描"是描绘之意（不一定是明暗、高光、三度空间的画法，还有单勾线等）。素描训练我们的眼、手和心。要眼到、手到、心到。

"学院派"素描是对生命的浪费，要求"准"和"像"，为了表现细节，不管"整体"（生活的、艺术的、形象的），不管"感情""性格"。而西北的剪纸，技术上很粗糙，但艺术上很精致，因此艺术不等于技术，艺术是生活的结晶。

艺术修养是糖葫芦的竹轴，没有这根轴，就不成其为一串糖葫芦了。而图案等于文章，其中有修辞、有文法，但修辞学、文法不等于文章，所以形式法则、图样，不等于图案。图案课的主要任务应该是培养同学的大脑，由手到脑。有了艺术修养和图案的功底，才能够在创作上得心应手。

日常生活中看到的事物，应该引起我们丰富的联想。把这些事物画下来，应该要想到将来如何运用。人们在创作中都会有许多思想顾虑，想到它们就被束缚着，这些就叫作"框框"。俗话说不以规矩，不能成方圆，教学就教授框框，科学的框框，包括定理、公式……玻璃画利用金属框框，工艺美术要利用材料、工艺的限制（也就是框框）来进行创作。词的格律也是框框，文法对小学生作文就是框框。国画的"六法""十八描"也都是。框框来自前人，也来自自己，学院却在教育中把框框固定化，因此变成了束缚人的东西。毕加索总是由一个框框跳到另一个框框，因此永远变法、创新。关在自己框框中陶醉是不成的。

做先生的人就是要把框框教给学生，但重要的是教给学生如何运用框框。框框是死的，要用活。要进入框框，又要走出框框，否则就要框死人了。

在科学上，学生没有先生强，因为没有足够的科学框框，不能成为科学家；但在艺术上，学生往往比先生强，因为学生在艺术上框框少；要活用框框，才能有新的创造。人人都用的我不用，我用的又是人人能够理解和接受的。不可人云亦云，人人用的我也用，人不用的我不敢用，这就不会有新的创造，就出不了框框，出不了"格"。框框是客观存在的，但是要有心人去发现。毕加索不仅在形式法则上找到新的东西，在哲学上、科学上都吸取了新的东西，有的来自马蒂斯，有的来自塞尚，有的来自立体派，他把几种不同的框框结合起来，得出新的框框。框框应该是不断发展的，旧的框框被新的框框所代替。

先要有法（框框）而后无法（突破框框）乃为至法（新的框框，自我的方法）。思想、眼睛、手三个框框紧紧相依。风格对一个作家来说很重要，但是一成不变的风格是不好的，风格也要变化、发展。框框不怕变多，但需要正确运用。有的文学家，因为条条太多而不敢创作，作茧自缚。有自觉的、有不自觉的框框，不自觉的框框比自觉的框框更可怕。齐白石说："学我者生，似我者死。"艺术作品贵在创造，不拘一格。

同学们之间，不同的人有不同的特点和才能，巧有巧才，笨有笨才，快有快才，慢有慢才，要发挥自己的才能，要自己教自己，自己具备的才能要发挥它、保留它。要了解自己，不断摸索自己教自己的教学经验，培养自己的先生，才是最好的先生，帮助我们自学、自己钻研，自己修养，建立自己的风格、知识、艺术体系。随时自我检查，自我批评，自我鉴定，只有了解自己，才能去做事、提高和创造，才了解别人，才能知道学习什么、保留什么、舍去什么，才不会执迷不悟，自高自大。学得好意味着使优点更多、更大，而不是学了东西把自己原有的优点丢了，把特点抵消了。

"正襟危坐、斋戒沐浴"，描述了一个正正规规、四平八稳的人的生活情景。艺术家在创作时、甚至在生活时也不能这样。以情作画，真挚生活，不受任何陈规框框所束缚。要眼到心到，不是看到什么就画什么，要思索，要充满感情，艺术作品决不等于照片。要使眼睛一只长在脸上，一只长在心里。夸张和丑化决不同，夸张是可爱！才能与知识的火花、灵感的光一样，是蕴藏着的，它不时流露出来，要敏感，要发现和觉察。

关于图案

图案这个名词是从日本传入中国的，人们对图案的认识仅限于花纹，而图案事实是指设计图。我认为现在说的图案只是一种艺术手法，所谓"图案化"就是指将自然界的形象进行了一些符合于图案规律的变化。常说"图案化""写生变化"，如京剧的动作、舞蹈的姿势，都可以看作是经过一定的变形、提炼和概括，都是符合图案的规律。再如诗词的格律、印章的结构均是，而音乐、舞蹈、诗词、对联，都讲究均衡、同异等法则，实际就是所谓的"二方连续""四方连续"，是艺术与技术的结合。

创作必须有三个阶段，构思、构图和构造。构思等于剧本，是创作中最重要的部分，没有它，谈不上构图、构造。正如图35，构思应有吸引人的磁力，扣人心弦，给人以难忘的印象。构图属于技术问题，可以说是演出时对于舞台空间的处理，而演出技巧的构造则是技术问题。还可以说构思（思想）、构图（语言）和构成（手法）应该高于生活。

图35

创作与设计的区别

设计也是创作的一种，创作是一个人直接搞出来的一件东西。设计的东西是"假"的，只有通过许多人的劳动，才产生"真"的东西。如建筑图纸（不能住人），需要通过工人的劳动才有楼房，才能住人。

模具知识：硬模具、软模具、金属模具、非金属模具。
非模具：直接雕刻、控雕、贴雕。

从艺术处理到创作完成：图36。
教育规范与程序示意图（初稿）：图37。

1981-06-01 下午
在安徽省博物馆的讲话

前天来在这里的仓库看到许多宝贝，今天就讲讲陶瓷如何"古为今用"的问题。

中国的外文发音是所谓的"支那"，即"瓷器"，可能因为中国出瓷器，所以外国人叫中国是"支那"。外国人通过丝绸之路学习陶瓷，中国从丝绸之路出口陶瓷。青花是从现在的伊斯兰地区来到中国的，中国本土又是从没

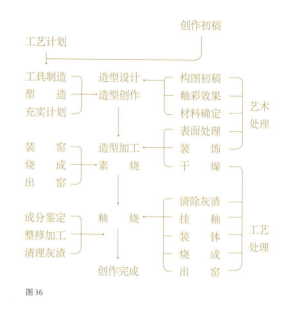

图36

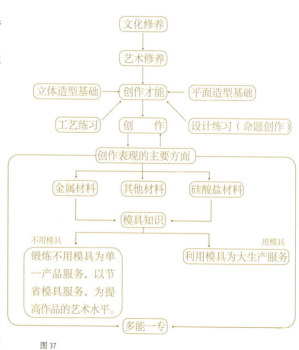

图37

有颜色的陶瓷变到有蓝颜色的陶瓷。中国从陶到瓷，从无颜色到有颜色可能用了很长的时间。早期烧造温度不很高，后来从低温到高温，从黄泥到高岭土。由于人类掌握温度技术逐步提高，加之找到了白的瓷土，所以便从陶转变为瓷。由于没有颜色，中国人就以浮雕、透花、刻花、黑白花等手法进行装饰。当时有的直接在上面刻，有的用木模做印花，后来过渡到陶模。中国宋瓷以前，虽然没有颜色，但达到了相当的高峰，最后宋瓷到达某种顶点。徐悲鸿先生说过，宋瓷是中国艺术的最高峰，超过绘画。"瓷"是"次瓦"，于是有人认为应当用"磁"字。我搞低浮雕的理论，其来源就是宋瓷。宋瓷有雕、有刻。"雕"有高、有宽、有深，是三元的；"刻"就是刻线，叫"刻花"，有高、宽，而深度不限，是二元的。所以西洋叫"雕塑"，中国叫"雕刻"（线刻），是有道理的。"雕"只有减，"塑"有加、有减。我们与西洋雕塑不同的地方表现最突出的就是宋瓷。明青花的颜色是很好的，清朝外来的东西多，其中就有珐琅。将珐琅与青花"结合"，成了景泰蓝。清朝以后就墨守成规。现在我们应当创造更多的装饰手法。下面谈陶瓷美术设计。

陶瓷大致可以分为两类：一是大生产的，一是单一生产的。大生产是用石膏模注浆。美术陶瓷与陈设陶瓷可分为一类，再是日用陶瓷。工业陶瓷素烧、釉彩、花釉、窑变是最近十几年内发展起来的，我们应当利用现有的新技术再加以推进、发展。

玻璃瓦和唐三彩是可以向大陶瓷方向发展的，与建筑结合，或使用在假山、大影壁、窗花、喷水池等处。紫砂还可以加彩，发展成日用陶瓷、美术陶瓷和旅游纪念品，甚至可以搞首饰陶瓷。石湾做一个"小船"就卖 50 元，原料省，窑位小，成本还低。博物馆可以搞仿古，作为副产品。另外，可以培养一批有水平的翻石膏技术工人，翻制一批东西。一轻厅有三万多家工厂，如能互相协作，就可以把新技术用到工艺美术方面来。这样几年工夫就可以搞得很好，新产品、新工艺就会出来。至于徽州墨则可以进一步提高，铁画也需要再提高，可以与建筑结合，为建筑服务。

希望博物馆多介绍这些方面的资料，以便古为今用。目前据我所知，山东淄博的印花纸就搞得很好。听说大陆的陶瓷出口量只有 1 亿多，不及日本，连台湾地区的陶瓷出口量也不比我们差多少。大概是因为我们现在都墨守成规，没有很好地学习传统东西，不懂得古为今用。

目前贴花纸很多，但贴花纸是低档货，还有丝网印。我们设计的纹样水平不高，光会拼命往上堆花纹，结果还是低档货。用手画的东西本来是高档货，结果也变成低档货。外贸要求自己跟日本走，这是对自己估计不足，中国的陶瓷技术并不比外国人差。宋瓷没有颜色的，就可以成为一个品种。目前国内著名的还有宜兴青瓷厂和龙泉青瓷厂，后者比较保守，青纹是用石膏模做的，使用久了花纹模糊，而宜兴目前就是向传统学习，反倒可以出新效果。彩绘如果训练一批拿笔杆子的，画得好是可以的。而宁国陶瓷厂，紫砂贮藏量非常丰富，又有好手，做出来的东西并不比宜兴差，相信不久就会在市场上出现。

陶瓷占领市场的就是餐具，但人家要无铅釉，光"陶"又是不行的。铅釉有毒，所以，紫砂厂又研究出无铅釉了。

宁国县委副书记（简介陶瓷厂情况）：赖部长指示说，这个厂先搞仿古后创新，现在已经搞了三四年。万里书记在任时，对这个厂很重视，目前还在试验阶段，基本上是手工的，花盆是压坯的，机械很少。茶壶两天做一个。浙美、陶院有两个毕业生在这里工作。原材料方便，这是有利条件，但技术力量薄弱，搞了三年，还没有就绪，大批量生产尚有困难，成品率 80%（四孔窑），一开始的时候只有 50% 多。

郑先生：能有 50% 就不错了。一天一夜烧成 1011 件产品，现在工人 40 多人。若每天只能生产 200 件左右，窑是吃不饱的。科委要求 85% 以上成品率是不实际的，我们只能在造型上帮助你们。

县委副书记：我们有一定的基础了。

郑先生：师傅要带徒弟，培养人才是最重要的。宜兴外加工比内加工多好几倍，但这只有在本厂有了技术力量之后才能逐步办到。第一，80% 就很好了，只怕达不到，就是 70% 都不会亏本。第二，现有五个民间艺人，每人两天做一个，每月 75 个，搞它三个月，生产一批，到香港展览，接受订货。第三，一个师傅带 10 个徒弟，培养 50 个徒弟，半年时间，就有了接受订货的技术力量。

县委副书记：中档的已接受订货了，高档的还不敢拿出去。

郑先生：要把人力物力用到刀口上。要先"土法上马"，不要"洋法上马"。这里的劳动力可能比宜兴便宜，先低工资，有订货再提薪。车间合在一起搞会好些，可以节省很多，关键在于一个有专业心的、懂行的领导，有的领导只看今天不看明天，这不是好领导，再有就是"多一事不如少一事"的思想。装窑是很重要的，充分利用空间。这个关要过好，这是个麻烦事，我最欣赏宜兴的装窑，四个人配合得很好。

1981-06-04
在宁国县陶瓷厂的讲话
我这次来不是来讲课而是来学习，因为这里的陶瓷历史很长。而我今天考虑谈谈三个问题。

第一，我的感想。我很早听说这个厂好，省领导同志很重视。今天一看，确实是我想象不到的，把我以前的看法改变过来了。这个厂在原料方面是全国最好的。其次，规模之大也是想象不到的。其三，厂里的设备品种之多也是想象不到的。其四，这里有一些人才，有些年轻人生气勃勃，各种人才都有，领导同志也有多年的经验。这里的厂房之好，是我所走过的瓷厂所没有的，高大、光亮、清洁。宜兴的厂房比你们差多了，你们的工作条件好。这样大的礼堂宜兴也是没有的。你们在生活方面，有这样好的托儿所，甚是幸福。彭城的地方污染很厉害，水泥厂每天据说夸张到"有三万吨左右的粉尘飞散空中"，相比之下，这里是天堂。如能发动群众把环境搞好，就是一个花园，是人间的乐园。有托儿所，是否有小学？这里所有的条件都是很好的。原来听说这个厂没搞好，要投资很多，等等，今天来，我感到这里如一个花园，生产条件很好。人力、物力，天时、地利、人和，不仅是可以搞"大缸"，搞"紫砂"，还可以搞高级瓷器。我所见的是实际，而不是夸张。这里的交通很好，宜兴要运到常州、无锡，这里近铁路。

第二，介绍一般瓷区的情况。其他瓷区一般都有以下几类品种：一般用品、日用品、美术品（陈设品）。现在靠美术品养活的瓷区不多，大都靠前两种。但美术品是卖招牌。有的瓷区喜欢单一产品，天天做大缸，而美术品品种多，订货的批量不大，生产、销路都麻烦，所以有

的领导不重视、看不起美术品。虽然美术品不能发财，但能出名。因此，我们可以得出一个结论，每个瓷区都以一种主要产品养活自己，而一般用品、日用品与美术品又是相互作用的。现在还有一种旅游产品，石湾有特种产品部，专门生产美术品，或叫特种产品。他们主要有24人，前一年产值达到20万，他们希望去年达到30万，今年到40万，有的瓷区也开始这样搞了。美术品可以发展旅游产品，还可以搞大的、与建筑相结合的，如九龙壁等。

今天看了你们的陶瓷厂，我认为已经不是一个陶瓷厂，而是一个瓷区。相比而言，宜兴有建筑陶瓷厂、美术陶瓷厂，山东正在创办一个旅游产品陶瓷厂。你们这里琉璃瓦有了，大缸有了，花瓶有了，都有了，因此可以认为这里是一个小一点的瓷区，而且很快就会发展成为一个大瓷区。我们的劳动力很便宜，只要生产管理好，我们的手艺会更高。

第三，谈一些意见。来之前听说一些缺点，但有很多优点。首先，加强管理，提高质量，降低成本，继续搞好一般产品，这是不难做到的。其次，一般产品还可以发展为化工塔、酒池、耐酸（碱）的容器等。还可以用大缸土搞建筑陶瓷，这条道路是很宽广的，以及陶瓷家具等。为什么大缸生产非常多，却亏本呢？即使不亏本，利润也不大。我们最担心的是销售问题，没有销售，就用不着生产了。既然销售没问题，亏本原因一定是生产管理方面的问题，一方面是开源，一方面是节流。我们的日用品品种很多，主要有餐具、茶具，最大量的是餐具，而且目前的条件还够，以后可以继续推出、发展。茶具、酒具、烟具、文具等可以用紫砂，在里面上无铅釉，也就当餐具、食具使用了。还可以搞紫砂美术品，加彩后还可以搞人物、动物、花鸟、圆雕、浮雕……

要发展这些品种，必须培养人才，这是首先要解决的，不然人家订货，你无法生产那么多数量的产品。瓷区大都着眼"今天"，而我们希望注意"明天""后天"。当务之急是培养人才，要越快越好。培养人才不是光搞一样产品，可以兼搞几种产品。紫砂上釉、不上釉、加彩等，这样品种就多了。

总的归纳一下，要发展瓷砖与卫生砖，有各种颜色的，有纹样的；要"先土后洋""土法上马"，这能在很短的

时间内见效果，还能充分利用现有条件，发展生产；加强生产管理、宣传和销售，发展各方面的关系，举办展览，扩大销路，应加强对供销人员的教育，同时给予一定的鼓励；最后要依靠领导，重视劳动密集、技术密集、智力密集，特别是对领导同志来说，智力密集是很重要的。你们搞好了，还可能影响到别的瓷区，我认为你们可以在一两年内搞好。

县委书记：郑先生讲了三个问题，我们县的三位副书记，一位主任，还有一些局长都来旁听了，这是省委的指示，我们认为很有必要。我们利用和发挥有利条件不够，发展的步子不够快。这样好的条件我们搞不好，感到压力很大。省委很重视，要我们把紫砂搞上去，作为出口基地。郑先生已 75 岁了，他跑到这里来，给我们开导、帮助，这种精神是令人感动的。我们的干部技术人员、工人，都是以厂为家想把厂搞好的。

1981-07-21
在"装饰雕刻短训班"的讲授

最近国家轻工业部召开一次"十年规划"会议，重点放在消费品的生产上。木雕、玉器虽也是消费品，但属于陈设、装饰性的东西。"十年规划"提出经济、科学和社会三个方面的问题，玉器、木雕今后也该考虑这些问题。有些木雕开裂，不符合科学，今后必须考虑怎样不裂的问题，也就是要考虑材料。而玉器没有销路，就不符合经济、社会的要求。不管哪个行业，都有一个人才培养的问题，而更要加强培养轻工业人才的教育事业。

大家来这里学习两个东西，一是基础，一是创作。基础是为了创作，在创作中得以体现。但只有基础还不够，还要有创作才能。能否考虑将木雕与建筑、家具结合？能不能考虑用科学的方法加工玉器，即用超声波来雕刻？我们要搞科学研究，用科学的生产方法。凡符合经济、科学、社会三个条件的就有前途，不符合的就没前途，这涉及工艺美术的前景问题。

创作一件东西，首先要打几个稿，选出个方案，然后用泥做出来。其间要注意创新，要有艺术修养，依样画葫芦的才能是很不够的。要有技术的表现方法，有创作、构图的能力，同时考虑科学，怎样雕得更快、更好。我们要做的就是开荒、走新路。

关于传统的学习，要思考什么是传统，以及怎样学的问题。同时，学传统要进得去，又要出得来，前人的精华我们学习，但要注意甄别什么是精华。另外，还要有文化修养才能鉴别。前人也有不好的，我们不能一味模仿前人。要走前人未走过的路，要创造（图 38）。

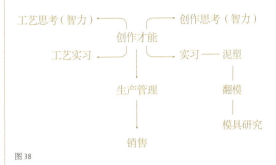

图 38

1981-09-18
在紫砂厂讲茶壶造型

今天讲茶壶的新品种。大致可分为两个部分，一是形式，二是处理手法。如用浮雕装饰，内容是人物、花鸟等。现在先讲形式问题。茶壶有各种形式（样子）。茶壶的形式中，也有许多不同的零件，或分为四五种（图 39）。我们主要研究四个零件，即壶盖、壶嘴、壶把和壶身（包括壶脚）。

图 39   图 40

零件讲话。如女同志的高跟鞋，壶脚就是一种零件。茶壶是不是亦可穿高跟鞋呢？如图 40。零件与零件之间还有呼应问题（甚至是色彩呼应，图 41）。京剧注意亮相，靠双手双脚，我们是否可以靠壶嘴、壶把来亮相？如图 42。当然，原则是嘴不得低于或高于口，必须保持水平（图 43）。这里有孔雀壶、公鸡壶、猫头鹰壶几个例子（图 44）。

图 41   图 42

图 43

图 44

孔雀壶 公鸡壶 猫头鹰壶

如图 45，我觉得可以用白的无铅釉，包括内用、外用、装饰用。低温锡红釉，是不是还可与紫砂结合。

图 45

此外还应包括新技术的应用，你厂的"老技术"很多，如打泥板、接沾、塑料模具、陶瓷模具等。新技术可将金银首饰设计、制作中的技术应用到茶壶上。还可用制造手表、金银币的技术，甚至用新的机床。先采用什么新技术，后采用什么新技术，都可以加以研究，目的只有一个，就是为新品种服务。也就是我强调的"新技术为新产品服务"的概念。

至于新材料应用，能不能考虑将金属与紫砂茶壶结合，嵌上金属、玻璃，甚至将脱胎漆与陶瓷结合起来，还可与塑料、不锈钢结合。茶壶的提梁可以采用各种新材料，用藤的价值不高，可用竹，也可用金和银。

1981-12

艺术创作的"原始材料"有两个来源，一是形象，二是现象（山、河、人、兽、爆炸、流水、射、向心、离心、动作、动态、喷泉、瀑布）。这一切物象和人的生活紧紧联系在一起，是生活的一部分。因此人们赋予它感情，它也培养孕育了人的感情。它是人们喜爱并理解的，我们艺术工作者更需要理解它，而且要善于利用它来创作。所以我们要学习如何把艺术对于自然的感受集中起来、保存起来，作为自己创作的丰富源泉。至于从理性过渡到感情认知，就是要学会用线的思想感情来体现艺术的思想感情。

怎样利用"原始材料"？由感性的认识到理性认识总结出了"点、线、面、体"四种原始材料。在创作上的应用即是将感性的形象、现象和理性的"点、线、面、体"结合起来。

1. "大和小"在创作上是一个很重要的问题，文学也是如此。艺术上有大块的、小块的，有远的、近的，有长的、短的，有浓的、淡的。"采菊东篱下，悠然见南山"（"菊"小"南山"大，"篱"是线，"山"是面），"山重水复，柳暗花明"（明暗、"山"块和"水"条），"大漠孤烟直，长河落日圆"等。

   它是基调的基本因素，因此，在创造形象时"基本形"要明确，才能生动。人物形象如此，工艺品的形象也如此。我们反对自然主义、学院派，其重点就是要创造艺术。艺术的大小和数学的大小不一样，艺术的大小不要渐变而要明跃些的突变，渐变是无味的、空泛的、不丰富的，变化要强烈些才更能引起人的感情冲动。

2. "结构"在造型中很重要，不了解结构会使作品软弱无力。结构形成了形体内部的组织关系，而此关系往往决定了形体外形的特征，决定了它与其他形象的区别。内形结构的相对稳定性说明一切形象都有着自己的基本形态。在创造结构时，应充分注意形象的合理性（包括使用性、灵巧性、习惯性），要创造出造型中合理的结构美。

   结构应由明确的各个部分组成，它们的形状、比例及连接都很重要。结构是形成造型美的必要条件。我们重视结构，但与冰冷的、不从人思想感情出发的结构主义截然不同。结构是客观存在的，但绝不能像某些人讲的，随着技术的发展而导致世界工艺美术的相同、相似的道路，这是与世界主义同样的论调。

3. 体面形。一切原始形态的东西都具有立体的体积、位置及空间，因此是多面的组合。而每一个面必须附着在一个固定的体上，单一的面是不存在的。因此，平面和立体是造型的两个表现手段。

   平面造型是在平面上艺术地再现立体形象，也因此接触到的是如何表现的问题。而在立体造型中，则是触及如何通过实体再现艺术形象的问题。

不单是平面、立体造型，都必须接触到体面的问题，中国的"线"也是以"线"来表现"体"。简单的体由单一的"形"构成，复杂的体由多种单一的"形"组成，"形"有简单和复杂之分。"形"还有可见部分和不可见部分，比如原始森林是垂直线的交响乐，希腊大型建筑前的柱廊，发挥了直线的威力，吓人（人民大会堂柱子若是方菱形，则感觉不一样）。作为一个形象的刻画，"形"起着重大的作用。"面"则根据不同的"形"变化，具有不同的方面。"方"是直线的组合，四四方方、四平八稳、方方正正、中庸的感情，而长方形就有了变化，接近垂直线。"圆"是由弧线构成，丰满、圆浑（臃肿、圆滑），形成"辩证法"。在生活中人的品质也应该方圆结合，过方则难于接近，过圆则圆滑。在中国书法中，方圆对比学问最大，金石文字中更加讲究。

另外，齐白石的《蛙声十里出山泉》一画是画一群蝌蚪，给读者充分想象的余地。"蝉噪林逾静，鸟鸣山更幽"，噪与静、鸣与幽，本是矛盾对立的，但却相反相成地在一起，并相统一，且不拘一格。

画面上讲究三度空间，在雕塑上也有宽的向四方扩张的空间，高的向上伸张的空间，扁的向下、向地里推进的空间，向内收缩的空间，四度空间也！妙哉！还有一度空间，环绕的、镂空的、环动、自转的空间！

4. 同和异。"同"的处理，意味着多、重复、广，"鹤立鸡群""万绿丛中一点红"是"异"，意味着变化、对比、对立，是同中找异，统一中而又有变化，也包括"大同小异"（一队民兵中不同的人）。

重和轻、厚和薄（对比、矛盾）。动中的静、静中的动，笨中的巧，死中的活，是含蓄的、内在的、高超的艺术手法。"鹤立鸡群"是同异对比，壁画中"同"多于"异"，则调和安定，招贴画中"异"多于"同"则强烈鲜明。文学中用笑来表现悲，用泪来表现喜，是用异求同的艺术手法。"同、异"在一起，需要有巧妙调和，否则就生硬、死板了，如母亲和女儿这是"同"，但是若女儿的服装打扮和母亲一样，不好了，太"同"了。要大同小异，决不能大异小同。没有"同"就不调和统一，没有"异"就无变化、对比。大小及长短，它们之不同，都是"同、异"的关系问题。

5. 隐和现。有很多例子，如文学上描写烟、雾、云，是远近之美色，一隐一现，一虚一实。人们喜爱水

中浮萍里的游鱼，云中行游的月亮……京剧人物出场前先在内台唱一段再出场……；歌曲《伏尔加河上的纤夫》由远到近，再走向远方……；诗人描写美女是通过垂帘、面纱去描写。

还有断和续。断续关系是丰富多彩的，连续不断、断断续续。如宋瓷花，花梗连续，但以叶盖住使之断，欲断而不断，耐人寻味，如音乐的韵律、汉画中黑白空间的处理，断续关系很高明。

6. 方和圆。圆润、圆浑、圆厚、圆动、圆滑，以及方稳、方整、方硬、方正、方兴，是形体的"对比色"（图46）。"方"薄则动、"圆"薄则静，"方"厚则静、"圆"厚则动。四平八稳，正方形也。

图46

"异同""隐现"和"方圆"需结合统一，缺一不可，但绝不是拼凑。我们培养的不是临摹匠，更不是搬运工！构图的目的是为了表达构思，而构思的同时必须考虑构图及构造。另外，"断续问题"则是艺术的空间问题，还有"即离问题"，以后慢慢讲。总之，艺术实践要注意这些问题，去体会它们，可以体悟出道理来，也就可以有助于创作。

一只孔雀的尾巴可以夸张到用一根羽毛表现，而一头牛就不能用一条腿来代表四条腿。如果认为构图东西太多，克服的办法有两个，即加或减，如图47，三个变成一组。这是一个更高明的手法。一般头小一点，可以得到生动的效果，身长一点也如此。宋瓷常用细枝大叶，正如一条细扁担挑两袋重的东西，对比强烈。

图47

人的每一个动作都有一定目的，如两手和肩下垂，目光集中……这些特定的动作，都服从某个特定的需要。创作不能脱离生活，也不能模仿生活，应比生活更集中、更典型、更强烈……《长江万里图》，上游的水表现为图48，中游则为图49，下游则是图50，以说明水的不同形象。

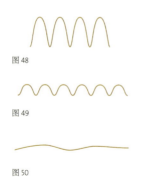

图 48

图 49

图 50

创作一件作品是要将所有的线条、形体都用来加强你所要表述的思想。要令之更集中、更具生命力。一个好的形象是不能和自然形象一模一样的，要注意一些形式法则的东西，又要考虑工业过程中的一些东西，有夸大之处，也有缩小之处。

重如泰山，轻如鸿毛，即是"团积"与"蝉翼"的对比，是两种完全不同的感情，艺术家的感情经常应该形象化。如孔雀是片块感，用条线感和星点感的东西去衬托，使片块感不孤立且仍很突出。什么形象引起什么感觉，这是需要主客观统一的。如长颈鹿不会引起团积感，不能夸张它的体积。

感觉可以启发我们的表现手法，能最恰当地表现微妙的感觉。汽车很光亮，人才敢接近、触碰它，自然光亮是一种美，但金属的冷冰冰又不亲切。照相机也是金属的，但人的手要经常接触，故不好太光滑，相反是用毛涩来表现它，有毛绒的感觉比较亲切（毛涩不是滑脱，是功能要求）。这种体现了工艺美术家们对人的关怀。

构思：
生活体验要靠平时积累，不能临时抱佛脚。有了生活素材，还要有灵活的头脑，就是通过构思训练出来的。构思是创作中的关键。构思不单是一种空间的思维概念，有时也是与处理手法相联系的。《水浒传》中说"眉头一皱，计上心来"。怎样"来"，全靠日常生活积累，靠经常的修养，靠思想方法。方法即是窍门。遇到一个问题应翻来覆去想，横想、纵想、正想、反想……
1、2 可变为图 51，此乃数学的排列法。造型艺术可以利用形象、利用色彩、利用不同的物质材料和科学处理手法……

$$12、21、\frac{1}{2}、\frac{2}{1}、\frac{1}{2}、\frac{2}{1}，$$

$$123、321、213、132$$

图 51

运动员每前进 0.1 秒，升高 1 公分，都要付出巨大的劳动。瓦匠用片瓦排成无尽的花墙，木匠利用长短不同的木块、木条组成丰富的窗格。广东厨师，一只鸡能做出多种美菜。拿到一个零件，头碰头、尾碰尾、背靠背、手拉手、腰碰腰，就能出现很多花样，如同万花筒的原理，非常简单。舞蹈也是如此，以几个基本动作，走出美妙的图案来。当然，这些手法都离不开一定的目的要求。孙悟空七十二变，都是为了需要而变，不可为变而变，否则是形式主义。

厨师用一只鸡可以做出鸡丁、鸡块、鸡片等，做出多种多样的菜。音乐上的强弱长短应用更是这样（音乐艺术给人明显的明确的感觉，抒情、强烈、沉痛、愉快、稳重、轻佻……而不是很具体、很细致地去描述）。口技和音乐，像菜苗和菜芽一样，口技不是艺术（口技以模仿自然声音为能事，音乐是自然声的艺术加工）。

图 52：两种比较，第二种好，丰富而有变化。但是两重属性的作品才是主题性的（如服装的花布……）。这个道理不但体现在形体大小、高低、长短、轻重上，也体现在色彩的安排、浓淡上。而艺术家的眼睛是特殊的，需要具备数学家的计标尺。

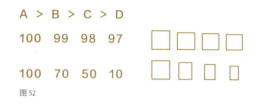

A > B > C > D

100 99 98 97

100 70 50 10

图 52

横的方向是要交错进行，纵的方向是要反复进行。形象和现象往往还是结合为一的，很难断然分开，因为感性与理性反复作用，很难截然分开，但有质的区别。（图 53）

以下是从"艺术概括"到"艺术处理"的变化流程。（图54、图 55、图 56）

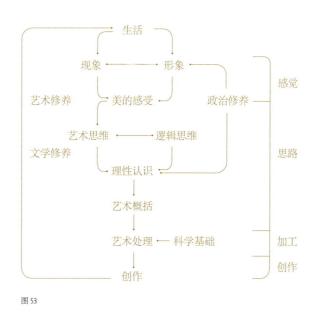

图 53

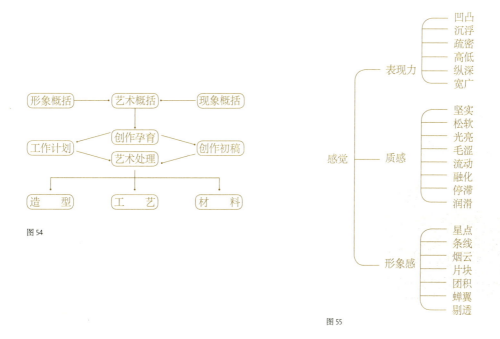

图 54

图 55

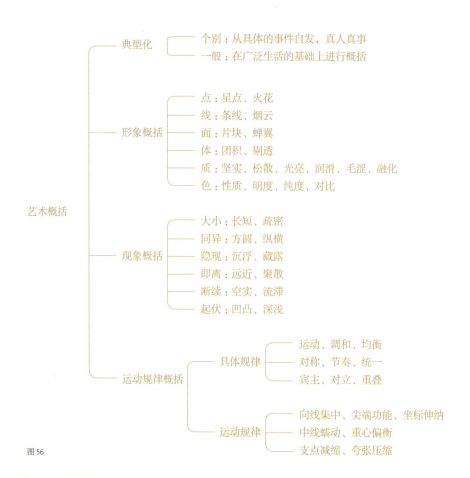

艺术概括
├─ 典型化
│   ├─ 个别：从具体的事件自发，真人真事
│   └─ 一般：在广泛生活的基础上进行概括
├─ 形象概括
│   ├─ 点：星点、火花
│   ├─ 线：条线、烟云
│   ├─ 面：片块、蝉翼
│   ├─ 体：团积、剔透
│   ├─ 质：坚实、松散、光亮、润滑、毛涩、融化
│   └─ 色：性质、明度、纯度、对比
├─ 现象概括
│   ├─ 大小：长短、疏密
│   ├─ 同异：方圆、纵横
│   ├─ 隐现：沉浮、藏露
│   ├─ 即离：远近、聚散
│   ├─ 断续：空实、流滞
│   └─ 起伏：凹凸、深浅
└─ 运动规律概括
    ├─ 具体规律
    │   ├─ 运动、调和、均衡
    │   ├─ 对称、节奏、统一
    │   └─ 宾主、对立、重叠
    └─ 运动规律
        ├─ 向线集中、尖端功能、坐标伸纳
        ├─ 中线蠕动、重心偏衡
        └─ 支点减缩、夸张压缩

图 56

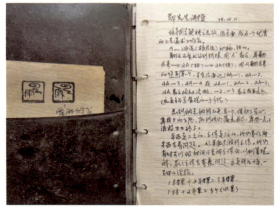

图 57

图 58

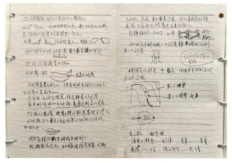

图 59

图 57—图 59《马心伯笔记》抄件

谈谈工艺美术的设计与创新

郑可

说明：

此文原系据1981年9月12日录音整理的油印稿，封面记为《中央工艺美术学院特艺系"装饰美术理论讲座"教学参考讲义》（编号：007），标题亦载于其上。本次收录除对全文进行过必要的修正、调整外，均照原样。

在座的同志们都是从不同的地区、不同的行业中来的，我也没有具体了解一下同志们有什么要求。还有很多精彩的讲座在我之前同志们都已聆听，我院院长雷圭元先生曾为你们讲了三个上午，所以我希望大家随时提出建议和要求。

我最近参加了轻工业部组织召开的"十年规划"会议，在这里我传达一下这个会议的大概精神。大家知道，轻工业包括的范围很广，人民生活的"衣、食、住、行、用"都属于这个范围。现在轻工业的重点是放在消费品生产上。我们搞的象牙、玉石等工艺美术品是否属于消费品？当然也是，但只是消费品的一个组成部分，而且可以说，这个部分是比较小的——象牙、玉石等属于陈设品范畴，属于装饰性范畴。所以，我们今后的目标要使象牙、玉石、木雕等工艺美术品冲出陈设或装饰这个范畴，要走向现代生活。无论特种工艺、装饰品或者陈设品，都要为广大人民服务，都要科学化。并且工艺美术必须与建筑相结合，这是时代发展的趋势。

中央对工艺美术品生产要求达到下面三点：经济、科学、社会，必须符合这三个条件。现在我国的玉石产品在工艺美术服务部积压的情况很严重，外销打不开门路，内销更不可能。工艺美术行业中有一种状况存在已久，即工艺品成品进到仓库后，就算完事大吉，产值就出来了，自己定一个五百或三千元的价格，有没有人买，似乎与此毫无关系。从这一点来看，我国工艺美术行业的总产值得打一个不小的折扣。今后要扭转这种局面，要研究经济规律，不符合经济效益的，卖不出去的，我们不能生产，也不能算产值。玉石有这些大漏洞，不符合经济这一条，那么木雕的产销情况如何呢？我看木雕"搁浅"在第二条，即不科学。南方生产的许多木雕，运到国外开裂得几乎不可收拾。因此，不对各种木材进行科学研究，只顾生产，不顾销售及其他，是不行的。

再说像玉石、翡翠、象牙、红木、黄杨木这些原材料，逐渐稀贵，愈来愈少了，只顾盲目生产，度一日算一日，不从长远利益和多方面考虑，对国家和企业都不会带来好处。关于第三点，我们以前这方面的研究工作一直做得不得力，对了解国外和国内的市场情报，一直没有放到重要的议事日程上来。出口的和国内销售的工艺品，更多的是传统的老牌产品（像"玉石香炉"型），创新及如何创新这些问题，没有更深入地研究。这里面还包括设计人员的缺乏，及设计水平不高的问题。

所以，摆在大家面前的任务是很重的，现在轻工部和高教部都很重视提高在职职工的文化水平。目前轻工业部门的技术力量很薄弱，设计人才奇缺。因此，你们回厂以后，不仅要继续提高自己的艺术修养，还得带动周围的同志前进，学技术，攻难关，提高艺术修养和文化水平，我们这个行业才会欣欣向荣。

下面我谈谈基础与创作的问题。

大家经过半年比较系统的学习，"基础"基本上是不成为问题的，从现在开始必须重视创作。基础是为创作服务的，应当通过基础来表现创作。创作搞好了，可以发挥更大的作用。新的产品、新的风格不是基础技术的产物，而是创作的产物。

要搞好创新，必须提高我们的创作才能。这个创作才能不仅包括各方面的艺术修养，还得有科学的头脑，得关心和了解科学技术的发展，吸收先进的科学技术应用到我们的工艺美术行业，如超声波、激光、电火花等都可以用。现在，工艺美术已经开始与科学技术结合得更为广泛和深入了。例如象牙雕刻用了马达，景泰蓝用了电解成型，连金银首饰的制作也是电动生产、钢模冲压、模具化，以及家具、油漆也都使用机械了。所以要以科学的头脑和科学精神来搞好工艺美术生产。"古为今用"，重点是"今用"，继承和发展我国文化艺术的优秀传统；"洋为中用"，一方面也体现在科学的应用，即创造和发展新的工艺美术的时代风格。

提高创作才能是个长期努力的工作。创作某件新作品，必须考虑周密，要多打稿，多设计几个方案。第一"选题"，第二"打稿"。

关于"选题"这一点很重要，现在发行的"工艺美术参考资料"不少，但好的不多，玉石、木雕、牙雕等都做古装美人，这个风气不好。我们民族几千年的文化传统，优秀的精华在我们民族文化遗产中是十分丰厚的，关键在于你怎样学习，怎样继承。

"打稿"包括平面的和立体的两个方面，光有底稿不够，还得捏出泥塑稿。打稿的时候要"手勤眼快"。"手勤"，即多画稿，一张白纸，任凭你海阔天空地想象，任凭你执笔上下纵横，但是你还得"眼快"，善于发现好的东西和成功的因素。所以创新需要有创作才能，光有依样画葫芦的本事不够，不能走老路，

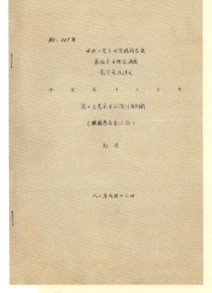

图1

图1.《中央工艺美术学院特艺系"装饰美术理论讲座"教学参考讲义》封面

别人做一个古装美人或少数民族人物，我们去抄袭照搬，这不是创新，也谈不上创作。所以，关键还是在于艺术修养，艺术修养中还包括文化修养。经济、科学、社会都属于文化修养这个范围，音乐、舞蹈、戏剧方面的知识也属于这个范围。

我一向提倡"多能一专"。所谓"多能"就是多面手，各行各业都懂一些，最后达到"一专"。"一专"专什么呢？可以"专"立体的、平面的、玉石的、木雕的，也可以"专"金属的，等等。因此要培养独立思考、对立思考和多路思考的能力，培养艺术修养和多方面的创作才能，使之成为"通才"。要具有创作才能，首先必须有艺术修养，但艺术修养不能代替创作才能，要经过不断实践，才会提高创作才能。

一个工艺美术设计工作者必须具备下列条件：

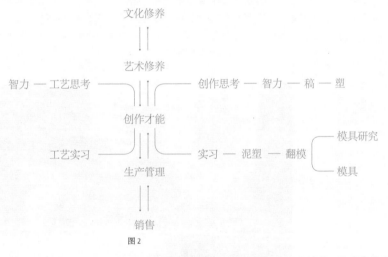

图2

从这张表上可以看出，创作才能与文化修养及艺术修养是互相影响的，创作才能包括艺术修养和文化修养。同样，只有具备了艺术修养和文化修养，创作能力才能提高。至于工艺思考与创作思考，那是构思打稿时必须认真对待的一个方面。工艺实习和创作练习，对于一个从事工艺美术工作的同志来说，是必不可少的入门过程。除此以外，还得了解、懂得生产管理和销售情况。作为一个工艺美术的设计师，必须具有这些能力。

我建议你们去参观北京的玉石厂和木雕厂，去参观大型规模的，也看看中型规模的和小型的，去了解生产情况。在一些玉石厂，超声波已经采用了，技术设备初具规模。现在，科学影响整个社会和经济，影响着各行各业。因此，科学研究，在各项工作中占有重要地位。工艺美术品种很多，更应把科研放在重要位置上。

搞科研有两个方面，一是大规模的科学研究，集中很多科学家、仪器去搞，这很需要，但要有条件。二是小规模搞科学研究，不动用很多资金、劳力，也可以搞出来。工艺美术发展机械化，是一个方面，其中有一个问题是模具化、钢模化。玉石的某些产品也可以用模具翻制，做成其他材料的工艺品，也能增加一个品种。并且价格适当降低，使更多的人能够买得起，这同样可应用于其他材料。机械化不一定全靠科学家才能搞，搞工艺美术的也可以搞。生产也是科学研究，设计也是科学研究，省材料也是科学研究嘛，不管是大规模、小规模，甚至一个人也可以搞研究。工艺美术工作者是"应用科学研究工作者"。

作为一个工艺美术工作者，还得懂得生产管理。我们的产品做得再好，卖不出去，还是空的。我们得了解国际市场的行情，产销才能对路，才能为国家挣得外汇，支援"四化"建设。另外，除了考虑原材料、销售，这还不够，还得为国内广大人民群众服务。我们可以生产陈设品、装饰品，还得考虑工艺品的实用性，注重其使用价值。工艺美术从某种程度上说，与人民的"衣、食、住、行、用"息息相关。随着人民生活水平的逐渐提高，对我们的要求也会不断地提高，希望大家成为一个为社会和人民大众服务的工艺美术工作者。

图 3. 美国威斯康星大学来华进修班结业式座谈会（1982年，左起：袁运甫、郑可、雷圭元、进修班班主任）

图 3

对工艺美术教学谈一点初步看法

郑可

说明：

此文原打印稿《郑可同志在全国高等院校工艺美术教学座谈会上的发言》见载于《中央工艺美术学院档案·我院在全国高等院校工艺美术座谈会上的发言》（JX·m·08—1406）中，后收入中央工艺美术学院研究部编《工艺美术参考》（北京，1982 年第 1 期，1982 年 7 月，第 24—27 页），复转载于张夫也等主编《一本刊物与一个时代：〈装饰〉纪程》（北京工艺美术出版社，2001 年版，第 103—106 页）及杭间等编《清华艺术讲堂》（北京，中央编译出版社，2007 年版，第 162—169 页）内。本次收录除个别错漏有所调整外，其余字句均照档案原样。

图 1

图 1.《工艺美术参考》封面

1. 今多译为"包豪斯"。

这次会议开得很好，我来晚了，不太了解情况，要我讲我只能就我对工艺美术教学的体会，谈一点初步的看法。

先谈一谈工艺美术的形势。我们现在的形势比任何时候都好，比当年鲍豪斯[1] 所处的环境和条件要好得多。鲍豪斯出现在欧洲后，遭到了很多人的反对，不光是学术界的，甚至连政府也反对。后来在德国办不下去了，才分散到世界各地，在美国又搞了（新）鲍豪斯，总之在德国是垮了台。我们在党的领导下已经干了三十多年，但是没有垮台，不但没有垮台，而且越办越好，今天这个大会便是证明。但是我们许多人没有听党的话，每个人从理论上都承认工艺美术的重要性，但是实际上却不是那样。搞绘画的劲头比搞工艺美术要大得多，无非是一个名利问题，又能出头露面，又能拿钱，何乐而不为呢？现在有人说，中央工艺美院现在都变成了中央美术学院城内分院。这说明我们对工艺美术的意义的认识还很不明确。工艺美术这个词的含义本身很不明确，现在世界上各种说法都有，什么实用美术、工业美术、工业设计等。依我看工艺美术包括两个方面，一部分是传统的欣赏性的民间工艺美术或传统工艺美术，另一方面是与现代大生产联系的现代工艺美术，也可以说是工业美术。我们学校办学的重点应该是后一类，否则变成了中央美院的分院，没有什么个性可谈。

事实上，工艺美术和工业是血肉相连、不可分割的。原始的石器就是选矿和采矿的起源，两块石头一碰，就能确定哪一块硬，哪一块软，这就是鉴别，这就是选矿。火的发现是人类进化的伟大里程碑，其意义比现代的原子弹、氢弹要大得多。有了火才有制陶，才有彩陶艺术。这说明从原始时期开始，工艺美术就是与生产紧密相连的，这种联系几千年都没有中断，我们现在有什么理由要把工艺美术和工业生产分离而附属于纯美术呢？工业美术设计本身是物质机能、使用功能的设计，也是美学原则在设计中的自觉运用，不存在什么装饰的问题。我历来是反对"装饰"的，所谓装饰就是别人已经完成了的设计，你去给它打扮打扮而已，这种打扮不是设计的实质。现在有人把我的专业叫"装饰雕塑"，我根本就不承认。我的雕塑不是去为装饰别人而存在的，它本身就应该是设计，应该具有使用功能和价值。京剧就是京剧，不是什么装饰戏剧。诗词就是诗词，不是什么装饰文学，你能说诗人是装饰文学家吗？装饰文学就是花边文学，是无聊的东西。所以我们不能脱离这根本的一点去讨论教学，去斤斤计较某门课程应该占多少课时，那样便会把注意力集中在鸡毛蒜皮上，而忘了根本。

因此，教学的目的不能只教会学生怎样去"装饰"各种产品，而是自觉地运用设计的手段去达到某种功能。这其中包物质的使用功能，精神的欣赏功能，这二者是不可分割的。同时还要教会学生不仅仅只考虑产品的最后的形态，还要考虑这种形态的形成过程，那就是生产的原料、工艺、程序等因素，甚至还要考虑产品形态形成之后的包装、运输、销售、维修，作为垃圾的处理过程。比如一件产品，使用功能很好，也很美观，但是坏了不易于维修，当作垃圾扔掉会造成公害污染，这就不能算是好的设计。以上这些，绝不是依靠"装饰"能解决得了的。我们教学的重点既然是设计，那么，教学课程的安排也就不能脱离这个实际。教学的始终都要突出"设计"二字，否则便成了无的放矢。一些材料、工艺、科学方面的知识是必不可少的，要使学生的知识结构符合设计的需要，但是到底要学到何种程度，何种广度都可以讨论，根据各专业的具体需要而定，不能强求一律。

这次会议上关于"传统""拿来"的争论很激烈，听起来似乎各自都有些道理。但是，往往都只看到了事物的一面，因而不免带有某种片面性。对于外国的、传统的东西都要以一分为二的态度来对待。中国有很多好的东西，当欧洲许多国家还处在原始的启蒙时代时，我们便已经有了相当文明的文化。拿雕塑来说，中国不但有小雕塑，而且有大型雕塑；不但有实用性的雕塑，而且有纪念性的雕塑。华表就是一种象征性的雕塑。外国人对我们佩服得不得了，鲍豪斯的大师蒙特利安非常崇拜中国的方块字和篆刻，罗丹就是从达摩那儿吸取了营养。当然这都是可见的影响，还有不可见的潜移默化的影响那就更大了。但是，民族遗产也有糟粕，不能凡是民族的都是好的，而且还有个时代性的问题。青铜纹样和唐代的卷叶纹就很不一样，唐代纹样是受了外来影响的，也不是纯粹民族的东西。

现在时代发展了，人民的需要也发展了，光是老祖宗那点东西已经不够用了。

比如说图案，过去我们把它作为专业基础课，一搞就是写生变化、传统纹样。这么搞，是从染织专业的教学需要出发的，但现在已经不适应染织教学的需要，抽象的几何形图案已经大量出现，老是蓝印花布也不行。工业设计就更不能搞写生变化了。一个热水瓶有什么变？难道先画个茶壶再变成热水瓶吗？在这儿写生变化和传统纹样都不管用了，只能用设计的原则、形式美的原则。这些东西我们过去也有，但是很不够，就要向外国学习。现在的所谓许多"构成"，都是从外国传进来的。当然我国早就有"构成"，比如八卦图上的四方图案，乾、坎、艮、震，那就是构成。外国的电子计算机的二进位制就是从这儿得到启示而发明的。但是中国的"构成"毕竟很不系统，缺乏科学的严密性，现在吸收一些外国的有什么不好呢？

如果我们不从当前的客观需要出发，势必会走到死胡同里去。有些东西，作为一种传统艺术，可以给予一定的历史地位，保存起来。日本有一种"能剧"，政府每年拨款补助，作为日本民族的一种传统而存在，但绝不是日本现在的电影、戏剧都要向"能剧"看齐。所以有些传统是可以直接加以运用的，是眼睛看得见的。

另外，还有一种看不见的民族的美学观、民族的艺术心理，在起着潜移默化的作用，虽然它有时候表现得不像一些具体的纹样那样明显，但是它的存在决定了整个工艺美术的面貌。日本的汽车和美国的汽车，一个纹样也没有，但一眼就能看出区别。电视机、陶瓷、家具都是一样。所以我理解民族传统的继承不能光看到几个传统的纹样，几件传统的陶瓷，而是民族精神，这种精神包括在人民的日常生活中，他们的习惯、心理、文学、艺术、道德方面的观念，甚至于在生理上与外国人的差异等。

我们现在设计中所表现的民族风格，有许多从形式上与过去是不一样的，但是它是传统发展的结果。非驴非马，就是骡子，但是它仍有马、驴的特点，或是马的特征强一些，或是驴的特征强一些，这就决定于它的母体是什么。从生理上来说，任何机体都存在着排异性，心脏移植搞了几十年，但是完全成功的还很少，主要是因为人体内部对异体的排斥性。艺术也存在着这个问题，一种外国的东西进来，不管它的来势如何猛，声势如何大，总要受到中国人的几千年来形成的欣赏习惯和心理的检验。如果它不能适应中国的需要，迟早就会被排斥掉；如果它能适应需要，就会慢慢被同化，变成中国民族艺术的组成部分。

现在的一些新东西，什么"立体构成""平面构成"等，是否能适合于中国的需要，要经过实践的检验，市场的检验。你的东西没人买账，迟早会被淘汰。但是可以肯定地说，外来的东西再好，也绝不可能全盘肯定，也有个一分为二的问题，合理的留下，不合理的抛弃。所以，不论是传统的还是外来的，都有个"去粗取精，去伪存真"的问题。现在人类历史已经几千年，要全部学，活二百岁也学不完，所以还有个"压缩"的问题。这就是我们教师的任务了，对学生不能光看到在校的四年，要着眼于他们一生的发展，要

图 2

图 2. 全国高等院校工艺美术教学座谈
会代表合影（郑可 2 排左 9）

让他们有"后劲"。多方面的适应能力，不光是设计能力，甚至于某种组织
能力，这也是一个好的设计者必不可少的。

四年的教学有各个方面需加以注意。即对学生"手"和"脑"的训练要有个
科学的方法。对手的训练除了绘画、制图、纹样之外，还应包括实际制作能力。
连最简单的木工刨都不会使，怎么能去谈论家具设计呢？实际制作是手的训
练，也是脑的训练，组织能力的训练，完整、逻辑的思维方法的训练，是工
艺美术教学中必不可少的。脑的训练就是形象思维能力、逻辑思维能力的交
错，对自然的洞察力、理解力、形象的记忆力、想象力、把想象变为现实的
设计能力的训练。学生进校，"手"的训练从大到小，"脑"的训练从小到大，
二者的关系是"锥形互套"。

开始应注重于单纯的模仿教学。任何一种技能都是从模仿开始的，儿童从走
路开始就是模仿，说话也是模仿。学生进校，用不着讲太多的理论，主要
在于实践，让他们对于工艺美术有个感性的认识，这就是所谓"从大到小"。
在感性基础上逐步地加以理性的引导、各种史论的启发，逐步学会逻辑思维
的方法,这就是"从小到大"的脑的训练，这是符合于人类认识的发展规律的。
总之，要培养学生以多种知识、从丰富的知识发展为智慧，才是我们培养人
才的目的。

搞手的训练就要有个"实验工厂"，不要搞"生产工厂"，这就可以培养学生
生产的观念。办厂要少而精，土法上马。西德的乌鲁木大学、美国的伊利诺

工科大学都有小作坊，我那儿有成套的资料。他们都是很简单的设备，然而搞出来的东西却有很高价值。我们办作坊首先教师要学会动手。我们学校机床也有，但是没有几个人会用，躺在那儿睡觉。工艺美术行业有 40 台仿形铣床的运用，那么工艺雕刻就能大变样子。

第二是模拟教学。模拟包括两个方面，一方面是模拟生产的实际环境，二是用普通材料模拟特殊材料，如用石膏模拟金属，这就能解决许多单纯的理论和纸面设计不能解决的问题。模拟教学主要是模型，模型能解决许多共性的问题。如模具，石膏模具与生产实际中的各种模具有很多共性，学好一种，便能明白好几种，这就是举一反三。

另外是下厂实际教学。我每年都要到外面去跑，虽然碰到许多困难，但是收效是很大的。关起门来搞设计，绝不能搞出尖端的产品。现代家具发展很快，第一代硬木家具已经过时，第二代弯木家具也要过时了，现代是多层胶合整体装配式家具。可是我们还是明式家具那一套。好好的一块木头，锯来锯去剩下一点，浪费惊人，这怎么能适应社会主义生产的需要呢？热水瓶我们还是老样子，可是现代的热水瓶已经发展到第四代，光电管式。这种热水瓶市场上买不到，甚至第二代的手压泵式也买不到，供不应求。当然生产上有原因，同时也应该看到我们的设计人员很缺乏这方面的情报知识，跟不上市场发展的需要。因此下厂实习教学、社会调查是必不可少的，这个与学校内的课堂教学是两条腿走路，相辅相成。

我们培养的目标是高级的工艺美术设计人才。所谓高级，就有两个含义：一是知识的广度，二是知识的深度。广度是深度的基础，不能一强调尖端就认为就是产品设计，其实"万金油"也是高级的一种表现。我们不能把学生培养成只具有一二门专业技能的工匠，尤其是现在分配方面还存在着很多问题。因此要使学生具有全面一点的适应能力，这个要求并不过分，事实也证明，现在社会上有所贡献的工艺美术设计人才，他们都是些具有全面修养和适应性的人。这样做不但对社会有好处，对学生自己也有好处。

以上发言是我临时想到的一些问题，还很不成熟，希望大家批评。

1982 年 4 月 23 日，根据录音记录整理。

关于教育改革及"工艺美院"
教学存在的一些问题（草稿）[1]

郑可

1. 此稿手迹原件由郑方女士提供，原无标题，或当为某会议发言等所准备。今据内文所称"中央教育改革"及"立体造型专业"推测，当在 1978 年及之后草拟。而目前已知，此间曾有《中共中央关于教育体制改革的决定》的文件，于 1985 年 5 月 27 日 发 布（http://www.moe.gov.cn/publicfiles/business/htmlfiles/moe/s6986/200407/2482.html），故暂定写作时日约在 20 世纪 80 年代中期。

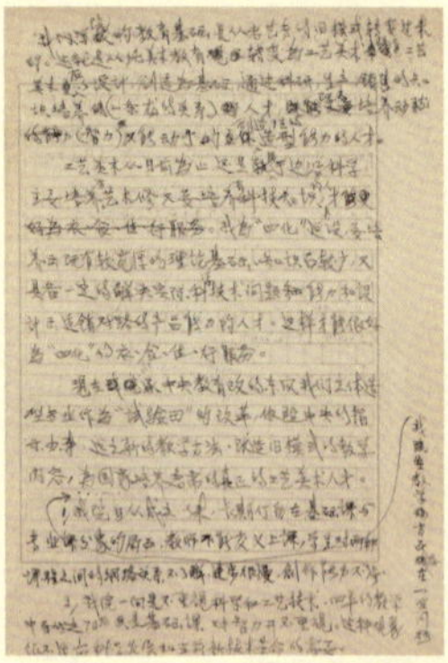

我院的教育基础，是从"老艺专"的旧模式转变过来的，这就是从"纯美术"教育转变为"工艺美术"教育。工艺美术应以设计、创造为基础，通过科研、生产、销售的知识（"一条龙"的关系）培养人才。即要培养动脑（智力）又能动手的、创造性的、有造型能力的人才。

"工艺美术"到目前为止，还是属于边沿科学，主要培养有艺术修养，又要培养有科技知识的人才。我为"四化"建设，要培养出既有较宽厚的理论基础、知识面较广，又具备一定的解决实际科学技术问题能力和设计出适销对路产品的能力的人才，这样才能很好地为"四化"的"衣、食、住、行"服务。

现在乘"中央教育改革"的东风，我们"立体造型专业"作为"试验田"的改革，依照中央的指示办事，建立新的教学方法，改造旧模式的教学内容，为国家培养急需的、真正的工艺美术人才。

我院教学方面存在一些问题：

1. 我院自从成立以来，长期停留在基础课与专业课分家的局面，教师不能交叉上课，学生对两种课程之间的网络关系不了解，进步很慢，创作能力不强。

2. 我院一向是不重视科学和工艺技术，四年的教学中 70% 是基础课，对智力开发不重视。这种现象很不适应科学发展和当前"新技术革命"的需要。工艺美术是工艺与美术交叉关系的艺术，培养出来的学生不能在工艺方法进行动手，创作能力和表现能力都很差，不能设计高水平的适销对路的产品。建议增加科学、经济学和管理学的知识，使学生有"一专多能"的设计能力。

3. 各系之间，从来都是"各家打理门前雪"，有的系还自建一栋墙，将别人拒诸门外。因此，我们"立体造型专业"不得已要"小而全"，才能发挥能力。

4. 时至今日，我校部分人还不明确什么是"工艺美术"，将"工艺美术"看成是"纯美术"，这对工艺美术的发展是非常不利的。

5. 对互相渗透、互相交叉、互相交流等不重视研究，因此人浮于事，每个系都二三十人，而世界发达的国家的工艺美术高等学校的人员，比我们少十到八成。这就是说每个系只有三四个人员和教师。

6. 是否提出"工艺美术工程学"的问题？

图 1

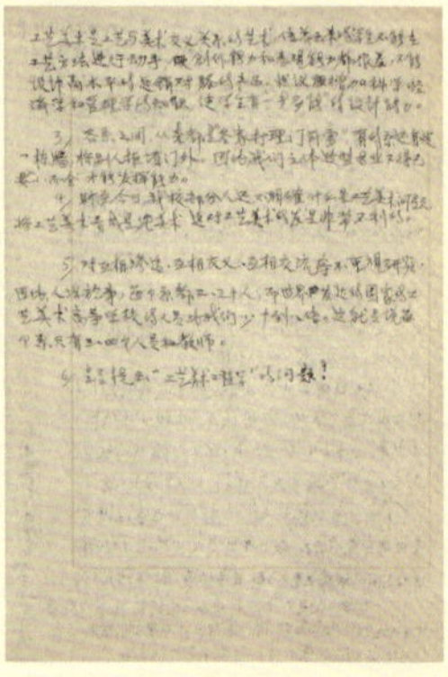

图 2

图 1—图 2."草稿"原件

谈雕塑教学

郑可

说明：
此文刊于《美术家通讯》（北京，1985 年第 4 期，第 10—11 页），除原篇
名中先生名姓，并其下所标次序编号"（一）"删去外，本次收载俱依原样。
又，后附列整理者攻读硕士研究生学位时，经郑可先生确认之《培养计划》
一份。

整理：吴少湘

雕塑这个词的含义已不再是传统的含意，即指以某种技术手段来表示的特定
艺术，它是借用这个人们习惯称呼的词来通称一切立体造型艺术。一张纸，
用手在上面向下压或用手从下面往上顶，产生了凹凸，这就打破了平面而创
造了立体，从观念上可以认为它产生了雕塑意念。能这样理解，才有可能开
阔思路，消除偏见，才有可能去正确对待和理解现代雕塑。

我们知道，整体对于一件雕塑作品而言意味着什么，以及它在艺术中的地位
和作用是什么。但何为整体，如何表现整体，却各有所见。"正统雕塑家"
以表现写实之功力为骄傲，对于整体的理解是：头像和手是作品的刻划重点，
其他的部位都要减少刻划或描写，结果作品总是头手与衣服身体脱节，细部
与整体毫无联系。或是以米开朗基罗"从山上滚下来摔不碎的才是雕塑"这
句名言为圣旨，不管材料、环境和内容，认为圆浑就是整体，一切作品都是
直统统或圆浑浑，没有立面，也没有空间，更没有影像。这种观念和作品正
在国内雕塑界风行，不知是因为"苏联"遗风还是由于"装饰风格"的影响。
雕塑的整体并不在于形体的聚集还是放射，圆浑还是棱角分明，而是在于作
品本身的形体的连贯性、影像的连贯性和空间的连贯性。

按某些人的观点，非洲木雕一定是不整体的，现代雕塑的大部分也是不整体
的，这二者"雕塑感"都是不强的，因为它们从山上滚下来都是会不复存在的。
在这种可怕的意识下，空间——雕塑的根本，便从我们的雕塑中消失了。

整体中最为重要的是空间和影像的整体，空间的整体感对于雕塑就好比是串糖葫芦的竹签，没有它，山楂就串不起来，就不成其为糖葫芦了。影像的整体则是融于空间之中的，它分割空间，又靠空间来烘托。

不注意空间的人，不可能会做出像样的雕塑；缺乏空间感的人，就好比是色盲画油画，缺乏雕塑家最基本的素质。

雕塑的形象，最关键的是影像，缺乏影像效果的雕塑必定是失败的，室外雕塑就更是如此。怎样处理影像，这对于我们习惯于做室内头像的雕塑家们来说，是一个全新的课题。

人的艺术水平的高低，不在于写实的功力和技巧，而在于意识和观念。雕塑不是凭力气和时间就能做好的，而在于思维和认识。

死背结构，天天做头像或人体的人，不一定能搞清雕塑是怎么回事，不一定能有形体观念和造型能力。我们美院的师生中不少人创作如此艰难，连小稿子都捏不出来，就正是造型能力差的表现。

环境效果是衡量户外雕塑的标准。我认为不能利用、表现环境的作品不是好的户外雕塑。破坏干扰环境的作品，不论它本身是如何完美，都是劣等作品。

雕塑在室外环境之中，就像是衣服上的扣子，它是夺目的、有表现力的，但必须和一定的服装相配，才能给人以美感。扣子的精美、漂亮固然重要，但漂亮的扣子不是在每一件衣服上都是合适的。在漂亮合体的燕尾服上，钉上几对中式布扣，可能会让人啼笑皆非。园林和建筑之中，环境的效果最重要，雕塑只是装饰、调节的扣子。

雕塑的整体与绘画不同。绘画有框，所以它是有限度的画面的完整；而雕塑的完整，光是作品本身并不能完全体现。在工作室内看来完整的作品，设置于展览会、建筑群、园林之中，可能会感到不完整。这是环境的作用。不同的环境，有不同的空间气氛。同一件雕塑作品置于不同的环境之中，会产生迥然不同的效果。

城市雕塑家必须像规划设计师那样，将整体的环境效果作为创作的起点和终点。

现代雕塑家应像一个厨师那样地工作。好厨师通晓各种菜肴的烹调和味道，但不一定通晓各种菜的种植，鸡、鸭、猪、牛的饲养。这就是知识的广与浅。雕塑家也应如此，广泛地了解新工艺、新材料，但并不要求涉足很深。只要能像厨师那样，能自如地使用各种调料和原料做出精美的菜肴，而将熟知的各种工艺材料集中于自己的创作之中，然后像厨师那样精通于味道的调制，创作出好的作品来，就是好雕塑家。

任何立体形象都有两种，一种是虚形，一种是实形。虚的形象包括：实体的动势线、结构线、虚空间；实的形象就是可视可触的形。一般人只注意实形而不知虚形，然而虚形在雕塑中的作用并不亚于实形。雕塑的体积、动势形、空间，没有一项是可以离开虚形而存在的。

收缩支点是加强作品生动感和动势的关键因素。宋瓷梅瓶世人赞不绝口，好在哪里？关键在于支点收缩恰到好处。

△上小下大，永远稳如泰山；▽上大下小，则飘飘然。不稳定就会动，动就有生气。芭蕾之美在于动，小天鹅的服饰是为了加强不稳定性，加强支点收缩感，因而才生动、优美。

质理是雕塑的材料美和加工手段痕迹美的统称，追求质理效果是艺术的纯化表现。

图1. 郑可受河南省陶瓷公司邀请于禹县美术陶瓷（钧瓷）厂指导、讲学（1984年，中为郑可、左一吴少湘；吴少湘提供）

图1

1. 此手稿存于中央工艺美术学院档案《86级研究生培养计划》（档案号 JX·19·15—1—188；形成日期"1986年"，保管期限"永久"，形成单位"研究生科"，责任者"本院"，第9—13页），原《卷内文件目录》为《84级装饰雕塑专业攻读硕士学位研究生培养计划》。又，其上批阅诸语均附记于文后。

装饰雕（塑）专业攻读硕士学位研究生培养计划 [1]

一、培养目标：

坚持又红又专，德、智、体全面发展的方针，培养从事现代工艺立体造型的金属工艺的"全能型"（教学、设计、科研、经营）专门人才。

① 必须掌握马列主义、毛泽东思想基本原理，坚持四项基本原则。必须具有良好的道德品质，能自觉地为社会主义现代化贡献力量。

② 在大学本科基础上，进一步坚实地掌握本专业的基础理论和系统的专业知识。有较高的文化、艺术素养和创造设计能力。熟悉本专业科学技术和了解相关边缘科学技术，了解本专业的新发展趋势和动向。

③ 掌握一门外语，能较熟练地阅读专业外文资料。

④ 有经济头脑和一定的经营管理能力。

⑤ 有健康的身体。

二、研究方向：

现代工艺立体造型金属工艺。

现代工艺立体造型包括运用现代和传统工艺手段设计制作出具有时代特点的金属、玻璃、陶瓷、塑料等材料的装饰陈设和日用工艺美术品。本专业研究则以金属工艺为主。

三、学习年限：

两年半。

四、培养方式与方法：

课程学习为一年时间，社会调查（市场、生产、材料、工艺）为半年，科研、撰写学位论文及创作为一年时间。在导师指导安排下按培养计划进行。

五、课程设置与学时学分安排：

（一）共同必修课：共420学时，8学分。

① 马列理论：120学时，3学分。

② 外语（英）：300学时，5学分。

（二）专业必修课：共17学分，1020学时。

A 专业基础：7学分，420学时。

其中包括专业素描、圆雕、浮雕、线刻、效果预想表现、形体构成等训练和研究。

B 研究方向：10学分，600学时。

① 创作设计：5学分，300学时。

② 金属工艺：5学分，300学时。

其中包括錾花工艺、掐丝工艺、失蜡铸造工艺、电铸工艺、电成形工艺、涂镀工艺、喷涂工艺、粉末冶金。

（三）选修课：共6学分，360课时。

① 商业心理学：1学分，60学时；

② 价值工程学：1学分，60学时；

③ 中国金属工艺发展史，2学分，120学时；

④ 现代雕塑发展史，2学分，120学时。

（四）调研、教学：5学分，300学时。

① 调研：3学分，180学时；

② 教学：2学分，120学时。

（五）学位论文和设计：共24周，不计学分。

以上学时是以教师授课时间计算，不包括研究生自修、复习、实践时间。

六、时间安排：

第一学年——

上学期：

① 临摹学习导师的作品及其创作方法，学习作品预想效果图表现技法；

② 人体造型研究，其中人体写生（男女）4周；

③ 学习研究我国金属工艺雕塑传统，对商周以来历史上的金属工艺的代表作品进行分析、测绘和风格探讨；

④ 在京下厂学习传统手工錾花工艺。

下学期：

① 金属工艺课：

a. 学习仿形铣操作技术；

b. 去北京、天津、上海、广州等地金属工厂、研究所学习了解现代、传统金属工艺成型技术和表面处理工艺并了解市场情况。

② 创作设计：结合所掌握工艺进行设计要求创作十件作品。

第二学年——

上学期：

① 到云南德宏地区、西双版纳地区，收集、考察少数民族传统金银首饰及日用、装饰工艺品的造型、

纹样、成型工艺。并了解云南晋宁石寨山青铜工艺和云南特有斑铜工艺情况。

② 金属工艺品设计（首饰、小壁饰10件）。

下学期：

① 教学实习；

② 去新疆了解考察民族铜器、首饰、刀具及金属装饰品。

第三学年——

撰写学位论文及结合社会任务进行设计，

并制作成品。

注：必修课必须考试，选修课鉴于目前学院尚未设置其中许多课程，由导师安排进行自修，可找相关专业教师（校内、外）进行辅导。这些课程，以考察为主，成绩记入个人成绩登记表。

研究生：吴少湘

1984 年 9 月 16 日

附记：

同意。

导师：郑可 1984 年 9 月 18 日

经研究同意研究生吴少湘的研究计划。请指导教师郑可教授酌定。

袁运甫 1984 年 9 月 17 日

图1—图2.《培养计划》抄件首、末页

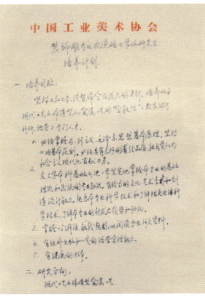

图1

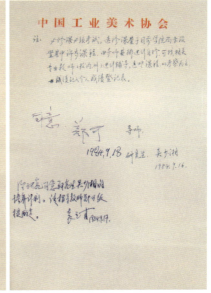

图2

话语录

郑可

说明：此文刊于《美术家通讯》（北京，1985年第10期，第3—6页），本次收载除将原篇名中先生名姓删去，并个别错漏有所调整外，其余字句均照原样。

整理：蒋朔

图1

图1. 郑可与中央工艺美术学院特种工
艺美术系1978级女生合影于郑家小院
（20世纪80年代初；后排左起：周
尚仪、孙嘉英、黄尧、江黎、代敏华，
前排左起：张国清、郑可、蒋朔）

锥形互套

两个锥形，一正一反套在一起，尖向上的代表造型基础训练，包括平面造型的绘画基础和立体造型的雕塑基础等课程，尖向下的锥形代表创作课或称设计课。这个图解概括了我的教学思想，锥形从底到顶，由大到小，说明了课程安排从多到少。由图可见，从学生一年级起，造型基础就是和设计套在一起的，只不过随着学生水平的提高，造型基础课程由多渐少，设计课程由少渐多罢了。目前，有些美术院校前两年搞基础，后两年搞创作的教学，实有不妥之处，我认为学是为了用，应循序渐进，设计与造型基础不能截然分开，而应像两个套在一起的锥形，互相渗透、互相作用、互相提高。这也符合人的认识螺旋式提高的规律。例如我们要写文章，首先要识字，但是否要把所有的字都认识了，才动手写作呢？识字并不等于能写文章，还差着十万八千里呢。我们的经验是边识字边写作，才有的放矢。正像写文章要从造句开始，造型艺术中的创作也要从造型基础训练入手，但是能画素描、速写并不等于有了创作能力，它们只是为今后创作服务的工具。因此，什么时候都不要忘记创作（设计），不论是平时做绘画和雕塑练习，还是到西双版纳体验生活，培养学生的创造性，提高他们的造型能力，是我们"锥形教学法"的核心。

形象

我们都是搞造型艺术的，造型艺术首先要了解物体的形象。

形象可分两类，即自然形象和人造形象。如山、云、树、手等属前者，房子、箩筐等属后者。对造型艺术家来说，表达物体的形象，要通过眼睛，而不是根据解剖。如一个老人欢度晚年的形象，用解剖是表现不出来的。在万事万物中，有些形象感人，有些则不然；有些形象美，有的则很丑，这就要求我们去选择和取舍。人造形象也是从自然形象来的，但是人造形象融进了人对客观的理解、认识和表现，因此，我们不光要画自然形象，而且还要画人造形象，从前人的作品中吸取养分和精华。我们学习传统雕塑和绘画的目的就在于此。

自然形象从来也不是绝对的，尽管太阳和月亮也不是真正的圆形，但人们在几何图形中描绘的方、圆却是源于那些相关的自然形象，或者说是从自然形象中抽象而来的。由于世界上的事物是千差万别的，所以直接或间接来自自然的形象，都有它的个性和表情。如圆形易动，可滚来滚去，方形却稳定，踢一下动一下，因而就会出现"这个人很圆滑"，或"那个人笨得像方木"之类的形象描写。

构成形象的基本分子，归纳起来有三个——点、线和面。高能物理从分子、原子研究到中子，层层深入，由大到小。我们研究从点、线到面是从最小单位开始，从小到大。我们美术工作者所说的点，与科学工作者不同，我们是以眼睛能看得见为限。由于点的移动轨迹构成了线，线的移动轨迹构成了面，面的移动又构成了体，所以从点出发，我们可以得到各式各样的形象。假定米粒散在盆里，只是无规则的"散沙"状，而将它们排列起来，就可以成为一个形象，甚至是感人的形象。我们的学习目的就在于此。我们可以利用千万种形式来组合、排列点、线和面这些基本要素，构成所需的形象，不论它多么复杂，也离不开这简单的构成原理。

向线作用

我们假设用一条带有箭头的线段，来表现一件人物或动物雕塑的主要动态和运动方向，那么这条线就可简称为向线。因为向线表现了整体的动势，所以各个局部都要服从向线，也就是与向线所代表的主体相一致。在雕塑中，局部动态可稍偏离向线，但不可矛盾过大（除了为激化或平衡的特殊需要），否则会使作品的运动趋势模糊不定，造成呆板或主从不分的现象。如奔跑的动物，主动线是向前的水平线，如果加上一条与此线垂直的长脖子，或长尾巴，都可能使原有的动感消失，破坏整体的协调。一捆麦子，出现少许与向线不顺的麦穗，倒也显得生动活泼。如果七竖八歪，非但打不成捆，还会流于杂乱无章。

我们的作品应像一部交响乐，有各种乐器，有高低起伏，有急有缓，都是为了表现和强化主题而设置的。向线是在不失个性的基础上强调共性，强调作品的统一。

零件讲话

一件作品，除了用整体的形象打动人外，细部的作用也不能忽视。一部机器，每个零件都有特定的使命，雕塑的"零件"也能表达特定的形象和情绪。同是虎的眼睛，有的处理得残暴凶猛，如青铜器中的虎耳；也有的可爱善良，充满了儿童的天真和稚气，如民间"泥叫虎"。翘起的脚趾可使儿童的形象更加顽皮，几丝秀发可使少女形象更加妩媚，细眯的眼睛可使狐狸的形象更加刁滑。"零件"处理得巧妙，可使作品情趣盎然、别出新意。在创作中，要让"零件"说话，但不能拉"主动势"的后腿，每一局部都要助动、助威、助势，即在共性之中强调个性。

装箱法

表现形体的准确就要讲究比例，美术工作者不同于数学家，不以几何尺寸的精确为准绳，不是用尺量得的，而是凭眼睛的观察来把握的。我认为，也可以借助假设的正方形（体）来衡量判断物体长宽高的比例。如：一扇门是两个半正方形，靠背椅是两个正方形等。不论是汽车还是建筑物，均可借助于正方形（体）来衡量，其实这个作为尺度的正方形不一定用线条画出来，但在用眼睛观察物体时可用"装箱法"来理解。装箱法透视是较简易的透视法，把物体理解为放在箱内，物体的透视就与立方体的箱子一致。这样即使对于很复杂的形体，也可迅速、简略地判断出它的透视关系和各部分之间的比例。

中线蠕动

雕塑一般都含有中轴线，有的水平、有的垂直、有的倾斜。中线贯穿于形体之中，人为地将中线变为实有动感的曲线，便可加强物体的动感，就像游动的鱼、爬行的蛇，我把这种造型的处理手法称为中线蠕动法。这种手法在中国古代雕塑及东南亚雕塑中都很常见，那些"出胯三道弯"的菩萨造像之所以生动，是因为他们打破了对称的构图，采用了均衡的构图。自然形象中没有绝对对称的东西，利用物体的非对称性，人们常将反面人物的面部夸张到歪鼻斜眼的程度。又如莫迪里安尼在描绘少女的画中，将人物的头、颈、手安排在一条蜿蜒上升的曲线上，使得画面静中有动、优美含蓄。但要注意，中线的处理要从实际的视觉效果出发，因作品题材而异。

支点减缩

雕塑形象的支点可处理成两种情况，一种为正三角形类，即上小下大，给人以稳如泰山的感觉；另一种为倒三角形类，上大下小则飘飘然，会向左右摇摆，给人以动感。宋代梅瓶的造型十分优雅挺拔，在于底部的支点收缩得恰到好处，从而突出了瓶肩腹部的浑圆饱满。芭蕾舞演员用足尖站立，身着翼纱裙使人的重心上提，造成不稳定感，这种类似倒三角形的形象却十分生动。反之，上小下大的形象虽稳定却显得呆板。可见在稳定与不稳定上做文章，适当地缩减作品的支撑部分，可谓造型艺术中行之有效的艺术处理手法。

轮廓形象

一件好的雕塑，往往也有最佳的欣赏角度，或者说主视面。而雕塑的主视面的影像效果，是首先打动人的东西，尤其是作为远距离欣赏的园林雕塑、建筑雕塑，就更应该注意轮廓形象的处理。一般说来，雕塑的轮廓形象越概括和整体，它给人的第一印象就越鲜明和强烈。如中国的剪纸和铁花，由于影像明晰，使人一目了然。在我们的雕塑中，根据整体需要，适当加些空洞、凹面和线刻，在不失作品空间感的前提下，尽量将主要形象完整地显露出来，都是加强影像效果，突出轮廓形象的好方法。

四幅面与一幅画

圆雕四面都可以欣赏，好像四幅画接合在一起；浮雕只能一面看，但高浮雕有时可三面欣赏。

圆雕的优点是塑造得比较具体，实体感和立体感强，它的局限性是难以表现较多的形象、环境和时间，如"千军万马""高山流水"等。有时用浮雕能够表现的题材，用圆雕来表现就比较困难。故在设计时，要考虑到圆雕的局限性，可以用象征、寓意等手法，代替纯客观的描写。

浮雕可分为高浮雕、低浮雕等。我认为高低浮雕间没有十分严格的界限，高浮雕更接近圆雕，低浮雕更偏向绘画。

西方的浮雕理论以按比例压缩为特色，但这理论有时在实际创作中也行不通。如设计正面的人物头像浮雕时，如按比例压缩，人的鼻子无疑是最高的，但如用在纪念币或器物装饰上，鼻子部分很快就会磨掉，使作品面目全非。另外按比例压缩的浮雕，造成的强烈的体积和深度感，有时会破坏它所依附的器物或建筑物的表面平整性。我国古代劳动者创造的浮雕方法是斜雕法，因为它的各高点基本保持在一个平面上，所以又称为多高点浮雕。

浮雕的亮面叫纳光，暗面叫纳阴。垂直于浮雕底面的立面叫企位。我们都知道，与光线垂直的地方亮，与光线平行的地方暗，因此，在塑造浮雕形象时，就要注意处理浮雕的面与光的关系，也就是适当经营浮雕上各个面的朝向和凹凸。加强纳光、纳阴，可丰富浮雕的形象，丰富画面的光影效果，就像海上忽明忽暗的航标灯，给人以强烈的节奏感。

企位在浮雕中既确定形象，又表现层次关系，由于浮雕偏向绘画，不完全靠体积、量感等表现物体在空间中的关系，而与绘画一样利用错觉，利用浮雕特有的企位、平面、斜面和弧面，使人在视知觉中产生立体感。难怪有人称浮雕"是在泥上画画"。

图 2

图 2. 郑可受邀参加蒋朔、吴少湘创作的四川泸州城市雕塑《酒城之魂》剪彩仪式，并考察、指导当地规划、建设（1987 年 9 月初；吴少湘提供）

389

装饰雕塑

关于"装饰雕塑"的范畴和定义，难于用一句话或几个字来确定。但是，它并不是当前雕塑队伍中，用一般雕塑装饰建筑或器物，就叫"装饰雕塑"，这仅仅从用途方面肯定了它。另外也有人从材料及素材方面给它下定义，似乎玉雕、牙雕、玻璃、雕漆之类的才属于装饰雕塑，或者把装饰雕塑看成非主题性的雕塑和案头陈设品。这些看法都不太恰当。

我认为凡是采用装饰性的表现形式和手法，具有装饰性风格的雕塑，那些概括夸张而富有生命力的，绝非自然主义的雕塑，都可以称为"装饰雕塑"。有如话剧和京剧之分，"装饰雕塑"是采用了类似京剧的表现手法。因此装饰雕塑的家族是很庞大的，小到纪念币、奖杯，大到园林雕塑、建筑雕塑，凡是富于装饰性的立体造型，都可归入其中。

图 3. 郑可《纪念花圈浮雕稿》（约 20 世纪 50 年代；郑方提供）

图 3

"艺术概括内容" 的作用 [1]

b. 艺术概括

一、可以作为艺术概括本身的具体方法。

二、可以作为艺术处理的依据。

三、可以作为观察生活的标准。

a. 逻辑思维（过程）

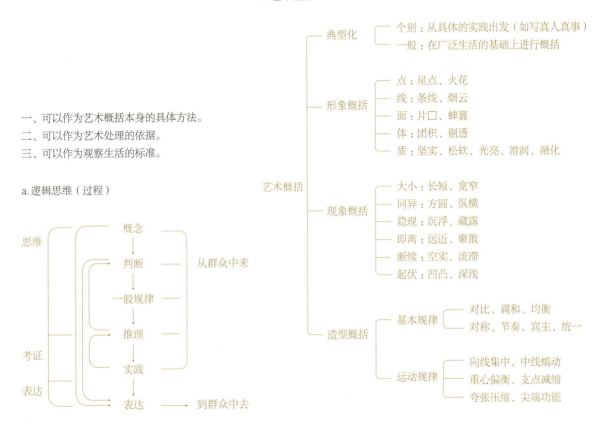

1. 此手写草稿原件（似非郑氏笔迹），由郑方女士提供。今据纸张和书写情况推测，当草成于 20 世纪 80 年代初以前，或即 20 世纪 70 年代末至 80 年代初。

附：中央工艺美术学院授课表·郑可（1956—1987）

连冕 整理

说明：

① 本记录原始资料来源为所能查阅的《中央工艺美术学院档案·院历—课程表—教师配备表》（含教学进程表、时间表、一览表等），主要为本科教学，另有少量研究生及专科内容。

档案号如下：

JXg02—0803（1956—1965，永久，教务处）

JXg02—0804（1966，永久，教务处）

JXg02—0805（1978，永久，教务处）

JXg02—0807（1980，永久，教务处）

JXg02—0808（1980—1981，永久，教务处）

JXg02—0809（1982，永久，教务处）

JXg02—0811（1984，永久，教务处）

JXg02—0813（1985，永久，教务处）

JXg02—0814（1986，永久，教务处）

JXg02—0815（1987，永久，教务处）

② 课表档案中个别任课教师使用姓氏省代，除明确可辨者外，概不收载。

③ 教师配备两人以上则据档案所载顺序列出全部教师姓名，若无则仅为郑氏亲授，不再缀标。

④ 国家劳动制度统一规定，20世纪90年代前，每周授课基本为6全天，周一至周六，周日休息。

⑤ 课表安排涉及节假日则不再列出，当天具体授课时间若无作息表可查亦不再列出。

⑥ 原始档案中的异体、别字及错漏，整理时均做了修正，如无特殊情况则不再注出。

⑦ 已收集并经整理的个别学员笔记材料，或即涉及某些授课内容，今特括注于相应年代时次之下，以便互见。

1956—1957 学年度第一学期
（195609—195612）

陶瓷系 1 年级

陶瓷工艺（每周 6 时，共 7 周，周四、周五，第 6—8 节，2:00 p.m.—4:35 p.m.，冬季 1:30 p.m.—3:55 p.m.；祝大年、郑可、梅健鹰，第 3 素描教室）

1959—1960 学年度第二学期
（19600523—19600723）

陶瓷系 4 年级

雕塑—下厂（共 225 时，各 5 周；16—24 周，周一—周五，第 2—6 节，8:30 a.m.—12:30 p.m.）

1960—1961 学年度第一学期
（19600919—19601008、19601010—19601126、19601128—19601224、19601226—19610128）

陶瓷系 玻璃、雕塑

素描（3—5 周，75 时；周一—周五，第 1—5 节）

浮雕（6—12 周，175 时；周一—周五，第 1—5 节）

圆雕（13—16 周，100 时；周一—周五，第 1—5 节）

创作（17—21 周，125 时；周一—周五，第 1—5 节）

1960—1961 学年度第二学期
（19610227—19610401、19610403—19610715）

陶瓷系 玻璃

设计（1—5 周，100 时；周一—周四，第 2—5 节）

下厂（6—20 周，15 周，院外）

1961—1962 学年度第一学期
（19611023—19611125；19610925—19611021）

陶瓷美术系 4 年级

雕塑基础（6—10周，120时 + 15时，第1—4节 + 业务课自习第5—7节，8:10a.m.—12:00a.m.）

装饰美术系2年级 壁画、书籍、商业专业

绘画基础（素描）（2—5周，88时，郑可、汪玉琳，第1—4节，8:10a.m.—12:00a.m.）

（杨永善笔记）

1961—1962 学年度第二学期
（19620219—19620331、19620521—19620602；19620409—19620512）

陶瓷美术系3年级

陶雕（1—6周，132时，第1—4节，8:00a.m.—12:00a.m.）

图案（14—15周，第1—4节，8:00a.m.—12:00a.m.）

装饰美术系3年级书籍、商业专业

素描（8—12周，66时，郑可、张孝友，第1—4节，8:00a.m.—12:00a.m.）

1962—1963 学年度第一学期
（19620820—19620901、19620917—19621006、19621105—19621117；19620820—19620922）

陶瓷美术系（专业组教学）5年级（陶雕组[1]）

陶瓷纪念品设计（1—2周，48时，第1—4节，8:00a.m.—12:00a.m.）

陶质壁画设计（5—7周，72时，第1—4节，8:00a.m.—12:00a.m.）

制图（12—13周，48时，第1—4节，8:00a.m.—12:00a.m.）

装饰美术系3年级 商业、书籍、壁画专业

素描（1—5周，110时，郑可、周成儦，第1—4节，8:00a.m.—12:00a.m.）

1962—1963 学年度第二学期
（19630325—19630406、19630408—19630427、19630527—19630608、19630610—19630622、19630624—19630713、19630211—19630330、19630401—19630622；19630325—19630420）

陶瓷美术系4年级（陶雕组）

设计（金工）（7—8周，48时，第1—4节，8:00a.m.—12:00a.m.）

设计（玻璃）（9—11周，60时，第1—4节，8:00a.m.—12:00a.m.）

设计（陶纪念品）（16—17周，48时，第1—4节，8:00

a.m.—12:00a.m.）

设计（塑料）（18—19周，48时，第1—4节，8:00a.m.—12:00a.m.）

设计（浮雕饰品）（20—22周，72时，第1—4节，8:00a.m.—12:00a.m.）

陶瓷美术系5年级（陶雕组）

参观实习（1—7周）

毕业设计与制作（8—19周，272时，郑可、郭万隆，第1—4节，8:00a.m.—12:00a.m.）

装饰美术系3年级 商业美术、书籍装帧、壁画专业

素描（7—10周，760时，第1—4节，8:00a.m.—12:00a.m.）

1963—1964 学年度第二学期
（19640302—19640711）

陶瓷美术系5年级

毕业设计及制作（1—19周，郑乃衡、杨永善、刘珂[瓷]、郑可[陶雕]）

1964—1965 学年度第一学期
（19641012—19641024、19641102—19641121、19641130—19650102、19650104—19650116）

染织美术系（图）3年级

工业描绘（7—8周，44时，第1—4节，8:00a.m.—12:00a.m.）

雕塑基础（10—12周，66时，第1—4节，8:00a.m.—12:00a.m.）

机械制图（14—18周，106时，第1—4节，8:00a.m.—12:00a.m.）

设计基础（19—20周，第1—4节，8:00a.m.—12:00a.m.）

1. 据《中央工艺美术学院科技档案：1957—1963年关于教师情况的材料》（1963，永久，教务处，JX·M·01-1351）内《中央工艺美术学院为老教师配备助手情况》表（19621231）：郑可时年54岁，"陶雕工作室"工资等级"教学4级"教授，专长为"陶雕和现代工艺"，系"民盟盟员"；助手为周成标（儦），时年35岁，"陶雕工作室"工资等级"教学10级"讲师。其余配备助手的教员依次为：雷圭元（55岁）、程尚仁（45岁）、柴扉（62岁）、庞薰琹（56岁）、梅健鹰（46岁）、郑乃衡（50岁）。

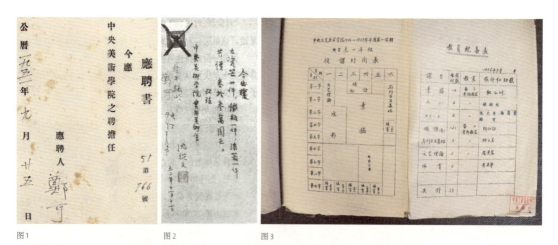

图1 图2 图3

图4

图1. 郑可应聘中央美术学院《应聘书》（郑氏签名，1951年9月25日；郑方提供）

图2. 郑可、张仃经手验收的，沈从文向中央美术学院实用美术系出让瓷器、铁瓶、漆器字条（1952年11月；采自李辉：《从边城走进故宫》，《笔墨碎片》，合肥，安徽教育出版社，2007年版，第169页）

图3.《中央工艺美术学院授课时间及教员配备表·1956—1957学年度第1学期》（1956年9月，陶瓷系1年级）

图4. 郑可（2排左3）与装潢系教师阿老（2排左4）、梁速征（2排左5）、柳维和（2排左6）及1961级学生合影（20世纪60年代初；柳维和家属提供）

1965—1966 学年度第一学期
（19651206—19660115）

（图）4 年级

    工业描绘（15—20 周，108 时，第 1—4 节，8:00a.m.—12:00a.m.）

1965—1966 学年度第二学期
（19660206—19660730；19660207—19660430、19660502—19660611；19660502—19660604）

染织系（工）4 年级

    专业设计实习（汽车、收音机，北京；包括劳动 5 周，1—25 周，郑可、王学东、吴宝东、李骐）

工业品美术系 4 年级

    专业设计实习（汽车、收音机，北京）（1—10 周，郑可、王学东、吴宝东、李骐）

    设计练习（13—18 周，郑可、王学东、吴宝东）

装潢美术系（专修科）1 年级（玩具）

    雕塑（13—17 周，第 1—4 节，8:00a.m.—12:00a.m.）

1977—1978 学年度第一学期
（197707—197712）

特艺系 76 级（专一进修班）2 年级（工艺雕刻）

    立体造型（10—12 月，郑可、李德利）

1977—1978 学年度第二学期
（197801—197807）

特艺系 76 级（专一进修班）2 年级（工艺雕刻）

    毕业设计（5—7 月，郑可）

                    （王笃芳笔记）

1978—1979 学年度第一学期
（19781127—19790120）

特艺系 78 级

    浮雕及圆雕的花鸟动物临摹（泥塑工具的制作）（13—20 周，郑可、何燕明、何宝森）

                    （郗海飞笔记）

1979—1980 学年度第一学期
（19791105—19791208、19791210—19800126）

特艺系 78 级

    景物造型训练（11—15 周，郑可、何宝森）

① 教学要求：用线作为表现手段，体会造型的节奏感；应用立体造型手段，体会构图的手法；用空间透视手法造型构图；用色彩的各种手段来造型；自择材料及工具塑造艺术形象，完成作业一件。

② 教学方法：在风景速写、色彩速写的基础上，以写生素材作构图练习，制作一幅风景画。讲解"造型训练的目的和要求"。巩固三度空间的造型知识，课堂练习，个别辅导。

              （郗海飞笔记，马心伯笔记）

风景装饰浮雕技法（16—22 周，郑可、何宝森）

① 教学要求：创作练习，要求学生对构图风格与基调有所理解并掌握。将创作草稿按浮雕效果绘制。掌握石膏翻制技术及石膏加工及着色。

② 教学方法：在造型训练的基础上自择题材作构图练习。课堂练习，启发同学用不同手法表现。

                    （郗海飞笔记）

1979—1980 学年度第二学期
（19800505—19800614）

特艺系 78 级

    泥塑（人体圆雕、着衣人体浮雕）（11—16 周，上午，郑可、何宝森）

1. 教学要求：

    ① 把素描基础课与泥塑基础课有机地联系起来。

    ② 掌握人像和人体的生长规律、运动规律和艺术规律（即形式美的法则）。

    ③ 巩固整体观察方法，要求对人像及人体的描绘和塑造具有扎实的基本功。

    ④ 既着重于对于结构的理解，也训练对人体美的感受和表现方法。

    ⑤ 本学期的全部基础课教学是一个大单元，贯穿各个小单元教学要求，是培养和锻炼学生获得感受形象，把握形象，创造形象的能力。[2]

2. 教学方法：课堂作业，个别辅导。

---

2. 据该份档案（JXg02—0807）表格，此课程与素描（头像、胸像）、自选人像（做圆雕、浮雕练习）（以上两门授课时间 19800225—19800329）、泥塑（头像、胸像）、人物动态（速写、默写、白描）（以上两门授课时间 19800331—19800503）、人物造型及构图练习、命题创作（以上两门授课时间 19800623—19800719）的教学要求和教学方法一致。

图 5

1980—1981 学年度第一学期
（19800901—19801025、19801027—19801220）

特艺系 78 级（3 年级上，16 人；班主任：何宝森；教室 306）

    设计练习（1—8 周，郑可、何燕明、何宝森、张昌、杜宏宇）

    工艺练习（8—16 周，郑可、何燕明、何宝森、任世民、路盛章）

郑可工作室 78 级

    专业设计与工艺制作、专业基础训练

    ① 教学要求：结合每个同学的具体情况进行教学，试行工作室的个人辅导教学为主的教学方法。共同性的问题集体统一讲授，个别性的问题单独解决。研究生（4 名）在一定时间之内，参加工作室的各个专题辅导工作，并同时进行个人的创作研究。

    ② 教学方法：理论讲授、工艺讲授、技法指导；本学期主要注重于课堂教学，并着重于根据每个同学的特点以及存在的问题进行指导。

    ③ 教员配备：郑可、何宝森

1980—1981 学年度第二学期
（19810216—19810404、19810406—19810711）

特艺系 78 级（3 年级下，16 人；班主任：何宝森；教室 306）

学习传统雕塑（1—7 周，郑可、何宝森）

    ① 教学要求：学习古代雕塑艺术传统，理解中国雕塑的民间风格，加深对传统浮雕形式和风格的学习，对雕塑与建筑与自然环境结合、协调的认识，为宜兴下厂创作实习打下基础。

    ② 教学方法：参观、讲解、分析、速写临摹。

创作设计与实习（宜兴陶瓷厂，8—21 周，郑可、何宝森）

    ① 教学要求：结合陶瓷工艺，结合当地工厂实习条件，进行设计、创作、分小组深入工厂，充分发挥宜兴地区花釉、青瓷以及建筑陶瓷的特点。

    ② 教学方法：命题创作和自选题材创作相结合，集体创作和个别辅导相结合。

                   （马心伯笔记）

1981—1982 学年度第一学期
（19810901—19820109）

染织系服装 80 级（15 人；班主任：袁杰英；教室 401）

    服装人体（1—2 周，15—16 周，[3] 郑可、罗炳芳）

特艺系 78 级（4 年级上，[4] 16 人；班主任：何宝森；教室 306）

    专业设计与工艺制作（1—19 周，郑可、何宝森）

                   （马心伯笔记）

1981—1982 学年度第二学期
(19820208—19820710)

特艺系 78 级（4 年级下，16 人；班主任：何宝森；教室 306）

　　毕业设计、论文（1—22 周，郑可、何宝森、张昌）

1983—1984 学年度第一学期
(19830905—19840121)

装雕 研究生 82 级（二年级下，1 人）

　　（1—4 周）协助工作室与北京工艺美术总公司工作：1. 教学实践，培养人才；2. 科学研究。

　　（5—12 周）1. 到云南了解晋宁石寨山青铜工艺，收集创作素材；2. 对云南特有的斑铜工艺进行了解学习，就地下厂实习。

　　（14—20 周）1. 搞部分毕业创作；2. 撰写学位论文提纲；3. 收集、整理论文素材。

1984—1985 学年度第一学期
(19841126—19841215、19840917—19841013)

服装美术系 82 级（3 年级上，14 人；班主任：窦东虹；教室：行政楼 219）

　　速写（13—15 周，郑可、窦东虹，图书馆 4 楼素描教室 411）

特艺系 金专 84 级（1 年级上，20 人；班主任：王培波；教室：行政楼 408）

　　专业素描（3—6 周，郑可、何宝森）

1984—1985 学年度第二学期
(19850304—19850318)

特艺系 金专 84 级（1 年级下，20 人；班主任：王培波；教室：行政楼 408）

　　速写（1—3 周，郑可、何宝森，素描教室 409）

1985—1986 学年度第一学期
(19850902—19860118、19851014—19851116)

特艺系 本科装雕 83 级（郑可工作室；班主任：何宝森）

　　深入生活、创作设计、工艺制作（1—20 周，郑可、何宝森、王培波）

特艺系 专科装雕（金工）人民银行代培班[5]（1 年级，20 人；班主任：蒋朔；时间：每周一全天，周二、周五 1—2 节，周三、周四、周六上午）

　　造型写生（7—11 周，郑可、孙嘉英，第 8—11 周于素描教室 409）

1985—1986 学年度第二学期
(19860505—19860712、19860324—19860712)

特艺系 雕 83 级（第四工作室，5 人，班主任：何宝森；教室 322；时间：每周一至六上午）

　　专业设计与工艺制作（重点课程，11—20 周，郑可、陈皖山）

特艺系 金专 84 级（20 人，班主任：刘少国；教室：行政楼 408；时间：每周一至六上午）

　　素描人体（1—3 周，郑可、孙嘉英，素描教室 407）
　　浮雕人体（4—6 周，郑可、孙嘉英）
　　毕业创作与工艺制作（7—20 周，郑可、王培波、刘少国）

1986—1987 学年度第一学期
(19860915—19870117、19861215—19870117)

特艺美术系 雕 83 级（四室，5 人，班主任：何宝森；教室 322；时间：每周一至六上午）

　　专业设计与工艺制作（重点课，3—20 周，郑可、何宝森、陈皖山）

特艺美术系 金工（干）85 级（16 人，班主任：王培波；教室：行政楼 413）

　　专业设计（重点课，16—20 周）

1986—1987 学年度第二学期
(19870216—19870718)

特艺美术系 雕 83 级（4 年级下，四室，5 人；班主任：何宝森；教室 322；时间：每周一至六上午）

　　毕业创作、论文及工艺制作（重点课，1—22 周，郑可、蒋朔、陆志成）

特艺美术系 金工（干）85 级（2 年级下，16 人，班主任：王培波；教室：行政楼 413；时间：每周一至六上午）

　　毕业设计与制作（硬币组，8—22 周，郑可、吴少湘）

3. 据档案（JXg02—0807）所附另一套手绘表格，此课程授课名称为"服装人体"，授课时间为该学期第 1—5 周（19810901—19811003），其余不变。

4. 据档案（JXg02—0807）所附另一套手绘表格，该班又记有"郑可工作室"名称。

5. 据档案（JXg02—0807）所附《1985 年—1986 年第一学期素描教室安排》表，该班又记有"雕（干专）85"名称。

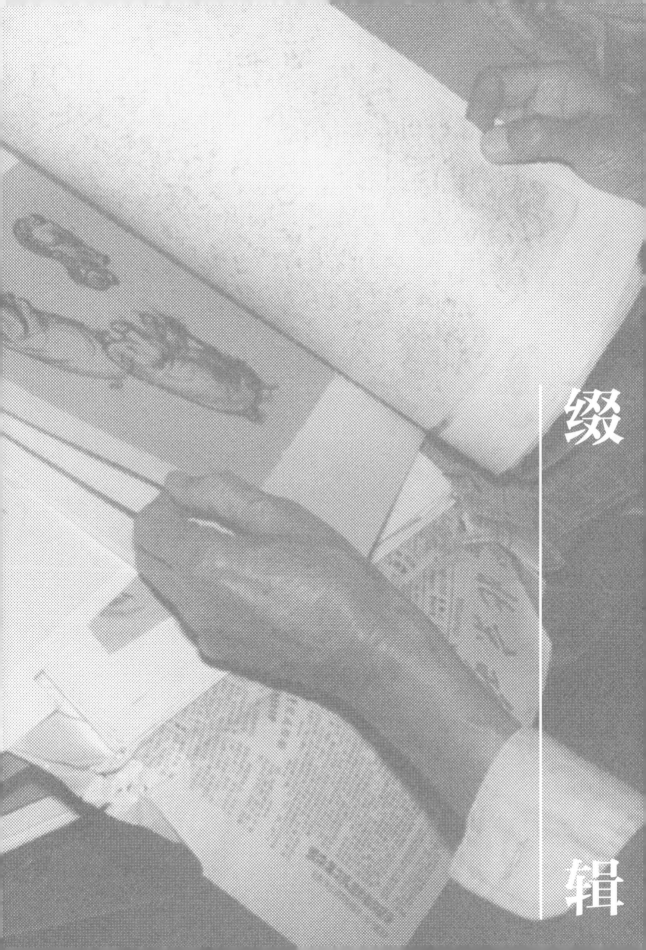

缀

辑

贺寿·悼文

包豪斯与郑可[1]
——为郑可先生八十寿作

何宝森

1. 此文系据《中央工艺美术学院档案·名人全宗——郑可卷》（形成日期：1986年；形成单位：院办）收编之某刊物复制件录入，收录本集时，个别漫漶处已用符号"口"代替，而其删削、调整后的版本，亦见于《中国工艺美术》丛刊（1985年第3期，第35页）。

"包豪斯"（Bauhaus）这个名词，如今已不觉生疏。但是在十年前，它还为人所禁忌。我第一次知道这一名词，是在郑可先生家里。那是20世纪60年代的头一个夏天，先生刚从下放劳动的北京工艺美术研究所回到中央工艺美术学院。先生当时讲到自己在法国留学时，1933年，德国包豪斯学院第一次到巴黎举办展览，给了他很深的影响。为了更进一步了解包豪斯的思想，他在回国后的第二年（1937年），又一次赴法国参观了世界博览会，从此奠定了他终生事业的基石。

郑可先生在30年代就觉悟到未来工艺美术发展的方向。他下决心要摸索出一条包豪斯与中国实际相结合的道路。这是他一生奋斗的目标，是他青年时代就在心底萌生的艺术理想。从此，年轻的郑可毅然选定了包豪斯的艺术道路，他下决心要改革中国的工艺美术教育，要创出中国式的包豪斯体系。

逝水难寻，转瞬半个世纪过去了……当年的热血青年，如今已是龙钟年迈的八十寿翁了。每当默对着这位倔犟而执拗的老人的背影，我总不由得忆起二十年前，他每夜伏案和一位残疾人在一间低暗的小屋里，翻译日文《设计基础》时的情景……这本书是60年代初，常沙娜同志随中国青年代表团赴日本访问时，日本朋友赠送的。郑可先生见到此书，爱不释手，于是埋头翻译。遗憾的是二十年前这样一本《设计基础》，是不可能出版问世的！至今，在老先生的书架上还存留着这部完整的译稿。

二十年后，1980年香港"大艺学院"的吕立勋先生来京讲学，包豪斯的设计理论才渐渐在人们中间传开。与此同时，工艺美院的两位中年教师也相继翻译了这本《设计基础》，并在学院开设了构成练习课。从此，包豪斯的教学思想，就这样在国内传播开来，而渐渐广为人们接受和认知。

一个思想的实现，一个学术的传播，需要多少人去献身！需要付出多少时间的代价啊！郑可先生如今已是满头银发，而重译《设计基础》的其中一位中年教师陈菊盛，两年前就被癌症夺去了生命。

"包豪斯"是德国的一所崭新的艺术设计学院的简称，它成立于 1919 年 3 月 21 日。德文全名为 DAS-STAATLICHES BAUHAUS，即国立建筑学院之意，它的创建人是 1883 年诞生于柏林的现代建筑前导大师——华尔特·格罗佩斯（WALTER GROPIUS）。

包豪斯的创立，开辟了设计艺术的新纪元，铺平了现代艺术向前发展的广阔道路。格罗佩斯英明地预见到现代设计的发展方向，他认为现代建筑是建筑、雕刻、绘画的综合体，艺术与工艺结合，与科技结合是生活的要求，是时代发展的趋势。他胸怀大志，壮心不已，广揽人才，凡是在当时具有新思想的艺术家，都被他聘为教授，荷兰的蒙特利安，瑞士的保罗·克利，俄国的华西里·康丁斯基，匈牙利的摩荷里·那基，荷兰的杜斯保，瑞士的约翰尼斯·伊腾等，真是天下奇才精英荟萃，风云际会鼎盛一时！他们的教学著作和创作设计，影响至今整整一个世纪，并且成为现代艺术的经典理论。康丁斯基、蒙特利安和克利成为现代艺术的领袖，世界公认的大师。"包豪斯丛书"虽然只出了十四册，却被人们称为"20 世纪最富吸引力和刺激性的现代艺术宝典"。

格罗佩斯的艺术教育主张，是在于达到艺术与技术的新的统一观。他改革教育制度，在包豪斯学院毅然取消了教授和学生的称呼，只有师傅（MASTER）、技工（JOURNEYMAN）和学徒（APPRENTICE）之分。他大胆舍弃了纯粹知识传授的书本教育，改而实施知识与技术并重的"工厂学徒制"的教育法。对学生采用两部制教育，新生入学必须进行为期约一年的预备教育，学习"基本造型""材料研究"和"工厂原理""工厂实习"等基础课程，尔后根据每个人学习的成绩和特长，分别选送入适宜的实习工厂（工作室）接受为期三年的深造，有金属工厂、塑料工厂、编织工厂、壁饰工厂、陶瓷工厂、舞台工厂等。包豪斯的教育经验和模式，对于我们今天仍然有着极大的参照价值。

包豪斯是新时代的产儿，为包豪斯的诞生作出贡献的知识分子，他们的功绩如今已得到历史的首肯。今天，当我们重温历史，再一次读起格罗佩斯起草的《包豪斯宣言》时，我们的心仍然会被他们那崇高的思想和志向所撼动！"建筑家，雕刻家，画家，都应当转向工艺方面去。艺术不是一种专门的职业，艺术家和工艺师之间根本上没有任何区别……工艺技术的熟练对于每一个艺术家来说都是不可缺少的，因为真正有想象力的创作的根源，即建立在这个基础之上。让我们来建立一个新的设计家组织吧！在这个组织里，绝对没有

图 1

图 2

图 3

图 4

图 5

图 6

图 7

图 1. 郑可《鸡》（本篇图片均采自《中国工艺美术》1985 年第 3 期）

图 2. 郑可《鸡罐》

图 3. 郑可《鱼罐》

图 4. 郑可《烟灰缸》

图 5. 郑可《烟灰缸》

图 6. 郑可《烟灰缸》

图 7. 郑可《猫头鹰罐》

那种足以使工艺大师和艺术家之间树立起自大屏障的职业阶级观念，同时让我们创造出一座将建筑、雕刻、绘画结合成三位一体的新的未来殿堂，并用千万艺术工作者的双手，将之矗立于云霄高处。"这成为今后一种新信念的鲜明标志和豪言壮语，撼人心坎。

郑可先生在青年时代就接受了包豪斯的思想，在他回国的几十年里，一直专心研究祖国的工艺美术，研究祖国的雕塑艺术，他决心要探索出一条中国式的包豪斯道路。披历艰辛，顽强奋斗，有人用"包豪斯加孔老二"来揶揄他，他反而以此来自□□。

郑可先生在教学中坚持深入实际，坚持参加生产劳动。他提倡"多专多能"，要求学生要成为"通才"。郑先生的素描教学，他对中国传统雕塑的研究，特别是对传统浮雕艺术规律的总结，以及他在造型课程、设计方法、金属工艺、陶瓷工艺等方面的研究，对包豪斯理论的探索和发展，对于发展我国工艺美术事业，无疑将越来越显现出深远的影响。

郑可先生是一个顽强的人，他面对□□的挑战，从未动摇过自己的信念，单枪匹马拼搏到底！先后由他主持的"工作室"都因为种种原因而一一解体，在我的记忆里，就有过三起三落。然而，老先生从不气馁，更不服老，每天他还和青年人一样□□祖国的工艺美术事业东奔西忙。他不但从事学院的教学，还被北京市政府聘请为工艺美术顾问，为地方培养工艺美术人才。

今天，当我们向这位在工艺美术事业奋战的老专家祝贺八十寿辰的时候，还能从他身上又一次看到包豪斯思想的生命力。从他身上，我们将会学习到许许多多难以用文字表达的东西。

我们衷心地祝愿他健康长寿！

光墨春秋（节选）

何宝森

学院之遇·雕塑专业

1958 年的"大跃进"，学院开创了新的专业，如壁画、琉璃、雕塑等，专门抽调成绩优秀的学生进行专门培养，以备毕业后留校任教。我被幸运地选中，成了陶瓷系雕塑专业的一名成员。这专业仅三名学生，我是二年级被选中的，还有柴静溪是三年级的一名女生，申永是从中央美院附中毕业后考入工艺美院的一年级学生。……

陶瓷系的主任梅健鹰先生，是他在主持工作时坚持给予我这个机会。还有张仃先生，他当时是学院的副院长，他们对我的爱护和关怀，我永远不会忘怀。当然，更重要的一个人就是郑可先生了，他 1957 年被错划为"右派"，离开学院到北京工艺美术研究所"劳动改造"，而我 1962 年大学毕业留北京，也就分配在他劳动的单位，真是太巧了！上世纪 30 年代留学法国的艺术家，与郑可同学的有刘开渠、庞薰琹、常书鸿、滑田友、王临乙、曾竹韶、吕斯百、冼星海、艾青，还有我童年的启蒙老师廖新学。这些都是中国艺术界的一代精英，我为能成为他们的学生而感到无比自豪。郑可先生对我十分关爱，自然教授得也更加用心和严格，他不但把现代艺术"包豪斯"的设计理论、革新思想灌输给我，还鼓励我要全面发展，"多画画，多画速写"，"要做通才"。经郑可先生的引荐，我有机会认识了张光宇、张正宇、叶浅予、郁风、丁聪、黄苗子和黄永玉等优秀美术家，这些前辈给予我的启发、教诲和知遇之恩，令我终生难忘。特别是 1961 年毕业创作时，是郑可先生支持和批准我到云南西双版纳体验生活，这样就获得四年来第一次回故乡的机会。

回眸人生——一个画家的记忆：帅府园·白堆子

从千里之外的云南上京赶考，确不是件容易事。当时美术院校不在外地设考区，考生一律必须到北京集中参加入学考试。1957 年云南报考北京美术院校获得准考的，除我之外还有赵仲修、李存伟二人……。中央工艺美术学院当时还在西郊白堆子……。

图1

考试顺利通过了，我被录取在陶瓷系，因为没有钱回昆明，就留在学校等待开学。1957 年的暑假是一个特殊的时期，全国开展了轰轰烈烈的反右派斗争，工艺美院反右派斗争的中心是轻工业部领导还是文化部领导的问题，一些人主张工艺美院应该由文化部来领导，而反对由轻工业部领导的老师和同学，都被打成阶级敌人，轮番在大会上斗争，小会批判。我也偶尔被通知去旁听受教育，从而亲眼目睹了政治运动的阵势，知道了工艺美院的"右派"：庞薰琹、郑可、祝大年、柴扉等教授的名字。有趣的是，一年以后，郑可先生居然成了我的导师。

《光墨春秋——艺术生命的足印》，
北京，大众文艺出版社，2012 年版，第 26—27、294—295 页

悼 郑 可

张仃

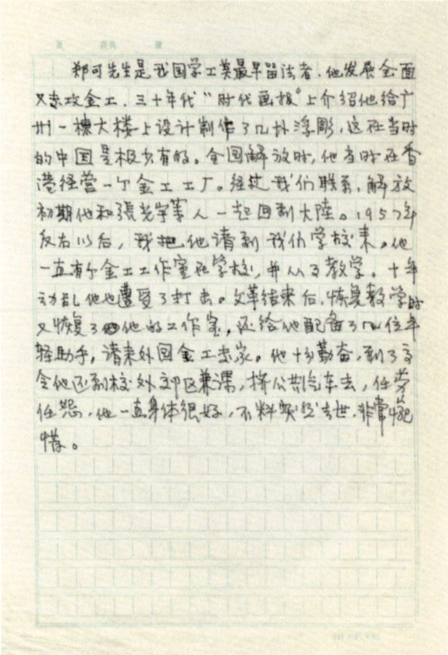

图1

1. 此手迹由天津市文化遗产保护中心赵旻女士提供，其于 2012 年 5 月 22 日下午致编者的电子邮件中回忆："1999 年，为撰写毕业论文《为生命而歌》拜访老院长张仃先生，希望能找些关于郑可先生往昔的资料，后老院长将此纸手书付余。倏忽间已是十数年前的往事。张仃先生也已故去。翻检出此手书时，依稀再见水碓子小院中那些摇曳的郁金香……"

编辑部打来电话，要我写文章悼念郑可。我这一中午倒没有平静。郑可先生死得太突然了，让人意外，也让人惋惜。

我和郑可是三十多年的朋友和同志。早在三十年代，我就知道他。很多美术界的朋友经常谈起郑先生。叶浅予先生主编的《时代画报》上介绍了郑可为广州爱群大厦做人物浮雕，很新鲜，给我的印象也很深。

他从香港回来，带着几个工人和做金工的机器，来到中央美术学院实用美术系。当时，我是系主任，他是教授。工作中，我们建立了深厚的友谊。他是全武行，什么课让他上，都行。中国有这两下子的，只有郑可。当时，展览公司成立，需要搞设计的人才。我就抽出几个学生，请郑先生教他们搞设计。他从不讨价还价。只要有工作，去哪儿都行。把他打成"右派"是天大的冤枉，但他毫无怨言，照旧埋头苦干。

"文革"初期，我被打倒了，他还是个戴着帽子的"右派"。我俩被发配到石家庄的一个军队农场，住在一个屋，仅有点行动自由。干校是不许谈业务的，但郑可却总是滔滔不绝，我俩谈业务常常到深夜。他想得很多，工艺美术生产、科研、教学、创作设计无所不谈。那时，教师的业务都荒疏了。郑可对此很痛心，竟偷偷地教起几个中年教师的素描来了。这在当时是冒风险的，郑可不管这些。他对祖国的工艺美术事业一往情深，而且显得那么迫不及待。

这是有特殊原因的。他从香港回来就是要报效国家的。但是国内的政治运动一个接一个，他本人也难逃劫难，他的才能和抱负没能施展。越是这样，他就越急。拨乱反正以后，他三天两头就往我家跑。我家住在东郊的白家庄，他家住西城的阜成门，到我这要坐一个多小时的公共汽车。早晨七点多钟，一听敲门，准是郑可，进来就是谈工作。因为工艺美术事业的发展使他坐立不安，早早地跑来。当时，他还戴着"右派"帽子。

他从香港带回来的机器，从中央美院到中央工艺美院，二十多年没安上。最后借出去了。直到拨乱反正，还是由郑可张罗，才把它弄回来安上。机器如人，郑可的心情是可以想象的。

就是受了冤枉，郑可也没有对党失去信心，改正错划"右派"以后，他积极要求入党。我在支部大会上说："郑可是从一个爱国主义者转变成共产主义者的。他没有抱怨对他的不公正，始终是一腔热血报国的。"

入党以后，他更积极了。学校里让他每星期来两三次就行了。可他每天必到，而且是在八点钟之前。郑可为中国培养了一大批装饰雕塑和金工方面的人才。他还在德胜门外北沙滩，义务为北京市办金属模具培训班。令人感动，令人钦佩！一个八十岁的老人，要换三次公共汽车，没有任何报酬！他照样干！那时，我已经不是院长了。我和学校说："千万要想办法给郑先生派个车。这么大岁数，真要把他摔死，损失就大了。"但是，由于种种原因，终没能给郑先生派个车。他毫无怨言。

他的身体也确实硬朗。在医院里，医生给他打点滴输液，他把管子拔掉，根本不在乎。他太倔犟。因此，他的死，我们都感到很突然很意外。中国工艺美术和中国美术失掉了一位大师，我失掉了一位老朋友！

郑可先生是新党员，老专家，有很多宝贵的品格和艺术经验值得我们学习。我和他相知三十多年，友谊深厚。也正因为这样，我没有向他的遗体告别，我害怕自己受不了。老朋友一个一个地去了，唯独郑可去世使我格外难过。他壮志未酬，才能未尽。我为他遗憾，也为他悲伤。

《中国工艺美术》，北京，1988 年第 3 期，1988 年 8 月，第 21 页

郑可教授考察唐山陶瓷

赵鸿声 崔福群

82 岁高龄的中央工艺美术学院郑可教授，在他的生日那天，5 月 26 日，风尘仆仆地从北京乘车来到唐山。他是应唐山陶瓷工业公司张德生经理之邀，对唐山陶瓷工业进行考察指导的。

郑可先生首先看了较有代表性的唐山第二瓷厂，看了这厂的技术开发部门和生产车间，随后看了一个郊区的学校办瓷厂和生产工业瓷的唐山十瓷厂。郑教授与陶瓷公司领导同志进行了详细交谈，提出许多好的设想和建议。

郑老认为陶瓷作为工艺美术，它的设计人员要掌握工艺和美术两套本事，不能单打一，不单是画好画就行了。但绘画又是工艺美术之本，要扎扎实实练好基本功。搞陶瓷设计要靠艺术创作与工艺实践。工艺美术好比戏剧艺术，首先要有剧本，然后要有导演、演员、布景、灯光、服装、乐队、剧场、观众等。他最关心的就是唐山陶瓷这个"剧本"怎么写。他认为，唐山陶瓷的生产基础和条件很好，卫生洁具的质量水平全国第一。像二瓷厂这样条件好的厂全国少见。产品 90% 以上出口，四条窑还不够用，每年所作贡献很大。但出口产品档次还不高，产值利润还有很大潜力可以翻番。

他又看了礼尚庄小学校办瓷厂。这厂二十多个人，设备条件是很差的，但他们开发旅游小陶瓷、陶瓷彩蛋、人物顶针、小装饰品等，年创利五万多元。郑老说，鸡窝飞出金凤凰，几十年来梦寐以求的小陶瓷，在这里看到了它的成功。可是这个厂要培养人员，提高素质。

郑老看了生产工业瓷的热压注成形。他说也可以用高频瓷原料开发旅游瓷，压注小陶瓷和与金属结合的首饰品，镀金，摔不碎，能卖好价钱。

开发小陶瓷，主要是供旅游点销售。全国著名的旅游点有一千多个，直接出口也需要。我国是陶瓷之国，今日出口不如南朝鲜和一个台湾省，实感有愧。搞小陶瓷，创作题材有的是。站在天安门广场，环顾四周，搞上二十个品种不成问题。搞得好的，几分钱的成本可以卖一块钱或几块钱，可说是一本万利吧！搞小陶瓷用料少，不占场地。做贾宝玉、林黛玉，就能与《红楼梦》电视片一道出国。小陶瓷见效快，可先从小陶瓷入手。

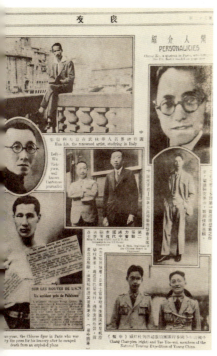

图1

图2

中陶瓷，20至40厘米大小。搞人物、动物、花瓶、奖杯、关云长、诸葛亮，以至周恩来、彭德怀、陈毅、刘少奇等人像都可以做。有的销路不大也不要紧，为扩大产区影响，提高声誉是必要的。在香港的一位老同学来信，要求做六个名人像，赠给牛津大学。六个人像中，有李约瑟博士、尤德爵士。这两位名流，都与中英关系和香港问题有关。对于瓷厂来说，是极好的广告宣传。

大陶瓷是园林绿化及建筑用瓷。例如喷水池雕塑、假山建筑、九龙壁（可搞四五十米的）甚至一二百米高的巨型纪念碑。要敢想，敢走新路。

目前，小陶瓷搞普及，中陶瓷搞提高，大陶瓷可先作准备。关键要有个队伍，二三十人。搞陶瓷也像戏剧艺术，当中有几个年纪大的，大部分是青年。有的设计，有的翻模、注浆、推销。郑老愿意为我们训练美术骨干，半年顶上老工人水平。他可以多来这里帮助工作。这个组半年搞出许多品种是可以的。这里石膏制模工艺还是涂漆片擦皂水，沿用五十年前的老办法；多刻纸喷彩也太费工，都该更新换代了，要有人去动脑筋。抓小陶瓷两个月可出产品，搞大的需二年，干得好只需一年就能实现。

郑可教授是中国当代杰出的工艺美术家。我们很早熟悉他，他是我们心目中可敬可佩的师长。郑先生是广东省新会县人，1906年生。年轻时很有艺术天赋，曾成功地刻制过不少孙中山浮雕像，受到爱国将领赏识，支持他于1927至1934年去法国留学。当时和他同去法国的共有三人，一为冼星海，一为马思聪，二人进入了音乐学院，他进入巴黎国立美术学院雕塑系。毕业回国后，1934至1938年任广州勷勤大学建筑系教授、美术陶瓷科主任。1938至1950年在新加坡、广西、香港等地工作。廖承志同志亲自请他回内地，他于1951年6月，怀着满腔报国之情携带自己的工艺设备、徒弟，举家北上来到北京，投身于新中国的社会主义建设事业中。他先后任中央美术学院、中央工艺美术学院教授，为我国工艺美术教育事业作出了积极贡献。新中国成立初期，他参加了民建和民盟，1981年9月加入了中国共产党。他诲人不倦，锲而不舍，近年仍以八十多岁高龄全国各地奔走，回校坚持正常教学。他的精力充沛，简直不像是个老人。他教着中国铸币公司的六个学生和三个硕士生，一个外籍留学生。这次来唐山之前，刚刚去过上海和邯郸。而从唐山回去后，即去献县指导首饰制作。他回京时，由我们陪同，从丰润乘火车，两个小时就到了北京。他感到格外方便，十分高兴能再来唐山落实他与唐山陶瓷公司领导同志共同商定的工作计划。在北京，他让我们看了他收集的资料和他的工作室，看了学生们的创作。可是三个月后，不幸的消息传来，郑教授因心肌梗塞，鞠躬尽瘁地倒在课堂上了。他的来唐之日，竟是他的最后一个生日。他永远值得我们纪念，谨以此文深表悼念。这份记实材料的初稿是郑可教授生前亲自审阅过的，尤其值得纪念。

《河北陶瓷》，唐山，1988年第1期，1988年3月，第54—55页

报道·采访

"我是党的人了"
——记中央工艺美术学院老教授郑可

顾德华（新华社专稿）

图1

图1. 郑可（1排中）与张汝器（1排右2）等在新加坡（约1937年；新加坡国家图书馆"刘抗专藏 - Liu Kang Collection"，黄韵提供；AI修复图片）

在5月间举行的中央工艺美术学院特艺系党支部大会上，全体党员一致同意七十五岁的老教授郑可加入中国共产党。这时，列席大会的学校领导、老教授，以及郑可教授的学生，都对他表示热烈的祝贺。两鬓斑白的郑可教授，怀着崇高的信念，激动而严肃地说："今后，我是党的人了。我要更好地为党工作，为实现党的最终目标——共产主义，贡献自己一切力量！"

郑可教授是我国工艺美术界知名的专家，长期从事工艺美术教学与创作实践，在陶瓷工艺与金属工艺方面都有较深的造诣。他出生在广东梅县，从小家境清贫，十九岁时到法国勤工俭学。学成后，转辗于广东、广西、香港、新加坡等地从事工艺美术方面的教学和生产技术工作，国民党政府的反动腐败，使郑可教授感到报国无门。

1950年，他看到祖国面貌发生翻天覆地的变化，就毅然舍弃了个人在香港比较优越的生活条件，带领全家，携带一部分金属工艺方面的精密仪器，回到了内地，并立志要为新中国工艺美术事业贡献自己全部力量。郑可教授对祖国的爱是这样的深沉，对党的信念是这样的坚定，即使在他被错划为"右派"，在"四人帮"肆虐时期被戴上"反动学术权威"帽子的时候，他也从来没有动摇过对祖国的热爱，对党的信念，坚持实践着要把自己的知识奉献给祖国与人民的意愿。他曾经被下放到北京工艺美术研究所下属的工厂去劳动，在劳动期间与工人打成一片，搞了不少特种工艺的技术改革。70年代初，他同学校的师生一起在河北省获鹿县的农场劳动了三年半。在农村期间，这位专攻陶瓷工艺与金属工艺的老专家，经常为师生和当地老乡修理小农具、铁壶、脸盆、钢精锅。为了收集修理的材料，他看到地下的铁皮、铁丝、罐头盒、牙膏皮等废品都要拣拾，老乡亲切地称他为"破烂"教授，孩子们拣到这些材料也都替他送去，他的住处经常宾客盈门。他高兴地对别人说："我学到的东西，能为农民服务，使我非常快慰。"他也从来没有荒废过自己的业务，总是随身带着画夹，不论在场院、地头，有机会就替老乡们画素描，几年间他积累了近千张农民素描头像。他早年的一名学生曾因为受到"四人帮"的迫害而生活无着，一度对从事文化工作失掉信心。他不但在经济上解囊相助数年，还鼓励这个学生不要失掉信心，不要丢掉业务。这位学生，在谈起这件事的时候，对郑可教授充满了感激之情。

图2

图3

图4

图2.《光明日报》报样

图3. 郑可（2排左3）与黄永玉（1排左1）、
李铁夫（1排左3）、黄蒙田（1排左4）、
廖冰兄（3排左1）等参加"华南文学
艺术工作者第一届代表大会"（1950年；
采自广东美术馆编：《梁永泰·春归
而华实》，香港，公元出版有限公司，
2007年版，第10页）

图4. 郑可（2排左2）与叶灵凤（2排
左3）、查良镛（2排右2）、黄永玉
（1排右2）等于香港湾仔（1950年；
采自林真：《香港文学研究的过去式、
现在式、未来式》，香港，林真顾问
有限公司，1986年，自印本，第55页）

粉碎"四人帮"后，中央工艺美术学院党委为了发挥郑可教授的学术专长，更好地培养工艺美术人才，成立了"郑可教授工作室"，招收了十六名四年制的本科生和四名研究生，并推选他为学校学术委员会的副主任。党的知识分子政策在他身上得到了落实，使他的学识有了用武之地。

当他的错划"右派"问题改正后，他感到党的实事求是传统作风得到了恢复与发扬，更增强了对党的深情与热爱，很快地向党组织递交了多少年来想递的入党申请书。他在入党申请书中写道："单凭一般工作热情是不够的，必须有一个坚定正确的政治方向，必须把自己的工作与党的奋斗目标联系在一起，才能为党的事业作出更大的贡献。"正是由于他把自己的工作与党的奋斗目标联系在一起，这位年逾古稀的老教授才具有充沛的有时连年轻人都感到紧张的工作热情。有一次，他从外地出差回来，顾不得回家，直接就从车站到学校上班。他是中央工艺美术学院目前在教学第一线年龄最大的教师，也是承担教学任务最多的教师。艺术院校规定，一名教师一个学期有七周的教学工作量，但是郑可教授一学年却完成了三十九周的教学任务。他每天坚持到校工作，风雨无阻，而且早来晚走，有时晚上还要从家里赶到学校来给学生讲课。在教学中，他循循善诱，努力把学生培养成有较高艺术素养和创作能力的人才。他注重理论联系实际，不辞辛劳地亲自带领学生下厂实习。他教育学生要树立为工厂服务，为基层着想，从生产着眼的实习思想。近两年来，他带领学生到邯郸、淄博、宜兴等我国著名的瓷区进行艺术实践时，结合产区的实际，开展创新的设计活动，他们设计出来的不少具有艺术特色和实用价值的陶瓷新产品已投入国内外市场，获得了好评。他每到一个瓷区，都为工人和设计人员讲课，以提高产区工艺创作人员的技术业务水平。在宜兴三个月的实习期间，他集中讲课四次，听课人数达五百五十多人次。郑教授要把他的有生之年全部贡献给党的"四化"事业，他常对学生说："党给我的待遇和荣誉已经很高了，我已经七十几岁，我需要的是时间和工作！"

在生活上，郑可教授也是一位严格要求自己、深受人们尊敬的人。他带领学生出去实习时，从不享受他可以享受的软席卧铺的待遇。在短途，有时还和学生一起坐硬座。在宜兴实习时，学生分散在几个厂，相距比较远。七八月的南方，气温高达摄氏三十七八度，他却从一个厂步行到另一个厂去指导学生实习，一天下来要走上一二十里路程，花费二三个小时。公司领导几次给他派车，他坚持不要，仍是每天步行。在福州，在无锡，带研究生下厂实习时，他都婉言谢绝了当地接待单位在他讲课之余，为他安排专车去游览的计划。他不吃请，不受礼，不搞特殊化。这些都深深地印在学生的心里，他们认为郑可教授是既有言教又有身教的严师，也是与他们生活在一起平易近人的益友。

中央工艺美术学院党委在 5 月 19 日正式批准郑可教授入党。人们说，经霜红叶叶更红。50 年代初郑可教授回到祖国内地，是叶落归根。80 年代初他加入了中国共产党组织，是他获得了新的生命。在这三十年的岁月中，他坚持追求真理，终于从一个爱国主义者进一步成长为一个共产主义者。

《光明日报》，北京，总第 11518 号，1981 年 6 月 11 日，"庆祝中国共产党成立六十周年 1921—1981"专栏，第 1 版转第 3 版

图 5. 香港"郑可工作室"内合影（后排左起：黄蒙田、叶灵凤、彭天暖、蔡里安、尹积昌、潘鹤、郑可、廖冰兄、张正宇，中排左起：黄永玉、张光宇，前排左起：张宗俊、汤澄、高永坚、梁永泰；采自广东美术馆编：《梁永泰·春归而华实》，第 9 页）

图 5

额头上布满雕痕的人
——访造型艺术大师郑可教授

王森

你知道郑可吗？他不像有些绘画大师那样有名，但也无愧于"大师"这个称号。

中央工艺美术学院老教授郑可先生，有着一个宽大的前额，那上面不规则地布满了纹路。这不是普普通通的皱纹，而是岁月在肉体上无情的雕刻。

9 平方米减书架等于 4 平方米

近 20 年前，作为郑可教授的学生，曾经来过他位于北京西城白塔寺下的小院。他的工作室是间西房，大约有 18 平米。低头进去，迎面便是作为造型艺术家显著的标志——雕塑台。环顾四周摆满了"书架"，那是用许多包装木箱垒积起来，再用铁皮条固在一起的。每一只木箱里都拥拥挤挤地装满了书籍或资料，在靠近雕塑台的木箱中却别有洞天，那是一个名副其实的艺术宝库。教授大半生用血和汗凝结而成的雕塑、艺术陶瓷作品，"陈列"在每一只木箱中。它们千姿百态、栩栩如生，令人目不暇接。

18 个平方，一般人如果拥有这么大住房面积，该是富富裕裕的了。然而，教授在这里工作却转不过身来！不是踏在泥巴里，便是退到画架上。

现在，我又重新走到教授的工作室。先生如今已是 77 岁高龄，额头上很添了几道纹路。令人吃惊的是，他的行动谈吐竟依然如故。工作室还是那间房子，已被截成两小间。靠门口的雕塑台不见了，取代它的是一张小床，那是为给女儿看小孩的乡下姑娘搭设的。

18 个平方被占去了一半，剩下的只有插题用的那道数学题了。

大师的肖像

有人曾经风趣地谈：如果为郑可教授画一张肖像，切记要夸张他的手。依我看夸张他的手固然重要，但还不够。如果我来动笔，就用西班牙大画家毕加索的艺术手法，在巨大的手臂上面用油画刀铲足油色，勾出一颗红彤彤的心来，使我们的读者能够一目了然地看到他那最宝贵的东西。

图1

图1. 郑可《中国人民邮政信简》（1974年；郑方提供）

他有一双异乎寻常的手，那是艺术家和普通劳动者兼而并之的、结合得天衣无缝的手。

不管你走上大街小巷，还是进出机场、宾馆，都会见到这双勤劳智慧的手所创造的成果，在直接地为人民服务，为社会主义"四化"建设发挥着应有的作用。

内行的人们都知道，从八国联军侵略中国之后，我们的邮政、海关两项大企业，一直掌握在英国人手里。英国人从大不列颠运来了制造信筒的模具，那些圆形的邮筒，一直沿用到新中国成立后很多年。1974 年，郑可教授动手设计了我国的邮筒。这种新型邮筒由方形取代了圆形，增加了投信孔。不但造型美观，而且可以套装运输，既美化市容又方便群众使用，并提高了邮递员的工作效率。为了装饰新北京饭店，郑教授亲自到邯郸陶瓷研究所，同那里的工人相结合，组成了一支五个人的创作队伍。他们在郑教授的言传身带下，只用了短短的三个月就完成了 1800 余件装饰陶瓷。这些造型独特、手法夸张、形神兼备，具有当代第一流水平的作品，除去满足了北京饭店室内陈设之外，一经投放市场，便得到了顾客的交口称赞。

1977 年，郑教授接受了财政部的聘请，用不到半年的时间，为其培训了一批金币设计员。目前，这 12 名学生已成为我国金币制造工业的设计骨干。

教授这双手，不论在平平静静的日子，还是动荡不宁的年代，甚至在蒙受不白之冤的非常时期，一如既往，从来就没有停止过创作，从来就没有停止过劳动！

1957 年，由于众所周知的原因，郑教授被下放到北京工艺美术研究所。

在那里，他呕心沥血、大胆革新，连续取得了"用工业电解原理处理工艺美术品""超声波雕刻玉器""蛇皮钻雕象牙""电脉冲方法雕钢模""改手工磨玉为电动""旋压加工金属器皿成型"等多项科研成果。这些成果现在已被广泛采用。

我曾经问过教授，是什么促使他有如此旺盛的创造力和百折不挠的精神呢？教授不假思索地回答：是党。是祖国的工艺美术事业。

多么纯真的感情，多么坚定的信念，多么灼热的一颗心！

为了十亿中国人

凡是受教于郑可门下的学生，都知道教授的脾气。他是一个刚直不阿、信念坚定的人，同时又是一个独辟蹊径、善于探索的学者。

这一点早在 1927 年就作了充分的表现。

当年，同去法国勤工俭学的人全部选学西洋绘画，独单他偏偏去攻读工艺美术。他对祖国传统的手工艺十分喜爱，对国外工艺品的先进科学技术同样兴趣盎然。

在法国国立美术学院攻读的十年，他以超人的毅力、严谨的治学态度，在工艺美术学科中雕塑、陶瓷、染织、室内装饰、家具、金属工艺等方面，均取得了优良的成绩。

1951年，祖国向海外游子发出了呼唤，郑可教授应廖承志同志之邀，带着四名技艺精湛的工人和机床回到了祖国的怀抱。

我问教授，您为什么要回来？

教授又是一句斩钉截铁的回答：为了祖国的工艺美术事业。是啊，正是为了这一信念，数十年来直到现在，他几经磨难，历尽人世沧桑却毫无怨言，每天奔走于学院、工厂、研究所，足迹踏遍祖国大江南北，他的学生满天下。

如今他老了，额头上布满了纹路，一道又一道。

在他那间斗室里，我们问他今后有何打算，教授听了眼睛突然一亮，用他那广东"普通话"对我说：

人类在原始社会、石器时代、彩陶时代、铜器时代都是科学与艺术相结合，产业革命以后，社会结构分了，艺术、化学、物理等各自分工分科。如今，我们要把它们重新组合起来，用现代新科学成果与工业最终产品结合。诸如"阿波罗"上月球的金属喷涂技术等，人们可望而不可即的先进科学，运用到装饰人们日常生活用品上来。像电视机、录音机、电冰箱、洗衣机等，既是工业品又是艺术品。

人们对于美的追求，是不分国籍的，是社会发展的必然趋势。

若问我有何打算，那很简单，为了实现上述目标，满足人民的需求，我宁可付出余年。一是要致力于陶瓷、金属工艺的研究，二是迅速培养和造就一大批工艺美术人才。要满足十亿人民对于美的需要，靠一个人、两个人是绝对办不到的。要靠大家，靠青年，靠源源不断的新鲜血液来壮大队伍。

我深信：凭着我们中华民族的勤劳和智慧，还有什么障碍能够遏止我们前进呢？

《老人天地》，北京，1983年第1期，1983年10月，第42—43页

跟随郑先生的岁月
——访尹积昌、高永坚 [1]

张耀笛

1. 原注：尹积昌，原广州市雕塑工作室主任，是广州"五羊"雕塑的主要作者，另外还有著名的《解放广州纪念碑》《广州起义纪念牌》等大型雕塑；高永坚，广州美术学院原院长，教授，工业设计家。

郑可先生去世后，我采访了郑先生的学生尹积昌和高永坚。我们非常悲痛，深情地回忆起跟随郑先生的难忘岁月。

尹、高：我们是在抗日战争初期，在广西柳州跟随郑可先生的，时间是 1940 年。这期间，日军向华南大举进攻，我们师生颠沛流离，从柳州逃难到象县，又回到柳州，然后又到广州、香港，直到广州解放。这期间，郑可工作室在柳州建立，我们很荣幸成为最早的成员，参加了第一批雕塑创作。郑可工作室第二次成立是在香港，时间是 1946 年，我俩仍是主要成员。

记者：请二位先生谈谈柳州郑可工作室的创作，好吗？

尹、高：柳州和香港郑可工作室的创作主要是雕塑。《光复桂南纪念碑》是第一件作品。这是为纪念国民党爱国将领张发奎率部把日军逐出广西而塑的。碑座上是两块大浮雕：一块是中国兵在丛林里打日军，日军溃逃。一块是人们返回家园，盖房种地的情景。浮雕用芦苇和野草把几个场面分割开。可见郑先生的匠心。"光复碑"是铸铜的，安装好不久，又遇战争，碑又被破坏了。

记者：第一件作品就被毁于兵火，这太可惜了。

尹、高：是的。战争毁坏了一个艺术家的作品，也毁掉了他做大雕塑的梦想。以后，郑可工作室再没有做纪念碑，尽管他那么痴情于雕塑，愿意为此付出一切。这并不是他缺乏艺术才能和创造力，而是环境雕塑要社会大量投资。郑先生后来做了几块大型浮雕，能证明他做大雕塑的创作能力。但他总觉得遗憾。最后，他连做大浮雕的机会也没有了，只能做小件。就是这些小件，摆在故宫里也毫不逊色。郑先生的雕塑才能首先是他能做大的，也能做小的。

记者：郑先生的浮雕公认超群。能否结合郑先生四十年代的创作谈一下。

尹、高：我看还是概括地谈一谈郑先生的雕塑创作罢。

郑先生是我国较早去西方学习雕塑的。当时在国统区是四大雕塑家之一。老一辈去西方学雕塑的艺术家大多学习写实风格。写实，是西方雕塑，尤其是古典雕塑的基本风格。而郑可学习西洋雕塑却更多地吸取了不被别人注意、却有着无穷生命力的东西。人们更多地注意罗丹，郑可却学他的学生布德尔。人们更多地注意凯旋门上的"马赛曲"，郑可却注意金属纪念币之类不起眼的东西。郑可的独特风格是这样形成的。

他的立雕夸张概括，有厚重的体积和分量，不同物象、不同质感的艺术表现，郑先生有自己独特的工艺技法。我们在柳州还做了"无名英雄像"，塑造的是一个戎装持枪的军人。他要求我们，靴子要做出皮革的质感，毯子要做出毛织的质感，浮雕的背景有时要尖得和玻璃一样，等等。这是很少有人能做到的。掌握工艺技法，吸取不被人注意的艺术营养，加上郑先生本人内在的艺术气质和修养，形成了郑先生雕塑与众不同的地方。

郑先生的浮雕能在很薄很薄的块面上表现出极为丰富的内容。他的表现技法与众不同，不是把立体的东西按比例压缩在平面上，而是有取有舍。人脸正面的最高点是鼻子，侧面的最高点是耳朵。如果按比例压缩，要么很厚，才能表现出高点与低点的层次。要么很薄，结果是两者之间的层次都没有了。而郑先生浮雕侧面人像的高点并不仅仅是耳朵，他把另外几个次高点也变成了高点，颧骨、额骨、头、耳，甚至往下的衣领同在一个高度上。利用光和影的作用，使人仍能感觉到层次，即使很薄，光线很暗，视觉也非常清晰。这些特点不但是单个人物浮雕如此，就是大块面的、多场景的浮雕上也体现得非常明显。在这期间，郑工作室曾为南洋华侨支持国内抗战做了一块铸锡的浮雕。除了能体现上述特点外，作品还有中国民间木雕和年画的表现手法。两个人物是主体，占据了大部分空间，其他的自然景物反而比人小。可见郑先生艺术特点的形成还在于他注意学习中国民间艺术的精华。

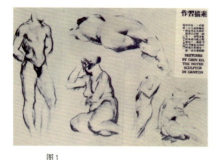

图1

记者：郑可工作室还曾做过毛泽东的大型浮雕，是吗？

尹、高：是的。解放前夕，在香港的一些美术家为毛泽东塑像，郑先生是主要创作者。这是为参加港九劳军义展而做的。这个活动是共产党领导的。塑像是在解放前，展览是在解放后。

记者：这是否能说明郑先生的政治和艺术态度呢？

尹、高：是的。郑先生原是"为艺术而艺术"论者。我们不应苛求，但是，他始终和进步的文化人保持关系，像黄新波、马思聪、李桦、徐悲鸿、常书鸿、黄苗子、叶浅予等人。共产主义运动在中国影响之大，不可能不影响到郑先生。其实，早在二十年代，他做过孙中山像，三十年代做过列宁像。他也读鲁迅的作品，我们也经常讨论，他对鲁迅是肯定的。当时的国民党中央宣传部部长张道藩与郑可是先后留法学美术的。在柳州，张道藩宴请郑先生，并邀他去陪都重庆，但他拒绝了。因此，他后来做毛泽东塑像并不是偶然的。

图 2

记者：二位先生，你们在抗战时期的生活和学习一定很艰苦吧？

尹、高：抗战时期嘛，那是自然。不过郑先生无论何时，对物质上的要求很平淡。他只要能创作，就专心致志。

我们逃难到柳州，又到象县，靠卖香烟度日。我们生产的香烟是红娘牌的。郑先生从制烟到商标设计印刷，是总设计。逃难时，什么都丢了，但工具没有丢。用电影胶片刻成字和图案，丝网印刷。用细钢钎刻钢模，印香烟牌子。那么简陋的工具，郑先生做得极为干净利索。他是心灵手巧。

晚上，郑先生常常教我们室内陈设、中国图案的基本法则，出题目让我们练习。比如，一个冷饮店的内壁上要有一条装饰带，用什么内容，什么颜色才能让人觉得凉爽等。看得出郑先生对图案、对室内陈设装饰有精深的造诣和独特的理解。那时的条件艰苦，工作室就是简易工棚，四面没有遮拦，上边是个小阁楼，我们勉强能睡下，根本就谈不上支床。吃饭就蹲在灶间。晚上点的桐油灯，支起案板就开始学习。但我们没有觉得苦，反而学得很有兴趣。郑先生在这样艰苦的条件下，还是让我们学习，这是我们永生难忘的。

记者：请您谈一些郑先生的教学方法，好吗？

尹、高：郑先生的教学法是中国少有的。没有教学大纲，没有课堂的 45 分钟。他在课堂讲，更要求学生在干中学。而且，他的学生首先应该是个劳动者。他主张劳筋骨的，条件太好了，人就不知道发奋。他这样要求人，也这样要求自己。尹积昌是大学雕塑专业毕业后，怀着崇拜和追随的心情来到郑可先生这儿的。没想到，郑先生让他脱去西装，系上围裙，扫地、挑水、沏茶。那时候没有现成的石膏粉，都要买生石膏，敲碎、漏细、炒熟，又脏又累，但是我们都要干。就是在这过程中，我们学会了很多课堂上学不到的东西。

他做雕塑时，边做边讲，受益直接。这比在课堂上照本宣科的教学方法更见效。

记者：怎样评价郑先生的才能？

尹、高：全面，卓越，中国少有。

记者：怎样评价郑先生的成就？

尹、高：全面，卓越，中国少有。

记者：能更详细地谈谈吗？

尹、高：作为艺术家，他的雕塑能大能小。这是中国少有的，他的装饰雕塑和人像浮雕也是中国少有的。还有他那宽笔重墨的素描，粗犷强劲，常常有

图 3

图 4

图 3. 郑可与高永坚（左）、尹积昌（约
20 世纪 80 年代中；郑方提供）
图 4. 郑可（前排右 2）与何燕明（后
排左 2）、尹积昌（前排左 1）等（约
20 世纪 80 年代中；尹小艾提供）

块面和质感的暗示，这也是中国少有的。他能使用各种材料及工艺创作，这
也是中国少有的。他能做雕塑，也能做家具、灯具、三轮车等根本不是雕塑
家所为的东西，这也是中国少有的。

作为一个工艺美术家，他首先开拓了现代设计这个全新的领域。这对工艺美
术事业来说，具有划时代的意义。

作为一个艺术教育家，他培养的学生总觉得从郑先生那里学到的不是一种两
种技能，而是工艺美术创作设计中最本质的东西。因此在实际工作中，方方
面面都应付裕如。这不能不说是郑先生的卓越成就。

有人认为，衡量一个艺术家是否有成就，要看大型作品有多少。这固然有道
理，郑先生有相当数量的大型作品，包括 20 世纪 80 年代初去南斯拉夫的创作，
为山东淄博、北京密云修造的大型雕像。但是，作品再大，缺少艺术追求和构想，
缺少精到的艺术处理，又怎么能说是成功的呢？又怎么能算有成就呢？

我们跟随郑先生十多年，学到的东西终身受益。后来，我们能做点于社会有
益的事，是与郑先生的培养分不开的。如今，我们也年过花甲，但跟随郑先
生的岁月还历历在目。岁月流逝得真快！但是，我们相信郑先生的艺术将永
远留在人们的心中。

《中国工艺美术》，北京，1988 年第 3 期，1988 年 8 月，第 22—24 页

为了理想（节选）

曾炜

图 1

图 2

图 3

图 1. 郑可《徐悲鸿头像》（石膏浮雕，
直径 32.5mm；本篇图片原作均系黄
苗子、郁风旧藏，1951 年郑可赠送）
图 2. 郑可《戴眼镜男子头像》（石膏
浮雕，直径 33mm）
图 3. 郑可《男子头像》（石膏浮雕，
直径 38mm）

经过长期"扎马"后，尹积昌已取得教育部颁发的大专艺术专科学校毕业证
书了。可是，他迎来的还是茫茫前途。中国不像外国，有许多雕塑公司，请
你作雕塑师，也不像现在有雕塑院，让你去当研究生，或留校任教，发挥你
的所长。同级毕业的戏剧科同学可到中学教语文，学音乐的可作中学音乐教师，
美术科的同学也去任中学美术教师。自然，尹积昌如愿意当一名中学美术教
师是绰绰有余的。但他不甘心，他还是抓住这雕塑死死不放，宁愿闭居家里，
继续搞他的泥公仔。后来，他打听到留法的中国第一代雕塑家郑可，在广西
办了个郑可工作室，据说条件很差，但他也不顾一切，经吴琬介绍，决定去
广西柳州实现他的宏愿。

这一下可真的激怒了老父了。中学学习成绩不好，不能读正规大学，又不愿
跟他经商，现在还想远走高飞，我的产业谁继承？他苦苦劝告儿子，望他改
变初衷，不成；继而激动，大骂，打了儿子两巴掌；还是没有效果，便随手
拿了一条秤杆，照尹积昌头部一扫，尹积昌随手举凳一挡，把老父手中的秤
杆折断了，父子彻底闹翻了。这个个子消瘦，样子并不超凡的傻孩子，意志
却如此坚决，令生养他的慈母动心，偷偷收拾几件衣服，让儿子悄悄出走。
尹积昌这回出走，作出的牺牲是难以计算的。从此失去家庭经济支持，同级
各科同学都任中学教师，每月至少两担米。还有，那位对他钟爱的张小姐，
为了与尹好，也随同选了雕塑专业，现在，她站在十字路口上，若再跟尹，
前途未卜，于是，在 1944 年韶关大疏散之际，与尹分道扬镳了。这样一来，
尹积昌两手空空，一无所有，只身来到柳州郑可雕塑工作室，投入于对他尚
属未知数的理想事业。

郑可工作室是在柳州柳江边一片烂地上，用竹篱围起有几百平方，有一间上
百平方的雕塑间，还有铸铜工棚。尹积昌一路进这个郑可工作室，就看到架上、
墙上四周围，以及地上都放着郑可的各式各样雕塑作品，真是目不暇给，他
兴奋极了。但指给他睡的地方，竟是临时用木板搭起的工棚上的阁楼，算是
几个学徒的宿舍，使尹积昌愣住了。一手泥巴的郑可走过来了，对尹积昌打
量一番。根据他的老朋友吴琬介绍，这学徒是个好料子，但见尹积昌一身西装，
很不顺眼。郑可对尹积昌第一句话是：把西装脱下。第二句话是：你现在是学徒，
不是大学生。第三句话是：这里很困难，没有工薪的，每月只能给你买一块

图 4

图 4. 郑可《戏剧家赵如琳头像》（石膏浮雕，直径 40mm）[1]

1. 与此件赵如琳浮雕像极近似者，收录在《张祖武：雕塑家、教育家》书中（徐勇民等主编，武汉，湖北美术出版社，2012 年版，第 26—27 页；记为石膏材质、直径 15.5cm，制于 1945 年），并明确标示所塑造者乃赵氏，惟张氏彼件艺术手法、细节处置均相对粗糙，且与其作品艺术面貌差异颇大。另，吴瑾及兄长吴瑕最新追忆：张氏曾将此及一批作品存放于吴宅，后取走，原件当仍在张氏子张卫（湖北美术学院雕塑系退休教师）处；而赵氏浮雕像，吴家早年曾悬挂过别一件，尺寸乃手掌大小，系铜制长方形。
又，据黄大刚、唐薇再次确认，黄苗子、郁风旧藏者尺寸极小，而王培波主编《郑可 1905—1987》作品集内，亦登载郑家存类似者一件，图注为《人像浮雕》（石膏，1950—1951，4cm×4cm，作于香港；第 69 页）。另，王氏所编之书，更刊其余 4 件与黄家旧藏相近作品，即包括《徐悲鸿头像》（浮雕）在内计有 5 件男子浮雕像（直径为 3.2cm、3.5cm、3.8cm 上下，第 69—70 页；无《全身坐姿僧侣像》《戴头巾女子像》），可见其等别有一套原件于郑家。

肥皂和一些便纸的钱。这些严厉的语言都没有动摇尹积昌的决心。他二话没说，立刻把西装一脱，便动手干活了。他每天扫地，倒茶，搓泥巴，磨生石膏，炒石膏粉……作个名副其实的学徒了。他发现后来当学徒的许家光（现在美国当陶瓷艺术教授）、高永坚（后任广州美术学院院长）也是一派斯文的有志之士，郑可也一律严格要求。多了两个师兄弟一同捱世界，心情也慢慢平静下来，即使劳累些也乐得。

一个星期天，尹积昌路过一间天主教堂，听到传来沉闷的风琴声，便带着好奇心走进教堂。在昏暗的灯光下，一些信徒正在做礼拜。他不好意思立刻退出，只坐在后排长椅子上听听信徒们唱的圣诗。他突然听到圣诗里一段诗句："回来吧，回来吧，家中慈父早晚呼你；回来吧，回来吧，远游抛弃一切所有……"尹积昌立时愣住了，他仿佛听到老父的召唤，一下子把他带回故乡，带到他老父面前。他感到有点凄凉，感到对不起老父的养育之恩。但这又有什么办法呢？回去，谈何容易，为此，他几天里闷闷不乐。终于想通了：一个人总不能一生守在父亲面前呀！人，总有其志；人，在世界上总有理想。对，为了实现理想：要做个雕塑家，要做中国的罗丹，牺牲一些也在所难免。最终，他不为这圣诗所动摇，甘当"逆子"了。

尹积昌确实是做雕塑的好料子。他做了相当长的一段苦工后，便开始跟郑可捏小样，放大制作了。他每做一件都一丝不苟，做到老师点头满意为止。郑可也逐渐发觉这学徒功底扎实，聪明、伶俐，又颇有创作才能。于是，他对尹积昌要求更严了。尹积昌在不断的实践中，逐渐掌握了雕塑艺术成型的全过程。他还利用业余时间，研究雕塑艺术理论，掌握丰富的雕塑学问；更经过长期勤奋实践，使他的雕塑构图新颖，手法逐渐老练，功底越来越深厚，每件作品都形神兼备，成为郑可的得意门生。这样，在郑可主持下，他第一次参加了郑可的《光复桂南纪念碑》和《无名英雄》的雕塑工作。

抗战胜利了，郑可带着尹积昌等回到广州，和他的老搭档伍千里开了一间黄图文化企业公司，立刻接受了《新一军纪念碑》的制作任务，郑可负责碑上那只大鹰的雕塑。由于他又在香港和朋友开办了一间工厂，实在无暇顾及《新一军纪念碑》的工作，只好将工作交给尹积昌。尹积昌先制作泥稿，得到郑可的认可，放大件就以尹积昌的泥稿模型为基础，由尹积昌负责放大，还请许家光、高永坚、张祖武等人一起参加。那时的尹积昌已经成为一个具有独立创作能力的青年雕塑家了。

正是这时候，解放战争节节胜利，势如破竹，国民党则兵败如山倒，逃到广州作最后负隅顽抗，搞白色恐怖，弄得民不聊生，广州即掀起轰轰烈烈的"反饥饿、反迫害"运动。富有正义感的尹积昌，不时也对白色恐怖发点牢骚。在国民党进一步摧残民主的情况下，尹积昌的一些进步同学、朋友，都纷纷

图 5

图 6

图 7

图 5. 郑可《半裸全身坐姿男子像》（石膏浮雕，直径 37.5mm）

图 6. 郑可《全身坐姿僧侣像》（石膏浮雕，直径 41mm）

图 7. 郑可《戴头巾女子像》（石膏浮雕，直径 39mm）

转入地下，或转到香港。正巧，郑可在香港一个游乐场接了几件浮雕，搞了个小工作室，专程回来请尹积昌去香港帮他主持工作室的工作，尹积昌立即接受邀请，主持郑可工作室，并受一家工厂聘请为设计师，工作辛苦些，但月薪收入有港币 360 元，相当于一个小学教师工薪的 3 倍，可算得是中产收入的白领阶层了。

正当尹积昌艺术上有所成就并摆脱了穷困之时，国内政治形势起了急剧变化，在香港的进步文化界非常活跃。尹积昌和进步的同学、老师经常接触，使他感觉到自己在艺术上虽有进展，但政治上却落后，已非抗战初期那样站在抗日救亡宣传活动的第一线上。在进步师友的影响下，他感到作为一个艺术家，如果不站在时代的前头，那么，他的艺术生命力是有限的。于是，他参加了一些地下学习小组，还主动接济一些离香港赴游击区的同学家属，帮他们解决生活困难，又积极参加筹备香港美术界画展和宣传解放战争的"劳军美展"。在"劳军美展"首次展出了他和郑可工作室同人合作的、有两米直径的毛主席大浮雕像。

广州解放几天后，他毅然放弃了在香港的高薪待遇，回到广州找老同学梁克寒等，表明自己的决心，参加了中共华南分局华南文工团，立即参加广州解放入城式。

这次回到解放后的广州，又一次把漂亮的西装脱掉，换上解放军军装。数年前，为学艺，脱了西装穿工装；数年后，为革命，又脱了西装穿军装，过着低标准的供给制生活。

从此，尹积昌又踏上新的征途。他忘我地日以继夜地工作，为华南文工团演出《白毛女》制作大批海报，为世界青年代表访问活动绘制巨幅领袖像，布置越秀山主会场。广东开始土改，他参加了英德土改，和农民"三同"，吃大苦、耐大劳。他认识到，一个革命的艺术家，首先就得服从革命的需要，与群众同甘共苦，方能创造出人民喜闻乐见的作品。

《著名雕塑家尹积昌》，政协广东省委文史资料研究委员会编：《广东文史资料·艺海风华广东文化名人之三》，第 72 辑，广州，广东人民出版社，1995 年版，第 162—166 页

艺海寻梦五十秋（节选[1]）

曾炜

1. 关于节选内容，另可参考蔡文星《泥土的芬芳》（《美术》，北京，1996年第6期，第70—71页）一文。现将相应段落，摘引如下：

尹积昌20年代出生于广东古城南雄的一个商贾之家。他不愿意继承祖业，而梦想当一个艺术家。他不顾家庭的反对，两次离家出走，考上了当时校址设在韶关的省立艺术专科学校，师从一代美术大师胡根天、吴子复等。大学毕业后，他又放弃了工作的机会，到广西柳州留法雕塑家郑可的工作室当学徒，从扫地冲茶、搓泥巴、炒石膏等粗重杂活干起，一步步圆他当一个艺术家的梦。凭着他的灵气和扎实的基本功底，凭着他刻苦勤奋、锲而不舍的追求，得到了郑可先生的器重，并终于可以独当一面，担当起雕塑的设计和制作了。

抗战胜利后，尹积昌随郑可到香港。解放前夕，尹积昌在进步同学的影响下，参加了进步组织的学习，接受了民主进步的思想，明确了今后人生道路的方向。他和郑可等人合作创作了直径两米的巨大的毛主席雕像，参加香港进步组织举办的"劳军美展"，表现了他作为一个爱国青年艺术家的胆识和气魄。

1941年，在广东省立艺术专科学校，我认识了同级学美术的同学尹积昌。他清瘦，沉默，爱静思，可他那双眼睛炯炯有神。他因有点"撞聋"，稍不留神就听不清人家说话。也好，"两耳不闻窗外事"，一心专注学艺，成绩突出。深交后，知道他生长在南雄县，父亲是富商，一心盼望他日后在商场驰骋。可他自幼喜欢美术，梦想当一个画家什么的。

考进省艺专后，抗日战争开始，他帮老师画宣传画，演街头剧，参加抗日救亡运动。后来他背叛父亲跳进艺海去找寻他的金色的梦。

广东省艺专设在广东战时省会韶关，设备虽然简陋，但师资可说一流。像美术方面，有一代美术大师胡根天、吴子复，第一代留学加拿大的雕塑家梁竹亭等人。正因如此，培养出了一批刻苦严格的人。1943年秋，尹积昌毕业了，吴子复见他对雕塑艺术情有独钟，便介绍他到广西柳州，到留法雕塑家郑可的雕塑工作室当学徒。

1944年春我参加西南剧展，转到柳州演出，便特意去探望尹积昌。他对我说，为了来当学徒，和父亲闹翻了，供给断绝了。我问他是否后悔，他说没有，不艰苦捱些日子哪能当雕塑家呢？当时我听了无限感慨，心想：艺海寻梦真不寻常啊！

他在柳州后期，郑可看中他功底好，为人诚实，故放手让他搞小稿，放大雕塑，还让他带领几个青年，制作新一军纪念雕塑。

抗日战争胜利后，郑可即带尹积昌他们回广州，搞了个黄图文化公司。不久，郑可把工作室迁到香港，因忙于公司的工作，把雕塑工作室交尹积昌主理。1947年我到香港，在他的工作室住了一夜。那时，工作室比在柳州时规模好多了，摆满大大小小的雕塑像、浮雕，以及各种制作工具。尹积昌早在抗战时已萌发了民族革命的意识，这时候又受到进步同学的影响，醒悟到文艺必须和现实生活、和人民群众相结合。他多年在艺海寻找金色的梦又增添了新意识。于是他参加了香港进步美术界为宣传解放战争举办的"劳军美展"，首次展出了他和郑可等合作的、有两公尺直径的毛主席大浮雕像。

《雕塑》，北京，1997年第2期，1997年5月，第38—39页

访梁任生

图1

图2

图1.郑可、王鸿文、王倬予、吴汝剑、
谷浩、李桢祥、邹佩珠、刘士铭、谢
嘉声《我们一定要解放台湾》（"解
放台湾展览会"展品，高3m，右侧面；
采自《新观察》，1955年第10期）
图2.郑可等《我们一定要解放台湾》
（左侧面）

说明：
本文据2012年4月30日上午，对原中央工艺美术学院工业设计系教授梁任
生先生（于其北京西城区德胜门西大街寓所）的采访录音整理而得，相关文
字已经受访者允准刊布。

连冕：我是这样想的，因为郑先生不多的文字，以及关于他的回忆文章，都
没有留下什么十分具体的内容，更少见详尽、深入的叙述，所以，现在还有
许多"关键点"，郑先生的家属、友朋和学生们都并不全面掌握。以致，我
个人还有一种感觉，就是与之联系的那些"故事"，基本处于割裂和极端零散
的状态。甚至可以说，不少东西，更多仅停留于"传说"层面。因此，今天，
也想请您照着前几天所拟的"大纲"，再次勾勒一下您所了解的情况。于我个
人，也是希望能够借此"集腋成裘"吧。

首先，我想知道，您是什么时候开始与郑先生有联系、有来往的？

梁任生：郑先生是廖承志先生、夏衍先生，就是原来党内侨界、文化界的领
导者、老专家接回内地的。当时，被接回的还有张光宇和张正宇兄弟。这三
个人之前都在香港，都是进步、爱国人士，为了新中国的建立出过力。回来
以后，张光宇因为受中央美术学院邀请以及与张仃先生的关系，首先就到了
中央美院任教。

连冕：他们之前就认识？

梁任生：对。我是中央美院毕业的，因此我比较了解这一段历史。张光宇先
生是漫画家、工艺美术家，就是"艺术设计"领域的专门家。郑可先生呢，
应该说又是"全能"的。这些话，都是张仃先生的评价，而且跟我们说了
不止一次。但因为郑先生的性格，还有他为人特别本分，于是"活动"就比较少，
知道的人也就相对不多了。

他们回内地的经历大略是这样的：张光宇先生带着印刷机，郑可先生带着缩刻机，他们不仅是个人参加祖国的建设，还带着设备回来。解放后，印刷设备还很差，第1期《人民画报》的印刷，张光宇先生带回来的机器也起过作用，因为那时候彩色片还很少。

张正宇与郑可先生呢，就先在青年艺术剧院，当时的院长是吴雪。那里的演员很多都是从上海、香港过来的，还有不少名演员，像金山、张瑞芳、白珊，还有舞台美术家陈永倞、陆阳春先生、陈志先生。这些人对我都很熟，因为我念大学的时候，寒暑假都在青艺实习。当然，这也是因为张仃先生推介及张光宇、张正宇和郑可先生他们举荐的关系。

后来，郑可先生在青艺只待了很短的时间，跟张仃先生接触过后，郑可先生就调到中央美术学院了，因为郑先生雕塑、设计、工艺业务有丰富的实践经验，更适合教书。这是在中央美术学院实用美术系阶段，当时我作为郑可先生的助手。我刚上大学，张仃先生就嘱咐我："你在大学一年级下学期，必须学会给这两个人——张光宇和郑可先生做助手。"名义上，郑可先生还是后来"陶瓷科"的第一任主任，而我是秘书，于是跟郑先生接触就更多了。

再后来，成立了中央工艺美术学院，郑可先生就从"美术学院"转到"工艺美院"。我也是这样。我们中央美院的实用美术系跟杭州的华东分院的相应系科合并，一起来到了工艺美院，一切都非常好。张仃先生当时他主要从事国事活动、外事活动。我也是张仃先生的助手，所以他们这个圈儿里边的人，我还比较熟。

当时实用美术系，有"装潢"方向，有"染织"方向。我们班11个人，指定我学"室内"，就是各种会议、展览，包括宴会等的布置、设计。那时，"室内"还没有"家装"方向，主要就是"宣传布置"，所以我就跟着张光宇先生。

图 3. 郑可（左侧制浮雕者）与黄永玉
对坐创作（20 世纪 50 年代初）

图 3

另外当时还有一个"美术供应社"，就在北池子，相当于国家的"广告公司"。所有国家级项目，都是"供应社"做，什么会场之类的活动，我的实习也安排在那儿。这是张仃先生让我做的，在学校是郑可先生的助手，在社会活动方面就是张光宇先生的助手。

郑先生是雕塑和工艺美术的专家，当时所有的机器他都能上手。除他之外，实用美术系还请了两个人，也非常重要。一个是从清华大学建筑系调过来的高庄先生，就是咱们学院工艺美术系高峰的父亲。

连冕：后来国徽设计时，高先生也参与了。

梁任生：他参与了工艺制作。他的雕塑很好，素描也很好，还会金工。对所有的新机器，郑先生只用看看说明书，就可以上手操作。所以，当时郑先生进入实用美术系，很重要的一条就是协助张仃先生。当时，系里基础课就只有图案，画画花纹，二方连续、四方连续之类的。现在很看不起这个，是吧？可也不是说这样做"基础课"就不好。至于当时郑先生提出的第一个建设要点，就是实践。他主张要有工作室、作坊、工厂，要去实习，不是天天在那儿画素描。

当时绘画在思想意识上占据了主流位置，而且认为油画高级、国画低级，画广告的最差。现在，这个观点似乎还没有太多变化。所以，学实用美术是最差的，雕塑呢，是做"泥菩萨"的，社会一般看法如此。因为徐悲鸿院长是画油画的，吴作人先生也是学油画的，所以素描好的都去学油画，其次学雕塑，素描、色彩等美术基础差的去学实用美术。

我的艺术启蒙老师是张光宇、张仃先生。在艺术思想上，受张仃的影响最大。但真正的入门、理解艺术，始于张光宇先生带我看戏。我看画没掉过眼泪，看戏，掉眼泪了。而且并不是电影，也不是话剧，是看"老戏"。真正"工艺"上的启蒙老师，是郑可先生。我的"家具"课是先生教的，他的"木工""金工"、塑料类的设计都很好，教课也非常好。从那时起，我就受到郑可先生很大的影响。在新中国成立后，在建立真正的实用美术专业上，郑先生是为此打下了非常重要的基础。

这些具体又是什么呢？正是实践、参与、材料、工艺加工这四块。所谓"工艺加工"，他早就提出来两类：一是手工艺加工，一是机械加工，另外还辅以某些物化处理。所以我很早就知道了"热处理"，这都是郑先生讲的。他说，"我不会烧窑，但我明白这个电窑和'土法'的窑不一样"，"电窑谁都会操作。我学什么呢？烧'八卦炉'，烧炭、烧柴的。所以，毕业班烧的瓷器，我向另一位郑乃衡先生学的，是我烧的。我得有实践，没一手怎么辅导学生呢？"

因此，郑可先生及高庄先生，都一起为教学的发展，为新中国成立以后的"工艺美术""实用美术"方面的建设，包括中央工艺美院的建院，起到过非常重要的开拓和铺路作用。之后，来了庞薰琹和雷圭元两位先生。庞薰琹的《苏联工艺美术》，还有雷圭元先生的《捷克玻璃工艺》，这两本书都是我协助完成的。

我觉得帮他们两位做是可以的，又有张光宇先生、郑可先生指导，我边学（拍照）边做（文字编辑）。但他们认为我是跟张光宇先生的……我还问过张光宇先生："您会英文吗？"张先生说："当然会了，我说'上海英文'，我口语也可以的。"对张仃呢，恐怕认为是"土八路"、会画漫画，还算是尊重的。而对郑先生，他们却不了解！

当然，我对庞先生是比较尊重的。他被错划为"右派"，就是在最难的时候，我跟他和他们家的保姆吃街道食堂，我要不吃的话，他们家可能就没法儿开伙了。

再说郑可先生。我认为，他在国外学了雕塑，在香港也有自己的工厂、工作室，他更是搞"应用美术""实用美术"方面的实践家和专门家。他到美术学院，只待在实用美术系，而雕塑系的部分老师对他也很一般。他的雕塑特别是装饰雕塑，更不被同期留法的一些人重视。究竟是为什么？不得而知。

当时，从浙江来一起做天安门纪念碑的雕刻家，如肖传玖先生、中央美院滑田友先生等，都是非常好的，很亲切的。郑可先生就是极其慈祥、随和，但他也有自己的个性，很严格。他在实用美术系的时候，受到张仃先生的特别器重。郑先生对实用美术系的实习、调研，以及重视材料、重视各种工艺加工等很多方面，都起到了非常重要的影响，打下了很好的根基。

说一说郑可先生的艺术思想，我以为是"兼容并包"。郑先生长期在国外，却重视祖国优秀的传统文化、艺术。一来到北京，也不太适应，深知自己对"传统"了解、熟悉的并不多，就认真、努力地学。他常到历史博物馆、故宫等地方参观，看看他选的房子是在鲁迅博物馆旁边的，你就能大概了解了吧。这些"旧址"你还去过吧？他还曾说，自己的中文，主要是普通话的表达也不好。他总说"明白，明白"，算是口头禅了吧。往往他一张嘴，我就想起变体的日本普通话"明白不明白"，很有意思的。可见，他对我多亲切。

当然，具体在学术思想上，郑先生认为实用美术应该"一步一工业、一步一商业"，这是天经地义的。也就是说，可以和"商业""工业"搭钩，为工业、商业服务。举个例子，他那会儿还做了个蓝色的塑料肥皂盒送我，"文化大革命"时我给弄丢了，上面的塑料浅浮雕是两个跳新疆舞的人儿，只是比较小，可漂亮极了。他没把它做得很大的原因是，那是个实用东西，"她俩"就是个浮雕"标志"。哎，真是好极了，可惜没有留下来。不过，由于当时的社会条件，实用美术还不可能跟商业搭钩，没有走出学院、走向社会生产实践。

艺术教育方面，他主张雕塑要有多种社会功能，很重要的就是要依附于国家高层次的文化，还有就是依附于众多的"工艺"品种，不能仅是"纪念碑"。当时主要就是做"纪念碑"。这些都是他跟我说的。他还说，中国有很多思想家、文学家，包括老子、孔子等，都可以做雕像，在国外这很普遍。他还给我举了例子，说法国某地区有个牙科大夫，做了很多好事，过世后大家就凑点儿钱给他立了个像。他认为给那些对社会有贡献的人做个像是应该的。郑先生不认为只要搞"革命历史画"就好，对于这倒也说得很含蓄，说"都可以做"。那以什么为主呢？"'纪念碑'当然为主了"……

再有，就是雕塑要帮助中国的"手工艺术"。他说佛像是古代的"经典"，不要轻易动，也不能随便动。但，雕塑却可以进入生活。那时候谁能说这话？在外国受教育回来，对传统东西知道得并不多，但从这句话，就能看出，他对"传统"看得很多、很重。工艺美院有好的传统，学术上的传统，我也不是搞理论的就不多说了，不过，有的"理论"是指导不了"实践"的。

还有金工。郑先生说金工要做很多工艺品，是很重要的，包括手工的金工，以及机械加工的金工，也就是借助模具和车床。我觉得他说得很对，都是最重要的。还有前面说的物化处理，比如"非金属镀金银"这个词儿就是他说给我的。这个技术，郑先生说："我不会，但你得会！"所以，郑先生很谦虚，他也有一些是不熟悉的。

除此之外，我们说说郑可先生在现代"艺术设计"中的作用。我第一次是从张光宇先生、张仃先生那儿听到的包豪斯，我也不敢问包豪斯是什么。而真正讲包豪斯的是郑可先生，他说得最清楚。张仃、张光宇都是艺术家，我是艺术家培养出来搞"室内"的，所以我1954年到清华建筑系进修。我知道没有建筑的基础学这行也是不行的。我到清华进修的时候，只进修"建筑史"，"室内装饰史"就是"建筑史"的一部分。起初建筑材料、构造，还有建筑设计什么的，我都不选修。但郑先生说，你必须学构造，必须学材料。郑可先生跟我说过包豪斯以后，我很快便理解了现代的设计。这种思想，首先是跟着城市、跟着建筑走的，而不是跟着绘画走，也不是跟着"纯雕塑"走。

连冕：我插一句，等于说在您，或者在郑先生看来，包豪斯也是一个"设计"的"启蒙"方式？

梁任生：对。不过，他先让你懂"材料"，先让你参与社会、与工商业结合"实践"，然后再跟你讲包豪斯，你一下就明白了。

后来，我在青艺舞台实习时，张光宇先生教我打灯光。郑可先生却告诉我，"你在青艺实习，不是叫你打戏剧灯光，你的专业是室内设计，不需要搞舞台灯光那样的复杂——人家要打气氛、打时间……你又用不着，'学的多、用的少'。室内设计用自然光最好，这不可能"。所以，郑先生是在实践、技术、工艺加工、材料等方面给我更切实的指导，而张光宇先生是给我艺术欣赏上的指导，至于张仃先生更多的是从艺术思想、艺术评论等方面。当然，张仃先生还教我"组织"策划。他告诉我，搞"室内设计""艺术设计"的必须团结有关方面的专家，要重视尊重民间艺人、工匠和后勤人员。

我第一次搞展览的时候，还是个助教，给我搞后勤的竟然是讲师。当时做"木头字"，他给我配钉儿，是黄铜的钉，是镀"黄"的，不是镀"金"，底材实际也不是黄铜。于是，我这才知道材料等的运用太重要了。后来我搞大的展览，就曾请教张光宇先生。张先生说，你要尊重什么、什么。而郑可先生则告诉我，要和电工师傅、油工师傅、木工师傅成为好朋友。这些人是打仗的，你就画个草图；你看到他的长处，你身上也就有那么一点了；你要是只看到人家短处的话，你身上也有那个东西了。我是这么学的，这些都跟郑可先生有关系。至于"现代艺术设计"是什么样子？例如漆工，郑先生告诉我：漆，你得听他们的；但配颜色，他们得听你的。

有一次，一个上海的师傅很牛气，他不听我的，认为一个二十郎当岁刚毕业的大学生，能懂什么？我说我试试看吧，加点儿绿。他说："哟，你这个怎么像北欧的颜色啊！"这也是郑先生教的，他说："你要先尊重人家，说你试试，你本来就是试嘛。试完以后他觉得对了，他就明白你要的是这个，他是会做这个的。你不能说，你现在就得给我加这个。你若说错了呢？"我总觉得，所谓"工艺加工"，就像郑可先生说的，在"工作室"里是一种，在"作坊"里又是一种。师傅带徒弟并不是不好的，全国最好的、比较好的陶瓷承传，一个是宜兴的，是师傅带徒弟，都有师承；一个是早期德化的。这个"作坊"并非不好，所以我跟郑可、张光宇及张仃三位先生，多少也有"师徒"关系成分。

另外，郑先生告诉我，要看工具、设备，以及工厂，看这些是怎么操作，又是怎么改进的。他说，你看看倪志福，他的精神，你要有。他说，工具改进了以后，就会出效率，还会出效果，而这种效果又可以是艺术上的效果。我觉得，郑先生的这些东西，是奠定了工艺美院优秀传统，尤其是在科学技术、材料技术方面以及学院社会实践方面的。

连冕：您要不要休息一下？我怕您讲的时间太长了。当然，上面的这一番话，也使我这个后辈真切了解到您与几位先生的深厚情感。

梁任生：不用，没关系，我们继续吧。

第二个大方面，要说一说郑先生回国以后，在艺术思想层面或者艺术教育层面的评价。首先，我以为，要肯定他是一位爱国者。郑先生当时是带着爱国的热切心情回来的。他有一句话，说"我是西医，但我也是要学中医的"。他是有思想的艺术家，更是新中国真正的现代艺术设计的启蒙者。起码我觉得他是。继而对我有过启蒙。

我到今年9月份81岁，脑子还不糊涂，所以我愿意接待你。脑子一糊涂，就可能说胡话了，或者说过火的话。要不就是没说到位，把老师的功绩说少了。所以，我应你的要求，还搞了这个"提纲"。

建校初期，郑先生还是愉快的。为什么呢？可以说，也是得到了张仃先生、陈叔亮先生和周围那些人的呵护，是得到了重视、尊重的。那个时候人情味很重。我们现在也都怀念那个时候，比较朴素，人际关系不那么复杂。不久，张光宇从中央美院，王逊、高庄先生都从清华调过来了。之后，祝大年先生从轻工部调过来，他是搞陶瓷科技跟陶瓷美术的。在实用美术、艺术设计诸方面，他与郑先生同在一个水平，这在国内是少有的。

祝先生留日，他回国第一次画的广告是"猪皮制革"的宣传，贴在街上。我知道后跟郑先生说，祝先生搞招贴画，搞陶瓷行吗？郑先生告诉我，他要让位给祝先生。祝大年的科学技术水平很高，曾经在上海工业公司做过总工，轻工部后来的工程师李国珍就是他的助手。在那个阶段，郑先生做了很多事情，也参加筹备了很多展览，他都是做技术、材料方面的工作。郑可先生还参加了"建国瓷"的设计，当然，还有祝大年、高庄先生。当时，郑先生就明确传授给学院中的某位学生两种"炉彩"的制作，一个是"矾红"，一个是"挂坯绿"，可是后来……

那时候，中央美院也发生了不少事。写中央美院的历史就没写实用美术系，我都知道。当时美院绘画系主要只是画连环画、画幻灯、画领袖像，还没有"革命历史画"，也还没有革命历史博物馆呢。实用美术系则是在新中国成立初期的整个国事、外事活动中起作用，全是"美术供应社"的系统。于是，整个系由张仃先生主持。郑可先生等于在后边提供专业知识、技术材料、加工方面的保障。

还有一个是新侨饭店的设计，这是 20 世纪 50 年代首个外资项目，由廖承志引进。廖在当时的团中央。王朴作为饭店的筹备方代表，设计组的组长是郑可，我做秘书工作。整个的设计，还有张仃、张光宇、张正宇和郁风先生等人参与。饭店的建筑最早是张镈设计，还有庄鲲鹏先生。初创时，后者是组织人员之一。因为包括庄鲲鹏先生他们几个，才是很熟悉饭店的人，而当时派来的干部，大多不太熟悉、关心饭店和它的建设。

郑可先生第二件重要的，却不是很多人知道的事情，是参与"元帅勋章"的设计。实际上，设计者第一位是庞薰琹。画图的是温练昌、陈若菊，他们只是负责画了后来的正式图稿。第二个是张光宇，是我到新华社来找来的宝塔山的照片，然后画草图。而我的这第一次画图，就是郑先生教的。当时，张仃先生在国外，周令钊为实用美术系的书记。这些事儿，某些人都忘了。第三个"解放勋章"是雷圭元先生设计，"解放勋章"的草稿是他画的。"独立自由勋章"是张光宇的，"八一勋章"是庞薰琹的。这都排得非常清楚，庞薰琹自己也这么说了。总的来说，我觉得这是大事儿，设计是这三个人，而"勋章"的最后制作完成是郑可先生直接参与的，因为他是搞金工的，是监制。

这里，我印象比较深刻的，是郑可先生教我画图。正面画完了，再拿硫酸纸加在背面，以免前面显得脏兮兮的。这是一种方法，这样就立体了。郑先生告诉我："你外边穿一件白绸衣服，里边穿红背心是什么感觉？里边儿穿绿背心又什么感觉啊？所以很多技术上、工艺上的问题要细心、要思考。你看，制图的鸭嘴笔，不是拿毛笔往上刮一下，而是拿纸条蘸了墨汁，再在上面点一下，而且点多少，都是要一样的。从断面看，你每次都点这么多，下次点多一点，那条线就粗了。"

连画图削铅笔，也都是郑先生教的，他觉得我削得不行。我到了50多岁时，他过世前告诉我："你的铅笔、钢笔搁在桌子上，是这么放（笔尖朝内），还是那么放（笔尖朝外）？我现在做给你看，是要这么放（笔尖朝内），这是习惯的问题。"他还问我，怎么放会更合适？我说不知道。他说，你回去试试。我试了试，就明白了。你想想看，这样搁（笔尖朝外）的时候，手要转过来。你换一种方式（笔尖朝内）搁呢，拿起来就可以用。我就告诉他，这样搁（笔尖朝内）可能更方便。他说，对了。

他还说："你看汉代的勺子跟现在彝族的勺子是什么样子呢？勺把长。因为汉代时没有凳子，席地而坐，吃东西要勺把长。现在的彝族，还是这样。"所以郑先生重视材料加工、生活习惯及其相联系的沿革变化，常常会问你这样好不好、那样好不好、怎么样方便等的问题。

连冕：实际上这才是"设计"。

梁任生：对，他通过很多事情都是在讲这个问题。

另外，为什么他被错划成"右派"呢？当时在学术上，庞薰琹先生有一个愿望，他知道工艺美术、实用美术对国家很重要，就一直张罗这个事情。庞在学术方面的依靠，一是郑可先生，一是祝大年先生。没有这两位，庞在学院学术上有些事情不敢下决心去做。但是，庞先生完全是个学院派，他对于成立工作室，成立作坊有点反感。这里边，也还与雷圭元有点干系。雷和邓洁的关系密切，在国内是同学，还都是林风眠的学生，更是李富春的部下。但文化部系统的对庞有兴趣，因为庞在杭州美院做过教务长。不过，话说回来，在这件事上，庞不能叫"有野心"，他是感到国家需要，才来抓这件事的。他也没有想到。反右派斗争之前，庞总是找郑可、祝大年，不会去找雷圭元。所以，郑先生是跟着庞他们的，也是一腔爱国之情。对筹备学院这些事儿，他和祝大年先生是从学术上帮庞。

再回到郑可先生。被错划为"右派"之后，他只是低着头。他有一辆自行车，每天自己带饭，从来不在学校跟任何人接触，就是工作。那时候，我觉得他是难过的。

连冕：当时已经成立工艺美院了吗？

梁任生：对，已经成立工艺美院了。

连冕：他是在工艺美院被错划为"右派"的？

梁任生：对，在工艺美院成立后没多久，当时我还是青年教师、助教……

连冕：庞先生这前后是不是还写过文章？那时挺轰动的。

梁任生：是，他说"真理总会见太阳"，那些艺人们就说"我们早就见着太阳了"。为什么郑可先生最后要入党？他说，我要不入党，等于一辈子没说清这个问题。后来他还专门借《光明日报》的采访报道，说"我是党的人了"。他爱国啊！

后来有人告诉我，"郑可先生说'我是党的人'啊，老先生太不容易了啊"。只有这样说了，才能了却他那段"公案"啊。其实，他在反右派斗争以后，白天上班，晚上还要给轻工部做规划。两个规划，一是模具，很多器物在进行规模大生产的时候必须专门开模，第二个是玩具。张仃先生告诉我："你晚上骑车到郑先生家，他口述，你帮他写，帮他整理。"

连冕：那么轻工总局之类的档案里是不是还留有一些？

梁任生：难说。我在南昌做了整个"井冈山"的规划，包括"红军医院"等，现在在哪都很难说咯。有的时候，东西是无意丢的；有的时候，却是有意丢的。哎。

郑可先生还很用功、很勤奋。李宗津的哥哥在协和医院当教授，郑先生竟通过这层关系从协和搞来了医用石膏。协和医院用的是美国标准的、最精细的"美国石膏"。他翻了大量的钱币浮雕，为日后在塑料、陶瓷上的浅浮雕做准备。这个你可以问郑方，这些东西肯定还是有的。郑先生还关心译文，他自己花钱请人翻译外国先进的资料，不断充实自己，使自己不要远离国外相关专业的发展。

后来，他仍比较活跃，周成傀等好多人，都跟着郑先生学素描，突破了过去"老美院"的路子。郑先生的素描、雕塑的做法，区别于当时流行的"苏派"契斯恰科夫的画法面貌，周成傀是承传了。周的画也是特别好的，他跟我也是中央美院陶瓷系的同班。他比我年岁大，耳朵也不行了，他会更多地谈郑先生的素描、雕塑，还有郑先生的为人等。

契斯恰科夫那一套，也在工艺美术学院刮起过一阵风。"恰科夫"怎么样呢？就是拿铅笔画嘛。我们学素描时也拿铅笔画过，最主要是拿炭条画。那时郑先生的素描在工艺美院也引起了轰动，大家都跟他学。为什么？快速，大的体面。学校的杂志上都有，出版的大本儿的东西都有。但选得不好，选了那两个"女裸体"，我觉得选这东西的人有偏见。

郑先生逝世前本来还可以做更多事情，其中有一件是壁画，他又是做"后台"的工作。比如壁画《科学的春天》，就用的是陶瓷来制作的，这是郑先生出的

图 4

图 5

图 6

主意。让严尚德到河北磁州窑，做半陶半瓷的瓷砖，不是白瓷，是用釉料，
不是彩画。而且，拼的时候像影壁一样对角拼，而不是四方拼。所以作者只
是出了个稿子，严尚德是监制，设计上面出主意的是郑可先生。

而我曾经写过一篇关于定窑，也涉及耀州窑刻花、划花的文章。郑可先生就"点"
了我一次，他说未来的陶瓷不一定在上边"刻"，但这个刻花、划花，对改进
中国的玻璃器有用。也就是说，不是简单锲刻的，不是模子印出来的，是带
有中国风味的。我在文章的最后就写了一句，"是郑可先生提给我的"。后来，
在《文物》上发表了。郑先生包括张光宇、沈从文先生都告诉我，要研究中
国的造型，尤其是陶瓷器的造型。

几位先生培养我的方式不同。张仃先生出国的西服料是我挑的，试衣服时还
穿给我看。张光宇先生也是这样。郑可先生呢，他跟我一见面，就会给我出
个什么题，举个什么例子。一次，他听完彭真，或者是胡耀邦的报告，就跟

我说，"他们很科学的"。我问什么科学？他说，他们这个扣子啊，从上往下解，你知道什么意思吗？这也足见郑先生听报告非常细致。他说，他们讲第一个问题时，这个扣子开了；讲第二个问题时，另一个扣子开了。

他们的教学思路与方法都非常有意思的。张光宇先生也问过我，知道干部衣服上的四个荷包干什么用吗？我说装东西，他说不对，是装主意。这个荷包是戏剧、电影的，比如说你有关于福建木偶发展的问题，找阿英，阿英装在这个兜里。这边是油画的，那边是中国画的，这边是雕塑和工艺的。雕塑和工艺搁到右手下面，因为是跟老百姓关系最密切的。

此外，张、郑两位先生都做过同样的一件事情。那是我认识他们后不久，张光宇先生就在家里给我买了个万花筒，我匆匆看完以后，很长时间他没跟我讲话。然后，才告诉我说，这里面全是阿拉伯图案，几何图案嘛。郑先生也给我搞了一个，我说张先生已经给我了。他说，他给你的那个就不要动了，就给我看他那个。然后说，脑子要跟这个一样，变化要快。当时等到快下课的时候，他把那个万花筒拿过来拆了，倒在我桌上，说："你看见了没有？多少个红玻璃渣，多少个绿玻璃渣？你的脑子里记住这些渣渣还不够，还得有外边这三块玻璃。你的脑子不能是渣渣，要是'万花筒'。"所以我觉得他们讲课很有启示，也讲究方法，而且特别热情地扶植年轻人，这就是郑可先生。

最后，说说人格特点吧。郑可先生很有性格，很自律，做人低调，不张扬。不过，性格应该说是很强的，有时候对有些人太警觉、太敏感。郑先生没有祝先生温和、灵活，但郑先生热情、无私、乐于助人。如果没有反右派斗争，如果有爱护郑先生、了解郑先生的领导，郑先生到晚年也许会对国家作出更多、更大的贡献。另外，郑先生生活非常朴素。

连冕：后来不是有个"特艺系"？

梁任生：对，特艺系是1975年成立的，但问题不少，很多人才没有很好地让他们发挥……但，这个系最早的书记梁速征，对庞薰琹先生的名誉恢复和启用起过很大作用，她也对郑可先生的工作安排发挥过作用。后来，祝大年先生也在这个系，教基础课。慢慢地，教书的人多了，郑先生的素描就不能成为主流了，也就没有更多的课上，心情就比较郁闷。

这个阶段，他的作品不多，不是不勤奋，是环境的原因。郑先生跟我说："我不愿意做那么多作品，因为做得再多，也容易掉在'汪洋大海'里。你看现在绘画界，有那么多画家，又都是'著名'的。但，又有哪一个在真正探讨中国画的继承呢，又继承了什么呢？"这些话也是到郑先生退休前后我才弄明白，即所谓的"重技轻艺""重技轻文"。

总的来讲，郑可先生的社会活动，是一直延续到了被错划为"右派分子"，以及错划"右派"被改正以后，期间，他从未间断为社会服务，他应该算得上是工艺美术方面的"社会艺术活动家"。他为工艺美术做的事情，比所有人做的都多。他到处跑，给人家做顾问，给人家讲课，给人家启示，帮人家做事，帮人家忙，帮人家操作，包括北京工艺美术研究所以及小厂小作坊他也去做。还有陈叔亮院长，是绝对爱护郑可先生的。

另外，王建林，工艺美院医务室主任，你也可以采访他，问问在反右派斗争期间，郑可先生的精神状态是怎么样的。因为他是老校医，为人正直正派，人也非常好。更重要的是，反右派斗争期间郑先生是他这一组的。王是组长，没有难为他，也没让他受任何自尊上的委屈。我们三个就是聊天，聊完就说："郑先生赶快回去吧。"我也很感激王建林，这样的好人真是太难得了。

还有两个人你应该联系一下，一是常沙娜先生。她对郑可先生是不错的，因为有父亲这一辈的关系在。还有黄永玉先生，郑先生在香港的情况他比较熟，对郑先生为人和艺术业绩的评价，他会比我知道得多也更合适。因为我这个年龄段知道郑可先生的事情毕竟少，了解长辈先生也肤浅。

连冕：谢谢您，以后等我整理出来，再请您查漏补缺。

梁任生：不用，不用拿给我看，你觉得哪些有用，你就尽管写吧。

连冕：我还有个问题，就是想请您再详细描述一下，当年郑先生在"包豪斯"方面具体都谈了些什么内容？

梁任生：他谈得不多。

连冕：我的意思是，想知道郑先生当时到底对包豪斯了解到什么程度？因为现在包豪斯是个热点，目前据我们所知，在包豪斯学校存在的那个阶段接触过它的国人很少。现在看来，可能庞先生接触过一些，按他后来的回忆录，好像是看过其展览，也参观过校区。也有人说，郑先生好像还去过包豪斯学校，还学过两三个月。

我去年去了一趟包豪斯在德绍的那个著名校址，发现郑先生在香港做的一些设计，跟包豪斯的相当接近，甚至可能直接用了包豪斯的一些造型去生产。自然，当时也没有怎么强烈的"版权"观念。他可能是把了解到的，和认为合理的、好的东西，运用到了香港、广州、新加坡等地，包括他自己所在的工厂，继而后来到北京，在教学上也有所运用与推广。换言之，成了包豪斯在近代以及新中国的早期隐形"推手"。

梁任生：也许是这样的吧！当时第一次提到包豪斯的是张光宇先生，他也最早提到了英国的陶艺家。郑可先生曾跟我说过，大概的意思是：我们国家是农业国，长时间的封建社会，以及历代帝王统治，中国手工艺术的历史非常长，将来的工艺不能走北京特种工艺——景泰蓝、雕漆一类的路子，更多是要面向并服务今后的青年人。工艺设计与纯绘画、雕刻的不同在于表现工艺要用新技术、新材料，而现在出现的新工业技术，都将拿来为生活服务。他跟我谈包豪斯，给我的主要印象就是这些东西，即现代生产要与现代科技发展同步。他还说，我们未来的手工艺，都要接受包豪斯，接受它的思想及做法。详细的其他内容也没跟我怎么说，但给我的一些工艺、应用美术上的启蒙，很多是跟包豪斯有关系的。

而那些搞"学院派"的"文工"图案的，说得不客气点儿，我觉得还不如老艺人的"文工"，因为后者是成套、成体系的。他们那些，不是日本搬来的，就是法国搬来的，而且出版物上都有，也都没有中国的东西厚重。

我还想起来一件事。曾经我们去苏州园林，郑可先生让我要注意传统花窗及"薄蚌片"（即"明瓦"）的做法，亲自去老艺人那里请教，因为这里面的学问是很传统、很复杂的。而他说，这些东西就是"科学"。"这些东西"是什么呢？是艺术家说不出来的。所以，郑可先生既是位雕塑家、艺术家，同时他也是应用美术家、实践家。

图 7. 郑可《马》（采自梁任生主编：《中国当代陶瓷精品选》，合肥，安徽教育出版社，1995 年版，第 44 页）

图 7

访王受之

说明：本文据 2013 年 10 月底，对王受之先生（于中国美术学院象山校区）的采访录音整理而得，相关文字已经受访者授权审改。

图1

图 1. 郑可《古勤勤先生肖像》（约 1935 年，浮雕，并署 "勤大工学院制赠"；采自广东省立勤勤大学编：《古湘芹（勤）先生逝世（四周年）纪念专刊》，广州，广东省立勤勤大学，自印本，1935 年；AI 修复图片）

连冕：首先是想问问您与郑可先生的交往经过，有什么样的历史背景？

王受之：郑可原来在广州的一个叫勤勤大学的工科学校工作过。也就是在 1938 年广州沦陷以前，郑可从欧洲留学回来以后，在这个学校的 "工学院" 教书，那时不叫 "设计"，可能是偏向于机械方面的东西。我祖父王仁宇，当时是勤勤大学的教务长。学校因为抗战而不得不四处搬迁，1945 年后又改名，直至其 "工学院" 最终并入现在的华南理工大学。1946 年，我祖父当了校长，但那个时候郑可已经不在学校了。

也就是从那时起，郑可与我祖父在勤勤大学建立了联系。但他们不是很熟，因为我祖父是个官僚，高高在上，而郑可是个教员。不过，郑可与我父亲很熟。父亲叫王义平，当时是小孩子，崇拜郑可会做些小东西。父亲常去郑可在勤勤大学的工具房，他记得最清楚的，是郑可有个小车床，做一些金、银东西。其中，他送我父亲一块 "竹子"，上面钻了很多孔，孔里嵌银，然后抛光，是一个非常精美的胸饰，可惜父亲在抗战时给弄丢了。

在勤勤大学与郑可同专业的一个老师，叫冯国恩，是我岳父的哥哥。他们是同事，我父亲又与郑可是朋友，这样一来，可以说我们与郑可是世交了。不过，也是在抗战的时候，就打乱了，大家一度都联络不上了。

1949 年后，尤其是郑可被错划为 "右派分子" 后，他的一个女儿到了甘肃。郑可当时在北京则很潦倒。1967 年，"文化大革命" 开始 "串联" 后，我父亲让我带了一点东西，"去看郑伯伯怎么样"。当时郑可住在白塔寺旁的阜成门。一个极小四合院，还只是半边院子，在鲁迅纪念馆旁边。房子是回到内地后郑可自己买的。

1. 关于高氏要求王受之针对性地研究"包豪斯"，王氏之前亦于《怀念高永坚老师》中有过回忆："（1982年）这次见面，高永坚很肯定地说了两件要我做的事情：第一，尽快弄清工业设计是什么，包豪斯是怎么回事；第二，通过撰写设计史的方式，首先让我们的老师都清楚现代设计的发展过程和现状，继而教育学生，尽快开设工业设计专业。在谈话中，他特别说到：包豪斯是一个现代设计的中心，一个起源，他是在香港的时候听郑可先生说的，因此我务必要在不长的时间里把这个事情弄清楚，否则美院在设计方面的发展是没有方向的。这个等于是给我下达的任务，我当时也很肯定地接受下来了。从现在的角度来想想，高永坚受到郑可设计思想的影响，对于学院的发展有高屋建瓴的远见：先从理论上了解世界设计的情况，再进行学科改造和建设。"（《美术学报》[广州美术学院学报]，2013年第4期，2013年7月，第7页）另，王氏此文之原未经杂志编辑者，曾与其回忆郑可的相关文字综合后，上载至其个人"博客"，题为《高永坚老师》（http://blog.sina.com.cn/s/blog_4bdabb490102fyz6.html，2013年5月2日），今将其内郑氏对高氏的评价等，稍加编辑后录下，以备参考："在广州美术学院见了高永坚老师第一次之后，我对他的印象非常好，

我1966年去北京，1967年是第二次去。那个时候我在武汉当红卫兵，到郑可家后，发现他家里全被抄光，没有见到郑先生，只见到郑伯母，我就走了。那次之后，我就没有机会在"文革"中再见到郑先生。

我是1982年9月去广州美术学院当工业设计研究室的副主任。当时我是武汉大学研究生毕业，高永坚老师招我进来。高永坚是郑可的徒弟，跟郑先生学陶艺、雕塑和浮雕。因为当时高永坚在香港参加"东江纵队"，属于地下党，1949年后他在香港没走，就被抓起来了，1950年被香港当局驱逐。香港当局表示"高永坚是不受欢迎的人，永远不能回来"。高永坚回到内地后，被派到佛山石湾陶瓷厂当书记，然后调到广州美院做陶瓷系主任，后来当了副院长，又当了院长。他是广美历史上唯一一个"做设计"的院长。

连：我记得吴少湘老师提过，您好像因为郑先生，而在北京的一个工业设计协会短暂工作过？

王：是的，工业设计协会是在1981年筹建，1982年建立。当时筹备处的主任叫叶震华，他手下有个负责人叫柴常佩。柴是一个很重要的人，最早翻译梅格斯《二十世纪视觉传达设计史》，他的翻译比我写的设计史还早。

当时工业设计协会的筹备会请郑可当顾问。郑先生当然是全力支持，我也进去参与了一些工作。郑可先生很兴奋，因为还能用"工业设计"这几个字。当时国内关于这个名称，争论得很厉害。一般人觉得不应该叫"工业设计"，那是工程师的事情。我们当时用的是"industrial design"，其实我有个想法，就是能不能叫"产品设计"。但郑可先生说，工业的力量比较大、比较强，而产品的话，什么东西都是"产品"。当时，在中国就是"工业设计"之争和"图案"之争。具体的分野是我和柳冠中、张福昌等人属于"激进派"，但很快柳就出国了。我算是一个呼吁者，其实支持我的一个是高永坚、一个是郑可。我有次到北京，关于这件事，郑可就跟我说过，显然很生气。

连：哦，真的？我看您在网上刊布的回忆文章里也有类似内容，我还转给郑可先生的女儿郑方老师看，她没有具体反馈。我倒很好奇，郑先生还会以那么激动的方式来表达？

王：郑先生讲话的确比较激动，尤其是跟我们。郑方没回应，是因为她没参加。1982年底，高永坚要我再去见郑可。[1]当时郑可家里很破，刚刚整理过。我问了他一件事情，说当时一位先生，在华东什么杂志上面写了篇文章，内容大概是："包豪斯"是什么东西，他查了一下是西方"反动资产阶级学术权威"。当时我拿不准，高永坚也不太拿得住，他说包豪斯好像不是一个人。我当时刚接触，又是做美国历史，没接触过包豪斯，所以就得去中央工艺美术学院问郑可。郑可叫我去他阜成门的家里吃饭，还是那个破院子，有些没收的东西拿了回来，主要是一些书，不是我第一次去所见到的四壁空空了。

感觉在他领导下，真是可以做一番事业，并且这番事业说不定会对中国产品、平面的设计水准，有一个重要的促进作用。其实我第一次见高永坚老师之前，就已经知道他了。第一次听说不是通过王益伦，而是通过中央工艺美术学院产品设计的元老郑可老先生。早在1978、1979年，我在北京、武汉见到郑可先生（1906—1987），他就说：广州美术学院有个高永坚，我在香港带过，这个人'得！好嘢！'郑可看人近于苛刻，他说行的人，八九不离十，基本都很准。……就我知道的情况，有两个中国青年去过包豪斯，一个是中央工艺美术学院奠基人庞薰琹，另一个就是郑可先生。郑可是广州美术学院当时副院长高永坚的老师，因此高永坚对包豪斯，对现代设计的信仰也很自然。这也可以解释为什么我在1982年来广州美术学院工作前，高永坚老师跟我谈话的时候，就特别强调我要弄清楚包豪斯的内容和来龙去脉。……郑可曾经在和我父母聊天的时候，谈到自己在香港的时候影响过的几个学徒，其中有黄永玉、高永坚。郑可在我面前赞扬过几个人，一次是说'中央美术学院开始的时候有两个神童，一个是黄永玉，另一个就是你舅舅周令钊'。而另一次就是提到高永坚，他说：'你好彩！有高永坚做你的院长，这个人懂设计，又在香港跟过我，得！'他对高永坚的陶瓷工艺，对高永坚的眼界开阔和设计品位准确，有很高的评价。我大约是在1978年就听他讲过高永坚。当时黄永玉在画坛已经如日中天，我无需去找了。而高永坚则一直很低调，在广州美院工艺系，经杨秋人院长提拔做到副院长，美院那批画家、雕塑家很多不买账呢！事后广州美术学院在设计方面的长足进步，方显出郑可对高永坚的评价是准确并且有远见的。"

我的原话是："郑生，包豪斯是什么，是一个人吗？有说是个'反动资产阶级权威'。"郑可说："是间学校啊！我给你几件东西看看。"

郑可马上就去翻找，并叫郑伯母进来。我就叫她"伯母"。伯母倒很生气，用广东话说："我不是'百无'（伯母）！他才是'百无'！他在香港卖了两个公司回来，但最后得个'百无'，一无所有，什么都没了。"

王：随后，郑可翻出了一个纸包，他舔着由于多年做金工、陶瓷而显得很粗的手，从里面翻出五六张黑颜色纸，上面有用粉笔画的产品图。他说，这就是1929年他在包豪斯上课时画的。

连：郑先生在包豪斯上过课？

王：据他说，他当时在包豪斯旁听，其他同学都在那里画，老师告诉旁听的同学也可以画，郑先生就勾了几张。那是个产品，但具体是什么我不记得了。

连：您说的这一段就非常重要了。

王：但这几张画，我恐怕就更不知道去哪儿了。因为，我看见，当时是和其他作品混在一堆的，既有法国时期的，也有这些。我就问郑先生是怎么去包豪斯的，他说是从法国过去的，去看一看，听了两堂课。我也不清楚是谁的课，具体是什么时候去的，但我知道那是在1929年。郑先生说他听不懂德文单词"concept"。好像庞薰琹，也是1929年去的。

郑先生说，他是挤到后面听了两堂课，在课堂上勾了几张。并说他勾画的方法也是法国的，不是包豪斯的方法，德国人不那么画。法国人有透视，他说德国人的，就是构成和结构。

连：您回忆，也帮助我们初步弄清了郑先生跟包豪斯的联系。

王：郑先生还说，他开始去看了以后很着迷，于是就在当地找个地方住了一晚，听了两堂课。当时的老师还问他是谁，郑先生用法语说自己是法国来的，也就跟着坐在后面。跟着其他人画，画完了两张图就给老师看，那老师也不置可否，因为路子不一样吧，是不是也因为德国人瞧不上法国人的手法。现在我估计也没有人能分出具体是哪两张图了，因为当时他是从一沓图画中抽出了两张，说这就是在包豪斯画的。

连：那真的只有郑先生自己知道了。

王：对，所以他主要的目的，是给我证明"包豪斯"是个学校。他就说"怎么会是个人呢"？但是我没法写出来澄清此事，因为当时那位老师名气很大啊。对此我也很郁闷。

后来，我是在 20 世纪 80 年代初"出道"，其实我是属于比较偏激的那种，除了做世界历史外，我还有"杀气"，我们是 1966 年高中毕业的那一代，演讲时有群众煽动力。当时不让我搞现代设计，我就"煽动"群众搞。后来我到浙江美院南山路讲课的时候，只有工艺类的系能够听，油画系什么的都不能听，当然也有人偷偷进来。1983 年，我在无锡轻工还被他们赶了出来，写了张条子说："你是不受欢迎的人。"何晓佑、赵健，当时都是在下面听课的，都是支持我的。而我的煽动性，也有很多来自郑可，他常常"煽动"我。我也很受他的"煽动"，加上我又是他的"世侄"，每次去，他都能给我很大的鼓励。

他后来去世也太早了，我要出国的时候就跟吴少湘说，他就你一个"入室弟子"，你要多照顾老先生。但谁也没想到，郑先生走得这么快，这么突然。他是摔倒后住院，为了上厕所不吵醒护士，自己拔了输氧管……脾气真是大……

连：实际上，您这么一说，这一段终于有了个轮廓。很多人传说郑先生是去过包豪斯学校学习过，但没想到，按您的回忆，就是两堂课。

王：对，他告诉我就住一晚，那家酒店地方还特小，而且是坐火车去的德绍。郑可跟我说了两件事情，一是落实了包豪斯是什么，二是"Art Deco"，就是"装饰艺术运动"。因为我当时在写书，对这个概念不太确定，就问郑先生，他说就干脆叫"Art Deco"算了，别叫什么"装饰艺术运动"了。现在全中国都叫"Art Deco"（编者注：现即多直译为"新装饰主义"）了，也就跟他有关了。

连：还有一个问题，您在工业设计协会那边，还有更多的深入活动吗？

王：我当时主要是参与柴常佩他们组织的全国讲学。

连：对了，我听吴少湘老师说过，他还帮您在工艺美院旁边的光华饭店办过讲座。

王：他们在全国搞讲学，有三种做法。一种是学院请，就比如说到浙江美院是工艺美术系请，到中央工艺美术学院，首先是装潢艺术系的陈汉民请，跟着就是陶瓷系的陈若菊，然后是潘昌侯，然后就是柳冠中，都是学校或者系出面请。那么工业设计协会就是作为一种协助者。

还有一种是工业设计协会出面，和当地企业合作，比如说与上海广告公司合办，听众就有上海广告界的，以及协会组织来的一些轻工业工厂的包装设计人员，也就是变相的培训，但是要借一个壳，找一个地点。

第三种就是像在长沙，中国工业设计协会和长沙美协联合，租了个电影院，给全湖南做讲座，有上千人。长沙那一场下面都叫口号，大喊"包豪斯万岁"。我属于那种很有"煽动"性的人，并且做讲座时我有些本领，把某些方法搅

图 2

合到设计里面去谈。其实我还是有错的，我把包豪斯描绘成一个与落后势力进行斗争的形象，所谓"摧枯拉朽"嘛。我觉得，我造成的最大伤害，是把"工艺美术派"打得很惨，所以后来大家就很歧视"传统工艺"了。不过我不采取非常的办法，就拉不动群众，因为"工艺美术系"当时在各大院校的势力很大，到现在也不小吧。

连：也就是说，您当时的身份就是广美的教师？

王：是的，当时我是广美工业设计研究室的副主任。

连：与您同时，靳埭强先生也在广美吗？

王：靳埭强从未在广美工作过。他之前是香港设计师协会的会员，到 1984 年当了这个协会的主席，都是换着当的。而在 1978 年，香港新华社，就是现在的中联办，就找了石汉瑞（Henry Steiner）来广美讲课。石是香港当时设计界的"一哥"。在香港回归前，在港的本土设计师是没有地位的，设计项目全部在外国人手上。所以石的地位很高，像汇丰银行的钞票和马会的 LOGO 等都是他设计的。靳是没份儿的，只能做点类似"奇华月饼"的设计。当时石接受新华社的邀请，带了些人来到广美，其中就有靳埭强、王无邪（当时在香港理工学院基础部）、毕子融。他们来的时候，带了几本书，其中就有王无邪编写的《平面构成》和《立体构成》。这两本书影响了尹定邦等人，他们以此为基础，在广州美院搞了培训班。

我 1982 年进广美工作，那批书中除了"平面、色彩、立体"构成以外的，他们都不要了，都给了我，就放在工艺史研究室。里面就有日本胜见胜的《设计运动一百年》，是台湾翁嘉祥翻译的。书里提到了佩夫斯纳，我便托人在香港买了佩夫斯纳的原著。然后我请黑泽尔·克拉克（Hazel Clark）来广美讲学，当时她在英国皇家艺术学院工作，而我是通过香港理工学院邀请到的。靳埭强他们来了以后，还有继续再来的，偶尔靳等人也兼点课，但不是老师，像是工作坊。香港理工学院来得比较早的，第一个当是 1982 年的李德志（现在还在"理工"，做工业产品设计），他还带了马修·特纳（Matthew Turner）过来。特纳是英国人，他当时来找我，我们都是硕士，都学历史，所以就很容易谈得来。我当时找他，就是想确认我那套理论对不对。我问他知不知道郑可，他说郑可绝对是香港工业设计第一人。特纳是研究香港工业设计史的，你们要想在国外找到一个懂郑可的，只有爱丁堡的特纳。但，理工学院搞派系斗争，赶走了他。

1984 年，他还请我到香港理工讲课。这样我便与理工建立了联系。我最早与香港的关系，是和靳埭强这批做设计的。进入理工学院后，图书馆对我开放，也认识了一大批外国人。接着，我就借助高永坚的关系，把那批外国人请来，他们自己出旅费，我们解决住宿，安排他们住在广东省迎宾馆，我每天负责接送和翻译。这些事情我到北京时，都跟郑可讲，郑可说广美其实更好，发展快。事实上，在那段时间，广州美院发展是很快，跟上述这些都有关。而精神的启发，那得归功于郑可。

连：您觉得，在 20 世纪 80 年代，高永坚老师做院长的那段时期，郑先生对广州美院还有什么影响？

王：他还影响了林学明。林是中央工艺美院 1982 年的毕业生，然后分到了广美，当然也是高永坚引进的。当时高永坚一共引进了 6 个人到广美，除了林学明和我之外，还有陈向京、崔华峰（潘昌侯的学生）、东美红和陈小清，都见过郑可，林学明受其影响最大。这些人都是 1978 年本科进入工艺美院的，全部受郑先生影响，特别是林学明和陈向京。他们几个被高永坚带来广美，成立"集美组"，我们号称"广美六君子"。我是搞理论，另外五个搞实践。

连：某种层面上说，广州的设计也可谓是郑先生带动起来的？

王：应该说是受郑可间接的带动。他的弟子高永坚是召集人，他们都发挥了重要作用，带动了广州的设计。所以，郑可对广州的影响，比对北京的还大。广美在 20 世纪 80 年代是很厉害的一个学校，但是我们这批人，之后便基本都离开了。这是后话了。

连：或者说，在 20 世纪 80 年代的广美这一段，郑先生是间接参与了。

王：是的，间接参与了。他从精神上给予支持，也从人员的布局上给予支持。他当时跟高永坚说，这些人你就拿过去吧，高就一口气收编了。

连：我还有一个问题，您刚才说到石汉瑞，也就是关于郑先生在香港那边的事，还有没有一些其他的情况？

王：石汉瑞知道郑先生，你可以去采访他。他现在 80 多岁了，还在香港。他是耶鲁大学设计学院毕业的，他的老师是保罗·兰德（Paul Rand）和索尔·贝斯（Saul Bass），而这两位大师的老师赫伯特·拜耶又是 1926 年包豪斯的毕业生。拜耶后来到耶鲁办学，其他如格罗皮乌斯到哈佛办了"设计研究院"，密斯·凡·德罗到伊利诺斯理工学院等。拜耶在耶鲁设计学院，就只招了保罗·兰德和索尔·贝斯两名学员，他们两个又教了石汉瑞。1962 年石汉瑞到香港办了第一家设计事务所，可以说是包豪斯的直传嫡系。

石汉瑞到香港的时候，郑可已经在北京，并且被错划成了"右派"。到了后来，石汉瑞听到一些人，包括马修·特纳说起过郑可。特纳还拿到过 20 世纪 30 年代"香港产业振兴会"，抑或是"贸易协会"的一些图录。他还办过一个"香港设计"的回顾展，留下了一本绿色封皮的书，里面收录郑可设计的三件作品，包括烤炉、热水器等。马修拿给石汉瑞看，石汉瑞很震惊，他说那完全是包豪斯体系的东西。石见到我时，还曾经说过，"Ke Zheng is a great man"（"郑可是位了不起的人"）。我认为在"文革"以前，石汉瑞可能未曾见到过郑可，不过，石在广州讲完课之后，应该在1983年以后，去了北京，到了工艺美院。在那里，很可能见到了郑可。但他的接触，或许也就那么多了。

特纳当时在香港理工的太古设计学院教书，20世纪80年代初期，他好像在"圣马丁"类似的学校，得了学士学位。到了香港理工后，他又用香港、英国来回跑的方式，读了个硕士学位。初到香港时，最早是香港大学请他，在香港大学建筑系教一点文化概念的课，后来迈克尔·法尔（Michael Farr）把他调到了香港理工。后者是该学院当时的院长，很重要，他是英国工业设计协会（Industrial Design Association）的副主席，极为推崇"香港设计"。他请我到理工学院讲课，我跟他提到有位叫郑可的很重要。他就跟马修说，我们能不能请他来，后者说"I'll try"（"我试试看"）。但不知道为什么未能成行。

老头儿性格很硬。郑先生是很激越的，有时候还会说粗话。郑可先生在内地真正活跃的时间很短，而"文革"结束之后，他复出了，整天穿着短裤、皮凉鞋，看着很不得体，学校毕业典礼时也是这身打扮……他晚年还是活得很不容易。

连：除了您提及的特纳那本展览图录，我还看到过20世纪80年代初，到北京郑先生家里的一些香港朋友拍的照片。他住的地方也只是个单元小房，很脏乱。

王：是啊。我所知道的是，当时他每天要从长安街西边的阜成门赶到东边光华路，骑自行车，搭公共汽车，这可是"国宝级"的人物啊……令人唏嘘。

图3. 郑可参与中央工艺美术学院特艺系本科1978级装饰雕塑（立体造型）专业"圆雕头像写生课"示范（1979年春，李德利、张彤授课，王培波摄影；左8为郑可，左起蒋朔、王和平、郜海飞、杨文会[河北工艺美校进修生]、路盛章[硕士生]、马心伯[福建工艺美校进修生]、未详，右起赵萌、江黎、黄尧、刘军、张国清、周尚仪、戴敏华）
图4. 郑可《老人头像写生稿》（圆雕头像写生课示范，1979年春）

图3

图4

追忆 · 怀念

现代设计的开拓者
——为郑可教授逝世二周年而作

晓芙

图1

图1. 郑可在江苏宜兴丁蜀镇（1980年春）

郑可先生是广东省新会县人，1905（纂述者按：原文如此）年出生于广州，原名郑应能。他四岁丧父，家道中落，从小养成了艰苦好学的品德。不知是他竭力去实现父母命名的初衷呢，还是纯属巧合，他一生都遵奉这样的信条：人，什么都应当能做，什么都应当学习。

他家住在广州的手工业区，因家境不宽裕，郑可从很小起就在街上玩，尤其喜欢看手艺人干活儿。年幼的郑可瞪着两只黑亮亮的眼睛，眼见一张铁皮在手艺人灵巧的手中，比比划划、敲敲打打，似乎不费什么力气，就变成了一只漂亮的水壶。他简直入了迷，有时一看就是几个小时，连饭也忘了吃。后来，他上了私塾，仍然忘不了那些手艺人。再后来，他上了法国人办的圣心中学，那是母亲的意思：学点洋文，前途好。学校在城东，郑可每天吃完早饭，穿过整个广州城，步行去学校。中午人家吃饭，他饿着肚子，到学校附近的作坊看工人干活，常常是看得入了神，肚子饿也忘了。这期间，他有一件最得意的事情，便是与一位要好的同学合作，自己设计、制作了一条竹壳船。船只有60厘米，可是里边锅炉、蒸汽机一应俱全，所有的部件都是他用手做的。他自称这是自己的"第一件作品"。那时候，他绝不会想到，正是这件作品，预示了中国绝无仅有的一位人才的诞生。

渐渐地，他不满足于只是看，或者只是做个小玩艺儿了，他要真干了。当时，广州有个颇有点名气的牙雕艺人潘亮，郑可就跟着他学。别看年龄不大，可聪明的郑可还真学出了点儿门道。

毕竟是从小所爱，耳濡目染，郑可心里总放不下他的那些机器呀、工具呀，1925年，他终于进入广东省工业专门学校学习。

1927年，郑可依靠自己课余制作纪念章和家中变卖房子的不多收入，赴法勤工俭学。

当时去法国勤工俭学的中国留学生，有学美术的，有学音乐的，也有学自然科学、社会科学的。郑可呢？他学的东西一句话可说不清，可以说是见什么学什么，别人不学的东西，他觉得有用，就学。开始，他在哥伦诺布学习法文，同时在美术职业中学学习绘画基础、家具木雕、建筑雕塑。他学得十分刻苦、勤奋，时间不长，学业大进。

两年后，郑可考入巴黎国立高等美术学院雕塑系，同时在市立装饰美术学院学习家具设计、染织、陶瓷、玻璃、金属工艺等。此后，他终生保持着这种广博的学习特点。郑可学习肯于用心用脑。他学习雕塑，不仅学习西方古典雕塑写实的基本风格，而且更多地吸取了不被人注意、却有着无穷生命力的东西。人们更多地注意罗丹，郑可却学布德尔。人们更多地注意凯旋门，郑可却留心金属纪念币之类不起眼的东西。郑可的独特风格就是这样逐渐形成的。

这时，郑可真可谓如鱼得水，他在艺术的殿堂里遨游，艺术知觉得到充分的启迪。他觉得自己的思维从来没像今天这样敏捷，双手从来没有像今天这样灵巧。他犹如一颗初升的新星开始熠熠闪光。

不久，1931 年，郑可的两件雕塑作品获法国沙龙奖。与此同时，他的才华开始受到各方面的注意。何香凝同志通过十九路军的代表向他表达了资助其学习以发展教育的美意，郑可终于得以全日学习。于是，在他众多的学习内容里又增加了室内装饰。

1933 年，德国的包豪斯学院在巴黎举办展览，这是世界设计史上的重大事件。展览给郑可以极大的启发。这所世界著名的设计学院，倡导以人为本的设计哲学，强调"设计的目的是人，而不是产品"。整个展览反映了"工业设计"的本质和它追求的根本目标。正因为如此，展品以其独有的新奇、朴实、优美赢得了郑可的心。在这里，他看到了科学与艺术综合的巨大力量。事实上，科学与艺术自古以来就不是分离的。古希腊的学者亚里士多德，文艺复兴时期的巨匠达·芬奇、米开朗琪罗是众所周知的艺术大师，但他们同时又是科学家、建筑师……郑可缓缓踱步在展览大厅中，思想在剧烈地翻腾，他感到自己永不知疲倦、永不满现状的思想受到一次巨大的冲击。是的，任何科学领域中都要运用两种思维模式，人们为什么要把自然界整体分割，从而也把人的思维分割？为什么科学家只运用逻辑思维，而艺术家常常只用形象思维？这束缚了多少人的思想，扼杀了多少思想的升华和发明创造！只有把艺术与科学视为人类的一双手，才能真正对自然和人类社会作出解释。郑可抬起头，他的眼神里闪现出一种新鲜而成熟的光彩，他的神情像大海那样宽广而平静，平静中流露出一种无法抑制的兴奋，这正是多少年来郑可梦寐以求的思维模式！

当然，这是极不易做到的，这要有远远超出常人的更为广泛的知识和修养。但郑可并不畏惧，从童年时代起，他不就是在苦苦探索中走过来的吗？他相信自己会成功。

从此，他密切注视研究包豪斯学派和世界工业设计的走向，成为我国最早介绍和提倡包豪斯学派的学者。到了晚年，有人揶揄之为"包豪斯加孔老二"，他本人也时常挂在嘴边自娱。当然，这是后话了。

1934 年，郑可终于回到离别了七年的祖国。他先就职于广州市立美术学校，后任勤勤大学建筑系教授，其间与李桦合作编辑了《现代版画》杂志，并亲自主持了香港百乐门舞厅、广州爱群大厦的雕塑设计工作。

1937 年，郑可先生为了深入了解新兴的工业设计，再次赴欧考察，并参观了在巴黎举办的万国博览会。

1938 年，广州失陷。郑可在回国途中留在新加坡，任一家具公司设计师。这中间郑可支援国内抗战，为陈嘉庚等华侨募捐作抗战纪念浮雕。

1940 年，郑可回到香港，任香港工业美术工厂厂长。两年后，香港失陷，郑可逃难到广西。这时日军向华南大举进攻，正是国家最危难的时候，郑可满怀报国的深情，在柳州成立了郑可工作室。据当时工作室的主要成员回忆，当时的创作主要是雕塑，《光复桂南纪念碑》是工作室的第一件作品。碑座上是两大块浮雕，一块是中国士兵在丛林里打日军，日军溃逃；另一块是人们返回家园，盖房种地的情景。浮雕用芦苇和野草把几个场面分开，可见郑可先生的匠心。"光复碑"是铸铜的，安装好不久，又遇战事，毁于兵火，十分可惜。

1945 年，在香港成立"郑可美术供应厂"，在以后的一段时间里，郑可主要从事工业设计与金属工艺的科学研究与实践。

1950 年，受廖承志同志之邀，郑可回内地观光。

次年 6 月，郑可怀着满腔的爱国热情，携带自己的金属工艺车床设备和徒弟，举家北上，来到北京，投身新中国的社会主义建设事业。他先后任中央美术学院、中央工艺美术学院教授。这为他实现多年的理想，提供了很好的条件。他教学认真严格，强调理论结合实际，主张艺术、科学和生产相结合，先后执教过陶瓷设计、玻璃设计、工业设计、装饰雕塑设计、金属工艺设计，以及金属造币与首饰设计等，不仅在学术上为现代设计提供了重要的理论与方法，在实践上也是绝无仅有的。郑可先生是一位杰出的现代工艺设计教育家。正如张仃先生所说："他是全武行，什么课让他上，都行。中国有这两下子的，只有郑可。"

1957 年，由于众所周知的原因，郑可被下放，这对他是天大的冤枉，但他毫无怨言，照旧埋头苦干。在北京工艺美术研究所这段时间，他遇到了知音，当时的所长杨明甫尊重他，支持他。他心里想：只要能干工作就行。为了改变手工艺品生产的落后状况，他一心扑在技术改革上，一个工厂一个工厂地了解技术情况。经常是一身土两手泥，在艰难的条件下研制了电动磨玉、电铸成型工艺，进行了象牙雕刻的"蛇皮钻工具"试制与改进工作等，世世代代手工操作的传统，开始为机器所代替。可以想象，这对一个政治上背着沉重包袱的人来说，需要多么坚强的毅力。

1959 年，郑可回到中央工艺美院继续任教。1961 年，郑可开始系统地研究现代工业设计理论，与人合译了国外工业设计的有关著作，并起草了《现代工艺设计教学纲要》与《成立现代工艺系的建议书》。这在当时的条件下，几乎是不可想象的。

粉碎"四人帮"以后，郑可先生以古稀之年焕发出蓬勃的艺术青春。这是有特殊原因的，他从香港回来就是要报效国家的，但是国内一个政治运动接着一个政治运动，他的才能抱负没能施展。他感到时间紧迫，他要抓紧、再抓紧！请看——
1977 年，郑可为财政部主持造币设计训练班。
1978 年，中央工艺美术学院成立郑可工作室。
1981 年，郑可加入中国共产党。入党后他更加积极地为国家培养专业人才。
1982 年，郑可以 76 岁高龄只身赴南斯拉夫参加"大理石之声"艺术节，创作陶雕人像和喷水池，获得极大成功。
1983 年，郑可义务为北京举办金属模具培训班；为北京密云县作《拓荒牛》雕塑；亲手设计山东淄博市纪念碑——大型煅铜金属雕塑《奔马》。
……
1987 年 9 月 22 日，郑可先生逝世。

如果不是亲眼所见，所有的人都不会相信这是一位八十岁老人的工作时间表！因此人们同样不能相信，一个呈现无比活力的生命，一个正在如此积极奉献的生命，怎么会突然戛然而终？

也许是生命之弦绷得太紧了。郑可先生一辈子都是这样，为国家、为人民、为事业竭尽全力，却从来不知爱惜自己。

郑可先生，你壮志未酬，才能未尽，你不应该这样突然地离去！

然而，细细想来，你自幼勤奋好学，积极探索，无私奉献，在同样的环境中，你取得了常人不可想象的成绩。尤其是作为一位当代杰出的工艺美术家、教育家，你首先开拓了现代设计这个全新的领域，是具有划时代的意义的。你为人谦虚朴素，一生追求进步，即使受了冤枉，也始终没有对事业失去信心。人们用"全面卓越，中国少有"这样的词语来评价你的才能和成就，是丝毫不为过的。

郑可先生，你的为人和艺术将永远留在人们的心中。

图 2

图 2. 过元熙、郑可等《国民革命军陆军新编第一军印缅阵亡将士广州公墓纪念碑暨雄鹰雕塑》（约 1947 年落成，广州）

《设计》，北京，1989 年第 3 期，1989 年 9 月，第 43—45 页

周国桢拜见郑可（节选）

石奎济

1961 年的秋季，陶研所的领导指派美术研究室的杨秦川、李雨苍、周国桢三人前往北京，参观一个工艺美术展览会。这是周国桢自 1954 年于中央美院投入景德镇的怀抱后，首次回到北京，免不了要回母校看望一下师长和同学。他看望了阔别数年的雕塑系的同班同学，还想去会一会实用美术系的同学们。因为，他投奔到景德镇后，就很少做架上雕塑了，而动手做的更多的却是小型陶瓷雕塑，他很想获得工艺美术方面的新知。然而，早在 1956 年 11 月，实用美术系即从中央美院划出，与设在杭州的中央美院华东分院的图案系合并，组建了新的中央工艺美术学院。于是他离开校尉胡同的中央美院，来到了光华路的中央工艺美院，见到了老同学张守智。张守智原在中央美院实用美术系攻读陶瓷专业，中央工艺美院成立后，他被调到工艺美院任教。同学又同行，见面分外亲，话也特别多。他们谈欧美，谈日韩，也谈港澳台；评写实，评变形，也评景德镇。末了，张守智还很神秘地向周国桢透露了一个消息，说，"郑可老师，你该记得吧？""记得，不过他没教过我班。"周国桢说，"听说 1957 年，他被错划成'右派'了？""是的。1959 年，他又重新回到中央工艺美院任教了。"张守智说，"现在，他正在系统地研究现代设计理论，过两天，他还要上一堂大课，重点讲授形式美！"

"形式美？"周国桢感到有点意外，又有点好奇。"是呀，这个课题，老师们以前都不大敢讲的。"张守智说，"不过，郑可老师认准了的东西，水牛也拉不回头。"

"这堂课，我很想听一听。"周国桢很感兴趣地说，"在中央美院学习时，老师们讲得比较多的，是如何忠实于对象。至于形式方面的美，还从来没有听谁专门讲过。""那好。"张守智说，"到时候，我们一起都去听听吧。"

回到旅社，周国桢把他想听这堂课的想法告诉了杨秦川和李雨苍，并请两位先回景德镇，代他向领导说明一下。随即他又赶到北京站，把预先购好了的三张返程火车票，退掉了一张。

"郑老师要讲形式美……他会讲些什么呢……？"退掉了一张火车票后，周国桢的心思就集中到"形式美"三个字上来了。形式美问题，正是他面临的一个亟待解决的难题呵！虽然 1958 年他用"高温白釉堆雕"的装饰方法，烧出了一块风格独特的《红绸舞》挂盘，为"形式上的变革"迈出了可喜的一步，但是，那也仅仅是一步而已。他还想直接用颜色釉来装饰瓷雕，以高温一次烧成，打破瓷雕"白瓷加彩"那种先高温成瓷、后低温烤花的二次烧成模式。为这，他也尝试了几次。比如《荷枪的解放军》，那枪就施了乌金釉；《摇篮》中的好阿姨的大褂，也涂了雾蓝。但是，那还只是在局部的块面试用了颜色釉。至于人物的脸部，凹凸起伏那么多，涂上颜色釉，经高温一烧就都流成眼泪或鼻涕了。所以，人物脸部的装饰，他还没有本事跳出"白瓷加彩"的旧圈圈。这个难题，问景德镇的老艺人——一个个干瞪双眼；问周轻鼎教授——也是连连摇头；问北京的同学们——同样求不出那个解！那么郑可老师，他要讲的"形式美"，能够解开他那百思不得其解的难题吗？

"形式美，不会沾上形式主义吧？"周国桢继续边走边想，"形式主义，这可是 19 世纪末到 20 世纪初的一种反现实主义的艺术思潮呵！它倾向于脱离现实生活，不注重艺术的思想内容，而是把气力放在形式的标新立异上。……难道郑可老师也主张这么么？"想着想着，他竟不知不觉地走过了公交车站一百多米，猛然发觉后，他才摇头苦笑着返了回来。但是，公共汽车已经开动，他只能再等下一部了。

图 1

图 2

到了听课那一天，周国桢就早早地挤公共汽车，提前来到了中央工艺美院等候，生怕误了这堂课。可他左等右等，上课的时间都过了，却不见一个人影，那间大教室的门还是严严实实地关着。"这是怎么啦？"正当周国桢犯疑时，张守智急匆匆地走来了。他告诉周国桢说："郑可老师的这堂大课改期了。""改期？"周国桢诧异地问，"为什么改期？""不知道。""改到哪天了？""不知道。""会不会取消呢？""不知道。"

周国桢着急了，说："你是晓得的，我把火车票都给退了，是专门留下来听这堂课的。"张守智也一时急得舌头都不灵了，结结巴巴地说："我……我已经把你的情况，如实地向……向郑可老师讲了。"周国桢急问："郑可老师怎么说？""他叫你今天晚上去他家。"张守智平静了下来，很有把握地说，"我估计，郑老师会单独地给你上这堂课。"听了这话，周国桢既感动，又不安。感动的是，他在中央美院学习三载，郑可老师并未教过他。不是郑可老师的门生，却把他周国桢当作门生来关爱，这可是孔老夫子的风范——"有教无类"，孟老夫子的厚德——"来者不拒"啊！不安的是，耗费郑可老师一夜的口舌，竟是为了教他周国桢一个人，此恩此德，何以为报？想到这里，他巴不得很快天黑，以便及早听到这堂课的内容；可他又希望太阳晚些下山，以便郑老师吃过晚饭后，还有时间悠闲地喝杯清茶……待到万家灯火时，周国桢才按响了阜成门附近一个四合院的门铃。郑可老师就住在这个四合院里。

为了唤起民众支援抗战，他曾为爱国华侨陈嘉庚先生募捐作《抗战纪念浮雕》，在柳州作《光复桂南纪念碑》。抗战胜利那年，他在香港成立"郑可美术供应厂"，主要从事工业设计与金属工艺的科学研究和实践。1950 年，受廖承志同志之邀，郑可回到内地观光。第二年 6 月，他怀着满腔的爱国热情，携带自己的金属工艺车床和徒弟，举家北上，来到首都北京，全身心地投入到新中国的社会主义建设事业之中，先后任中央美术学院、中央工艺美术学院教授。他本打算要在中国传播德国包豪斯（1919 年在德国成立的一所艺术设计学院）的现代设计理论的。1957 年他被错划为"右派"。1959 年他重新回到中央工艺美术学院任教后，感到时不我待，便与人合作，翻译了日文版《设计基础》一书，第一个在中国的课堂上向学生讲授包豪斯的设计理论，期望在中国也能逐渐消除建筑家、雕刻家和画家的区别，形成那种"将建筑、雕刻、绘画结合成三位一体"的新理念。他启迪学生：现代设计必须简练、概括，这样才能适应快速化、批量化的大机器生产的特点。他要求学生把艺术和科学技术结合起来，把设计、生产、销售三个环节有机地结合起来，不仅懂理论，会设计，而且能实干，做个"全武行"。就在这时，他旗帜鲜明地开设了"结构素描"课，大声疾呼"要画大动态、大形体、大线条"，抛开固定的光影，直取人物造型！他还决定要上一堂大课，讲一讲现代设计的"形式美"，让更多的学生来听一听。

四合院的大门开了，是一个小女孩来开的。"请问您找谁？""我找郑可老师。""跟我来吧！"进了四合院的门，里面黑糊糊的。从几个不同方位的房间透出的不同亮度、不同色彩的灯光里，周国桢判断这个四合院里住了好几家。最后，前来开门的那个小女孩，把周国桢带进了一间不很宽敞的房间。

一间极为简朴的书房，一张老式的旧书桌，一盏 25 瓦的电灯，周国桢就坐在旧书桌一侧昏暗的灯下，听郑可老师讲授"形式美"。

"国桢同学，你知道我为什么要讲授'形式美'吗？"郑可老师给周国桢倒了一杯开水后，就这样开门见山地问着。周国桢看了看五十多岁的郑可老师。他戴着黑边大眼镜，有点花白的头发往后梳，使他本来就很宽阔的前额显得更加宽阔。听他的语气，看他的神态，周国桢判断郑可老师不是在发问，而是在设问。

果然，郑可老师自问自答了，说："为什么？就是因为我没有看到别人来讲形式美。别人没讲，所以我讲。别人为什么没讲？就是因为不大敢讲，怕。"说到这里，他把黑边眼镜往上耸了一下，"其实呀，一个艺术作品，都包含着内容和形式两个方面。但内容和形式是辩证的统一，在理论上可以分析，而实际上是不能分割的。作品的内容必须借形式而存在，作品的形式也必须表达内容才有实际意义。如果你想把形式与内容分开，那就意味着消灭了内容；反过来，如果你想把内容与形式分开，也就等于消灭了形式。也就是说，没有无形式的内容，也没有无内容的形式。就像我郑可，我是教美术的，是一个穿中山装的瘦老头，内容和形式分得开吗？嗯？"周国桢点头称是，并从上衣口袋里拔出了钢笔。

他接着说："凡是人所创作的一个完整的艺术作品，都是内容和形式的统一。而杰出的作品，则是进步的思想和优美的艺术形式的统一。"周国桢的笔，在笔记本上沙沙响着。"但是,"郑可指出,"现在有一种倾向——只重视内容,而不大重视形式。内容好不好决定一切,形式美不美无关紧要。这种观点就有点失之偏颇喽。应该是内容重要,形式也重要!即使说内容决定形式,形式服从于内容,也不等于说形式不重要啊!"

这时,周国桢插了一句:"现在谁一讲'形式'呀,就有人扣来'形式主义'的帽子。""这是把形式和形式主义这两个概念混淆了!"郑可说,"其实呢,形式,是指事物的形状、结构、样式等;形式主义,那是一种反现实主义的艺术思潮。两种不同的概念嘛,怎么能混为一谈呢?"

他又把眼镜耸了一下,说:"明白了形式和形式主义的本质区别,我们就可以理直气壮地来讲一讲'形式美'了。那么,我们的艺术形式,要符合什么样的原则,才会美呢?就是五个字——变化与统一。这,就是一切美的形式的总的设计原则,也就是我要对你讲的形式法则。"周国桢的眼珠子转了一下,就在笔记本上记下了一行字:"形式法则——变化与统一。"

郑可解释说:"变化,是指多样化,它的反效果就是单调。统一,是指整体性,是作品的整体与部分,部分与部分之间协调。变化与统一是互相对立的,但又互相依存,是一对矛盾的统一体。它是辩证唯物论的对立统一规律,在艺术形式上的运用和体现。过分地追求变化,就会显得杂乱无章;而过分地强调统一,又会显得单调呆板。只有将变化与统一有机地结合起来,这才符合自然界的客观规律。"

他举例说:"比如老虎身上的斑纹,有大有小,有长有短,有曲有直,有断有续……如果都统一,没变化,都是整整齐齐,一样大小,一种形状的条条块块,世界上有这样的老虎吗?"又举例说:"颐和园内昆明湖的水,没有风浪时,水面是平的,线条是直的。但是,如果来了狂风暴雨,自然又是另一种景象,水面就起波浪,线条就成曲的了。有时统一为平面,这是相对的;有时变化为有起伏,这是绝对的,那才符合大自然的规律。谁见过昆明湖的水,一年四季都是不动的直线和平面?"

他再举例说:"一望无际的大草原,一阵又一阵的风吹来,就出现了《敕勒歌》中所描写的'天苍苍,野茫茫,风吹草低见牛羊'的美景。如果没有风,草不动,看不到牛羊,整个大草原是一种单调的色块和呆板的平面,那还有什么美可言?""所以,"他总结着说,"变化与统一的原则,不是凭着某个人的主观愿望臆造出来的,而是从自然界、生活中总结出来的客观规律。既然自然界、生活中的各种物象都体现了变化与统一的规律,那么,作为来源于自然、来源于生活的艺术,也就必须遵循它。"

"不过,"郑可也强调指出,"艺术造型含有相对比的因素,大小、方圆、长短、粗细、曲直、黑白等变化的因素,应在统一的前提下应用。这样,才能在统一中求得变化,在变化中求得统一。一般说来,变化的因素越多,动感越强;

统一的因素越多，静感越重。有经验的作者，会从整体的效果出发，突出重点，有选择地运用变化因素，将多种变化的因素加以有效的控制，从而使得作品的主题更加鲜明。"

郑可要求变化与统一的原则，要贯穿于艺术创作的始终。他说："第一步是写生。写生的目的是收集自然美的形象资料，为艺术创作做准备。但是写生也不能平均对待、面面俱到，而要重点关注自然物象本身所表现出来的，那种变化与统一的各种特征。同时，写生也不等于拍照，它应包含不同程度的变化，比如简化、概括等。事实上，未经变化的写生是不存在的。如果在写生时变化得好的话，很可能写生稿本身就是一件好作品。"

"第二步是变化，"郑可接着说，"变化，是将收集来的自然美的形象资料，依据美的形式法则，更为理性地进行处理。该省略的省略，该加强的加强。变化，可分为写实变化与写意变化。写实变化，是指变化后的形象相对写实；写意变化，则以装饰效果为目的，抓住物象的特征，加以夸张和变形，使圆的更圆、方的更方、直的更直，变形后的形象那就相对抽象一点了。比如毕加索画牛，从客观的写生，几经概括、夸张和变形，到最后的形象就只剩下几条线了。到底是采取写实变化，还是采取写意变化，那就得看人的主观理念和追求了。"

"第三步就是构成，"郑可继续说，"构成就是根据写生、变化所得，进一步创作出造型完美、色彩调和、装饰别致的作品，并赋予作品以诗情、画意。构成，更不能忘了在变化中求统一、在统一中求变化的形式法则。求得变化与统一的形式法则有多种，如对称与均衡，对比与调和，比例与尺度，渐变与突变等。要自觉地运用这些法则，使我们的作品展现出丰富多样的效果来。"

这时，郑可想起了国画，说："我们中国画的构图和技法，就很讲究变化与统一的形式法则。比如有虚有实，有疏有密，有聚有散，有顺有逆，有直有曲，有粗有细，有浓有淡，还有大小、高低、方圆、斜正、掩映等，使这些相互对立的因素，彼此呼应、层次分明，既变化丰富，又显得调和，令人久看不厌，余味无穷。"

他又想起了音乐，说："一首动听的歌，它为什么那么动听？不是因为作曲者能根据歌词的整体需要和统一基调，恰当地安排了高低、快慢、轻重、强弱、抑扬、顿挫吗？这同样是体现了变化与统一的形式法则的。如果只是一个音，没有高低、快慢、轻重、强弱的变化，不成了火车、轮船上的汽笛了？"

他还想起了古典文学，说："美的形式法则，我们的古人早就把握得非常精妙！在许多古典名著中，所描绘的物象既有统一、又有变化的例子，简直举不胜举。就说晋代陶渊明写的《桃花源记》吧，那真是我们学习形式法则的一个典范！"

于是他从书架上抽出了一本线装的《古文观止》卷七，翻出了《桃花源记》

给周国桢看，对文中出现的许多变化的因素，作了细细的剖析，说："你看那武陵的一个渔夫……

"缘溪行（有曲有直），忘路之远近（有远有近）。忽逢桃花林（有隐有现），夹岸数百步（有左有右），中无杂树，芳草鲜美，落英缤纷（有花有草），渔人甚异之。复前行，欲穷其林（有断有续）。林尽水源，便得一山（有山有水）。山有小口，仿佛若有光（有明有暗），便舍船，从口入（有水有陆）。初极狭，才通人；复行数十步，豁然开朗（有小有大）。土地平旷，屋舍俨然（有面有点）。有良田、美池（有方有圆）、桑竹之属（有高有矮）。阡陌交通（有纵有横），鸡犬相闻（有动有静）。其中往来种作（有往有来），男女衣着（有男有女），悉如外人（有内有外）。黄发垂髫（有老有幼），并怡然自乐。见渔人，乃大惊；问所从来，具答之（有问有答）。便要还家，设酒杀鸡作食（有主有客）。村中闻有此人，咸来问讯（有众有寡），……问今是何世，乃不知有汉，无论魏晋（有古有今）。……停数日，辞去（有来有去）……

"尤其令人拍案叫绝的，是这篇散文的结尾：渔夫离开桃花源后，还到太守那里去报告了，太守派人跟随渔夫返回去寻，结果呢?

"寻向所志，遂迷，不复得路。南阳刘子骥，高尚士也。闻之，欣然规往。未果，寻病终，后遂无问津者。

"这里，不但有往有返，有得有失，而且使人感到，作者所描绘的那个'桃花源'的情景，简直是似真似假，似有似无，如实如虚，如梦如幻，若隐若现，若仙若凡的。全文不到四百字，就铺排了二十余例多姿多彩的变化因素，统一在那个没有皇帝、没有苛政、没有欺压的，自由、平等、博爱的，安乐、恬静、朴实的生活环境里。难怪这篇散文脍炙人口，成为我国文学宝库中的一颗璀璨的明珠。'世外桃源'一词，也成了我国人民心目之中极其神往的'理想国'的代名词。"

郑可还特别强调指出："《桃花源记》中所描绘的那种似真似假、似有似无、如实如虚、如梦如幻、若即若离、若仙若凡那样的境界，我认为，便是艺术应当攀登的最高境界。至于那种精雕细刻、有鼻子有眼，描绘得极为逼肖，就像真人真物那样的作品，我以为，那并不是至高无上的。"

说到这里，他以江南的民居建筑为例说："江南民居的花墙，就用砖块交错拼叠；还有漏窗，就用大大小小、长长短短的方格进行组合，既有统一，又有变化，多么简朴而清新呀！这比精雕细刻的大气多了，好看多了。这与德国包豪斯的现代设计思想和理论，也是一致的。现代设计就需要适应大机器生产的特点，就需要简练、概括，而不需要精雕细刻。"说着说着，他激动得站了起来。他问周国桢："你知道我为什么要开设结构素描课吗？"周国桢摇摇头。

"唉！"郑可叹了一口气说，"长期作业害死人！……一个B、二个B、三个B、四个 B 地磨铅笔，把人都磨木了！我之所以要开设'结构素描'课，目的就是要让学生懂得：造型要简练，外轮廓要流畅，要善于运用点、线、面，从而抛开固定的光影，直取人物的造型。用炭笔画，用阔笔画，画大动态、大形体、大线条，画出力量，画出气势来！"

说到这里，郑可停了停，然后用手指敲了几下桌面说："我要特别提醒你的是——在'构成'过程中，一定要使形式与感情紧密地联系起来。因为，不同的感情，会产生不同的形式的。所以，艺术家要依据不同的感情来构思不同的形式。比如，一个人受了批评，感情上是沉重的，这时候所产生的形式可能就是垂头丧气、手脚下垂、动作缓慢的；而若受了表扬，感情上便是喜悦的，这时候所产生的形式可能便是昂首高歌、手舞足蹈、动作欢快的。总而言之，形式并非无源之水，它是受着感情支配的。这不仅仅是指美术作品的形式，音乐、舞蹈、小说、诗歌、戏剧等，一切艺术作品的形式，都得要同感情紧密地联系起来。"

周国桢连连摇着笔杆，争分夺秒地把这些连珠妙语记下。但他后悔没来得及去买一个新本子，因为他正在记录的旧本子早已经写完了，他只好在封三继续写着，最后连封四都写得满满的。闻君一席话，胜读十年书呵！周国桢感到，好像一刹那明白了好多好多……

《周国桢传奇·艺术人生》，上，上海，学林出版社，2009 年版，第 104—111 页

图 3. 中央工艺美术学院特艺系 1978 级学生到阜成门郑可先生家中看望（1982 年；采自郭秋惠：《弟子谈郑可先生》，杭间主编：《传统与学术：清华大学美术学院院史访谈录》，北京，清华大学出版社，2011 年版，第 340 页）

图 3

回忆郑可先生对我说的几件事

马心伯

郑可先生是广东人，他父亲是一位给洋人做面包的面包师（这也许就是他留学法国的经济来源）。他先后两次去法国留学，历时 15 年。第一次是在巴黎美术学院学习雕塑，与刘开渠同一个班，同一位老师教。当时在巴黎旁听学习雕塑的还有周轻鼎，他每天一大早就先去给人送豆腐，再来教室窗外旁听（周轻鼎后来在浙江美术学院教动物雕塑）。当时在法国留学的还有周恩来、冼星海，郑可与冼星海同住一个阁楼。郑先生讲到与冼星海在一起的日子，一个76 岁高龄的老头，竟在我面前手舞足蹈起来，一边比划着拉小提琴的动作，一边哼着小提琴的乐曲，还比划着音乐指挥的动作。他那开心的样子，仿佛回到了青年时代一般，我也跟着乐了起来。

学成回国后，由于当时的社会现状，没有什么雕塑任务可干，无法发挥作用，因此，他决定再次去法国留学，专门学习金工等工艺技术。回国后由香港一位大律师朋友出资开办 7 家公司，他一人管理 6 家公司，他的夫人管理一家公司。新中国成立后，周恩来总理派廖承志去香港请他回来报效祖国。他义无反顾，于 1951 年举家回内地。回来后他马上写信给黄永玉。黄于 1953 年回内地，任中央美院教授。黄永玉在香港与郑可、版画家黄新波关系甚密，黄永玉在外面饭馆吃饭，都记在郑可账上，郑可每月到月底都要去各个饭馆替他还钱结账。郑可说到这里自己也哈哈大笑。1980 年，我到郑可工作室进修，他带领学生去通县花丝厂参观，事后他对我说：花丝厂的骨干力量和设备是跟他一起从香港回来的。

20 世纪 80 年代初，郑可先生居住在西城白塔寺，鲁迅纪念馆后面的小胡同里。每周六晚上时，我常准时到他家，他单独给我补课，有时是拿国外学生寄来的最新画册给我看，书中夹有翻译中文。我们问郑可先生是不是他自己翻译的，他说："我没有时间，恰好附近住着一个单身老头，会翻译，却没有生活来源。因此，我每月支付这个老人的生活费，需要翻译时就找他帮忙，当作互相帮助。"他顺便给我讲了一件事："有个学生，下放到东北的农村，一家人生活有困难，写信告诉我，我知道后，每月寄钱去帮助他。"然而据我看来，郑可先生一家人却生活十分节俭。

郑可先生每天早上五点钟起床烧炉子做早饭，吃了早饭就出门坐公共汽车到

图1

图1. 郑可《马心伯浮雕头像》(1978年
作于福建厦门鼓浪屿；马心伯提供)

东城光华路中央工艺美术学院准时上班。准时上课这是当老师的人必备的时间观念和职责所在。我问郑可先生，你每日来回几次，每次坐车要花一个多小时，这样，你休息的时间太少了。他笑着说，我每次坐上公交车，就找个位置坐下来，坐下来就睡觉，基本上一到站就醒来，偶尔坐过头，最多是超过一站，已经养成车上睡觉的习惯。从这里也看出郑可先生（科学利用）巧妙支配时间的乐观的生活态度。

我进修结束，准备离开北京返回厦门，郑可先生把我叫到一边说："你要回去了，我有秘密传授。"他把嘴靠近我的耳边，装出一副神秘的样子，很小声地说："你趁年轻有牙齿，爱好什么赶快吃，不要等到没了牙，想吃也吃不动。"说完他仰头大笑，我也为他以"至理名言"作为赠言而会心地开怀大笑起来。从这里，我想到他会是多么幽默风趣的人，一个78岁高龄的老人如此热爱生活、笑对人生。接着他说："我看你这个人兴趣广泛，搞不好你以后的命运可能会跟我一样。福建有木材，你回去可以搞装配式家具，几根棍子，几块板，螺丝一拧就成，便于运输、便于安装；还可以搞充气水泥与现代框架结构建筑配合，很有前途。"

在与郑可先生相处的两年日子里，我切身感受到他那热爱党、热爱祖国、热爱人民、热爱工艺美术事业的激情，令人折服。他以自身的行为教育我们该如何做人、做事，他无私奉献自己的一切，直到倒在工作岗位上。让我更深沉思考的问题是：人生图什么？人生的价值在哪里？我为自己回福建之后，未能完成他的嘱托而深深地羞愧！作为帮他写入党申请书的共产党人深深地羞愧！！

2012年2月26日

忆郑可先生

唐裔隆

人生中有些经历虽然短暂，但留下的情感记忆却非常深刻。我在 20 世纪 80
年代曾两次应邀回到内地讲学，依稀记得初次踏足中国内地，还非常年轻的
我感觉特别新鲜。更加难得的是，在行程中我曾有幸拜访过包括郑可先生、
黄胄先生在内的一些大师。其中跟郑可先生的一次邂逅，令我毕生难忘。

近日偶然跟一些年轻人提起这一段经历，没想到仅隔几天之后，清华大学美
术学院博士同窗连冕返港，大家一起聚餐时他提起此行的目的，竟是为搜集
郑可先生的生平资料，意欲将其整编成册，让更多的人了解先生的生平。我
听后甚为激动，不曾想过 30 年前我以一名新晋工业设计师的身份访京，接待
单位竟是今天清华美院的前身——中央工艺美术学院，而我今天就读的清华
美院竟跟 30 年前拜会过的郑可先生有如此深厚的因缘。无论是冥冥中的安排，
或者只是机缘巧合，原来我跟美院早已结下不解之缘。

连冕向我述说他在资料搜集过程中的发现，也更加深了我对郑可先生的敬重
之情。郑可先生一生耕耘，对国家贡献良多。但他为人低调，认识他的人不多，
留下来的照片也非常罕见。他原本也可算是香港人，早前移居内地，后来见
过他的港人更少。我跟郑可先生虽只属一面之缘，但他对我前半生也的确有
所影响，我极其希望能够尽绵薄之力，让大家通过我的视角，增加对先生的
认识。而今，已是我在清华美院就读的第五个年头，毕业论文写作亦已进入
尾声，在时间上难免有点紧张，须忙里抽闲才得以在近日整理旧时照片，重
新发现一些与郑先生有关的物件，这更令我欣喜不已。往事一幕幕重现眼前，
也触发我尽快动笔写下相关文字。

1981 年 9 月，我首次应广州美术学院邀请，代表当时还属于新兴行业的工业
设计界，随几位香港知名的平面设计师和艺术家前辈，包括靳埭强、梁巨廷、
吴文炳等人，以广州为起点，走访了北京、天津、南京、上海、佛山等城市，
针对当代设计艺术，与内地同仁做了一连串的交流活动，并在中央工艺美术
学院举行了小型研讨会。只是，那次探访并没有遇上郑可先生。

我在 1984 年才再有机会重返北京，那次行程只有我和我的工业设计老师罗显
扬（几年前已在港过世）两人成行，也是应北京工业学院（即现在的北京理

工大学）邀请，向当时需要向民用产品转型的军工企业及有关院校介绍工业设计。在活动即将结束时，才得知中央工艺美术学院的一位老先生想请我们吃饭，于是便有了我和郑可先生的第一次、也是唯一一次接触。

我事前对郑可先生毫无所知，但见眼前一位身形瘦削的老先生竟跟我们说起流利的广东话，当时还不懂普通话的我立即感到十分亲切。郑可先生说，上一次香港设计师访京时他本想接待我们，但当时因一些事情未能如愿。

郑老先生带我们参观了他的工作室。他的办公桌很小，回想之前拜访黄胄先生，参观他家中宽敞的画室，眼前所见简直是天壤之别。那个工作室，也因拥挤而显得有些凌乱，书架和工作台上摆满了书籍、工具和学生作品。作为工业设计师，我对老先生各种自制的雕刻和绘图工具特别感兴趣，老先生见我年轻，就像教学生一样兴致勃勃地给我一一介绍，最后还赠送了一个有猫形浮雕的小瓷盘给我。虽然不知道那是他的还是他学生的作品，但我始终非常喜欢，时不时拿出来欣赏，对我来说这是一件具有非凡意义的纪念品。在工作室的另一边还有一两位同学在工作，他们也主动跟我们交谈，我才知道虽然郑老已经70多岁高龄，但每天都会骑车到学校来，非常受学生们的爱戴。

之后老先生带我们回家吃饭，说他夫人做了饺子，这对我来说也是一次新的体验。接待人员开车不到半小时，将我们送到一座住宅前，只见入口处有斗大的"16"字样，这竟也是我整个中学时期寄宿生活时，代表我个人身份的学号数字。郑老的住处十分朴素，甚至有些简陋。两把铁质躺椅，罩上粗布格子罩衣，连同一张长形矮桌，一起摆放在"堂屋"中央，我想这应是郑老平时会客的场所了。我们坐下来，郑老开始跟罗老师闲话家常，我在一旁听，开始对他的背景多了些了解，也在心中对他的经历产生了更多的好奇，尤其是他在"动荡时期"的那一段。

郑夫人把菜都摆放好后，才请我们移步餐桌。桌上摆放的都是家常菜，我印象最深的是她亲手包的饺子。饺子当年在香港比较少见，有的也只是"广东水饺"，味道十分不同。我第一次去北京时，曾在路边光顾了国营的饺子店（当时还需使用粮票），印象很深的是还需要另外在街边的茶档买茶喝。这次在郑老家，算是第一次吃到真正的北方家常饺子，味道虽然清淡，但十分可口，自此我便爱上了这种食物。我问郑夫人是否是北方人，所以才做出这种美味。她说她是广东人，说正宗"广府"（广州）话，而二老由香港移居内地几十年，早已习惯了北方的生活。

席间郑老谈及他在香港开办过陶瓷厂，去过法国留学，后来觉得国家需要他，于是和夫人一起回到内地生活。之后，由于种种原因他在港的生意无法亲自处理。这段经历他讲得云淡风轻，可夫人在一旁听了，还是对过去几十年的内地生活有些不满。这也令郑老有点动气，并请夫人不要抱怨，说他们的生活已经算不错了。看得出夫人也很体谅郑老的心意，此后说话内容的角度已经有所改变，她向我们诉说"文革"时期，郑老曾偷偷收留学生来家里辅导，从来没有停止过教学。当时的我早已听得热泪盈眶，眼见两袖清风的郑老惜才之心依然热切如初……更令我敬佩的是郑夫人，几十年如一日地给予丈夫大力的支持。

历史的阻隔，使我这一代香港人对祖国的认识不深，跟郑老和夫人的短暂相处，给我上了人生中最宝贵的一课，也因此增添了我对祖国学者的崇敬之情。没有想到的是，30年后，我在事业上尚算有所成就，依然有念头和机会重返美院求学，因缘际会之下，居然还能将这些陈年旧事与如今境遇联系起来。与郑老先生的一次相遇，现在回想起来，昔日我曾"讲学"的场所，竟是如今我的求学之地。在慨叹祖国进步神速之余，更加敬佩像郑可先生这样一批无私奉献的学者。而今天中国的成就，若不归功于他们，又可归功于谁人？

461

图 1. 郑可先生的家——"16 号楼"（本篇照片均由唐裔隆提供）

图 2—图 3. 郑可先生与罗显扬及唐裔隆交谈（左起：罗显扬、郑可、唐裔隆）

图 4. 郑可先生在工作室留影

图 5. 工作室中挂在书架旁的各种工具

图 6—图 7. 郑先生自制的各种工具

图 8. 郑先生示范工具用途

图 9. 郑先生展示手稿

图 10. 郑先生手稿及创作工具

图 11—图 12. 郑先生工作室陈列的作品

图 1

图 4

图 2

图 5

图 3

图 6

1. 图 11 所示竹制置物架等，据郑方女士 2021 年 9 月末回忆："家里原有两个红木书柜，因'抄家'后停发父亲工资，母亲和我只剩北京'低保'，为了去甘肃看望已怀孕的我的姐姐郑玄，妈妈就用那两个书柜换了当时的 50 元钱，买了火车票。等父亲从获鹿农场回来后，也就是还在宫门口四条住的时候，便用竹竿等搭造了那张架格。后来英小乐（英若诚长女）到我们家见看，回去一说，同样是刚被释放出来不久的英若诚竟也如法炮制了一个。"而对于图 4、图 5 中的书柜，郑女士当时也回忆，"是用早年香港来京时，装货的几个木头包装箱搭造的"。

图 7

图 10

图 8

图 11

图 9

图 12

关于郑可从香港带来的设备

郑方

图1

1951 年，郑可应廖承志之邀，从香港到内地参加新中国建设。到北京时，带来两台机器，均为香港仿英制的仿形铣床。

两台机器后来放到北京证章厂，先由香港同到内地的青工李志源操作，后李志源离开轻工局，改由武式汉操作。其中一台为半自动式，武使用不利，所以一直搁置，两台机器一直到武式汉病逝，都在北京证章厂。后来证章厂下马，不知机器去向。

中央工艺美院成立后，郑可想在学校开展模具设计项目，所以购置了一台中国昆明机械厂制造的仿形铣床。我没见过香港带来的机器，但知道昆明产品是仿那台证章厂使用的机器造的。只是香港那台要秀气些，且好用些。关于学校这台机器的购置费用，是学校方面出的，还是证章厂作为交换而出资购买的，我不清楚。学校这台，后来用以缩刻大量浮雕作品和纪念章、币的冲压模。

1. 郑可与张祖武之关系，及郑氏相关作品会否与张氏所作混淆，今尚难逐一论定，惟已见郑氏早年此类币章化实物，细节表现均极细腻，而本件郑母浮雕像则显得稚拙和程式化。又，吴瑾最新出示其父吴子复 1969 年 9 月 20 日为应对外调人员登门询问，手书一纸张氏过往经历之回顾底稿，或可提供某些必要的参考信息。现全篇转录如下：

我在广州市立美术学校西洋画科任一年级教师，是在 1932 年 9 月至 1936 年 7 月，张祖武考入该校仅读了一年便离去。是在哪一年，我现在记不清楚，可能是第一年或第二年。他离开后，闻说考入杭州艺专。抗日战争开始后，广州疏散人口，我在 1939 年 5 月到曲江。1940 年 4 月在

曲江塘湾成立战时艺术馆，内分戏剧、音乐、绘画三科，培养抗日宣传工作人才。我在该馆任绘画导师，初办三个月制，后改半年制。一年后改为省立艺术院，一年制。1942 年 6 月避日寇，学校迁去连县。1943 年年头，又迁回曲江上窑，又改名广东省立艺术专科学校，四年制，设戏剧、音乐、美术三科，张祖武是在这期间来艺专任教的。1944 年 5 月，日寇逼近曲江，艺术迁往罗定，张祖武同去。10 月，曲沦陷。抗战胜利，日寇投降，1945 年 10 月左右艺专迁回广州。1946 年 7 月，艺专换校长，大多数教师离校，张祖武亦离校。1947 年年头，伍千里和几个朋友凑些本钱，在中山五路开一间"黄图文化企业公司"，郑可当时

也在广州，在黄图公司造一只大鹰，张祖武作郑可助手。1948 年左右，广东省教育厅搞过一次大中院校教师诠叙的事，艺术学校的教师要交一件作品去，根据作品以定诠叙。张祖武得讲师证，是在这时。1949 年年尾至 1950 年年头，广州市内很多青年参加解放军到云南去，闻说张祖武也参加。张祖武放存在我家里的东西，有一个旧皮箱一个木书箱，多是翻译的小说。1957 年他来信要我把他的各种证件寄给他，我寄过一次，内有毕业证书照片等。他来过我家，大概是 1963 年前后吧，那一次他拿走一些相片，和十多件小型浮雕，是郑可用缩小机缩小的作品，多数是郑可的作品，张祖武的也有一两件。以后就没有通过信了。

综述 · 专论

去中央工艺美院进修总结[1]（节要）

谈伟超

1. 此篇复写件由郑方女士提供，内附一页谈氏"5月19日"致郑氏信函，今附下。

郑先生：

　　您好!

　　我跟您学习的时间很短，根据您平时讲课时我和同学所做的学习笔记整理，现对您的教育思想作了一个概括的总结，很可能与您本人想法有出入之处，不当之处，望指正。补充后，请将原稿给我寄回，供我们以后科研、教学、设计工作之用。

　　本应亲自前去请教，但目前无机会赴京，今乘我所刘主任、鸿祥同志去北京出差之机，代劳捎去我的学习总结，请您指导。

　　何老师寄来的信已收到，谢谢他的帮助。

　　别不多述。

　　　祝

好

　　　　　　　　　　伟超

　　　　　　　　　　5月19日

上函手写原件亦由郑方女士提供，以"山东省工艺美术研究所"笺纸写就，夹于谈氏复写并手工装订的，31页《去中央工艺美院进修总结》内。后者完成时间记在1982年4月22日，故推测此信当亦是年完成。

1981年2月至1982年1月底，我有幸跟郑可教授学习一年，这是非常难得的机会。我是毕业于"学院派"系统的老学生，学的是雕塑专业。这十五六年来，名义上是在"二轻局"工作（搞工艺美术），实际上，除近六七年来搞了些陶瓷、石雕、铸铜等设计制作工作以外，极大部分时间，还是以搞各种展览会大型雕塑为主。近些年来到山东省工艺美术研究所，专业比较集中于工艺美术工作，因此老想正式学一点工艺美术方面的专业知识。事有凑巧，1980年11月份，山东省成立"省工艺美术学会"，在会上特邀了中央工艺美术学院郑可教授做学术报告。老先生的报告给我的印象极深，令我感到特别新鲜，他的一些明确的观点，与我的一些朦胧的想法，是相一致的。同时，又听到别的同志说，老先生愿意为我省培养人才，因此我就产生了要跟他学习的念头。会议期间，我去请教郑先生时，孙厅长正好也在，我就直率地提出了跟郑先生学习的要求。会议结束后不久，经领导研究决定，同意我去进修一年。

（这一年的学习是比较艰苦及十分紧张的，由于学院内的教师之间相互排挤，连我一向不参加这种斗争的，也被无辜地牵连进去：因为我是跟随郑可先生进修的，所以住宿问题，一直没有得到妥善的解决。）[2]

一年的进修内容是：参观学习中国古代雕刻艺术，先后到洛阳（龙门石窟），西安，四川大足、乐山等地；又沿长江顺流而下，到江苏宜兴，搞大型陶瓷浮雕壁画近两个月；暑假时又在北京故宫、历史博物馆等地参观学习，以及自学制图课；下半年参加工作室的工艺设计任务，先后进行合肥市的城标、国家电影"百花奖"及钓鱼台国宾馆的银餐具等设计任务。国家电影"百花奖"被选中一件作品，其他两个任务由于我的进修时间已到，没有圆满结束。同时，进修了"金属工艺"课目，并在学院内的"金属工厂"进行了实习。根据教学内容的安排，参观了北京市的许多工艺美术系统和其他系统的工厂，如珐琅厂、雕□厂、玻璃制品厂、汽车制造厂、琉璃瓦厂等，熟悉、了解工厂的生产工艺。同时，听了不少专题讲座，看了很多展览。

关于学习中国古代传统雕塑，由于时间短，走的地方又多，纯属走马观花。虽然本人也是尽力用泥临摹一些原作，但数量也不多，学习也不深刻，所以不作重点总结。

闻名中外的江苏宜兴紫砂工艺厂的工艺，很值得我们学习。这不仅仅是我省临沂地区也有紫砂厂的缘故，而因为泥塑是其他很多立体造型的基础，如果在泥塑上能达到较高的水平，那在其他的如陶瓷、琉璃、塑料、玻璃、金属等工艺品设计中，也能起到十分重要的作用。

……

郑可教授的教育思想体系

关于郑可教授的教育思想体系，现在虽然还没有进行全面的总结，但据我跟随老先生学习一年的体会是：他的教育思想体系，与现代世界上盛行的包豪斯教育思想体系，有很多地方是相一致的。目前世界各地设有建筑设计和工业设计各科的大专学校之中，其基本的设计教育思想和方法，都受着包豪斯的巨大影响。现在首先将包豪斯的成立与其教育思想简介于下，对我们工艺美术学院、工艺美术学校的教学，是颇有可借鉴之处的。

……

郑可教授总的教育思想，是培养在实际工作中能采用独立思考、多路思考、对立思考的方法，并具有较高的文化修养、艺术修养与创作才能的"多能一专"，既能搞领导工作，又能具体搞教育、科研、设计的人才。

具体的教育方法：
1.航海式教学：在创作设计和工艺实习中（一般是接受社会任务），发现同学存在的知识缺陷，而随时加上应学的教程，使同学的知识面比较广。特别重视熟悉工艺生产，主要目的是使同学能广泛地适应毕业后的各种不同的工作。这一点与包豪斯采用现代化综合方法，将各种不同的绘画技术、建筑技术、舞台技术、摄影技术、编织技术与印刷技术等统一运用，是相一致的。

2.模拟教学：以泥塑和陶瓷工艺，作为立体造型模拟教学的最根本的基础，通过"构思构图、画草图（单色或彩色）、泥塑、翻制石膏、石膏像修整、翻制模具、注浆、修坯、上釉、烧成、成品"，以及产品的销售情况，培养同学懂设计创作、懂工艺、懂材料的运用、懂产品的销售情况的"一条龙"的系统教学。使同学既具有平面设计（构图、画草图，单色或彩色）的能力，又具有立体造型的能力（泥塑、翻制石膏，石膏像修整）；具有工艺生产的能力（翻制石膏模具、注浆、修坯、上釉、烧成），及具有适应产品销售与市场要求的能力。这与包豪斯主张教育学生具备艺术、技术、社会经济和精神等学识的技能、条件相一致。

图1.郑可教授对学生创作才能的培养简图

图1

图1用两个三角形表示，低年级的学生基础课多、创作课少，高年级的学生创作课多、基础课少的教学方法。

3. 培养同学广泛熟悉与了解各种行业的、各种不同的生产工艺及移植运用，并致力于将现代化生产工艺，运用于工艺美术行业的实际生产中来。

图 2. 郑可教授教育范围与程序示意图

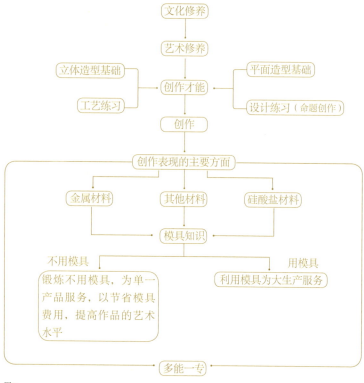

图 2

我自从学院毕业、搞工艺美术工作以来，最大的感受是工艺美术比"纯美术"难，而且难得多，要求的知识面也广得多。无怪乎在国外学习工艺美术的学校，学费要比其他学校的学费高得多。工艺美术由于牵涉到具体的生产问题，所以必须学习许多工艺，这样不但需要有艺术修养、文化修养、创作才能，而且需要知道许多科学知识。科学在发展，时代在前进，工艺美术品也要现代化生产，一切认为文化课（包括"理化课"）差的青年才考艺术院校或工艺院校的陈腐观点，必须扫除干净。我们以后在招收新生时，必须增加"理化课"的考试。在培养学生时，要增加实际生产的科学知识教育，如金属工艺专业必须增加铸造工艺学、电镀工艺学、制图课，以及模具知识等课目，还要学生直接参加工艺实习。这就要求学院必须设有专业实习工厂，以供学生实践。包豪斯的教育思想，大部分应该值得我们仿效、学习，特别是艺术与目前先进的工业技术相结合的方向，要坚持。但是，我们的工艺美术品应该既具有我国的民族艺术传统，又能适应现代化生产的方式，这是我们今后工艺美术研究工作、教育工作、设计工作的努力方向。

香港"设计师的地位"与"设计的概念"（节选）

马端纳（Matthew Turner）

图1

图1.《香港制造》内页

很多设计师都不只在印刷公司身居高位，亦有同时担当多间其他公司的要职，而享有一定的社会地位。例如上海籍设计师范甲，他除擅长设计各类搪瓷器皿图案及热水瓶外壳外，又曾为中华厂商联合会策划展览会。他现任香港益丰搪瓷有限公司及香港金钱热水瓶有限公司的董事。另一位设计师郑可，曾在法、德两国修习设计，战后在九龙塘创立了自己的画室及制造工场。他同时出任了合众五金厂有限公司的董事，将美国波士牌煮食炉的设计略加修改，加入了欧陆色彩，以供应亚洲的市场。

Many designers enjoyed considerable status as directors of companies, and not only printing companies. Fan Chai, a Shanghainese trained designer of enamel ware patterns, vacuum flask casings and exhibition planning for the Chinese Manufacturers' Association became a director of I-Feng Enamelling Co. (H.K.) Ltd. and Freezinhot Bottle Co. (H.K.) Ltd., the famous vacuum flask manufacturer. Cheng Ho, who trained in France and Germany and established his own design and manufacturing studio in Kowloon Tong after the War was also a director of Union Metal Works Ltd., where the American Boss cooker was re-designed for the Asian market.

早期致力于将西方设计概念引进香港的设计者不多，其中以郑可最为重要。郑氏原籍广东，约生于1900年代初期，为一雕刻家及设计师。他廿岁时远赴法国里昂工业学院修习雕刻，其后再往德国国立建筑学院深造。郑氏于1940年间返港，在日据时期移居广西柳州并创立了自己的设计室。战后，郑氏将设计室迁往香港九龙塘。郑氏之设计室，除作美术工作室外，同时亦供设计各类工业产品之用，附设有制造塑胶及金属产品的设备。此外，郑氏亦在此开办设计课程，讲题包括勒·柯布西埃的设计理论、现代法国设计、包浩思设计理论及1937年世界展览会的美国设计。然而，设计室的主要收入还是来自广告业务。不过，由于郑氏博学多才兼且精通现代设计，故此后来受到合众五金厂有限公司的垂青，被委任为该厂的执行董事。郑氏于1950年间，为该公司创立了设计及机械部，使该厂成为当时附设有美术部的有数公司之一。合众五金厂的主要产品为汽灯，但在郑氏领导下的设计部，却参照汽灯的构造原理，成功地设计出一系列新产品，例如台灯、火油灯、焗炉及暖炉等，而各项新产品的设计，都有浓厚的包浩思风格，以圆柱体、球体及立方体为主。

One source for Western concepts of design came from Cheng Ho, a Cantonese sculptor-designer born in the early 1900's. At the age of twenty he was sent to study sculpture at the Lyons Technical Institute in France and later at the Bauhaus in Germany. Cheng Ho returned to Hong Kong around 1940, and during the Japanese occupation set up a studio in Liuzhou, Guangxi province, which transferred to Kowloon Tong, Hong Kong at the end of the War. The Cheng Ho Studio was an art studio, a school of design, and a design practice with its own metal and plastic production facilities. Former students recall lectures by Cheng Ho on Le Corbusier and modern French design, Bauhaus educational theories, and American design from the 1937 World Fair. However the finances of the studio seemed to rely on advertising work, though later, with his versatile skills and grasp of modern design Cheng Ho was employed as a managing director of Union Metal Works Ltd.. The company was one of the first to possess its own 'design and engineering department' set up by Cheng Ho around 1950. Here, a surprising range of new products were developed from the pressure lantern, including domestic lamps, cookers, ovens, and heaters, each emphasizing the cylinder, sphere and cube of Bauhaus derivation.

香港博物馆、马端纳编：《香港制造：香港外销产品设计史（1900—1960）》，中英对照，招绍瓒等译，香港市政局，1988 年，自印本，第 10、12、19—21 页

郑可美术供应厂制造加冕纪念品

佚名

本港郑可美术供应工厂，设计女王加冕纪念礼品，现已制造并开始批售者，计有中国宫灯式吊灯及台灯二种（该灯用口热电玉料制造，颜色种类甚多，灯式设计，分成八角，分别浮雕女王造像及西敏寺大教堂，美观精巧）。嵌镶宝石心扣针二种、女式金锄二种，银质匙羹及吸垫水板、纪念徽章等多种，并已取得本港女皇加冕纪念委员会审核认可。该厂除将各种制品在大酒店二楼厂商总汇陈列外，并在本届工展大会特设摊位中陈列。

左图系该厂出品之一，银质匙羹。

《工商日报》（香港），1952 年 12 月 16 日，第 7 版

图 1. 香港《工商日报》报样

图1

471

附：《郑可研究·缀辑》未收篇什信息

（依刊发次第等为序）

江丰：《看〈中央工艺美术学院师生作品展览〉想到的》，《装饰》，
1980 年第 3 辑，第 3 页。

何宝森：《中央工艺美术学院师生作品选登·装饰雕塑》，《装饰》，
1980 年第 3 辑，第 16 页。

何宝森：《动物画与动物雕塑》，《工艺美术论丛》（第 1 辑），北京，
人民美术出版社，1981 年 10 月版，第 37—39 页。

何宝森：《工艺美术家——郑可》，《实用美术》（第 16 期），上海
人民美术出版社，1984 年版，第 45 页转第 33 页。

王舒冰：《怀念郑可教授》，《河北陶瓷》，1988 年第 1 期，1988 年
3 月，第 24 页。

刘婕：《热情非凡的人——怀念郑可先生》，北京，中央工艺美术
学院（学士学位论文），1991 年 6 月。

徐乃湘：《校庆五忆·忆郑可先生（节选）》，《装饰》，1991 年第 2
期，1991 年 8 月，第 12—13 页。

吴鸿：《梳理学术渊源 审视发展空间——中央工艺美术学院现代
雕塑 33 人展》，《雕塑》，1999 年第 4 期，1999 年 11 月，第
58—59 页。

赵旻：《郑可浮雕艺术作品》，《装饰》，2005 年第 12 期，第 24 页。

成阳：《郑可雕塑"技"与"道"之学术研讨》，《装饰》，2006
年第 1 期，第 9—10 页。

马心伯：《培养"通才"的导师——忆郑可教授》，《雕塑》，2006
年第 1 期，第 46—49 页。

蓝素明：《海棠·梧桐·翠竹（节选）》，《五十情怀》编委会编：
《五十情怀——记忆中的中央工艺美术学院》，北京艺术与科学
电子出版社，2006 年版，第 389—390 页。

范贻光：《三个镜头 一生难忘》，《五十情怀》编委会编：《五十情
怀——记忆中的中央工艺美术学院》，北京艺术与科学电子出
版社，2006 年版，第 393 页。

谭道杰：《郑可教授讲课有特点》，《五十情怀》编委会编：《五十
情怀——记忆中的中央工艺美术学院》，北京艺术与科学电子
出版社，2006 年版，第 407—408 页。

马心伯：《难忘的情结》，《五十情怀》编委会编：《五十情怀——
记忆中的中央工艺美术学院》，北京艺术与科学电子出版社，
2006 年版，第 409—410 页。

郭秋惠：《郑可：跨越艺术与设计的大家》，《美术观察》，2007 年
第 5 期，第 33—37 页。

任世民、杜飞、朱尚熹：《浮雕造型艺术与教学研讨会》，《雕塑》，
2009 年第 2 期，2009 年 3 月，第 67—71 页。

李承华：《技艺为道：郑可的现代艺术设计教育理念》，《艺术探索》，
2010 年第 6 期，2010 年 12 月，第 72—74 页。

连冕：《柏林书柬：郑可先生》，《美术报》，2011.2.19，总第 900 期，
"设计周刊·'连声快语'专栏"，第 38 版。

张威：《"技"与"道"——试论郑可先生的艺术历程》，《荣宝斋》，
2011 年第 8 期，第 36—43 页。

武晓燕、滕晓铂、杨婧、郭秋惠、王丽丹：《陈若菊先生、陈汉
民先生、王明旨先生访谈录》《蔡德春、陈若菊、胡美生谈
陶瓷教育》，杭间主编：《传统与学术：清华大学美术学院院
史访谈录》，北京，清华大学出版社，2011 年版，第 134、185、
316—317、355 页。

李捷：《郑可雕塑艺术研究》，北京，中央美术学院（博士学位论文），
2013 年 5 月。

吴卫光：《高永坚与广州美术学院的设计教育》《美术学报（广州
美术学院学报）》，2013 年第 4 期，2013 年 7 月，第 20—23 页。

程建平、王明旨、李功强、常沙娜、韩美林、王受之、沈榆、唐
克美、周国桢、张得蒂：《教育名家垂范 艺术大师风采——郑
可先生诞辰 110 周年纪念活动简述·众人眼中的郑可先生》，《雕
塑》，2015 年第 3 期，2015 年 5 月，第 14—19 页。

范伟民、郗海飞、吴少湘、姜沛然、朱军山、孙嘉英、杜宏宇、
任世民、张锠、刘景森、罗永辉、林齐、路盛章：《励精图治
垂范后学——郑可先生诞辰 110 周年研讨会会议纪要》，《雕塑》，
2015 年第 3 期，2015 年 5 月，第 19—21 页。

常沙娜：《中国现代艺术设计先驱——郑可诞辰 110 周年》，《上海
工艺美术》，2015 年第 2 期，2015 年 6 月，第 2—3 页。

张有志：《感念恩师郑可先生》，《上海工艺美术》，2015 年第 2 期，
2015 年 6 月，第 4—5 页。

王小蕙：《郑可先生教学往事追忆》，《装饰》，2017 年第 11 期，
第 78—79 页。

跋

连冕

《郑可研究》自 2009 年 12 月在无人措手、编者请缨的情形下，经《中国现代艺术与设计学术思想丛书》的积极筹划者、业师杭间教授的亲自安排与关心，执行迄今，已逾 10 载。得益于先生家属郑方女士等，以及受教于先生的各代学员的逐步支持与协助，加之编者的奋力爬梳、社会相关人士的热忱配合，目前已搜集、整编郑先生个人文字 48 篇、册，含共同编译 1 篇。时间由 1934 年跨越至 1985 年，涵盖了先生自法兰西学成归国后，约半个世纪职业生涯里，几乎所有重要历史阶段。其中，先生生前已公开发表的，计有 20 篇。

体例上，除"前后附件"——序、半身像、曾用印、简介、缀辑、跋、图片目录等外，核心部分乃正编，惟全书又总在 70 万字左右。正编以专册、文词、报告和讲话四个版块，将上述郑先生个人文字，较全面地做了收载。同时，为更立体地呈现时代、社会背景，特于先生个人内容下，随列了 34 则民国与新中国时期约各占半数的，非先生本人完成的辅助篇章。编者另还开具了一份《中央工艺美术学院授课表·郑可（1956—1987）》，以利于掌握先生转入工艺美院后，约 30 年在校、近 20 年教学的历史变动。而配列的《缀辑》，原系以之弥补因先生个人文字总量较少，导致的"信息链"的相对缺漏。其也分出"贺寿·悼文""报道·采访""追忆·怀念""综述·专论"4 个板块，现已从与先生密切关联，由约 70 位作者暨机构撰写，再或问答、或谈话，所得的 68 篇、则文字内，择要选印较具文献研究价值的 18 篇、则，以呼应全卷主旨。这些词句的完成时间，是从 1981 年至 2014 年，主要集中在先生 1987 年辞世至今的近 30 载，并以"报道·采访""追忆·怀念"两版块篇目最多。

就本卷呈现的郑先生个人紧要篇什论，正编内，由先生家属提供的，初步估计约于 20 世纪 40 年代初，或即"柳州时期"抄成的《石膏像制模法》，版本价值最高。其以 55 叶，即计 110 页，竖排繁体墨笔双面手书内容(非先生手迹)，经简单装订而成。土制稿纸书封上，竖向油印"郑可著""郑氏工作室出版"及册名 16 字。虽篇幅不到两万言，但已是先生目前所知唯一的系统成册专书，亦乃较早出现"郑氏工作室"称谓的，唯一实物证据。

除去选入本卷的三四十幅从未公开的旧时照片外，先生家属还提供了一批集中保存下来的，主要系 20 世纪 60 年代初完成的手稿（多非先生手迹）。其内，学术价值颇高的，是以 1963 年 4 月末誊清的《"现代工艺"设计教育纲要》为中心的，关于"现代工艺、设计"教育系列文献。即还包括《中央工艺美术学院"设计专业班"教学草案》（1962 年）、《关于发展工艺美术事业的几点看法》（1962年）、《两年来我在教学中得到的几点经验、教训》（1962年）、《"现代工艺"教学草案》（1962年）、《关于成立"现代工艺系"的建议书》（1963年）,及合作译稿《资本主义国家的现代工艺美术设计教育》（1962年）,共此7份"报告体"材料。事实上,它们清楚印证了郑先生在"文化大革命"前,为新中国现代高等设计教育作出的超前且意义独大的卓越贡献,并进一步构成了同样由家属提供的,当在1978年至1981年间,先生亲笔写、绘的四色《"立体造型"教育纲要》（系列图表）的基础。

就编者重新寻获并清理的先生早年文字材料论,以1937年发表于广州《青年艺术》杂志的《雕塑讲座》和《关于连续图案制作法的检讨》,及1940年刊布于香港《耕耘》杂志的《浮雕和牌雕》,共三篇文词的学术价值较高。它们是除在《民国日报》（广州）发表的数篇短文外,最能反映先生彼时艺术、创作手段与旨趣的关键中长篇专论。

而以1981年2月,郑先生署名完成的《致王副部长》为中心的系列档案,即另包括《中央工艺美术学院致轻工业部教育司并文化部教育司的函》（1980,中央工艺美术学院）、《"郑可工作室"方案》（1980,佚名）、《我们对今后工作的几点设想》（1981,郑可工作室）、《郑可报告·"郑可工作室"简况》（1982,郑可工作室）、《郑可报告·附件》（1981—1982,佚名）、《致李先生：关于"郑可工作室"的一些意见》（1982,何宝森）,约7份文件,则较充分地映衬出暮年的郑可先生,在同事、助手及学员的协作下,以怎样高昂的创造激情,处置困境、冲破阻碍,为新时期中国设计艺术及其教育事业的持续精进,放射余晖。

为令《研究》更加丰满,编者还全面整理了4套听课笔记,原始记录时间主要在1978年至1981年间,约4.5万字,配有160余张、经编者和助手重新电子化制作的小型插图。这也为从微观角度了解先生的教育、教学理念与方式,提供了可靠且综合的素材。

同理,在正编收载的约30位作者暨机构的"随列"文献中,编者重新觅得的1932年9月、1933年5月《广东省政府第六届委员会第122次、第190次议事录》,编者与助手亲赴新加坡国立图书馆复制取回的、《星洲日报》1937年12月26日《华人美术研究会欢迎艺术家郑可,席间郑氏纵谈巴黎博览会观感》报道,还有1937年雷圭元先生撰写的《回溯三十年来中国之图案教育》、1957年5月8日《北京日报》登载的《文化艺术界人士畅抒心里话,民盟市委会邀文化艺术界盟员座谈》,以及1978年《"河北省邯郸陶瓷公司—中央工艺美术学院特艺系·郑可教授赴邯短训班汇报展"〈请柬〉及〈纪念礼品介绍〉》和

1982 年《中国美术家协会对外联络部致工艺美院院长办公室的函》等，这些简赅、个别的"故纸"，亦为再行构筑郑先生的精神世界与现实生活，提供了极难替代的深度研辨空间。

"附录"暨《缀辑》材料中，编者重新整理的 1988 年张仃先生《悼郑可》一文，和 1999 年张先生回忆郑先生的亲笔手迹，都为几乎沉没的重要文献。而由编者与助手共同整理完成的采访，以及由香港设计家提供的 1984 年郑先生生活描述并照片资料，更为不多得的关于先生中年及晚岁的真切回忆与记录。

至于经编者多番全面斟酌完成的《郑可研究》基础即全书核心的另一组成部分——《重订年表》与《行述》初稿，合共已过 10 万言。尤其是《重订年表》，包括零次材料在内，引证、参考已见百十种。其不仅突破了原工艺美院《名人（档案）全宗·郑可卷》所载，被后人多次袭用的《郑可年表》，编制形式也有了本质且合理的改变，继而在时间节点与事件说明上，做了极多修正、充实，更详列了一批新的发现。

譬如，关于先生早期的生活、工作和 45 岁前之交游，编者着力彰显了其挚友、已乏人了解的伍千里先生的重要意义。同时，透过排比材料，不单初步厘清了先生的求学过程和习业脉络，再次坐实了欧美近现代设计、包豪斯学派等对先生的直接影响，及 1934 年归国初，其以设计师身份在"新兴木刻运动"中所发挥的助推作用，更明确提出了郑先生还应参与过国民政府"废两改元"后首款贵金属货币"船洋"，以及新中国肇建之初国徽钢模或于香江完成设计与制作等，先前罕见评说的，关于中国近代首批专业设计者在时空交叠之际所必然涉及的重大历史悬疑问题。

先生 45 岁后的累年履历，《重订年表》亦在经大量文献考索后，将其由香港进步工商实业家、美术设计家，向执教北京中央美术学院与中央工艺美术学院，成为新中国第一代艺术与设计教育大家转变的曲折经历，也进行了明白的勾勒。其间的意义包括：重新发现了先生于中央美院时期与该校雕塑系的特殊关系及可能作品，重新疏通了先生在工艺美术、艺术设计、科学技术之间积极转换的几个关键步骤，继而确认了其对新中国陶玉加工、模具铸造、展览规划、造币邮电、汽车机械、网印广告等，那些非"纯艺术"行业的具体贡献。

据此，编者对于《行述》的处置，更不被既有论述区围，目的乃在全面利用已获得的档案和整理成果，通过切实的个案考察和学术手段，充分揭示郑可先生真实且令人佩慰的，80 余载接受并坚定奉行革命先行者孙文先生"以若所得，教若国人"之训示的岁月光阴，继而显扬其"唯用一好心"（《隋书·列传第四十五·列女·谯国夫人》卷 80）的人格辉光。

《郑可研究》的录入、制图、核校等，皆有贤棣李亮襄办，另有从学于编者的许昌伟、王鑫茁、刘婧妍、梁京、谌帜、许婕淳、刘子阳、黄向敏诸生，及小友智新科、学弟刘易斯等，不避烦难，先后踵事。出版各项，亦得清华大学美术学院张京生先生、学姊郭秋惠老师和香港同窗李建明先生（Alex）、唐裔隆先生（Gabriel）等的热心张罗，也有中国国家画院张晓凌先生、学姊王嫪彩女士，清华大学美术学院《装饰》杂志社方晓风老师、周志先生等的耐性守候与尽力操持，还得同事、中国美术学院袁由敏老师、王洋女士，并杭州"九月九号"设计事务所隋焕臣先生等，为装褫、梓行付出大量辛劳，特以铭谢。更有旧交、威海张君，亦曾为编撰工作提供了日常便利，实当感念。

另须说明的是，全卷核心历史文献的清理原则虽为"整旧如旧"，但囿于出版行业现实标准等客观条件，涉及部分历史字形等，在紧要处出注标记后，已统一做了些微变动。此外，本书虽受 2017 年度"国家出版基金"资助，惜庶务多头，持续消耗，自无力再给付包括已有辞句等载入者之稿酬，谨请察谅，并于此再达谢忱。

惟，郑先生重要作品、文献倘再得发掘，则"新辑"增华，更应可俟，英灵享祭，复亦能告。

附识：
《郑可研究》脱胎于 2009 年末起纂、业经版行的《郑可文集》。2015 年至今，复蒙恩师杭间教授倾力扶持，其图、文内容较之《文集》做了大规模的系统化充实。据之，亦足申明考察近现代艺术人物过程中，理当谨严遵从的执行法则与学术规律。2017 年 3 月，经国家出版基金暨管理委员会评审、立项后，是册编印又得快步跃进。年来，新加坡国立大学中文系黄韵老师与学妹林芳女士、中国湖南长沙民政职业技术学院艺术学院学弟瞿孜文老师、上海油画雕塑院同窗朱勇先生，以及一度随我习教的法国巴黎高等文化艺术管理学院（Institut D'études Supérieures des Arts Paris）展览策划硕士生黄佳茜女士（Estelle），为搜寻、检核相关文献提供了无私协作，特此陈谢。

细细算来，《研究》所历，拖磨十余载，叨承多方关注，并肯定、应援，大工始竣。本人幸得忝为纂述，今更应替未曾一日谋面的五邑郑可先生欢喜、欢呼，因其再有新集行世，必要再遇新知！

插图目录

郑可半身像　友人摄于北京西城阜成门旧宅院内，20 世纪 70 年代末　2

郑可曾用印　3

重订年表

图 1.《中央工艺美术学院档案·名人全宗·郑可卷》封面　126

图 2.《中央工艺美术学院档案·名人全宗·郑可卷》目录　126

图 3.《郑可年表》首页　126

图 4. 余心清、孙起孟《关于国徽公布、制造及颁发问题的报告》及周恩来的批示（1950 年 9 月 3 日，郑可名姓出现在第二节《制作事项》第四条内；采自中央档案馆编：《中华人民共和国国旗国徽国歌档案》，下，北京，中国档案出版社，2009 年版，第 449—451 页）　126

图 5. 林伯渠、余心清《关于国徽公布、制造及颁发问题的报告》及毛泽东的批示（1950 年 9 月 7 日；采自中央档案馆编：《中华人民共和国国旗国徽国歌档案》，下，第 452 页）　126

专册

石膏像制模法　135

图 1.《石膏像制模法》封面　142

图 2—图 4.《石膏像制模法》内页　142

图 5. 郑可于《光复桂南纪念碑》前（约 20 世纪 40 年代初，桂林；郑方提供）　143

图 6. 郑可与助手翻制石膏模（约 20 世纪 40 年代中，地点不详；郑方提供）　143

图 7. 郑可《香港某剧院舞台装饰·女体浮雕》（20 世纪 30 年代中；郑方提供）　147

图 8. 郑可《香港某剧院舞台装饰·女体浮雕》（20 世纪 30 年代中；郑方提供）　148

"现代工艺"设计教育纲要　155

图 1. 郑可指导工艺美院建筑装饰美术系 1964 届毕业生贾延良（1959 级）设计 BK—651 型北京市公共交通汽车（1963 年；采自贾延良：《被遗忘的"红旗"设计师》，《经营者·汽车商业评论》，2007 年第 1 期，第 127 页）　171

图 2. 郑可指导工艺美院建筑装饰美术系 1964 届毕业生贾延良设计 BK—651 型北京市公共交通汽车（1963 年；郑方提供）　171

关于成立"现代工艺系"的建议书　174

图 1.《关于成立"现代工艺系"的建议书》内页（初稿，1963 年）　180

浮雕　186

图 1. 郑可《浮雕》手稿　186

图 2. 郑可《二胡演奏》（石膏，约 20 世纪 50 年代末 60 年代初；郑方提供）　186

图 3. 郑可《老农》（石膏，约 20 世纪 50 年代末 60 年代初；郑方提供）　186

图 4. 郑可《渔童》（自烧陶，约 20 世纪 50 年代末 60 年代初；郑方提供）　186

图 5. 郑可率蔡里安、尹积昌、高永坚、彭天暖等艺术家集体创作的大型浮雕《毛主席像》（《人民领袖毛泽东》）参加 1950 年香港举办的"劳军美展"。（采自吴卫光：《高永坚与广州美术学院的设计教育》，《美术学报（广州美术学院学报）》，2013 年第 4 期，2013 年 7 月，第 20—23 页；据该文说明，乃谢雪筠女士提供）　187

文词

关于小品展的几句话　194

图 1. 郑可《人像》（采自《良友》1935 年第 102 期，1935 年 2 月）　194

图 2. 郑可（后右 2）与李桦（前左 1）、吴琬（前左 2）等的"青年艺术社小品展"合影（1935 年；采自吴瑾《青

年艺术社与广州现代美术》，第 66 页） 194

雕刻家郑可 195
图1.《民国日报》（广州）报样 196

巴黎国立美术学院成绩冠著之华人留学者郑可的雕刻 197
图1.《大众画报》内页 197

图书装饰的意义 198
图 1. 郑可设计 李桦《春郊小景集》封面 199
图 2. 郑可设计 李桦《春郊小景集》李氏自序页 199
图 3. 郑可设计 李桦《春郊小景集》目录页 199
图 4. 郑可设计 李桦《春郊小景集》内页版式 199
图 5. 郑可设计 李桦《春郊小景集》版权页 199
图 6. 郑可设计 赖少麒《自祭曲》封面 199
图 7. 郑可设计 赖少麒《自祭曲》序言页与环衬页 199
图 8. 郑可设计 赖少麒《自祭曲》内页版式 199
图 9—图 15. 郑可设计《现代版画》第 4 期至第 10 期封面（采
自上海鲁迅纪念馆、江苏古籍出版社编：《版画纪程——
鲁迅藏中国现代木刻全集·〈现代版画〉》，I，南京，江
苏古籍出版社，1991 年版，第 308、313、319、321、324、
326 页） 200
图 16. 郑可设计的林绍仑、赖少麒《给我们自己》（诗与
版画集）封面 200

广州艺界 202
图 1. 郑可《奔马》（版画；采自《艺风》1935 年第 3 卷第
8 期，第 130 页） 202

介绍两个个展——郑可人体素描个展、唐英伟木刻个
展 204
图 1. 郑可《玻璃饮具系列》（效果图；采自《艺风》1934
年第 2 卷第 8 期，第 49 页） 205
图 2. 郑可《黑人女子》（钢雕及模子，印造用；采自《艺
风》1934 年第 2 卷第 8 期，第 49 页） 205
图 3. 郑可《银质茶具》（效果图；采自《艺风》1934 年第
2 卷第 9 期，第 59 页） 205
图 4. 郑可《人像》（或即廖新学；采自《艺风》1934 年第
2 卷第 8 期，第 52 页） 205

素描习作 206
图 1. 郑可《男女人体》（5 分钟速写习作；采自《良友》
1936 年第 123 期，1936 年 12 月） 206

雕塑讲座 207
图 1. 郑可《建筑装饰·男人体（浮雕）》（约 20 世纪 30
年代中；郑方提供） 208
图 2. 郑可《建筑装饰·女人体（浮雕）》（约 20 世纪 30
年代中；郑方提供） 208
图 3. 郑可于其个人工作室内（约 20 世纪 30 年代末，广州；
郑方提供） 211
图 4. 郑可于其个人工作室内（约 20 世纪 30 年代末，广州；
郑方提供） 211

郑可之雕塑杰作 212
图 1. 郑可《裸女》（青铜；本篇图片除特别注明外，均采
自《美术生活》） 212
图 2. 郑可《自雕像》（郑方提供） 213
图 3. 郑可《裸女》（石膏） 213
图 4. 郑可《女像》（瓷） 213
图 5. 郑可《女首》（石膏） 213
图 6. 郑可《鹤》（书夹设计） 213
图 7. 郑可《鹳》（瓷） 213
图 8. 郑可《鹈鹕》（铜镀铬，书夹设计） 213
图 9. 郑可《鸟》（瓷，烟灰碟） 213
图 10. 郑可《牛》（石膏） 213
图 11. 郑可《松鼠》（书夹设计） 213
图 12. 郑可《鸽》（烟灰碟） 213
图 13. 郑可《枭》（石膏） 213

郑可氏浮雕作品选 214
图 1. 郑可《寿星公》（广州爱群大厦正门浮雕；郑方提
供） 214
图 2. 郑可《松·鹤·桃》（广州爱群大厦浮雕；郑方提
供） 214
图 3. 郑可《余心侧面像》（本篇图片除特别注明外，均采
自《良友》） 214
图 4. 郑可《孙中山侧面像》 214
图 5. 郑可《黄能昌侧面像》 214
图 6. 郑可《伍千里侧面像》（约 1935 年） 214

第二回全国美展的印象 215

图1. 郑可《肖像》（雕塑，入选"第二次全国美术展览会"作品；采自《教育部第二次全国美术展览会专集[第三种]·现代西画图案雕刻集》） 216

如何改进工艺美术 217

图1. 郑可《陶瓷灯座设计》（采自中国工商业美术作家协会出版事业委员会编：《现代中国工商业美术选集·第二集》，中国工商业美术作家协会出版事业委员会，上海，民国二十六年版，自印本，第48页） 218

图2—图4. 郑可等"中国工商业美术作家协会"部分董事暨《董事名录》《职员名录》（采自《现代中国工商业美术选集·第二集》） 221

关于连续图案制作法的检讨 222

图1.《青年艺术》内页 225

华人美术研究会欢迎艺术家郑可，席间郑氏纵谈巴黎博览会观感 226

图1. 1937年12月26日《星洲日报·星期刊》（胶片还原件） 226

图2—图4. 郑可《人力车·效果图及产品》（约1938—1940年，新加坡；本篇图片除特别注明外，均由郑方提供） 227

图5—图10. 郑可《灯具·设计图及产品》（约1938—1940年，新加坡） 228

图11. 郑可《铁门·产品》（约1938—1940年，新加坡，人物不详） 228

图12—图14. 郑可《烟灰缸·结构图及效果图》（1941年，香港"中国工业美术公司"） 229

图15—图17. 郑可《课桌椅·产品（3款）》（约1938—1940年，新加坡） 229

图18. 郑可《惠安庄有钊》（约1938—1940年，新加坡） 229

图19. 郑可《徐悲鸿》（约1938—1940年，新加坡） 229

图20. 郑可《流民母女》（约1938—1940年，新加坡） 229

图21. 郑可《异国人物》（约1938—1940年，新加坡） 229

回溯三十年来中国之图案教育 230

图1.《国立艺术专科学校成立第廿年校庆特刊（艺专校刊）》（书影及内页） 230

图2. 郑可（后排左1）与"人间画会""人间书屋"部分同人在香港浅水湾萧红墓前（1947年；采自广东美术馆编：《梁永泰·春归而华实》，香港，公元出版有限公司，2007年版，第7页） 231

图3.（传）郑可《玻璃花窗》（约20世纪40年代，地点不详；郑方提供） 231

浮雕和牌雕 232

图1.《耕耘》杂志内页 233

图2.（传）郑可《还我河山》（领扣像章正、背面，背夹刻"星洲电器制造厂"；约1938—1940年，黄铜镀金、直径183mm，新加坡；吴子复遗物，吴瑾提供） 233

战时新雕塑 234

图1.《良友》杂志内页 234

介绍·记雕刻家郑可及其作品 235

图1. 郑可《建设》（浮雕）（1947年；本篇图片均采自《星岛日报》） 236

图2. 郑可《少女》（石膏像）（1947年） 236

图3. 郑可《张发奎将军半身铜像》（1947年） 236

图4. 郑可《"新一军印缅阵亡将士公墓"墓碑铜鹰》（高15尺、横20尺，重5吨） 236

图5. 雕塑家郑可像（1947年） 236

图6. 郑可工作室一角（1947年） 236

新年开笔 237

图1. 郑可（约20世纪50年代中；郑方提供） 237

图2. 郑可《牧童》（约20世纪50年代；郑方提供） 237

图3. 1956年郑可（左2）与制造景泰蓝的技术工人在研究"六瓣九鱼吃草花瓶"的质量（采自《人民日报》，1956年5月13日，第5版） 238

我们对于建立新美术的意见 239

图1. 1950年中，郑氏参加首批"港澳同胞观光团（港澳工商界东北观光团）"赴内地参访（末排灯杆往左第8人，岳阳车站前；郑方提供） 242

图2. 1949年10月，郑氏（4排右2，即戴墨镜者及长辫女士身后戴眼镜者）参与香港进步美术界于六国饭店举行的庆祝中华人民共和国成立集会活动（采自王琦《王琦美术文集·艺海风云》，上，附图第9页） 245

图3. 1950年中，郑氏参加首批"港澳同胞观光团（港澳工商界东北观光团）"赴内地参访（1排左3，武昌首义公园前；郑方提供） 246

建国瓷设计计划 247

图1.《建国瓷设计计划》影本（部分） 248

雕·刻·塑 249

图1. 郑可《搞卫生》（石膏，约20世纪50年代末60年代初；郑方提供） 250

图2. 郑可《植树》（上色石膏，约20世纪50年代末60年代初；郑方提供） 250

图3. 郑可与张光宇（约20世纪60年代初；郑方提供） 250

让雕塑为祖国"四化"出力 252

图1. 郑可于北京西城阜成门旧宅内创作郭沫若浮雕像（约1980年） 252

工艺美术的继承和发展 256

图1. 袁运甫陪同郑可在首都机场壁画施工地（1979年；采自翁剑青编：《中国现代艺术与设计学术思想丛书——袁运甫文集》，济南，山东美术出版社，2018年版，第231页） 257

"工艺美术"初探 258

图1.《1984年全国玻璃器皿设计评比交流会评审委员会委员聘请通知》 259

从巴黎铁塔想到的 260

图1. 郑可《马》（约20世纪70年代末至80年代初；1986年无偿赠予北方工业大学艺术馆，张鹏程拍摄） 260

报告

中央工艺美术学院"设计专业班"教学草案 265

图1.《中央工艺美术学院"设计专业班"教学草案·报告》（非郑氏手迹） 264

关于发展工艺美术事业的几点看法 269

图1.《"产品"关系图》（郑氏手迹） 270

关于充分利用"靠模铣床"的建议书 289

图1—图2.《建议书》抄件首、末页 289

对于动用缩刻机的几点意见 290

图1.《意见》手迹 290

图2. 郑可《中国美术家协会会员登记表》（1979年，代笔） 290

图3. 第四次文代会期间，郑可（2排右5）与参会美术家代表等于北京集会，包括关山月（1排左3）、阳太阳（1排左4）、特伟（1排左6）、黄新波（1排左7）、陆志庠（2排左2）、王琦（2排左3）、廖冰兄（2排左5）、丁聪（2排左7）、黄苗子（3排左1）、郁风（3排左2）（1979年；采自王琦：《王琦美术文集：艺海风云（下）》，北京，中国文联出版社，2007年版，附图第1页） 291

图4. 郑可《男人头像》（陶；采自吴少湘：《雕塑艺术》，北京，人民美术出版社，2008年版，第118页） 291

"立体造型"教育纲要 292

图1. 郑可《"立体造型"教育纲要》手稿 292

图2. 郑可《"立体造型班"对教师的要求》彩色手稿 293

图3. 郑可《"立体造型班"（雕塑班）教学内容示意图》彩色手稿 293

图4. 郑可《课程与课程之间的纲络关系》彩色手稿 295

致王副部长 296

图1.《致王副部长》抄件 297

图2. 20世纪80年代初郑可《教育规范与程序示意图》手迹 297

"郑可工作室"方案 299

图1. 仿形铣床旁的郑可 299

图2.《中央工艺美术学院致函》抄件 300

图3.《"郑可工作室"方案》抄件 300

我到南斯拉夫参加创作活动的简单情况 305

图1.《情况》手迹 305

图2. 郑可于南斯拉夫工作照（郑方提供） 306

图3.《"南斯拉夫82年'陶瓷世界'国际艺术节"作品册·郑可介绍及作品〈钟馗〉》（内页书影；郑方赠送） 306

图4. 郑可《喷水池（图稿）》（郑方提供） 306

中国美术家协会对外联络部致工艺美院院长办公室的函 307

图1.《中国美术家协会来函》 307

金属工艺培训班教学计划 310

图 1. 郑可《金属工艺训练班两年教学计划（表）》彩色手稿 312

讲话

实用美术在现社会的地位——在省立民众教育馆讲 318

图 1. 郑可《胡展堂先生瓷像装置设计》（1936年；采自中国工商业美术作家协会编：《现代中国工商业美术选集·第二集》，第51页） 319

图 2. 郑可《爱群大酒店装饰·孔雀与荔枝》（浮雕，20世纪30年代中，广州；郑方提供） 320

图 3. 郑可《爱群大酒店装饰·水果》（浮雕，20世纪30年代中，广州；郑方提供） 320

"青年艺术社"宣言 321

图 1. 郑可《孙总理肖像》（浮雕；采自《良友》1930年第52期，第1页，1930年12月） 321

来函照登：中央工艺美术学院郑可来信 323

图 1. 郑可《羊》（采自《工艺美术通讯》，总第8期，1957年6月，封3） 323

图 2. 郑可于中央工艺美术学院初期校址（北京白堆子，今北京工商大学阜成路校区东区，即在航天桥、马神庙东）内雕塑教室中创作（摄影：杨德福，约1956—1957年） 323

文化艺术界人士畅抒心里话：民盟市委会邀文化艺术界盟员座谈 324

图 1.《首都人民英雄纪念碑兴建委员会办事处致中央美术学院郑可等聘任通知书》（1952年；郑方提供） 324

图 2.《（首都人民英雄纪念碑兴建委员会）美工组工作分配草案》（1952年；郑方提供） 324

杨永善笔记 325

图 1—图 2. 325

图 3—图 10. 326

图 11—图 16. 327

图 17—图 18. 328

图 19. 329

图 20.《杨永善笔记》抄件 329

图 21.《杨永善笔记》杨氏本人后期修改件 329

张宝成笔记 330

图 1—图 3. 331

图 4.《张宝成笔记·"瓦"的拼花和交叉思维》内页 332

图 5. 郑可《公鸡》（1978年，花釉陶塑，高10cm；采自中国现代美术全集编辑委员会等编：《中国美术分类全集—中国现代美术全集·陶瓷—陶瓷雕塑》，第4卷，南昌，江西美术出版社，1998年版，第163页） 332

图 6. 郑可《晨》（1978年，紫金釉陶塑，高23cm；采自中国现代美术全集编辑委员会等编：《中国美术分类全集—中国现代美术全集·陶瓷—陶瓷雕塑》，第4卷，第164页） 332

河北省邯郸陶瓷公司—中央工艺美术学院特艺系·郑可教授赴邯短训班汇报展》《请柬》及《纪念礼品介绍》 333

图 1.《请柬》抄件 333

图 2.《介绍》抄件 333

图 3. 郑可、张宝成《花釉烟灰缸（2件）》（卷形长15cm、方形长13cm；采自邯郸陶瓷公司编：《磁州窑陶瓷》，石家庄，河北人民出版社，1980年版，编号"69"） 333

图 4. 郑可为"邯郸（彭城）陶瓷公司"等相关学员授课（约1978年） 334—335

郗海飞笔记 336

图 1. 336

图 2—图 21. 338

图 22—图 40. 339

图 41—图 42. 340

图 43—图 53. 341

图 54—图 58. 342

图 59—图 63. 344

图 64—图 68. 345

图 69—图 70. 346

图 71—图 75. 347

图 76—图 80. 348

图 81. 349

图 82—图 83. 350

图 84. 351

图 85—图 86.《郗海飞笔记》抄件 351

马心伯笔记 354

图 1—图 3. 355

481

图 4—图 13. 356

图 14—图 21. 357

图 22—图 30. 359

图 31—图 34. 360

图 35—图 37. 362

图 38—图 42. 365

图 43—图 45. 366

图 46—图 47. 367

图 48—图 52. 368

图 53—图 55. 369

图 56. 370

图 57—图 59.《马心伯笔记》抄件 370

谈谈工艺美术的设计与创新 371

图 1.《中央工艺美术学院特艺系"装饰美术理论讲座"教学参考讲义》封面 372

图 2. 373

图 3. 美国威斯康星大学来华进修班结业式座谈会（1982 年，左起：袁运甫、郑可、雷圭元、进修班主任）374

对工艺美术教学谈一点初步看法 375

图 1.《工艺美术参考》封面 375

图 2. 全国高等院校工艺美术教学座谈会代表合影（郑可 2 排左 9）378

关于教育改革及"工艺美院"教学存在的一些问题 380

图 1—图 2."草稿"原件 380

谈雕塑教学 381

图 1. 郑可受河南省陶瓷公司邀请于禹县美术陶瓷（钧瓷）厂指导、讲学（1984 年，中为郑可、左一吴少湘；吴少湘提供）383

装饰雕（塑）专业攻读硕士学位研究生培养计划 384

图 1—图 2.《培养计划》抄件首、末页 385

话语录 386

图 1. 郑可与中央工艺美术学院特种工艺美术系 1978 级女生合影于郑家小院（20 世纪 80 年代初；后排左起：周尚仪、孙嘉英、黄尧、江黎、代敏华，前排左起：张国清、郑可、蒋朔）386

图 2. 郑可受邀参加蒋朔、吴少湘创作的四川泸州城市雕

塑《酒城之魂》剪彩仪式，并考察、指导当地规划、建设（1987 年 9 月初；吴少湘提供）389

图 3. 郑可《纪念花圈浮雕稿》（约 20 世纪 50 年代；郑方提供）390

附：中央工艺美术学院授课表·郑可 392

图 1. 郑可应聘中央美术学院《应聘书》（郑氏签名，1951 年 9 月 25 日；郑方提供）394

图 2. 郑可、张仃经手验收的，沈从文向中央美术学院实用美术系出让瓷器、铁瓶、漆器字条（1952 年 11 月；采自李辉：《从边城走进故宫》，《笔墨碎片》，合肥，安徽教育出版社，2007 年版，第 169 页）394

图 3.《中央工艺美术学院授课时间及教员配备表·1956—1957 学年度第 1 学期》（1956 年 9 月，陶瓷系 1 年级）394

图 4. 郑可（2 排左 3）与装潢系教师阿老（2 排左 4）、梁速征（2 排左 5）、柳维和（2 排左 6）及 1961 级学生合影（20 世纪 60 年代初；柳维和家属提供）394

图 5. 中央工艺美术学院 1985 年总结表彰大会，郑可作为先进工作者，接受国家轻工业部部长陈士能、学院书记周显东及院长常沙娜所颁发的获奖证书和纪念品（1986 年 1 月 24 日）396

缀辑
贺寿·悼文

包豪斯与郑可——为郑可先生八十寿作 401

图 1. 郑可《鸡》（本篇图片均采自《中国工艺美术》1985 年第 3 期）402

图 2. 郑可《鸡罐》402

图 3. 郑可《鱼罐》402

图 4. 郑可《烟灰缸》402

图 5. 郑可《烟灰缸》402

图 6. 郑可《烟灰缸》402

图 7. 郑可《猫头鹰罐》403

光墨春秋 404

图 1. 中央工艺美术学院下放劳动的师生参观河北平山县西柏坡（1973 年；前排左四郑可，二排左一袁杰英）405

悼郑可 406

图 1. 张仃 1999 年回忆郑可手迹 406

郑可教授考察唐山陶瓷　408

图 1. 1930 年第 52 期《良友》画报《闻人介绍》内页（郑可像在右上；1930 年 12 月，第 29 页）　409

图 2. 新加坡华人美术研究会聚会（1939 年，芽笼路 167 号 2 楼；后排左 2 为徐悲鸿，左 3 乃郑可，左 4 为该会会长张汝器；采自欧阳兴义编：《悲鸿在星洲》，北京，人民美术出版社，2020 年版，第 89 页）　409

报道·采访

"我是党的人了"——记中央工艺美术学院老教授郑可　411

图 1. 郑可（1 排中）与张汝器（1 排右 2）等在新加坡（约 1937 年；新加坡国家图书馆"刘抗专藏 - Liu Kang Collection"，黄韵提供；AI 修复图片）　411

图 2.《光明日报》报样　412

图 3. 郑可（2 排左 3）与黄永玉（1 排左 1）、李铁夫（1 排左 3）、黄蒙田（1 排左 4）、廖冰兄（3 排左 1）等参加"华南文学艺术工作者第一届代表大会"（1950 年；采自广东美术馆编：《梁永泰·春归而华实》，香港，公元出版有限公司，2007 年版，第 10 页）　412

图 4. 郑可（2 排左 2）与叶灵凤（2 排左 3）、查良镛（2 排右 2）、黄永玉（1 排左 2）等于香港湾仔（1950 年；采自林真：《香港文学研究的过去式、现在式、未来式》，香港，林真顾问有限公司，1986 年，自印本，第 55 页）　412

图 5. 香港"郑可工作室"内合影（后排左起：黄蒙田、叶灵凤、彭天暖、蔡里安、尹积昌、潘鹤、郑可、廖冰兄、张正宇，中排左起：黄永玉、张光宇，前排左起：张宗俊、汤澄、高永坚、梁永泰；采自广东美术馆编：《梁永泰·春归而华实》，第 9 页）　413

额头上布满雕痕的人——访造型艺术大师郑可教授　414

图 1. 郑可《中国人民邮政信筒》（1974 年；郑方提供）　414

跟随郑先生的岁月——访尹积昌、高永坚　417

图 1. 郑可《速写人体》（5 分钟习作；采自《良友》1936 年第 123 期，1936 年 12 月，第 32 页）　418

图 2.（传）王朝闻、郑可《鲁迅浮雕像》（书影；载在 1956 年《文艺报》版行的附册《鲁迅先生逝世二十周年纪念大会上的报告和讲话》封面）　419

图 3. 郑可与高永坚（左）、尹积昌（约 20 世纪 80 年代中；郑方提供）　420

图 4. 郑可（前排右 2）与何燕明（后排左 2）、尹积昌（前排左 1）等（约 20 世纪 80 年代中；尹小艾提供）　420

为了理想　421

图 1. 郑可《徐悲鸿头像》（石膏浮雕，直径 32.5mm；本篇图片原作均系黄苗子、郁风旧藏，1951 年郑可赠送）　421

图 2. 郑可《戴眼镜男子头像》（石膏浮雕，直径 33mm）　421

图 3. 郑可《男子头像》（石膏浮雕，直径 38mm）　421

图 4. 郑可《戏剧家赵如琳头像》（石膏浮雕，直径 40mm）　422

图 5. 郑可《半裸全身坐姿男子像》（石膏浮雕，直径 37.5mm）　423

图 6. 郑可《全身坐姿僧侣像》（石膏浮雕，直径 41mm）　423

图 7. 郑可《戴头巾女子像》（石膏浮雕，直径 39mm）　423

访梁任生　425

图 1. 郑可、王鸿文、王倬予、吴汝剑、谷浩、李桢祥、邹佩珠、刘士铭、谢嘉声《我们一定要解放台湾》（"解放台湾展览会"展品，高 3m，右侧面；采自《新观察》，1955 年第 10 期）　425

图 2. 郑可等《我们一定要解放台湾》（左侧面）　425

图 3. 郑可（左侧制浮雕者）与黄永玉对坐创作（20 世纪 50 年代初）　426

图 4. 首都机场壁画工作组会议部分参与师生（1979 年夏；前排左起：郑可、吴冠中、权正环、王舒冰，后排右起：岳景融、韩眉伦、池小清、唐薇、曾小俊）　434

图 5. 首都机场壁画《哪吒闹海》绘制现场部分参与师生（1979 年夏；前排右起：楚启恩、郑可、张仃、吴冠中、申毓诚、袁运甫、张浩达，后排右起：王晓强、徐平、李颜华；岳鑫提供）　434

图 6. 郑可（前排左三）在他担任工艺、设计顾问的陶板拼镶壁画《科学的春天》（肖惠祥创作）前合影（1979 年 9 月 26 日，首都国际机场候机楼壁画及其他美术作品落成揭幕仪式现场之一；前排：左一岳景融、左四华君武、左七严尚德、左八任世民，后排：左一杜宏宇、左四张一芳、左五张国藩；岳鑫提供）　434

图 7. 郑可《马》（采自梁任生主编：《中国当代陶瓷精品选》，合肥，安徽教育出版社，1995 年版，第 44 页）　437

访王受之　438

图 1. 郑可《古勤勤先生肖像》（约 1935 年，浮雕，并署"勤大工学院制赠"；采自广东省立勤勤大学编：《古湘芹（勤

先生逝世（四周年）纪念专刊》,广州,广东省立勤勤大学,
自印本，1935年；AI修复图片） 438

图2.1978年7月，郑可带领毕业班学员于邯郸彭城美术
陶瓷厂进行创作与实习（左起：郑可、王小蕙、吕志利、
翟秀林；采自世界语月刊《中国报道》1978年第11期封
面） 442

图3.郑可参与中央工艺美术学院特艺系本科1978级装饰
雕塑（立体造型）专业"圆雕头像写生课"示范（1979年春，
李德利、张彤授课，王培波摄影；左8为郑可，左起蒋朔、
王和平、郗海飞、杨文会[河北工艺美校进修生]、路盛
章[硕士生]、马心伯[福建工艺美校进修生]、未详，右
起赵萌、江黎、黄尧、刘军、张国清、周尚仪、戴敏华） 444

图4.郑可《老人头像写生稿》（圆雕头像写生课示范，
1979年春） 444

追忆·怀念

现代设计的开拓者——为郑可教授逝世二周年而作 446
图1.郑可在江苏宜兴丁蜀镇（1980年春） 446

图2.过元熙、郑可等《国民革命军陆军新编第一军印缅
阵亡将士广州公墓纪念碑暨雄鹰雕塑》（约1947年落成，
广州） 449

周国桢拜见郑可 450
图1.郑可《虎》（陶瓷；采自中央工艺美术学院编：《中
央工艺美术学院设计作品选1956—1986》，北京工艺美术
出版社，1986年版，第86页） 451

图2.郑可《马》（陶瓷；采自《中央工艺美术学院设计作
品选1956—1986》，第87页） 451

图3.中央工艺美术学院特艺系1978级学生到阜成门郑可
先生家中看望（1982年；采自郭秋惠：《弟子谈郑可先生》，
杭间主编：《传统与学术：清华大学美术学院院史访谈录》，
北京，清华大学出版社，2011年版，第340页） 456

回忆郑可先生对我说的几件事 457
图1.郑可《马心伯浮雕头像》（1978年作于福建厦门鼓
浪屿；马心伯提供） 458

忆郑可先生 459
图1.郑可先生的家——"16号楼"（本篇照片均由唐裔
隆提供） 462

图2—图3.郑可先生与罗显扬及唐裔隆交谈（左起：罗
显扬、郑可、唐裔隆） 462

图4.郑可先生在工作室留影 462

图5.工作室中挂在书架旁的各种工具 462

图6—图7.郑先生自制的各种工具 462—463

图8.郑先生示范工具用途 463

图9.郑先生展示手稿 463

图10.郑先生手稿及创作工具 463

图11—图12.郑先生工作室陈列的作品 463

关于郑可从香港带来的设备 464
图1.张祖武《雕塑家郑可的母亲》（石膏浮雕，1947年；
采自徐勇民等主编：《张祖武：雕塑家、教育家》，第29
页） 464

综述·专论

去中央工艺美院进修总结 466
图1.郑可教授对学生创作才能的培养简图 467

图2.郑可教授教育范围与程序示意图 468

香港"设计师的地位"与"设计的概念" 469
图1.《香港制造》内页 469

郑可美术供应厂制造加冕纪念品 471
图1.香港《工商日报》报样 471